U0954985

2021

铜梁年鉴

TONGLIANG NIANJIAN

重庆市铜梁区人民政府　主办
重庆市铜梁区党史地方志研究中心 编纂
西南大学出版社
SWUP 国家一级出版社 全国百佳图书出版单位

图书在版编目(CIP)数据

铜梁年鉴. 2021 / 重庆市铜梁区党史地方志研究中心编纂. -- 重庆 : 西南大学出版社, 2021.12

ISBN 978-7-5697-1119-6

Ⅰ. ①铜… Ⅱ. ①重… Ⅲ. ①铜梁—2021—年鉴 Ⅳ. ①Z527.193

中国版本图书馆CIP数据核字(2021)第214467号

铜梁年鉴(2021)

TONGLIANG NIANJIAN(2021)

重庆市铜梁区人民政府　主办

重庆市铜梁区党史地方志研究中心 编纂

责任编辑: 于诗琦

责任校对: 李浩强

装帧设计: 闰江文化

照　　排: 李　燕

出版发行: 西南大学出版社(原西南师范大学出版社)

地　址:重庆市北碚区天生路2号

邮　编:400715

电　话:023-68868624

经　　销: 新华书店

印　　刷: 重庆美惠彩色印刷有限公司

幅面尺寸: 210mm × 285mm

印　　张: 27.5

插　　页: 26

字　　数: 837千字

版　　次: 2021年12月 第1版

印　　次: 2021年12月 第1次印刷

书　　号: ISBN 978-7-5697-1119-6

定　　价: 188.00元

《铜梁年鉴》编辑委员会

顾　　问:谭　庆　万　隆　叶永海　严永超

主　　任:胡华超

副 主 任:杨贤忠

成　　员:(按姓氏笔画排列)

王昌友　王科友　邓　斐　邓恒云　甘珊麟　石　柱
叶常松　印才英　朱华友　刘　志　刘秀丽　刘紫耀
闫　强　严　勇　李　江　李　琼　李祥华　杨　晋
杨宇明　肖舒丹　吴　别　邱　东　何　书　何　忠
何春雨　张　勇(纪)张　勇　张　跃　张　勰　张仁文
张正全　张光文　张光明　张桂生　张焕兵　陈　党
陈　瑜　欧朝刚　罗昌西　金治海　周　凡　周　莲
周伟峰　周良华　郑跃润　赵廷刚　徐　波　唐　翔
唐建民　彭　宏　蒋思凤　程绪友　曾永生　游国辉

《铜梁年鉴》编辑部

主　　编:徐　波

执行主编:蒋思凤

执行副主编:朱纯清

编　　辑:王万明　罗天材　张玉洁　汪　琳
郑金凌　胡　燕　何　趣

编辑说明

一、《铜梁年鉴》于2015年创刊，是重庆市铜梁区人民政府主管，铜梁区人民政府办公室主办，铜梁区党史地方志研究中心编辑出版的政府综合年鉴。

二、《铜梁年鉴》坚持以马克思列宁主义、毛泽东思想、邓小平理论、“三个代表”重要思想、科学发展观、习近平新时代中国特色社会主义思想为指导。它逐年真实、全面、系统地记载和反映铜梁区改革开放、经济发展及社会进步的情况，收录年度性主要文献和重要资料，旨在为决策服务、为经济导航、为民众提供信息、为修志积累史料，是各级、各部门、各单位和国内外人士认识铜梁的一个窗口。

三、《铜梁年鉴（2021）》（总第07卷）记录2020年铜梁区政治、经济、文化、社会和生态文明建设的发展变化情况。全卷共有11个类目，分别是大事记、特载、铜梁概貌、政治、法治、军事、经济、社会事业、镇 街道、荣誉、附录，重点反映铜梁区的改革开放实践，政治、经济、科教、文化建设成就；反映加快推进新型工业化、信息化、城镇化、农业现代化建设，推进科技创新体系建设和保障民生以及城乡统筹发展的新进展、新成果。撰稿人署名，在文末标出。

四、《铜梁年鉴（2021）》采取类目、分目、条目的编辑体例，少数分目下增设次分目，条目下增设次条目，以字体、字号等版式设计区别不同层次。条目标题用黑体字加粗方头括号【 】顶格表示，次条目标题用黑体字分段落表示。

五、《铜梁年鉴（2021）》的统计资料由铜梁区统计局及相关职能单位提供。统计数据使用法定计量单位。因统计口径等原因，区级部门和镇街稿件中有个别数据与统计资料数据不尽一致的，采用时请予注意。

六、为避免累赘，凡直书月、日而未写年份，即为2020年；数据增加或减少多少未说明与某一年份比较，即为《铜梁年鉴》记载当年（2020年）与上年（2019年）比较。

七、《铜梁年鉴（2021）》稿件由铜梁区属各部门、党派、团体以及各镇街和驻铜部队提供，并经供稿单位领导审核；年鉴编纂稿基本确定后，区史志研究中心将文稿公布于党政网，征求各单位的审改意见，经再次收集整理并按相关程序办理后付印。

数字铜梁

区域面积（2016年航测复核数据）	1342平方千米	
年末户籍人口	84.90万人	比上年下降0.3%
地区生产总值	661.02亿元	比上年增长4.4%
公共财政预算收入	34.66亿元	比上年增长8.4%
公共财政预算支出	74.51亿元	比上年下降3.6%
工业增加值	254.53亿元	比上年增长5.3%
农业增加值	59.55亿元	比上年增长4.5%
全社会固定资产投资	353.86亿元	比上年增长10.6%
社会消费品零售总额	219.93亿元	比上年增长3.6%
银行业金融机构人民币存款余额	549.63亿元	比上年增长8.0%
银行业金融机构人民币贷款余额	396.71亿元	比上年增长10.3%
外贸进出口总额	17.14亿元	比上年增长20.1%
旅游综合收入	45.36亿元	比上年增长8.0%
城镇常住居民人均可支配收入	42449元	比上年增长5.6%
农村常住居民人均可支配收入	21127元	比上年增长7.3%
城镇常住居民人均生活消费支出	25587元	比上年增长3.6%
农村常住居民人均生活消费支出	13529元	比上年增长8.0%

（区统计局 李建）

大事记

1月1–2日　广铜“一带一路”高新技术产业合作区、小米公社、铜梁区深化产教融合揭牌及项目集中签约活动相继举行。其中，广铜“一带一路”高新技术产业合作区启动区面积2平方千米，主要承接广州等沿海地区的高新技术企业，重点发展电子信息、装备制造、大健康和轨道交通等产业。

是日　第二届重庆铜梁中华龙灯艺术节开幕暨亮灯仪式在铜梁区玄天湖举行。

1月4-6日　中国人民政治协商会议重庆市铜梁区第十届委员会第四次会议在铜梁城区召开。应到区政协委员275名，实到区政协委员268名。会议表彰2019年度提案承办先进单位、优秀提案、优秀界别和优秀政协委员；表决通过政协重庆市铜梁区第十届委员会第四次会议关于政协重庆市铜梁区第十届委员会常务委员会工作报告的决议、关于十届三次会议以来提案工作情况的报告的决议(草案)；通过政协重庆市铜梁区第十届委员会第四次会议决议(草案)。

1月5-7日　重庆市铜梁区第十七届人民代表大会第四次会议在铜梁城区召开。应到区人大代表269人，实到人大代表263人。会议表决通过区第十七届人民代表大会有关专门委员会主任委员名单；表决通过关于区人民政府工作报告的决议、关于区2019年国民经济和社会发展计划执行情况及2020年国民经济和社会发展计划的决议、关于区2019年财政预算执行情况和2020年区级财政预算的决议、关于区人大常委会工作报告的决议、关于区人民法院工作报告的决议、关于区人民检察院工作报告的决议、关于议案的决定。大会举行宪法宣誓仪式，新当选的区人民政府区长、区人民法院院长、区人大常委会委员和区人大有关专委会主任委员面向国旗庄严宣誓。

1月13日　铜梁区首支民间专业应急救援志愿者队伍——铜龙应急救援大队成立。该救援大队下设地质、地震、高空救援、水域救援、通信保障和后勤保障等分队。

1月16日　全区“不忘初心、牢记使命”主题教育总结会召开。强调，要深入学习贯彻习近平总书记在主题教育总结大会上的重要讲话精神，贯彻落实全市主题教育总结会精神，以主题教育为新起点，切实加强党的领导和党的建设，不断深化党的自我革命，持续推动全区各级党组织、广大党员干部不忘初心、牢记使命，为全区改革发展稳定各项事业提高坚强政治保障。

是日　铜梁区召开干部大会，传达学习贯彻市人大五届三次会议和市政协五届三次会议精神。

1月17日　迎新年——2020重庆小幅精品油画邀请展开幕式在铜梁举行。

1月21日　铜梁区举行北环线、西郊环线（飞龙桥）和铜平路口改造工程集中通车活动。这3个项目正式通车，标志着城区环线全线贯通，串起高新区、西郊示范片等重要区域，为全区深入推进工业振兴、乡村振兴、城市提升打下坚实基础、提供可靠保障。

是日　铜梁区召开2020年铜梁籍在外人士暨在铜企业代表座谈会。

1月23日　铜梁区人民政府发出《致从武汉返乡和来铜朋友的一封信》，请大家积极配合，做好新冠病毒疫情防控，共克时艰。

1月24日　按照区委、区政府工作要求，即日起，全区所有网吧、KTV、电竞游戏室等娱乐场所已经全部停业；所有公共文化场所包括博物馆、文化馆、图书馆等也已经暂停对外开放；全区所有的A级景区也暂时关闭。铜梁区各个镇街社区的综合文化服务中心也已经暂停对外开放。

1月25日　铜梁区向重庆市卫健委报告首例确诊新冠肺炎病例。

1月26日　组建铜梁区第一个与确诊新冠肺炎患者密切接触者隔离点——铜梁三合大酒店。同时实行"点长负责制"，组建卫生、防疫、疾控、公安、相关镇街及酒店等工作组24小时值守，"一对一"开展个性化服务和管理工作。

是日　铜梁区委组织部向全区各级党组织和广大党员发布号召，集结来自区级部门的600余名党员干部，组成了28支疫情防控党员干部突击队，充分发挥战斗堡垒作用和先锋模范作用，奔赴防控一线，坚决打赢疫情防控阻击战。

是日　区委书记唐小平，区委副书记、区长姜国杰带队检查全区新型冠状病毒感染的肺炎疫情防控工作。强调要全面落实中央、市委部署要求，严格落实一级响应工作机制，全力以赴、众志成城，科学有序高效做好各项防控工作，坚决打赢疫情防控阻击战。

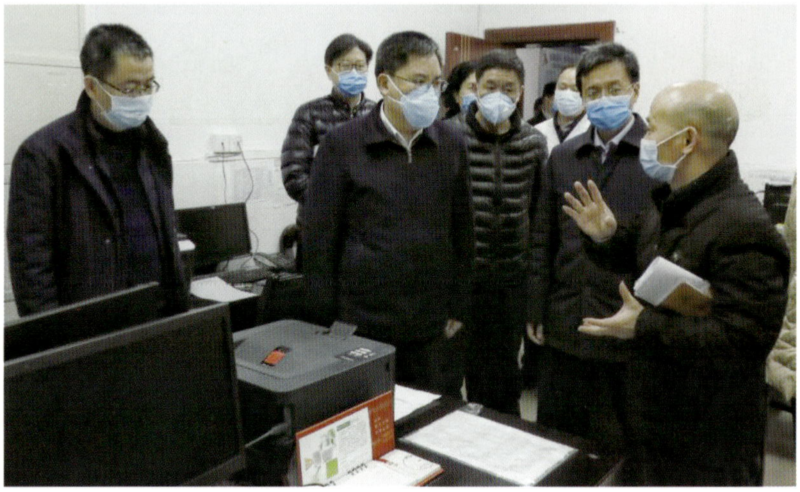

是日　全区53个农贸市场停止活禽交易和宰杀。18时起，暂停部分公共交通，铜梁区属省际班线客运、县际班线客运、包车客运、公交客运、网络预约出租汽车客运、租赁汽车暂时停止营运（区内农村客运，铜梁至少云、安居、中和，铜梁至旧县，铜梁至蒲吕的公交客运除外）；铜梁籍巡游出租汽车运营区域仅限铜梁区行政区域内，驾乘人员要戴好防护口罩，并督促乘客做好实名登记工作；区内各车站及营运的车辆保持通风并每日消毒等。

1月28日　铜梁区人民医院对医院出入通道进行管控，在入口设置预检分诊处，所有进入人员必须接受体温检测。

1月29日　区公安、交通、卫生等部门工作人员组成的健康检测管理组坚守全区主要路口，24小时开展检查检测，把疫情防控工作落地见效。

1月30日　区防控领导小组发布通知，要求即日起，对在全区各个体诊所、门诊部、医务室、村卫生室就诊和零售药店购药的发热、咳嗽人员实行登记报告制度和集中处置制度。区市场监管局执法人员严格按照要求，对城区各大药店进行检查。

是日　区新型冠状病毒感染的肺炎疫情防控工作领导小组综合办公室发出关于进一步加强疫情防控的通告。要求全区所有场镇暂停赶集，居民尽可能居家不外出、不聚集；暂停在公园广场开展一切聚集性活动；暂停烧烤和夜市营业；对进入铜梁辖区内的道路路口，以及辖区的乡道、村道实行最严格的管控；暂停区内班车客运、农村客运、公交客运、水上客运；在城区各小区设置检查点，引导居民尽量居家不外出，对本小区人员返回时做体温检测；原则上本小区外人员和车辆不得进入；全区个体诊所、门诊部、医务室暂停营业；湖北籍人员到指定酒店入住等。

1月31日　区委书记、区新型冠状病毒感染的肺炎疫情防控工作领导小组组长唐小平暗访调度铜梁区疫情防控工作。强调要严格落实防控措施，织密织牢防控网络，群策群力、联防联控，坚决打赢疫情防控这场硬仗。

是日　铜梁区开发启用“疫情防控大数据平台”，外围抓盘查、辖区抓排查、医院抓检查，实现“三查”数据实时“共享”、信息智能比对、精准无遗漏。平台启用至2月18日当天17:30，通过直报系统统计的数据显示，全区购买感冒药和咳嗽药品的市民累计有6626人，发热病人累计60例，已解除居家医学观察23例。

2月1日　区委书记唐小平深入公园、社区、酒店和道路交通检查卡点，暗访督查铜梁区新型冠状病毒感染的肺炎疫情防控工作。强调要进一步把决心下够、把措施上足，全面做细做实防控工作，众志成城、共克时艰，全力以赴打赢疫情防控阻击战。

是日　区新型冠状病毒感染肺炎疑似病例医学观察石鱼病区临时支部委员会成立。

是日　区新型冠状病毒感染的肺炎疫情防控工作领导小组办公室发出警示——为切实做好疫情防控，请您务必做到：不开车、不出门、不上街，减少传染机会；不聚会、不聚集，不接待客人、不走亲串友；若确需采购生活用品，指定一人外出一次性多采购，出门时务必佩戴好口罩，快去快回；如果家里有从外地回来的人员，请及时报告，并自觉隔离14天；凡是家人或周边人员出现发热、咳嗽、胸闷、气促等症状，第一时间拨打镇街值班室或卫生院电话报告等。

2月2日　铜梁区首批10名医务人员逆行出征援助湖北，同舟共济抗击“新冠肺炎”。首批出征的医务人员来自区人民医院和区中医院重症科、呼吸科一线护理骨干。

2月4日　中共重庆市铜梁区委政法委员会、重庆市铜梁区人民法院、重庆市铜梁区人民检察院、重庆市铜梁区公安局、重庆市铜梁区司法局联合发出了《铜梁区关于依法处置新型冠状病毒感染的肺炎疫情防控期间十八种违法违规行为的通告》。

2月5日　区委书记唐小平实地检查调研铜梁区疫情防控生活物资保障工作。强调要开足马力生产，精准科学调度，为打赢疫情防控阻击战提供充足的生活物资保障。

2月6日　铜梁区正式开通抗击疫情免费心理援助热线，有效疏导疫情防控期间居民出现的恐慌、紧张、焦虑等情绪。援助热线开通至2月15日，接到来电16起，其中有关心理问题的咨询11起。

2月7日　区委书记唐小平调度全区重点项目推进工作。强调要按照中央、市委部署要求，在全力做好疫情防控工作的同时，精准有序推进重点项目开工复工，做到“两手抓”“两手硬”，努力实现经济社会发展预期目标。

是日　受区委书记唐小平、区长姜国杰的委托，区委常委、组织部部长张波代表区委、区政府前往西河镇三善村，看望慰问在疫情防控中因公殉职的张远富亲属，为他们送去党和政府的关怀和温暖。

是日　铜梁区龙泽水务有限责任公司派出工作检查组，对区内小北海水厂和19个制水车间（原镇街水厂）落实疫情防控应急工作方案、保障供水安全等进行专项检查。

2月8日　为做到防控新冠肺炎和蔬菜生产两不误，各镇街在做好农民工疫情防护的基础上，逐步展开春夏菜移栽工作，以确保蔬菜不误农时，保证市场供应。全区春夏季蔬菜种植面积在10万亩以上。

2月10日　铜梁区召开疫情防控市场监管工作推进会。强调要引导企业拓宽购买渠道，解决口罩等重要物资保供问题；要督促企业积极落实主体责任，自觉做好经营场所消杀工作，配齐体温枪、体温仪等检测设备；要持续做好城乡人居环境综合治理，不断加大对假冒伪劣、哄抬物价等违法行为的打击力度，继续加强野生动物交易、活禽宰杀点关闭、冻库及生鲜食品检查、餐具消毒等监管力度；要提前谋划，按照区委、区政府工作要求，做好各行业企业复工复产的准备工作，对达不到条件的企业一律不得复工复产。

是日　区生态环境局对复工复产企业开展环境执法检查，确保复产环境安全形势稳定，保障疫情防控期间环境质量。

2月11日　由区人民医院和区中医院22位医护人员组成的第二批支援湖北医疗队，紧急奔赴湖北孝感开展新冠肺炎救治工作。

是日　市应急管理局局长冉进红带队来铜，调研铜梁区新冠肺炎疫情防控和企业复工复产安全生产工作。

2月12日　重庆市政协主席王炯到铜梁检查指导提高密切接触人员集中隔离水平工作。强调，各个岗位关口要做到守土有责、守土担责、守土尽责，把每一个环节都管住管好。要着力提高集中隔离程度，做到应隔尽隔，严格管理到位，服务保障到位。要继续关心关爱一线医务人员工作、生活和家庭，确保疫情防控各项工作落细落实。

2月13日　区农业农村委通过协调共储备水稻、玉米和蔬菜种子约19.25万千克，以保障疫情期间物资供应充足。

是日　区委书记唐小平以“四不两直”方式，随机督查铜梁区城乡接合部和场镇防疫工作。强调要加强发热病人直报联动排查工作。社区是疫情联防联控的第一线，要做好盘查登记工作，减少人员流动和聚集。同时，要注重把社区居民充分发动起来，把少云志愿者的作用发挥出来，让大家积极支持参与疫情防控工作。同时还指出，要重视小喇叭宣传和街面秩序管控工作，对群众无事外出、不戴口罩等行为要加强劝导。

是日　铜梁区第一例新冠肺炎患者出院。

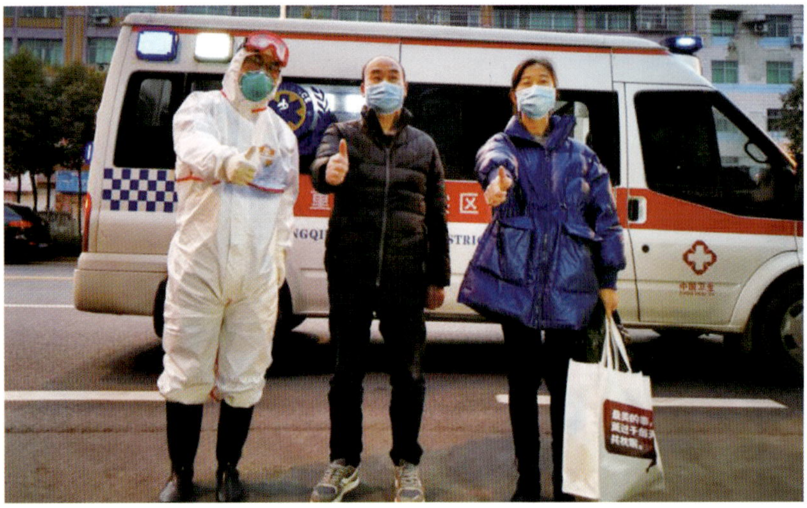

2月14日　区委书记唐小平来到高新区管委会、区市民服务和营商环境促进中心、区融媒体中心，实地调研指导企业复工复产和窗口一线单位疫情防控工作。

2月15日　铜梁区建立城区街面“街长负责制”，每条主街分别由区领导担任“街长”，加强对城区街面的疫情管控。

2月16日　铜梁区几家大型超市营业，除保留一个进出口外，进场购物的市民全部戴口罩、量体温、消毒，未佩戴口罩的顾客一律禁止入内。

是日　全区疫情防控指挥部调度会议召开。区委书记唐小平主持会议并讲话。会议听取了区领导下沉镇街检查指导工作、街长制落实情况等汇报，研究部署疫情防控、企业复工复产、农村春耕春播等重点工作。强调要积极稳妥、有力有序推动企业复工复产，同时要抓好春耕生产，保障农资供应，深入开展农村人居环境整治，扎实做好“三农”工作。

2月17日　截至目前，铜梁区三合大酒店和智溢酒店两个密切接触者集中隔离医学观察点，先后接纳64名与确诊病例的密切接触者。被隔离人员最小为5月龄，最大为76岁。

是日　全区疫情防控工作会议召开。强调要有序有限推动企业复工复产。要成立企业安全复工复产分指挥部，“一企一策”制定企业安全复工复产的精细方案，“一企一人”加强日常防疫工作督促指导，确保疫情可控、开工有序。

2月18日　铜梁区金融业、电力和药店行业复工复产工作会召开。

是日　铜梁区人民法院采取网络庭审方式开庭审理一起离婚纠纷案件，是该院第一例网络庭审案。

2月20日　来自区人民医院和区中医院的31名医护人员作为铜梁区第三批支援湖北医疗队出征，驰援疫情阻击战前线。

2月23日　区委常委会扩大会议暨区新冠肺炎疫情防控指挥部会议召开。会议要求，要深刻领会把握“疫情防控工作到了最吃劲的关键阶段”的科学判断，始终保持头脑清醒、保持工作强度，打起十二分精神，坚决克服麻痹思想、厌战情绪、侥幸心理、松劲心态，在思想上防松懈、工作上防粗糙，咬紧牙关、毫不放松抓紧抓细抓实各项防控工作，不获全胜决不轻言成功。

2月24日　铜梁首班超长线返岗复工专车从铜梁汽车北站出发。来自铜梁各镇街的24名工人，在进行体温检测、信息登记、行李消毒、信息核实确认等准备工作后，登上“复工专车”，从铜梁出发直达目的地浙江温州。

2月26日　区委书记唐小平深入石鱼镇、虎峰镇，走村串户，察看农家卫生、垃圾清运，以及场镇疫情防控等情况，实地检查调研铜梁区疫情防控和农村人居环境整治工作。指出，全区上下要按照中央、市委部署要求，坚持一手抓疫情防控，一手抓经济社会发展，做到两手抓、两手硬，有力有序恢复正常生产生活秩序。

2月27日　在城区公交运力逐渐恢复的同时，全区80余辆出租车和网约车恢复运营，满足城区市民出行需求。

是日　区委常委会召开扩大会议，研究部署统筹推进新冠肺炎疫情防控和经济社会发展，切实抓好乡村振兴和脱贫攻坚等有关工作。会议强调，随着全面复工复产、有序恢复正常生产生活秩序，人员流动性增大，疫情防控形势变得更加复杂多变，要继续保持战时状态，毫不放松、打起十二分精神，抓实抓细各项防控工作，直到战“疫”取得全面胜利。

2月28日　为帮助企业尽快有序复工复产，铜梁区实行“一人一厂”驻厂专员制度，由区委组织部选派186名驻厂专员，负责对已复工复产企业进行每日现场检查，督促企业抓好日常防疫工作，保障安全生产。

是日　开展疫情防控一线新发展党员集中入党宣誓活动。铜梁区支援湖北孝感的3名入党积极分子，与身在铜梁本地战“疫”一线的19名同志一起，分别在重庆市支援湖北孝感前方指挥部、区会议中心、区传染性疾病石鱼病区三地，通过视频连线一起完成入党宣誓，成为光荣的中国共产党预备党员。全区共在疫情防控一线发展党员22名。

是日　区委常委会召开会议，听取全区统筹推进疫情防控和经济社会发展工作汇报，研究部署疫情防控、农业生产、脱贫攻坚等工作。会议强调要继续强化内防扩散措施，落实“片长制”“街长制”“点长制”，严格人员密集场所管理。

2月29日　铜梁区新华书店的工人们及时将180万册教材送到全区90多所中小学9万多名中小学生手上，确保疫情防控期间中小学生停课不停学。

是月　铜梁区从党费中拨付专项党费用于支持全区各级党组织开展新型冠状病毒感染的肺炎疫

情防控工作。按照每个村(社区)5000元的标准,向各镇街党(工)委拨付党费用于支持疫情防控工作,共将拨付党费166.5万元。

是月　新冠肺炎疫情暴发以来,来自全区机关事业单位、社会组织、企业工厂、社区村社的1.85万名少云志愿者,持续有序地开展"疫"战到底志愿服务活动。在全区各地开展疫情防控知识宣传普及、物资配送、心理咨询、一对一结对关爱一线医护人员家庭等。

是月　铜梁区坚持一手抓疫情防控,一手抓生产发展,在坚决做好疫情防控工作的同时,全力做好稳企稳岗稳就业各项工作。截至2月,通过"线上招聘"已吸引52家企业在网上发布招聘岗位2228个,帮助铜梁高新区20余家复工复产企业新招工500余人,推动经济发展持续稳定向好。

是月　为降低普通患者去医院就诊带来的交叉感染风险,区人民医院正式开通互联网"线上问诊"在线服务,163名医生免费提供在线问诊服务,群众足不出户即可向专业医生进行在线问诊、咨询。

是月　铜梁区充分发挥失业保险在支持和稳定就业方面的作用,全区按时足额发放失业保险金,确保失业人员最低生活保障。截至2月底,全区共发放失业金2320人次339万元,代交失业人员医保114万元;配合区发改委物价上涨挂钩联动机制,从失业基金中对低收入的失业职工按时发放价格临时补贴2278人次12万元。发放技能提升补贴434人71万元,发放一次性就业创业金31人43万元。

3月10日　国务院应对新冠肺炎疫情联防联控机制第十四指导组组长、国家卫生健康委疾控局原副巡视员孙新华率队到铜梁检查指导疫情防控工作。指导组一行先后前往重庆威诺华光电科技有限公司、区人民医院、区疾控中心、区社会福利中心等地,通过实地察看、查阅资料、询问了解等方式,详细了解铜梁区疫情防控、企业复工复产等措施落实情况。

3月11日　中国共产党重庆市铜梁区第十五届纪律检查委员会第五次全体会议召开。强调一以贯之、坚定不移全面从严治党,坚持和完善党和国家监督体系,强化对权力运行的制约和监督,持续深入肃清孙政才恶劣影响和薄熙来、王立军流毒,久久为功营造良好政治生态,确保党中央决策部署贯彻落实,为奋力夺取疫情防控和经济社会发展双胜利、决胜全面建成小康社会、决战脱贫攻坚提供坚强保障。

3月12日　铜梁区最后一例新冠肺炎确诊患者从永川定点救治医院治愈出院。至此，铜梁区10名新冠肺炎确诊患者实现“清零”。

3月15日　区人民政府新闻办公室组织召开新冠肺炎疫情防控工作新闻发布会，发布全区疫情基本情况、日常医疗服务、企业复工复产和生产经营有关政策等。截至3月14日24时，全区累计报告确诊病例10例，已治愈出院10例。全区已连续24天无新增确诊病例报告。在加强疫情防控的基础上，全区区级医疗机构、社区卫生服务中心、镇（中心）卫生院、民营医院、村卫生室、个体诊所日常医疗服务已全面恢复。全区各镇街规上工业企业复工率达到100%，返岗率97.6%；规下工业企业复工率81.99%，返岗率75.9%。全区通过深入开展“把老乡留在老家”专项行动，制作并广泛推送“龙乡求职通”，已留下老乡近5000人。为支持企业复工复产和生产经营，区财政局、区税务局等部门推出一系列优惠政策，帮助企业渡过困难期。

3月17日　潼南区党政代表团到铜梁，考察区城市规划展览馆、区市民服务和营商环境促进中心、龙城天街商圈、重庆庆兰实业有限责任公司、玄天湖绿道、原乡中央公园、西郊示范片，实地了解铜梁工业振兴、乡村振兴和城市提升等方面情况。

3月18日　铜梁玄天湖景区获批为国家AAAA级旅游景区。

是日　重庆市政府副秘书长游贤勇率调研组到铜梁调研成渝现代高效特色农业带建设工作。

3月19日　铜梁区党建工作会议召开。强调要对标对表、知重负重，进一步压紧压实管党治党政治责任，全面开创新时代全区党的建设工作新局面，为奋力夺取疫情防控和经济社会发展双胜利、确保全面建成小康社会和“十三五”规划圆满收官提供坚强组织保证。

3月20日　铜梁区举行2020年第一季度工业投资项目集中开工活动（重庆市2020年工业投资项目集中开工视频连线活动铜梁区分现场）。此次集中开工17个工业投资项目，包括重庆市鹿享家科技有限公司智能锁生产、重庆会通新材料有限公司改性塑料生产等项目，计划总投资106亿元，达产后年产值150亿元，全年计划完成投资68亿元。

3月21日　区委书记唐小平，区委副书记、区长姜国杰以普通市民身份，到龙城大道一家火锅店涮火锅，以实际行动带头消费，提振市民消费信心，助力餐饮消费全面复苏。

3月25日　全区24个行业累计复工复产单位5810家、复工复产率97.6%，已复工复产单位返岗员工10万余人、返岗率98%，个体工商户复工复产48796家，复工率99.5%。规上工业企业、农业企业、十大服务行业、全区中小微企业、市级重点项目已全面复工。

3月27日　新华网报道：铜梁区高新工业园区电梯生产专用厂家重庆威斯特电梯公司成功开发出具有消毒功能的智慧电梯并投入市场。

3月31日　铜梁区开展"致敬·2020清明祭英烈"活动，并通过线上直播的方式，向社会展现祭扫实况，引导市民"足不出户"瞻仰、缅怀革命烈士。

是日　重庆市委宣传部未成年人工作处处长李恬带队到铜梁调研未成年人心理健康辅导工作。

是月　成渝地区双城经济圈轨道交通遂潼铜段建设合作座谈会在潼南区召开。会上，四川省遂宁市和重庆市铜梁区、潼南区三地共同签订《成渝地区双城经济圈轨道交通遂潼铜段项目合作框架协议》。

是月　铜梁区11名支援湖北孝感医护人员获孝感团市委通报表彰。其中，区人民医院张清清、张瑜、王松和区中医院李蓉、周月梅、贾莹莹、唐小芬、黄卫获"孝感市优秀共青团员"称号，区人民医院的刘征、李婉娜和区中医院的陈夏燕获"孝感市优秀共青团干部"称号。

是月　全区广大共产党员响应党中央号召，为支持新冠肺炎疫情防控工作踊跃捐款。截至3月31日，全区1217个党组织、32822名党员捐款251万余元。此次所捐款项统一上缴中央组织部用于慰问战斗在疫情防控斗争第一线的医务人员、基层干部群众、公安民警和社区工作者等，资助因患新冠肺炎而遇到生活困难的群众和因患新冠肺炎去世的群众家属，慰问在疫情防控斗争中牺牲的干部群众家属等。

是月　重庆市科技局公布第四批市级星创天地备案名单，铜梁枳壳星创天地上榜。该星创天地由重庆市铜梁区子奇药材有限公司建成，位于南城街道西来村，主要进行枳壳的种子筛选、品种选育、种苗培育、规范种植、加工销售、产品开发、技术指导等一系列研究。

是月　重庆市规划和自然资源局公布重庆市第一批绿色矿山名单。铜梁区隆耀建材采矿场、涪鑫矿业采矿场、荣丰建材采矿场、足龙建材采矿场4家矿山获评市级绿色矿山。

4月1日　区委组织部召开首个农村股份经济合作联合社成立大会，宣布“土桥镇六赢村股份经济合作联合社”成立并授牌，选举理事、监事以及股民代表等。

4月6日　区委书记唐小平调研铜梁区原乡中央公园、望山公园、见水公园、玄天秀水生态画廊等城市提升重点项目建设。强调，城市是人民的城市，人民城市为人民。要坚持新发展理念，深研城市美学，做到“道法自然”，遵循城市哲学，坚持“以人为本”，打造国际大都市后花园。

4月8日　区侨联与巴川街道正街社区举行“侨胞之家”揭牌仪式，铜梁区首个“侨胞之家”挂牌成立。

是日　重庆市卫生健康委“重庆好医生、重庆好护士”2020年第一季度特别人物“战疫英雄”名单出炉，全市共有96名医护人员被评为“战疫英雄”。铜梁区人民医院重症医学科主管护师方旭、区中医院重症医学科主治中医师张刘入选。

4月12日　铜梁支援湖北医疗队12名队员凯旋，受到各界热烈欢迎。至此，铜梁支援湖北医疗队的63名医护人员全部平安返铜。

4月14日　巫山县人大常委会主任谭观银带领考察团来铜，联系对口帮扶文化旅游工作。

4月16日　区疫情防控工作指挥部专题调度会议召开，研究布置开学复课有关工作。要求进一步落细落实防控举措，确保开学复课安全有序、万无一失。

4月21日　铜梁区党政代表团前往四川省遂宁市考察，两市区共同签署战略合作框架协议。

4月24日　中国共产党重庆市铜梁区第十五届委员会第十次全体会议召开。听取讨论区委书记唐小平代表区委常委会做的贯彻落实习近平总书记视察重庆讲话精神，在解决“两不愁三保障”突出问题座谈会上的重要讲话精神工作情况报告，以及全面融入成渝地区双城经济圈建设的讲话，审议通过《中共重庆市铜梁区委关于全面融入成渝地区双城经济圈建设的决定》和全会决议。

是月　铜梁中学被空军招飞局成都选拔中心评为“空军招飞工作先进学校”。

5月9日　在重庆主城都市区工作座谈会上，铜梁被明确为主城都市区。

5月15日　铜梁区委书记唐小平参加“贯彻主城都市区工作座谈会精神”系列访谈时表示，铜梁其势“一马平川”，理应“一马当先”。作为桥头堡城市，铜梁将加快“融入主城”，在重庆发挥“三个作用”中当好高质量发展“主力军”；积极“融合周边”，在川渝毗邻地区一体化发展中当好“突击队”，撑起渝西门户、守住战略支点，在“双城”之间中部地区加快崛起。

5月21日　武隆区政协主席潘晓成带队到铜梁考察。实地考察铜梁区在成渝地区双城经济圈发展中区域空间布局、城市建设定位、产城融合发展等工作的经验和做法。

5月22日　区委书记唐小平，区委副书记、区长姜国杰会见GSI朗基尔集团亚太区总裁郭迪飞一行，双方就加快推进铜梁项目建设投产、培育复合材料应用产业集群、打造中国复合材料汽车零部件应用基地、建立总部经济等方面合作事宜进行深入交流与洽谈。

是日　重庆市副市长李明清到铜梁督查脱贫攻坚工作，调研铜梁区乡村振兴试验示范和农村人居环境整治工作。

5月25日　重庆市人大常委会副主任王越带领市人大调研组到铜梁调研规范性文件备案审查工作。

是日　区非物质文化遗产保护中心、铜梁二中、铜梁职教中心等3家单位被市文化旅游委评定为第一批市级非物质文化遗产传习所，重点传承“铜梁龙舞”文化。

5月26日　区委书记唐小平，区委副书记、区长姜国杰会见国网重庆市电力公司董事长、党委书记陈连凯一行，双方就进一步加大在铜投资力度，加强农村薄弱电网改造、优化骨干电网结构、精准服务企业、助力脱贫攻坚，推动地方经济社会高质量发展合作事宜进行深入交流与洽谈。

5月27日　沙坪坝区党政代表团到铜梁考察。代表团先后前往区城市规划展览馆、高新区科创中心、玄天秀水生态画廊、原乡中央公园和西郊示范片，实地了解铜梁区工业振兴、乡村振兴和城市提升等方面情况。

5月28日　区委书记唐小平，区委副书记、区长姜国杰会见中国光大银行重庆市分行党委书记、行长唐健一行，双方就进一步深化政银合作、金融机构设置、服务实体经济、推动铜梁高质量发展等方面事宜进行深入交流与洽谈。

是日　重庆市副市长李波到铜梁调研经济社会发展情况。

是月　市域快线壁铜线节点工程铜梁站开建。壁铜线全长37.5千米，设计时速140千米。

6月4日　区委书记唐小平，区委副书记、区长姜国杰率铜梁区党政代表团赴沙坪坝区、荣昌区学习考察，进一步深化互利合作，实现优势互补，在推进重庆主城都市区高质量发展、建设成渝地区双城经济圈中担当作为。

6月8日　铜梁区召开脱贫攻坚“百日大会战”工作推进会。传达学习全市脱贫攻坚与乡村振兴衔接试点工作座谈会暨渝东北三峡库区城镇群深度贫困乡镇脱贫攻坚工作推进现场会精神，进一步查找当前全区住房安全、饮水保障、产业发展、消费扶贫等方面存在的问题，安排下一步工作。

6月9日　航天云网西南工业互联网赋能中心、重庆工业互联网学院（筹）揭牌及签约活动在铜梁举行。航天云网是中国航天科工集团以互联网、云计算、大数据技术应用为基础，打造的国家首个工业互联网公共服务平台，入选全国数字化转型伙伴行动首批平台。

6月11日　铜梁区党政代表团赴资阳市交流考察。两地召开座谈会并签署战略合作框架协议，将重点围绕基础设施建设、产业协同发展等方面深化战略合作，携手提升两地营商环境，构建成渝中轴线城市联盟，助推两地经济高质量发展，为推进成渝地区双城经济圈建设贡献力量。

6月16日　由铜梁区委、区政府、重庆市政府驻广东办事处共同主办的广铜“一带一路”高新技术产业合作区美丽健康产业推介会在广州举行，30余家企业参加推介会。

6月17日　西藏昌都市、芒康县村党支部书记培训班在铜梁区开班。培训活动围绕党性教育、脱贫攻坚、乡村振兴等重点内容，采取专题讲座、视频教学、现场教学等方式，帮助西藏基层干部深入了解党的路线方针政策，提升脱贫攻坚和乡村振兴实效。培训为期10天，共51名学员参训。

6月24日　重庆市文化旅游委公布市级乡村旅游重点村遴选建议名单，南城街道黄桷门村入选。

6月28日　广铜“一带一路”高新技术产业合作区项目云开工活动举行。深圳铭利达精密技术股份有限公司、东莞元昊实业有限公司、广州车舟零配件有限公司等13个项目集中开工，涉及智能制造、新材料、电子信息等领域，总投资金额86亿元。

6月29日　铜梁至安岳重庆段高速公路开工。该路段全长约48.8千米，设计双向六车道。项目起于渝遂复线一期高速公路南环枢纽互通，止于川渝省界谭家坝伏龙溪，预计工期3年。

6月30日　重庆市高法院党组书记、院长杨临萍率队到铜梁调研。实地了解铜梁区营商环境打造、社区治理创新、工业振兴、乡村振兴和城市提升等，调研指导区法院做好“六稳”工作、落实“六保”任务情况，希望铜梁法院以推进“诉源治理”为抓手，打造司法服务乡村的铜梁经验，持续提升审判执行工作效能。

7月1日　邱少云烈士故居正式对外开放，铜梁区200多名党员干部、少云志愿者在烈士故居举行纪念建党99周年重温入党誓词活动，深情缅怀英烈，开展革命教育，弘扬少云精神，传承红色基因。

7月2–3日　重庆市人大常委会主任张轩率市人大常委会执法检查组，赴潼南区、铜梁区就《重庆市全民健身条例》贯彻实施情况开展执法检查。

7月3日　区委组织部和遂宁市委组织部签署党建区域化发展、人才一体化发展、党校合作共建、党史研究合作4个协议，探索两地组织部门协作路径，推动成渝地区双城经济圈建设。

7月8日　重庆市委常委、政法委书记刘强在潼南区、铜梁区调研时强调，要深入学习贯彻习近平总书记关于平安建设系列重要指示精神，按照中央决策部署和重庆市委要求，不断强化风险意识和底线思维，狠抓平安建设各项措施落实，有效防范化解重大风险，全力确保重庆市社会大局持续稳定。

7月9日　国家文旅部公示第二批全国乡村旅游重点村拟入选名单，铜梁区土桥镇六赢村入围。

是日　区委书记唐小平来到原乡中央公园、白龙大道交通节点、铜梁高新区等地，实地调研铜梁区部分重点项目建设推进情况。

7月14日　区委书记唐小平到区信访办接待群众来访，倾听群众诉求，现场研究解决问题。

7月15日　重庆市政协副主席，民盟中央常委、重庆市委主委吴刚率队到铜梁调研，先后前往区市民服务和营商环境促进中心、区社会治理创新中心、高新区科创中心、重庆庆兰实业有限公司、乡村振兴西郊示范片、西来村会客厅、河水村会客厅等，实地调研了解铜梁工业振兴、乡村振兴、城市提升、营商环境和社会治理等方面情况。

7月20日　重庆市委常委、宣传部部长张鸣前往潼南区、铜梁区巡河。强调，要深入贯彻落实习近平总书记重要讲话精神和市委部署要求，始终把保障人民生命财产安全放在第一位，守土有责、守土尽责，扎实有效做好防汛救灾各项工作。

7月23日　区委书记唐小平到高新区调研，宣讲习近平总书记在企业家座谈会上的重要讲话精神。强调要把总书记对企业的关心关怀转化为强大发展动力，着力构建更好的政治生态、产业生态、创新生态、自然生态，千方百计为企业纾困解难，推动各类市场主体健康发展。

是日　铜梁区举行年轻干部“学讲话看变化增信心明决心”主题调研成果汇报会。

7月24-26日　在龙城天街商圈南广场开展“铜梁—巫山2020消费扶贫购物节暨双城经济圈建设铜梁—遂宁2020特色商品购物节”，购物节期间，线上线下销售金额达600万元。

7月25日　《农民日报》发布2019中国乡村振兴先锋十大榜样，铜梁以“农区即景区”的宜居宜业宜游新乡村入选，是重庆市唯一获评区县。

7月26-28日　唐小平带队赴北京市、广东省招商引资。先后走访考察航天云网科技发展有限责任公司、广东（佛冈）万洋众创城等企业，详细了解企业发展战略、业务布局、技术创新、运营模式等情况，洽谈合作事宜。并在广州市白云区举行“西部美谷”产业发展座谈会，推介投资环境，广邀企业来铜投资，确保取得更好招商实效，推动铜梁经济社会高质量发展。

7月27日　南川区人大常委会主任康纪强带领南川区党政考察团来铜考察。考察团先后前往铜梁区三角梅基地、南城街道西来村会客厅、土桥镇河水村会客厅和原乡中央公园等地，实地了解铜梁乡村振兴西郊示范片建设发展情况并给予高度评价。

7月31日　琼江沿岸的四川资阳市、遂宁市，重庆市潼南区、铜梁区等区县河长制工作相关负责人，在琼江铜梁少云段开展联合巡河，交流讨论深化川渝两地流域水污染防治联防联控机制，推动琼江流域实现共治共管共享。

是月　当代党员杂志社一行到铜梁调研采访，实地了解铜梁乡村组织振兴实验示范区建设、乡村带头人年轻人队伍培育、实施“五治五力”提升行动、打造“人才三宝”等工作情况。

8月1日　全区党政联席会议召开。强调，要深入学习贯彻习近平总书记7月30日在中央政治局会议上的重要讲话精神，认真贯彻落实全市2020年区县半年度经济工作视频交流会议精神，进一步增强信心、保持定力，提振精气神，大战三季度，全力以赴抓好下半年经济工作，奋力实现经济社会发展目标任务。

8月3日　区委书记唐小平会见广东紫文星电子科技有限公司董事长孙建成、广州科学城集团有限公司总经理助理匡粤生等一行，双方就推动大数据智能化创新、发展壮大电子信息产业、促进合作项目尽快落地投产、加快推进广铜“一带一路”高新技术产业合作区建设等事宜进行深入交流与洽谈。

是日　铜梁区太平镇坪漆村入围重庆市脱贫攻坚与乡村振兴有机衔接试点村。将围绕巩固扩大脱贫攻坚成果、改善农村基础设施、发展壮大乡村产业等八个方面开展试点，全市共18个乡镇、18个村入围。

8月4日　重庆市全面建成小康社会补短板暨成片推进农村人居环境整治工作会在铜梁召开，重庆市副市长李明清充分肯定铜梁乡村治理和人居环境积分制有关工作。

8月11日　全区防汛应急工作会议召开。强调要立即启动防汛应急响应，切实提高群众防洪意识，强化雨情、水情、汛情监测预报和分析研判，加强沿江重点部位、重要地段巡逻值守，调集足够的应急救援力量、装备和物资。

8月12日　区委书记唐小平赴安居镇现场调度涪江洪峰过境防汛工作。强调要始终把保障人民生命财产安全放在第一位，坚守岗位，严阵以待，打起十二分精神，抓细抓实防汛各项工作，确保安全度汛万无一失。

是日　区委书记唐小平在调研铜梁区城市提升工作时指出，要加强公园后续建设管护，不断完善城市功能，扮亮城市客厅。要全力推进儿童公园项目建设，为市民提供更多休闲娱乐空间。要全面拉开淮远新区、科创新城建设大幕，突出抓好龙文化演艺中心、科创大道、英才大道等重点项目建设，加快建设100平方千米、100万人口的国际大都市后花园，努力推动高质量发展、创造高品质生活。

是日　山东省济南市历下区委副书记、区长李国强率队到铜梁，学习考察铜梁区“雪亮工程”建设情况。先后前往区社会治理创新中心、南城街道社会治理指挥中心、南城街道河东村社会治理指挥中心等地，实地参观考察“雪亮工程”建设、社会治理创新等工作情况。

8月14日　重庆市委书记陈敏尔前往潼南区、铜梁区，调研“十三五”收官和谋划“十四五”发展工作。强调要认真落实党中央决策部署，积极主动融入成渝地区双城经济圈建设，扎实有效地推进新型城镇化，加快培育新的增长点，奋力谱写高质量发展新篇章。

8月15日　重庆市副市长李波到铜梁调研指导防汛救灾工作，实地察看涪江水情、水位变化，分析雨情汛情，检查应急准备、隐患排查工作，听取防汛救灾情况汇报。

8月16日　重庆市委常委、组织部部长胡文容到铜梁调研，充分肯定铜梁乡村组织振兴试验示范区建设成果。

8月16–20日　铜梁区为应对“8·17”过境洪峰，在旧县街道、安居镇、白羊镇、少云镇、高楼镇5个镇街设置安置点8个，紧急转移安置7518人。

8月17日　区委书记唐小平会见云丁网络技术（北京）有限公司董事长陈彬一行，双方就发展智能制造产业、建设智慧化工厂、深化拓展合作领域、推动铜梁经济高质量发展等方面事宜进行深入交流与洽谈。

8月18日　受四川普降暴雨影响，铜梁区迎来2020年以来涪江最大的过境洪峰。截至16时，涪江铜梁段洪水最高水位达到220.33米，超过保证水位近3米。

是日　区委书记唐小平，区委副书记、区长姜国杰到安居镇现场调度涪江洪峰过境应对工作并召开防汛调度工作会。听取洪峰过境应对工作情况汇报，与防汛专家细致探讨交流，深入分析研判防洪形势，科学部署下一步防汛救灾工作。

是日　广铜"一带一路"高新技术产业合作区"西部美谷"集中签约活动举行。万洋众创城投资集团有限公司、思特（广东）投资有限公司、广州扬意化妆品有限公司等12家企业落户铜梁，计划总投资150亿元。

8月19日　重庆市政协副主席、民进重庆市委员会主委陈贵云率队到铜梁调研，实地前往重庆和泰润佳有限公司生产车间、区城市规划展览馆、区乡村振兴展览馆等地，参观调研铜梁城市提升、产城融合、乡村振兴等工作情况。

8月25日　铜梁区企业家座谈会召开。强调，要深入学习贯彻习近平总书记在企业家座谈会和经济社会领域专家座谈会上的重要讲话精神，认真贯彻落实全市企业家座谈会精神，进一步增强信心、保持定力，抢抓机遇、担当作为，全面落实“六稳”“六保”任务，千方百计把市场主体保护好培育好，激发市场主体活力，弘扬企业家精神，努力推动铜梁经济社会高质量发展。

8月27日　区委书记唐小平调研全区部分重点项目建设情况，并慰问高温天气下坚守一线岗位的职工。

是月　重庆市规划和自然资源局公布首批实用性村规划示范村名单，铜梁区土桥镇六赢村入选。

9月1日　巫山县党政代表团到铜梁考察，考察团一行先后参观区市民服务和营商环境促进中心、高新区科创中心、巴川街道玉皇村乡村振兴展览馆、荷等，实地了解铜梁营商环境、工业振兴、城市提升和城乡融合发展等情况。

9月4日　全区克服疫情灾情影响确保如期全面脱贫暨脱贫攻坚“收官大决战”动员部署会议召开。强调要全力克服疫情灾情等不利影响，以背水一战的决心发起冲锋冲刺，高质量夺取脱贫攻坚战全面胜利。

9月8日　铜梁区公安局举行授奖仪式，为杨发英颁发“全国公安系统二级英雄模范”荣誉证书和奖章。

9月11日　“双城新发现——成渝主流媒体聚焦双城新经济高质量发展”大型专题报道活动走进铜梁区。采访团一行先后前往铜梁舞龙队训练基地、区城市规划展览馆、区乡村振兴展览馆等地，详细了解铜梁大通道建设、乡村振兴、农旅融合发展、工业发展等情况，通过文字、图片和视频等方式充分展示铜梁在推动成渝地区双城经济圈建设中的亮点措施和成效，为推动成渝地区双城经济圈建设营造良好舆论环境。

9月15日　2020年铜梁区秋冬季新冠肺炎疫情防控应急演练举行。演练桌面模拟出秋冬季新冠肺炎疫情防控应急中可能发生的13个场景，并针对性提出对应的26个问题。参演的医疗救治组、宣传舆情组、社区管控组等10个专项工作组和巴川街道社区卫生服务中心的相关负责人分别做了回应和解答，进一步理顺各自面对疫情防控应急的职能职责、响应措施和工作程序。

是日　2020线上中国国际智能产业博览会——市域社会治理智能化应用场景展在铜梁举行。重庆市域社会治理智能化应用场景展作为2020线上中国国际智能产业博览会线下分会场，以“加强科技支撑 建设平安重庆”为主题，全方位、多角度展示重庆市运用科学信息技术在市域社会治理、防范化解重大风险、矛盾纠纷调解、便民公共服务等方面取得的丰硕成果。

是日　区委书记唐小平，区委副书记、区长姜国杰会见到铜梁出席中国机械工业百强、汽车工业整车二十强、零部件三十强企业信息发布会的中国机械工业联合会会长王瑞祥，工业和信息化部运行监测协调局副局长何海林，中国机械工业联合会执行副会长陈斌、宋晓刚，机械工业信息中心副主任、中国机经网总经理沈波，中国汽车工业协会副秘书长陈士华等，就大力发展汽车产业、积极培育先进制造业集群、推动铜梁经济社会高质量发展等方面事宜进行深入交流与洽谈。

9月16日　第十六届中国机械工业百强发布会在铜梁召开。会议分析当前中国机械工业、汽车工业经济运行状况，对获得2019年度中国机械工业百强、汽车工业整车二十强、零部件三十强的企业进行颁奖。

是日　铜梁区举行2020年第三季度项目集中签约活动。与人民电器集团有限公司、江苏哈工智能机器人股份有限公司、机械工业第六设计研究院有限公司等5个项目签订战略合作协议；国投重庆页岩气开发利用有限公司、浙江天铁实业股份有限公司等17个项目落户铜梁，签约总金额119.75亿元。

9月22日　重庆祥臻自动化科技公司通过铜梁区能源数据中心，从农业银行铜梁支行贷款72.9万元，采购生产急需的20余吨铝材。这是全国首例利用能源数据产品帮助企业贷款的成功案例。

是日　重庆市2020年中国农民丰收节活动在铜梁举行。副市长李明清出席，传达学习习近平总书记向全国广大农民和工作在“三农”战线上的同志们的节日祝贺和诚挚慰问，并宣布“庆丰收·迎小康”重庆市2020年中国农民丰收节活动政治启动。

9月22-23日　全市市域社会治理现代化试点工作现场会在铜梁召开。市委常委、政法委书记刘强出席会议并讲话。强调要在改革创新中不断推进智慧治理，强化市域社会治理科技支撑，推动全市市域社会治理现代化工作取得新成效。会上，铜梁区、綦江区、南岸区、江北区、酉阳县、开州区分别做经验交流发言。

9月24日　“2020全国重点网络媒体记者重庆行”活动走进铜梁。来自全国近60家中央、省级重点新闻网站的记者在西郊绿道一览铜梁乡村振兴的美好画卷，在规划展览馆领略铜梁新时代蓬勃发展的万千气象，到安居古城体会龙舞风韵。

是日　铜梁区“全国老年太极拳之乡”授牌仪式举行。

9月25日　铜梁区开展2020年《新型冠状病毒肺炎防控方案（第七版）》培训会。培训采取视频会议方式进行，区社会治理创新中心设立主会场，各镇街、村（社区）设立分会场。全区各镇街有关负责人、防控工作人员及各村（社区）干部等1800余人参加培训。为疫情防控准备情况再做梳理、查漏补缺，做好防范疫情反弹的各项准备工作。同时，将加强对公众的宣传引导，为打赢疫情防控攻坚战凝聚各方力量，在全社会营造共同抗疫的浓厚氛围。

是日　中央生态环境保护督察整改部署暨全区生态环境保护建设推进会召开。强调，要深学笃用习近平生态文明思想，认真贯彻落实中央生态环境保护督察整改部署暨全市生态环境保护建设推进会精神，切实增强使命感、责任感和紧迫感，以更高的标准、更严的要求、更有力的举措，高质量整改生态环保突出问题，持续推进全区生态环境保护建设。

9月27日　重庆市政府港澳办副主任张娅茜率香港贸易发展局重庆代表处、重庆与世界杂志社等渝港相关部门负责人组成的渝港联合调研组到铜梁调研。进一步了解铜梁对外事港澳服务需求，市政府港澳办将利用现有外事资源，搭建平台，充当媒介，贯通人流、物流和资金流，积极为铜梁牵线搭桥，促进铜梁与香港在各个领域的交流合作不断拓展。

9月28日　区委书记唐小平深入非煤矿山、高层小区、建筑工地和运输公司，实地检查督导全区安全生产工作。

9月29日　全区农村人居环境整治专题会议召开。强调要扎实开展农村人居环境大整治专项行动，积尺寸之功、点滴之功、日月之功，真正把乡村建成人们喜欢的样子。

是日　铜梁区2020年青年普法志愿者法治文化基层行活动启动仪式暨《民法典》大型宣传展举行。旨在进一步提升群众对《民法典》的知晓率和认知度，引导群众遵法、学法、用法、守法，学会用法律捍卫自己的合法权益。

9月30日　铜梁区举行烈士公祭活动。全体区领导同社会各界代表一起，向烈士敬献花篮，缅怀革命先烈，弘扬烈士精神。

是月　区中医院吴婷婷荣获中共中央、国务院、中央军委抗疫先进个人称号。

是月　铜梁区纳入全市首批"信用承诺"试点区县。

是月　农业农村部官网公布铜梁入选"互联网+"农产品出村进城工程试点县。

是月　中宣部反非法反违禁局局长张强、市委宣传部副部长李鹏率队到铜梁调研"扫黄打非"工作，实地参观考察区规划展览馆、街道和村级"扫黄打非"工作站等地，充分肯定铜梁经济社会发展和"扫黄打非"工作。

是月　铜梁区美瓷青花陶瓷套装刀和原乡小艾"迷你灸"获2020"重庆好礼"铜奖，天星寨葛粉540克装入选2020外事礼品名单。

是月　中国气象局预报司副司长刘建军、重庆市气象局局长顾建峰率队到铜梁调研气象现代化建设、智能气象发展等。

10月1日　铜梁区举行原乡中央公园儿童乐园开园仪式。原乡中央公园儿童乐园于2020年7月底启动建设，历时70余天基本完成建设任务。占地约2.9万平方米，充分体现原乡主题，融入铜梁本地文化，打造原乡部落、原乡森林等2个游乐区域，园内设置丛林飞跃、空中拓展、互动秋千等游乐设备200余套。

10月8日　区委书记唐小平前往平滩、双山、小林、侣俸等镇，实地调研铜梁区农村人居环境整治

工作推进情况。

10月10日　“缅怀英烈 彩绘铜梁”全国中国画名家“少云故里”采风团写生活动正式启动。12名中国画名家走进铜梁采风写生，用手中的画笔助力铜梁加快建成“乡村振兴 山水之城 美丽之地”。

10月14日　市人大常委会副主任周旬率市人大常委会调研组一行到铜梁调研养老服务工作。

10月15日　在成渝地区双城经济圈文旅融合高峰论坛暨第三届T12中国西部文旅产业发展峰会上，铜梁被评为成渝地区双城经济圈·文旅融合发展榜样区县，铜梁西郊花语悠游谷获成渝地区双城经济圈·2020最受欢迎旅游目的地称号。

10月16日　华为技术有限公司“2020智慧城市展车中国行”巡展活动走进铜梁。内容主要涵盖新型智慧城市、行业级智慧化应用理念、城市IOC展示和智慧政务、智慧应急、智慧水利以及其他智慧城市行业解决方案和案例介绍等方面。

是日　遂宁市党政代表团来铜考察，双方就深入贯彻党中央推动成渝地区双城经济圈建设战略部署、进一步深化协同合作、开创合作共赢新局面进行深入交流。

10月18日　中华少年儿童慈善救助基金会“足脊防护专项基金项目”启动仪式在铜梁区中医院举行。仪式上，中华少年儿童慈善救助基金会副秘书长卫中向铜梁区中医院授予项目铜牌，同时向重庆新桥医院脊柱侧弯贫困儿童捐赠善款。

10月20日　中国农技协理事长柯炳生一行来铜调研并为铜梁辣椒科技小院揭牌。

是日　2020年上海市杭州商会重庆考察投资团到铜梁考察工业振兴、乡村振兴、城市提升等情况。

是日　全国双拥模范城(县)命名暨双拥模范单位和个人表彰大会在北京举行。铜梁区获全国双拥模范城(县)称号。

10月20-29日　中国(重庆)第三届长江上游城市花卉艺术博览会(简称城市花博会)在重庆园博园举行。铜梁展区以“原乡风情·大美铜梁”为主题，以“铜梁龙”为特色亮点，挖掘“山水生态绿”“文化传承红”“记忆原乡情”三大文化底色，体现山水田园城融合发展的生态理念，获得综合一等奖。

10月22日　铜梁区举行抗击新冠肺炎疫情市级先进个人和先进集体代表欢迎仪式。全区共有17人荣获“重庆市抗击新冠肺炎疫情先进个人”称号，6个集体荣获“重庆市抗击新冠肺炎疫情先进集体”称号。同时，4人荣获“重庆市优秀共产党员”称号，2个基层党组织荣获“重庆市先进基层党组织”称号。

10月23日　来自巫山县的农村青年致富带头人和铜梁区的电商直播带货负责人、市级脱贫村电商工作人员等在黄桷门电商直播基地参加集中学习培训。学习掌握最前沿的电商直播技能，运用网络直播带货，销售当地农副产品，助力群众增收。

10月24日　由文化和旅游部非物质文化遗产司支持，中国青年网主办的第二届“非遗进校园”优秀实践案例和中国旅游报社主办的“2020非遗与旅游融合发展优秀案例”在济南发布。铜梁龙舞进校园实践案例入选第二届“非遗进校园”十大优秀实践案例。

10月24-25日　2020年重庆英才大会——海归论坛暨第三届中英健康·医疗大数据论坛在铜梁召开。该次论坛以“智联双城·慧聚龙乡”为主题，采取“线上+线下”相结合方式，围绕成渝地区双城经济圈人才协同发展、后疫情时代下数字医疗产业变革与发展等方面开展研讨交流。其间，铜梁区与各合作单位就人才与产业合作、医疗卫生系统合作等举行集中签约仪式，中英指挥医疗研究院等15个项目将落户铜梁。其中与重庆市侨联、重庆市欧美同学会、四川大学、英国华人医疗信息协会等签订了4个项目的合作协议。

10月26日　区政府举行新任命国家工作人员宪法宣誓仪式。区政府新任命的11名国家工作人员参加宣誓仪式。

10月27日　铜梁区"讲政治比贡献创一流树形象"行动比业绩晒业绩活动颁奖仪式暨"青春激辩·献计龙乡"主题辩论赛决赛举行。正方代表队赢得胜利;李龙、胡倩、龚巧3名干部获得"最佳辩手奖"。"讲政治比贡献创一流树形象"行动,旨在通过常态化党性教育、经常性读书交流、深入调查研究、多领域素质培训、多形式主题活动、多层次业绩"比晒",全面提升年轻干部"七种能力",激发年轻干部积极进取、奋发有为的精气神,有针对性地发现、培养和储备年轻干部。

10月29日　区委书记唐小平,区委副书记、区长姜国杰率铜梁区党政代表团赴南岸区、两江新区学习考察,借鉴经验、深化合作,全力推进主城都市区高质量发展,在加快融入成渝地区双城经济圈建设中展现大担当、实现新作为。

10月30日　民建重庆市铜梁区总支成立大会召开。市人大常委会副主任、民建中央常委、民建重庆市委主委沈金强出席会议并讲话,为民建重庆市铜梁区总支授牌授印。

是日　2020"欢跃四季·舞动巴渝"重庆市广场舞展演活动在人民公园举行。全市24支代表队700

多名选手参加展演。

10月30日至11月1日　由重庆市体育局主办，铜梁区体育局承办的2020年重庆市国际式摔跤冠军赛在铜梁区金龙体育馆举行。璧山区来凤中学获得团体冠军，永川区一队获得亚军，荣昌区代表队获得季军。江津区、铜梁区体校、荣昌区、云阳红狮中学获评“体育道德风尚奖”。

10月31日　以“新法规、新机遇、新挑战”为主题的2020年中国化妆品新法规实施研讨会暨化妆品科学技术专业委员会第一届第四次会议在铜梁召开。

是日　由市美术家协会和市油画协会主办的“原乡风情、大美铜梁”为主题的“伍+伍”写生活动暨第三届“到人民中去”主题党日在重庆艺术工程职业学院开幕，百名画家拿起画笔，描绘原乡风情大美铜梁。

是月　航天云网西南工业互联网赋能中心建成投用。赋能中心集智慧园区、产教融合等多功能于一体，在服务政府、企业能力提升，增强区域产业人才等方面发挥作用，为构建适应数字经济新业态与新型工业体系的云制造产业集群生态助力。

是月　在重庆市体育局公布的一批体育旅游精品赛事、体育旅游精品线路、体育旅游综合体中，铜梁区西郊绿道获评为2020年“重庆市体育旅游精品线路”。

是月　西藏自治区芒康县优秀科级干部培训班在铜梁开班，来自芒康县各乡镇、部门的30名科级干部参加培训。

是月　嘉陵江流域生态环境保护立法调研座谈会在铜梁召开。重庆市人大城环委介绍嘉陵江流域生态环境保护协同立法调研有关情况，通报2020年主要工作和2021年工作安排。铜梁、永川、大足等区相关负责人就嘉陵江流域生态环境保护工作开展情况汇报，围绕会议主题提出意见建议。

是月　2020全国医院擂台赛（县域类）“构建和谐医患关系”主题决赛在铜梁区召开，全国56家医院、130余名卫生健康领域工作者参加。

11月1日　第七次全国人口普查开始正式登记。此次普查以2020年11月1日零时为普查标准时点。

11月3日　重庆市政协副主席宋爱荣到铜梁调研。宋爱荣一行先后前往区城市规划展览馆、乡村振兴展览馆、西来村会客厅等地，实地调研铜梁城市提升、乡村振兴、城乡融合发展等方面情况。

11月4日　铜梁区被中国民间文艺家协会命名为“中国龙灯龙舞文化之乡”。

是日　重庆市政协副主席周克勤率队到铜梁调研工业振兴、城市提升、乡村振兴、社会治理、营商环境等情况。

11月5日　民盟重庆市铜梁区总支成立大会召开。市政协副主席、民盟中央常委、民盟重庆市委会主委吴刚出席并讲话，为民盟铜梁总支授印授牌。副区长蒙格丽当选为民盟重庆市铜梁区总支部主委并发言。

是日　北碚区党政代表团到铜梁考察，进一步深化交流合作、共谋未来发展，加快推进主城都市区高质量发展，为推动成渝地区双城经济圈建设做出更大贡献。

11月6日　2020年遂州英才组团招聘西南大学专场暨遂潼铜人才一体化协同发展联合招聘活动举行。此次招聘活动是遂宁市来渝在西南大学开展的组团专场招聘，特邀铜梁区和潼南区参加，为事业单位和学生搭建一个面对面、零距离对接平台。铜梁区19家事业单位提供50余个工作岗位供西南大学和其他高校毕业生挑选。

是日 重庆市政协副主席陈贵云率队到铜梁调研现代高效特色农业带建设工作推进情况。

是日 民进重庆市铜梁区总支成立大会召开。民进重庆市委会主委、市政协副主席陈贵云出席并讲话，为民进铜梁区总支部授牌授印。

11月8日 万莎奥特莱斯铜梁购物中心开业。万莎奥特莱斯是铜梁区重点招商引资项目，位于龙城天街商圈重百商社汇商场负1楼至6楼，是以低折扣新品奥特莱斯品牌特卖为主，影院、餐饮、娱乐为辅的综合性商业广场。

11月9日 区委书记唐小平前往水口镇、二坪镇，向基层干部群众宣讲党的十九届五中全会精神，实地调研脱贫攻坚与乡村振兴有机衔接工作。

11月10日 区委书记唐小平会见碧桂园重庆区域总裁李丹俊一行，双方就房地产开发、建设中央厨房、发展冷链物流等方面合作事宜进行了深入交流与洽谈。

11月11日 铜梁区召开“十四五”规划领导小组工作会议。会议听取铜梁区“十四五”规划建议起草情况和主要经济指标情况汇报。与会人员围绕“十四五”规划编制工作先后发言，并提出意见和建议。

11月12日　区委书记唐小平，区委副书记、区长姜国杰会见中铁置业集团有限公司党委书记、董事长杨智艳一行，双方就开展全方位深度合作，加快安居古城保护开发、发展文旅康养产业、推动城市改造提升等方面事宜进行深入交流与洽谈。

是日　原市政协主席刘志忠、邢元敏等市政协老领导一行来到铜梁考察经济社会发展情况。实地参观考察铜梁区工业振兴、乡村振兴、城市提升、城乡融合发展等情况。

11月12日　铜梁区邱少云烈士纪念馆举行“全国关心下一代党史国史教育基地”授牌仪式。

11月16日　铜梁区召开市级脱贫攻坚成效考核动员部署暨“收官大决战”调度会，安排部署近期脱贫攻坚重点工作。

11月18日　在封面新闻、华西都市报主办，成都市双流区人民政府承办的“成渝十大文旅新地标”颁奖典礼上，铜梁安居古城荣获“巴蜀文化旅游走廊新地标”称号。

是日　区委书记唐小平会见浪潮集团副总裁兼浪潮集团重庆公司总经理纪磊一行，双方就数字经济发展、大数据智能化应用、智慧城市建设等方面合作事宜进行深入交流与洽谈。

是日　铜梁区召开“十四五”规划社会事业领域座谈会。强调要坚决贯彻新发展理念，落实高质量发展要求，坚持开门问策、问计于民，集思广益高质量编制好“十四五”规划。

11月18-19日　浙江省建德市政协主席吴铁民率队到铜梁考察交流。一行人先后前往铜梁区城市规划展览馆、高新区科创中心、玄天秀水生态画廊等地，详细了解铜梁工业振兴、乡村振兴、城市提升、生态环境建设等方面的情况。

11月19日　学习贯彻党的十九届五中全会精神市委宣讲团报告会暨区委理论学习中心组第十一次(扩大)学习会举行。

是日　央视《焦点访谈》播出铜梁专题节目，点赞铜梁乡村振兴工作。

11月20-21日　在川渝毗邻地区首届技能人才暨农民工交流大赛上，铜梁参赛选手获一银两铜的成绩。此次大赛由四川省遂宁市政府、内江市政府，重庆市合川区政府、潼南区政府、铜梁区政府、大足区政府共同主办。来自川渝毗邻地区的6支代表队105名选手参加电子商务、工具钳工、数控车工等7个工种的比赛。

11月22日　2020重庆铜梁原乡风情马拉松赛举行。比赛共设置半程马拉松、迷你马拉松两个项目，共有5000名选手参赛。

11月23日　铜梁区召开“十四五”规划经济领域座谈会。会上，区经济信息委、区商务委、区农业农村委、区住房城乡建委、区金融发展中心先后汇报“十四五”专项规划思路和重点任务。铜梁区工业、农业、商贸业、房地产企业及科技人员代表围绕“十四五”规划编制发言，并提出意见和建议。

11月24日　全国劳动模范和先进工作者表彰大会在北京举行。铜梁区公安局刑侦支队三大队大队长杨发英荣获“全国先进工作者”称号。

11月28日　河南省副省长武国定率队到铜梁考察。一行先后来到玄天秀水生态画廊、黄桷门电商直播基地等地，参观考察了解铜梁区乡村振兴、人居环境整治、文化旅游、城乡融合发展等工作情况。

11月29日　重庆市副市长郑向东到铜梁调研经济社会发展情况。实地调研铜梁区工业振兴、乡村振兴、城市提升、营商环境、社会治理、城乡融合发展等情况。

是日　铜梁区举行“西部美谷”项目集中签约暨开工活动。此次活动共有万洋众创城、思特（重庆）智能科技园、优理氏、绿野生化技术等10个项目与铜梁区签订正式投资协议并集中开工，另有广州市常青藤生物科技有限公司、广州嘉瑗生物科技有限公司、惠州市领尚日用品有限公司、清远市元康药业科技有限公司等21个项目签约入驻铜梁万洋众创城。

12月1日　重庆市政协副主席王新强来铜调研生态修复保护、乡村振兴及政协工作。实地调研铜梁区城市提升、乡村振兴、城乡融合发展、生态修复保护等情况。

是日　由中铁十一局集团承建的合璧津高速公路控制性工程——九峰山二号左、右两个隧道近日全线贯通。九峰山二号隧道横跨铜梁、璧山两区交界线，是合璧津高速沿途里程最长、施工最复杂的隧道工程，全长2230米，设计为左右分离式，双向6车道隧道，设计时速为100千米。

是日 《中国县域经济发展报告（2020）》暨全国百强县案例报告正式发布，铜梁区上榜2020年全国百强区（新城）。

12月2日 区委书记唐小平前往乡村振兴西郊示范片，实地调研铜梁区高标准农田建设和宜机化改造项目情况。

12月3日 国家卫生健康委办公厅、财政部办公厅、国家中医药管理局办公室联合印发《关于公布第三批住院医师规范化培训基地名录的通知》，铜梁区中医院被确定为第三批中医住院医师规范化培训基地。

12月3日 重庆市委常委，两江新区党工委书记、管委会主任，小安溪市级河长段成刚率市级有关部门赴铜梁区巡查小安溪河。实地察看小安溪支流淮远河治理工作，并主持召开小安溪河长制工作会议。

12月7日 铜梁区召开“十四五”规划党外人士座谈会，深入学习贯彻党的十九届五中全会和市委五届九次全会精神，就全区“十四五”规划听取意见建议。

12月8日 铜梁中学新校区建设项目开工仪式举行。开工仪式前，参加活动的领导还现场听取淮远新区城市规划、铜梁区独立工矿区转型升级产城融合项目、铜梁中学新校区建设项目等情况汇报。

12月10日　中共重庆市铜梁区第十五届委员会第十一次全体会议召开。全会听取并审议唐小平同志代表区委常委会所做的工作报告，审议通过《中共重庆市铜梁区委关于制定重庆市铜梁区国民经济和社会发展第十四个五年规划和二〇三五年远景目标的建议》。

12月11日　河南省人大常委会副主任李文慧率队到铜梁调研气象立法、农村人居环境整治和美丽乡村建设等工作。

12月14日　区新冠肺炎疫情防控工作领导小组会议召开。强调要严格落实常态化疫情防控措施，进一步织密织牢疫情防控网，坚决守住来之不易的疫情防控成果。会议听取全区疫情防控工作情况汇报，分析研判当前疫情形势，研究部署冬春季常态化疫情防控工作。

12月17日　全区"以案四说"警示教育暨"以案四改"工作部署会召开。强调要以违纪违法案件为反面典型教材，推动"以案四说"向"以案四改"深化拓展，引导广大党员干部以案为鉴、警钟长鸣，以案促改、奋发有为，扎实推动全面从严治党向纵深发展，为"十四五"高质量发展营造良好政治生态。

是日　区委书记唐小平，区委副书记、区长姜国杰会见爱玛科技集团股份有限公司CEO任勇一行，双方就加快推进爱玛生态产业园项目落地建设、深化拓展合作领域、推动铜梁高质量发展、创造高品质生活等方面事宜进行深入交流与洽谈。

是日　感知重庆·驻华外国媒体参访活动走进铜梁。参访团一行来到安居古城，"零距离"感受千年古城的人文魅力。

12月21日　中国博物馆协会正式公布第四批国家一、二、三级博物馆名单，铜梁区博物馆晋升为国家二级博物馆。

是日　区委书记唐小平调研淮远新区基础设施建设情况。在原乡大道、乡逢路、乡恋路，唐小平与设计单位负责人交流，察看沿途绿化景观、附属设施建设等情况。

12月22日　区委书记唐小平会见思特（广东）投资有限公司董事长肖云、福州绿野生化技术有限公司董事长章家民等一行，双方就加快建设思特（重庆）智能科技园、大力发展美妆健康产业、高水平打造西部美谷等相关事宜进行深入交流与洽谈。

是日　区委书记唐小平，区委副书记、区长姜国杰与中国工程院院士、中国建筑设计研究院总建筑师、名誉院长、本土设计研究中心主持建筑师崔愷一行举行座谈，双方就进一步优化淮远新区城市设计、高水平打造未来社区、持续改善城市环境、全面提升城市品质、彰显“原乡风情·大美铜梁”、不断满足人民群众对美好生活的向往等方面进行深入交流。

12月23日　区委书记唐小平带队开展农村人居环境大整治专项行动现场拉练活动。察看沿途“一化两改三不见”落实情况，询问环境整治带来的变化、新型农村集体经济发展等，为大家积极参与环境整治、美化家园的行为点赞，鼓励大家养成良好卫生习惯，把房屋内外、院坝、道路打扫干净，及时清理轮作庄稼后的杂草、秸秆、枯藤，让农村环境干干净净、清清爽爽。

12月25日　铜梁至虎峰公交线路开通。虎峰公交线路从铜梁新北门车站出发，西泉红宇厂为终点站，总里程28千米。运营时间早晨6时至晚上8时，16辆公交车往返运行128班，沿途设置42对公交港湾及站亭、牌。实行上车一元的阶梯式票价，铜梁至虎峰场镇4元、至红宇6元，65岁及以上的老年人等5类群体同乘坐其他公交线路一样免费，九年制义务教育学生享受半价优惠。

12月31日　铜梁区唐琴家庭、韦祎家庭分获第十二届全国五好家庭和2020年第二批全国最美家庭荣誉称号。

是日　全区经济工作会议召开。会议的主要任务是，全面贯彻党的十九大和十九届二中、三中、四中、五中全会精神和中央经济工作会议精神，全面落实市委五届九次全会和全市经济工作会议部署，深入落实区委十五届十一次全会精神，总结2020年经济工作，安排部署2021年经济工作。

是月　西郊示范片被命名为重庆市生态文明教育基地。

是月　重庆市教委确定第四期农村中小学领雁工程项目。铜梁区巴川中学、实验一小、福果小学成功申报立项“教研工作坊”项目，金龙小学、石鱼小学、龙都小学成功申报立项“课程创新基地”项目。

是月　铜梁葛粉被重庆市气象科学研究所、市现代农业品牌服务促进中心、市气象服务中心评选为“重庆市优质气候农产品”。

是月　举办“12·5”国际志愿者集中活动暨最佳少云志愿服务项目汇报展示活动。

是月　“铜梁麻羊”成功获批国家地理标志证明商标。

是月　铜梁龙灯彩扎入选第五批国家级“非遗”代表性项目名单推荐名单。

目　录
CONTENTS

特　载

铜梁概貌

政　治

法　治

军　　事

经　济

社会事业

镇　街道

荣　誉

附　录

重庆市铜梁区人民政府工作报告

——2021年2月2日在重庆市铜梁区第十七届人民代表大会第五次会议上

重庆市铜梁区人民政府区长　姜国杰

各位代表：

现在，我代表区人民政府向大会报告工作，请予审议，并请区政协委员和其他列席人员提出意见。

一、“十三五”时期和2020年工作回顾

“十三五”时期是铜梁发展进程中极不平凡的五年。最具战略指引意义的是，习近平总书记两次亲临重庆视察指导并对重庆提出系列重要指示要求，为我们指明了前进方向、注入了强大动力；最具里程碑意义的是，党中央做出推动成渝地区双城经济圈建设的重大决策部署，为我们赋予了战略使命、带来了重大机遇；最具历史性意义的是，脱贫攻坚战取得重大胜利，铜梁人民与全国、全市人民一道，如期实现现行标准下贫困人口全部脱贫；最具根本性意义的是，我区经济由高速增长转向高质量发展，发展质量效益不断提升；最具标志性意义的是，城乡面貌发生显著变化，人民生活水平大幅提高。

五年来特别是党的十九大以来，在区委的坚强领导下，全区上下坚持以习近平新时代中国特色社会主义思想为指导，深入贯彻习近平总书记对重庆提出的营造良好政治生态，坚持“两点”定位、“两地”“两高”目标、发挥“三个作用”和推动成渝地区双城经济圈建设等重要指示要求，全面落实党中央决策部署、市委市政府工作部署和区委工作要求，坚持从全局谋划一域、以一域服务全局，扎实推进实业立区、创新强区、开放兴区、生态优区，持续打好三大攻坚战，深入落实“八项行动计划”，统筹推进稳增长、促改革、调结构、惠民生、防风险、保稳定工作，坚决肃清孙政才恶劣

影响和薄熙来、王立军流毒，推动铜梁各项事业迈上新台阶。当前，全区政治生态持续向好，干部群众精神面貌持续向上，高质量发展动能持续增强，社会和谐稳定局面持续巩固，“十三五”规划目标任务总体完成，全面建成小康社会胜利在望。

——全区综合实力大幅跃升。地区生产总值达到661亿元、年均增长8.7%，人均地区生产总值突破9万元，位居成渝中轴线城市前列。固定资产投资、社会消费品零售总额、进出口总额年均分别增长9.5%、12.3%、30%，规上工业增加值年均增长9.2%。一般公共预算收入年均增长7.7%。工业经济跃升倍增，高新区产值突破800亿元。融入成渝地区双城经济圈建设开局良好，铜梁发展驶入快车道。先后获评国家卫生城市、国家园林城市、全国美丽乡村建设典范区、全国乡村振兴先锋十大榜样、全国双拥模范城、中国天然氧吧。

——三大攻坚战取得决定性进展。脱贫攻坚目标任务如期完成。5个市级贫困村全部出列、变化巨大，4431户贫困人口告别贫困、迈向小康。污染防治力度持续加大。主要河流水质稳定达标、持续向好，空气质量优良天数增至334天，$PM_{2.5}$平均浓度下降28%，土壤环境质量保持稳定。中央生态环保督察反馈问题整改扎实推进，一批突出环境问题得到有效解决。防范化解重大风险取得积极成效。政府债务风险总体可控，守住了不发生系统性金融风险的底线，政治、经济、科技、社会、意识形态、外部环境等领域风险得到有效控制。

——创新发展实现新突破。创新主体加速集聚。工业振兴行动进展明显，工业园区成长为生态数字花园高新区，创建国家高新区进展顺利，获批创建国家农业科技园区。“数字龙乡”“智造高地”建设扎实推进，实施智能化改造项目268个，规上数字经济产值年均增长达到27.8%。高新技术企业、科技型企业分别达到95家、540家，“双新”企业产值占规上工业比重提高至45.3%。创新能力明显增强。全社会研发经费支出占地区生产总值比重达到2.0%、年均增长47.2%。英才培育行动取得积极进展，建立院士专家、博士后科研工作站8个，市级研发平台达到38个，万人发明专利拥有量达到5.5件，科技创新指数上升至57.5%，重庆英才大会·海归论坛永久落户。

——协调发展形成新格局。城市提升焕发新活力。城市提质行动持续推进，城市建成区达到35平方千米，常住人口城镇化率提高到60%。道法自然打造田园都市，淮远新区显现雏形，玄天秀水生态画廊、原乡中央公园、望山公园、见水公园惊艳亮相，龙城天街成为渝西最具活力的商圈。推进城市有机更新，功能配套不断完善，城市更加温润、更有温度。美丽乡村展现新风貌。乡村振兴行动扎实推进，内外兼修建设大美乡村，西郊示范片成为重庆十大最美乡村。交通三年大会战目标任务全面完成，农村路水电气讯等基础设施日臻完善，公共服务加快向农村延伸，社会事业全面向农村覆盖。城乡融合发展纵深推进，新型城镇化质量稳步提升，城市、乡村变成人们喜欢的样子。

——绿色发展迈出新步伐。生态保护修复深入开展。绿色发展行动促进环境明显改善，山水林田湖草工程全面推进，毓青山国家森林公园、安居国家湿地公园等自然资源保护成效明显，12.4万亩国土绿化提升任务全面完成，森林覆盖率达到47%。绿色低碳转型提速。完成自然保护地及生态保护红线划定，全覆盖推进园区企业、畜禽养殖场循环化改造，建成绿色园区1个、绿色矿山6个、绿色车间50个，全市下达的节能减排降碳任务全面完成。生态文明体制改革纵深推进。河长制、林长制等重点改革取得突破，建立生态环境损害责任追究制度，完成环保体制改革，生态文明制度体系更加健全。

——开放发展呈现新气象。对外开放取得重大进展。开放通道建设取得实质性进展，龙乡人民企盼多年的“铁路梦”即将实现。广铜“一带一路”高新技术产业合作区、两江新区铜梁产业园等开放平台引领作用明显增强。开放型经济不断壮大,外经贸实绩企业达75家。铜梁龙舞闪耀祖国70华诞,成功举办一批国内外重大赛事活动。以开放促改革实现突破。以营商环境和社会治理为重点,推进系列改革全面落实,行政审批流程再造集成创新、国有企业改革、招商体制创新等成效显著,“党建扎桩、治理结网”成为全市基层治理探索创新品牌,营商环境提升行动取得突破,营商环境位居全市前列。

——共享发展取得新成效。改善民生行动扎实推进,累计办理重点民生实事125件,民生支出占一般公共预算支出比重保持在80%以上。居民收入稳步增长。五年新增城镇就业8.3万人,城乡居民人均可支配收入年均增长10.0%。社会保障更加健全。基本养老、医疗保险参保率稳定在95%以上,城乡低保、特困人员救助标准逐年递增,城乡社区养老服务设施实现全覆盖。社会事业全面进步。义务教育巩固率达99.6%,学前三年、高中阶段毛入学率分别达到92%、97.2%。医疗机构全部实现标准化,基本公共卫生服务人均补助标准提高72.5%,人均预期寿命达到78岁。全民健身活动蓬勃开展,成功举办铜梁区第五届运动会。《龙把子》《安居古城》等原创文艺文学作品屡获全国全市大奖。军民融合发展行动有序展开,双拥工作成效显著。社会治理体系更加完善。法治建设全面加强,平安建设成效明显,安全生产和信访稳定总体平稳,人民群众获得感、幸福感、安全感不断增强。

——政府自身建设全面加强。推进“两学一做”学习教育常态化,认真开展“不忘初心、牢记使命”主题教育。实施重点工作“六张清单”管理,开展“四治四提”专项行动,干部执行力极大提升。严格落实向市委、市政府和区委请示报告制度,自觉接受区人大法律监督、区政协民主监督,认真执行人大决议、决定,主动听取和采纳人大代表、政协委员、社会各界的意见建议。政府性投资项目财评审减19.66亿元、审计审减9.37亿元。全面落实中央八项规定精神和市委、区委实施意见,建立政商交往“正负清单”,驰而不息正风肃纪,扎实推进基层减负。政府部门机构改革顺利完成,职责明确、依法行政的政府治理体系更加完善。

各位代表!回顾党的十九大以来的这几年,我们紧紧围绕把习近平总书记殷殷嘱托全面落实在铜梁大地上这条主线,在区委的坚强领导下,坚定不移推进实业立区、创新强区、开放兴区、生态优区,坚持不懈抓好工业振兴、乡村振兴、城市提升,蹄疾步稳深化营商环境、社会治理等重点领域和关键环节改革,持之以恒保障和改善社会民生,推动政治生态、经济生态、社会生态、自然生态同向发力同步向好,呈现出心齐气顺、风正劲足的良好局面,全区高质量发展之路越走越宽广,经济实力、综合实力大幅提升,“原乡风情·大美铜梁”颜值更高、气质更佳,对外美誉度和影响力显著增强,为开启社会主义现代化建设新征程奠定了坚实基础。

各位代表!刚刚过去的2020年,面对突如其来的新冠疫情、百年不遇的洪涝灾害、复杂多变的国际国内形势,我们认真落实党中央决策部署、市委市政府工作部署和区委工作要求,成立防疫、解困、攻坚、投资、防汛“五个指挥部”,统筹推进疫情防控和经济社会发展,全区抗疫斗争取得重大成果,经济逐季恢复、稳定转好。一季度地区生产总值下降5.8%,二季度增长6.1%,三季度增长8.3%,四季度增长7.4%,全年增长4.4%。其中,固定资产投资、社会消费品零售总额、进出口总额分别增长10.6%、3.6%、20.1%,规上工业增加值增长5.8%,一般公共预算收入增长8.4%,城乡居民人均可支配收入分别增长5.6%、7.3%,发展质量和效益进一步提升。

一年来,我们全力以赴战疫情、战复工、战脱贫、战洪水。全力战疫情。坚持人民至上、生命至上，第一时间启动重大突发公共卫生事件一级响应，率先启动“四个叫停”，坚持下大包围、搞硬隔离、行严管控，医务工作者白衣为甲、逆行出征，基层一线人员闻令而动、冲锋在前，快递小哥、环卫工人、运输司机、物业员工等普通劳动者默默坚守岗位，广大市民自觉宅家抗疫，全区上下团结一心、众志成城，用半个月时间实现新增确诊病例零增长，用2个月左右时间实现本地确诊病例、住院病例“双清零”。持续推进常态化疫情防控，毫不放松抓好外防输入、内防反弹，不断提高大规模核酸检测、救治、隔离、流调等能力，确保疫情精准管控、万无一失。全力战复工。及时启动分区分级精准防控，有序推进复工复产、复市复消、复学复课。全面落实纾困惠企政策，组建专班为民营企业“解七难”，精心推出房交会、购物节等消费提振活动，督促指导学校完善防控方案、应急预案，生产生活秩序逐步恢复常态。全力战脱贫。投资2亿元实施脱贫攻坚总攻13个专项行动，尽锐出战、压茬推进定点攻坚战、百日大会战、收官大决战，逐项对标收官交账，全面完成农村危房整治，建卡贫困户全面实现饮水安全保障，其中集中供水率达到87.5%。高质量完成各类问题整改，“两不愁三保障”突出问题动态清零。全力战洪水。首次启动I级防汛应急响应，建立落实七项制度，统筹做好监测预警、堤库排查、应急处置、抢险救援、群众安置和灾后恢复重建，成功抵御百年一遇的涪江特大洪水，千年安居古城安然无恙。在应对“四战”、共克时艰的日子里，从基层干部到人民子弟兵，从城市建设者到少云志愿者，从古稀老人到“90后”“00后”……85万铜梁人民都是平凡的英雄，每个人都了不起，我们向全区人民致敬！

一年来，我们抓“六保”促“六稳”，牢牢守住发展底线。保居民就业。落实援企稳岗政策，持续开展“把老乡留在老家”专项行动，就业形势总体稳定，全年城镇新增就业1.5万人，城镇调查失业率控制在5.5%以内。保基本民生。及时发放低保金6870万元、抚恤优待金8217万元、临时救助金1457万元、价格临时补贴1927万元，民生保障坚实有力。保市场主体。打造政银企“铁三角”，助企融资70亿元，提供应急转贷周转资金22亿元，落实减税降费政策，为企业减负降本9亿元以上，新设市场主体8125户。保粮食能源安全。粮食产量达到7亿斤，生猪、蔬菜等重要农产品量足价稳，能源供需总体平衡。保产业链供应链稳定。组建6个上下游企业产业联盟，62家企业建立供应链合作伙伴关系，坚持招商与补链并行，重点产业配套能力持续增强。保基层运转。兜牢“三保”底线，落实“政府过紧日子十条”，压减财政支出2.1亿元，推动中央直达资金“三直达”惠企利民，争取债券资金17.4亿元、专项资金21.5亿元，财政收支运行平稳。“六保”措施全面落地，推动实现“六稳”，稳住了经济基本盘。

一年来，我们抢抓重大机遇，加快融入成渝地区双城经济圈建设。深化对接落实。坚决扛起“桥头堡”城市重任，第一时间传达学习贯彻习近平总书记系列重要讲话精神，认真落实市委五届八次全会、区委十五届十次全会精神，项目化、清单化、事项化推进任务落实。健全合作机制。签订25项战略合作协议，推进“铜资简”轴线城市、“铜潼遂”涪江流域一体化发展。常态化开展警务合作、跨省异地就医直接结算、跨流域区域生态保护等合作事项。推进重大项目。沪渝蓉高铁（成渝中线高铁）在铜设站，市域快线璧铜线节点工程加快建设，铜安高速、渝遂复线高速、合璧津高速建设顺利推进，兰渝高铁渝遂绵段、市郊铁路西二环线前期工作有序开展。

一年来，我们坚持量质并举，扎实推进工业振兴。做大产业平台。全面启动科创新城建设，加快建设国家高新区。“西部美谷”签约项目31个，开工建设10个，总投资达220亿元。建成17万平方米智能制造产业园。正式投用科创中心和航天云网重庆工业互联网赋能中心。加快集群发展。围绕主导产业实施专业精准招商，新引进项目83个、总投资663亿元，其中10亿元以上项目12个。电子信息、装备制造、大健康等产业产值达到482亿元、增长6.9%。推动转型升级。推进西南水泥绿色搬迁。"隐形冠军"企业实现零的突破，"小巨人"企业达到5家，"专精特新"企业达到18家。9家企业完成OTC挂牌，1家企业启动创业板上市。工业用电量增长19.7%、工业用气量增长14.7%，规上工业企业营业利润增长2.1%。

一年来，我们立足内外兼修，加快推动乡村振兴。发展现代高效农业。因地制宜发展粮油、果蔬、养殖等精品特色产业，实现高效特色农业产值89亿元、增长22.9%。认证"两品一标"达到208个、重庆名牌农产品达到13个。政策扶持促进生猪规模养殖，生猪产能大幅提升。建实利益联结机制，深化"六要路径"发展新型农村集体经济，累计培育农民专业合作社737个，村社集体经济经营收入达3467万元。完善基础设施。建成60千米绿道、120平方公里西郊示范片，建成乡村会客厅8个。完成"四好农村路"688千米，硬化泥结石路800千米。开通城区至虎峰公交线路。推进城乡供水一体化，改造场镇供水主管网155公里、"一户一表"2.4万户。完成农村薄弱电网改造项目338个。改善人居环境。用好"积分制"，扎实开展农村人居环境整治，推动实现"一化两改三不见"，村容村貌明显改善。深化河长制，开展"三乱"整治专项行动，涪江铜梁段获评全市最美河流。全面完成长江退捕禁捕任务。全市农村人居环境整治工作现场会在铜召开，央视《焦点访谈》专题报道乡村振兴经验做法。

一年来，我们坚持以人为本，持续深化城市提升。坚持规划引领。启动国土空间规划和"桥头堡"城市专项规划编制，高起点谋划2021年至2035年发展蓝图。加快淮远新区建设。儿童乐园顺利开园，铜梁中学新校区开工建设，融媒体中心、美术馆加快推进。提质原乡大道，推进书香路、乡逢路等骨干道路建设，打通断头路5条。完善城市功能。改造棚户区288户、老旧小区30个。完成60部老旧楼房电梯改造。建成城镇排水管网51千米，改造升级24个镇级污水处理厂。开展"三小"管护，改造"五小"设施300余处，新改建城市公厕5座、垃圾压缩站7座。建成5G基站1140个，铺设光纤2450千米。深化城市管理。完成白龙大道等城区节点景观提档升级，新增公共绿地139万平方米。常态化开展"马路办公"，整改问题2万余个。全面规范活禽交易和宰杀。13万少云志愿者助力全国文明城区创建，以人的素质提升促进城市提升。

一年来，我们着力提质增效，积极培育现代服务业。丰富商贸业态。龙城天街商圈全面提质，协信·星光天地隆重登场，新引进星巴克、希岸酒店等知名商家，实现营业收入6亿元。叙知香入选中国餐饮企业百强名单。推进文旅融合。基本建成安居古城游客接待中心，玄天湖景区成功创建国家4A级旅游景区，土桥镇六赢村评为"全国乡村旅游重点村"，西郊·花语悠游谷成为热门打卡地。成功开展第二季"双晒"文旅推介活动，荣获全市最佳营销奖。全年旅游综合收入45.4亿元、增长8%。培育新兴产业。引进光大百龄帮等专业养老机构，打造养老服务和颐养康养产业。设立全市首个民营小微企业首贷续贷中心，集中定点提供综合金融服务。网络零售、直播带货发展迅速，新引进电商企业10家，直播带货等线上交易16.2亿元。

一年来，我们深化改革开放创新，增强发展内生动力。推进重点领域改革。接稳兜住全国、全市改革任务145项。深化行政审批流程再造集成创新，推行承诺制信任审批。实施工程建设项目"四合一四联合"改革，健全"观察员""好差评"制度。开展"四零"改革，成为"企业开办无费区"，入选全市优化营商环境十佳示范案例。国有企业市场化转型、投融资等领域改革取得明显成效，72亿元PPP项目成功落地，100亿级重庆制造业转型升级基金项目推进顺利。出台优惠政策鼓励企业“上云上规上市”。完成公共资源交易监管体制改革，公共资源交易秩序进一步规范。在全市率先打造能源数据中心。加快扩大开放。携手广州开发区打造粤港澳大湾区与成渝地区双城经济圈合作典范。成功举办中华龙灯艺术节、中英健康医疗大数据论坛。进出口总额达到17.1亿元。推动科技创新。建设西部(重庆)科学城协同创新区，新增国家知识产权优势企业2家，工业企业预算研发准备金达6.8亿元。全面叫响“龙乡爱人才，铜梁欢迎您”，用好“龙乡人才政策十条”“人才三宝”，引进高层次急需紧缺人才107名。

一年来，我们聚焦惠民利民，致力增进民生福祉。织密民生保障网。累计投入9.8亿元，全面完成25件重点民生实事。学前教育普惠率提升至81.6%，新改扩建中小学幼儿园12所。中医院迁建工程主体完工，实施卫生系统应急提升工程，规范化改造区直医院及14家基层医院发热门诊，开展区域医共体“三通”试点，医疗卫生服务体系逐步夯实。提档升级公办养老机构，推进农村互助养老创新试点。持续推进全民参保计划，社会救助体系不断完善。文化惠民工程扎实推进，常态化开展乡村振兴大舞台等文化活动。精心打造邱少云烈士故居，保护修缮巴岳寺、张佳胤故居。获评“中国龙灯龙舞文化之乡”“全国老年太极拳之乡”。加强和创新社会治理。组建区镇村三级指挥中心，社会治理体系更加完善，全市市域社会治理现代化试点工作现场会在铜召开，成为全国市域社会治理现代化试点区、全国乡村治理体系建设试点区。强化食品药品和特种设备安全监管，扎实开展矛盾纠纷、信访稳定、安全生产隐患大排查、大调处、大整治专项行动，到市进京非访集访、重大及以上安全事故“零发生”。第七次全国人口普查推进顺利。国防动员和后备力量建设稳步推进，双拥工作和军民共建深入开展。民族、宗教、侨务、对台、统计、审计、档案、物价、民防、科普、气象、供销、通信、保密、文史、修志等工作取得新成效，工会、妇女、儿童、青少年、老龄、慈善、残疾人、红十字、关心下一代等事业实现新发展。

各位代表！2020年极不平凡，成绩来之不易。最根本在于习近平总书记作为党中央的核心、全党的核心掌舵领航，在于习近平新时代中国特色社会主义思想科学指引，在于以习近平同志为核心的党中央坚强领导，是市委、市政府高度重视、关心支持的结果，是区委坚强领导、科学决策的结果，是区人大、区政协监督支持、合力推动的结果，是全区人民齐心协力、艰苦奋斗的结果。在此，我代表区人民政府，向付出辛勤努力的全区人民，向区人大代表、政协委员，向各民主党派、工商联、人民团体和社会各界人士，向驻铜部队、武警官兵，向所有关心和支持铜梁发展的区内外、海内外朋友，表示崇高的敬意和衷心的感谢！

我们也清醒认识到，我区发展还面临一些困难和挑战。新冠肺炎疫情影响深远，经济运行基础还需持续巩固，产业能级还需持续提高，产业结构还需持续优化，科技创新支撑能力还不够强，基础设施和民生领域短板亟待补齐，生态环境保护任重道远，政府自身建设还需进一步加强。对此，我们一定高度重视，采取有效措施，切实加以解决。

二、“十四五”时期主要目标任务和二〇三五年远景目标

“十四五”时期是铜梁开启社会主义现代化建设新征程、谱写高质量发展新篇章的关键时期。对标对表党的十九届五中全会精神和习近平总书记对重庆的重要指示要求，按照市委五届九次全会精神和区委十五届十一次全会部署，我们编制了《重庆市铜梁区国民经济和社会发展第十四个五年规划和二〇三五年远景目标纲要(草案)》，提请大会审议。

“十四五”时期，我区经济社会发展的指导思想是：高举中国特色社会主义伟大旗帜，深入贯彻党的十九大和十九届二中、三中、四中、五中全会精神，坚持以马克思列宁主义、毛泽东思想、邓小平理论、“三个代表”重要思想、科学发展观、习近平新时代中国特色社会主义思想为指导，全面贯彻党的基本理论、基本路线、基本方略，统筹推进“五位一体”总体布局，协调推进“四个全面”战略布局，深入贯彻习近平总书记对重庆提出的营造良好政治生态，坚持“两点”定位、“两地”“两高”目标，发挥“三个作用”和推动成渝地区双城经济圈建设等重要指示要求，全面落实党中央决策部署和市委工作要求，准确把握新发展阶段，深入践行新发展理念，积极融入新发展格局，切实担当新发展使命，坚持稳中求进工作总基调，以推动高质量发展为主题，以深化供给侧结构性改革为主线，以改革创新为根本动力，以满足人民日益增长的美好生活需要为根本目的，统筹发展和安全，加快建设现代化经济体系，推进治理体系和治理能力现代化，全力打造先进制造示范区、创新生态示范区、城乡融合示范区、营商环境示范区，奋力把铜梁建设成为成渝地区双城经济圈高质量发展先行区、国际大都市后花园，实现经济行稳致远、社会安定和谐，确保社会主义现代化建设新征程开好局、起好步。

“十四五”时期，我区经济社会发展的主要目标是：以建成高质量发展高品质生活新范例为统领，在全面建成小康社会基础上实现新的更大发展。

——高质量发展实现新突破。在质量效益明显提升的基础上实现经济持续健康发展，地区生产总值年均增长7.5%左右，人均地区生产总值突破13万元。产业提质行动取得重大突破，产业特色更加突出，壮大电子信息、装备制造、大健康等主导产业，打造两千亿级产业集群，经济结构更加优化，增长潜力充分发挥，产业转型升级取得重大进展，战略性新兴产业规模大幅提升，数字经济发展走在全市前列，大数据智能化创新深入推进，创新能力显著提升，现代化经济体系初步形成。

——高品质生活实现新进步。实现更加充分更高质量就业，居民收入增长和经济增长基本同步，分配结构明显改善，城乡居民收入差距进一步缩小，民生保障更加有力。基本公共服务供给更加优质均衡，多层次社会保障体系更加健全，多元化消费供给更加丰富。脱贫攻坚成果巩固拓展，乡村振兴全面推进，乡村建设行动成效显著，美丽乡村更加宜人。城市提升行动深入实施，城市功能更加完善，城市形象更加鲜明，国家城乡融合发展试验区建设取得显著成效。

——改革开放迈出新步伐。高标准市场体系基本建成，产权制度改革和要素市场化配置改革取得重大进展，制度性交易成本明显降低，公平竞争制度更加健全，发展环境更加卓越，营商环境保持全市领先，市场主体充满活力。对外大通道建设取得新突破，交通提速行动成效明显，互联互通更加便捷，区位优势更加凸显，对外开放合作平台建设取得重大进展，开放型经济发展水平显著提高。

——生态文明建设取得新进展。生态安全格局基本形成，生产生活方式绿色转型成效显著，能源资源利用效率大幅提高，主要污染物排放总量持续减少，环境突出问题得到有效治理，生态文明制度体系不断健全，生态环境持续改善，城乡人居环境更加优美，生态屏障作用更加巩固。

——社会文明程度得到新提高。社会主义核心价值观深入人心，人民群众思想道德素质、科学文化素质和身心健康素质明显提高，公共文化服务体系和文化产业体系更加健全，人民群众精神文化生活日益丰富，历史文化保护传承利用进一步加强，少云志愿服务让城市更加温暖，城市人文内涵更加丰富，文旅融合发展深入推进，成功创建全国文明城区。

——社会治理效能得到新提升。社会主义民主法治更加健全，社会公平正义进一步彰显，行政效率和公信力显著提升，全面依法治区更加深入，共建共治共享治理格局更加完善，社会治理水平保持全市领先，社会充满活力和谐有序。防范化解重大风险体制机制不断健全，突发公共事件应急能力显著增强，自然灾害防御能力明显提升，发展安全保障更加有力，平安建设迈出重大步伐。

展望2035年，我区将与全国、全市一道基本实现社会主义现代化，将建成实力雄厚、特色鲜明、城乡融合、生态宜居、人民幸福的“双百”城市，成为成渝地区双城经济圈中部崛起重要增长极。

“十四五”时期，重点推进十个方面的工作。

（一）坚持创新驱动发展，全面塑造发展新优势。优化创新布局。加快建设创新生态示范区，强力推进科创新城建设，加快打造国家高新区，培育一批国家科技企业孵化器、国家备案众创空间、科技成果中试服务平台，构建完备的科技创新支撑体系，打造创新人才集聚和创新成果转化高地。培育创新力量。坚持企业主体、市场导向，健全产学研用深度融合的科技创新体系，力争市级重点高校、市级实验室建设取得新进展，建成市级以上科技研发平台80家以上，高新技术企业突破280家，科技型企业超过1500家。改善创新生态。健全创新激励政策体系和科技成果转移转化应用体系，全社会研发经费支出占比超全国平均水平，科技进步贡献率达到65%。

（二）加快发展现代产业体系，推动经济体系优化升级。加快制造业高质量发展。全力打造先进制造示范区，大力发展电子信息、装备制造、大健康等主导产业，推动传统产业改造升级、重点产业补链延链，壮大战略性新兴产业，力争工业规模达到2000亿级，其中战略性新兴产业达到300亿级。做大做强现代服务业。繁荣龙城天街商圈业态，加快发展现代物流、现代金融、高端康养、文化旅游等产业，着力培育新业态新模式，推动现代服务业扩规上档。推动数字经济与实体经济深度融合。抓住数字产业化、产业数字化机遇，深入实施智能制造工程，支持行业龙头企业加快智能化、数字化改造，培育智能化新产业新模式，力争数字产业规模达到300亿元。

（三）依托强大国内市场，在深度融入新发展格局中展现新作为。积极参与国内国际双循环。以全面融入成渝地区双城经济圈建设、全市“一区两群”协调发展为基础，坚持扩大内需这个战略基点，主动与中心城区互补协作，深化与四川毗邻地区战略合作，加强与东部沿海地区交流互动，全面加强产业发展、科技创新、对外开放领域合作，积极参与国际循环，促进内外贸一体化发展。扩大有效投资。以基础设施和公共服务补短板、战略性新兴产业、“两新一重”建设为重点，谋划实施一批强基础、增功能、利长远的重大项目。发挥政府投资撬动作用，引导社会资本更多参与基础设施、科技创新等重点领域建设，以高质量投资促进经济社会高质量发展。全面促进消费。推动消费供给升级，营造高品质消费空间，建设完善各类专业市场及商贸物流网络，做优文化旅游消费，构建多元融合的消费业态，力争社会消费品零售总额达到330亿元。

（四）立足“桥头堡”城市功能定位，全面融入成渝地区双城经济圈建设。推动基础设施互联互通。着力提升内畅外联水平，加快构建“两高两普一城际两轨道”铁路网，打造“一环七射两联线”高速公路网，全面融入成渝地区双城经济圈通道体系，打造区域性综合物流枢纽。推动现代产业协同协作。集中力量培育壮大主导产业，积极参与成渝地区双城经济圈产业链供应链构建，推动上下游企业协作配套，共建世界级装备制造产业集群、巴蜀文化旅游走廊、成渝现代高效特色农业带。推动生态环境联防联治。强化长江上游生态大保护合作，加强环境风险共同防控，共同推进水体、大气、土壤及固废危废污染协同治理，加大跨界突发环境事件共同预防和协作处置力度。推动公共服务共建共享。推进基本公共服务标准化便利化，全面加强教育、医疗、文化、体育、就业、养老、社会救助及行政执法、市场监管、法律服务等领域合作，共同打造公共服务优质、宜居宜业宜游的高品质生活圈。

（五）统筹乡村振兴和城市提升，推进城乡协调发展。完善国土空间规划体系。聚焦“原乡风情·大美铜梁”品牌，按照“双百”城市规模，建立健全“多规合一”的国土空间规划体系，建成“双五十”城市，构建全域贯通、一体发展的城镇空间格局。全面推进乡村振兴。把保障粮食安全作为首要任务，把农业农村高质量发展作为目标追求，把深化农村改革作为根本动力，把强化农业科技创新作为战略支撑，大力发展优势特色产业，实施乡村建设行动，推动巩固拓展脱贫攻坚成果同乡村振兴有效衔接，加快农业农村现代化，力争第一产业增加值年均增长4.5%左右，农产品加工产值与农业总产值之比达到2:1，农民收入增长与经济增长同步、高于城镇居民增速。持续推进城市提升。强化规划引领，优化重大基础设施、重大生产力和公共资源布局，加快构建高铁、城市轨道、高速公路、城市道路、水利、能源、新型基础设施网络，力争城市道路通车里程达到520千米，构建起以城区为中心，联动东西南北方向的快速骨干路网。坚持山头不推稻田不填，推进产城景深度融合，深化城市细管、众管、智管，打造温润宜人的生态原乡田园都市。有序实施小城镇改造提升，打造一批产业集聚、功能完善、独具魅力的特色小城镇。促进城乡融合发展。深化农业农村改革，促进城乡土地、人口、资金等要素双向自由流动和平等交换，大力发展新型农村集体经济，加快建设国家城乡融合发展试验区，探索城乡融合发展的体制机制和政策体系，推进形成工农互促、城乡互补、协调发展、共同繁荣的新型工农城乡关系。

（六）推动更深层次改革开放，增强发展新活力。健全高质量发展体制机制。建立健全财政、金融、产业、投资、消费、区域等高质量政策协调和工作协同机制。深化国资国企改革，加快国有经济布局优化和结构调整，促进国有资本做强做优、国有资产保值增值。推动民营经济高质量发展，力争民营经济增加值占比达到77%。打造卓越营商环境。切实转变政府职能，持续优化政务服务，建设营商环境示范区，让铜梁成为各类企业和人才投资兴业的热土。深化投融资体制改革。落实市与区县财政事权和支出责任，持续深化政银企“铁三角”，强化财政资金、国有资产、金融资源协同，形成市场主导、政府引导的投资内生增长机制。深化高新区体制机制改革。让高新区成为理念最先进、思维最活跃、节奏最快捷、机制最灵活的地方。推动更高水平开放。坚持以大通道引领大开放，打造联通周边、联运成渝的快速交通网。深化与广州开发区、两江新区、西部（重庆）科学城、重庆高新区互补协作，建设高水平协同开放平台。大力实施龙文化走出去战略。力争进出口总额累计达到100亿元。

（七）繁荣发展文化事业和文化产业，打造中华龙文化旅游名城。发展文化事业。坚持马克思主义在意识形态领域的指导地位，坚定文化自信，坚持以社会主义核心价值观引领文化建设，扎实开展社会主义精神文明建设行动，深入实施文艺作品质量提升、文化惠民、传统文化保护三大工程，加强文物古籍保护研究利用，不断增强人民群众文化获得感和幸福感。壮大文化产业。加快发展龙文化产业，大力培育文化新企业、新业态、新消费，建设一批文化产业项目，培育一批文化产业企业，打造文化产业示范园区。文化产业增加值占比达到5%。加快体育事业发展。完善全民健身公共服务体系，打造城市5分钟、农村15分钟健身圈，举办一批有较大影响力的知名体育赛事活动，促进群众体育与竞技体育全面发展。推动文旅体深度融合发展。打好龙文化、乡愁、生态、红色“四张牌”，实施好“文化+”“旅游+”“体育+”战略，持续扩大中华龙文化艺术节品牌影响力，完善产品体系和服务体系，旅游产业增加值占比达到5%。

（八）坚持生态优先绿色发展，促进人与自然和谐共生。筑牢重要生态屏障。坚持共抓大保护、不搞大开发，以涪江、琼江、小安溪等水系生态涵养带和巴岳山、毓青山、仙隐山生态屏障为主体，将玄天秀水生态画廊划入生态红线，严格控制开发建设活动。统筹山水林田湖草系统治理，全区森林覆盖率提高到50%。持续改善生态环境质量。深入打好污染防治攻坚战，强化多污染物协同控制和区域协同治理，市控河流达标率达到100%，$PM_{2.5}$年均浓度稳定达标。加快推动绿色低碳发展。围绕国家碳达峰、碳中和目标，健全生态文明制度体系，构建绿色低碳产业体系，倡导绿色生活方式，提高资源利用效率。

（九）努力创造高品质生活，提高社会建设水平。多渠道增加居民收入。拓展城乡居民财产性收入方式，力争“十四五”末达到全国平均水平，城乡居民收入比降至1.95∶1。健全就业创业服务体系。坚持就业优先，建立促进创业带动就业、多渠道灵活就业机制，着力缓解结构性就业矛盾。打造基础教育高地。创建全国义务教育优质均衡发展区，建设全市基础教育创新发展示范区。公办在园幼儿占比巩固在55%以上，义务教育集团化办学覆盖率达到70%以上，高中阶段毛入学率稳定在97%以上，高等教育毛入学率达到55%以上。实施健康中国铜梁行动。健全公共卫生服务体系，深化医药卫生体制改革，擦亮中医名片，广泛开展爱国卫生运动和全民健身运动。健全多层次社会保障体系。落实基本养老、医疗保险筹资和待遇调整机制，严格执行社保政策，完善分层分类的社会救助体系。积极应对人口老龄化，促进人口长期均衡发展。推进社会治理现代化。深入推进全国乡村治理体系建设试点区、全国市域社会治理现代化试点区建设，深化“枫桥经验”铜梁实践，持续推进“党建扎桩、治理结网”，探索智能化治理新模式，提高城市治理现代化水平。

（十）统筹发展和安全，守住安全发展底线。全力维护国家安全。坚持总体国家安全观，强化国家安全体系和能力建设，加强国防教育，增强国防动员能力，坚决维护以政权安全、制度安全、意识形态安全为核心的政治安全。突出抓好经济安全。加强经济安全风险预警、防控机制和能力建设，维护金融、粮食、能源、网络等安全，确保重要产业、基础设施、战略资源等关键领域安全可控。切实保障公共安全。持续实施安全生产专项整治三年行动，强化矿山、交通运输、危化品、建筑施工、食品药品、特种设备和区块链、网约车等领域安全监管，坚决遏制重特大安全事故。健全社会治安防控体系，推动扫黑除恶长效常治，推进全民反诈工作走深走实，确保人民安居乐业、社会安定有序。

三、2021年工作安排

今年是中国共产党建党100周年，是我国现代化建设进程中具有特殊重要性的一年。全区经济社会发展主要预期目标是：地区生产总值增长7.5%以上，固定资产投资增长8%，社会消费品零售总额增长9%，一般公共预算收入增长9.5%，其中税收增长8%，城镇调查失业率5.5%左右，全体居民人均可支配收入增长8%左右。

实现上述目标，我们要在区委的坚强领导下，全面贯彻落实党中央、市委市政府决策部署，借势借力、精准发力，保持高质量发展定力，突出大通道、大产业、大生态、大保障，着力通堵点、治痛点，攻难点、增亮点，把良好的区位环境、生态环境、营商环境、人文环境转化为现实生产力，推动构建新发展格局迈好第一步、见到新气象。重点抓好九个方面工作。

（一）着力加快建设科创新城，更大力度推进科技创新。坚持创新在现代化建设全局中的核心地位，强化科技引领、创新驱动、产城融合，打造创新人才集聚地、创新成果转化地。加快基础设施建设。注重融入科创元素,完成科创新城规划编制,建成人才公园,基本建成人才公寓,推进英才大道、科创大道建设,完成高新区循环化改造、旧县组团基础设施等项目建设。培育壮大科技力量。"以升促建"促进内涵发展,实现国家高新区批复授牌。启动建设大学园区,开工建设重庆第二师范学院铜梁校区,力争引进高等院校3家。深度参与重庆高新区协同创新战略联盟,积极融入环科学城创新生态圈和两江协同创新区,加快与中国科学院、浙江大学、北京科技大学、重庆大学等合作,提速建设健康美妆、智能制造、新能源新材料等协同创新平台。培育科技创新主体。突出企业创新主体地位,实施科技型企业成长工程,新增科技型企业240家、高新技术企业30家。引育新型研发机构,研发经费投入占比达到全市平均水平,新增市级以上创新平台8个,力争建成国家级孵化器1个。优化科技创新环境。做实做优"人才三宝",完善人才"一站式"服务平台,办好重庆英才大会·海归论坛,建设海归创业园,引进高层次人才100名以上。发挥鹏龙产业基金作用,实现投资4.5亿元以上。组建运行5亿元城乡融合产业发展基金,用好100亿级重庆制造业转型升级基金。

(二)着力深化融城融边,推动成渝地区双城经济圈建设走深走实。牢固树立一体化发展理念,全面贯彻落实成渝地区双城经济圈建设规划纲要及市委、市政府实施意见,紧紧围绕"桥头堡"城市功能定位,唱好"双城记",共建经济圈。提速建设外联通道。实施交通提速行动,动工建设沪渝蓉高铁(成渝中线高铁),全线开工市域快线璧铜线,争取将兰渝高铁渝遂绵段纳入国家铁路网"十四五"规划。开展团结村至铜梁至成都货运铁路、市郊铁路西二环线前期研究,完成渝遂高速扩能二期前期工作。加快建设渝遂复线高速、铜安高速,建成投用合璧津高速。推进铜梁至两江新区、西部(重庆)科学城快速干线项目,争取纳入全市国土空间规划。加快融入主城。强化与重庆自贸试验区、综合保税区对接协作,推动科创新城、淮远新区建设协同开放平台。深化与重庆中新示范项目管理局合作,推动冷链项目正式签约,组织特色农产品出口新加坡。主动承接中心城区高校、医院等优质资源。实现铜梁至璧山、渝北龙头寺公交化运营。积极融合周边。推动西向"铜资简"轴线城市一体化发展,打造大足铜梁城乡融合发展协作平台。主动参与川南渝西融合发展试验区建设,深化与自贡合作做大龙灯彩扎产业。加快推动北向"铜潼遂"涪江流域一体化发展,共建成渝地区双城经济圈涪江流域科技创新走廊。组建成渝地区美妆产业联盟。开设"成渝双城特色商品销售专区"。携手打造跨区域旅游环线,共建巴蜀文化旅游走廊。开展天府南至铜梁1000千伏特高压变电站前期工作。深化与毗邻地区生态环保联防联治,实现上下游联动、左右岸同治。落实川渝两地养老保险关系无障碍转移接续,建立社会保险协同互认机制。深入推进川渝户口"一站式"网上办理。

(三)着力推动产业提质,加快构建现代化产业体系。把制造业高质量发展摆在更加突出的位置,大力实施产业提质行动,提升产业链供应链水平,加快推动集群发展,提高经济质量效益和核心竞争力。大力发展先进制造业。电子信息产业,推进智能家居、笔电配件等产业补链延链,加快鹿享家、英力电子等智能制造项目建设,推动成田科技、泰美自动化等项目投产达产,打造智能门锁、智能摄像头等新产品。装备制造产业,加快向高端化、智能化、新能源化升级,加大高端制动系统、汽车电子等新品研发投入力度,培育壮大庆兰实业、新民康等企业关键零部件产销规模,加快建设轨道交通装备制造维保基地,打造新能源短途智慧出行制造产业园。大健康产业,强力推进"西部美谷"建设,积极引进国内外行业标志性企业,设立重庆化妆品科学技术研究院，建成“西部美谷展示中心”。狠抓服务保障，持续深化“解七难”，新开工工业项目40个以上，加快建设30个项目，竣工投产20个项目。支持企业扩规上档、改造升级，实施智能化改造项目50个以上，新增规上工业企业20家以上，力争工业增加值增长8%以上。高质量发展现代服务业。推进消费扩容提质，全面开业龙城天街商圈中心广场，启动主题街建设，引进一批知名品牌。培育壮大农副产品专业市场，启动建设冷链物流、再生资源、二手车市场。大力发展首店经济、夜间经济、会展经济。加快发展直播电商、社交电商等新业态新模式。挖掘镇村消费潜力，合理增加公共消费。新增限额以上商贸单位30家。聚焦打造中华龙文化旅游名城，推进文旅融合发展，提质玄天秀水生态画廊、西郊·花语悠游谷、安居古城等精品景区，建设玄天湖度假酒店、巴岳山居图，规划打造音乐小镇、老虎滩等景点。办好原乡风情马拉松、中华龙狮大赛等品牌赛事活动，培育“西郊悠游”“原乡慢食”品牌。推广假日游、乡村游、古城游，全面唱响“周末到铜梁”，力争旅游综合收入增长20%以上。构建“康养+”模式，发展休闲度假、养生养老、医养结合等健康产业。积极培育企业挂牌上市，引进金融机构2家。发展设计咨询、教育培训、会计审计、法律服务、人力资源等专业服务。加快建设“数字龙乡”“智造高地”。支持企业智能化、数字化改造升级，积极培育战略性新兴产业，用好航天云网重庆工业互联网赋能中心，建成数字化车间11个、智能工厂1个以上，推动10个制造业企业“上云”，战略性新兴产业和高科技企业产值增长15%以上。强化“云长制”工作，规范政务信息化项目管理。建设智慧城市“智能中枢”，拓展社会治理、智慧政务、能源大数据中心等智能化应用，新建5G基站200个，打造典型应用场景5个。

（四）着力推进乡村振兴，加快推动农业农村现代化。坚持农业农村优先发展，落实“五个振兴”要求，实施乡村建设行动，推动农业规模化、品牌化、融合化发展。提高农业质量效益。保障粮食安全，加大耕地保护力度，坚决遏制耕地“非农化”、防止耕地“非粮化”，加强种业管理，粮食产量稳定在35万吨左右，确保“米袋子”“菜篮子”持续稳定供应。加快建设国家农业科技园区，建成投用农业科技信息中心、绿色蔬菜研究院。优化农业结构，大力发展现代高效农业，实施宜机化改造1万亩，建设高标准农田5万亩。新发展蔬菜3万亩。出台扶持政策，做大做强莲藕产业。实现生猪出栏45万头，推动生猪产业向深加工发展。全面盘活撂荒地，加快发展新型农村集体经济，新发展专业合作社40个。做优农业品牌，培育一批具有原乡文化、龙文化底蕴的特色农业品牌，新增绿色食品、地理标志、重庆名牌等农产品品牌20个以上。丰富农村业态，加快发展农副产品加工、中央厨房、休闲农业和农村电商，推动农业“接二连三”，创建国家农村产业融合发展示范园，培育农业龙头企业10家，引进农产品加工企业2家以上，线上交易增长20%以上。实施乡村建设行动。坚持规划引领，科学编制村庄规划、产业规划，科学布局乡村生产生活生态空间，引导群众适度集中居住。全面推动西郊示范片提质，实施安居、蒲吕、旧县等示范片建设，优化提升党群服务中心14个。完善基础设施，完成同心桥水库枢纽工程，力争开工建设太平水厂，建设农村供水管网290千米。建成投用生活垃圾焚烧发电项目。加大页岩气钻探开发力度。继续推进“四好农村路”建设，硬化泥结石路330千米。深化“积分制”整治人居环境，全面推进农村厕所革命、道路环境治理和村容村貌提升，整治农村旧房1000户。集聚乡村人才，实施农民素质提升工程，壮大在乡、返乡、入乡人才队伍。深化实施“五风浸润”工程，常态化开展“新乡贤、好乡亲”评选。巩固拓展脱贫攻坚成果。落实“四个不摘”要求，保持帮扶政策总体稳定。推动特色产业可持续发展，建设乡村振兴车间20个，发展扶贫项目40个。深化对口协作，持续推进消费扶贫、就业扶贫和电商扶贫，公益性岗位安置就业200人以上，促进脱贫人口稳定就业。加强扶贫资金资产项目管理。开展农村低收入人口常态化帮扶。完善帮扶政策措施和帮扶机制，建成有效衔接示范村7个。

（五）着力推动城市提升，推进以人为核心的新型城镇化。全面提升城市品质，加快建设生态原乡田园都市。优化城市空间布局。完成国土空间总体规划，编制综合交通体系、市政基础设施等专项规划，启动高铁片区规划编制研究，规划建设以城区为中心、联通东西南北四个方向的快速骨干路网，拉开“双五十”城市框架。提速建设淮远新区。铜梁中学新校区初具规模，基本完成融媒体中心、美术馆主体工程，启动文旅康养城建设，动工建设龙文化演艺中心。建成平安路延伸段、书香路等5条道路。实施综合管廊、绿化景观工程建设，建成慢行绿道70千米。推进高品质住宅小区建设。统筹全区产业用地和经营性用地供应时序，新增建设用地指标5000亩以上，供应土地1.5万亩以上。推进城市有机更新。提档升级龙兴大道、北环路等5条城市道路。新增公共停车位1000个，实施停车位智能化改造1000个。大力整治城乡接合部，整体打造民主路片区，改造老旧小区16个。新改建城市公厕10座，新改扩建雨污管网21千米。完成国道319西泉至虎峰段等5条国省县道建设，实施旧县中峰互通至蒲吕互通等9条省县道改造。实施场镇改造提升工程，加快补齐功能短板，打造太平、平滩等一批专业特色小城镇。有序推进场镇供水同质同价。推动有条件的镇逐步开通公交线路。加强城市精细管理。常态化推进“马路办公”，持续开展城区交通秩序、违法建筑、市容秩序等专项整治行动。打造“门前三包”“五长制”示范道路，建成10条扬尘控制示范街道。实施“增园添绿”行动，新增绿化58万平方米。充分发挥少云志愿者作用，深化“三小”认领、“五小”管护，全力创建全国文明城区。

（六）着力深化改革开放，全面激发经济发展活力动力。坚持改革不停顿、开放不止步，提高改革的战略性、前瞻性、针对性，在更高起点上扩大对外开放。深化财政体制改革。深入推进预算绩效管理，实施预算管理一体化改革。深化投融资体制改革，用好政府风险补偿金、应急转贷周转资金，增强投融资能力。持续抓好公共资源交易改革。进一步落实过紧日子要求，严格控制机关运行成本。深化金融改革。提高资产证券化率，推进股权市场制度、融资工具等创新发展。加强金融机构监管，妥善处置单体企业风险，强化非法金融活动防范和处置，守住不发生区域性金融风险底线。深化国资国企改革。实施国企改革三年行动，推进国有企业市场化转型，完成党政机关和事业单位经营性资产集中统一监管。严格落实政府债务绿色可控机制，强化区属重点国有企业投融资管理，资产负债率控制在70%以内。激发民营经济活力。落实国家减税降费政策，加强违规涉企收费整治。引导金融机构增加民营企业贷款投放，提高首贷户比重和信用贷款比重，对小微企业贷款应延尽延。弘扬企业家精神，保障企业合法权益。深化农业农村改革。持续推进农村集体产权制度、宅基地制度改革，积极推进农村集体经营性建设用地入市，深化“三变”改革、“三社”融合发展，健全农业专业化社会化服务体系。营造市场化法治化国际化营商环境。抢抓全市建设营商环境创新试点城市机遇，深化“放管服”改革，持续推进承诺制信任审批，加快“跨省通办”“一窗综办”和“一件事一次办”，探索实施“秒批”。持续开展“四零”改革和工程建设项目“四合一四联合”改革。加强反垄断和反不正当竞争执法，依法规范发展平台经济。推进“柔性执法”，营造开放包容的法治营商环境。不断扩大对外开放。坚持专业招商、精准招商，围绕招大引强、补链成群，强化项目策划、信息捕捉和全链条服务，力争全年引资500亿元以上，其中10亿级项目10个。拓展利用外资的渠道和领域，新增外经贸实绩企业4家，进出口总额增长5%，实际利用外资6000万美元以上。积极参加智博会、西洽会、进博会。推动外事接待、出国出访和友城缔结，让铜梁龙沿着“一带一路”走出去，扩大铜梁“朋友圈”。

（七）着力推动绿色发展，精心呵护山清水秀优美生态。坚持生态优先、绿色发展，扎实推进产业生态化、生态产业化，筑牢重要生态屏障。持续抓好污染防治。打好碧水保卫战，深化落实河长制，持续推进“五个一律”，实施水污染防治PPP项目，扎实开展“三排”“三乱”整治，持续抓好长江退捕禁捕工作，加强饮用水源保护，确保主要河流水质稳定达标。打好蓝天保卫战，严控工业扬尘、露天焚烧、汽车尾气等污染源，有效降低臭氧、$PM_{2.5}$浓度，空气质量优良天数达到320天以上。打好净土保卫战，开展“无废城市”建设先行先试，创建“无废城市细胞”20个，加强农村面源污染治理，推进废弃农膜回收，推动农药、化肥和抗生素“三降”，确保土壤环境质量总体稳定。持续抓好中央生态环保督察反馈问题整改。强化生态修复治理。全面推行林长制，实施国土绿化行动，规划建设小安溪、淮远河、巴川河“百里生态廊道”，完成矿山生态修复11公顷，创建绿色矿山2个，森林覆盖率达到48%。严格控制玄天秀水生态画廊周边开发建设活动。加大水土流失治理力度，实施河库水资源涵养及水生态修复。推行绿色低碳发展。用好“中国天然氧吧”品牌，加快发展山上经济、水中经济、林下经济。全覆盖推进企业循环化改造、种养业耦合发展，培育绿色工厂2个以上。推广新能源汽车，科学布局电动汽车充电桩。推广绿色建筑，装配式建筑不低于供地总面积的35%。广泛开展绿色生活创建活动，全面推行生活垃圾分类，让绿色生活观念深入人心。

（八）着力增进民生福祉，构建共建共治共享社会治理格局。坚持尽力而为、量力而行，持续办好25件重点民生实事，健全基本公共服务体系，兜牢民生底线。加强就业和社会保障。持续开展“把老乡留在老家”专项行动，精准做好重点群体就业服务，城镇新增就业8000人以上。加大保障性租赁住房建设管理力度。全面实施社保全民参保计划，落实异地就医直接联网结算。健全养老服务体系，建设敬老院4所、社区养老服务中心7个，建成投用农村互助养老点100个。加强农村失能特困人员集中照护，推进社区居家养老服务全覆盖。扎实做好社会救助工作，加强急难型临时救助。抓好低保、残疾人、儿童福利、慈善等工作。巩固全国双拥模范城创建成果。提升退役军人服务保障质量。推动教育公平发展和质量提升。开工建设白龙小学、庙坡幼儿园等6所学校，完成金砂小学迁建工程。推进学前教育公益普惠发展，新增普惠学位500个。推动基础教育质量提升。深化产教融合，发展职业教育。保障高考改革落地实施。推进教师“区管校聘”改革，建设高素质专业化教师队伍。深化教育评价改革，推进集团化办学。加强体育美育劳动教育，关注学生心理健康。支持民办教育健康发展，规范校外培训机构。发展在线教育，完善终身学习体系。提高卫生健康服务质量。加快推进中医院整体迁建、人民医院传染病区医技楼建设，启动建设虎峰、平滩等基层区域医疗卫生中心。推进区人民医院“三甲医院”创建，深化基层医疗机构集团化改革。推进乡村医生“镇聘村用”，探索实行镇村医疗机构一体化管理。建成5家婴幼儿照护机构。完善慢性病分级分类管理。推动文化繁荣发展。培育创建文化产业园区和乡村文化乐园，实施智慧图书馆建设，免费开放“三馆一中心”。开展群众文化健身活动。举办第十届老年人运动会。新建社区健身点21个，实现社区健身点全覆盖。鼓励文艺精品创作。用好红色资源，加强爱国主义教育基地建设。注重文化遗产保护利用，传承优秀传统文化。深化社会治理创新。推进市域社会治理现代化试点，深入推进“党建扎桩、治理结网”，持续开展“五治五力”提升行动，健全区镇村三级社会治理指挥中心体系，开展突出信访问题专项治理。完善社会心理服务体系和危机干预机制。强化社会治安防控，常态化推进扫黑除恶专项斗争，深入开展全民反诈专项行动。扎实开展安全生产大排查大整治大执法，强化食品药品安全治理，加强应急管理和防灾减灾救灾体系能力建设，维护社会大局和谐稳定。

（九）着力抓牢常态疫情防控，坚决守护好人民群众生命安全。把人民安全健康放在首位，坚持常态化精准防控和局部应急处置有机结合，严格落实"四早"要求，确保不出现规模性输入和反弹。始终压紧防控责任。严格落实疫情防控工作要求，坚持依法防控、科学防控、联防联控，做到守土有责、守土担责、守土尽责，织密突发重大公共卫生事件防控网。克服麻痹思想、松劲心态，慎终如始、善作善成，毫不放松抓好疫情防控工作，巩固拓展疫情防控向好态势。做细做实日常监管。强化外防输入，坚持"人""物"同防，严把境外输入、冷链物流、区外输入"三个关口"，坚决阻断疫情输入扩散渠道。强化内防反弹，落实医院、学校、景区、商店超市等重点场所防控措施，加强重点人群健康监测和核酸检测，增强早期监测预警能力。夯实防控保障基础。健全公共卫生应急管理体系，规范和加强医院发热门诊管理。有序推进疫苗接种，严格疫苗全流程管理。加强应急物资储备，完善应急预案。深入开展爱国卫生运动，引导群众做好个人防护，筑牢常态化疫情防控社会防线。

四、切实加强政府自身建设

开局"十四五"、开启新征程，必须坚持党的全面领导，加强政府自身建设，不断提高把握新发展阶段、贯彻新发展理念、构建新发展格局的政治能力、战略眼光和专业水平。

（一）坚持把党的政治建设贯穿政府工作全过程。深学笃用习近平新时代中国特色社会主义思想，增强"四个意识"、坚定"四个自信"、做到"两个维护"。善于用政治眼光观察和分析经济社会问题，不断提高政治判断力、政治领悟力、政治执行力。全面彻底干净肃清孙政才恶劣影响和薄熙来、王立军流毒，践行市委"三个确保"政治承诺，以政治生态持续净化促进发展环境不断优化。

（二）坚持在法治轨道上推进政府治理体系和治理能力现代化。开展全市法治政府建设示范区创建，全面实行政府权责清单制度。严格规范公正文明执法，推进行政复议体制改革。健全重大政策事前评估和事后评价制度。自觉接受人大监督、政协监督、监察监督、司法监督，主动接受社会监督和舆论监督，推动审计监督全覆盖。认真执行人大及其常委会决议决定，支持人民政协履行职责，做好人大代表建议和政协提案办理工作。加强政府诚信建设，政府承诺企业和群众的事项，必须说到做到、坚决兑现。

（三）坚持一体推进不敢腐、不能腐、不想腐。聚焦工程建设、资源开发、金融信贷等重点领域，紧盯财政支出、项目审批等关键环节，削减腐败存量、遏制腐败增量。坚决惩治重点领域腐败和侵害群众利益问题，确保民生资金精准兑现到老百姓手上。深化拓展"以案四说"，全面推进"以案四改"，筑牢拒腐防变的思想防线、制度防线。

（四）坚持不懈推进各项工作落地落实。持续整治"四风"，特别是形式主义、官僚主义，深化拓展基层减负工作，让基层干部集中精力解决问题。练就抓落实的过硬本领，把干事热情和科学精神结合起来，提高干部专业化能力和解决实际问题的能力。盯紧抓落实的关键环节，完善全程可量化的目标体系、督查体系、考核体系。全区政府系统干部要发扬为民服务孺子牛、创新发展拓荒牛、艰苦奋斗老黄牛的精神，切实提高研究力和执行力，坚持干字当头、实字为先，扑下身子抓落实，抓出气势、抓出激情，抓出水平、抓出成效。

各位代表！新时代承载伟大梦想，新征程呼唤奋斗激情。让我们更加紧密地团结在以习近平同志为核心的党中央周围，以习近平新时代中国特色社会主义思想为指导，在区委的坚强领导下，不忘初心、牢记使命，把握大势、融入大局，拼搏实干、砥砺奋进，奋力谱写铜梁高质量发展新篇章，开启社会主义现代化建设新征程，以优异成绩迎接建党100周年。

地理环境

【地理位置】 铜梁地处渝西腹地，位于长江上游地区、重庆西部。公元703年建县，距今1300多年。区域面积1342平方千米（2016年12月航测复核数据），辖5个街道、23个镇，总人口84.9万人。铜梁区西北邻潼南区，西南靠大足区，东北连合川区，东南毗邻璧山区，南部接永川区，是成渝地区双城经济圈中轴线上关键节点，重庆主城都市区桥头堡城市和"渝新欧大通道"的重要节点之一。

【地形地貌】 铜梁地处渝西丘陵与渝东平行岭谷交接地带，地貌多姿，地势西南高、东北低，地形以丘陵为主，东南部有毓青山和巴岳山东西对峙，境内最高海拔885米（燃灯寺），最低海拔185米（张渡口），森林覆盖率33%。区内主要有涪江、琼江（又名大安溪）、小安溪、平滩河、久远河和淮远河等主要河流，简称"一江两溪三河"，以及大小支流245条，总属长江水系，嘉陵江流域。

【地质构造】 铜梁区地质构造属新华夏系四川沉降带，介于盆中旋转构造带与盆东弧形构造带之间的过渡带，华蓥山隐伏断裂带纵向穿越区境中部，将区境地质构造分为两部分，东部为川东平行褶皱带，西部为川中台向斜褶皱带。全区出露地层除白垩系、第三系外，从三叠系下统飞仙关组到第四系新、老冲积物均有分布，以侏罗系砂页岩分布广泛，占全区面积的87.1%，三叠系地层占12%，其余为零星分布的第四系。

（区规划自然资源局　郑克燕）

【气候】 铜梁属亚热带湿润季风气候，气候资源丰富，立体气候明显。总体特征表现为春早夏热，秋雨冬暖，雨热同季，日照少、多云雾、风速小，主要灾害性天气有暴雨、雷电、冰雹、大雾、霜冻、结冰等，气候风险总体偏低。铜梁气候温和、四季分明、雨量充沛、空气湿润、温差大、舒适度高、空气清新、气候宜人，是生活休闲、旅游、疗养之胜地。年平均气温为18.1℃，年平均最高气温为21.7℃，年平均最低气温为15.4℃，年极端最高气温为44.1℃（2006年9月1日），年极端最低气温为-2.5℃（1975年12月15日）。年平均降水量为1070.6毫米，最大年降水量为1482.2毫米（1968年），最小年降水量为680.8毫米（2006

年），最大日降水量233.4毫米（2009年8月3日）。年平均日照时数为1090.0小时。年平均相对湿度为81.9%。年平均风速为0.9米/秒，静风频率高达43.0%。

2020年气候特点呈现暴雨场次偏多，强度较常年偏强，全年降水量971.4毫米；与上年相比，高温日数偏多、强度偏弱；气象干旱较常年偏重。气象灾害总体较常年偏重。全年出现9场区域性暴雨天气过程，35℃以上高温日数为26天，出现1次低温无霜冻天气过程。

（区气象局　罗先猛）

【水文】　铜梁水系由涪江、琼江、小安溪、平滩河、久远河、淮远河、巴川河、白羊河、侣俸河、穆家河10条主要河流及众多小支流溪沟组成。区内多年平均降水量13.85亿立方米，夏季洪旱交替，每年7～9月上旬有数次大到暴雨降雨过程，部分河段出现超警洪水，导致局部地区洪涝灾害；旱季发生在初夏至初秋之间，会给农作物生长造成一定影响，但大旱之年很少出现。

2020年洪涝灾情较重，小安溪超警戒水位2次，淮远河超保证水位2次，琼江、涪江各超警戒水位2次、超保证水位1次。

（区水利局　杨鹏博）

【自然资源】　**土地资源**　按第三次国土调查成果入库和统一时点更新，查清耕地、用地状况，摸清了全区自然资源基础家底，并顺利通过国家自然资源督察成都局督查。2020年末，全区耕地面积53057.89公顷，园地面积4660.04公顷，林地面积46635.66公顷，草地面积122.45公顷，商业服务业用地279.05公顷，工矿用地2050.95公顷，住宅用地7078.52公顷，公共管理与公共服务用地715.47公顷，特殊用地103.84公顷，交通运输用地面积4079.43公顷，水域水利设施8179.28公顷，其他用地7004.32公顷。

矿产资源　全区矿产资源有煤炭、锶矿、石灰岩、砂岩、砖瓦用页岩、矿泉水和地热、页岩气8种（不含亚矿种），矿产资源分布区域明显，且相对集中，主要分布在沥鼻峡背斜和西山背斜；大型矿床少，大多数为小型矿床和矿（化）点。锶矿主要分布于西山背斜的土桥镇—围龙镇一带，属超大型矿床。煤炭资源集中分布在区东部和南部，石灰岩则呈条带状分布于沥鼻峡背斜和西山背斜轴部一带。此外，有沙金、铁矿、铜矿、井盐等，但含量偏低。

（区规划自然资源局　郑克燕）

水资源　铜梁水资源有涪江、琼江、小安溪、平滩河、久远河、淮远河、巴川河、白羊河、侣俸河、穆家河10条主要河流及众多小支流溪沟200余条，分属涪江和嘉陵江流域，总属长江流域水系。全区多年平均拥有过境水资源180亿立方米，全区多年平均水资源总量6.06亿立方米，地下水资源总量1.52亿立方米，2020年实际年用水量为2.015亿立方米。人均水资源量为713.78立方米。

（区水利局　杨鹏博）

动物资源　铜梁分布有165种脊椎动物，989种无脊椎动物。其中传统人工养殖的有：猪、牛、羊、马、犬、猫、兔，鸡、鸭、鹅、鸽、鹌鹑和鲤鱼、鲫鱼、乌鱼、草鱼、鲢鱼，以及蜜蜂、丝蚕等。野生一级保护动物有林麝1种，二级保护动物有大小灵猫、猴面鹰、雀鹰等14种；一般野生动物有：拱猪、豪猪、狗獾、黄鼠狼，白鹤、乌鸦、翠鸟，各种鱼类等。改革开放以来引进养殖的主要有：良种猪、牛、羊，梅花鹿、竹鼠、牛蛙，孔雀、鸵鸟、火鸡及多种鱼类等。

（区畜牧中心　冯明伦）

林业资源　铜梁森林面积达60335.98公顷，森林资源丰富，据统计有林木资源60个科、104个属、168种。主要树种有松、柏、杉、桉、楠竹、慈竹等。国家级保护的濒危品种有桫椤，名贵树种有红豆杉、楠木、香樟、罗汉松等；古老地质年代的树种有银杏、水杉。果木有核桃、板栗、红枣、柑、橙、桃、李、杏等，所产干果、水果丰富，品质优良。

（区林业局　李军）

旅游资源 铜梁旅游资源丰富，境内有毓青山、巴岳山、六赢山相拥环抱，涪江、琼江穿境而过，玄天湖、小北海点缀其间，拥有安居国家湿地公园、毓青山国家森林公园；有重庆著名温泉之一的古西温泉，是民国时期重庆四大名泉之一。

铜梁文化底蕴厚重，人文资源丰富。“铜梁文化”由中科院命名，距今21000多年。铜梁是国家文化和旅游部命名的中国民间文化艺术之乡，“铜梁龙舞”入选国家首批非物质文化遗产，被誉为“中华第一龙”。作为对外文化交流的亮丽名片，铜梁龙舞先后4次晋京参加国庆盛典，先后3次荣获国家群星奖，并随国家领导人出访世界各地。中国著名古城——安居，历史悠久、享誉川渝。抗战陪都文化远近著名，古西温泉是民国政府政要的聚集地；黄埔军校曾迁驻铜梁，培育了6500多名黄埔军校学员奔赴抗日前线。名人文化灿烂，自唐代以来，共有进士90余名，居重庆区县前列；铜梁的历史名人有明兵部尚书张佳胤、国际英雄主义战士邱少云，著名音乐家刘雪庵、金砂，爱国将领陈达三、郭汝瑰等。

（区文旅委　黎娟）

【环境质量】 **大气环境质量** 全区空气质量优良天数达334天，同比增加32天，$PM_{2.5}$年均浓度28微克/立方米，同比下降11微克/立方米，无重污染天数，空气质量改善幅度居全市前列。

声环境质量 区域环境平均值达到52分贝，同比增加1.9分贝，交通干线噪声平均值达到64.6分贝，功能区噪声平均值为51.4分贝，昼夜达标率100%。

水环境质量 全区主要河流水质稳定达标，涪江稳定达到地表水Ⅱ类标准，琼江、小安溪达到地表水Ⅲ类标准，城市和乡镇集中式饮用水水源地达标率均为100%，水环境质量改善幅度较大。

（区生态环境局　李春洪）

历史文化

【建置沿革】 铜梁在夏、商属梁州之域，周代为巴子国属地，战国一度为铜梁侯领地。秦、汉为巴郡垫江县地，隋、唐为合州石镜县辖地。

铜梁县建置于唐武周长安三年(703年)，合州刺史陈靖意以大足川侨户辐辏，奏准割石镜县地置铜梁县，治所在奴仑山列宿坝(今潼南区塘坝镇廖家坝)，隶属合州。

唐玄宗开元三年(715年)，县治移涪江南岸武金坑(据考证，即今合川区太和镇富金坝)；十六年(728年)又向东南移于东流溪坝(今潼南区小渡镇戴场坝)。其后，铜梁地域变化较大，在历史上曾有铜梁、巴川、安居三县建置，古赤水县、大足县都曾一度并入铜梁。

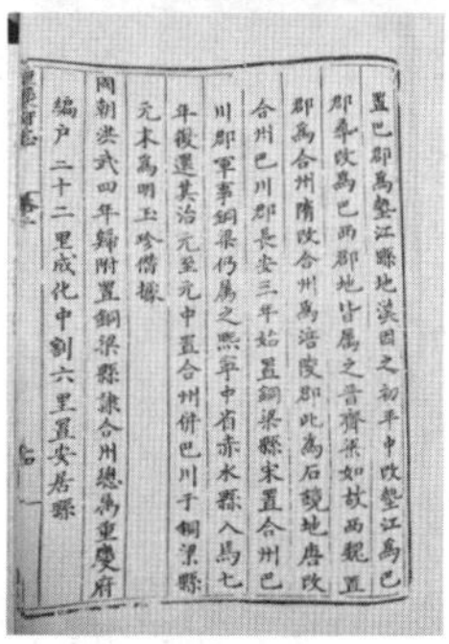

置巴郡爲墊江縣地漢因之初平中改墊江爲巴
郡李改爲巴西郡地皆屬之晉齊梁如故西魏置
郡爲合州隋改合州爲涪陵郡此爲石鏡地唐改
合州巴川郡長安三年始置銅梁縣宋置合州巴
川郡軍事銅梁仍屬之熙寧中省赤水縣入焉七
年復還其治元至元中置合州併巴川于銅梁縣
元末爲明玉珍僭據
國朝洪武四年歸附置銅梁縣隸合州總爲重慶府
編户二十二里成化中割六里置安居縣

《万历·重庆府志》载：长安三年始置铜梁县(区史志研究中心　供图)

唐玄宗开元二十三年(735年)，合州刺史孙希庄奏准，割石镜之南、铜梁之东置巴川县，初治楼滩(今旧县街道)，辖7乡11镇，隶合州。

北宋熙宁四年(1071年)赤水县省入铜梁县；七年(1074年)复置。元世祖至元二十四年(1287年)又废，赤水县并入石照县(今合川)。

元世祖至元十七年(1280年)，废巴川县入铜梁县，铜梁疆域即往东南转移，除包括原巴川县全境和今安居、白羊外，原铜梁管辖的今合川、潼南、大足部分地区，分别划给了石照(今合川)、大足和遂宁县(县治在潼南大佛乡下县坝)，遂宁县就近获得原铜梁所属戴场坝一带，包括今塘坝、小渡、寿桥、五桂等镇。同年，铜梁治所自戴场坝迁至巴川镇。

元世祖至元二十年(1283年)，撤昌州，省昌元、永川2县入大足；至元二十二年(1285年)，撤大足县入铜梁县。

元顺帝至正二十三年(1363年)，红巾军明玉珍在重庆称帝，建国号大夏，从铜梁将原昌州并入的地域收回，复置大足县(隶合州)、昌宁县，铜梁保留原有辖地。元末，原隶属巴川县之雍溪、曲水二镇划归大足县。

明初，铜梁辖4乡(琼池、习贤、永清、桂林)30里。

宪宗成化十六年(1480年)九月，分铜梁县新兴、安乐、安正、万安四里，加上遂宁县太平里等三里置安居县，以安居溪为名，治所安居镇，隶属重庆府。

清康熙元年(1662年)，因人口锐减，撤铜梁、安居两县并入合州，州下无县。

康熙六十年(1721年),又以原安居(铜梁原划出地)、铜梁二县地复置铜梁县,属重庆府。铜梁境域先后设有35场,但安居仍以县级(无县令,保留县级部分权限)达重庆府。

乾隆四十一年(1776年),安居更名为乡,辖1城(安居城)8场(白羊、水口、凉水、斑竹、平滩、双河、关溅、高楼;后析有维新、中和,在光绪元年建场),隶属重庆府,仍保留训导、巡检、汛部厅外委把总设置,战、守兵共10员。

光绪二十九年(1903年),安居裁撤外委把总及兵丁,延续近200年的残存县级政权至此终结,完全隶属于铜梁。

宣统三年(1911年)秋,铜梁成立保路同志分会;同年11月25日,铜梁县军政府成立,改县公署为知事公署,隶属重庆府。

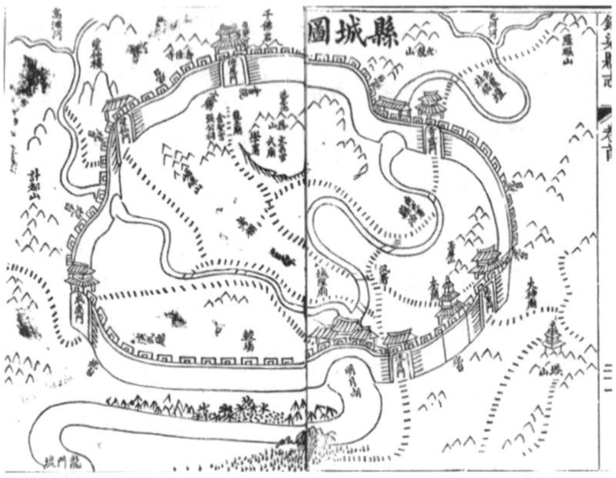

清光绪铜梁县城图（区史志研究中心　供图）

民国二年(1913年),撤销省、府、州、厅建制,以道辖县,铜梁县隶属川东道。

民国十八年(1929年),撤道恢复行省建制,铜梁县直属四川省政府。

民国二十四年(1935年),四川行政统一,实行行政督察区制,铜梁隶属四川省第三督察区(治所永川)。铜梁县分为3个区(中城、大庙、安居)44个乡镇(含5镇:中城镇、安居、虎峰、平滩、西泉)。

1949年12月2日,铜梁解放,22日成立铜梁县人民政府,隶属川东行署璧山专员公署。

1952年12月17—20日,铜梁县召开人大会议,决定将44个乡调整为65个乡,接着又调整为98个乡。

1953年4月13日,铜梁县所辖的第六区(板桥区)所属板桥镇、柳溪乡、三教乡、云龙乡、玉峰乡、寿永乡6个乡镇划归永川县。同年8月17日,铜梁转龙乡的蓝家村划归大足县,大足县雍溪乡部分村划入铜梁县;8月24日,铜梁县的十塘乡划归合川县。同月,全县设为11个区、105个乡级行政单位。

1955年12月,全县合小乡为大乡,将105个乡级建制调整为56个建制乡镇,乡镇人民政府改称乡镇人民委员会。

1958年9月下旬,全县实现人民公社化,原56个建制乡镇改为“政社合一”的56个人民公社,村改为管理区,其下为生产队。同年,全县又调整组合为37个人民公社。

1961年12月,全县又调整为1镇(城关镇)10区,辖62个人民公社,实行公社、生产大队、生产队的“三级所有,队为基础”的管理体制。

1983年2月8日,中央批准重庆成为全国首批经济计划单列市。4月,永川地区并入重庆市,铜梁属重庆市管辖。同年12月,恢复县、区、乡建制,全县有1镇(巴川)10区65个乡(含安居、虎峰两个乡级镇)。

1994年1月5日,全县行政区划实行“撤区并乡建镇”改革。全县调整为33个乡镇,均升格为县辖区级建制。

1997年3月14日,全国人大决定设立重庆直辖市,铜梁仍为重庆直辖市辖县。

2014年5月2日,国务院批复撤销铜梁县,设立铜梁区。7月15日,铜梁区正式挂牌。

2015年4月,撤销旧县镇设旧县街道。

2020年,全区有5个街道、23个镇,辖266个村、67个社区,4050个村民小组与552个城镇居民小组。

（区史志研究中心　王万明）

【历史名人(续)】　理学大师　阳枋(1187-1267)名昌朝,字宗骥,南宋潼川府路合州巴川县(今重庆市铜梁区)人,居后觉里字溪小龙潭(今铜梁区石鱼镇龙凼子),因号字溪。生于南宋淳熙十四年(1187年),早年从朱熹门人度正、夏渊游,学者称大阳先生。端平元年(1234年),取得甲午科乡试第一名解元。从嘉熙二年(1238年)起,因蒙军攻蜀所扰,先后避地南川、清溪、夜郎、泸南等边远地区。淳祐元年(1241年),以蜀难,免入对,赐同进士出身。淳祐四年(1244年),阃帅交辟之,应蜀守余玠之请,分教广安,历监昌州酒税、大宁理掾。淳祐五年(1245年),改大宁监司法参军。淳祐八年(1248年),为绍庆府学官。淳祐十一年(1251年),主教涪陵北岩书院,士子信从者众。宝祐三年(1255年)以后,因年老和避蒙军兵锋,先后随子就养于嘉定(今四川乐山)、涪州(今重庆市涪陵区)、荆州(今湖北江陵)白水镇、峡州(今湖北宜昌)、桃源(今湖南桃源)广溪。咸淳元年(1265年)自夷陵(今湖北宜昌)还蜀。晚以子炎卯贵,加朝奉大夫,致仕。咸淳三年(1267年)卒,年八十一。

阳枋师从朱熹门人度正,继承了朱熹紫阳学派学说。著述宏富,有《字溪集》十二卷,载《永乐大典》,又载于《四库全书》,并有《存斋易说》诗词、讲义等多种文集,均佚。

土主菩萨　赵延之　字孟牛,山西省汾州(今汾阳县)人。唐大历十二年(777年)任巴川县令(今铜梁县境在唐代分为铜梁、巴川二县)。大历十四年(779年),资泸夷乘隙犯县境。延之率领兵民在县城西一山上抵御,六战六克(六赢山因此得名),打退了夷人侵扰,保卫了渝、合地区,因功擢升合州刺史兼渝、合、资、泸经略巡抚使。延之爱铜、璧山水之美,因家焉;犹好登高望仙,曾建楼于巴川西山之顶,名曰"望仙楼"(誉为铜梁八景之一)。后毁,仅留楼础,后人重修以望延之。兵部尚书张佳胤在《重修望仙楼记》中曰:"赵公之泽,使邑人之不能忘,其殁之,不忍死之,而神其说于仙。"后人为纪念他的政绩,建造"普泽庙",供像以祀,人称"土主菩萨"。

红军第九师参谋长　胡陈杰　1903年出生于铜梁县土桥乡旧市坝(今属铜梁区土桥镇),3岁随父母迁居东郭乡(今铜梁区东城街道)。17岁考入县立中学,学业成绩优异,被推选为学生联合会主席。

1922年春,胡陈杰以学生会主席身份,发动县城各校学生反对当局滥征"门户捐"。徒步奔赴璧山、永川、大足、江津、合川、潼南六县与学联联系,发动各县学联支持铜梁民众反对"门户捐"斗争,还召开各界团体群众大会,登台痛斥军阀政府残忍剥削人民的罪行,后率领群众游行示威,市民纷纷罢市支持,最终"门户捐"被迫取消。

1922年5月,重庆掀起抵制日货、反对日本帝国主义的浪潮。当时巴川镇刘凤梧开设的广益号绸缎铺,大量贩卖日货,经多次劝告无效。胡陈杰以学联名义散发宣言,带领各界团体代表冲到绸缎铺里,将囤积的日货全部没收,翌日在南教场当众焚毁,并责令刘凤梧今后不准再推销日货。

1924年,胡陈杰考入苏州东吴大学,临行赋诗一首与家人话别。诗云:"男儿壮志出夔关,学不成功誓不还。埋骨何须桑梓地,人间到处有青山。"

1925年,他弃文就武,直奔广州,考入黄埔军校第四期政治科。同年加入中国共产党。1926年7月,北伐军到达衡阳后,胡被派到第四军的一个先头部队工作;8月下旬,其所在连队进抵蒲圻县境,连长遇袭牺牲,胡代理指挥部队泅水突围,后又率队参加攻克汀泗桥战斗。9月中旬,部队进入汉口后,胡随朱德入川,后来朱德以党代表的名义派他到其同乡郭汝栋部工作。

1928年,他赴南京帮助郭活动,助其取得国民革命军二十军军长职务。胡因此深得郭的信任,为其秘密为党活动提供了方便,在组织和发展党的队伍、保护同志和开展兵运等方面做了大量的工作，为四川的土地革命斗争做出了重大贡献。

1929年底，郭汝栋部改编为二十六师，受令出川攻打红军。在省军委派来涪陵领导兵变的李鸣珂指导下，涪陵军委和军支决定乘郭部集结于涪陵乘船出川时，拟以党的基础较好的一团三营打响兵变的第一枪，与农军相策应。胡陈杰此时一面设法麻痹郭汝栋，一面派周见非等到武隆长坝争取土著武装，并与彭水向时俊部霍恂取得联系，争取郭、向部与兵变同时进行。当兵变计划正在秘密而顺利进行的时候，郭汝栋突然察觉，随机抓捕了兵变主要骨干三营十连连长任朝绪，撤了刘道盛营长职务，解散了政治部，同时扣发了委任胡陈杰为团长的委任状，并先后两次给胡大洋1千元，礼送他去日本留学深造。

胡陈杰遭此挫败后于1930年春回到家乡铜梁。不久，辗转到上海，与党组织接上关系，会同邓济时、曾庆华等在民众中宣传党的主张，进行革命活动。7月，化名胡慎己，跟随中央向导，由上海溯江而上，进入洪湖苏区。一到苏区，他就担任中国红军第三军红军大学校长。

1931年4月在王明左倾路线影响下，洪湖苏区根据地丧失殆尽。在极端困难的情况下，地方党的负责人周逸群、段德昌等组织扩大了自卫队和游击队，经过整顿建立了红九师，段德昌任师长，胡陈杰任参谋长。6月，红三军遭到国民党围剿，部队进入鄂西，解放了房县，创建了鄂西北根据地。敌人使用“以水代兵”的毒计，挖堤放水，溺死十余万人，造成无家可归的灾民七十余万人，根据地处于极端困苦之中。在此紧急关头，红三军决定部队立即返回洪湖，胡陈杰坚决拥护。为迎接红三军主力，段德昌、胡陈杰带领红九师战士渡过襄河，于9月会师于刘猴集，随即红九师包围了在应城、陈家河一带的守敌四十八师特务团，全歼来援应城之敌，陈家河守敌被迫投降。又在龙王集至应城公路两侧设下埋伏，歼灭敌十二旅三千余人及敌一一四旅全部敌人。

1932年9月，胡陈杰在扩大化的“肃反”中被害，年仅29岁。

新中国成立后，贺龙报请党中央核实批准为胡陈杰彻底平反昭雪，追认为革命烈士。

游文俊（1912-1984） 铜梁县石鱼乡（今铜梁区石鱼镇）人。自幼父母双亡，兄弟三人寄居叔父家。

1926年游文俊考入县立国民师范，1930年毕业后从事教育工作。先后在平滩、斑竹、石鱼、凉水、虎峰、安居、城厢、养正小学任教达8年之久。1938年参加中国共产党，次年12月任中共铜梁县委委员。根据党的安排，在重庆过街楼百货公司、重庆专卖处、重庆新丰街哈哈百货商店做职员，秘密从事革命工作。1942年任中共南方局机要交通员，被派遣以采购员身份，去湖南衡阳、广西柳州等地搞机要交通工作。在白色恐怖下，他机智勇敢地完成了党交给的任务。后因衡阳、柳州沦陷，回重庆待命。1944年下年，党组织派他回铜梁，打入敌人内部，任石鱼乡伪乡长，建立了铜梁县的第一个两面政权。他在伪乡长身份的掩护下，秘密开展党的地下活动。1947年下半年，与熊伯涛（中共党员）在铜梁县巴川镇开设“信永商号”，作为党组织的秘密办事机关。这时他担任上川东工委第三工委委员，专职从事党的工作。1949年任县银行副经理，同年9月任中共铜梁中心县委书记。在这一时期内，他对发展壮大党的组织，筹措革命经费，建立地下武装，掩护革命同志，促成铜梁解放，做出了重要贡献。

1949年12月，他以地下党负责人的身份赴重庆与人民解放军接头，并随西南服务团转回铜梁。1950年初任中共铜梁县委副书记，下年任铜梁县人民政府县长。在政权更迭、百事待兴的情况下，他夜以继日地忘我工作。在征粮剿匪、减租退押、土地改革、“三反、五反”、镇压反革命运动等各项工作中，立场坚定，旗帜鲜明，坚决贯彻执行党的方针政策，为党和人民的事业做出了显著成绩。

1953年，游文俊调重庆第二机械工业学校工作，先后任政治辅导室主任、教务主任、校长兼党委书记。1960年，他领导的重庆市第二机械工业学校被评为全国文教系统百面红旗之一，出席全国文教群英会，受到毛泽东、刘少奇、周恩来、朱德等党和国家领导人的亲切接见。之后又历任中共重庆市中等专业学校党委副书记，教育党委常委。1978年游文俊代表重庆市二机校出席了全国机械工业学大庆会议，并与邓小平等党和国家领导人合影留念。1981年6月，任渝州大学副校长，中共渝州大学党委常委。

游文俊1984年因病逝世于重庆，享年72岁。

（区史志研究中心　供图）

区划人口

【行政区划】 铜梁区由巴川、东城、南城、蒲吕、旧县5个街道、23个镇组成，包括266个村与67个社区，4050个村民小组与552个居民小组。

（区民政局　石春月）

【人口】 2020年末，全区户籍人口总户数32.85万户，总人口84.90万人。其中，城镇人口40.28万人，乡村人口44.62万人。按人口年龄结构分，0～17岁14.95万人，18～34岁16.99万人，35～59岁33.42万人，60岁及以上19.54万人。按性别分，男性43.44万人，女性41.45万人。全区人口性别比（以女性为100，男性对女性的比例）为104.8，其中出生婴儿性别比为107。

（区统计局　李建）

【民族】 铜梁区属散杂居少数民族地区。全区有苗、彝、回、满、壮、藏、侗、傣、蒙古、土家、布依等41个少数民族，人口5270人（2020年第七次全国人口普查数）。分布在全区28个镇、街道办事处；少数民族群众居住、工作、学习较为集中的地方为东城和巴川、南城街道办事处；常住外来经商少数民族有疆籍、藏籍等少数民族群众，主要分布在巴川、南城、东城街道办事处和安居镇。有少数民族界政协委员6名。

【宗教】 铜梁区是重庆市宗教工作重点区县之一。区内有佛教、道教、天主教、基督教四大宗教；有开放宗教活动场所43处（其中：佛教30处，天主教2处，基督教8处，道教3处），备案宗教神职人员43人；有佛教协会、天主教爱国会、基督教三自爱国运动委员会、道教协会四个爱国宗教团体。有信教群众4.2万余人，有宗教界政协委员7名。

（区委统战部　冉万伟）

经济社会发展

【经济体制改革】 **大力推进创新驱动发展体制改革** 出台《铜梁区数字经济创新发展工作方案》,建成航天云网西南工业互联网赋能中心,实施工业技改项目96个,10家企业成功申报市级数字化车间、智能工厂,科技型企业数量增长44.5%,"双新"企业产值占比提高至45.3%。

深化营商环境综合改革 深化行政审批流程再造集成创新,在疫情背景下推行"零材料、零见面、零费用、零跑路"审批,实施建设项目"四合一四联合"改革,健全"观察员""好差评"制度,成为重庆首个"企业开办无费区",全年企业开办数量增长25.8%,"四零"审批改革入选全市优化营商环境十佳示范案例,营商环境位居全市前列。持续推进服务民营企业"解七难",在疫情期间全面落实纾困惠企政策"40条""45条",务实搭建政银企"铁三角",完善中小微企业转贷应急周转资金管理办法,出台扶持市场主体升规升限政策措施,落实区领导联系企业和服务专员制度,帮助企业获得金融贷款69.5亿元,为企业减免缓交税费12.42亿元。

深化政府债务绿色可控机制 严把政府投资、举债融资审批关口,严格债务借、用、还、管全过程管理,争取政府债券17.96亿元,化解隐性债务83亿元,政府债务率、偿债率、付息率均低于警戒值。

深入推进国资国企改革 建立向区人大常委会报告国有资产管理情况制度。全面实施行政事业单位国有资产集中统一监管。区属国有企业公务用车制度改革顺利完成。全面完成剥离国有企业办社会职能和解决历史遗留问题,完成中央、市、区属国有企业46户1646名退休人员社会化管理移交工作。全面推进国有企业市场化转型改革。强化国有企业管理制度建设,制定《铜梁区区属国有企业劳务派遣用工管理暂行办法》《铜梁区区属国有企业子公司管理办法》《铜梁区区属重点国有企业违规经营投资责任追究实施办法(试行)》《关于进一步加强和规范区属国有企业工程建设项目管理的通知》。进一步加强重点国有企业债务管理,对重点国有企业合并报表资产负债率预警线控制在70%以内,制定《债务风险防控预警机制》,控制企业融资成本,将融资成本由6.5%降至6%以内,国有企业债务绿色可控。

深化内陆开放型经济体制机制改革 着力构建开放平台,加强与广州开发区、两江新区合作,广铜"一带一路"高新技术产业合作区、小米智能制造产业园、新能源新材料产业园、西部美谷等重大产业平台项目扎堆落户,"西部美谷"签约项目31个,开工建设10个,总投资达220亿元。加强与重庆自贸区、综合保税区、中新示范项目管理局合作,发展跨境电商,培育开放经济,4家农业企业被确定为对外合作先行企业。双向发力"融城""融边",与遂宁、资阳、简阳等达成合作协议25项,联合推进"铜资简"轴线城市、"铜潼遂"涪江流域一体化发展,共建涪江流域科技创新走廊、巴蜀文化旅游走廊,获评"双城经济圈·文旅融合发展榜样区县"。

深化生态环境建设体制机制改革 完善"绿色+"发展机制,推行"绿色+"规划管控、资源管理、产业引导、保障等制度,全力推进国家产业转型升级示范区和国家循环化改造示范园区建设，严格环境准入，加快构建绿色产业体系。5个镇（街）24个村（社区）完成市级“绿水青山就是金山银山实践基地”创建。“五个一律”推进河长制，持续开展“三乱”“三排”专项整治，全面推进农药、化肥、抗生素“三降”，全覆盖实施畜禽养殖场循环化改造，完成24个镇级污水处理厂改造升级，主要河流水质全部达标，淮远河蝶变为风光带，涪江铜梁段被评为全市最美河流。健全生态修复机制，强化自然保护地优化调整成果与生态保护红线评估成果统筹衔接，完成9处矿山生态修复，治理面积23.6公顷。建立禁捕退捕补偿制度，全面完成239名退捕渔民资金补偿及安置工作。扎实推进林业重点工程，林业有害生物无公害防治率达到85%。

深化社会保障体系改革 基层医疗保险、城乡养老保险参保率巩固在97%以上。持续开展“把老乡留在老家”行动，回引1.7万余名在外务工人员返乡就业创业，城镇新增就业1.5万人。扎实推进公办养老机构提档升级、社区养老服务中心（站）全覆盖、农村互助养老创新试点工作，敬老院补短板工作全市第一。

深化教育领域综合改革 乡镇公办中心园实现全覆盖，学前教育普惠率提高至81.6%。开展智慧校园、云课堂试点，校园局域网、校园监控网、“班班通”实现全覆盖，学校实验室、图书室、六大功能室、百生计算机等达标率均为100%

深化医药卫生体制改革 启动区域医共体“三通”试点，加快基层区域医疗卫生中心和行政村卫生室标准化建设，完成首批“区管镇用”卫生专业技术人员派遣。健全疫情防控体系，区人民医院、区中医院和区疾控中心实验室达到P2标准，区级医院、14家基层医疗机构完成发热门诊（室）规范化改造，5个镇街建成数字化接种门诊。

深化文化服务体制改革 28个镇街333个村社综合文化服务中心完成改造升级，推进文图两馆总分馆延伸至乡村，建成西来村、马滩村2个村级图书馆分馆。健全铜梁龙舞产业发展体系，形成集教习、研发、彩扎、展演、产品为一体的“一条龙”经济。

【经济发展】 全面落实习总书记对重庆的重要指示 2020年，面对突如其来的新冠肺炎疫情冲击，面对国际国内形势的深刻复杂变化，全区上下坚持以习近平新时代中国特色社会主义思想为指导，深入贯彻党的十九大和十九届二中、三中、四中、五中全会精神和市委五届八次、九次全会精神，全面落实习近平总书记对重庆提出的营造良好政治生态，坚持“两点”定位、“两地”“两高”目标，发挥“三个作用”和推动成渝地区双城经济圈建设等重要指示要求，着力战疫情、战复工、战脱贫、战洪水，全力以赴做好“六稳”工作，落实“六保”任务，脱贫攻坚即将圆满收官，全面建成小康社会胜利在望，全面融入成渝地区双城经济圈建设和“一区两群”协调发展开局起势，统筹疫情防控和经济社会发展取得重大战略性成果，“三大攻坚战”“八项行动计划”取得决定性成果，为“十四五”时期开启全面建设社会主义现代化国家新征程奠定了扎实基础。全年实现地区生产总值661亿元，增长4.4%，经济运行逐步回升，经济长期向好的基本面持续巩固。

有效投资持续扩大 围绕“两新一重”，实施重点建设项目172个，完成投资293.1亿元，智能制造产业园、白龙大道交通节点改造等44个重大项目竣工投运，市域快线璧铜线建设顺利推进，独立工矿区转型升级产城融合PPP项目成功落地。新型基础设施建设加快推进，新建成5G基站1140个，新铺设光纤2450余千米，新增端口28200余个。提速补短板投资，完成农村薄弱电网改造项目338个，惠及用户3万余户。全区完成固定资产投资353.9亿元，增长10.6%，其中工业投资128.2亿元，增长19.5%。围绕主导产业实施专业精准招商，新引进项目83个，总投资663亿元，其中10亿元以上项目12个。

消费需求加快回暖 集中开展商圈购物节

等大型系列消费促进活动，有力刺激消费回暖向好。全区社会消费品零售总额完成219.9亿元，增长3.6%。批发业销售额完成108.5亿元，增长9.2%；零售业销售额完成140.7亿元，增长10.4%；住宿业营业额完成2.2亿元，增长4.9%；餐饮业营业额完成39.5亿元，增长7.4%。加快促进消费扶贫，畅通购销渠道，建立长期稳定的消费扶贫机制，累计完成扶贫产品购销1.17亿元。

经济开放程度增强 优化外资外贸服务，制定引进外资外贸奖励办法，落实“外商投资企业行政服务管家”制度。持续深化与市中新示范项目管理局、市外事办、市贸促会、香港贸发局等机构深度合作，搭建开放合作桥梁，成功引进朗基尔等外资项目签约落户，实际利用外资完成6800万美元。支持小微外贸企业参加出口信用集体保险，联合渝州海关“一对一”帮扶特色农产品龙头企业“走出去”，推动对外经济快速发展，全年外贸进出口完成17.1亿元，增长20.1%。

工业质量效益持续提升 工业振兴行动计划和工业跃升倍增计划扎实推进，实现工业增加值254.5亿元，增长5.3%；新增规上企业28家，总数达到345家，实现总产值606.2亿元，增长4.6%。产业特色更加突出，电子信息、装备制造、大健康三大主导产业集群持续壮大，广铜“一带一路”高新技术产业合作区落地揭牌，“西部美谷”美妆健康产业基地开工建设，成功创建重庆（铜梁）汽车零部件产业示范园（示范基地）。“领军企业、明星企业”培育工程深入实施，隐形冠军实现零的突破，“小巨人”企业达到5家，“专精特新”企业达到18家。产业转型升级加快，推进企业智能化改造项目67个，建成数字化车间11个、智能工厂1家，战略性新兴产业、高新技术产业、数字经济规上工业企业产值分别增长10.9%、12.7%、14.3%。

农业产业提档升级 实现农业增加值58.3亿元，增长4.3%。粮食生产总体稳定，全面完成高标准农田建设0.27万公顷，粮食播种面积5.5万公顷，产量35.1万吨。优势特色产业持续发展壮大，蔬菜播种面积2.35万公顷，产量74.4万吨；特经作物种植面积0.98万公顷，产值5.8亿元；水产品总量3.8万吨，渔业经济总产值9.5亿元。农业特色品牌培育加快，新增“两品一标”认证农产品61个，总数达到208个；重庆名牌农产品达到13个。农业产业链价值链加快延伸，黄桷门生态农业互联网小镇、荷和原乡、新陆农业、牧棠纯等综合农业项目有序推进，新引进“上海呈德”“珍惜柑橘”“时时鲜”等农产品加工项目3个，建成电商直播带货基地，推动7000余个农产品单品出村进城。

服务业发展势头良好 实现服务业增加值236.3亿元，增长2%。龙城天街商圈日趋成熟，成功引进星巴克、希岸酒店等品牌企业，入驻商家达350余家，商业设施营业面积达到40万平方米。专业市场和特色街区建设加快。杰民农副产品批发市场持续发展，城乡共同配送中心二期建成投用，淮远河特色餐饮街基本形成。文旅融合发展步伐加快，铜梁龙文化影响力持续提升，荣获“中国龙灯龙舞文化之乡”称号；安居古城、少云故里等景区进一步完善，西郊花语悠游谷破茧蝶变，玄天湖景区成功创建国家4A级旅游景区，全区接待游客915.8万人次，旅游综合收入45.4亿元，增长8%。

【社会发展】 **城市提升深入实施** 科创新城、淮远新区建设步伐加快，基础设施持续完善，原乡溪岸等一批重大项目开工建设。完成288个棚户区和30个老旧小区改造，城市承载能力持续提升，城市功能更加完善。扎实推进大城细管、大城智管、大城众管，常态化、机制化开展“马路办公”，实施“治乱拆违、街净巷洁、路平桥安、整墙修面、灯明景亮、江清水畅、城美山清”七大工程，消除违法建筑7603.5平方米，拆除安全隐患户外广告面积5993平方米，完成姜家岩片区、迎宾东路人民公园段等照明暗区路灯改造安装，完成原乡大道绿化工程、人才公园改造，新增公共绿地139平方米，城市形象更加亮丽。

乡村振兴扎实推进 全面推进人居环境整治，加快建设美丽乡村，完成农村危房改造544户，全面处置农村危房3.37万户，完成农村“厕所革命”7921户，改造三档村、农旅融合示范村无害化卫生厕所1729户，全面启动农村垃圾分类收集，在全区266个行政村设置集中投放点2892个。大力发展新型农村集体经济，村社集体经济经营收入达3000万元。加大新型农业经营主体培育，累计培育农民专业合作社734个，开展新型职业农民培训1000人次。开展农业生产社会化服务试点，实施农业全程社会化服务0.27万公顷。深化拓展农村“三变”改革试点，新增土桥大磨村、旧县丁家村等农村“三变”改革试点村10个。绿道经济扩面成网，央视《焦点访谈》专题报道铜梁乡村振兴经验做法，国家城乡融合发展试验区全面启动建设。

城乡基础设施更加完善 同心桥水库建设顺利推进，城乡一体化城区及场镇供水设施改造工程全面完工，完成10个镇级水厂设备升级改造，改造场镇供水主管网155千米、“一户一表”2.4万余户；完成巴川、太平、侣俸农村人饮巩固提升工程，建设农村供水管网181千米，完成农村人饮供水管网建设1568千米，受益群众1.2万户。华兴110千伏、白羊35千伏输变电工程建成投运，农村薄弱电网改造年度任务全面完成，垃圾焚烧发电项目即将竣工，新建成页岩气产气井5口，建成脱水站、输气干线等一批配套工程，页岩气年产量突破1亿立方米。建成“四好农村路”688千米，惠及群众20万人，全区农村公路总里程达到4110千米，全区村民小组通达率、通畅率实现100%。

公共服务不断完善 就业创业稳中有进，开展“把老乡留在老家”专项行动，全年促进城镇新增就业14994人，离校未就业高校毕业生就业率达到98.2%；加强创业扶持，发放创业担保贷款720户1.33亿元。居民收入稳步提高，城镇和农村常住居民可支配收入分别达到42449元、21127元，分别增长5.6%、7.3%。教育资源持续优化，新增城区普惠幼儿园学位5700个，开工建设铜梁中学新校区。医疗卫生服务体系更加完善，启动区人民医院传染病区医技楼建设项目、区医疗健康区域信息平台建设工程，区中医院整体迁建项目主体完工，区中医院外科大楼竣工投用，三家区直医院及14家基层医疗机构发热门诊（诊室）规范化改造完成。困难群体权益得到充分保障，累计帮扶各类困难群众5.2万余人次，支出各类救助资金1.9亿元。推进公办养老机构建设，新增床位620张。25件民生实事年度目标超额完成14件、全面完成11件，人民群众获得感、幸福感不断增强。

（区发改委 韩夷 王益等）

【发展定位和前景】 深入贯彻习近平总书记对重庆提出的营造良好政治生态，坚持“两点”定位、“两地”“两高”目标，发挥“三个作用”和推动成渝地区双城经济圈建设等重要指示要求，准确把握新发展阶段，深入践行新发展理念，积极融入新发展格局，切实担当新发展使命，坚持稳中求进工作总基调，以推动高质量发展为主题，以深化供给侧结构性改革为主线，以改革创新为根本动力，以满足人民日益增长的美好生活需要为根本目的，统筹发展和安全，加快建设现代化经济体系，推进治理体系和治理能力现代化，全力打造先进制造示范区、创新生态示范区、城乡融合示范区、营商环境示范区，奋力把铜梁建设成为成渝地区双城经济圈高质量发展先行区、国际大都市后花园，实现经济行稳致远、社会安定和谐，确保社会主义现代化建设新征程开好局、起好步。

到二〇三五年，铜梁区将与全国、全市一道基本实现社会主义现代化。展望二〇三五年，将建成实力雄厚、特色鲜明、城乡融合、生态宜居、人民幸福的“双百”城市，成为成渝地区双城经济圈中部崛起重要增长极。综合经济实力、科技实力大幅提升，经济总量和城乡居民人均收入将再迈上新的大台阶，创新体系更加健全，新型工业化、信息化、城镇化、农业现代化基本实现，建成现代化经济体系，成为成渝地区双城经济圈高质量发展高品质生活新范例。基本实现治理体系和治理能力现代化，各方面体制机制更加完善，法治政府、法治社会和平安建设达到更高水平。基础设施互联互通基本实现，开放程度和国际化水平显著提升。实现社会主义精神文明和物质文明全面协调发展，科技强区、文化强区、教育强区、人才强区、体育强区和健康铜梁基本建成，市民素质和社会文明程度达到新高度；实现人与自然和谐共生，产城景深度融合，生态环境根本好转；人的全面发展、全体人民共同富裕取得更为明显的实质性进展，中等收入群体显著扩大，基本公共服务实现均等化，城乡区域发展差距和居民生活水平差距显著缩小，高品质生活充分彰显。到那时，一个经济强、百姓富、生态美、文化兴的现代化新铜梁将屹立在巴渝大地上，在成渝地区双城经济圈高质量发展、全面建设社会主义现代化国家大局中展现更大作为。

（区政府办　王刚）

【铜梁名特产】　部级名特优农副产品　“铜梁玫瑰香葡萄”“平滩柚牌三红柚”。

市级名牌农副产品　铜梁龙龙乡米、铜梁龙贡乡米、彩桑园桑葚、尚臣御丰芦笋、尚臣御丰草莓、仙隐山樱桃、陆之品草莓、泰洪山蜜柚、绿油坡黄豆芽、老肖葡萄、盛世龙心猕猴桃、家泽缘葡萄。

（区农业农村委　刘进）

地方传统名特产品　野生鱼有：安居黄腊丁、涪江船钉子、大庙磨盘鱼。

农林特产有：食材类—岚峰黄花、天星寨葛粉、安溪玉兰片、土桥龙乡珍珠藕，御丰美人椒；饮品类—岚峰玉清碧露茶、巴岳玉露茶；水果类—巴岳柚、水口72-1锦橙、庆隆梨、小林砂糖李、双山“铜梁樱桃”、西河五星枇杷、西部农业园红心猕猴桃，老肖葡萄；药材类—水口镇、二坪镇使君子，维新百合粉，土桥渝枳1号。

文化艺术有：铜梁龙舞、铜梁彩灯舞、永嘉猴狮舞。

手工艺术有：铜梁彩扎、铜梁龙绣、铜梁木雕、铜梁龙椅、安溪竹器、铜梁石刻。

当代新增名特产品　养殖业特产有：旧县街道的铜梁鹌鹑，维新、永嘉镇的梅花鹿，维新、白羊镇的黑山羊，双山、土桥镇的观赏鱼，少云镇的乌鳢，庆隆、虎峰镇的甲鱼，土桥镇的良种鸭，永嘉镇的蓝孔雀等。

食品加工类有：铜龙牌挂面、白羊咸菜。

（区史志研究中心　王万明）

精神文明建设

【概况】 重庆市铜梁区精神文明建设委员会办公室为重庆市铜梁区精神文明建设委员会的办事机构，设置在区委宣传部，由区委宣传部副部长兼任办公室主任。主要职责是贯彻落实区委、区政府关于全区精神文明建设工作的决策部署，担负全区精神文明的统筹规划、组织协调、检查督促和总结推广先进工作经验等多项职能。

2020年，铜梁区精神文明建设工作以习近平新时代中国特色社会主义思想为指引，以培育和践行社会主义核心价值观为主线，以创建全国文明城区为抓手，大力弘扬“奉献、友爱、互助、进步”的少云志愿服务精神，努力为全区经济社会发展提供强有力的道德支撑，成效显著。

纪念抗美援朝出国作战70周年少云志愿者主题活动（区委宣传部 供图）

【文明创建】 调整创建工作领导小组，区委书记、区长任双组长，召开创建全国文明城区提名城区攻坚工作会，统筹推进各项创建工作。印发《铜梁区2020年创建全国文明城区提名城区攻坚工作方案》，编印《督查通报》《创文简报》121期，举办广场文艺展演、“点赞文明行为”等系列群众性创建活动。推行城区、镇街、村（社区）三级联创，铜梁区入选2021-2023年创建周期全国文明城区提名城区，区人民法院、区气象局、安居镇、巴川街道接龙村顺利通过复查验收，继续保持“全国文明单位”“全国文明村镇”荣誉称号，国网重庆市电力公司铜梁供电分公司、巴川街道玉皇村、南城街道黄桷门村获评第六届“全国文明单位”“全国文明村镇”；评选区级文明单位、村镇、校园、家庭139个。全区各级文明单位深入基层结对帮扶，累计开展“爱心进农家”等扶贫志愿服务活动600余场次。

【道德建设】 坚持严把评选程序、创新宣传教育、注重主题实践，在全区大力培养、选树先进典型，切实发挥先进典型示范引领作用，引导人们见贤思齐。全年获评“重庆好人”3名，评选“铜梁好人”29名，区级“新乡贤”20名，各级各类好乡亲1429名。大力开展先进典型学习宣传工作，广泛设立“新乡贤、好乡亲”榜，举办“新乡贤、好乡亲”故事分享会、微访谈，刊发先进典型新闻报道100余次。完善先进典型、道德模范基本信息库，慰问道德典型45名。大力推进诚信制度化建设，不断深化诚信宣传教育，印发《铜梁区关于开展诚信缺失突出问题专项治理行动的实施方案》，开展十项重点治理行动。

【少云志愿服务】 将志愿服务作为传承弘扬邱少云精神的重要方式，持续推进少云志愿服务制度化建设，建优建强法律、环保、扶贫、垃圾分类等少云志愿服务骨干队伍。全区800余个少云志愿服务组织、13万余名少云志愿者常态化开展疫情防控宣传、美化家园、文明劝导、关爱帮扶等少云志愿服务活动。持续深化“山水之城 美丽之地”“德耀巴渝”少云志愿服务季等主题志愿服务活动，开展“干干净净迎新年”“3·5”学雷锋、“周六文明劝导我参与”等少云志愿服务活动，组织少云志愿者在新冠肺炎疫情防控、洪峰过境、马拉松等重要节点期间开展防控宣传、财物转移、秩序维护、文明劝导等少云志愿服务活动，隆重举办“12·5”国际志愿者日集中活动，评选表扬最佳少云志愿服务项目（提名）20个。区龙互助社会工作服务中心获评重庆市新冠肺炎疫情防控最佳志愿服务组织，杨明中夫妇、何永宏、杨春雨获评重庆市新冠肺炎疫情防控最美志愿者，张龙达被提名重庆市“最美扶贫志愿者”，区少云志愿服务联合会获评重庆市学雷锋志愿服务最佳志愿服务组织，东城街道姜家岩社区获评重庆市学雷锋志愿服务最美志愿服务社区。

“与文明同行”2020年铜梁区“12·5”国际志愿者日集中活动（区委宣传部　供图）

【新时代文明实践中心】　成立新时代文明实践指导中心，配备10个事业编制，落实专项工作经费。规范建立区新时代文明实践中心、8个部门分中心、28个镇街实践所、333个村（社区）实践站，制定完善组织架构和相关工作制度。各新时代文明实践分中心、所、站结合乡村振兴、脱贫攻坚、基层社会治理、农村人居环境整治等重点工作，开展理论宣讲、农技培训、科普宣传、文化下乡、关爱帮扶等“六讲六实践”活动5100余场次。

【未成年人思想道德建设】　组织开展“粒粒皆辛苦”青少年短视频大赛、“我劳动 我快乐”主题活动、寻根乡愁·记住年味——九童圆梦鼠年春节行动、“给妈妈的一封信”书信活动等。评选铜梁区“十佳好少年”10名、获评“新时代重庆好少年”2名。深入推进乡村学校少年宫建设和督导，新建乡村学校少年宫2所，开展文明单位、文明校园结对乡村学校少年宫工作。制定出台《铜梁区未成年人心理健康辅导工作实施方案》，召开未成年人心理健康辅导工作会、座谈会，组织心理健康知识网络有奖答题活动、未成年人心理健康辅导巡讲工作，完善“家庭、学校、社会”三结合服务网络，全面协同推进未成年人心理健康辅导工作。区教师进修学校、区人民医院临床心理科主任杨春雨获评疫情期间未成年人心理健康辅导工作先进单位和个人。持续深化“红樱桃 四季有爱”活动，积极开展红樱桃“冬日针爱 手护温暖”编织少云志愿服务行动，编织围巾、手套、帽子“三件套”50套，为高寒凝冻山区留守儿童送去温暖。区委宣传部获评第五届全国未成年人思想道德建设工作先进单位。

【农村精神文明建设】　持续推进移风易俗“十抵制十提倡”工作，组织开展移风易俗公益广告宣传，持续利用村民议事会、红白理事会、道德评议会等自治组织，劝阻大操大办、违规敛财婚丧礼俗等行为，调解处理不孝父母案件。结合农村人居环境整治工作，扎实开展“文明习惯养成”活动，举办生活技能大赛、文明礼仪竞赛、“新农村新生活”培训等活动，在全区各行政村广泛开展“清洁户”评比活动。持续深化“志智双扶”专项行动，细化分解重点任务清单，抓好宣传教育、典型示范、志愿服务、文化惠民等重点工作，不断激发贫困群众内生动力，助力打赢脱贫攻坚战。

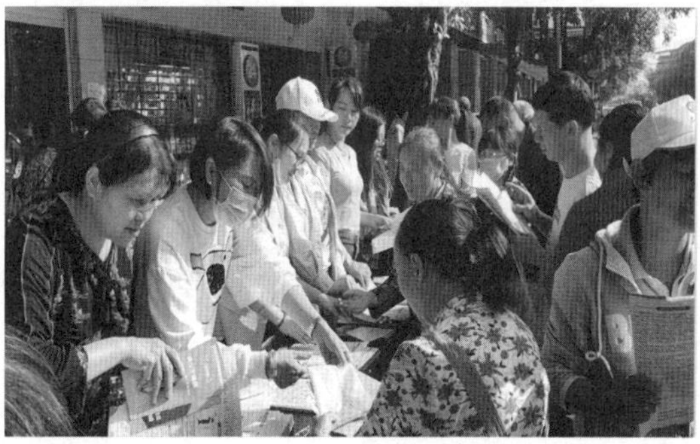

“新农村新生活”培训等“文明习惯养成”活动（区委宣传部　供图）

【文明新风涵养行动】 深入开展“我们的节日”主题活动，结合端午、中秋等传统佳节，以群众喜闻乐见的形式，满足人民群众过好传统节日的新需求新期待，丰富群众精神文化生活。持续深化“吃得文明”主题活动，创作“吃得文明”曲艺串烧，协助承办重庆市“高速带我文明游·打造美丽风景线”主题活动暨深化“吃得文明”践行“光盘行动”，开展文明餐桌食品安全示范街示范单位创建活动，推动厉行节约、拒绝浪费蔚然成风。扎实推进“文明在行动·满意在重庆”工作，组织开展迎接国庆中秋专项暗访、助力放心消费专项服务检查等活动。刘佳获评“山水之城·美丽之地”导游词讲解大赛业余组铜奖，刘云点等6人获评“文明在行动·满意在重庆”岗位服务明星。常态化开展文明交通行动，抓住暑假、“五一”“十一”等重要时间节点，不断深化文明旅游宣传教育，普及文明旅游知识。积极开展网络文明传播活动，利用微博微信、铜梁App等阵地宣传先进典型、身边好人事迹等精神文明建设各项工作，重庆文明网上稿200余条。

（区委宣传部　李春燕）

中共重庆市铜梁区委员会

综述

【概况】 中共重庆市铜梁区委设置工作机构12个，即区纪委监委机关、区委办、区委组织部、区委宣传部、区委统战部、区委政法委、区委研究室、区委网信办、区委编办、区委巡察办、区委老干局、区委机要保密局；直属事业单位2个，即区党史地方志研究中心、区委党校。区委各工作机构及直属单位共有在编人员384人。

【区委十五届十次全会】 2020年4月24日召开。全会以习近平新时代中国特色社会主义思想为指导，深入贯彻落实习近平总书记视察重庆重要讲话、在解决“两不愁三保障”突出问题座谈会上的重要讲话、在中央财经委员会第六次会议上的重要讲话精神，认真落实党中央统筹推进新冠肺炎疫情防控和经济社会发展系列部署及市委五届八次全会精神，全面融入成渝地区双城经济圈建设，切实把总书记殷殷嘱托全面落实在铜梁大地上。全会听取和讨论了唐小平代表区委常委会做的贯彻落实习近平总书记视察重庆重要讲话精神、在解决“两不愁三保障”突出问题座谈会上的重要讲话精神工作情况报告，以及全面融入成渝地区双城经济圈建设的讲话，审议通过《中共重庆市铜梁区委关于全面融入成渝地区双城经济圈建设的决定》和全会决议。

【区委十五届十一次全会】 2020年12月10日召开。全会以习近平新时代中国特色社会主义思想为指导，深入学习贯彻党的十九届五中全会精神，全面贯彻习近平总书记对重庆提出的系列重要指示要求，认真落实市委五届九次全会部署，听取区委常委会工作报告，审议《中共重庆市铜梁区委关于制定重庆市铜梁区国民经济和社会发展第十四个五年规划和二〇三五年远景目标的建议》(以下简称《建议》)。全会听取和讨论了唐小平受区委常委会委托做的工作报告，审议通过了《建议》和全会决议。区委副书记、区长姜国杰就《建议(讨论稿)》做了说明。

【区委常委会议】 2020年，铜梁区委深学笃用习近平新时代中国特色社会主义思想，深入贯彻落实党的十九大和十九届二中、三中、四中、五中全会精神，全面落实习近平总书记对重庆提出的营造良好政治生态，坚持“两点”定位、“两地”“两高”目标，发挥“三个作用”和推动成渝地区双城经济圈建设等重要指示要求，按照市委工作部署，召开区委常委会42次。以坚定政治清醒扛起重大政治责任，团结带领全区广大党员干部群众，战疫情、战复工、战贫困、战洪水，扎实抓好“十三五”圆满收官和“十四五”谋篇开局各项工作，做出一系列重要决定和工作部署，各项事业在逆境中创造了新业绩、实现了新提升。全年地区生产总值达661.02亿元、增长4.4%，工业增加值增长5.3%，固定资产投资增长10.6%，其中工业投资增长19.5%，一般公共预算收入增长8.4%，主要经济指标呈现恢复性增长的良好势头，全区政治生态风清气正、干部状态担当作为、发展势态稳中向好，人民群众获得感、幸福感、安全感不断增强。

【强化思想政治建设】 一是切实强化理论武装。坚持党委（党组）会议、党委（党组）理论学习中心组学习会第一议题必学习近平新时代中国特色社会主义思想、研究重大事项首先必学总书记相关领域重要论述，区委理论学习中心组开展专题学习研讨13次，带动各级党委（党组）理论学习中心组学习1200余次，确保全区各项事业始终沿着总书记指引的方向奋力前行。二是坚决践行“两个维护”。坚持把“两个维护”落实到疫情防控、复工复产、防汛救灾等具体行动中，召开区委十五届十次、十一次全会，学习贯彻习近平总书记对重庆提出的系列重要指示要求和党的十九届五中全会精神，全面落实市委五届八次、九次全会部署。扎实推进贯彻落实总书记对重庆所做重要讲话和系列重要指示批示精神“回头看”，确保总书记殷殷嘱托在铜梁落地生根。三是不断深化政治建设。召开“不忘初心、牢记使命”主题教育总结大会，建立健全守初心、担使命长效机制。扎实做好巡视“后半篇”文章，五届市委巡视交办的问题线索全部办结，反馈的整改任务全部完成。严格执行重大事项请示报告制度，向市委请示报告重大事项、重要工作28次。全面彻底干净肃清孙政才恶劣影响和薄熙来、王立军流毒，对区管党组织12个和村（社区）党组织89个进行巡察监督，不断巩固发展良好政治生态。

【统筹疫情防控和经济社会发展】 一是坚决扛起疫情防控重大责任。新冠肺炎疫情发生以来，按照党中央、市委统一部署，第一时间启动一级响应，实行“双组长制”“指挥长负责制”，全面推行“五长制”，果断启动“四个叫停”，严格实施“三查一共享”，组织党员干部、少云志愿者等1.5万人迅速投入疫情防控，用半个月时间实现新增确诊病例零增长，两个月左右时间实现本地确诊病例、住院病例“双清零”，全区未发生1起二代病例。圆满完成对口支援湖北孝感任务。不断提高大规模核酸检测、救治、隔离、流调等能力，抓好常态化疫情防控。二是蹄疾步稳推动复工复产。从2月2日起稳步推进各行各业复工复产，贴身服务民营企业“解七难”，落实区领导联系企业和服务专员制度，构建上下游企业联盟、供应链合作伙伴关系，努力把时间抢回来、进度赶回来、损失补回来。全年工业用电量、用气量分别增长12%、20%，工业税收逆势增长6.6%。三是全力稳住经济基本盘。抢抓政策机遇，推出重点项目“大盘子”，争取抗疫特别国债等各类资金50余亿元，推动财政资金直达基层、直达企业、直达项目，工业投资增长19.5%，相关做法得到国务院、财政部充分肯定。落细中央纾困惠企政策，为企业减税降费9亿元以上，《人民日报》头版报道铜梁区经验做法。

【贯彻新发展理念，推动高质量发展】 **融入双城经济圈建设** 召开区委十五届十次全会系统部署，出台《关于全面融入成渝地区双城经济圈建设的决定》，项目化、清单化、事项化推进落实。推动成渝中线高铁在铜设站，推进市域快线璧铜线、渝遂复线高速、铜安高速开工建设。与遂宁、资阳等签订25项战略合作协议，推进“铜资简”轴线城市、“铜潼遂”涪江流域一体化发展，共建涪江流域科技创新走廊。

推动工业振兴 以生态数字花园高新区建设为引领，大力实施工业跃升倍增计划，高新区产值突破800亿元。做深做实广州铜梁“一带一路”高新技术产业合作区、智能制造产业园、新能源新材料产业园等重大产业平台，实施专业精准招商，引进项目73个、总投资633亿元，电子信息、装备制造、大健康等重点产业集群加速形成。建成航天云网西南工业互联网赋能中心，实施工业技改项目96个，数字化车间数量增长9倍，科技型企业数量增长44.5%，“双新”企业产值占规上工业比重提高至42%。

推动乡村振兴 扎实推进国家城乡融合发展试验区建设，全域实施人居环境整治，全市农村人居环境整治工作现场会在铜召开。全覆盖推进农村基础设施补短板，深化“六要路径”发展新型农村集体经济，建强带头人和年轻人“两支队伍”。西郊·花语悠游谷成为热门打卡地，获评全国美丽乡村建设典范区、全国乡村振兴先锋十大榜样，央视《焦点访谈》专题报道铜梁乡村振兴工作。

推动城市提升 玄天秀水生态画廊、原乡中央公园、望山公园、见水公园、儿童乐园惊艳亮相，淮远新区显现雏形，科创新城破题起势。龙城天街商圈全面提质，新引进万莎奥特莱斯等知名商家，协信·星光天地即将开业。提质老旧小区30个，新增绿地139万平方米，95栋老旧楼房进入“电梯时代”。13万“少云志愿者”让英雄活在当下，获评“中国龙灯龙舞文化之乡”，城市更加温润、更有温度。

推进改革开放 以营商环境和社会治理为重点，推进改革集成创新，经验做法被中央主流媒体和国家部委刊发39次，“四零”审批改革入选全市优化营商环境十佳示范案例，“党建扎桩、治理结网”成为全市基层治理探索创新品牌，入选全国市域社会治理现代化试点区、全国乡村治理体系建设试点区，全市市域社会治理现代化试点工作现场会在铜召开。携手广州开发区打造大湾区与经济圈合作典范，开放合作迈出新步伐。

【打赢打好“三大攻坚战”】 一是坚决打赢脱贫攻坚战。扎实推进定点攻坚战、百日大会战、收官大决战“三大战役”，统筹“战疫”与“战贫”，推动“两不愁三保障”突出问题动态清零，全面推进脱贫攻坚与乡村振兴有效衔接，全区建卡贫困人口全部脱贫。二是坚决打好污染防治攻坚战。完成24个镇级污水处理厂改造升级，主要河流水质全部达标，淮远河蝶变为风光带，涪江铜梁段被评为全市最美河流。全年空气质量优良天数达334天，创历史最好。坚决抓好中央环保督察反馈意见整改，落实长江流域禁捕退捕，加快构建绿色产业体系。三是坚决打好防范化解重大风险攻坚战。全面落实总体国家安全观，牢牢掌握意识形态工作领导权，坚决维护基层政治安全。深化政府债务绿色可控机制，化解隐性债务83亿元，政府债务率、偿债率、付息率均低于警戒值。建立企业债务风险防范机制，房地产市场保持平稳。有力应对自然灾害，安居古城成功抵御百年一遇的特大洪水，实现无一人伤亡、无一住房进水、无一街道过水。

【社会治理和民生改善】 一是加强民主法治建设。支持区人大依法履行监督、决定、任免等职能，大力支持政协发挥作用。全面贯彻习近平法治思想，扎实推进全面依法治区各项工作，全力推进法治政府建设示范创建，智慧警务、智慧司法等建设取得明显成效。二是发展民生社会事业。克服疫情影响，全力保障群众基本公共服务和物资供应。持续开展“把老乡留在老家”专项行动，城镇新增就业1.5万人。引进重庆第二师范学院落户铜梁，完成邱少云故居修缮重建，学前教育普惠率提高至81.6%，10个镇街实现城乡公交一体化，社区养老服务站实现全覆盖，荣获新一届“全国双拥模范城”称号，25件重点民生实事落地见效。三是巩固安全稳定大局。扎实开展矛盾纠纷、信访稳定、安全生产隐患大排查、大调处、大整治专项行动，打好扫黑除恶收官战，全区信访总量同比下降26%，实现到市进京非访“零目标”，重大及以上安全事故连续三年“零发生”。

【推进从严治党，巩固良好政治生态】 一是切实加强党的领导。严格执行“一个党委五个党组”运行规则，定期报大事、议难事、督要事，推动形成“攥指成拳”共事氛围。区委带头落实中央八项规定精神及各项制度规定，带动全区上下党风政风社风持续好转。二是深入贯彻党的组织路线。坚持新时期好干部标准，提拔重用在大战大考一线实绩突出的干部61名。务实推进乡村组织振兴试验示范区建设，统筹推进各领域党建工作，持续整顿软弱涣散基层党组织42个。成功举办2020重庆英才大会——海归论坛暨第三届中英健康·医疗大数据论坛，用好“龙乡人才政策十条”“人才三宝”，引进高层次紧缺人才106名。三是持之以恒正风肃纪反腐。锲而不舍落实中央八项规定精神，查处形式主义、官僚主义问题41件。保持惩治腐败高压态势，查处扶贫领域腐败和作风问题16件，查处罗天琼、林辉江等违纪违法犯罪案件63件67人。开展“以案四说”警示教育272场次，抓实“以案四改”，深化“七个全覆盖”防治小微腐败。

（区委办　周飞）

组织工作

【概况】 全区共有党组织1374个。其中：党委86个，党总支33个，党支部1255个；按领域划分情况为：区委直属党组织47个，村（社区）基层党组织459个，非公经济组织党组织235个，社会组织党组织74个，机关党组织237个，国企党组织37个，中小学党组织134个，卫生系统党组织107个，退休党组织36个，流动党组织8个。全区共有党员33606人。构成上：农牧渔民党员14668人（43.65%），公有制经济单位党员7201人（21.43%），非公和社会党组织党员3778人（11.24%），离退休党员5744人（17.09%），其他党员2215人（6.59%）。年龄上：35岁及以下5630人（16.75%），36岁至45岁的4527人（13.47%），46岁至60岁的9279人（27.61%），61岁以上的14170人（42.17%）。学历上：本科及以上的7039人（20.95%），专科4461人（13.27%），高中（中专）6606人（19.66%），初中及以下15500人（46.12%）。

【领导班子建设】 始终把政治建设摆在首位，推动各级党组织增强“四个意识”、坚定“四个自信”、做到“两个维护”、兑现市委“三个确保”政治承诺。制定深入学习习近平总书记重要讲话精神贯彻落实新时代党的组织路线23条重点举措，扎实开展习近平新时代中国特色社会主义思想和党的十九届五中全会精神学习培训。印发全面从严治党主体责任3张清单，细化制定巩固“不忘初心、牢记使命”主题教育成果34条措施，持续推进整改特别是专项整治落实，全面完成市委巡视反馈21项组织建设及选人用人方面的问题整改。严格执行重大事项请示报告制度，全年分别向市委组织部和区委请示报告重要工作129项。组建9个回访调研组，全覆盖回访调研103个区级部门、镇街领导班子。

【干部队伍建设】 聚焦工业振兴、乡村振兴、城市提升等重点工作，2020年新招录（聘）各类干部482名，区外公开遴选、选调和引进优秀人才48名；分层级、分类别、分专业建立优秀年轻干部信息库，发现掌握优秀年轻干部294名；举办十九届四中全会精神专题培训班4期，开办网络专题班，培训党员干部3700余人次；聚焦打赢“三大攻坚战”、实施“八项行动计划”、成渝地区双城经济圈建设等，举办短班、小班、专题班103期，培训干部近1.6万人次；开展“学讲话看变化增信心明决心”主题调研活动，有计划组织500余名党员干部参与脱贫攻坚百日大会战，抽调43名干部充实区疫情防控指挥部，选派48名干部参与招商引资工作。从脱贫攻坚、疫情防控一线提拔重用区管领导干部32人次，从镇街提拔重用区管领导干部21人次。从事业单位、国有企业调任15名干部到机关任职，进一步树立在一线成长、从一线使用的鲜明导向。加强干部监督，充分运用巡察、督查、领导干部报告个人有关事项查核、信访举报查核等的成果，开展提醒谈话32人次，函询1人次，诫勉6人次，建立审计贯通协作机制，开展经济责任离任交接46人次。

【基层组织建设】　调整不胜任村（社区）党组织书记、主任58名。分领域全覆盖轮训基层党组织书记1311人，全面推行村（社区）党组织书记、村（居）委会主任“一肩挑”，实现100%；提升改造西郊示范片8个党群服务中心，69个村（社区）党群服务中心，全区村、社区党群服务中心平均面积分别达475平方米、750平方米，整体提升约25%；持续建好用活全区333个乡村振兴讲习所（社区党校），全面推行每季度集中备课制度，持续充实区镇村三级师资库，把新思想作为讲习首课、主课。全年开展讲习活动4800余场次，覆盖党员群众24万人次；持续整顿软弱涣散村（社区）党组织42个。深入实施“党建扎桩、治理结网”工程，深化乡村治理“五治五力”提升行动，把党支部建在131个社区网格上，延伸设立226个楼栋党小组。

【党员队伍建设】　全面完成农村领域发展党员3年规划，全年发展党员321名，建制村发展党员132名，其中贫困村发展党员5名。全覆盖培训党员发展对象，全面推广政治生日、党员“三亮”，全面开展“三小”认领、“五小”管护，走访慰问困难党员、老党员、老干部6876人次。面对战疫，第一时间发出“六个带头”倡议，设置村道口检查点526个，组织1.2万余名村（社区）干部、网格员、少云志愿者开展防控值守、人员排查、防控宣传。出台关心关爱疫情防控一线党员干部“五条措施”、医务人员“十条措施”、防疫一线城乡社区工作者具体措施，“火线”发展党员30名，及时褒扬一线先进典型396人、集体24个。

【机关企业非公党建】　召开机关党建现场推进会，全覆盖配发《铜梁区直机关党建工作指导手册》，推行区直属机关党支部书记与党组“党委、党工委”书记“一肩挑”，38个区直属机关党支部书记均由主要领导担任。开展机关党组织书记全覆盖轮训。在全区机关年轻干部中开展“讲政治比贡献创一流树形象”行动，全面提升年轻干部“七种能力”。建立国企党建工作例会制、国资党委会成员定点联系企业党组织制度和每半年定期督导国企党建工作制度，及时解决党建工作中出现的问题。开展企业分管党建副书记履职情况考核，推动“两个责任”和“一岗双责”落实。召开教育工作领导小组会议3次，制定长效管理措施12条，制定《铜梁区中小学党建工作指导手册》和《中小学党组织规范化建设清单》，全面提升教育系统党建工作水平。开展“学抗疫、铸医魂、找差距、谱新篇”主题教育和“弘扬抗疫精神、践行责任担当”演讲比赛。完成区中医院、区妇幼保健院将“支部建在科室”问题整改，同步推进公立医院党组织和党的工作全覆盖。坚持建组织与强指导相结合，巩固提升非公领域“两个覆盖”，全区非公企业和社会组织党组织覆盖率分别达87.58%、82.35%。会同区住建委推进“红色物业”工作，成立3个小区党支部。推进2020年非公领域党组织标准化规范化建设，创建非公示范党组织4个，整顿软弱涣散党组织1个。

铜梁区本土人才创新创业培训（区委组织部　李航行）

【人才队伍建设】 集中回引本土人才115名，回引1.7万人回乡创业就业；高质量举办2020重庆英才大会——海归论坛暨第三届中英健康·医疗大数据论坛，推动15个合作项目签约。引进教育、卫生系统高层次急需紧缺人才硕士研究生及以上学历、副高级及以上职称人才107名。开展第二批高层次创新创业人才、教育及卫生领域优秀人才申报认定，落实政策奖励资金720万元；制定出台《铜梁区农业科技人才和经营管理人才激励政策》，整合设立2000万元/年的农业人才振兴扶持资金。4名创新创业人才入选重庆市引进海内外英才"鸿雁计划"，3名人才（团队）入选重庆英才计划，新增各类市级人才发展平台18个。推广用好人才"直通车"App，提供线上服务37人次，建好用好人才"一站式"服务平台，为区内人才提供职称评审、配偶（子女）推荐就业服务468人次，提供子女入学服务63人次，家庭医生团队提供问诊、咨询服务18人次。实施人才安居保障工程，完成区科创中心人才公寓内部装修，投用333套。在区内6家3A级以上旅游景区落实联络专员，向"重庆英才卡"持卡人才、区内高层次创新创业人才免费开放并提供优先服务。

（区委组织部　李升泉）

宣传思想

【理论武装】 健全全区各级党委（党组）理论学习中心组第一议题必学习近平新时代中国特色社会主义思想制度，区委中心组坚持以政治学习为根本，开展多种形式学习13次，示范引领各级党委（党组）中心组学习1000余场次，区委主要领导在市级以上刊物发表理论文章4篇。开展2020年度党委（党组）理论学习中心组学习旁听工作，进一步提升党委（党组）理论学习中心组制度化规范化水平。坚持每季度向全区党员干部推荐学习书目制度，向党员干部推荐学习书目5期，向全区党员干部赠阅权威理论书籍4万余册。坚持打造"龙娃话理论"新媒体理论宣讲品牌，全年刊发52期，获评2020年度全市优秀理论宣讲微信公众号。组建学习贯彻党的十九届五中全会精神区委宣讲团、"六进"宣讲队、青年宣讲分队、镇街小分队、微宣讲巡回宣讲队深入社会各个层面开展全覆盖宣讲，常态化开展《习近平谈治国理政》第三卷、习近平总书记关于扶贫工作重要论述、习近平生态文明思想等宣讲2000余场次，直接受众15万余人，不断增强广大党员干部群众对习近平新时代中国特色社会主义思想的政治认同、思想认同、情感认同。区委宣讲团成员、区委党校中级讲师胡倩获得2020年度全市基层理论宣讲先进个人。举办"学习新思想 唱响能行好 夺取双胜利"微宣讲大赛。大力宣传推广"学习强国"学习平台，举办"学习强国"重庆学习平台"决胜全面小康、决战脱贫攻坚"知识竞赛等一批关注度高、参与度强的线下推广活动，全区学员活跃度位居全市前列。召开2020年全区意识形态工作联席会暨维护意识形态安全工作协调机制领导小组会、防范化解意识形态领域风险专项小组会，分析研判意识形态领域风险挑战和新动向新问题。组建运行防范化解意识形态暨网络舆情重大风险专项组，建立完善《意识形态领域风险隐患防范化解重点任务台账》，开展专项督查，加强暗访检查，常态化开展全面清除孙政才恶劣影响和薄熙来、王立军流毒有害信息清查，切实将防范化解的工作措施落到

"学习新思想 唱响能行好 夺取双胜利"习近平新时代中国特色社会主义思想微宣讲大赛（区委宣传部　供图）

实处，坚决守住“四条底线”。制定运行意识形态“三张清单”，落实落细党委（党组）意识形态工作责任制，持续推动市委巡视意识形态整改常态长效。

【舆论引导】 区属媒体统一开设“把习近平总书记的殷殷嘱托全面落实在重庆大地上”“学习宣传贯彻党的十九届五中全会精神”“在行动”“看效果”“晒亮点”“统筹推进疫情防控和经济社会发展”“创全国文明城 做铜梁文明人”“铭记抗战历史 弘扬民族精神”等专栏专题40余个，策划开展了习近平总书记视察重庆一周年、走向我们的小康生活、脱贫攻坚、创全国文明城区、全面融入双城经济圈建设、乡村振兴、优化营商环境、城市提升等主题宣传，共发布新闻2.2万余条，进一步激发全区广大干部群众干事创业热情。围绕疫情防控、脱贫攻坚、双城经济圈建设、扫黑除恶等主题，精心策划开展主题新闻外宣16次，组织参加“扶贫印记”、2020走读中国·感知重庆驻华外国媒体参访等城市形象推广和对外交流活动12次，保持了对外宣传的热度和亮度。中央、市级媒体累计发布铜梁新闻稿件5000余条次，央视《新闻联播》综合报道铜梁强化社区疫情防控、单条报道邱少云英雄事迹，央视31次报道铜梁龙舞，《人民日报》头版头条报道铜梁减税降费，《经济日报》头版头条报道铜梁复工复产有章法、数字经济撑起智慧名城，“原乡风情·大美铜梁”声名远播。“两微一端”、大美铜梁抖音号等累计点击总量2.5亿+、点赞总量800万+，其中“大美铜梁”原创抖音作品实现点击量1亿+作品1件、500万+作品5件，点赞量600万+作品1件、10万+作品6件。铜梁“双晒”活动，网络点击量1700万+。微博话题“重庆铜梁火龙”阅读总量8000万+，“大美铜梁国庆快闪”“铜梁双晒”等话题冲上微博热搜榜，铜梁的知名度和美誉度不断提升。

举办“决战决胜、奋斗有我”脱贫攻坚故事宣讲会（区委宣传部 供图）

【思想政治工作】 制定印发《铜梁区贯彻落实〈新时代公民道德建设实施纲要〉工作方案》，统筹推进公民道德建设。深化“五风”浸润工程，开展梦想课堂活动800余场、“家风润万家”活动200余场、弘扬邱少云精神“十个一”系列活动90余场；积极开展“德法相伴”活动，推进自治、法治、德治“三治结合”建设，充分发挥“开英工作室”引领道德风尚、宣讲法律知识、调处矛盾纠纷、倡导移风易俗的重要作用。经过层层选拔、严格审核、媒体公示，评选表彰龙乡杰出贡献奖个人10名、集体10个；推荐关溅小学教师“渡娘”刘明静获评“感动重庆十大人物”提名；广泛开展集中学习、主题讨论、故事宣讲、创作展演等向“时代楷模”毛相林同志学习系列活动500余场。围绕“我们的小康生活”，举办“不负嘱托、奋斗有我 榜样面对面”、“决战决胜、奋斗有我”等脱贫攻坚主题分享会、宣讲会600余场，受众超5万人

组织开展学习“时代楷模”毛相林同志先进事迹（区委宣传部 供图）

次；对有劳动能力但无就业意愿的贫困群众进行调查摸底，建立台账实行动态管理，指导各镇街开展精气神培训30余场；在各村和场镇举办脱贫攻坚巡展300余场。加强基层政工队伍建设，开展2020年度思想政治工作专业职务任职资格评审工作；出台《重庆市铜梁区贯彻落实〈关于深化新时代学校思想政治理论课改革创新若干意见〉重点任务分工方案》，把思政课纳入2020年改革事项予以推进。

【爱国主义教育】 制定印发《铜梁区贯彻落实〈新时代爱国主义教育实施纲要〉工作安排》，统筹推进爱国主义教育工作。联合区关工委组织召开铜梁区新时代青少年爱国主义教育工作经验交流座谈会；积极打造“爱国活动周”，举办向革命英烈敬献花篮仪式、纪念中国人民志愿军抗美援朝出国作战70周年英模事迹展、“吃重庆小面、庆祖国华诞”、“我和国旗合个影”、“加油！中国跑”等精彩纷呈的活动，指导各镇街、部门、村（社区）、学校层层举行集中升国旗仪式350余场；组织开展国防教育进企业、红色研学之旅、走访慰问等纪念中国人民抗日战争暨世界反法西斯战争胜利75周年群众性主题教育活动及抗美援朝出国作战70周年纪念活动，协助解放军新闻传播中心拍摄纪念抗美援朝入朝作战70周年大型纪录片《为了和平》。

（区委宣传部　张陈）

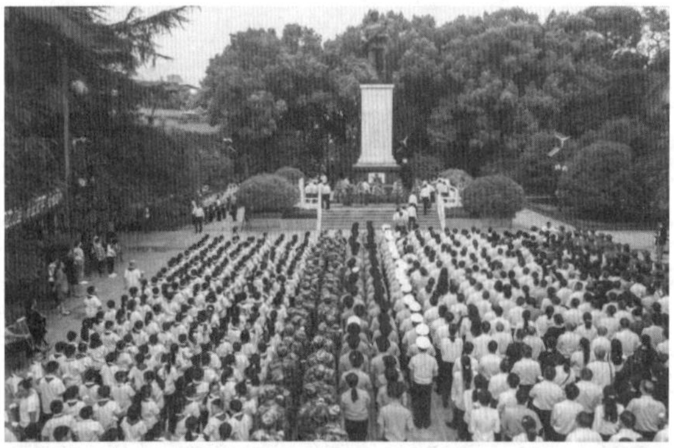

举行“向革命英烈敬献花篮”仪式（区委宣传部　供图）

【优秀精神产品】 围绕脱贫攻坚、建党100周年、抗疫战疫三大主题，创作《传灯人》《抗疫英雄谱》《春天记得你》《脊梁》等文艺精品。开展铜梁区民间音乐挖掘、保护和传承工作，拍摄制作《三杯酒》《陪姐姐》等5首民歌MV，新创作《丰收圆舞曲》《周末去铜梁》等歌曲。启动龙文化主题电影《龙魂》创作，资助创作电影《伴山伴水》，协助拍摄电影《晚春》。举办“牢记嘱托 感恩奋进”脱贫攻坚图片展、“走进我们的小康生活”第五届美术书法摄影联展、“把乡村建成群众喜欢的样子”摄影展等。组织全国中国画名家“少云故里”采风团采风写生活动。原创歌曲《那一片云》、民族舞《龙把子》均获第八届重庆艺术奖。歌曲《包子婆婆》获2020年全市文艺创作项目资助。

（区委宣传部　秦雪）

举办“牢记嘱托 感恩奋进”脱贫攻坚图片展（区委宣传部　供图）

【重大宣传活动】 积极开展抗疫新闻宣传，组织召开新闻发布会12场，区属全媒体发布稿件1万余条次，第一时间将权威信息传递到千家万户。创作诗歌、散文、书法等战“疫”作品380件次，广泛凝聚抗疫合力。扎实开展脱贫攻坚新闻宣传，区属媒体统一开设“决战决胜脱贫攻坚”“走向我们的小康生活”等专题专栏，组织开展“决战决胜脱贫攻坚”专题访谈，推出《美丽乡村成了群众喜欢的样子》等优秀作品，积极营造浓厚舆论氛围。

（区委宣传部　张陈）

7月，央视“传奇中国节·端午”特别栏目组拍摄安居古城传统民俗活动现场。(区委宣传部　供图)

统一战线

【概况】　中共重庆市铜梁区委统一战线工作部，与重庆市铜梁区归侨侨眷联合会合署办公。2020年实有工作人员17名。

全区有民主党派组织4个。分别是民盟铜梁区总支、民建铜梁区总支、民进铜梁区总支和农工党铜梁工委，共有民主党派成员299名。有无党派人士和党外知识分子代表人士126名。党外知识分子联谊会现有会员86名。工商联(总商会)会员3451人，镇街商会22个，行业商会12个。有少数民族37个，呈散居分布，人口6178人。有佛教、道教、天主教和基督教四大宗教，有4个爱国宗教团体，分别是区佛教协会、区道教协会、区天主教爱国会、区基督教三自爱国运动委员会。有开放宗教场所43处，其中：佛教30处、道教3处、天主教2处、基督教8处，分布在全区19个镇、街道办事处。登记的宗教教职人员43人。

有党外领导干部54名，党外市管领导干部5名(区人大副主任1名、区政府副区长1名，政协副主席3名)，区管领导干部49名(其中区管正职6名)。29个政府工作部门中，有15个部门配备党外干部16名，占比55.2%。区人大办、区政协办、区法院、区检察院、区残联各1名，人大专委会、政协专委会各1名。全区有18个镇街领导班子配备了19名党外干部(其中正职1名)。

2020年，在全市统战系统“争创一流·走在前列”工作综合考核中位列第七名。

(区委统战部　郑航)

【政治站位与思想引领】　成立铜梁区统一战线讲师团，开展各类宣讲120场(次)。组织和引导统一战线成员深学笃用习近平新时代中国特色社会主义思想，及时跟进学习习近平总书记重要讲话精神和党中央重大决策部署。累计组织统一战线各界人士学习党的十九大精神、市委五届五次会议精神和区委十五届十次、十一次全会精神等，集中参学人员达300余人次。深入学习习近平总书记关于加强和改进统一战线工作的重要思想，对重庆做出的“两点”定位、“两地”“两高”目标、发挥“三个作用”和推动成渝地区双城经济圈建设等重要指示要求，进一步提高政治站位，强化政治意识，不断增强“四个意识”、坚定“四个自信”、做到“两个维护”。认真履行“一岗双责”，将全面从严治党工作与统战工作同安排同部署、两手抓两促进，将意识形态工作纳入重要议事日程，全年研究意识形态工作6次；加强对各民主党派、无党派人士、非公经济人士、新的社会阶层人士、民宗侨台等各界人士的政治思想引领，与党同心、与党同行、与党同向，为全区经济社会发展提供政治保障。

(区委统战部　邓常君)

【同心同行彰显担当】　**同心战疫情**　新冠疫情期间，制发《倡议书》，发动统战团体捐款捐物300余万元，500多名党外人士参与抗疫，其中38名医卫人员战斗一线，5名民主党派成员荣获党派中央、重庆市委和党派市委会抗疫先进表彰。加强民营经济统战工作全面落地，助力民营企业“战复工”，开展“抓六稳、促六保，民营百日大走访”活动，走访企业和个体工商户1756家，帮助解决困难问题345件。

同心战脱贫　筹资200万元支持5个市级贫困村；组织非公有制经济人士筹资500余万元参与社会扶贫；组织知联会定点帮扶2个村100余户困难群众发展畜禽养殖，医卫会员开展健康扶贫惠及贫困户23户57人；组织非公经济人士开展“精准扶贫·爱心助学”等社会服务活动10余次，捐赠帮扶资金200余万元。

助力"经济圈"建设 区委统战部与四川省雅安市和广元市、区侨联与广安市侨联、区台办与成都邛崃市台办、区民宗委与仁寿县民宗委、区民建总支与遂宁市射洪市民建、区民进总支与遂宁市船山区民进、农工党铜梁工委与遂宁市安居区总支分别缔结友好、结对共建，助力铜梁参与"成渝地区双城经济圈"建设。

（区委统战部　郑航）

【政治协商与多党合作】 推进政党协商和议政建言 全年共组织开展政党协商座谈会5次，收集意见建议34条，完善反馈办理机制，推动意见转化。形成《关于全区民营企业人才工作调研》《政府部门及国有企业拖欠民营企业账款对其发展的影响》等调研成果15篇。开展"优化法治环境，服务民营经济发展""铜梁区职业教育工作发展情况""机构改革后我区森林防火现状及对策""'土地托管'模式问题研究"等调研课题19个，形成调研报告14篇。

支持指导和教育培养力度 支持各民主党派、无党派人士开展考察调研、参政议政、实施民主监督和加强自身建设，积极协调区财政为民主党派、无党派人士落实专项工作经费，为其开展工作提供资金保障。加强党派成员的个性化培养，推荐100余名民主党派和无党派成员参加市委统战部和民主党派市委组织的各类培训班。实施民主党派结对帮扶贫困村行动，从产业、医疗、就业、技术、资金等方面帮助群众脱贫致富。支持各民主党派广泛开展关爱留守儿童、"心系群众、关爱健康"等社会服务活动。完成各民主党派基层组织换届工作，推进民盟、民建、民进三个支部升总支，民进、民建先后被评为全国先进集体。深入开展"不忘合作初心，继续携手前进"主题教育，坚定政治信念。鼓励各民主党派、工商联和无党派人士积极参政议政、建言献策，党外人士建言被中央《零讯》采用1篇、市委统战部采用8篇。帮助民主党派建设履职实践基地4个，提升履职能力和水平。

【无党派人士工作】 开展"不忘合作初心，继续携手前进"主题教育活动 以"不忘创业初心，接力改革伟业"为主题深化非公有制经济人士理想信念教育，不断巩固新时代统一战线团结奋斗的思想政治基础。在新的社会阶层人士中深入开展坚持和发展中国特色社会主义主题教育活动，引导统一战线成员坚持跟党走的政治信念，巩固中国特色社会主义共同思想政治基础。采取联谊交友、思想交流等方式，准确把握党外人士思想动态，有针对性地加强思想政治工作，把党外各方面人士紧紧团结在党的周围，最大限度地凝聚正能量。

加大教育培训力度 将统一战线教育培训纳入全区总体计划进行安排，所需经费全额纳入财政预算，每年举办专题培训班2期，组织党外代表人士参加市委统战部或民主党派市委举办各类调训、培训。在区委党校开展的党的十九大精神专题培训班、处（科）级干部培训班等主体培训班上开设统战理论政策知识课程，在铜梁中学、铜梁巴川中学和金龙小学等中小学校开展统战知识教学工作试点，利用《铜梁日报》、铜梁App等宣传平台加强统一战线理论政策知识宣传。

党外人才队伍强基行动 在镇街、部门班子成员、中层干部和新进公务员中发现培养党外年轻人才，建立统一的党外年轻优秀干部库。其中：区三大班子后备人选6名，"80后""90后"党外年轻优秀干部各5名。建立无党派、工商联、民族、宗教、侨台海外代表人士后备队伍名单，实行动态管理。经过物色、调整，已在库的党外代表人士有670名。加强党外代表人士发现储备，配合区委组织部建立50名党外后备干部名单。

（区委统战部　唐琪）

【民族宗教工作】 坚持思想政治引领 通过宣传、研讨等方式，在广大民族宗教界人士中深入学习宣传党的十九届五中全会精神和习近平新时代中国特色社会主义思想。确立民族宗教领域的2个调研课题,加强相关政策落实和重大事项的调查研究,全面贯彻党的民族宗教政策。积极做好民族宗教政策培训调训工作,2020年将民族宗教政策纳入区委统战部"统战干部培训班"和"党外代表人士培训班"教学内容,积极做好民族宗教领域信访稳定和网络舆情工作,共解决相关矛盾纠纷15件次,办理网络舆情3件次。

关心关注少数民族,促进民族团结进步 结合全区脱贫攻坚行动,多渠道筹集整合资金50多万元,其中市级少数民族发展项目资金30万元,实施白羊镇金铃村5社公路建设项目、二坪镇严家村特色产业基地建设项目、侣俸镇玉林村人行便道建设项目。

做好在铜高校新疆籍大学师生的服务和疫情防控工作 协同配合区政法委、区公安局、区教委到高校检查民族政策和安全措施落实情况,加强思想政治引领,指导高校按要求配齐指导教师和维语专职辅导员,尊重民族习惯,增设学生清真食品窗口,组成了由辅导员、二级学院、保卫处、内派教师、学生处建立起保障少数民族学生"学习、管理、生活、服务"的整套工作方案,为新疆籍大学新生提供良好的学习生活环境;10月,积极配合区委政法委、区公安局、区教委、区卫生健康委和区防疫站到传媒学院、艺术工程学院和涉外商贸学院开展新疆籍少数民族高校师生核酸检测工作,做到应检尽检,1087名新疆籍少数民族高校师生核酸检测全部为阴性。

依法依规管理宗教 一是疫情期间,坚持执行"两停一关",要求全区各宗教活动场所一律暂时关闭、暂停举办大型宗教活动、暂停聚会活动,不开会、不聚集,严防新的输入性感染,积极配合各镇街做好防控工作。组织工作人员对各宗教活动场所加强明察暗访,及时发现处置违反行为,确保全区宗教领域"场所零聚集、疫情零发生"。做好常态化疫情防控前提下全区宗教活动场所恢复开放工作,对宗教活动场所逐一进行风险评估,对符合疫情防控条件的进行备案,并定期进行巡查检查。

二是加强开放宗教场所规范管理。建立健全开放宗教活动场所各项管理制度;定期召开宗教活动场所负责人会议;举办大型宗教活动必须上报区委统战部(区民族宗教委)同意后方可实施;严厉禁止开放宗教活动场所教职人员到高校传教和接纳高校学生参加宗教活动。

三是对宗教教职人员的管理。全年为全区宗教教职人员解决生活补助20万元,妥善解决宗教教职人员生活补助问题。深入开展"国旗、宪法和法律法规、社会主义核心价值观、中华优秀传统文化"进宗教活动场所活动。为宗教活动场所统一购买国旗、安装旗杆,购买50套关于社会主义核心价值观、中华优秀传统文化、法律法规等书籍,指导宗教活动场所设立读书角,满足教职人员和信教群众在寺观教堂内阅读中华优秀传统文化书籍的需求。

四是消除宗教活动场所安全隐患。2020年,争取到宗教活动场所市级排危资金49万元和区级排危资金60万元,对铜梁区永嘉天主堂、铜梁区城隍庙、铜梁区巴岳寺、铜梁区燃灯寺、铜梁区万寿宫等宗教活动场所进行排危修缮。推进宗教活动场所"雪亮工程",在全区43处开放宗教场所全部安装监控和人脸识别系统;增添更换相关的消防安全设施,开展经常性的安全检查,确保相关场所活动安全无事故。

五是整治非法宗教活动。印发《关于进一步核查整治非法宗教活动建立长效机制防止死灰复燃的通知》,强化全区非法宗教整治工作。在全区333个村(社区)明确1209名网格员,对所在区域宗教事务按照开放场所、高校、农村、社区等有侧重地进行动态监测管理;对4个爱国宗教团体和43个开放宗教活动场所等重点网格,委派一名由机关党员干部担任指导员。同时对宗教团体和教职人员开展抵御渗透法规培训,引导支持宗教界参与教育转化和警示教育工作。

六是推进宗教活动场所法人登记。全年向区民政局提供30个宗教活动场所法人登记的相关资料，用于法人登记证书的制作。

（区委统战部　冉万伟）

【港澳台工作】　2020年，对台工作得到国台办和市委领导表扬、批示。“重庆铜梁火龙和花灯”赴台展演被中共中央台办、国务院台办主任刘结一发表在2020年1月2日《人民日报》上的署名文章《领航定向　坚定前行——写在习近平总书记在〈告台湾同胞书〉发表40周年纪念会上的重要讲话发表一周年之际》点名表扬；交流汇报材料《创“龙耀宝岛”品牌 促对台交流实效》被市委常委、统战部长李静批示。

铜梁首次被列入全市对台交流重点区县；区台办与四川省邛崃市台办签订《服务成渝地区双城经济圈建设战略合作协议》，两地实现互访，成都台企四川海峡同舟商业服务有限公司与少云铜梁龙景区合作，成立重庆海峡同舟农文旅发展有限公司。土桥镇荷花园与台湾彰化县鹿港镇视频连线，开展“两岸同心、龙耀中华”之“情系端午”线上联谊活动。

采取措施，服务台企　一是开展“抓‘六稳’促‘六保’民营企业百日大走访”。对全区18家台企走访30余次，高度重视台商台企利益诉求并及时处理。协调处理新连刚电子公司总经理柯荣聪返铜复工、百吉电器公司总经理陈建发车辆擦剐、嘉骏电子公司复工验收等事宜，累计帮助解决实际问题20个。二是主动上门服务。对18家正常生产经营的台企逐一走访，及时了解复工复产过程中的困难，协调相关部门帮助指导符合条件的台企复工，解决台商返铜、员工返岗、台企办理复工手续等5个实际问题，台企复工率达100%。三是服务企业发展。通过微信群等及时宣传涉企政策，印发《铜梁区“战疫情、送温暖”支持企业发展政策摘编》100份，收录税收减免、财政补贴、金融扶持、租金减免、社保减免、稳岗就业、住房公积金、用电用气等十大类政策，并送去15000个口罩、2件消毒液等防疫物资。全年2个涉台重点建设项目（新连刚电子科技（重庆）有限公司、重庆新钰立金属科技有限公司），均在铜扩大投资，拿地新建厂房。四是充分调动各界力量，服务端口前移，派3名台办工作人员驻社区帮助台企复工复产；发挥区台联的作用，开展慰问、捐助等活动，引导台商台属互帮互助。

助力脱贫攻坚，增强同胞心灵契合　一是组织区内台企台胞台属、台界人士积极参与消费扶贫，助力脱贫攻坚，全面融入当地经济发展。区台办每名干部当好消费扶贫宣传员，通过朋友圈、抖音定期推送区内消费扶贫信息。定期向台企提供所需的农产品消费扶贫信息，帮助福果镇河兴村贫困户销售滞销玉米、小林镇庆云村贫困户销售滞销李子、高楼镇龙源社区贫困户销售滞销青椒。二是筹集资金7000多元，和台商台胞台属一起，走访慰问17名留守儿童和困难学生，增进同胞情感交流，增强心灵契合。三是处理涉及台胞切身利益问题，帮助解决台胞就读铜梁一中、中考加分、办理银行卡等事宜。

做好疫情期间对台文化交流工作　一是发挥互联网作用，利用微信群、朋友圈，加强网上交流，结交新朋友，不忘老朋友，弘扬中华传统文化，加强与岛内的沟通交流。二是深入挖掘渝台深厚资源优势，汇总铜梁天后宫、城隍庙、武庙、黄埔军校遗址等7个印证与台胞同根同源、同文同种的文化景点，整理出宗教文化、抗战文化、妈祖文化、龙文化4条对台交流路线，欢迎台湾同胞参访，满足参访多样性要求。三是精细打磨“龙耀宝岛”对台交流品牌。对入岛展演的铜梁火龙进行创新升级，创新表演形式，融入川剧元素，增加开场舞旗表演和演出中的火把表演，合理编排套路，延长表演时间，以期给台湾同胞带去更加激越火爆的视觉冲击。四是积极开展对台学术交流活动，先后邀请台湾医学专家、教授陈怡礽、马作强来区人民医院开展现代医院质量、安全管理等方面的学术交流活动8次，其中开办讲座6场次、调研活动1次、面对面讨论1次。

开展两岸线上联谊活动 端午前夕，在市台办联络处的指导下，区台办在土桥镇荷花园和台湾彰化县鹿港镇开展了“两岸同心、龙耀中华”之“情系端午”两岸基层线上交流活动。两地基层群众通过互联网，一起观龙舟、赏龙舞、吃粽子。两地镇、村代表互致问候，共度端午佳节。

服务成渝双城经济圈建设 6月，区台办与邛崃市台办签署《重庆市铜梁区台办、四川省邛崃市台办服务成渝地区双城经济圈建设战略合作协议》。邛崃市台企四川海峡同舟商业服务有限公司与重庆合农口旅游开发有限公司在铜梁少云龙景区已签订合作协议，合资成立重庆海峡同舟农文旅发展有限公司。重庆海峡同舟农文旅发展有限公司将投资3亿元人民币，前期300万元投资已到位，以铜梁龙景区为平台，深挖铜梁龙文化内涵，发挥农业产业优势，调动农业专业合作社积极性，实现“农文旅”融合发展。

【侨务工作】 **加强政治引领** 召开学习会、座谈会，认真学习习近平新时代中国特色社会主义思想和习近平总书记系列重要讲话，学习党的十九届五中全会精神，学习贯彻市委、区委统战工作领导小组会议精神，强化对侨界人士的政治引导，凝聚侨心，汇聚侨智，进一步筑牢团结合作的思想根基。认真学习贯彻习近平总书记关于新冠肺炎疫情防控的重要讲话精神，认真落实区委对抗击新冠疫情各项工作部署，扎实抓好抗击新冠疫情各项工作。

加强涉侨宣传 把党的侨务方针政策、涉侨知识及相关法律法规列入各级领导班子理论中心组的学习内容，积极争取各级各部门和社会各界对侨联工作的重视和支持。广泛发动归侨侨眷、海外侨胞、涉侨工作者安装使用“侨宝”App，了解侨界最新工作动态和相关信息。8至10月，组织侨界群众1000余人次参加全国侨联“侨商杯”法律知识竞赛，参与人次名并全市前列。“三侨生”“归侨回国定居”等3个涉侨事项开通网上办理，入驻“渝快办”网上办理平台，极大地方便了侨胞侨眷。

围绕中心工作，服务发展大局 一是新冠疫情期间给铜梁籍的华侨、海外留学生邮寄健康包（内含口罩等防护用品）。组织区侨联委员到高速路铜梁互通口看望执行疫情检查的区公安局干警，并捐赠口罩。二是加强阵地建设，在巴川街道正街社区成立正街社区“侨胞之家”，在市侨联争取专项经费4万元用于“侨胞之家”建设和疫情防控，组织有华侨身份的群众在端午、中秋、元旦、春节等节日开展活动。三是在市侨联的统一安排下，完成澳大利亚魏基成夫妇“天籁列车”“普惠列车”项目、“侨爱心光明行”活动、强化水安全保障调研等工作；参与协办海归论坛，与会嘉宾、海外留学归国人员代表、市级相关部门负责人共聚一堂，进行深入交流探讨。四是积极探索开展网上侨联工作，通过电子邮件、微信等形式，加强与铜梁籍海外华人华侨的联系，向他们宣传家乡的发展变化，增进对祖国和家乡的了解。五是积极组织区内艺术界人士参与侨界活动。铜梁画家杨俊的作品被市侨联选中，作为代表重庆的礼品送给华侨大学。六是争取市侨联“侨爱心光明行”、正街社区“侨胞之家”、魏基成夫妇捐赠3个涉侨民生服务工作项目在铜梁落地；争取市侨联夏季洪涝慰问资金15000元，慰问侨界受灾群众15名。为南城、庆隆等镇街送去老花眼镜、助听器、冬衣、被子800余件，为东城、南城、白羊、旧县、太平、石鱼贫困群众免费做白内障手术19例。帮助福果镇河兴村贫困户销售滞销玉米、小林镇庆云村贫困户销售滞销李子。组织侨联委员、侨联工作人员、侨界人士积极在“重庆扶贫馆”购买扶贫产品。七是组织开展学习调查活动2次，走访侨属企业，为经济建设献计出力。积极推荐侨界政协委员、代表人士参加区委、区政府组织召开的有关学习会、协商会、座谈会等，促进知情出力，发挥参政议政作用。融入成渝地区双城经济圈，与四川广安市侨联签订战略合作协议，缔结友好，在服务侨企、资源共享、优势互补等方面开展交流合作。组织侨联委员参观重庆建川博物馆，不断增强侨联的凝聚力。

（区委统战部　邓常君）

【党外知识分子联谊会工作】　加强政治引导，夯实共同基础　以习近平新时代中国特色社会主义思想和党的十九大精神为指导，深入学习贯彻落实习近平总书记关于知识分子工作的重要指示精神，通过专题学习会、党外人士培训班、研讨会等形式，积极引导各领域党外知识分子增强对新时代爱国奋斗精神、党和国家奋斗目标的思想认同、情感认同、价值认同。

建立统筹协调机制　建立统战部统筹协调，科委、教委、卫健委、文化委、高新区等部门各负其责的党外知识分子教育、培养工作机制，形成齐抓共管的党外知识分子工作合力。2020年新收集党外知识分子人才库150余人，发展知联会会员42人，积极推荐和组织党外知识分子参加市、区调训和轮训30余人次。提拔1名无党派干部任职，推荐6名党外知识分子到广州市黄埔区民营经济和事业服务局挂职锻炼和区招商小组挂职锻炼，不断提升综合素质和能力。建立《铜梁区部分党员区领导干部联系党外代表人士制度》《铜梁区部分党员领导干部联系新的社会阶层人士制度》等制度，将党外知识分子纳入党员区领导干部联系对象。加强政党协商工作，畅通建言献策渠道。积极组织党外知识分子围绕区委十五届五次全会、《政府工作报告》、半年工作情况通报、“棚户区改造工作”等参与专题协商会议4次，共提出意见建议60余条。

加强知联会建设　积极协调区财政局，为区知联会解决工作经费20万元，为其视察调研、民主监督和社会服务工作提供经费保障。引导议政建言，区“两会”期间引导无党派人士中的人大代表、政协委员提出建议60余件。

开展社会服务活动　依托知联会、新专联等统战团体，组织会员深入镇街围绕乡村振兴、农村电商发展等开展调查研究，形成调研报告5篇。引导发挥专业优势。支持新专联配合区财政单位举办会计人员培训班、工程项目管理和村级财务管理培训班。组织律师会员参与区司法局组织的基层开展法律咨询活动和参与区领导信访接待等工作，发放宣传资料6000余份。推荐4名会员担任重庆市采购评审专家，参与项目投资评审等工作，服务地方经济发展建设。引导新专联和知联会会员，参与脱贫攻坚工作。知联会组织会员为铜梁巴川中学送去价值5000元的学生用具和生活用品，走访慰问侣俸镇建卡贫困户，送去价值8000元的生活用品和药品，并组织知联会中的医疗专家送诊上门。

（区委统战部　唐琪）

网信工作

【网络宣传引导】　深入学习宣传贯彻习近平新时代中国特色社会主义思想和习近平总书记关于网络强国的重要思想，开设网络专题30余个，在中央重点网络媒体刊发铜梁重要新闻102条次，央视《焦点访谈》专题点赞铜梁乡村振兴。组建党的十九届五中全会精神“进网络”宣讲分队，开展各种形式的云宣讲。积极参与“走进我们的小康生活”“探寻巴渝文化”“网络中国节”“展望十四五·成渝会客厅”“人民记忆·百年百城”等大型网络主题宣传活动。扎实推进争做中国好网民、网络公益、网络扶贫工程。网络传播平台不断壮大，全区新媒体矩阵累计粉丝量实现100万+、点击总量2.5亿+、点赞总量800万+。“大美铜梁”抖音号发布的短视频“请给一个解释”浏览量1亿+、点赞量600w+，500w+作品5件，100w+作品14件。强化“成渝轴线城市”“川南渝西”网信交流合作，助推成渝地区双城经济圈建设。加强互联网行业党建，成立互联网协会特设党支部，推动互联网行业高质量发展。

【网络舆情管控】　加快网络综合治理体系建设。严格落实7×24小时值班制度，进一步完善区、镇街、村（社区）三级联动工作体系，强化部门联动，提升防范和化解效果。严格落实网络舆情交办制度，成功应对处置系列突发敏感舆情，未发生任何影响全区形象的网络舆情事件。完成网络安全应急指挥中心规范化建设，新增态势感知、监测预警、舆情处置等新系统。编写《铜梁舆情》《舆情监测动态》《月度分析》《舆情快报》《舆情专报》等刊物，为领导决策提供全方位参谋。

【网络安全防护】　认真贯彻落实《党委（党组）网络安全工作责任制实施办法》，对全区重点网站实施在线监测，实现全市网络安全事故“零通报”。开展关键信息基础设施检查。开展网络安全宣传周活动，宣传普及网信法律法规。组织网络安全培训和应急演练。加强属地网媒管理，落实网站安全主体责任，开展新闻信息服务许可申报。做好疫情联防联控。建立“1＋5＋N”三级微信矩阵，用好圈群扬正控负，开展辟谣，发布音视频宣传品37个，累积发布信息53万余条，收集社情民意1316条，解决实际问题1526件。及时有效处置疫情引发的多起突发事件，未引发媒体炒作和网民围观。区属网媒制作的H5作品“防控疫情铜梁在行动”，互动参与量达22万人次。开展多个专项整治行动，全年未发生一起网络安全事件。

（区委网信办　邹佳欣）

机构编制

【概况】　中共重庆市铜梁区机构编制委员会办公室，列区委工作机关序列，归口中共重庆市铜梁区委组织部管理。内设机构设置为综合科、事业单位登记管理科（挂重庆市铜梁区事业单位登记管理局牌子），核定区编办行政编制7名，机关后勤服务人员事业编制1名。

【机构职能调整】　一是着力优化职能配置。调整完善区森林公安机关管理体制，将铜梁区森林公安局整体划转区公安局直接领导管理。进一步理顺部门职责关系，将区城市管理局承担的风景名胜区、城市排水的执法职责分别划入区林业局和区住房城乡建委。二是着力完善事业单位设置。结合党政机构改革职能划转情况，优化完善全区处级事业单位设置，统筹调整增设区社会治理创新中心、区互联网信息中心、区应急救援中心、区口岸和物流服务中心、区医疗保障事务中心等一批服务民生、促进发展的处级事业单位。重新制定23个处级事业单位机构编制方案。三是着力深化事业单位改革。做好行政职能回归机关后的后续工作，将区农业农村委、区水利局、区交通局、区住房城乡建委所属的12个原承担行政职能事业单位的公益职责整合，设置为7个公益类事业单位，进一步明晰功能定位，厘清职责边界。

【重点改革任务】　一是强化公共卫生应急管理体系。面对突如其来的疫情，充分发挥机构编制基础性保障作用，通过内部挖潜、动态调整，两次向区疾病预防控制中心增加事业编制69名，并重新优化调整内设机构和领导职数，为增强全区应对突发公共卫生事件应急处置能力提供人员编制保障。二是深化综合行政执法改革。严格落实中央、市重点领域综合行政执法改革任务，组建区生态环境保护、文化市场、交通运输、农业、城市管理、卫生健康6大领域综合行政执法机构，理顺执法机构与主管部门工作关系。提规格、增职数、强职能、加编制，全面规范行政执法机构设置，除原有3个副处级机构外，新增副处级机构3个，增加处级领导职数9名，增加内设机构24个，增加科级领导职数65名。通过系统整合执法力量，挖掘编制潜力，推动编制资源向重点领域倾斜，共下达综合行政执法机构事业编制231名，进一步强化一线干部队伍建设。三是全面推动公共资源交易监管体制改革。对标市级工作要求，将全区工程建设项目、政府采购、土地使用权和矿业权出让、国有资产交易等公共资源交易明确由区发展改革委(区公共资源交易监管局)实施集中统一监管,并按照“编随事走”的原则划转相关主管部门人员编制到区发展改革委,全面落实公共资源交易集中统一监管,有利于从源头上最大限度地遏制腐败,促进全区公共资源交易健康发展。

【机构编制管理】 2020年召开两次区委编委会,研究解决一大批机构编制事宜。一是坚持“瘦身”与“健身”相结合。进一步加大对职责小、散、弱的事业单位精简整合力度,调整优化区水利局、区农业农村委、区林业局等部门所属事业单位设置和职能配置,整合减少事业单位9个,调剂增加区教委、区生态环境局、区卫生健康委等相关部门事业编制57名,积极盘活事业单位现有编制资源用于保障全区重点工作、民生工作等重点领域的编制需求。二是进一步发挥开发区在服务经济社会发展中的重要引擎作用,更名设立国家农业科技园区管委会、淮远新区管委会,为乡村振兴和城市提升提供体制机制保障。成立副处级事业单位区口岸和物流服务中心,健全物流招商体制机制,积极服务成渝地区双城经济圈建设。新设区新时代文明实践指导中心、区青少年健康养成教育中心、3所公办幼儿园,着力推动教育文化事业健康发展。设立正处级事业单位区社会治理创新中心,在区城市管理局增设智慧城市管理指挥中心,统筹调配全区社会管理资源,实现共建共治共享的社会治理新格局。三是聚焦工业振兴、乡村振兴、城市提升等重点工作需要,为公开招录(招聘)、公开遴选(选聘)、选调和引进优秀人才等提供编制530名,充分发挥编制资源在人才引进中的基础保障作用。

【事业单位登记管理】 全区483个事业单位法人年度报告应公示尽公示,“双随机一公开”抽查全覆盖、常态化,全区抽查84个、实地核查9个事业单位法人公示信息,办理设立、变更、注销登记事项全年共126项。

(区委编办 宇汝凤)

巡察工作

【概况】 区委成立巡察工作领导小组组织实施巡察工作,组长由区委书记担任,副组长由区纪委书记、区委组织部部长担任,区纪委书记为常务副组长,区纪委常务副书记、区委组织部常务副部长、区委巡察办副主任为成员。领导小组下设巡察办和巡察组。巡察办为区委工作机关,设在区纪委,共有编制13名,其中9名行政编制、4名事业编制。

【政治巡察】 坚持围绕中心、服务大局,坚守政治巡察定位,紧盯被巡察党组织职责使命,紧盯领导班子和关键少数,围绕“三个聚焦”,通过修订常规体检和特殊体检“两张单子”,建立领导小组成员“一对一”联系指导巡察组制度,建立区委巡察组、区委巡察办、区纪委监委相关监督检查室“三方会审”问题线索机制,加强巡察监督与纪律监督、监察监督、派驻监督的贯通融合,高质量推进巡察全覆盖。2020年,先后开展了第十一轮常规巡察、第十二轮村(社区)延伸巡察、第十三轮常规巡察,对26个区管党组织和142个村(社区)党组织开展了巡察监督,累计发现突出问题681个,移交问题线索27件,立案6件7人,组织处理30人,推动立行立改问题21个。区管党组织巡察覆盖率达到82%,村(社区)党组织巡察全覆盖。区委书记、区委巡察工作领导小组组长唐小平在《中国纪检监察报》上发表署名文章,在全市巡视巡察工作会上做交流发言。

【“三方联动”督查整改】 坚持把巡察整改融入日常工作、融入深化改革、融入全面从严治党、融入班子建设,不断强化整改落实和成果运用。领导小组成员、区级分管领导坚持全覆盖参加巡察反馈会议,区纪委监委、区委组织部、区委巡察办严格落实“三方联动”督查整改机制,督促日常整改,开展整改成效综合评估,推动巡察整改“四个深化”。2020年,向区级分管领导及有关行业主管部门移交共性问题37个,规范建立《重庆市铜梁区基本建设项目竣工财务决算审批复核实施细则》《关于实行最严格水资源管理制度的实施意见》等制度机制31个，根据巡察通报情况，调整村（社区）书记、主任15名，辞退村（社区）干部8名。

（区委巡察办　刘琳）

督查工作

【强化协调联动】　2020年督查工作领导小组制定印发《铜梁区2020年督查重点工作安排》《铜梁区2020年督查检查考核年度计划》，细化督查内容、督查任务，明确牵头单位、配合单位、督查节点、督查要求，从工作方式上、机制上加强对督查的统筹规范。建立与区政府督查办、区委执行力建设办公室、“六张清单”重点任务管理单位常态化沟通联系，坚持各司其职又协作配合，及时互通情况、定期汇总梳理、集中分析研判，适时联合督查，合力推动工作落实，切实避免重复督查、多头督查、扎堆督查。按照区委要求和办公室工作安排，全面建立区委常委会会议议定事项、区委主要领导批示事项、区委交办事项、领导关心关注重点事项等台账，跟踪区委重要会议、区委领导调研活动重要工作安排，准确掌握工作要求，及时更新台账，坚持日报、周报、月报工作机制，常态化跟踪问效，定期分析研判，确保督查工作实效。

【突出重点工作】　一是紧紧围绕习近平总书记对重庆所做重要讲话和系列重要指示批示精神“回头看”、统筹抓好疫情防控和经济社会发展、党的十九届四中全会精神和市委五届七次全会精神以及区委十五届九次全会精神、全面融入成渝地区双城经济圈建设等重大决策部署开展督查。二是紧盯整治形式主义为基层减负工作、中央环境保护督察反馈问题整改落实情况、中央脱贫攻坚专项巡视反馈意见整改落实情况、市委巡视反馈意见整改落实情况、“大棚房”整治、农村人居环境整治、安全生产、等重点问题、重点领域，主动与职能部门加强沟通联系，帮助指导开展好督查活动，切实推动重点问题全面整改落实到位。按照区委部署的发展、民生、安全稳定、环保、改革、党建等“六张清单”重点工作任务，督促牵头单位定期汇总梳理进展情况，推动部门镇街把任务清单转化为“作业单”，年底晒出“成绩单”。三是抓住区委常委会会议议定事项、区委专题会议议定事项、区委领导批示交办事项这个关键，及时分解立项并发出工作清单，明确牵头领导、牵头单位、责任单位和办理时限，重点采用实地暗访、书面督查等尽量做到不打扰基层正常工作、不增加基层负担的方式，分阶段、有重点，全方位、多角度开展跟踪督促。全年共对211项区委交办事项、658项区委批示事项、216项区委常委会议定事项开展督查，形成微信日报200余份、批示事项专报18期、区委常委会专报12期、工作专报29期。

【提高工作效能】　一是注重跟踪问效。现场督查时，坚持填写《督查情况反馈表》，全面了解工作开展情况以及存在的问题，提出整改要求和工作建议，现场反馈责任单位及负责人。针对进展缓慢、存在问题的工作，发出督办通知单，要求责任单位提出整改措施、目标，并每周报送进展情况。全年共发出督办单、催办单18份。二是强化督考结合。坚持将全区重点工作纳入相关单位年度目标考核内容，将督查结果纳入单位和领导干部年度考核，对被启动“三色”督办程序和通报批评的单位，实行倒扣分，并作为干部选拔任用和评先评优的重要依据。三是强化督查通报。定期汇总梳理重点工作、重点项目推进情况，形成督查工作简报，重点通报进展缓慢、存在问题的工作，分送相关区级领导。针对长期进度缓慢、问题久拖不决的工作，形成督查通报印发全区。

（督查室　罗吉中）

老干部工作

【概况】 中共铜梁区委老干部局2020年机关行政编制实有4人，事业编制工勤人员1人。下属事业单位2个：老干部活动中心（加挂区老年大学服务中心牌子）和关心下一代工作委员会办公室。

2020年底有健在离休干部14人，区（县）级退休干部50人，纳入区委老干局备案管理处级退休干部251人，健在建国初期参加革命工作退休干部44人，健在离休干部遗孀40人。

区老年大学有学员700余人，开设有书法、绘画、摄影等14个专业，18个教学班，2020年受疫情影响，未开展教学工作。

1月，区级领导分别看望慰问田时全、周举之、侯伟、张国芬老同志。

【离退休干部情况通报会】 2020年1月17日上午，铜梁区召开离退休干部情况通报会。区级领导向老同志通报全区经济社会发展情况。强调全区各级各部门要用心用情做好离退休干部工作，不断提升服务离退休干部的工作水平。要在思想上高度重视、政治上充分尊重、组织上全力保障，切实落实好离退休干部的各项政策待遇，解决好离退休干部的实际困难。要抓好离退休干部党建工作，进一步把老干部工作做深、做细、做实。

【疫情防控】 一是印发《致全区离退休干部的一封信》，并通过微信群向离退休干部发出倡议，在自觉自愿、量力而行的情况下组织离退休干部参与防控工作。二是下发《关于暂停区老年大学、老干部活动中心、关心下一代工作服务中心各类集体活动的通知》，暂停区老年大学、区老干部活动中心、关心下一代事业服务中心各类集体活动，提醒离退休干部自觉做好疫情管控，带头减少外出，做到不串门、不聚会、不聚餐，鼓励在家自学，积极配合支持疫情防控工作。三是定期通过电话方式，联系离休干部、市管退休干部和备案管理处级退休干部共300余人，实时掌握居住情况、身体状况、生活情况等，做到动态管理，不留死角。四是制定并下发《关于征集抗击疫情、弘扬正能量文艺作品的通知》，组织离退休干部积极创作抗击疫情，鼓舞士气，振奋精神，凝聚力量的文艺作品，引导广大人民群众树立信心、坚定决心、奉献爱心。五是购买2500个口罩发放给在铜离退休干部。

【老干部活动开展】 全年区委老干局组织了形式多样的学习、培训等活动。一是组织法院、检察院、农委一支部、教委、人民医院支部书记，在区委老干局会议室以视频培训的方式，参加市委老干局组织的老干部党校第88期培训班。二是通过QQ、微信、电话等方式组织离退休干部和老干部工作人员认真学习《牢记共产党人的初心和使命:〈共产党宣言〉导读》《应对重大疫情的“中国精神”》等课程，观看《坚决克服疫情影响 夺取脱贫攻坚战全面胜利》直播专题报告会。三是组织召开离退休干部少云志愿服务队授旗仪式暨党的建设情况通报会。15个离退休干部少云志愿服务队接受授旗。会议强调要推动老干部志愿服务健康有序发展，一要在政治引领中弘扬志愿精神，二要在服务大局中深化志愿服务，三要在真抓实干中健全服务制度。四是召开离退休干部“我看脱贫攻坚新成就”专题座谈会。五是组织部分市管退休干部开展钓鱼活动。

（区委老干部局　杨波）

史志

【史志资料征编】 **征集口述回忆文章** 采取“联合发文”“刊登启事”“专题研讨”“重点邀请”“提前约稿”的措施，广泛收集口述回忆文章。全年共收集和采访到专题回忆稿件57篇。

编纂《图说铜梁党史》 全年召开3次大纲讨论座谈会，按照铜梁党史正本的历史脉络确定最终篇章结构。将400余张照片分门别类进行编辑，对一些因历史原因无法收集到的图片采用绘制图片或文字说明的方式进行弥补。全书坚持历史脉络的完整性，突出发展进程中的重大事件，点面结合，图文互补。

持续开展大事记收集整理 年内收集整理2019年铜梁历史大事记200余条，约2万字，图片50余幅。

编纂《铜梁历史大事记（2007—2019）》 对2007—2019年收集的大事记进行整理、汇总编纂，续接已出版的《中国共产党重庆历史大事记·铜梁卷（1922—2006）》，形成2007—2019年大事记17万字。

征集整理铜梁抗疫资料 4月启动铜梁抗疫资料征集工作，主要收录铜梁在疫情防控期间发生的重要事件，召开的重要会议，印发的重要文件，采取的重大防控措施，具有代表性的图片等，旨在全面记录和展示铜梁人民战“疫”史。从区委办、融媒体中心、疫情防控领导小组等重点单位收集到基层抗疫相关文件、信息、报道约10万字，图片50多张。经过文字整理和编辑，形成《铜梁抗疫大事记》资料2万字。

整理铜梁抗战历史文化资料 为弘扬爱国主义精神，留存抗战历史，保护抗战遗址，中心广泛收集整理以西泉为代表的铜梁抗战历史相关图文资料、实物资料。年内召开3次抗战历史文化研讨会，研讨《铜梁抗战历史文化》的编写工作。特别是对1937－1945年前后时段区内现存的1000多卷档案资料进行查阅，同时约谈知情者，走访区内健在的抗战老兵；动员社会人士、历史文化爱好者进行资料和线索征集，在8月收到约60篇较为完善的文字资料，约20万字，60张图片。

启动特色志《铜梁龙灯志》编纂 8月召开编纂座谈会，针对《铜梁龙灯志》的大纲进行讨论，并根据多方的建议进行修改、完善，年底进入编纂阶段。该书旨在延续与传承铜梁龙灯文化记忆，宣传、弘扬铜梁龙灯文化，全面系统展示铜梁龙灯文化发展。

【史志作品出版】 **公开出版《中国共产党重庆历史大事记·铜梁区卷（1922—2006）》** 该书于2017年通过市委党史研室专家终审，进入公开出版程序，为保证党史作品正确的政治方向，进行多次审校和注释，于2020年8月公开出版发行，全书共20万字，真实、准确地记录铜梁1922年至2006年发生的大事。

公开出版《铜梁年鉴（2020）》 全书分为10个部分，共50万字，2020年12月公开出版。全面、客观、系统地记述2019年铜梁在政治、经济、文化、社会等方面的基本情况、发展进程及重大成就，展示铜梁发展的新面貌，充分发挥“存史、资政”的重要作用。

【史志宣传】 一是通过铜梁网《历史》栏目刊载铜梁历史名人，铜梁历史大事、要事，以此宣传展示铜梁丰富而宝贵的地方史志信息。2019年全年刊载12篇历史人物故事。二是向各部门、镇街、学校、企业等赠阅《铜梁年鉴（2019）》400册，向镇（街）、村（社）、企事业单位、中小学校基层党组织赠阅《初心不改话忠魂》100册，与市内外方志机构交流《铜梁县志（1986—2005）》《铜梁年鉴（2018）》《铜梁年鉴（2019）》等方志类书籍110册。三是积极主动与全国各地进行党史、地情丛书交流，学习先进地区的经验和做法，取长补短，全年共交流党史丛书100余套、地情丛书100余套。四是积极组织配合相关部门开展“七一”、烈士公祭日等活动；参与铜梁区“四史”学习教育活动前期准备工作，为宣传部提供铜梁党史故事资料10万余字。

【援藏工作】 9月第二次前往西藏自治区芒康县对接援助志鉴编修工作，并向其提供5万元援助资金；开展《芒康县志》第二轮审校工作，进一步提高志书质量。

【其他工作】 一是主动担当，融入发展新格局，积极响应成渝地区双城经济圈建设的重大战略决策，与遂宁市委党史研究室签订《遂铜两地党史研究战略合作协议》，与合川、潼南、武胜史志部门签订《党史、地方志区域合作框架协议》，促进成渝地区史志部门实现资源共享、互联互通、互学互鉴。二是起草并以区政府办名义下发《关于大力促进新时代铜梁地方志发展的意见》，推动全区方志事业科学发展。三是为进一步丰富铜梁地情资源，提升地方志公共文化服务水平，在电视、网络、报刊上发出《关于征集铜梁方志地情资料的公告》，向社会各界广泛征集各类志书、家谱，特别是散落在民间的旧志、古籍、孤本、史书等。四是继2006年革命遗址普查以来，第二次开展区内革命遗址普查工作，共计23处。五是为区政协、区委宣传部、区融媒体中心、区民政局等部门提供铜梁历史大事记、沿革、区划等历史资料和图片；为史志爱好者和普通群众提供地方党史、地情信息咨询20余次，赠阅相关史志类书籍100余套。真正拓宽党史地情横纵度，做到开门办史，服务于民。

（区史志研究中心　张玉洁）

党校教育

【概况】 中共铜梁区委党校、行政学校2020年有在职干部职工29人（其中男12人，女17人）。正处级干部3人，副处级干部2人，一级主任科员2人，二级主任科员2人，四级主任科员1人。高级讲师1人，讲师6人，助讲1人，高级技工1人。本科28人。党员20人。

2020年，党校教师获得重庆市党校系统第五协作片区2020年“推动成渝地区双城经济圈建设”理论研讨会一等奖1名、二等奖1名、三等奖2名。胡倩老师在第二片区统一战线第六届教学竞赛中获得一等奖、在重庆市统一战线第六届教学竞赛总决赛获得一等奖，王淑卿老师在全市党校（行政院校）系统第四届精品课中获得第五协作片区二等奖。

【干部培训】 全年共举办各类培训班105期，累计培训学员10428人次，其中：主体班次2期培训85人次，专题班次8期培训1181人次，其他班次54期培训6821人次，重庆学习论坛3期以及其他各类专业能力提升培训班37期；另有协助办理的小短班，如工会、商务、国资等近20期，培训1400余人次。积极配合对口援藏计划，承接“昌都市芒康县村党支部书记抓党建促乡村振兴示范班”两期、“芒康县优秀科级干部培训班”等3期培训任务，培训学员80人。发挥现场教学基地“第二课堂”作用。全年铜梁区产业融合助力乡村振兴实践教学基地共计接待区内外教学班次19个，共计培训领导干部1094人次。

春期主体班开班仪式（区委党校　薛元霜）

【科研资政】 一是立项重庆市委党校重点课题2项、一般课题2项，结项一般课题1项；结项重庆市社会主义学院一般课题1项；立项铜梁区社会科学规划重点项目1项、一般课题5项，结项重点课题1项、一般课题3项。二是推动教学科研一体化进程。依照教学出题目，科研做文章，成果进课堂的要求，创造性提出“学员命题、党校解题、成果答题”的工作模式，壮大教学科研咨政三者之间的通联“骨架”。三是围绕社会热点难点解题。从社会问题中寻找课题研究材料，构建“社会、农村、企业、产业、生态”五大“材料仓库”，为课题研究提供肥沃土壤。党校课题组深入调研营商环境、社会治理、融入双城经济圈等方面，报送领导参考28期，其中有7期获得区主要领导肯定性批示，18期获得一般性批示或批转，党校决策咨询服务得到充分体现。

【特色工作】 创新性地兴办“乡村振兴讲习所”并形成以区委党校教师为主体的理论宣讲团。全区5个街道23个镇下辖的67个社区和266个村建成“乡村振兴讲习所”，实现全覆盖，构建区、镇街、村（社区）三级乡村振兴讲习所体系，主要以党性教育、政策宣讲、法律知识、技能培训等为重要内容，是全区推进乡村振兴的助推器。2020年，形成《夺取脱贫攻坚全面胜利——习近平总书记视察重庆重要讲话1周年》《打造“四个示范区”全面融入成渝双城经济圈建设》《深入学习贯彻习近平总书记关于改善农村人居环境的重要指示精神》等宣讲课程，组织并开展集中宣讲，党校教师深入各镇街、各村（社区）累计宣讲30次，直接受众达1500余人。

党校教师在华寿村乡村振兴讲习所进行宣讲（区委党校　薛元霜）

【党建工作】　一是夯实组织基础。持续推进“扎桩工程”，优化党组织设置，撤并机关一支部、机关二支部、机关三支部，成立机关党支部、退休支部，完成机关支部换届选举工作，配齐总支和2个支部班子成员，全面激发党组织生机活力。二是强化党员教育管理。坚持严管和厚爱相结合，通过开展“讲比创树”行动，着力提升党员干部执行力建设。强化廉洁教育，深入开展“以案四说”警示教育，组织党员干部到区廉政教育基地、邱少云故居参观学习并重温入党誓词，做到知敬畏、存戒惧、守底线。三是做实基本活动。严格落实“三会一课”、民主生活会、组织生活会、民主评议党员、每月10日主题党日等制度，严格执行组织生活“两张清单”。全年共召开主题党日活动10次，组织生活会1次，带头到机关支部、乡村振兴讲习所、社区党校上党课3次。严把选人用人标准，配合区委干部考察组做好1名一级调研员、1名二级调研员、2名三级调研员、1名四级调研员民主推荐及考察工作，按程序组织开展主任科员晋升工作。四是迅速掀起学习宣传贯彻党的十九届五中全会精神热潮，通过中心组扩大会议、支部“三会一课”、参加网络视频培训等多种形式开展学习，并成立了学习宣传阐释党的十九届五中全会精神宣讲队，前往全区16个部门、镇街开展全会精神宣讲，受众群达1000余人。

【成渝双城经济圈建设】　为共同推动成渝地区“双城经济圈”高质量发展，铜梁区委党校会同遂宁市委党校、潼南区委党校签订三方共建合作框架协议，重点围绕课程建设、班次培训、师资培训、教学基地建设、数字资源建设、科研和智库建设、系统建设等七个方面加强合作。承接“遂宁市船山区委党校科级干部轮训班”一期、“遂宁市农村人居环境专题培训班”一期、“美丽乡村，宜居遂宁”乡村振兴暨基层治理能力提升重点培训班”一期等3期培训任务，培训学员180人。

（区委党校　薛元霜）

关心下一代工作

【概况】　2020年，区关工委有名誉主任6人、顾问18人、常务副主任5人、副主任5人、秘书长1人、成员单位24个。区关工委直属工作团7个（思想道德教育团、关爱工作团、农业科技辅导团、工业科技辅导团、家教指导团、卫生医疗服务团、文艺宣传团）。全区共建关工委组织641个，参与关心下一代活动的老同志达到18500余人，“五老”骨干4000余人。全区区关心下一代事业服务中心，2020年遴选工作人员1名，年末在职3人。

2020年，区关工委荣获五年一次的“全国关心下一代工作先进集体”“全市关心下一代工作先进集体”；连续18年荣获全国、市“中华魂”青少年主题教育读书活动优秀组织奖。区关工委名誉主任周举之同志连续4次荣获全国关心下一代先进工作者光荣称号，程晓娅获全国“中华魂”（爱我中华——改革开放四十年）主题教育读书活动先进个人。

【坚持政治引领，发挥五老作用】 区关工委一班人坚持政治学习，提高政治站位，以习近平总书记关心下一代工作的系列重要论述统领关工委工作。全年召开主任办公会13次，发出《关于学习贯彻习近平总书记对关心下一代工作重要指示暨全国关心下一代工作表彰大会精神的通知》至各基层关工委贯彻落实。12月16日，组织召开学习贯彻党的十九届五中全会和全国关心下一代工作表彰大会精神培训会，引导广大“五老”和青少年树牢“四个意识”、坚定“四个自信”、做到“两个维护”，推进关心下一代工作创新发展。

一是新冠肺炎疫情发生后，及早部署，宣传引领。区关工委发出《倡议书》，动员广大“五老”做好疫情防控工作，停止“五老”聚集和集体活动。二是按照区委区政府安排部署，发出《助力我区疫情防控及有序复工复产复业复学等工作的通知》，号召各级关工委及广大“五老”充分发挥参谋助手、桥梁纽带作用。区关工委主任黄定伦、名誉主任周举之等先后到安溪镇谭洪村、旧县街道、石鱼小学、岚峰小学、铜梁巴中、重庆恩熙电子有限公司扶贫车间、重庆长安离合器有限公司、尹生食品有限公司等10余个镇街、村社、学校和企业调研疫情防控及复工复产复学情况，鼓励他们做好防控工作，有序复工复产复学。三是发挥“五老作用”，积极参与防控。许多“五老”主动参与所在单位、小区、村社的疫情防控宣传、排查、守卡、核实、登记、备案、消毒等工作。西河镇三善村67岁退伍军人、老党员张远富主动请缨当防控“站岗人”，不幸牺牲，被区委追认为“优秀共产党员”。四是动员“五老”用书画作品宣传抗疫精神。据不完全统计，创作了诗词108首，绘画174幅，赞美抗疫一线勇士的奉献精神，歌颂党的抗疫政策，表达抗击疫情的信心。五是踊跃捐款捐物，支持抗疫。教育系统“五老”捐款15400元。旧县街道退休干部邓国荣、平滩镇退休干部陈明高各捐款1000元。安溪镇关工委副主任张祖开捐款4000元。安溪镇谭洪村退伍军人、老党员吴成林，家境并不富裕，且身患癌症，主动捐款3000元。白羊镇农村青年科技致富带头人周密，组织青年商户筹资20余万元，先后向白羊镇、区卫健委捐赠口罩65000个、84消毒液10桶。

【思想道德教育和爱国主义教育】 **贯彻落实文件制定** 结合铜梁实际，区关工委、区委组织部等9个部门联合下发《关于进一步发挥五老队伍在加强青少年思想道德建设中的作用的实施意见》，提出15条具体意见。区教委关工委下发《学习宣传贯彻新时代爱国主义教育实施纲要的意见》，指导学校开展青少年爱国主义教育，把学校爱国主义教育工作开展情况纳入督导考核的重要内容。

爱国主义教育 深入开展“传承红色基因 争做时代新人”青少年主题教育活动。邱少云烈士纪念馆被中国关工委命名为全国党史国史教育基地。区关工委思想道德教育团、关爱工作团积极配合各学校、镇街对青少年进行党史、国史和改革发展史等爱国主义教育，引导青少年感党恩、听党话、跟党走。思想道德教育团开展青少年爱国主义教育活动87场次，78400人次受到教育。9月4日，区关工委召开新时代青少年爱国主义教育工作经验交流座谈会，铜梁中学、民政局等8个部门、学校交流工作经验，推动全区爱国主义教育不断深入。

青少年主题教育实践活动 “中华魂”（科技托起强国梦）青少年主题教育读书活动有序推进。5月中旬，区读书活动组委会召开推进会，对读书活动做了部署。12月，区里组织开展征文演讲比赛活动，按照市里分配的名额，推选52篇征文、15名演讲选手参加全市比赛，获得征文比赛特等奖1名、一等奖2名、二等奖11名、三等奖37名，演讲比赛特等奖1名、一等奖1名、二等奖7

名、三等奖6名。编印“中华魂”(科技托起强国梦)征文、演讲优秀作品文集。协助配合市关工委在铜梁成功举办全市“中华魂”青少年读书活动冬令营活动。积极动员老同志和青少年参加市关工委举办的“众志成城话家国”的老少征文比赛活动。联合区文明办等单位在全区青少年中开展“我劳动 我快乐”主题教育实践活动,对“以劳树德、以劳启智、以劳健体、以劳育美”起了重要作用。区妇联关工委配合有关部门开展暑期儿童训练营“人人都是护旗手”主题活动,讲邱少云、刘胡兰等革命先辈感人故事,争做时代好少年。

青少年普法教育活动 开展第四届“关爱明天、普法先行”青少年普法教育活动,重点宣传《宪法》《国旗法》《民法典》《未成年人保护法》《预防未成年人犯罪法》等法律法规,教育引导青少年学法遵法守法,牢固树立法治思维,守住做人做事底线。关爱工作团的老干警开展校园法治宣传活动153场次。10月,邀请市关工委报告团张震教授,做题为《党的十九届五中全会精神融入学校法制教育》讲座,提高教师的法律意识。8月19日,区关工委、区委政法委联合召开2019年度创建活动总结会,对实现青少年“零犯罪”目标的水口、双山等6个镇和263个村(社区)、83所学校予以通报表扬。

【助力脱贫攻坚,为青少年办好事实事】 **精准扶贫助困** 春秋开学之际,区关工委扶贫助困基金相继对244名贫困青少年发放救助金38.65万元,帮助他们完成学业。“六一”期间,区关工委领导先后到石鱼小学、重庆巴中看望慰问少年儿童,为边远的永清小学127名学生送去书包、文具、慰问金。动员重庆竺庆有限公司,为永清小学全校学生捐赠校服、羽绒服等。区关工委工业辅导团看望慰问区人民医院、中医院援鄂医护人员及其子女。区关工委主任黄定伦、名誉主任周举之、常务副主任田时全先后资助石鱼小学、维新中学、白羊小学、围龙小学等8名特困青少年。

干部结对帮扶贫困青少年活动 2020年,全区2099名正科级以上干部资助2121名贫困青少年,资助现金及物资(折价)达108.5万元。全体在职区级领导每人资助贫困青少年均在1000元以上。区关工委制作“爱心卡”,督促活动落到实处。

青年科技致富带头人培养 区关工委农业科技辅导团宣传农业科普知识,加强技术指导和培训。各镇街关工委对农村青年创业就业情况做到情况清、底数明,积极联系有关部门,给予信息、技术、资金、政策等方面的支持和帮助。6月24日,区关工委会同团区委、农委、科技局、畜牧业发展中心在石鱼镇召开第15次农村青年科技致富带头人代表会,对103名农村青年科技致富先进代表予以表扬奖励。在铜梁举办的“农民丰收节”上,区关工委向组委会推荐10名优秀农村青年受到表扬,谭小敏、侯文雷获得全国“双带”人才先进个人称号。

学生暑期管理 7月8日区关工委、区民政局召开全区大中小学生暑期管理和关爱留守儿童工作会,对各镇街关工委加强暑期学生的管理工作进行布置,组织学生开展丰富多彩的实践活动,做到离校不离教,离校不离管,让孩子们度过安全、愉快、健康的暑假。

“一平米厨房”公益项目落地落实 4月,在市关工委的关心支持下,区关工委争取中国下一代教育基金会“一平米厨房”公益项目,为小林镇等10所公立幼儿园免费配备10余种餐厨用具,改善偏远地区儿童生活条件。

【队伍和自身建设】 全区已创建“五好”关工委461个。对2017年已创建的“五好”关工委,按照区对镇街、部门,镇街对村(社区)分级复查的原则,进行复查。指导区退役军人事务局建立关工委组织,完善西郊示范片玉皇村等8个村级关工委的阵地建设。7月、8月,区关工委先后在南城街道、侣俸镇、旧县街道、围龙镇和区级部门八大口牵头单位召开关心下一代工作座谈会,先后到南城、高楼、维新、安居、安溪、西河、永嘉、大庙、石鱼等镇街调研关工委工作。

(区关工委 程晓娅)

重庆市铜梁区人民代表大会

【概况】 重庆市铜梁区人民代表大会常务委员会，另设监察和法制委员会、财政经济委员会、城乡建设环境保护委员会、社会建设委员会等4个专门委员会。常委会机关设置机构8个，其中，区人大常委会办事机构1个（重庆市铜梁区人大常委会办公室）；区人大常委会工作机构3个（重庆市铜梁区人大常委会人事代表工作委员会、重庆市铜梁区人大常委会教科文卫工作委员会、重庆市铜梁区人大常委会农业与农村工作委员会）；区人大专门委员会办事机构4个：重庆市铜梁区人大监察和法制委员会办公室、重庆市铜梁区人大城乡建设环境保护委员会办公室、重庆市铜梁区人大财政经济委员会办公室（挂重庆市铜梁区人大常委会预算工作委员会牌子）、重庆市铜梁区人大社会建设委员会办公室（挂重庆市铜梁区人大常委会信访办公室牌子）。常委会另设巴川、东城、南城、蒲吕、旧县5个街道工作委员会。2020年底，实有常委会组成人员34名，其中1人暂停执行委员职务；实有第十七届人民代表大会代表271名，其中1人暂停执行代表职务；实有镇人大代表1233名。

2020年，区人大常委会坚持以习近平新时代中国特色社会主义思想为指导，深入贯彻党的十九大和十九届二中、三中、四中、五中全会精神，坚持把提高政治能力放在第一位，组织引导常委会组成人员、机关干部在理论学习和实践锻炼中涵养政治定力，不断增强“四个意识”、坚定“四个自信”、做到“两个维护”。严守政治纪律和政治规矩，全面彻底干净肃清孙政才恶劣影响和薄熙来、王立军流毒。严格落实区人大常委会党组议事规则和决策程序，认真贯彻民主集中制，提高常委会党组把方向、管大局、保落实的能力水平。加强人大机关干部队伍建设，提升各专工委专业化水平。开展增强人大监督实效专题调研，不断完善监督工作机制和方式方法，努力提高监督实效。围绕区委决策部署，坚持党的领导、人民当家作主、依法治国有机统一，依法履职。全年召开常委会7次，主任会9次，较好地完成了铜梁区十七届人大四次会议确定的各项任务。

【人民代表大会】 1月5—7日，重庆市铜梁区第十七届人民代表大会第四次会议在城区举行。大会应到代表269人，实到代表265人，符合法定人数。会议听取审议区人民政府工作报告、区人大常委会工作报告、区人民法院工作报告和区人民检察院工作报告，表决通过了关于区人民政府工作报告的决议、关于区2019年国民经济和社会发展计划执行情况及2020年国民经济和社会发展计划的决议、关于区2019年财政预算执行情况和2020年区级财政预算的决议、关于区人大常委会工作报告的决议、关于区人民法院工作报告的决议、关于区人民检察院工作报告的决议、关于议案的决定；会议经过选举，姜国杰当选区人民政府区长，张俊文当选区人民法院院长，石柱、汤启玲（女）、陶小平当选为区第十七届人大常委会委员；会议表决通过区第十七届人民代表大会有关专门委员会主任委员名单。

【人大代表工作】 加强代表学习培训，组织开展学习贯彻党的十九届五中全会精神、民法典贯彻实施以及提升履职能力专题培训，提高全体区人大代表政治理论素养和履职能力水平。全面推行区人大代表分片区活动，围绕工业振兴、乡村振兴、城市提升等开展视察调研8次。深化代表履职积分制管理，通过代表履职登记、评比和公示等方式，有效激励、监督和评价代表履职行为。邀请代表列席区人大常委会会议20人次，参与常委会执法检查、专题调研视察等活动92人次。加强市人大代表联络服务和履职保障，协调推动18件市人大代表意见建议办理落实，闭会期间组织学习培训、集中研读、视察调研5次，3名市人大代表进行了述职。扎实推进人大代表履职平台建设，新建人大代表工作室25个。持续深化“两联一述”，全面推行代表联系群众“双亮双接双办”机制，积极探索融入全区“党建扎桩、治理结网”有效途径，各级人大代表兼任网格员、平安员等704人次。全年区人大代表做出为民服务承诺事项846项，接待选区选民4185人次，收集社情民意937条，向选民述职142人次；组织开展“主任接待日”活动28次，接待代表178人次，向有关部门转交代表建议46件次，推动解决了一批群众急难愁盼问题。

【人事任免】 2月14日，区第十七届人大常委会第二十八次会议经过审议和表决，决定任命王小波为区人民政府副区长。

3月22日，区第十七届人大常委会第二十九次会议经过审议和表决，决定任命徐波为区人民政府办公室主任，王昌友为区住房和城乡建设委员会主任，杨晋为区机关事务管理局局长；决定免去任建平的区人民政府办公室主任职务，王小波的区住房和城乡建设委员会主任职务，徐波的区机关事务管理局局长职务；任命张勇为区人民法院第三人民法庭庭长，王菊芳为区人民法院民事审判二庭副庭长；免去刘小东的区人民法院第三人民法庭庭长职务，尹杰的区人民法院民事审判二庭副庭长职务。

4月15日，区第十七届人大常委会第三十次会议经过审议和表决，决定任命夏斌为区人民政府副区长、区公安局局长；决定免去赵晓庄的区公安局局长职务。

6月23日，区第十七届人大常委会第三十一次会议经过审议和表决，决定任命李琼为区水利局局长，刘紫耀为区商务委员会主任；决定免去李琼的区商务委员会主任职务；任命唐娟、王道萍、龙飞为区监察委员会委员，李海燕为区人民检察院副检察长、检察委员会委员、检察员；免去肖必兵的区人大常委会东城街道工委副主任职务，吴闻闻的区人民检察院检察委员会委员、检察员职务。

9月29日，区第十七届人大常委会第三十三次会议经过审议和表决，任命刘登刚为区人大常委会人事代表工作委员会主任，张新全为区人大常委会农业与农村工作委员会主任，周红旗为区人大常委会农业与农村工作委员会副主任，张诗颂为区人大城乡建设环境保护委员会办公室副主任，周兵为区人大常委会办公室副主任，丁平为区人大常委会人事代表工作委员会副主任；免去罗云的区人大常委会人事代表工作委员会主任职务，陈有劲的区人大常委会农业与农村工作委员会主任职务，陈瑶的区人大常委会办公室副主任职务，林泽良的区人大城乡建设环境保护委员会副主任委员、区人大城乡建设环境保护委员会办公室副主任职务，敖良全的区人大常委会人事代表工作委员会副主任职务，刘国林的区人大常委会农业与农村工作委员会副主任职务，贺杨的区人大常委会蒲吕街道工作委员会副主任职务；决定任命唐建民为区科学技术局局长，张焕兵为区农业农村委员会主任，吴别为区经济和信息化委员会主任，严勇为区文化和旅游发展委员会主任，周良华为区卫生健康委员会主任，甘珊麟为区招商投资促进局局长；决定免去程琼的区科技局局长职务，朱华友的区农业农村委员会主任职务，张勰的区经济和信息化委员会主任职务，刘艳的区文化和旅游发展委员会主任职务，潘国庆的区卫生健康委员会主任职务，严勇的区招商投资促进局局长职务。

12月29日，区第十七届人大常委会第三十五次会议经过审议和表决，任命王斌为区人大城乡建设环境保护委员会副主任委员，王伟伟、刘小东为区人民法院审判委员会委员，朱坚为区人民法院行政审判庭（综合审判庭）庭长，何振华为区人民法院立案庭（诉讼服务中心）庭长，唐甜甜为区人民法院安居人民法庭庭长，吴宇为区人民法院刑事审判庭副庭长，李明星为区人民法院民事审判一庭副庭长，朱福林、曾洋洋、张世容等84人为区人民法院陪审员；免去张才荣的区人民法院审判委员会委员职务，兰洪学的区人民法院立案庭（诉讼服务中心）庭长职务，朱坚的区人民法院安居人民法庭庭长职务，何振华的区人民法院行政审判庭（综合审判庭）庭长职务，唐甜甜的区人民法院刑事审判庭副庭长职务，吴宇的区人民法院民事审判一庭副庭长职务。

【工作监督】 坚持围绕中心、服务大局，依法履行监督职责，积极助推全区经济社会实现高质量发展。听取审议区政府关于2020年1—6月国民经济和社会发展计划执行情况、2020年1—6月预算执行情况、2019年区级决算、2020年区级预算调整方案、2018年度区级预算执行和其他财政收支审计查出问题整改情况、2019年区级预算执行和其他收支审计情况、法治政府建设工作情况、环境状况和环境保护目标完成情况、招商投资促进工作情况、乡村产业振兴工作情况、安全生产工作情况、公立医院改革工作情况、国有资产管理情况、企业国有资产管理情况、办理区人大常委会对行政事业性国有资产管理情况专题询问审议意见情况、"十四五"规划编制情况等21个报告；听取审议区法院关于推进以审判为中心的刑事诉讼制度改革、代表建议办理工作情况的报告；听取审议区检察院关于适用认罪认罚从宽制度工作情况的报告。开展全区水污染防治工作评议。参与并监督预算公开评审工作，评审全区75个一级预算单位1666个项目，审减5.6亿元，审减率达18%。依法有序开展人大信访工作，受理群众来信来访245件。

区人大常委会领导带队视察国有资产管理情况（郭源　摄）

【法律监督】 主要开展《中华人民共和国农民专业合作社法》《重庆市供用电条例》《重庆市村镇供水条例》《重庆市全民健身条例》《中华人民共和国老年人权益保障法》《重庆市老年人权益保障条例》《重庆市历史文化名城名镇名村保护条例》等6项法律法规的执法检查。坚持主动审查和被动审查相结合，对区政府14件规范性文件进行备案审查，对区政府废止的19件规范性文件进行了备案，维护法制统一，保证宪法法律正确实施。

【人大代表议案及办理】 区第十七届人民代表大会第四次会议决定对《关于打造生态高新区推动工业振兴的议案》立案督办。8月26日，区第十七届人大常委会第三十二次会议听取审议区政府关于打造生态高新区推动工业振兴议案办理推进情况的报告；12月29日，区第十七届人大常委会第三十五次会议听取审议关于打造生态高新区推动工业振兴议案办理情况的报告，并进行满意度测评。该报告获得满意31票，基本满意票0票，不满意票0票。

进一步优化代表建议办理工作考核细则，激

发承办单位的主动性和积极性。加强建议交办督办，推行重点建议领导督办、各委室对口包案督办、适时跟踪督办，开展两次复函、两次评价，做到既重结果也重过程，真正推动建议落实。常委会两次听取审议议案和代表建议办理工作情况报告并进行满意度测评，督促各承办单位强化工作措施，抓好工作落实。区十七届人大四次会议代表提出的1件议案、336件建议已全部办理完毕，代表建议办理满意和基本满意率达99.7%。

区人大常委会领导带队视察全区重点项目建设情况。

（周兵 摄）

【视察调研】 根据区人大常委会年初工作要点，全年开展了贯彻实施《中华人民共和国劳动法》和《中华人民共和国劳动合同法》情况、医疗保障扶贫工作、增强人大监督工作实效、戒毒工作、智慧校园建设工作、建筑产业发展工作等13项专题调研，开展重点项目建设情况、民生实事办理情况、社会治安工作等3项专题视察。

（区人大办 李川）

重庆市铜梁区人民政府

综述

【概况】 重庆市铜梁区人民政府设置工作机构29个，即区政府办公室、区发展改革委、区教委、区科技局、区经济信息委、区公安局、区民政局、区司法局、区财政局、区人力社保局、区生态环境局、区住房城乡建委、区城管局、区交通局、区水利局、区农业农村委、区商务委、区文化旅游委、区卫生健康委、区退役军人事务局、区应急局、区审计局、区统计局、区医保局、区机关事务局、区信访办、区大数据发展局、区招商投资局、区林业局；区政府挂牌机构6个：区政府外办（挂在区政府办）、区公共资源交易监管局（挂在区发展改革委）、区国资办（挂在区财政局）、区人民防空办（挂在区住房城乡建委）、区扶贫办（挂在区农业农村委）、区体育局（挂在区文化旅游委）；区政府工作部门所属的正处级事业单位6个，即区政府经济研究中心、区市民服务和营商环境促进中心、区公共资源综合交易中心、区金融发展中心、区畜牧业发展中心、区投资促进服务中心；其他机构1个：即区供销联社；区政府派出机构4个：即铜梁高新技术产业开发区工作委员会、龙城天街商圈管委会、国家农业科技园区管委会、淮远新区管委会；承担政府职能的市属在铜部门共有工作机构6个，即区规划自然资源局、区市场监管局、区税务局、区气象局、区烟草局（区烟草公司）、区住房公积金中心。

【区政府全体会议】 区长姜国杰主持召开区第十七届人民政府第四次全体会议，审议并原则通过《重庆市铜梁区人民政府工作报告（审议稿）》，并强调，2020年是全面建成小康社会和“十三五”规划收官之年，要实现第一个百年奋斗目标，为“十四五”发展和实现第二个百年奋斗目标打好基础。全区各级各部门要以习近平新时代中国特色社会主义思想为指导，紧扣全面建成小康社会目标任务，坚持稳中求进工作总基调，坚持新发展理念，坚持以供给侧结构性改革为主线，坚持以改革开放为动力，坚决打赢“三大攻坚战”，深入实施“八项行动计划”，全面做好“六稳”工作，持续推进工业振兴、乡村振兴、城市提升，持续抓好大通道、大投资、大项目、大保障，全力打造先进制造业基地、中华龙文化旅游名城、社会治理创新示范区、国际大都市后花园，推动高质量发展之路越走越宽广，确保全面建成小康社会和“十三五”规划圆满收官，努力把铜梁建设成为成渝地区双城经济圈高质量发展示范区、高品质生活典范区。当前，重点抓好以下工作：一要全力做好一季度工作。二要精心开好全区“两会”。三要强化安全稳定工作。四要扎实办好民生实事。五要坚持不懈正风肃纪。

【区政府常务会议】 2020年，区政府召开41次常务会议，审议并原则通过行政规章、政策性文件及有关决议事项504条。主要涉及8个方面：一是经济发展方面，审议通过《关于重庆市铜梁区2019年国民经济和社会发展计划执行情况及2020年计划草案的报告（送审稿）》《重庆市铜梁区2019年财政预算执行情况及2020年财政预算草案报告（送审稿）》《重庆市铜梁区2019年决算报告(送审稿)》《重庆市铜梁区2020年发展重点任务清单(送审稿)》《铜梁区2020年重点建设项目清单(送审稿)》《铜梁区2020年重大前期规划研究项目清单(送审稿)》《重庆市铜梁区智能制造产业培育工作方案(送审稿)》《关于打造生态高新区推动工业振兴工作方案(送审稿)》《重庆市铜梁区领军工业企业和明星工业企业培育实施方案(送审稿)》《铜梁科创新城产业发展规划(2020—2025年)(送审稿)》《重庆铜梁高新技术产业开发区产业发展规划(2020—2025年)(送审稿)》《"西部美谷"产业园扶持政策(试行)(送审稿)》等。二是改革开放创新方面,审议通过《全面融入共建"一带一路"加快建设内陆开放高地实施方案(送审稿)》《铜梁区区域普惠金融服务工作实施方案(送审稿)》《重庆市铜梁区企业改制挂牌上市奖补办法(送审稿)》《重庆市铜梁区数字经济创新发展工作方案(送审稿)》《重庆市铜梁区知识产权资助奖励办法(送审稿)》《重庆市铜梁区工程建设项目"四合一、四联合"改革工作方案(送审稿)《重庆市铜梁区深化工程建设项目审批制度改革实施方案(送审稿)》《重庆市铜梁区区属重点国有企业违规经营投资责任追究实施办法(试行)《关于进一步加强国有企业人事、用工和工资管理的工作方案(送审稿)》《重庆市铜梁区国有企业退休人员社会化管理实施方案(送审稿)》《重庆市铜梁区全面推开行业协会商会与行政机关脱钩改革工作方案(送审稿)》等。三是城乡融合和区域协调发展方面,审议通过《2020年铜梁区对口帮扶巫山县工作方案(送审稿)》《重庆市铜梁区镇域工业发展规划(2021—2025)(送审稿)》《重庆市铜梁区数字乡村发展规划(2020—2025年)(送审稿)》《关于鼓励安居古城商贸旅游业发展的实施办法(送审稿)》《重庆市铜梁区"十四五"农村供水保障规划报告(送审稿)》《铜梁区农村生活污水治理专项规划(送审稿)》《土桥镇六赢村乡村振兴示范提质建设实施方案(送审稿)》《安居镇杨乐村等4个乡村振兴示范点建设实施方案(送审稿)》《铜梁区调整畜禽养殖区域划分方案(送审稿)》《重庆市铜梁区生猪生产扶持政策(送审稿)》《重庆市铜梁区切实加强非洲猪瘟防控加快恢复生猪生产工作方案(送审稿)》《重庆市铜梁区进一步规范活禽交易推行集中屠宰加强冷链供应工作方案(送审稿)》等。四是城市规划建设管理及交通方面,审议通过《重庆市铜梁区加强农贸市场长效管理工作方案(送审稿)》《重庆市铜梁区城市机动车洗车场专项规划(送审稿)》《关于进一步规范城市污水处理费征收管理工作的通知(送审稿)》《市郊铁路璧山至铜梁线项目合作框架及节点工程建设出资协议(送审稿)》《新建成渝中线高铁土地综合开发框架协议(送审稿)》《铜梁城区至虎峰公交化改造实施方案(送审稿)》《铜梁至璧山城际公交化改造实施方案(送审稿)》《铜梁至龙头寺班线客车公交化运行实施方案(送审稿)》等。五是生态文明和环境保护方面,审议通过《重庆市铜梁区2020年环保任务清单(送审稿)》《2020年铜梁区污染防治攻坚战目标任务(送审稿)》《重庆市铜梁区渔业船舶禁捕和建立补偿制度实施方案(送审稿)》《长江经济带战略环境评价铜梁区"三线一单"方案(送审稿)》《重庆市铜梁区人民政府关于发布陆生野生动物禁猎区和禁猎期的通告(送审稿)》《重庆市铜梁区实行最严格水资源管理制度的实施意见(送审稿)》《重庆市铜梁区建立市场化、多元化生态保护补偿机制工作方案(送审稿)》《重庆市铜梁区绿色生活创建行动总体方案(送审稿)》《重庆市铜梁区关于进一步加强塑料污染治理的实施方案(送审稿)》《铜梁区2020年果菜茶有机肥替代化肥行动项目实施方案(送审稿)》等。六是社会事业和民生保障方面,审议通过《重庆市铜梁区2020年民生重点任务清单(送审稿)》《重庆市铜梁区2020年度拟办民生实事项目(送审稿)》《应对新冠肺炎疫情影响做好2020年高校毕业生就业十条措施(送审稿)》《关于提高公办幼儿园在园幼儿占比的实施方案(送审稿)》《重庆市铜梁区2020年义务教育阶段招生工作实施方案(送审稿)》《关于进一步加强社区教育工作的实施意见(送审稿)》《重庆市铜梁区人民政府与西南大学等八所大学(学院)战略合作协议(送审稿)》《关于加强和改进新时代民政工作的实施意见(送审稿)》《关于推进全区养老服务发展的实施方案(2020—2022年)(送审稿)《重庆市铜梁区社区工作者职业体系建设工作方案(试行)(送审稿)》《关于加强和改进生活无着的流浪乞讨人员救助管理工作的实施方案(送审稿)》《重庆市铜梁区脱贫攻坚与实施乡村振兴战略有机衔接"厕所革命"实施方案(送审稿)》等。七是社会治理和安全生产方面,审议通过《重庆市铜梁区深化改革加强食品安全工作实施方案(送审稿)》《重庆市铜梁区党政领导干部食品安全责任清单(送审稿)》《关于加强全区安全生产和自然灾害应急体系建设的意见(送审稿)》《重庆市铜梁区安全生产专项整治三年行动工作实施方案(送审稿)》《2020年全区消防工作要点(送审稿)》等。八是政府自身建设方面,审议通过《2020年政府过"紧日子"的十条措施(送审稿)》《重庆市铜梁区公共投资建设项目审计实施办法(送审稿)》《重庆市铜梁区基本建设项目竣工财务决算审核批复实施细则(送审稿)》《铜梁区试点领域基层政务公开标准目录(送审稿)》等。

(区政府办　王刚)

政务工作

【政府调研与政务信息】　紧扣区委区政府工作思路,抓住全区经济社会发展重大问题,深入部门、镇街、学校和企业开展调查研究,共完成轨道交通产业发展、农业产业发展、淮远新区建设、畜禽养殖、夜间旅游经济等课题,撰写8篇调研文章,为区领导决策提供借鉴和依据。牢记"服务决策、展示形象"这一信息工作根本目的,为市政府和区政府领导科学决策服务。全年共上报市政府办公厅信息得分610分,在全市各区县排名前列,其中,有7篇获市政府领导批示9次。全年共编辑本级《政务简报》88期,《专报信息》6期,为区领导科学决策提供信息服务。

【政务公开】　**主动公开扎实推进**　印发《重庆市铜梁区人民政府办公室关于全面推进基层政务公开标准化规范化工作的通知》,对全区基层政务公开标准化规范化工作进行了部署。编制全区25个试点领域基层政务公开标准目录,印发《重庆市铜梁区人民政府关于印发试点领域基层政务公开标准目录的通知》,《标准目录》一级事项总数263项,其中,区级事项数180项,镇街级事项数83项。二级事项总数2051项,其中,区级事项数1795项,镇街级事项数256项。建立健全区政府行政决策程序规定,把公众参与、专家论证、风险评估、合法性审查和集体讨论决定作为决策的法定程序。按照政策性文件与政策解读方案"同步组织、同步审签、同步部署"要求,对15个区级重要政策文件进行了解读。根据《重庆市人民政府办公厅关于切实做好政府信息公开专栏和公开目录有关工作的通知》要求,切实规范政府信息公开专栏设置、完善政府信息公开目录和法定主动公开内容。

依申请公开进一步规范　进一步对依申请公开工作做出规范,建立健全依申请公开工作制度和办理流程。2020年,区政府收到依申请公开申请17件(自然人14件,商业企业3件),均依法依规做出答复。其中,未经复议直接起诉1件,申请人自愿撤诉。

政府信息管理逐步完善　印发《重庆市铜梁区人民政府办公室关于印发重庆市铜梁区人民政府公文公开属性源头认定办法的通知》,对以区政府(含区政府办公室)名义印发的具有特定效力和规范体式的文书,包括决定、命令(令)、意见、通知、通报、通告、批复、函、纪要等进行公开属性源头认定,进一步完善公文公开属性源头认定机制。对区政府门户网站办事指南类信息进行全面清理，确保与“渝快办”办事服务信息数据同源。按照“谁起草、谁负责、谁公开”的基本原则，建立健全政府信息公开审查制度，把政府信息公开的审查责任落实到政府信息起草制作过程中，与政府信息产生过程同步提出、同步审核、同步确定。严格执行“三审三校”制度，严把政治关、法律关、政策关、保密关、文字关。

监督保障持续强化 各单位主要负责人每年至少听取1次政务公开工作汇报，研究推动相关工作。明确区政府工作部门和镇街的政务公开工作机构分别为部门办公室和镇街党政办。持续深入推进决策、执行、管理、服务、结果“五公开”，在公开内容上突出政策文件、办事服务、规划计划等重要政务信息。建立政务公开工作情况通报制度，对工作中发现的突出问题且未在规定时限内完成整改的进行通报，将通报结果纳入政务公开工作考核。

【电子政务与政府门户网站建设】 **全面完成网站集约迁移** 根据《重庆市人民政府办公厅关于做好全市政府网站集约化试点工作的通知》要求，扎实做好调查摸底、网站迁移、系统测试试用等工作，有序推进区政府网站集约迁移，于2020年4月1日完成迁移任务并正式上线运行，圆满完成集约化建设任务。

有序推进电子政务外网升级改造 拟对全区电子政务外网进行升级改造，已完成初步设计，并通过专家组评审。正在进行项目资金评审。

强化网络安全监测 对区政府门户网站和全区党政办公系统进行了检查整改，并开展重要信息系统等级保护测评工作，区政府门户网站和全区党政办公系统均达到网络安全测评要求。全面完成信创项目年度计划。

加强政务新媒体监管 对全区政务新媒体坚持每日巡查，对信息更新不及时、存在突出问题的政务新媒体予以关停。目前，全区政务新媒体存余30个，均按要求进行更新，符合开办要求。

【区长公开电话（信箱）办理】 完善《重庆市铜梁区人民政府区长公开电话（信箱）办理工作制度》，从电话的接听、记录、交办、处理标准和办结时限等方面均制定严格的工作程序和标准，使工作更加规范化、程序化。区长公开电话做到24小时均有人接听和记录，并及时准确地反映给区政府相关领导和有关部门，转交部门处理的，明确3～5个工作日的时限要求。加大跟踪督办力度，每周定期对区长公开电话（信箱）交办事项办理情况进行实时督查。全年区长公开电话（信箱）共受理群众来电（来信）3557件，其中，公开电话受理2256件、公开信箱受理1133件、群众来信168件。对接听的区长公开电话进行及时处理，办结回复区长公开电子信箱邮件1133件。

（区政府办　王刚）

人事工作

【公务员管理】 坚持考试录用主渠道，科学规划各种进入方式的规模和比例，2020年分类招录各类公务员20名。坚持事业为上、人岗相适、人事相宜，2020年组织开展区内公开遴选（选聘）1次、区内协商选调工作人员3批次，涉及公务员36人。开展区外遴选1次，区外协商选调3次，为区内各单位补充“双一流”毕业生、全日制硕士研究生等优秀公务员18名。按照组厅字〔2019〕32号文件精神，顺利完成全区47个参照管理单位的重新认定申报及认定工作。落实公务员奖励规定，对年度考核为优秀等次的481名公务员进行嘉奖、77名公务员记三等功。大力选树先进典型，开展“铜梁区新时代担当作为奖”评选，评选表彰先进集体20个、先进个人100名。稳妥有序开展公务员职级晋升，晋升四级调研员以上职级公务员135人次，一级主任科员以下职级公务员508人次。扎实做好机关企事业单位疫情防控工作，有序组织返岗复工、持续开展督查问效，梳理排查25000余条旅居史信息，推送1498条重要信息，研判追踪225条风险信息，督导印发13条工作提醒，不断巩固疫情防控向好态势，将防控工作从应急状态转为常态化。

（区委组织部　李升泉）

【事业单位人事管理】　一是建立事业单位定期奖励激励机制。根据相关文件首次制定铜梁区事业单位人员定期奖励操作办法。完成全区9786名事业人员年度考核结果确认工作，首次对1460余名年度考核优秀事业人员给予嘉奖；完成脱贫攻坚专项工作人员奖励工作，共有35名扶贫专项先进个人、18个先进集体受到记功和嘉奖专项奖励。二是落实2020年疫情防控一线医护人员岗位聘任优惠政策。全区共计372名抗疫一线医护人员名单已报送市人力社保局备案，其中48人在2020年度的岗位聘任和职称评审工作中享受优惠政策。三是完成全区142个事业单位岗位设置。四是对2014名事业单位人员岗位竞聘上岗登记备案。五是推进事业单位机关工勤人员信息系统线上运行工作。完成全区447个事业单位及9908名工作人员的年报数据统计及上报工作。

【专业技术人员管理】　一是做好职称申报评审工作，受理审核职称初定和评审申报资料1200余人次，经审核、评审、公示后，确定（认）专业技术职务任职资格269人，上报市高级评审委员会273人，通过评审取得高级职称的专业技术人员176人；报送中初级评审委员会239人，通过评审取得一级教师职称资格121名，二级教师5人，实验师2人；通过评审取得工程师等中级职称的52人，助理工程师29人。二是严格专业技术职务资格证书的编号管理，2020年度共发放了723人的专业技术职务资格证书。三是新增科技人才发展平台1个：铜梁区中医院博士后工作站。四是通过下发文件和电话通知的形式组织2019年取得高级职务任职资格人员，参加岗前培训工作。五是做好元旦春节期间的驻铜专家慰问工作，协助区委组织部做好区领导慰问各行业专家11名。

（区人力社保局　唐小玲）

2020年铜梁区首批优秀卫生人才（项目）认定（区人力社保局　供图）

【晋级调薪工作】　一是根据2019年度考核结果，完成全区机关工作人员1886人正常增加级别工资档次和530人正常晋升级别工资；完成全区9031名事业单位工作人员正常增加薪级工资。二是严格政策，规范各项福利。办理乡镇补贴审批193人，按政策取消47人；办理公务交通补贴变动审批125人；审核公安值班补助6288人次；落实纪检津贴173人；落实农林水提高津贴比例，按政策取消24人；落实环保津贴1332人次；落实卫生防疫津贴186人次；落实好2020年度带薪年休假待遇；落实2020年度机关工作人员年终一次性奖金等工作。三是严格审批职务变动人员待遇。全年共审批公务员晋升职务工资变动276人次，完成职级套转757人次，审批事业单位因岗位变动调整工资486人次，审批技术工人取得更高技术等级后工资变动手续9人次。四是扎实做好干部待遇关系确定，完成新录用公务员和事业人员工资、工龄核定工作，出具新招录人员工资介绍信290件，其中：公务员28件、公招聘用事业人员262件。办理公务员和事业人员转正定级变动工资审批手续181件，其中：公务员44件、事业人员137件。审批并出具单位间人员调动工资介绍信287件。五是顺利完成目标绩效调整，根据市人力社保局《关于区县发放机关在职人员目标绩效奖和离退休人员健康休养费的具体口径》和相关通知要求，及时完成全区相关待遇调整，并按市局工作要求及时发放到广大干部职工手中。六是结合铜梁实际，大力推进事业单位绩效工资改革，强化单位软、硬件建设，同时灵活分配单位资金，加大对优秀人才的激励力度，自下而上为全区人才建设的发展提供推动力。七是主动做好抗疫待遇保障，扎实按政策内容做好医务人员各项待遇的落实工作。八是保障义务教育教师工资。按照“与当地公务员地方性补贴水平大体持平”的原则设立义务教育学校超额绩效参考线，并与当地公务员地方性补贴同步研究布置，同等财政保障。

（区人力社保局　刘淼）

【大中专毕业生就业】　充分利用网络平台积极发布用工信息，为毕业生提供就业岗位。做实高校毕业生实名登记，建立高校毕业生基本信息库和用人单位岗位需求信息库，实现精准推送就业信息；针对困难毕业生开展上门服务和“一对一”援助。高标准建成占地500余平方米的“铜梁区大学生就业创业公共服务中心”，设有接待服务区、培训活动区、配套服务区三大功能区，为大学生提供政策咨询、职业指导、职业介绍、就业见习、暑期实习、技能培训、创业孵化等一系列公共就业创业服务。全年举办高校毕业生就业专场招聘会5场，进场求职人数836人，达成意向协议181人。新增75家企业备案为青年就业见习基地，组织221人参加就业见习，其中：发放见习补贴186人，发放金额88.07万元。组织高校毕业生报到累计470人，其中：硕士16人，本科333人，专科118人，中专3人。

（区人力社保局　张燕）

举办2020重庆英才大会——海归论坛暨医疗大数据论坛（区人力社保局　供图）

【人才工程】　一是承办2020重庆英才大会——海归论坛暨第三届中英健康·医疗大数据论坛，唱响“铜梁爱人才、龙乡欢迎您”工作品牌。二是超额完成“吸引返乡人才340人、选派入乡人才78人”的乡村人才振兴考核目标。全年共计吸引返乡人才493人：其中，镇街返乡创业人员378人、会同区委组织部回引本土人才115人（退役军人53人，新招本土人才62人）；全年共计选派入乡人才233人：其中，区级科技特派员28人、“三支一扶”新招募14人、乡镇其他事业单位招聘106人、全科教师等定向招聘85人。三是科教兴市和人才强市行动计划专项考核目标顺利完成。完成重庆英才大会签约2名人才、2个项目目标任务（实际组织3个人才、2个项目集中签约）。全年引进急需紧缺人才超过100名（实际引进121名）。开展补贴性培训超10900人次（实际完成13727人次）。新增1个人才发展平台（新建区中医院博士后科研工作站）。四是与遂宁市人力社保局签订《共同推动成渝地区双城经济圈建设人力资源和社会保障合作协议》，联合遂宁、潼南组织人社部门，在西南大学校本部举行遂·潼·铜人才协同发展联合招聘会（西南大学专场活动），广泛开展宣传推介，组织近百家企事业单位参会，提供工作岗位300余个（铜梁区提供52个），吸引西南大学2000余名应届大学生参会，达成就业意向200余人。

（区人力社保局　张耀月）

退役军人事务

【概况】　重庆市铜梁区退役军人事务局核定编制30名（行政编制9名、事业编制21名），实有29名（行政编制9名、事业编制20名）。内设机构有办公室、思想政治和权益维护科、安置科、优抚科（重庆市铜梁区拥军优属拥政爱民工作领导小组办公室）。3个下属事业单位：重庆市铜梁区军队离休退休干部服务管理中心、邱少云烈士纪念馆、区退役军人服务中心。在28个镇街、333个村(社区)均建立有退役军人服务站。

2020年,区退役军人事务局积极健全三级退役军人服务保障体系,精准落实优待抚恤政策,扎实推进军转安置以及退役军人就业创业,创新开展烈士褒扬纪念工作,全力推进部分退役士兵社保接续任务,有力有效推动双拥工作发展。铜梁区被全国双拥工作领导小组、退役军人事务部、中央军委政治部评为国家双拥模范城;被中共重庆市委、重庆市人民政府、重庆警备区评为市级双拥模范城。

【复退军人、军休干部安置】 2020年,全区共接收安置部队退役军人276人。其中:计划安置军转干部8人,随调家属1人,自主择业军转干部2人,转改文职人员7人,复员干部1人,退役士兵257人。办理集体改制人员落户57人,发放一次性自主就业经济补助1038.5万元。对计划安置的8名军转干部全部安置到行政岗位并对照原职级落实了相应的级别待遇,对1名随调家属根据原工作单位性质和从事的工作岗位对等安置到行政岗位;对27名符合由政府安排工作条件的退役士兵,按照阳光安置原则,12名退役士兵安置到事业单位工作,14名退役士兵安置到央企、国企工作,1名退役士兵自愿选择灵活就业,安置率达100%。10月11—17日,组织124名退役士兵开展"退役第一课"适应性培训,提升就业创业本领。10月14日,组织开展退役军人专场招聘会,共300余名退役军人及家属参加,到场招聘企业26家,提供就业岗位400多个,现场达成就业意向80余人。11月14日,区退役军人事务局与遂宁市共同举办跨区域退役军人军属专场招聘会,全区100余名有求职意愿退役军人参加。全年累计开发退役军人公益性岗位94个,面向退役军人招录回引挂职本土人才85人,专职消防员42人,公安辅警98人。落实军休干部两项待遇,2020年发放军休干部离退休费及遗属费456万元,扎实开展文体活动,丰富军休干部文化生活。

【退役军人帮扶救助】 建立健全常态化联系退役军人制度,按照广泛联系服务对象工作要求,扎实开展日常走访慰问工作。利用信访联席机制,积极做好困难退役军人帮扶救助工作。1—12月,累积救助重特大疾病优抚对象351人次,救助金额54.6万元。全面落实"解三难"资金,为1400名在医疗、生活、住房方面存在困难退役军人发放救助金210.38万元。为128名一至六级残疾军人参加城镇职工医疗保险,资助258名在乡老复员军人参加居民医保(二档),资助6151名其他领取抚恤和生活优待补助的优抚对象参加居民医保(一档)。

【烈士褒扬纪念工作】 承办"致敬·2020清明祭英烈"直播活动,受到《新闻30分》《新闻直播间》宣传报道。线下为烈士亲属、战友等开展20余场代祭、献花服务,受到群众一致好评。举办"9·30"烈士公祭活动,区领导班子、驻铜部队官兵、学校师生代表、烈属、老战士以及群众代表等400余人参加,深切缅怀革命先烈。疫情闭馆期间,创建"数字"烈士馆,录制讲解视频并开通"云端看云"专题,制作网上祭奠手机H5页面,在邱少云烈士纪念馆官网开辟《追思祭奠》专栏,发送网上祭扫倡议书,群众累计"云参观"烈士馆和"献花留言"7.6万余人次。同辽宁丹东抗美援朝纪念馆联合举办纪念中国人民志愿军入朝作战70周年英模事迹展,与四川中江黄继光纪念馆联合开展事迹联展,赴遂宁市、重庆江津区等举办邱少云烈士事迹展50余场次,受众10万余人。全年邱少云烈士纪念馆共计开放215天,累计接待35万人次,讲解800余场。

【双拥工作】 全面落实优待抚恤政策。2020年,全区保障各类重点优抚对象6604人,累计发放各类抚恤补助金8290.2万元,发放价格临时补贴449万元。在春节和"八一"建军节期间走访慰问驻铜部队和部分优抚对象,发放慰问金16.55万元和18万余元慰问物资,通过金融机构为部分重点优抚对象打卡发放慰问金共260.1万元，发放年画4万份。适时开展为立功受奖现役军人送达喜报工作，为285名现役军人发放立功受奖奖励金74.6万元。为504名义务兵发放家庭优待金573.7万元。众志成城阻击新冠疫情。新冠肺炎疫情暴发以来，全区共组建50余支退役军人志愿服务队，2450余名退役军人长期奋战在抗疫一线，1.85万余名少云志愿者踊跃参与到疫情防控工作当中，积极为民排忧解难。退役军人群体自发筹集善款12万元，力助市双拥办向武汉捐赠两辆负压式救护车。全力以赴开展抗洪抢险。2020年8月21日，涪江洪峰过境铜梁，造成铜梁多地不同程度受灾，驻铜部队积极行动，主动参与抗洪抢险，挽回群众损失约500余万元。大力推进全国双拥模范城创建工作。印发《区双拥工作领导小组工作规则、成员单位工作职责及办公室职责和工作制度的通知》，召开创建工作推进会落实落细各项工作任务。投入60余万元在全区各高速路口T形牌、区内主干道两旁道旗、LED显示屏等投放宣传广告，广泛宣传国防教育和双拥工作，不断强化群众的国防意识和双拥观念。2020年10月20日，在全国双拥模范城（县）命名暨双拥模范单位和个人表彰大会上，铜梁区榜上有名。

（区退役军人事务局　余海林）

对外开放

【开放型经济发展】 2020年度全区外贸实绩企业达到75家，实现外贸进出口额17.14亿元，同比增长20.14%，完成总量居全市20位，增速居全市第17位。全区正常经营外资企业17家，实际利用外资6813万美元，同比降低-8.5%，总量居全市20位，增速居全市19位。全区服务贸易额达到1亿美元。

【外贸主体培育】 向上争取贷款贴息、国际市场开拓、出口信保、服务贸易创新发展等资金151.8万元；落实区级外贸促进政策，兑现外贸稳增长资金428.8万元。支持全区13家小微外贸企业参加出口信用保险，对企业承担30%保费部分实现区财政统缴。对接海关实现外贸企业原产地证书自助打印；指导区内非医用口罩生产企业强胜王成功申请商务部口罩出口企业白名单；协同渝州海关帮扶铜梁区御丰蔬菜、艾兰特精油、富足酿造等特色农产品龙头企业取得进出口相关资质；指导企业综合利用网上展会、国际营销网络等渠道和方式保住订单并扩大国际市场；支持重点服务贸易企业重庆龙心聚创孵化器有限公司文创产品通过京交会“走出去”；组织10家企业参加第三届中国国际进口博览会，达成意向采购成交额1330万美元。

【外商营商环境优化】 认真贯彻落实《中华人民共和国外商投资法》《中华人民共和国外商投资法实施条例》，出台《关于建立健全外商投资全流程服务体系的通知》，健全领导联系外商投资项目、外商投资企业投诉、外商投资企业交流合作等机制；出台《重庆市铜梁区利用外资奖励办法》，提升外资吸引力。积极为光成、新民康、施科堡、可隆科技特、天齐锂业等外向型企业外籍人士来华提供便利。

【对外经济技术合作】 全区对外投资企业2家，一是重庆紫苑房地产开发有限公司在韩国设立的“紫苑株式会社”，该企业在韩国济州岛投资房地产项目，二是重庆凌达磁材科技有限公司在德国设立商贸公司“凌达有限责任公司”，主要经营磁性材料贸易。

（区商务委　覃涛）

对口支援

【加强组织领导】 区委区政府高度重视对口帮扶工作，将该项工作纳入脱贫攻坚总指挥部调度，成立了以区委常委、区政府常务副区长任组长的对口帮扶分指挥部，制定对口帮扶工作作战图，实行“周调度、月总结”。两地高层加强互访，召开高层联系会议2次。2020年8月，铜梁区委副书记、区长姜国杰带队赴巫山考察并就对口帮扶工作进行交流对接；10月，区委常委、区委统战部部长何建伟带队赴巫山对接对口帮扶工作。制定下达对口帮扶工作实施方案，协同编制铜梁区2018—2020年对口帮扶巫山县三年实施规划方案。

【落实帮扶资金及实物】 2020年帮扶巫山县资金实物量708万元，在市级计划408万元的基础上增加300万元；区卫生健康委援助捐助基层卫生院药品5万元、援助巫山县庙宇镇中心卫生院资金3万元。安排扶贫开发帮扶实物量662万元，占95%；帮扶实物量投入额达到100万以上的项目2个：分别为巫山县两坪乡向鸭村基础设施建设370万元、邓家乡楠木安置点基础配套设施项目204万元，共计574万元，占比81%，2个项目全部完工并已投入使用。

【产业帮扶协作】 加强农产品推广协作，推进媒体营销，组织开展“巫山特色商品进景区、进酒店”活动，设置扶贫销售专柜14个，在专区实物展示、陈列、销售，布置淘宝店链接、二维码宣传海报，搭建产销平台，将巫山脆李等旅游产品在京东平台上进行线上销售，全面深化结对帮扶销售。加强旅游产业协作，在铜梁旅游微信公众号积极推介巫山旅游线路，设立“神女恋尘·红叶巫山”旅游官微专版；组织铜梁旅行社赴巫山考察旅游线路，定点推送巫山旅游营销奖励政策，精准对接精品旅游线路；积极引导铜梁区居民到巫山旅游观光，前往巫山旅游消费人数达到1万人次以上。加强文化产业协作，以铜梁中华龙文化艺术节、巫山红叶节等大型活动为契机，依托“文图博美”等阵地，全面深化铜梁龙文化与巫山巫文化交流合作，在“巫山红叶节”等重大节会活动组织开展“铜梁龙舞表演”，助力巫山旅游发展。加大招商引资协作，协同开展项目洽谈，协助引进西藏新好科技有限公司投资的生猪全产业链建设项目，总投资20亿元，已完成投资1466万元；协助引进的巫山摩天岭森林小镇何家堡康养旅游度假区基础设施及森林公园投资项目已到位资金8210万元。

【强化人才支援】 加强干部互派交流，2020年完成互派支教教师5名、党政干部6名、医务人员8名，帮助巫山培训统战干部10人。加强卫生医疗协助，赴巫山县的8名医务人员开展临床诊疗668人次，参与管理住院患者398人次，示教查房260次，手术示教241台次；举办培训讲座23次，培训人员2000余人次，指导疑难病例讨论68次；培训乡镇卫生院医务人员25名。

【深化劳务协作】 及时向巫山县发布铜梁区的用工信息，组织开展铜梁区—巫山县对口帮扶专场招聘会，向巫山县贫困大学生提供就业岗位219个；已转移新生代劳动力到市重点电子企业就业182人；完成对口帮扶职业技能培训300人，资助完成巫山县生活困难学生与建卡贫困学生500名。

【脱贫帮扶对接】 确定结对帮扶镇街2个，即铜梁区东城街道办事处—巫山建平乡、铜梁大庙镇—巫山县庙宇镇；结对子学校3个：即铜梁巴中—巫山初中、铜梁实验幼儿园—巫山县新会幼儿园、铜梁中学—巫山中学。结对子医院2个：铜梁区人民医院—巫山县人民医院、铜梁区中医院—巫山县中医院。强力推进消费扶贫，购销巫山县扶贫产品目标任务1440万元，组织召开2020年“铜梁—巫山”对口帮扶消费扶贫对接会，签订购销协议9份，金额480万元；签订长期合作的意向性协议14份，协议金额1440万元。在龙城天街商圈南广场成功举办铜梁·巫山2020消费扶贫购物节暨双城经济圈建设铜梁·遂宁2020特色商品购物节；举办第二场铜梁·巫山2020消费扶贫购物节。实际完成巫山县购销金额约1540万元，超额完成计划任务。

（区政府办　王刚）

外事

【加强党对外事工作的领导】 组织召开区委外事工作委员会第二次全体会议，贯彻落实市委外事工作委员会第二次会议精神。区委书记、区委外事委主任唐小平多次主持召集研究外事相关工作，积极谋划部署，全年对各类涉外工作批示指示30余次。制定《关于进一步规范国家工作人员因公临时出国（境）管理的实施办法》和《关于进一步规范全区重要外事活动管理的实施办法》，切实归口全区外事活动申报审批。务实开展习近平外交思想进党校进课堂系列活动，将习近平外交思想纳入区委党校干部培训课程，积极邀请市政府外办到铜宣讲，持续提升全区领导干部对外工作思维、方法和能力。

【“大外事”工作格局构建】 及时成立铜梁区中西部国际交往中心建设领导小组，印发《铜梁区落实〈重庆市建设中西部国际交往中心三年行动计划（2020—2022年）〉任务分解》。主动衔接两江新区、重庆自贸区、重庆高新区、西部（重庆）科学城等重大开放平台，积极融入联动发展，携手广州开发区打造粤港澳大湾区与成渝地区双城经济圈合作典范，以国家高新区建设为引领，规划建设科创新城，广铜“一带一路”高新技术产业合作区、小米智能制造产业园、中建材“三新”产业园、西部美谷等重大产业平台扎实落地，科创中心、品质高校等创新资源迅速集聚。

【推进多领域交流合作】 积极推动铜梁龙文化走出去，特色“龙舞表演”活动成功纳入《中新（重庆）互联互通促进周活动方案》。积极推动精品农业走出去，龙韵果香、御丰蔬菜、泰香农业和澳洲茶树精油等4家企业成功入选农产品对外合作先行企业，进一步打通新加坡及东盟市场。全力做好外事接待服务工作，成功接待市政府外办渝港联合调研组赴铜调研、上海杭州商会重庆考察投资团赴铜考察、陆军军医大学外训大队外军学员赴铜参观见学等，进一步加强国际友好交流。成功举办2020英才大会——海归论坛暨医疗大数据论坛，中国机械工业百强、汽车工业整车二十强、零部件三十强企业信息发布会，2020年化妆品新法规研讨会暨化妆品科学技术专业委员会等论坛峰会活动，进一步吸引国内国际目光，推动全区对外合作交流和开放型经济发展。

【有效维护涉外安全稳定】 加强与全区涉外企业沟通联系，优选派驻企业服务专员，协调解决企业用工、证件办理、就医等各类问题。广泛宣传港澳工作方针政策及相关法律法规，扎实做好在铜港澳人士服务管理相关工作。持续开展国（境）外来铜返铜人员排查及慰问工作，严防境外输入性风险，全区国（境）外输入性确诊病例持续为零。坚决打赢打好防范化解重大风险攻坚战，严格涉外工作领域风险防控，有效维护涉外安全稳定。

（区政府办　王刚）

招商引资

【概况】 2020年，新签约招商项目83个（其中10亿元以上项目12个），协议引资额663亿元，同比增长25.8%；内资项目到位资金153亿元，同比增长52.5%。

【创新招商引资机制体制】 坚持专业招商、精准招商，健全完善全区招商工作的领导机制和工作体制，立足产业优势和发展方向，加大重点产业领域牵动性项目引进力度，深耕电子信息、装备制造、健康美妆等主导产业，促进企业成群、产业成链、集群发展。继续创新招商思路，用好招商“朋友圈”，打好引资“组合拳”，跳出单纯用优惠政策吸引企业的传统模式，把政府引导和市场主导、股权投资和优惠政策、招企业和招订单结合起来，构建全链条精准招商服务体系。

【搭建重要支撑平台】 推动与广州开发区的合作，共建“广铜一带一路高新技术产业合作区”，采取“飞地经济”模式，全力打造“西部美谷”美妆产业园；深度参与重庆高新区协同创新战略联盟，积极融入成渝双城经济圈、环科学城创新生态圈和两江协同创新区；与中科院、北科大、重大等院校合作共建智能制造、新能源新材料等协同创新平台，深入推进浙江大学西部健康科技产业园和天然化妆品研究院建设；深化产教融合，与19所院校签订合作协议，推动人才培养、科技研发、创新成果转化等；深化与重庆自贸区、综合保税区、中新示范项目管理局合作，推进叶水福冷链项目签约，推动农文康旅商开放发展；成功举办“工业百强发布会”，与人民电器集团、机械工业第六设计研究院等5家企业签订合作协议；与航天云网合作推进重庆工业互联网赋能中心和智慧园区的无人车间、数字化工厂建设，百钰顺、鹿享家等5家企业智能化改造初见成效。

【推进重大项目签约落地】 进一步强化责任担当，提高服务水平，落实重大项目“一项目一专班”工作机制，深度参与项目对接洽谈、签约落地到建设投产全过程，先后引进中建材集团、中车集团、小米公司等3家世界500强制造业企业；万洋众创城项目的签约落地，实现100亿级项目零的突破；朗基尔（GSI）、铭利达、思特等一大批行业龙头企业纷纷入驻，产业结构不断优化。牢固树立“诚信”理念，加强项目履约监管，在企业达到合同约定的条件后，第一时间兑现相关政策，形成透明、高效的履约兑现氛围，促进重大招商项目落地转化，近年来引进的新民康、金骏工谷、鹿享家、天齐锂业、会通等企业发展态势良好，在全区工业企业中纳税靠前。全年新开工项目40个，竣工投产项目20个；共盘活闲置土地23.93公顷，闲置厂房约36万平方米；为29个招商引资项目兑现优惠扶持资金共计6293.56万元。

【推动重点产业集群发展】 坚持走集群化、集约化发展的道路，理清思路、突出重点，专班推动重点产业集群发展。大健康产业方面。抓住广铜“一带一路”高新技术产业合作区建设契机，突出美妆产业重点方向，将美景、美人、美业统筹起来，另辟蹊径打造“西部美谷”产业集群，项目规划用地533.33公顷，一期启动53.33公顷；首批31个美妆企业扎堆落户，计划总投资220亿元；万洋众创城、思特、绿野等项目集中开工，成为全区高质量发展引领高品质生活的重要抓手。电子信息产业方面。打造小米生态链产业集群，小米公社成功揭牌，小米智慧展厅、小米公社产品展示销售中心和17万平方米小米智能制造产业园建成投用，加紧组建小米生态链产业发展基金，已投产云丁科技等一批小米生态链企业、杰尔精密、壹壹光学等智能终端和笔电项目，形成集群发展态势。装备制造产业方面。依托中车集团落户铜梁，深入推进轨道交通装备基地建设，引进克诺尔、通号万全、天铁实业、祥龙电器等配套企业。不断提档升级和完善汽车零部件产业链，引进一汽富晟、红岩方大、朗基尔等知名国企和外资汽车零部件企业，汽车零部件企业达116家。此外，坚持走好农文康旅融合发展路子，深入推进乡村振兴，引进精品花木、精品果蔬、精品养殖、精品民宿等项目，推出“原乡慢食”“原乡藕遇”等特色品牌；新引进星巴克、希岸酒店等知名商家，促进龙城天街商圈全面提质。

（区招商投资局　周小理）

行政服务

【行政审批流程创新】 **提升政务服务网上办理能力**　一是集中审批职能。各单位授予进驻中心工作人员审批职能和行政审批专用章使用权限，实现所有事项厅内办结。全区1351项依申请类政务服务事项进驻政务服务大厅1230项，占91%；提升网上可办率，已实现网上可办事项1290项，网上可办率达到95.5%。二是优化业务办理流程。进一步推动减环节、减时间、减材料、减跑动，梳理并发布“零材料提交”事项达110项，督促各部门按照事项清单严格落实，引导群众进行网上申报，实现全程无纸化办理。全区所有政务服务事项办理时限平均压缩80%，其中行政许可类事项实际办理时间比法定时限平均减少82.7%；实现平均跑动0.21次，即办件338项，即办率达44.6%；实现全程网办599项，达80%以上。

推行“一窗综办”和“一件事一次办”　加强

"无差别"综合窗口和分领域综合窗口建设，大厅综合窗口数量达到113个，综合窗口事项设置比例达100%，其中"无差别"综合窗口19个，整合31家单位进驻，实现任何一个窗口通办593项事项。依托各类综合窗口加强事项整合，推出"一件事一次办"事项186件，实现"一次告知、一表申报、一窗受理、一次办成"。

全面推进承诺制信任审批 将商事登记、市场准营、企业投资建设等营商环境重点领域12家单位41项事项纳入承诺制信任审批。加强信用监管，制定入口把关、事中提醒、事后处置等全流程监管办法，形成监管闭环，并通过"信用铜梁"平台加强过程监管，杜绝失信行为。自实施以来，全区承诺制信任审批共办理1.7万件，失信仅5件，通过督促整改和信用修复，失信清零。强力推进线上运行，依托"渝快办"平台配置"承诺制信任审批"功能，实现线上线下同步运行。

推行企业开办"四零"改革 建成全市首个企业开办无费区，实现企业开办"零材料、零见面、零费用、零跑路"，全流程无纸化申办企业，服务专员点对点远程指导，企业开办时限压缩到2小时左右，所有费用由区财政统一解决，审批结果物由工作人员当天点对点送达。2020年，全区累计新开办企业2144家，同比增长25.8%，在疫情影响下，依然实现了大幅增长。

推行工程建设项目"四合一、四联合"改革强化部门协同，实行"多规合一、多审合一、多评合一、多介合一"和"联合图审、联合测绘、联合踏勘、联合竣工验收"，推动审批时限再压缩。一般工业项目从取得土地到开工，从市里改革要求的15个工作日压缩到10天以内，小型低风险项目从15.5天压缩到12天以内，有力促进了企业建成投产。

【推进政务服务创新】 **推行部门领导窗口办公制度** 督促涉及营商环境的17家重点单位主要领导和分管领导定期到窗口办公。现场体验办事流程，及时发现并协调解决各种问题，2020年累计开展窗口办公337次，顶岗办理业务432件，调研事项164个，召集会议99次，收集发现问题120个，已解决115个。

建立服务专员制度 落实服务专员与区内企业点对点联系，根据企业需求提供帮办代办，全年帮办代办企业开办、工程建设项目审批等重点难点业务3300余次，开展上门服务160余次。推行政邮合作、政银合作，充分运用邮政和银行网点开展代办服务，实现57项高频事项就近办；加强村级代办，截至2020年，村级代办共覆盖全区180项事项。

探索创新特殊群体服务 建立企业和高层次人才"绿色通道"，所有事项实现第一时间办理；设立疑难事项窗口，对疑难事项由专人协调，窗口联动，迅速办理；开展高频事项"扫码办"，推出区级131项、村（居）39项高频事项二维码，方便企业和老弱病残群众扫码办事。

推进"7×24"小时服务和"跨省通办" 推行政务服务大厅每周7天工作制，设置各种自助终端37台，建立24小时自助服务区，在园区、银行、邮政、车站、商圈等人员密集场所设置自助终端45台，全天候服务企业群众。注重点面结合，积极对接广州、成都等地，推进企业及个体开办、社保、户政等业务跨省办理，通过互联网推送或邮寄送达等方式代替群众跑路。

建立营商环境"观察哨" 选聘50名营商环境观察员，并设置32个营商环境监测点，常态化开展第三方监督，建立起营商环境"观察哨"，及时发现、交办和解决全区政务环境、市场环境、法治环境等营商环境重点领域的各种突出问题。全年累计收集问题和意见建议37件，全部办理并反馈。

（区市民服务和营商环境促进中心　胡瀚霖）

经济研究

【概况】 区政府经济研究中心为隶属于区政府办公室的正处级事业单位，有事业编制12名；内设机构有经济发展科、社会事业发展科。2020年，按照注重质量、打造精品的原则，牵头起草政府工作报告、经济形势分析会等各类大型会议领导讲话稿；完成各类文稿共计260余篇，撰写调研文章6篇。

（区政府办　王刚）

应急管理

【概况】 重庆市铜梁区应急管理局（以下简称区应急局）下设8个内设机构：办公室、应急指挥中心（挂安全生产监督指挥中心）、风险监测和防灾减灾科、安全生产综合协调科（挂安全生产巡查办公室）、预案管理和法规科、救灾和物资保障科、危险化学品和非煤矿山安全监督管理科（挂行政审批科）、工贸安全监督管理科；下属4个事业单位：区应急管理行政执法支队（参公）、区水旱灾害和森林火灾管理中心（参公）、铜梁区应急救援中心、区应急宣传教育中心。

截至2020年底，区编办核定行政人数17人，实有17人；核定工勤人数1人，实有1人；核定区应急管理行政执法支队人数15人，实有14人；核定区水旱灾害和森林火灾管理中心人数8人，实有8人；核定区应急救援中心人数15人，实有人数16人；核定区宣传教育中心人数6人，实有5人。

区应急救援中心获得“铜梁区新时代担当作为”先进集体荣誉称号。铜龙应急救援大队被国家应急管理部评为“全国119消防先进集体”。全区安全生产与自然灾害防治工作获得市级目标考核先进区（县）。

【指挥中心标准化建设】 升级改造指挥大厅内部，增加显示大屏、接线坐席和会商坐席数量，按照“两平台、三标准”的建设内容，积极开展指挥大厅软硬件的标准化建设工作。按照全市12350安全生产举报投诉热线推进工作要求，完成12350热线场地设置、标识标牌和设备购置等工作并正式投用。

【规范指挥调度】 建立分类处置的应急响应机制，进一步理清不同类型、不同等级突发事件外部与内部、前方与后方的各项关系，清晰界定内部各科室、各单位突发事件应对职责任务。完善局后方指挥部运转机制和指挥架构图及处置流程图。探索建立军地日常协作和应急响应长效工作机制，收集整理汇编覆盖全区涉灾部门、镇街、村（社区）、社应急人员及联系方式的《应急通讯录》。成功处置6·27西南水泥较大亡人事故、8·14、8·17过境洪水灾害、9·17渝遂高速铜梁服务区罐车硫酸泄漏事故等事故灾害。

【信息化建设及应用】 新增服务器、防火墙、网关、森林防火智能云台、防汛监控等硬件，增加森林防火、工贸企业、地质灾害等基础信息300余处、VR全景图70余处、三维模拟图3处、地图运行系统1套、视频会议系统2套。为镇街专职应急救援队配发视频终端、对讲设备，实现事故灾害现场第一时间与指挥中心互联互通。对全区隐患治理情况进行督查，全年排查隐患10153条，已整改9426条，正在整改727条，整改率92.84%；累计发布预警信息50余次，受众35万人次。

【应急预案和应急演练】 牵头修订《重庆市铜梁区突发公共事件总体应急预案（暂行）》《重庆市铜梁区森林火灾应急预案》《重庆市铜梁区防汛抢险应急预案》《重庆市铜梁区抗旱应急预案》《重庆市铜梁区自然灾害救助应急预案（暂行）》《重庆市铜梁区地震应急预案》《重庆市铜梁区地质灾害应急预案》7个预案。督促部门、镇街道、管委会修订应急预案，其中部门修订12个应急预案，镇街道、管委会修订45个应急预案，逐步完善应急预案体系。

【应急救援】 **救援协调** 修订《应急救援联动机制》，拟制《现场处置管理办法》，进一步理清现场救援指挥关系和部门（单位）职责，规范现场管控事宜和现场处置流程。制定《防汛救灾应急救援力量预置布防方案》。调遣、协调各级各类队伍1020人次,装备物资147台(件、套),组织和参与包括“6·27西南水泥机械事故”“8·17安居洪峰过境”“9·17铜梁服务区硫酸泄漏”在内的40余起事故灾害现场处置救援,尤其是在应对“8·17”这场近40年来最大洪峰过境中,坚守防汛一线岗位五天四夜,在救援组织协调、现场管控、综合保障等方面发挥重要作用。

救援力量体系建设 组建区专职综合应急救援队、区大型机械应急救援队、铜龙应急救援大队,在2个镇街和10个村(社区)打造两个层级综合应急救援队伍标准样板,并推向全区,指导建成28个镇街综合应急救援队和330个村(社区)综合应急救援站,超标准、高质量、按时完成三级综合应急救援队伍建设任务,顺利通过市专项督察组考核验收。

救援队伍能力建设 围绕“建、管、训、用、养”,充分考虑各级队伍的职能定位,以实在管用为原则,分别制定区、镇街、村(社区)三级综合应急救援队伍建设管理配套制度。有序组织直属队伍转签第三方工作,本质提升队伍人员管理水平,为标准化建设和准军事化管理做好铺垫。

培训演练 组织抗洪抢险、森林灭火、地质灾害救援等各类演练6场,“2020铜梁水龙”大型抗洪抢险演练,16个部门(单位)共300余人次参演,被中央电视台CCTV7军事频道报道。

【防灾减灾】 **完善防灾机制** 修订自然灾害会商研判制度,形成“1+7+N”会商研判模式。组织开展汛前水雨旱情、全年自然灾害和生产安全、汛期等会商会13次;制定关于《进一步加强预警信息发布及响应工作的通知》,明确自然灾害预警类别、发布标准、流程等,健全完善区级行业部门响应规范,进一步细化落实全区自然灾害行业领域预防预备和抢险救援工作,拟定应对强对流天气综合预警信息5次。

严格督查检查 在清明、五一、二季度、全国两会等重要节点及高温、汛期重点防范期和落实全市防汛抗旱调度令等方面的检查督查10余次。督促整改完成安居电站、安居防洪护岸综合治理工程、双寨水库、小北海水库存在的10个问题。协调解决人为工程活动诱发的地质灾害险情2次。

强化风险隐患管控 严格落实自然灾害“日周月”风险隐患排查机制,督促防汛“三个责任人”、地灾“四重网格人员”、森林防火检查站做好巡查监测工作,科学编制风险空间分布图、风险清单台账和风险动态数据库,形成“一图一表一库”。

应急避难场所建设 印发《做好应急避难场所维护与管理的通知》,督促镇街、区级相关部门开展排查整改,建立台账,加强设施设备、标识标牌管理维护,组织宣传教育和避险演练。全区共建成长期避难场所1个、短期避难场所10个、暂时避难场所25个。

【救灾和物资保障】 年内全区发生14次洪涝灾害,26个镇街206个村(社区)受灾。受灾人口19351人,转移安置7884人;倒塌房屋42户、66间;严重损坏房屋85户、177间,一般损坏房屋809、户1807间;农作物受灾面积1235公顷,成灾面积889公顷,绝收面积204公顷;直接经济损失49778.1万元,其中:农业损失5482.7万元、工矿商贸损失1920万元、基础设施损失22080.5万元、公共服务设施损失18059.9万元、家庭财产损失2235万元。争取中央、市级自然灾害救灾资金1877万元,储备救灾物资4万余件,发放救灾物资3500余件,因灾倒塌和严重损坏房屋恢复重建40户110间,冬春救助救助人口9500余人。为镇街、学校、医院等单位提供帐篷252顶、雨衣646件、棉大衣1637件、棉被681床、夏凉被177床、折叠床40张、折叠桌椅28套、应急灯42盏,雨靴20双和价值20余万元的食品等应急物资用于疫情防控和自然灾害防治工作。

应急救灾物资储备 遵循“宁可备而不用,不可用而不备”的原则,充实应急物资储备。储备救灾帐篷、迷彩服、雨衣、应急灯、棉被、凉被、折叠床等4万余件。

巨灾保险理赔 保险公司受理142户房屋损失案件，理赔119户金额614300元；理赔人员2人，其中1人因抗疫发生意外身故，人员理赔金额100085.8元；共计理赔金额714385.8元。

【防汛抗旱】 印发《2020年全区防汛抗旱工作意见的通知》，安排部署防汛抗旱工作。对指挥部成员单位及各镇街进行防汛抗旱安全检查，督促相关单位对隐患进行整改，确保防汛抗旱工作万无一失。制定具体的防汛抢险物资储备计划，规范物资储备管理，并对区级防汛抗旱物资进行维修养护，以备汛期防汛抢险之所需。开展防汛应急演练，提高各单位防汛应急救援的能力。发布防汛综合预警信息54次，受众达20万余人次，及时发布预警及响应8次，确保各类预警到村、到户、到人。组织并参加5次常态(趋势分析)会商、16次非常态(临灾)会商，下发汛期值守、防汛抗旱、应对或做好暴雨天气灾害防范工作等通知8次。

【森林防灭火】 印发《2020年全区森林防火工作意见的通知》，安排部署全区森林防火工作，并督促各责任单位落实防火责任。区、镇街、村(社区)、社、户、经营单位层层签订森林防火目标责任书，形成横向到边、纵向到底的森林防火责任体系。开展《森林防火宣传月》《5·12防灾减灾宣传日》活动，通过手机短信向全区各镇街机关干部、村社干部、护林人员发送火险等级预报和森林防火宣传信息。"元旦""春节""两会""清明""五一""国庆"等重要节点，督促各镇(街)组织机关干部、村社干部与护林人员一起，深入林区开展森林火灾隐患拉网式踏查，及时排查和消除火灾隐患。督促全区562名巡山护林人员坚持开展经常性的巡山护林工作，及时发现和处置林区的隐患，不留死角。加强重点人员管理。落实林区的精神病人等特殊人群的监护管理责任，严防特殊人群玩火引发山火。组织28个镇街民兵骨干和综合应急救援队员参加的森林火灾扑救理论知识培训和森林火灾扑救实战演练2次。储备有油锯、风力灭火机、灭火弹等灭火物资15000余件，物资储备达到市森林防灭火指挥部规定的物资储备标准，并安排专人管理物资、建立台账，对物资器械的性能进行检修，确保性能良好，随时拿得出、用得上。

【宣传教育和考试】 **加强同媒体合作** 在铜梁报和铜梁电视台开设《龙乡安全》专题栏目，每月刊登和播放应急管理、安全生产和自然灾害防治相关的法律法规安全知识、公益广告和新闻报道。央视《应急时刻》对铜梁区抗击8·17洪峰过境，保障人民生命财产安全做了深入报道。在"铜梁应急发布"微信公众号及时发布工作动态、行业动态等信息。加强安全生产法律法规、自然灾害防治、应急管理的宣传，共发布信息513条。

扎实开展防灾减灾日、安全生产月、冬季防火等宣传 以"提升基层应急能力，筑牢防灾减灾救灾的人民防线"为主题，开展5·12防灾减灾日集中宣传活动，发放宣传资料1万份，海报3000份；围绕"消除事故隐患，筑牢安全防线"活动主题，开展"安全生产月"活动，发放宣传资料5万份、宣传海报5000份，宣传品1000件；召开冬季防火宣传推进会，开展防火宣传检查指导，发放宣传资料16万份。

宣传直达基层 创新开展安全生产和防灾减灾"进圈入群"宣传，组建区级、镇街(部门)、村(社区)及企业三级微信矩阵，分级管理、逐级宣传，将方针政策、预警预报、科普知识传到企业、到社区、到个人，宣传教育直达基层，累计推送各类信息161条；开展"安全在我心中"美术摄影比赛，评选出美术成人组、青年组、少儿组和摄影组一、二、三等奖、优秀奖共69名，部分作品选送至全市参评；与区总工会开展"安康杯"、与区团委开展"安全生产青年文明示范岗"创建活动。

安全培训及考试 组织安全生产行政执法人员资格考试、新训、复训2期89人，安全生产执法人员执法培训120余人次，对非煤矿山负管人员3期70人次、危化负管人员2期189人次进行考核考试，对特种作业人员25期2182人次进行考试。

（区应急管理局　杨正波）

【消防】 2020年，全区共发生火灾210起，直接财产损失48.32万元，未发生死亡及较大以上火灾，火灾形势持续稳定；全区消防救援队伍共接处警780起，营救和疏散被困人员110人，挽救财产价值2000余万元，圆满完成“英才大会”“马拉松”等消防安保任务7次，成功处置“8·17”安居抗洪抢险、“9·17”浓硫酸槽车泄漏等急难险重任务。

优化社会消防安全环境 一是消防安全责任不断落实。全面贯彻落实《消防安全责任制实施办法》《重庆市消防安全督办约谈实施办法》，报请区政府研究出台《铜梁区消防工作要点》，提请区党政主要领导带队开展消防安全检查、组织召开专题会议，高位推动消防工作开展；提请区政府5次研究消防重点工作，7次召开消防工作会议推进工作任务，区领导7次带队现场办公解决消防车道整治等问题；联合开展消防隐患现场督查督办9次，交办问题61条；发送《关于加强火灾防控工作提示的函》31份，形成政府主导抓落实，行业部门、镇街协同抓推进、社会单位自主抓整改的共管共治局面。二是火灾隐患专项治理。以高层建筑三年提升计划、消防安全三年行动为牵引，深入推进高层建筑、打通“生命通道”等专项治理。落实资金整改147栋高层建筑火灾隐患，督促32栋高层无水建筑整改销案；指导划设消防车道及救援场地537处，增设车道监控931处；对全区81所中小学、56家养老机构、19家公共娱乐场所、2个大型商业综合体、7家易燃易爆场所、61家加油站、小化工经营部和工业园区标准厂房及白土坝片区企业开展全覆盖安全检查整治行动，提请区政府挂牌督办1家重大火灾隐患单位并督促整改销案，有效净化辖区消防安全环境。三是夯实消防基层基础。新建市政消火栓156个、消防取水设施3处，安装独立式感烟探测器1500个、简易喷淋系统10套、电气火灾监控装置30套；对全区73家火灾高危单位开展消防安全评估；督促区供电公司投入3560万元用于整改户外电气线路隐患4165处。加强全民消防宣传，新建成姜家岩社区消防主题公园，开展消防知识体验和培训110场次；深入开展消防宣传“五进”活动，发放宣传资料6万余份、张贴宣传海报、公告8万余张。增强社会各界参与消防工作的积极性，参加重庆市校园消防作文绘画比赛，获得绘画组一等奖，作文组二、三等奖。

提升综合应急救援能力 一是全面深化练兵，提高攻坚打赢能力。深化全员岗位大练兵，因人而异、因材施教。在总队下半年体技能比武竞赛中，支队斩获4×100米第7名、枪炮协同操第8名，团体12名的较好成绩。组织镇街专职消防员轮训，举办专职消防队业务比武，以赛促训，全区消防应急救援水平不断提升。二是推进转型升级，建强专业救援队伍。利用精锐力量组建防化处置、地震救援、水域救援、道路交通事故救援等专业化队伍，邀请专家进队开展“手把手”教学，提升专业化水平；紧盯全区灾害事故特点，制定8类类型预案、开展实战化演练。在“8·17”抗洪抢险中，全体指战员闻“汛”而动、鏖战洪魔，保卫了人民群众生命财产安全。三是加强通信建设，提升信息化水平。配备齐全应急通信骨干，不断壮大通信队伍力量。完成支队接处警系统

区消防救援支队开展灭火救援实战演练（区消防支队　供图）

升级改造，购置应急通信保障车、卫星便携站、无人机等“高精尖”应急通信装备，强化硬件力量。组织开展8次全流程、全要素通信演练，开展4次多部门、多力量联合通信演练，重点提升极端条件下通信能力。

加快基础建设 一是强化基础设施建设。有序推进消防应急救援指挥中心项目建设，正在进行平场施工；安居消防站正在进行室内装修和室外附属工程施工，各项营产营具、办公家具正在加紧生产和采购中。二是统筹推进装备建设。结合辖区灾害事故特点和安居消防站车辆装备配备实际，购置大功率水罐车、高喷车、云梯车等10台，冲锋舟2艘；购置灭火、救生、破拆、防护、侦检和水域救援等器材装备1000件(套)；购买防化、洗消等疫情防控、处置专用器材183件套。三是建立健全2级战勤保障网络，建成1个支队级战勤保障分队，2个站级战勤保障班，增配战勤保障车，储备72小时战勤保障物资。与中国石油等企业签订应急输转和动态存储协议，组织开展72小时全要素综合战勤保障演练，有效提升队伍长时间、大跨度作战遂行保障能力。

提升队伍正规化建设 一是深入开展“践行训词精神，担当神圣使命，坚持五个不动摇”教育实践活动。积极开展创先争优，2个基层组织被总队评为“示范基层党组织”和“五四红旗团支部”，选送“龙舞”和“我的青春故事”参加总队“青春火焰蓝”主题团日活动。二是以“百日安全创建”活动、“三抓三促”和“安全集中整治”为抓手，制定出台《干部绩效考评实施办法》《关于疫情防控期间加强和改进队伍管理的七项措施》等制度规定11项。严格按照“条令纲要”学习宣贯活动要求，常态化开展督导检查，确保队伍管理安全无事故，在总队“条令纲要”知识竞赛中获优秀奖，在战区知识竞赛和队列比赛中分获第一名和第二名。三是突出以上率下带队伍。在新冠疫情等急难险重任务面前，全体党员主动请缨、勇挑重担，积极加入“党员突击队”，在“战疫”和抗洪抢险一线发挥了战斗堡垒作用。一年来，2人荣立三等功，10人受到嘉奖，7人被评为先进个人，4人荣登区“光荣榜”。

（区消防支队　王秋宽）

信访

【概况】 重庆市铜梁区信访办公室，为区政府工作部门。内设机构4个：综合科、来信来访科、信访稳定协调科、督查科。下属事业单位1个：重庆市铜梁区信访投诉受理中心，事业编制6名。2020年末共有在编人员20人。全年全区信访总量为2166件次、3532人次，同比下降31.6%。

【坚持备案排查机制】 坚持“区、镇(街道)、村(社区)”三级信访矛盾纠纷排查机制，定期召开矛盾纠纷专题调度会，全面分析研判全区信访稳定形势。2020年，累计排查出各类矛盾纠纷854件次，化解率为99.18%。积极推行重大决策社会稳定风险评估机制，2020年共办理重大项目风险评估备案40个。

【领导干部接访下访工作】 每个工作日有1名区级领导到区信访办公开接待来访群众，全区各部门领导班子成员每月至少1个工作日、镇街主要领导每周至少1个工作日到各级信访接待场所公开接待信访群众。2020年，全区各级领导共接访下访受理诉求案件3924件，办结率达99.49%，其中区领导接访下访群众522件，办结率98.85%。

【信访问题攻坚】 深化重点领域、重点群体、重点问题、信访矛盾化解攻坚，对重点信访案件，落实“三重新”“五个一”要求，做到“三到位一依法”。涉及铜梁区市级4个重点群体化解4个，6个重点问题化解5个，6名重点人员化解2人、转化4人。区自排重点问题107件，化解85件；重点群体10个，化解6个。“清仓见底”专项工作交办案件化解95件。全面完成市级目标考核任务。

【信访突出问题专项治理】 开展重点领域“3+

3”(房地产开发建设、物业纠纷、虚假广告、征地拆迁、土地流转、非法集资领域)信访突出问题专项治理,共解决问题楼盘3个,化解小区物业矛盾纠纷89件;协调调处农民工工资拖欠举报投诉72件次,涉及金额11051.98万元;督促全区43个业主兑现土地拖欠租金1182.24万元;21件非法集资司法案件,完结17件,4件挂牌督办案件结案3件,22件行政处置案件,完成全额清退19件,挽回群众损失约7.57亿元。

【信访工作联席会议机制】 坚持定期召开信访工作联席会议,指导督促镇街全面落实信访工作联席会议机制。全年通过两级信访联席会专题研究化解疑难复杂信访问题137件。

【访调对接工作】 充实铜梁区信访事项人民调解委员会力量,建立信访心理疏导工作机制,全年信访事项调委会共受理并成功调处案件45件,为23名“信访老户”提供一对一的心理疏导。

【队伍建设】 以提升信访事项化解率、缩短办理时限为重点,加强机关党的建设和信访干部队伍建设,强化对信访事项办理流程各环节基础业务规范化标准化精细化管理。对全区28个镇街、49个区级相关部门信访干部进行2次信访系统业务知识培训。

(区信访办 刘书琴)

机关事务管理

【狠治餐饮浪费】 坚决贯彻习近平总书记关于餐饮浪费行为重要指示精神,牵头第一时间成立制止餐饮浪费工作专班,印发《关于全区党政机关等公共机构带头坚决制止餐饮浪费行为的通知》《深入开展“光盘行动我带头”专项活动实施方案》等文件,通过设立监督岗、强化各环节监管、营造文明用餐氛围等“人防”“技防”“物防”全流程管理,有效管控单位食堂餐饮浪费现象;将制止餐饮浪费工作纳入2020年节约型机关和节约型公共机构示范单位创建工作内容,成立检查组对42个党政机关食堂开展现场督查,发现并整改问题13个;向全区各公共机构发出《“坚决制止餐饮浪费、培养文明用餐习惯”倡议书》1000份,制作制止餐饮浪费宣传视频,投放各党政机关工作群、“大美铜梁”抖音平台、铜梁App、铜梁电视台等平台,全区机关食堂厉行节约反对浪费良好氛围基本形成;区机关职工食堂带头示范,将区机关职工食堂打造成为“光盘行动”示范点,设立食堂监督岗、配备监督员3名,对浪费行为给予及时通报,做到“人防”监督到位;建立食堂节约用餐制度,强化对采购、加工、用餐等环节的监管,理顺取餐流程,规范食堂监控系统,做到“技防”管理到位;张贴“厉行节约、反对浪费”宣传标语、宣传画,摆放“光盘行动”“按需取餐”提示牌,做到“物防”宣传到位。自9月以来,区机关职工食堂运转经费、废弃食材厨余量、厨余垃圾同比减少3%、20%、33%。

【抓实抗疫重点】 牵头落实防疫“四有”措施(疫情防控指南、有责任人、有适量防护物资储备,有应急实操能力),制定疫情防控工作制度,编制局疫情防控工作手册和常态化疫情防控措施,明确责任人,细化防疫要点、应急处置措施;在机关设置防控检查点,实施服务人员健康监测和承诺制度、外来人员测温、亮码、登记制度;狠抓保安、驾驶员、服务员(厨师)、清洁绿化工、外来人员等五类人员和食堂、会议中心、公共区域电梯及厕所等重点场所的疫情防控,定期对食堂工作人员、司机等重点岗位人员进行核酸检测,抓紧抓实抓细常态化疫情防控;在用车上,建立“联动、滚动、机动”的车辆调度机制,公务用车保障平台全天候待命,每天至少安排1名司勤人员24小时在岗在位、值班坚守,接到出车任务5分钟之内到岗,实现疫情所需公务用车按需派达、应派尽派;在用餐上,制定食品采购负面清单制度,来自中高风险地区和国外食品一律不予采购,严禁生食和熟食用品混用。严格落实分时分地用餐制度、用餐间隔制度,用餐采取分时分餐制,鼓励带餐,实行错时就餐、分散就餐,避免人员密集用餐；在办会上，严格会议规模，扎实做好测温、戴口罩和消杀工作，每场会议前后对会议室内、外围用84消毒液配比溶液喷雾消毒、门把手和会议桌椅抹布蘸取75%酒精擦拭消毒、会议话筒紫外线照射消毒，会议用口杯在使用前后均实施30分钟高温消毒，切实将防控工作考虑到细微、落实在精准。全年为全区提供疫情保障用车8000余台次，保障疫情防控会议近70场次，为在区委办公楼加班奋战的疫情工作人员提供额外餐食服务300余餐，指导督促全区89个单位企业的消杀工作，做到全覆盖、零遗漏。

【公务接待】 规范工作机制，严格按照中央八项规定精神和《重庆市铜梁区党政机关国内公务接待管理办法》执行，加大对全区公务接待的指导督查力度，整合党政机关接待资源，进一步规范、细化接待流程；对接待工作中发现的缺点及时整改，提高接待能力，实现公务接待操作标准化；不断培育服务品牌，抽调全区优秀人才，组建以"爱龙乡 展风采"为品牌的专业随车服务队伍，打造"真诚、善意、精致、完美"解说团队，加大随车解说队伍培训，以良好形象、优雅气质给八方来客呈现原乡风情、大美铜梁的独特魅力，参与解说38批2460余人次；在餐叙中融入龙乡文化，优化制作铜梁龙舞元素的接待手册、餐牌、知情卡、菜谱、特推菜品和铜梁老味道等系列接待用品，彰显地方特色和文化品牌，提升龙文化影响力。

【公共机构节能】 打出"宣传+体验""解惑+答疑""线上+线下"组合拳，推动全国节能宣传周暨低碳日活动落地生效；组织开展宣传教育实践活动130余次，推送倡议书1970条，张贴宣传画1600余张，制作展板468块，涉及2万余人；牵头完成25家党政机关创建市级节约型机关、20家党政机关创建区级"无废机关"；督促指导23家公共机构完成食堂油烟污染治理，已完成食堂油烟污染治理的20家公共机构进行清洗维护并重新出具监测报告；推进全区各公共机构建立健全本单位垃圾分类实施方案，完善更新分类垃圾设施4716个，签订可回收物和厨余垃圾回收协议，完善四分类台账，加强宣传培训，印制分类指南3万余份，制作宣传展板130块，实现全区公共机构垃圾分类全覆盖；引导18家公共机构创建节水型单位，完成铜梁二中创建国家级"水效领跑者"申报资料，实现建成区内党政机关创建节水型单位全覆盖；组织本单位节能工作人员参加由国管局和清华大学联合举办的第七期公共机构节能管理远程培训，并全部合格获得结业证书。区机关事务局机关党支部获得由市委直属机关工委命名的2020年度绿色机关建设优秀案例中的"十佳综合案例"；区机关事务局指导区市民服务和营商环境中心获得由国管局、国家发展改革委、财政部命名的"2019—2020年节约型公共机构示范单位"，指导区纪委监委机关等25个党政机关获得由市机关事务局、市发展改革委、市财政局命名的"2020年重庆市节约型机关"。

【公车管理】 对跨部门公车服务平台的车辆继续实行统一调度、统一监管、统一维修、统一加油、统一停放的"五个统一"管理；严格车辆审批，严格按照区政府"过紧日子十条举措"要求，从编制、配置、使用、处置等方面制定公务用车内部管理标准体系，实现公务用车"零增长"；打造"全市一张网"公车信息平台，完成事业单位车改，对保留车辆统一张贴公车标识、安装OBD车载系统，并接入市公务用车信息化平台，实现车辆调度、运行、监管全程信息化管理；在法定节假日前后，对全区公务用车使用情况进行实地检查，有效遏制违规使用公车情况，采用公开招标方式确定全区公务车定点维修企业，规范车辆维修；保障政务出行，建立单车档案和驾驶员个人档案，通过公车行驶、油耗、维修等记录对公车进行全生命周期闭环式管理，提高车辆使用效率。

【公房管理】 按照统筹协调、合理置换和集约节约使用的原则，严格审批程序，调剂办公用房，审批排危维修项目；更新全区党政机关房屋资产信息系统，完成上报工作；完善党政机关办公用房巡检制度，会同相关部门对全区党政机关办公用房进行实地抽查，对发现问题的单位下达整改意见，要求限期整改到位，同时做好政策宣传讲解。截至2020年12月底，全区无办公用房超标情况。

【会场管理】 制定会务标准化手册、定期开展演练和技能比赛，梳理区委会议中心工作流程，按照“全天候、无缝隙、零差错”要求，细化工作分工，狠抓茶水服务、会场礼仪等细节服务，规范会务人员服装，统一茶水服务动作，严控会场设施设备，科学规范布置会场，提升会议舒适性，全年参与全市居环境工作现场会、2020年重庆英才大会等市级重大活动8场，参与航天云网、中铁二院等重要客商服务80余场，完成区两会等重大会议500余场。

【机关食堂管理】 根据食堂规范管理要求，建立食品质量管理体系、汇编食堂管理规范手册；对照餐饮行业标准，梳理区机关职工食堂流程，合理功能分区，建设标准化“健康食堂”；对区机关职工食堂实行内部改造，优化功能分区，张贴食堂食品安全信息公示栏，邀请区市场管理局对区职工食堂规范运作进行检查指导，细化服务规范，用餐满意率达95%以上；推进“互联网+”融入机关事务工作，新增区机关职工食堂人脸识别系统。开展“扶贫产品进机关到食堂”活动，在食堂采购中积极采购巫山及区内贫困户消费扶贫产品30余万元；组织开展“助力精准扶贫，后勤人在行动”主题党日活动，全局干部认购水口镇树荫村扶贫桃树12棵，共购买扶贫产品5600元。

【机关大院物业服务】 完成区委、区人大机关公共区域绿化、清洁服务外包的招标工作，强化绿化保洁力度，确保办公环境干净整洁；加强保安队伍日常管理，进一步完善保安管理制度，强化人防、技防、物防措施，协助有关部门妥善处理涉访人员的劝阻和疏导，确保区级机关安全稳定；对区委集中办公区的高清摄像头数据实时监控，对进出区委的车辆有效监控，坚持每日夜间巡查和流动巡查，及时排除安全隐患，为干部职工提供干净整洁温馨安全的办公环境。

（区机关事务局　余兴）

政协重庆市铜梁区委员会

【概况】 2017年1月7日至11日，区政协十届一次会议选举产生政协重庆市铜梁区第十届委员会主席1名、副主席7名、秘书长1名、常务委员36名，共有政协委员269名。2020年区政协十届四次会议补选秘书长1名，辞去委员职务5名，撤销委员职务1名、增补委员4名，现有常务委员35名，委员273名。

2020年，区政协以习近平新时代中国特色社会主义思想为指导，全面贯彻党的十九大、十九届二中、三中、四中、五中全会精神，认真落实习近平总书记视察重庆重要讲话精神，按照区委工作要求，围绕中心、服务大局，发挥优势、凝聚共识、建言资政，积极投身到战疫情、战脱贫、战复工、战洪水等重点工作中，为全区经济社会发展做出积极贡献，以实际行动展示人民政协的责任和担当。全年共召开常委会3次、主席会议9次，审议《政协重庆市铜梁区委员会2020年工作要点（送审稿）》《区政协2020年重点协商、通报、视察、调研计划（送审稿）》《政协重庆市铜梁区委员会关于呈送区政协十届四次会议委员参与协商讨论政府工作所提意见建议的函（送审稿）》《加快建设大庙工业园区的调研报告》《关于进一步加强我区农村废弃农膜回收利用的对策建议》《关于提升我区基层医疗卫生机构服务能力的调研报告》《关于我区新建楼盘配建社区组织工作用房和居民公益性服务设施情况的调研报告（送审稿）》《铜梁区政协“加强野外用火管控”网络议政工作方案（送审稿）》《区政协助力乡村振兴“协商在乡村”试点工作方案（讨论稿）》等方案及相关人事工作。参与2020重庆英才大会——海归论坛暨第三届中英健康·医疗大数据论坛、全市市域社会治理现代化试点工作现场会议，接待市政协领导到铜梁检查指导疫情防控、复工复产工作，调研铜梁城市提升、乡村振兴、城乡融合发展、社会治理等各类重要活动12次。

【全委会议】 2020年1月4日至6日，中国人民政治协商会议重庆市铜梁区第十届委员会第四次会议在铜梁城区召开，会议听取并讨论区委书记唐小平所做的重要讲话，审议通过严永超代表政协重庆市铜梁区第十届委员会常务委员会所做的工作报告，以及李治伦代表政协重庆市铜梁区第十届委员会常务委员会所做的提案工作情况的报告，圆满完成会议各项议程。

会议期间，区委书记唐小平，区委副书记、代区长姜国杰等区领导还参加了联组讨论，听取委员大会发言，与委员们协商讨论，共商全区改革发展大计。

会议认为，过去一年，在中共重庆市铜梁区委的坚强领导下，全区上下深学笃用习近平新时代中国特色社会主义思想，全面贯彻习近平总书记对重庆提出的“两点”定位、“两地”“两高”目标、发挥“三个作用”和营造良好政治生态的重要指示要求，认真落实市委五届五次、六次、七次全会精神，各项工作成绩斐然，为决胜全面建成小康社会打下坚实基础。区政协及其常务委员会全面学习贯彻习近平总书记关于加强和改进人民政协工作的重要思想和习近平总书记在中央政协工作会议上的重要讲话精神，牢牢把握新时代人民政协工作的使命任务，围绕中心、服务大局，有效提升政协履职能力水平，为推动铜梁高质量发展、创造高品质生活做出了积极贡献。

会议号召，区政协各参加单位、全体政协委员和政协工作者，要更加紧密地团结在以习近平同志为核心的党中央周围，在中共重庆市铜梁区委坚强领导下，不忘初心、牢记使命，同心迎小康、奋进新时代，努力开创新时代全区政协工作新局面，为助推铜梁高质量发展做出新的更大贡献！

【常委会议】 2020年4月9日，区政协十届二十次常委会议召开。会议听取了区块链知识培训讲座，深入学习了习近平总书记关于区块链发展的重要讲话精神。会议要求广大政协委员深入学习、深刻领会习近平总书记的重要讲话精神，不断加深对区块链知识、区块链技术的理解和把握，要抓好结合，进一步提升履职效能，为助推全区经济社会高质量发展贡献智慧和力量。会议协商全区贯彻落实中央关于“企业减税降费”政策落实情况，听取了区税务局局长熊前辉所做的情况通报。经济界别赵加洪、工商联界别罗春华、马渝等政协委员就持续落实好企业减税降费政策提出了协商建言。会议听取了区生态环境局局长张光明所做的全区生态环境保护情况的通报，会议强调，生态环境保护作为一项系统工程，需持续发力、久久为功、共同参与。环保等部门要继续加大工作力度，做深、做细、做实生态环境保护工作。区政协各参加单位、全体区政协委员要继续全力支持、积极参与，为全区生态环境保护工作做出应有贡献。会议听取了区新冠肺炎疫情防控工作领导小组成员、区卫健委主任潘国庆所作的全区新冠肺炎疫情防控工作情况通报，会议指出，新冠肺炎疫情发生以来，全区上下在区委坚强领导下，积极响应、迅速行动、科学防治、精准施策，不管是疫情防控还是经济社会发展，各项工作推进都有序有力有效。会议通报了区政协2020年第一季度工作开展情况，区政协主席严永超代表主席会就近期工作提出了工作意见。会议要求，区政协各参加单位、广大政协委员和区政协机关各委室要坚决做到有效防控疫情和有序开展履职工作两手抓、两不误，确保高质量做好政协各项工作。

8月18日，区政协十届二十一次常委会议召开。会议传达学习了市委陈敏尔书记来铜调研指示要求和区委常委会扩大会议精神，要求区政协各参加单位、各委室、各界别小组和全体政协委员要深学笃用习近平新时代中国特色社会主义思想，认真学习贯彻陈敏尔书记来铜调研指示要求，按照区委常委会扩大会议精神，坚持从全局谋划一域、以一域服务全局，切实以政协担当、政协作为助推全区“十三五”收好官、“十四五”开好局。会议协商了全区上半年国民经济和社会发展情况，全区上半年财政预算执行情况，听取了区发改委主任周伟峰对全区上半年国民经济和社会发展情况、区财政局局长刘志对全区上半年财政预算执行情况的通报。区政协常委、经济界别委员邹锡阳、龙玲、汤雪松、丁娟、周晓梅、曹渝提出了协商建言。会议听取了区政府副区长黄科讲话，黄科在讲话中充分肯定了各位常委、各位委员强烈的履职成绩。他同时强调，区政府将在以往行之有效的机制和好的做法基础上，与时俱进，不断创新工作机制和方式方法，完善有关工作制度和工作程序，坚持重大问题主动与政协协商，自觉接受政协的民主监督，积极支持政协参政议政，使政府与政协的联系更加密切，共同在唱好“双城记”、建好“经济圈”中展现大担当、新作为，奋力开创铜梁高质量发展新局面。会议协商决定了有关人事事项，传达了《中共重庆市铜梁区委关于何建伟、蒙格丽同志职务调整的通知》（铜梁委干〔2020〕93号）文件精神。会议审议了刘金萍辞去十届区政协副主席、委员职务的有关事宜，审议了胡蓉因工作调动辞去十届区政协委员职务的有关事宜。会议要求，区政协常委会关于同意刘金萍辞去十届区政协副主席、委员职务的决定，关于同意胡蓉辞去十届区政协委员职务的决定，提交区政协十届五次会议备案。

会议通报了区政协2020年第二季度工作开展情况，区政协主席严永超代表主席会汇报了区政协2020年第二季度工作，就抓好第三季度工作做出了安排布置。要求按照区委要求及区政协年度工作安排，抓好第三季度各项工作。

10月20日，区政协十届二十二次常委会议召开。会议听取了市政协常委陈义华所做的《打造轨道上的重庆都市区》专题讲座。会议要求，区政协各参加单位、各专委会、各界别小组和广大区政协委员要深入学习专题讲座知识，主动思考，积极结合外联大通道建设献智出力。会议听取了区交通局局长张勇所做的情况通报。会议强调，相关部门和单位要进一步明确责任，强化落实，全力推进渝遂扩能一期、铜安岳高速等对外通道建设，加快构建内畅外联的交通运输体系；要高起点站位，高标准谋划，把涉及铜梁的交通项目站在国家战略的全局去审视，站在全市、全区的发展大局去助力，持续推进全区交通质量大提升、实现大跨越。会议邀请了区政府副区长王小波参会并讲话。王小波强调，区政府将继续抢抓机遇、履职尽责，推动铜梁交通更好、更快发展；继续坚持重大问题主动与政协协商，自觉接受政协的民主监督，积极支持政协参政议政，共同奋进把铜梁的明天建设得更加美好。会议听取了党群和法检系统、政府系统关于区政协十届四次会议提案办理情况的通报。会议强调，当前正在开展区政协十届五次会议提案征集工作，区政协各参加单位、各界别小组、各位政协委员要树牢责任意识、精品意识和质量意识，用心、用情、用力做到想提案、会提案、善提案，不断推动提案工作提质增效。会议协商决定了有关人事事项。会议审议了冉宏泉因工作调动辞去十届区政协委员职务的有关事宜，同意冉宏泉辞去十届区政协委员职务。并要求提交区政协十届五次会议备案。会议同意增补何忠、朱华友、柏光荣、刘兵为十届区政协委员。会议同意柏光荣任十届区政协农业和农村专门委员会主任，张维谦任十届区政协教科卫体专门委员会主任，刘兵任十届区政协社会和法制专门委员会主任；同意周练不再担任十届区政协农业和农村专门委员会主任，邱文仕不再担任十届区政协教科卫体专门委员会主任，张维谦不再担任十届区政协社会和法制专门委员会主任。区政协主席严永超代表主席会汇报区政协2020年第三季度工作，就抓好第四季度工作做出安排布置。

【政治协商】 全年组织召开全体会议、议政性常委会会议、网络远程协商会议等33次。对政府工作报告、计划报告、财政报告及法检“两院”报告开展全会协商，提出意见建议48条，多数被批转办理；对铜梁区“十四五”规划编制、减税降费政策落实、外联大通道建设、市场监督管理、扶贫产业发展及利益联结机制、花卉苗木产业发展、高新区科技企业发展等26项工作，开展常委会、主席会、专委会协商，共提出意见建议100余条，有的意见建议被区委、区政府领导批准后，转化为推动工作的具体举措。如《关于加快推进西郊绿道等部分重点项目建设的建议》，找准了推进迟缓的瓶颈问题，经相关部门合力解决后，助推了沿线重点项目建设提速；《关于规范地名命名打造城市名片的建议》对规范设置全区地名标识标牌起到积极作用。结合全区“党建扎桩、治理结网”工程，在正街社区探索打造“家门口商量”试点平台，推动政协协商与基层协商有效衔接。

【民主监督】 聚焦疫情防控、市域快线璧铜线征地拆迁、企业复工复产走访、农村人居环境整治等全区工作重点和社会关注热点，寓民主监督于履行职能全过程。其中，主席会专题听取关于农村人居环境整治情况的通报，政协相关领导对10个镇街开展为期3个月的督导，形成督导报告3期，均获区委主要领导批示，助推了“一化两改三不见”落地见效；聚焦群众居住条件改善，对全区公租房管理、老旧小区整治情况开展监督性视察。落实会龙河“河长制”，水质由之前的劣五类稳定提升为三类，真正把民主监督的触角延伸到经济社会发展的各个领域，推动民主监督工作提质增效。

【参政议政】 找准履职着力点，积极承担市政协、区委交办的调研任务，完成《打造成渝地区先进制造业基地研究》《推动合作共建西部科学城联动区域研究》等10项调研课题，其中社情民意《推动渝西地区生态共建和环境共保的对策建议》被市政协采用，撰写的《加快大庙工业园区建设发展的建议》，受到区委主要领导高度重视。聚焦优先发展教育事业，就学生养成教育、高中教育发展、心理健康教育等工作建言出力；聚焦“加快铜梁康养产业发展，创造高品质生活”，就全区康养社会化发展、基层医疗公共卫生服务、农村妇女“两癌”免费筛查等开展网络议政、协商调研；聚焦群众出行难，就“四好农村路”建设管护进行调研，并多次就大通道建设议政建言。聚焦“五治五力”提升行动，就农村基层阵地改造提升、新建楼盘配建社区工作用房等进行深入调研，为全区79个基层阵地建设及《铜梁区开发建设单位无偿提供社区组织工作用房和居民公益性服务设施实施办法》的出台，提供了有益参考。

【提案工作】 十届四次全会以来，全体政协委员、政协各参加单位、各专门委员会和界别，紧紧围绕全区中心工作，针对经济社会发展中的重大事项、人民群众关注的热点、难点，以较高的政治站位和责任担当，积极建言献策、参政议政。共提交提案361件，经审查立案289件，立案率80.05%。提案内容涉及经济科技、城建城管、教育文化、卫生体育、社会法制等领域。未立案的72件提案转相关部门参阅。截至2020年9月15日，提案全部办结，所提问题已解决或采纳的128件，正在组织实施或纳入计划的143件，因条件限制进行解释说明的18件，委员表示满意的占98.27%、基本满意的占1.73%。通过认真办理，为全区改革发展稳定大局及民计民生改善发挥了积极作用。

（区政协办　文博）

中共重庆市铜梁区纪律检查委员会
重庆市铜梁区监察委员会

【概况】 区纪委监委机关核定编制数51名，其中行政编制50名、工勤编制1名，实有50人。下属事业单位区廉政教育管理中心核定事业编制14名，实有11名。区委巡察办核定编制数9名，实有9人。区纪委领导班子职数9名，其中，书记1名、副书记3名（其中常务副书记1名）、常委5名，已全部配齐。区监委领导班子职数9名，其中，主任1名（由区纪委书记兼任）、副主任3名（由区纪委副书记兼任）、委员5名（其中3名由区纪委常委兼任），已全部配齐。区纪委监委内设机构设正副职31名，实有26人。

派驻纪检监察组 派驻纪检监察组10个，核定编制数40名，实有36人，余编4名。其中，单独派驻2个，综合派驻8个。核定组长、副组长职数各10名，实有组长9名，副组长8名。

派出监察室 派出监察室6个，核定编制数24名，实有18人，余编6名。核定主任职数6名、副主任6名，实有主任6名、副主任3名。其中，街道派出监察室1个，镇派出监察室5个。

镇街纪（工）委 镇街纪（工）委28个，其中镇纪委23个，街道纪工委5个。镇街共有纪检干部130人，其中纪（工）委书记28人，副书记9人，纪委委员93人。

【党风廉政建设】 **强化政治监督，坚决做到“两个维护”** 以疫情防控、落实“六稳”“六保”、脱贫攻坚、农村乱占耕地建房、人防系统腐败问题整治、制止餐饮浪费、长江流域禁捕退捕等专项监督为重要抓手，紧盯“关键少数”，跟进监督、全程监督，将压力和责任传导到末梢，有力地保障党中央重大决策部署贯彻落实。在疫情防控和复工复学监督中，区纪委监委组建17个监督检查组，向相关单位提出问题61个，建议25条；脱贫攻坚监督中，督促立查立纠、即知即改问题146个。全覆盖列席监督区管领导班子年度民主生活会、脱贫攻坚专项巡视“回头看”整改专题民主生活会。严把党风廉政意见回复关，办理党风廉政意见回复227人次。

坚持以人民为中心，着力解决群众最关心最直接最现实的利益问题 抓好中央脱贫攻坚专项巡视及“回头看”问题整改，持续深化扶贫领域腐败和作风问题专项治理，查处扶贫领域腐败和作风问题16件28人。针对脱贫攻坚容易出现盲目乐观、消极厌战等松劲懈怠问题，搞数字脱贫、“注水”达标等弄虚作假问题，开展脱贫攻坚“形式主义、官僚主义”突出问题专项监督检查，查处9件16人。坚持以反映多、关注高、风险大的重点领域为切口，开展就业补助资金、农村乱占耕地建房、教育资助资金政策落实、村镇建设领域损害群众利益等问题专项治理。各基层纪检监察组织结合实际，以农村危旧房改造、贫困群众就医、农村饮水安全等12个方面为“小切口”开展专项监督，及时发现纠治问题41个。全年查处群众身边腐败和作风问题83件124人。运用好农村财务一体化监管平台、农村便民查询平台（手机App），对农村财务和村级项目建设进行“过程监督”，将惠农惠民政策公开和资金发放置于阳光之下，有力有效地减少和避免了“小微腐败”发生，全区检控类信访举报实现“三年连降”、总量同比下降45.4%。

巩固深化作风建设，锲而不舍监督落实中央八项规定精神 深入整治形式主义、官僚主义，严肃查处不作为、慢作为、乱作为、假作为等形式主义、官僚主义问题45件53人。持续落实“基层减负”工作要求，会议、文件较去年同期分别减少2%和10%、督查检查考核事项压减到19项。坚决纠治享乐主义、奢靡之风，坚持逢节必查，制定监督检查方案，联合主责部门，开展明察暗访14次，监督检查单位200余个。优化升级党风政风大数据监督平台，实现全区行政事业单位、国有企业、村居委会共1322个组织全覆盖。既严防“老问题”，又关注“新问题”，查处享乐主义、奢靡之风问题17件37人。

【案件查处】 全年共收到信访举报540件，检控类信访举报187件，同比下降13.4%。处置问题线索182件，立案审查调查64件68人，结案62件，给予党纪政务处分64人，成案率35.2%，结案率96.9%，移送司法机关8人，实施留置7件7人。查处原国土房管局局长罗天琼违纪违法案。深挖彻查中央扫黑除恶第九督导组交办的彭品全涉黑涉恶问题线索。深化“以案四改”，将查办案件、整改问题、深化治理贯通起来，从审查调查一开始就谋划“促改”工作。全年发出纪检监察建议书5份，责成12个单位针对14起案件开展“以案四改”或以案促改。压实区级领导“一岗双责”责任，督促区级分管联系领导加强指导督导，严格把关整改质量，确保问题清仓见底。深化“以案四说”，突出分层分类重点施教，抓好对个案的针对性“说”，对重点领域的系统性“说”，对基层一线的常态化“说”，推进“以案四说”警示教育在区、镇街、村（社区）三级全覆盖。在区级层面，以罗天琼严重违纪违法案为反面教材，制作警示教育专题片，组织召开全区“以案四说”警示教育会，达到了较好的震慑和教育效果。指导督促开展全区各单位“以案四说”警示教育282场次、15926人次。

铜梁区“以案为鉴、以案促改”专题警示教育会（马冬晓 供图）

【巡视巡察整改】 开展区委三轮巡察，累计发现突出问题681个，移交问题线索15件。区委巡察机构与区纪委监委机关、区委组织部、区审计局协作配合，加强与政法、信访、民政等部门的信息沟通。全年有关区级部门向巡察组提供信息165份，18名派驻纪检监察组组长、镇街纪（工）委书记直接参与巡察，发现问题369个。出台巡察整改监督工作办法，明确纪检监察机关和组织部门巡察整改日常监督任务，督促做实巡察“后半篇文章”。举一反三抓好巡察问题整改，推动由解决“一个问题”向解决“一类问题”深化、由解决“下级问题”向解决“上级问题”深化、由解决“现象问题”向解决“制度问题”深化、由解决“事的问题”向解决“人的问题”深化。

【队伍建设】 **建设高素质、专业化纪检监察队伍** 区纪委监委严格执行请示报告制度，坚持每月向市纪委监委第五监督检查室、区委报告纪检监察工作开展情况及下月工作打算，主动接受上级监督。聘请10名特约监察员，开展常态化监督。合理制定全员培训计划，组织参加各级各类培训22期1411人次；抽调13名干部到市纪委监委协助办案，抽调年轻干部参与协助办案82人次。排查纪检监察权力运行风险点53项，制定防控措施59条。开展常态化家访和谈心谈话。全年开展家访59人次、谈心谈话82人次，邮寄慰问信200余封，向1名患重病的机关干部爱心捐款58440元。

一体推进“三项改革”，推进“四个监督”贯通融合 制定出台深化派驻机构改革的实施方案和派驻机构考核办法，落实“三为主”要求，完善派驻监督体制机制。厘清监督检查室、派出监察室、镇街纪（工）委工作机制，出台村（居）监察监督员管理办法和考核办法，推进监察职能延伸到最基层。制定出台区纪委监委机关、区委巡察机构与区审计局加强贯通配合长效机制，建立健全环节对接、信息互通、线索移交、成果共享等8方面的23项制度，实行清单化监督、制度化推进、一体化运行。充分发挥专业监督作用，运用好审计监督和财会监督结果，强化监督实效。

（区纪委监委机关　傅姣）

民主党派　工商联

民盟重庆市铜梁区总支部委员会

【概况】　民盟铜梁总支部共有盟员68人。其中,男性40人,占比59%,女性28人,占比41%;30岁以下2人,30~45岁50人,45岁以上16人;中高级职称30人,初级职称2人;博士1人,研究生10人,本科48人,专科9人;担任重庆市政协常委1人,铜梁区政协常委3人,铜梁区政协委员15人,铜梁区人大常委1人,铜梁区人大代表1人,铜梁区女子商会1人,铜梁区法学会1人,铜梁区摄影协会1人,铜梁区土木建筑学会1人,重庆市护理学会重症护理专委会副主任委员1人,会员企业10人。

2020年,支部被民盟中央评为宣传思想工作先进集体,民盟铜梁总支部被盟市委评为社会活动先进集体,主委蒙格丽被民盟重庆市委会评为脱贫攻坚先进个人,唐明兵被民盟中央评为宣传思想工作先进个人。盟员韩安强被民盟中央评为抗疫行进个人、盟员韩安强、银皓被民盟重庆市委会评为抗疫先进个人。

【参政议政】　2020年,民盟铜梁总支部围绕全区中心工作积极有序开展民主监督和参政议政工作。组建参政议政小组,建立参政议政工作QQ群、微信群,进行信息交流和参政议政资料共享。组织盟员到旧县、太平、南城等基层调研,到巫山、合川等地学习先进经验,为撰写提案、社情民意等提供素材。全年共撰写人大议案20余篇、政协提案40篇、社情民意70件,其中重点提案11件,优秀建议、提案16件。全年参加区委、区人大、区政府、区政协专题协商会20余次。总支部盟员利用"盟言盟语"大讲坛,每季度开展1次讲坛活动,共计4次。

【组织建设】　一是加强队伍建设。全年新发展的5名盟员。总支部均组织开展了入盟第一课,学习党的统战理论、时事政治和盟章、盟史等知识,并积极带领新盟员参加盟市委组织的新盟员培训。二是完成支部换届升总支工作。及时向市委会和区委统战部进行换届及升总支请示、方案等,与相关单位积极沟通协调,严格按照《中国民主同盟章程》的有关规定和组织程序,精心组织筹备,于2020年11月5日顺利完成民盟铜梁支部换届升总支各项工作。三是圆满完成民盟重庆市委会交办的任务。7月,成功举办民盟重庆市委会新盟员培训(铜梁班)活动,11月18日,圆满完成民盟重庆市委会青委会关于乡村振兴课题来铜梁调研活动。四是助力成渝双城经济圈建设。在融圈方面,总支部成功与民盟遂宁市委会对接,即将签订战略合作协议。在融城方面,总支部在加强与民盟市委会衔接的同时,还积极与民盟沙坪坝区委、渝北区委、江津区委对接,打通了盟务工作纵向和横向联系渠道。

【社会工作】　一是助力扶贫。总支部帮助铜梁区旧县街道贫困户甘俊芳婆孙俩完成了D级危房改造,添置了家具家电,帮助甘俊芳完成椎间盘治疗手术,帮助其孙杨洪瑞完成小学学业并成功升入初中学习,实现"两不愁、三保障"。今年8月,"红马甲"代表们携带物资前往巫溪县,针对九坪村村民就医难等问题,举行义诊和捐赠药品活动。二是开展关爱留守儿童多样化活动。全年支部经过周密策划，将山区孩子接到合璧津高速公路工程现场参观，体验现代化建设工地；带孩子们参观原乡中央公园和西郊绿道，感受家乡变化，体验原乡风情·大美铜梁；带孩子们参观铜梁规划展览馆和龙城天街商圈，体验现代化城市建设。9月，总支部与区妇联联合发起"金秋送温暖·爱心助学子"活动，为该校的125名学生送去了两套校服。12月，再次为该校孩子送去了冬衣。三是持续深入开展"心系群众·关爱健康""盟爸盟妈智力精准扶贫""你有千千结·民盟为你解——心理咨询""心肺复苏急救知识进社区""法律大援助"等系列传统活动。6月，在见水公园和人民公园广场开展"美丽中国，我是行动者"主题环境宣传引导活动，与广大少云志愿者一道，引导市民牢固树立"绿水青山就是金山银山"理念，共建美丽铜梁城。四是同心战疫，担负社会责任。自年初新冠疫情发生以来，广大盟员募捐善款10万余元，盟员雷文红、王雪芹等通过自身社会资源积极筹集防护口罩2万个、防护服1200套，送到医疗前线；疫情期间，广大盟员坚守社区和医疗机构第一线，更有韩安强逆行湖北孝感，征战抗疫最前沿。2月，春耕时节送肥到田间，用实际行动助力农业复工复产；3月，走近山区，帮扶留守儿童实现"停课不停学"；6月，积极响应区委统战部"抓'六稳'促'六保'"要求，组织盟员到旧县、安居、高新区等地，开展民营企业"百日大走访"活动，促进企业复工复产。

【宣传工作】 2020年，民盟铜梁总支部在民盟中央网站、盟市委微信公众号和杂志、市政协报、区政协网站以及区新闻中心和电视台等媒体上共发表文章40余篇。其中，战"疫"中的盟员身影——民盟重庆市铜梁支部同心战"疫"纪实、民盟铜梁支部捐赠一批物资抗击疫情等多篇文章被民盟中央网站采用；《一批漂洋过海的口罩》一文被人民政协网采用；《民盟铜梁支部送肥田间助春耕》等多篇文章被重庆统战网采用；《甘俊芳的愁云散看——记民盟铜梁支部精准扶贫》一文被重庆统一战线网采用等。

（区委统战部　唐琪）

民建重庆市铜梁区总支部委员会

【概况】 2020年12月，民建重庆市铜梁区总支部委员会共有会员76人，平均年龄43.5岁，全部为大专及以上学历（含博士、硕士研究生5人）。会员中经济界会员占58%以上。其中有市政协委员1名，区人大代表6人，区政协委员25人（其中常委5人）。于2020年10月30日召开民建铜梁区第二次会员大会，选举秦玉梅担任总支主任委员，王志华、李涪燕、孙红、石柱4名同志担任副主任委员，申静、何庆江、汪谧、张久洪、杨春燕、陈文、罗永川、郭旭、薛秋春9名同志担任总支委员，总支下设4个支部。民建铜梁支部被会中央表彰为"全国先进集体"，会员王志华被授予"全国优秀会员"称号。

【保持政治定力，坚定不移跟党走】 深学笃用习近平新时代中国特色社会主义思想，增强"四个意识"，坚定"四个自信"，做到"两个维护"。严格按照民建中央《关于加强会的思想政治建设的意见》，持续组织学习新型政党制度理论，夯实新时代中国共产党领导的多党合作和政治协商制度的共同思想基础。坚决贯彻中共党委决策部署，围绕战疫情，总支主委坚持每天深入基层一线进行检查督导，收集问题21个、提出工作建议12条，为有效防控疫情提供重要参考；会员徐海波连续40余天奋战在抗疫救治第一线；企业家会员踊跃捐款5.31万元，慰问64户援鄂义务工作者家庭，全体会员累计捐赠了现金及物资。围绕战复工，总支聚焦"六稳""六保"部署，参与"百日大走访活动"，走访企业98家，召开座谈会25场，解决问题4件次，政策解释29件次，有效助推全区民营经济发展。围绕战贫困，组织开展集体消费扶贫活动5次，爱心帮扶活动3次。

【固本强基聚力，从严从实带队伍】 制定《总支全面加强作风建设实施方案》，把进一步加强领导班子建设作为工作重点，注重不断提高领导班子的调查研究、密切联系群众等能力。积极转变工作作风，不断提高领导班子建设的整体素质和理论水平，切实增强推动会务发展、服务会员企业的本领。修订完善理论宣传参政议政表彰、会员管理、财务管理等制度，构建起科学合理、运行有效的制度体系，推进会务工作的制度化、规范化。新发展会员8名；支部分别与民建九龙坡区委三支部、民建遂宁市射洪总支、江苏省溧阳市民建等签订协议，缔结为友好基层组织。

【助推发展献良言】 对标对表中共十九大重大战略部署和习近平总书记视察重庆重要讲话精神，在参政议政、民主监督和政治协商中，全面贯彻落实习近平总书记对重庆提出的重要指示要求，聚焦全市、全区经济社会发展的重点目标任务，切实围绕推进国家治理体系和治理能力现代化、脱贫攻坚、乡村振兴等开展调研献策。积极参加中共铜梁区委、区政协组织的重大问题决策协商，在政党协商会、暑期谈心会以及有关部门的相关会议上建言献策，积极履行好政治协商的政党职责。总支8篇参政议政的社情民意信息被市委会以上的机构采用，其中：《深化履职实践基地建设，积极助推乡村振兴的实践与思考》被会中央《民讯》刊物采用；《非公经济主体呼吁刑事法律平等保护财产权》被市政协采用后转报全国政协。

【服务社会】 引导会员企业积极履行社会责任，组织多样化的社会服务，全面开展扶贫济困、捐资助学、义务植树、关爱教育、拥军慰问等系列活动，提高影响力，扩大知晓度。围绕疫情防控阻击战，慰问一线防疫人员和援鄂医务工作者家庭，深入小林、石鱼、庆隆等镇开展消费扶贫活动被《人民政协报》和《团结报》报道，促成市级脱贫村太平镇坪漆村与民建九龙坡区委三支部会员企业成功签订了农副产品订单。

【加强宣传与交流】 适应新时代要求，坚持鲜明的经济界属性，始终围绕中心、贴近实际，建立起“广泛调研、人才培养、考核激励”三项制度，突出及时、全面、新颖，做到了服务领导决策找准“结合点”，安排工作部署找准“切入点”，围绕热点话题找准“关注点”。市委会网站上稿68篇，会中央网站采用37篇，会员独立撰写的多篇宣传稿被《人民政协报》《团结报》等权威主流媒体刊发。

（区委统战部　唐琪）

民进重庆市铜梁区总支部委员会

【概况】 2020年，民进铜梁区总支新发展会员6人，全区共有会员71人，其中女会员34人。全区民进会员中有市人大代表1人，区人大代表2人；市政协委员1人，区政协委员22人（其中副主席1人，常委3人）；市委会专委会成员17人（其中副主任1人）；实职副处级以上会员8人（副厅级1人，正处级1人，副处级6人）。占47.9%；具有大专以上学历的67人，占94.4%；具有高、中级职称的35人，占49.3%；教育、文化、出版界会员37人，占52.1%，其他界别会员34人，占47.9%。2020年获全市民进系统社情民意先进单位和社会服务先进单位等荣誉。

【思想政治建设】 总支深入学习贯彻习近平新时代中国特色社会主义思想和中共中央十九大、十九届二中三中四中五中全会精神，切实提高政治站位，把牢政治方向，“四个意识”不断增强，“四个自信”更加坚定，“两个维护”更加自觉，在政治立场、政治方向、政治原则、政治道路上始终同以习近平同志为核心的党中央保持高度一致。坚定坚持中国共产党领导的多党合作制度，把中国共产党的领导贯穿总支工作各方面、全过程。严守政治纪律和政治规矩，坚持总支重大事项及时向中共铜梁区委统战部和民进重庆市委请示报告，确保总支工作正确方向。

深化巩固“不忘合作初心，继续携手前进”主题教育活动成果，自觉加强理论武装，巩固政治共识，强化责任担当，发挥表率作用。召开总支民主生活会，认真检视分析问题，积极整改提高，始终保持班子先进性和战斗力。严格执行中共中央八项规定精神，践行廉洁自律各项规定，增强班子拒腐防变能力。邀请民进重庆市委会领导来铜开展会章会史宣讲活动，增强会员党派认同意识。总支主委带头做“民主党派成员科学定位人生”的主题宣讲，强化会员党派责任意识。

【组织建设】 2020年11月6日，根据渝进发〔2020〕45号文件批复，民进重庆市铜梁区总支部委员会成立，选举总支部第一届委员会委员12人：丁娟（女）、王晓婧（女）、李卫国、汤菲（女）、张冬、陈恒煦（女）、罗世梅（女）、周兵、夏勇、曹定福、蒋明琴（女）、熊洪伟；选举总支部第一届委员会主委1名：曹定福，副主委4名：陈恒煦、丁娟、夏勇、罗世梅。

2020年12月2日，民进重庆市委会发文《关于同意民进铜梁区总支部委员会设立支部的批复》，批准成立民进铜梁区教育支部、民进铜梁区文化支部、民进铜梁区机关支部、民进铜梁区经济支部；每个支部委员职数为3人，其中主任委员1人、副主任委员2人。教育支部由张兵任主委、廖莲（女）任副主委，文化支部由张凤鸣（女）任主委、何磊任副主委，机关支部由郑昕（女）任主委、郭凤（女）任副主委，经济支部由袁登胜任主委、郭淑祥（女）任副主委。总支部成立了妇联，选举杨红英为主席、刘立君为副主席。

【参政议政】 紧紧围绕区委对民主党派参政议政工作的重要指示要求，充分发挥民进在文化、教育、出版和传媒界别方面的优势，紧扣区委统筹疫情防控和经济社会发展双胜利、坚决打赢“三大攻坚战”、大力实施“八项行动”等重大决策部署，精选调研课题，广泛发动会员建言献策。全年就医疗保障扶贫情况、城乡融合发展等课题开展调查研究，就高新区建设发展、文旅融合发展、社区教育情况、农村面源污染治理等开展专题视察7次，形成并提交人大代表建议3件、政协提案23件、社情民意11件、调研报告1篇，为区委区政府决策和有关部门施政提供了有益参考。其中，社情民意《关于在城乡社区专职干部中设置社工岗位的建议》被市政协采用报送全国政协，《规范地名命名 打造城市名片》获区领导批示。针对农村人居环境整治，深入部分镇街开展视察调研，认真听取人民群众对整治工作的意见，提出的工作建议写入区政协的督导报告中，为全区人居环境整治工作方式持续改进、整治效果持续提升发挥积极作用。选派会员担任特约监察员，对区委决策部署落实、监察工作、行业部门廉洁情况等方面进行监督，切实发挥参政党民主监督作用。加强会员培训指导，不断提高政治协商能力和水平。积极参加区委、区政府组织召开的全区经济社会发展、十四五规划和二〇三五远景目标建议和各类专题协商会，就学前教育发展情况、少云志愿者队伍建设情况等议题进行专题协商，提出的做好学前教育资源的规划建设、注重公办民办幼儿园统筹发展、加强学前教育教师队伍建设，以及提升铜梁文化内容传播力、文化市场把控力、文化品牌影响力推动文化旅游全域发展等意见建议得到区委、区政府充分肯定。

【社会服务】 开展社会活动服务 一是持续打造“悦读·悦享”全民阅读品牌。组织会员分别在先知书社、华兴实验学校等地，开展“悦读·悦享”读书活动和漂书活动，一起诵读经典，讴歌美好生活，吸引学生和群众踊跃参与，社会影响力不断扩大。坚持共建共享，在区图书馆、先知书社设立“铜梁民进阅读示范基地”。二是持续联合创办《铜梁文学》。与区作家协会合作，创办《铜梁文学》杂志，全年出版4期，并设置民进专栏，为全区文学爱好者和民进会员搭建学习交流平台，助推地方文学繁荣发展。三是持续开展“春联万家”活动。春节前组织总支书法家会员到二坪镇镇街免费为群众书写春联，为群众送去新春祝福。四是结合学校教学能力提升需求，组织罗世梅、吴小丽等名师会员，到校上教学示范课，开展教育教学经验交流。并组织会员向重病学生捐款捐物。在儿童节、教师节，组织会员到校开展慰问，送去文艺节目和真情祝福。针对学校硬件设施短板，协调争取有关部门预算并拨付改造学校运动场资金。

助力脱贫攻坚 深入贯彻区委脱贫攻坚决策部署。积极参与安溪镇市级贫困村金滩村脱贫攻坚工作，帮助制定产业发展规划，完善基础设施建设，积极策划引进扶贫项目，扶持壮大新型农村集体经济，帮助打通产销渠道，协助该村完成脱贫任务。定点联系帮扶庆隆镇同康村、冬笋村、金源村3户贫困家庭，坚持扶贫又扶志，推动落实扶贫政策，协助制定脱贫计划，每月一次入户帮扶，帮助解决实际困难，如期实现脱贫目标。

【抗击新冠肺炎疫情】 总支号召会员积极履职，为抗击疫情建言献策，为打赢疫战集智聚力。短短一个月时间，会员们提交《关于加强重大疫情或突发公共卫生事件中应急物资管理的建议》等社情民意20件，得到区政协和区委统战部的充分肯定。医卫界别会员以病房为家，坚持奋战在医护一线；教育界别会员坚守教育岗位，转战网络教学阵地；企业界会员心系抗疫，积极转产保供应保稳定；还有会员主动请缨投身抗疫前线，为人民群众守好生命健康防护门。更多会员积极捐献爱心，累计捐款捐物4万余元。帮助企业落实防疫措施，支持企业复工达产，为全区经济社会迅速恢复作出贡献。

【理论宣传与交流】 加强新闻宣传工作，切实提升总支工作影响力。《为贫困学生送上“网课大礼包”》《民进会员“漂书”进行时》《做最美逆行的“战地”记者》《“跑”出来的爱心——记民进会员、铜梁区政协常委、区慈善会副会长银代明》等多篇稿件在人民政协报、市政协报、市委统战部网站发表。

定期开展视察调研、培训交流、廉政教育、知识竞赛、诗歌诵读等专题活动，各支部根据组别特色策划开展丰富的专题活动，总支凝聚力和向心力切实增强。发挥会员特长，积极组织会员参加市、区书法、美术、摄影展等活动并屡获奖项。此外，加强上下联动、对外交流，邀请民进重庆市委会陈贵云主委、张洪副主委、黄硕副主委和罗挺秘书长来铜调研指导工作，接待民进重庆市委会专委会和区县民进组织来铜调研考察5批次，组织部分会员外出学习考察。与遂宁市船山总支达成结对共建协议，抢抓成渝双城经济圈契机，结对共唱成渝“双城记”。

（区委统战部　唐琪）

农工党重庆市铜梁区工委

【概况】 2020年，农工党铜梁区工委新发展党员4人（危海波、杨显伦、罗继画、李川、王海红）。截至2020年12月31日，农工党铜梁区工委有党员80人，其中医卫界党员20人，占25%，教育界党员17人，占22%，科技界党员24人，占36%，其他界别（文化、新社会阶层及非公有制经济代表人士）12人，占17%。

【思想政治建设】 **理论武装和党史教育** 抓好理论学习。组织主委会、座谈会、全体党员会10余次，深入学习贯彻习近平新时代中国特色社会主义思想、《习近平谈治国理政》第三卷、中共十九届五中全会精神、《民法典》等；组织5名新党员参加农工市委新党员培训，推荐7名党员参加区委统战部组织的履职能力培训、“民主党派个性化培养”课程。抓好理论党史研究。通过网络、微信群开展“纪念农工党成立90周年”党史理论学习，向农工市委报送党史、理论研究成果2篇。

内外宣传和阵地建设 组织党员撰写新闻稿件，讲好农工党故事。9篇反映工委工作动态，讲述农工情怀的宣传稿件被市级以上媒体采用，3篇被《重庆政协报》评委季度好新闻。党员文博撰写的《王委员的N条致富经》《为留守儿童送课》等先后被《人民政协报》《重庆政协报》《重庆统战》及市级以上网站竞相刊载；党员杨秋华撰写的《"病友"帮扶记》《农工党员进学校 上好疫情第一课》《农工书画聚龙乡 挥毫泼墨颂发展》被《重庆政协报》、"重庆统战"和《重庆农工》采用。

引领党员立足岗位，创先争优 20余名党员相继获市、区表彰。庹纯双汉字拼写系列技术16个项目获知识产权，出版字帖100余版本，汉字书写技术在全国推广；杨俊被评为第六届"紫荆杯"两岸暨港澳青少年书画大赛重庆赛区杰出指导教师；文博被市政协评委优秀通信员；赵菲菲参加首届重庆渝西法制论坛，撰写论文《人民法院参与社会治理市域创新路径探索》获三等奖；杨秋华代表铜梁区参加重庆市"唱响能行好 夺取双胜利"微宣讲获二等奖；刘仁建、尹玲等参加区政协知识竞赛获二等奖；李天勇、汪中媛被农工市委评为优秀农工党员；倪喜容、姜和兰等多名党员被铜梁区政协评为优秀政协委员。

组织建设 认真做好基层组织换届班子人事协商，与区委统战部、农工党重庆市委进行三方协商等工作，促成5个支部顺利完成换届。通过此次换届，一批政治上可靠，有能力、有热情，在党员中有广泛认可度的党员进入基层组织领导班子，为加强基层组织建设奠定了坚实基础。根据农工市委关于创建"党员之家"的要求，在奇彩梦园秀水山庄创建了"农工党党员之家"，为党员学习履职提供场所，为建设成为"形象好、作用大、影响力强"的高素质参政党地方组织提供坚强的组织保障。2020年提拔领导干部2名（正处、副处级各1名），交流1名。深化党员关爱行动，传递组织温暖，建立党员慰问制度，增强党员归属感。班子成员通过主委会、个别谈心等形式，在党员中开展廉洁从政风险警示教育，强化常态化政德教育学习，营造优良政治生态。

【抗击疫情】 18名医卫党员积极疫情防控：曹剑担任本区定点收治新冠病人医院——区人民医院指挥长，王海红、刘仁建等主动请缨到发热门诊，李天勇长期战斗在疫情防控第一线等；32名从事基层排查防控的农工党员坚持在防控一线工作；部分农工党员和政协委员开展防控工作督查指导，参与安居镇、二坪镇、铜梁城区学府大道、金川大道、柿花路等疫情防控工作，到小区楼盘、超市、农贸市场、物流园、电摩园等开展督查工作，深入到15家工业企业、重点项目等开展企业复工复产服务及疫情防控督查工作。组织党员捐款捐物，共计捐款捐物达8万余元，其中甘英姿捐赠价值6万元的8000条安心裤送达重庆援鄂医疗队；陈启述向区防疫医疗指挥部捐赠消毒水等物资；罗富礼、冉星志、刘东等党员多次捐款；陈庆华联系采购的40000个口罩也送交区防疫医疗指挥部；工委还捐赠价值8000元的医用手套、冰箱、微波炉等物资为一线医卫人员送去了暖暖情谊，用心用情谱写出一方有难、八方支援的时代赞歌，展示了众志成城、团结抗疫的人间大爱。

【服务大局】 **重点调研持续开展** 结合农工市委要求、政党协商、政协履职等工作计划。与农工党潼南区委合作撰写调研报告《关于提高农村失能人员集中照护的研究》提交农工市委；与区委统战部开展理论研究合作，撰写《美国"外国公司问责法"对我国影响及建议》、《疫情全球暴发对我海外企业利益的影响与建议》等5篇建言成果被《重庆统战建言》采用。

建立对口联络工作机制 与农工党遂宁市安居区总支签订合作协议，谋划社会服务、参政议政、组织建设等领域开展合作，同心合唱"双城记"。两地班子成员、党员代表汇聚遂宁市安居区座谈交流，就川渝联动"抢抓双城经济圈建设机遇 推进'两水'共治"课题展开深入探讨，撰写社情民意报市政协、重庆市统战建言；党员文博撰写的《农工党铜梁工委赴遂宁市安居区教研生态共建、环境共保》新闻稿件被《重庆政协报》、《人民政协报》新媒体采用，彰显了推动双城经济圈建设中民主党派力量。

协商建言有序推进 围绕成渝双城经济圈

建设、脱贫攻坚、经济形势分析、十四五规划建议制定等主题，多次参与区委区政府组织的“十四五规划”各界人士意见征求会，提出高质量建议；围绕野外用火管控、生态文明建设等主题，参加区政协常委会协商和专委会协商，王余、李天勇等党员参与发言，所提建议被有关部门认真吸纳。报送“两会”政协提案、人大议案30余篇，其中程琼撰写的《关于加快我区高新技术产业发展的建议》、李国富撰写的《关于进一步规范我区陪护工作管理》等8篇集体和个人提案被区政协评为优秀提案，占全区优秀提案的30%；向市政协、农工党重庆市委、重庆市统战建言报送社情民意信息20余篇，党员庹纯双撰写的《关于政协委员提案办理双回复制度的建议》被农工中央采用，党员周敏撰写的《特殊工种目录严重老化之后提前退休有待规范》、韩丽娥撰写的《完善劳动争议多远调解机制的建议》、张鹏程撰写的《服刑人员违规领取养老保险金发映出社保资金存在监管漏洞》被市政协采用，党员杨秋华、肖师在撰写的《关于在新增市政设施中增设残疾人停车位的建议》获唐小平书记肯定性批示。

开展“五个同心助力活动” 同心助力基础教育。开展慰问教师活动赠送物资，开展义务献课活动赠送知识。捐赠3万元与岚峰小学欢度“六一”，出资5万元改善学生营养，经过学校师生的共同努力，学校连续7年在区综合目标考核中获得同级同类学校第一名。同心助力脱贫攻坚。持续帮扶市级贫困村水口镇树荫村，向树荫村康山水果专业合作社捐赠5万元助力发展经果产业，共建“农工林”，延续农工情，在农工党铜梁工委的见证下，目前该村已整村脱贫。同心助力农村人居环境整治。出资4万元帮助二坪镇发展产业巩固脱贫攻坚成果和开展农村人居环境整治，并带领党员中的农技、水利专业人才下乡调研、献计出力，在乡风文明、村容整洁的乡村振兴画面中，处处活跃着农工党员的身影。同心助力疫情下企业复工复产。组建队伍走访了铜梁区土桥镇龙浩节能建材有限公司等104家企业，详细了解企业经营现状、受疫情影响情况及发展困境，及时会同当地党委政府和工业园区相关人员研究解决问题的办法，为6家企业解决用工难、房产证办理等问题14项。同心助力文化提升。组织党员中的书法人才下乡献春联，让高雅艺术飞入寻常百姓家；组织党员开展“大美铜梁”写生，描绘乡村振新愿景；组织党员到岚峰小学开展“童心绘梦想”献课，让山区儿童同样接受到优质美学教育；以“庹氏书画馆”“杨俊画室”为载体，打造集教育培训、艺术交流、文化传承于一体的传统文化展示窗口，让高雅艺术、优秀传统文化打响“农工品牌”走向大众，提高农工党铜梁工委的社会影响力，助力全区文化建设。

（区委统战部　唐琪）

工商联

【概况】 2020年12月，区工商联共有会员3451个，其中，个人会员1189，企业会员2228个，团体会员34个。团体会员中镇街商会22个，行业商会12个。

【思想政治建设】 采取会议、活动等多种方式组织学习十九大和十九届二中、三中、四中、五中全会精神，开展中心组学习12次、党组学习29次、支部学习12次。研究党建工作12次，召开党建专题会4次，专题研究意识形态工作2次，召开党风廉政建设反腐败专题会议4次，开展党性党风党纪和廉洁从政教育10余次。积极培养优秀年轻同志向党组织靠拢，吸收1名中共预备党员，发展1名入党积极分子。按上级要求，撤销中共重庆铜梁区工商联总支部委员会，建立中共重庆市铜梁区工商联社会组织综合委员会。成立青年企业家商会党支部，调整餐饮娱乐行业商会党支部书记。开展“‘不忘初心　牢记使命’——我为少云故居添光彩”主题活动，筹集22.53万元助力少云故居建设，赴重庆建川博物馆参观等开展理想信念教育实践活动。区餐饮娱乐行业商会党支部、区食品行业商会党支部、区女企业家商会党支部、区石鱼镇商会党支部、区批发零售业商会因抗疫成绩突出荣登《龙乡微党建》第二十一期光荣榜。

【经济社会建设】 **经济服务** 提出提案议案80件，社情民意100余条。开展"抓'六稳'促'六保'民营企业百日大走访"活动，走访民营企业和个体工商户1756家，收集反映民营企业困难和问题348余件。通过采用政府购买服务的方式，委托巴岳律师事务所为会员、商会提供法律服务。先后与福建厦门、云南昆明、四川资阳、中江工商联缔结友好工商联，捕捉各类项目信息100余条。

疫情防控 向基层商会和会员发出《关于提供购买医用口罩信息和渠道的通知》及抗疫倡议书，向市工商联争取到无偿捐赠的次氯酸钠消毒液29.35吨，工商联会员累计捐赠口罩2.9万余个，捐款捐物金额达200万余元。加强对疫情的宣传和引导，帮助企业复工复产。

脱贫攻坚 组织区餐饮商会帮助水口镇树荫村等7个村发展辣椒产业；发动会员到白羊、双山、太平等乡镇及巫山开展消费扶贫，金额200余万元；筹资10万余元为5个市级脱贫村的1017户困难群众送去电风扇，到围龙中学、安溪镇开展慰问贫困学生活动。

工商联为贫困群众送电风扇（区工商联　张力进）

【商会建设】 争取两办出台工商联所属商会改革文件，召开商会改革专题会，形成《基层商会改革发展现状与对策研究》的调研报告。开展"爱上龙乡 约惠夏天"汽车摩托车消费季及销售技能演讲比赛、"巾帼护河 共建生态家园"、青年企业家会员联合运动会、与外地商会交流合作等活动，商会工作迈上新台阶。区食品行业商会、女企业家商会被市工商联认定为2019—2020年度市级"四好"商会，区食品商会被全国工商联认定为2019—2020年度全国"四好"商会。

（区工商联　张永尚）

群众团体

铜梁区总工会

【思想引领】 重庆市铜梁区总工会坚持党组会、党组中心组学习会第一议题必学习近平新时代中国特色社会主义思想长效机制，开展各类学习活动56次，切实引导职工感党恩听党话跟党走。推出劳模风采系列报道9期，充分宣传铜梁先进集体(个人)典型事迹，引导职工群众积极践行劳动精神、劳模精神和工匠精神，引领全区广大职工助力成渝地区双城经济圈建设。制作《看龙乡》宣传画册4期，华龙网、中工网、上游新闻等市级媒体刊播30余条，市总工会官方网站推送100余条。2020年，区总工会荣获重庆市区县工会工作综合目标考核特等奖。

【组织建设】 联合区委组织部出台《关于加强非公有制经济组织和社会组织党建带工建工作的通知》，切实加强党对工会工作的领导。全区百人以上规模企业建会116家，建会率达100%。全区企业经营者有政治安排的非公企业建会59家，建会率达100%。分类指导并探索建立行业工会5个，吸纳灵活就业人员2200余名。补助新建会非公企业一次性工作启动经费2.6万元，补助符合条件的非公企业工会主席工作补贴2.4万元。截至2020年12月底，全区建立工会组织894个，发展工会会员8.02万名。做好16名工会社会化工作者日常管理工作，每半年召开一次调研座谈会了解其工作情况，年终召开述职测评会综合评定考核等次，切实用好管好工会社会化工作者队伍。

【阵地建设】 构建以精准帮扶为重点的服务职工体系，推进"会、站、家"一体化建设，推行服务职工工作项目清单制度，做实各类职工维权帮扶、保障服务项目。建立区、镇、村(社区)三级职工服务(维权)站点363个，创建全国模范职工之家1个，市级模范职工之家2个、市级劳模和工匠人才创新示范工作室1个，评定区级劳模创新工作室3个、区级模范职工之家(小家)2个。

【职工维权】 签约农民工法律服务合作律师事务所3家，派驻志愿律师25名为基层企业和职工服务，开展公益法律服务活动5场，发放宣传资料1.5万册，提供法律咨询服务900余人次，受理职工群众法律援助案件15件，挽回经济损失49.52万元。以开展"安康杯"竞赛为载体，做好职工劳动安全卫生保护。开展重点行业高温天气劳动保护督查工作，参与全区职工安全事故调查，依法维护职工的生命安全和职业健康权益。

【民主管理】 新培育区级厂务公开民主管理典型单位6家、市级企业民主管理集体协商示范单位1家；分类指导建立行业(区域)性民主管理工作典型单位3个，覆盖企业300余家；深入开展"公开解难题、民主促发展"主题活动，组织民法典时代企业用工风险防范等专题讲座(座谈会)10次，推动建立和谐劳动关系企业34家。区总工会于2020年12月获评重庆市和谐劳动关系创建工作先进集体。

民法典时代企业用工风险防范讲座（区总工会　供图）

【疫情防控】　助力新冠肺炎疫情防控，妥善处理疫情期间劳动关系问题，维护社会和谐稳定。累计筹集资金36.5万元，对区卫健委、区人民医院、区中医院及受疫情影响较大的非公企业等40家企事业单位坚守疫情防控一线的职工进行慰问。募集2600箱价值12万元的牛奶慰问战“役”一线最美医护人员。区总工会机关选派政治素质过硬的7名党员干部积极投身疫情防控工作，全区各级工会选派300余名党员突击队员、工会法律工作者深入重庆庆兰实业有限公司、重庆天齐锂业有限责任公司等505家企业开展现场检查，积极协助企业复工复产。

慰问区中医院抗疫一线医务人员（区总工会　供图）

【服务品牌】　**困难职工帮扶**　主动牵头召集维新镇脱贫攻坚联席会议4次，筹集资金140万余元。推动城市建档困难职工解困脱困工作纳入全区脱贫攻坚大局，全力做好城市建档困难职工脱困解困工作成效第三方评估工作和帮扶资金专项审计工作。截至2020年12月，全区615户国家级建档困难职工已经全部脱困解困，市级建档困难职工仅剩4户。

春送岗位活动　联合区文旅委开展龙灯彩扎培训，50名职工参加培训，进一步推进成渝两地龙灯彩扎技能交流；指导全国劳模李义芳劳模创新工作室开展蚕桑新型技术培训，20家养蚕大户参加培训，进一步提升蚕农种养水平、促进蚕农增产增收；举办第六期母婴护理专业知识培训，50名下岗失业女工、女农民工参加培训；联合铜梁高新区管委会、区人力社保局等部门开展企业职工职业素养提升专题培训13场；联合区人社局等部门举办招聘会20余场，提供就业岗位1.5万个。

夏送清凉活动　慰问环卫工人、建筑工人等高温一线企业职工1100余名，发放慰问物品10万余元；募集价值10万元的生活学习用品慰问西河小学、民兴小学困难儿童813名。

金秋助学活动　资助困难家庭大学生、建档困难职工子女21人，发放助学金10.5万元。

职工互助保障　推动全区机关事业单位互助保障全覆盖，非公企业逐步扩大参保率，2020年参保单位243家，参保总人数17625人，参保金额253.7万元，理赔724人次，理赔金额212.5万元。

弘扬劳模精神　2020年新创建区级劳模创新工作室3个，组织劳模健康体检152人，走访慰问劳模代表70人，发放慰问金9万余元。推荐区公安局杨发英获评2020年全国先进工作者，推荐区税务局、重庆南雁实业集团龙剑机械制造有限公司获评2020年重庆五一劳动奖状，推荐区公安局东城派出所、重庆天齐锂业有限责任公司技术部获评2020年重庆市工人先锋号，推荐区中医院周渭、区农业农村委陈鹏、重庆新红旗缸盖制造有限公司王江涛获评2020年重庆五一劳动奖章。

女职工关爱活动　以“创建安全健康平等的

工作环境、依法维护女职工合法权益和特殊利益”为主题,开展男女平等基本国策和女职工权益保护法律法规宣传系列活动3场,慰问女劳模及困难女职工代表14名,慰问援鄂医护人员子女、困难职工子女和留守儿童889名,组织抗疫一线女职工免费“两癌”体检61名。开展女职工综合素质提升培训20名,持续抓好爱心妈咪小屋提档升级和爱心托管班工作。

【职工活动】 **文明城区创建工作** 制定《铜梁区总工会配合做好2020年创建全国文明城区提名城区攻坚工作方案》,成立创建工作领导小组,明确目标任务,统筹推进创建工作。联合区文明办制作《看龙乡·创建文明城区专刊》500余册,向全区广大职工发出倡议《创文明城区做文明职工》,动员广大职工积极投身文明城区创建。开展“周六文明劝导我参与”少云志愿服务活动,每月第一个星期六集中开展文明劝导。

职工文体竞赛 联合区文明办开展铜梁区2020年“好职工”评选活动,经层层评选推荐和集中评审,丁平、王金贺、王国洪、刘洪杉、刘霞、杨传洪、宗和琴、姜合伟、唐文、雷胜10名同志获评铜梁区2020年“好职工”;联合区融媒体中心举办“决胜小康奋斗有我”发现铜梁之美“随手拍”摄影摄像大赛,经基层工会初评推荐、专家评委会综合评审,最终评选出98件(幅)优秀作品,充分展现铜梁近年来的发展变化和脱贫攻坚、乡村振兴取得的成果,表达各条战线广大职工群众的获得感、幸福感、安全感及昂扬向上的精神风貌。举办2020年铜梁区第六届职工气排球联赛,110家基层工会、1000余名职工参赛;动员2000名职工参加2020重庆铜梁原乡风情马拉松赛;联合区体育局举办2020铜梁区“体彩杯”职工篮球联赛,76支球队、1000余名职工参赛。

职工技能竞赛 出台《推进新时代铜梁产业工人队伍建设改革目标任务分解方案》,明确25项改革举措,推动建设一支有理想守信念、懂技术会创新、敢担当讲奉献的铜梁产业工人队伍。以“当好主力军、建功新时代”为主题,围绕成渝地区双城经济圈建设、三大攻坚战等重大战略和区委、区政府重点项目开展网上网下劳动和技能竞赛25次,参赛职工近2000人次。鼓励引导企业持续开展技术革新、网上练兵、合理化建议等群众性经济技术创新活动,劳动竞赛企业覆盖面达到90%以上。

【经费审计】 制定《关于违规开展工会活动及工会慰问问题督查工作方案》,利用节假日检查基层工会30余家。制定《铜梁区2020年度基层工会经费审计计划》,审计基层工会20家,督促基层工会限期整改审计反馈问题,进一步规范基层工会经费收支管理工作。

(区总工会 唐文)

共青团铜梁区委

【概况】 全区共有基层团组织1481个,团员27500人,团干部1957人。2020年获共青团中央、《中国青年报》、《重庆日报》、重庆电视台等市级主流媒体宣传报道26条次;获市级“向上向善好青年”“优秀少先队集体”“青年文明号”“优秀共青团干部”“青年安全生产岗”等荣誉21个,铜梁青少年宫在“致敬先烈·勇担责任”研学课程中荣获一等奖。

【思想政治引领】 建立团组织会议第一议题必学习近平新时代中国特色社会主义思想机制,发挥传统文化教育、仪式教育等作用,组织全区各级团、队组织积极参与青年大学习,举办“战疫青春十八而志 制度自信传承有我”十八岁成人礼等仪式教育活动100余场次。开展“传承五四精神,彰显青春作为”微团课比赛,打造一批精品团课、思政课。紧扣“3·5”学习雷锋日、清明、五四、六一、国庆等重要时间节点,开展“致敬抗‘疫’先锋争做新时代小雷锋”“清明寄哀思缅怀抗疫英雄”“绽放战疫青春·坚定制度自信”“迎接少代会争做好队员”等主题活动200余场次,培养青少年良好的政治素养和爱国情操。打造“网上共青团”,铜梁共青团微信公众号发布文章238篇,浏览量达55.4万人次,单条最高浏览量2.4万+。开展“传承五四精神·青春魅力发声”短视频配音展示活动,微博话题阅读19.2万人,讨论次数304次。制作海报、视频等网络文化产品10个,其中云队课《写给邱少云叔叔的一封信》,入选共青团中央、全国少工委“致敬抗美援朝”主题云团课、队课,在中国青年报App、微博、微信等众多直播平台中播出。

【服务经济社会发展】 **助力疫情防控** 迅速响应贯彻区委部署,组建“机关党员突击队”“青年突击队”9支,成立区中医院、区人民医院援鄂医疗队临时团支部,发动全区团员团干部、青年少云志愿者、西部计划志愿者等冲锋在疫情防控第一线。发动各类青年社会组织累计募集资金30余万元,捐赠口罩、消毒液、艾条等物资16.9万余件。为全区援鄂一线医护人员家庭、自来水厂员工、外卖小哥、快递小哥等赠送约2万元的医用和生活物资。派遣驻厂专员帮助企业复工复产,开展“带头消费抗疫情 助力企业渡难关”活动,鼓励全区青年走进商超饭店购物消费,帮助禽蛋养殖企业销售商品达100万元。开展复学复课志愿服务活动,为全区10余所中小学校提供体温检测、搬运物品、整理寝室等服务。

助推成渝双城经济圈建设 与资阳、简阳、郫都共青团分别签订战略合作框架协议,搭建两地共青团共建平台,拟共同实施青少年思想引领、青年创新创业、助力乡村振兴等行动计划。铜简两地共青团开展“两地青年晒文旅”网络互动交流活动,促进两地传统、特色文化交流。

助力脱贫攻坚 联合社会组织新芽义工为全区贫困学生送去1000余份开学大礼包;开展“龙乡桃好货 青力助扶贫”“川渝携手 青力扶贫”等网络直播带货活动,帮助市级贫困村销售胭脂脆桃、糖桔等农产品,直播带货1143件,销售金额4.46万元。赴巫山开展帮扶活动,为巫山1000名孩子送去价值16万余元的爱心大礼包。

助力青年就业创业 积极实施“青锋计划”,铜梁区青年商会、青促会联手走访企业50余家,开展农村青年创业资源对接、农村本土人才培训、农村电商人才培训、直播带货培训等活动10余场;打造5000平米阳光森林青创空间,为创业青年提供可直接入驻的3年免租办公场地,以及创业辅导、技术培训、融资指导等服务,全年已入驻餐饮创业企业9家,聚集青年创业者50余人;联合导氮教育举办公务员事业单位考试公益讲座4场,为400余名青年提供公考备考指导。

【联系服务青年】 召开铜梁区青年工作联席会议第二次全体会议,制定2020年铜梁区贯彻落实《重庆市中长期青年发展规划(2018—2025年)》重点工作,细化青年思想道德、青年教育、青年健康、青年婚恋、青年就业创业等10个方面的发展措施,维护青年发展权益,促进青年全面发展。举办“青春心向党·青年生活汇”公益培训,根据青年需求开设摄影、瑜伽、羽毛球等课程16场次,培训青年150人;举办“原乡藕遇·荷你相约”“相约七夕·只为遇见你”“西郊雅致‘玫·桂’之约”单身青年联谊活动,400余名适龄单身青年甜蜜相约;开展“冬日阳光·温暖你我”新春关爱行动,募集爱心资金和物资约9万元,招募爱心车辆48辆,帮助400名困境儿童实现个性化心愿。结合西郊花语悠游谷规划,新建青少年之家6个,为广大青少年提供课业辅导、兴趣培养、心理疏导等服务,引入专业社工组织指导,开展“青春导航·助力成长”青少年成长大课堂、“团团有爱,守护成长”留守儿童身心健康安全守护等活动80余场,服务青少年10000余人次。积极联系各类社会组织,通过读书会、自驾俱乐部、徒步健身俱乐部等凝聚书友、驴友、跑友及各类新兴领域青年千余人;开展“关爱快递小哥 团团在行动”调研慰问活动,为100余名快递小哥送去礼物。

【青年志愿者行动】 成立青年志愿者协会,根据志愿者专业特长,组建法律宣传、文化艺术、脱贫攻坚、乡村振兴、礼仪解说、应急救援等多支专业志愿服务队伍。擦亮“河小青”“洁小青”“站小青”品牌，开展植树护林、人居环境整治、巡河护河等志愿服务活动100余场；开展“爱心送考”志愿服务，组织车辆32辆、志愿者60余人为高考考生提供免费送考服务；开展“我光盘我骄傲”“志愿青春·禁毒有我”等志愿服务活动30余场，服务青少年1000余人次；为市级农村人居环境整治现场会、原乡风情马拉松、医保电子凭证推广应用等市区重要活动提供优质志愿服务。

【自身建设】　加强党建带团建　持续加强《加强新时代基层党建带团建工作的实施方案（试行）》《关于加强新时代非公有制经济组织党建带团建工作的意见》的落地落实。与区委组织部、区委宣传部、区直机关工委联合开展“讲政治比贡献创一流树形象”行动，牵头举办“青春激辩·献计龙乡”辩论赛，推进党建与团建工作融合，搭建年轻干部成长锻炼平台。持续加强规范“推优入党”，使其成为发展青年党员的主渠道，全年从团员青年中推优入党128人。

扎实推进从严治团　扩大基层团组织覆盖，新建非公团组织34个。针对非公、学校等重要领域开展团干部专题培训，召开非公经济团组织建设培训会、少先队辅导员培训班。严把入团关口、严控团学比例，按照团章规定发展团员，杜绝全员入团、突击发展、低龄入团等现象，始终把政治标准放在首位，做到程序完备、手续齐全、档案完整。依托“智慧团建”开展基层团组织规范化建设，确保信息不重不漏，全区新发展团员1500名，举行新发展团员入团宣誓仪式20场，增强团员的归属感、光荣感和责任感。

（团区委　彭欣）

铜梁区妇联

【概况】　重庆市铜梁区妇女联合会内设3个部室，分别为办公室、妇女发展部、家庭与儿童工作部；区妇联机关编制为9名（含行政编制5名、事业编制4名），现在岗8人；下属事业单位妇女儿童服务中心编制为5名（主任1名），现在岗5人。全区现有妇女儿童41.45万人，28个镇街、266个村、67个社区全部建立了妇联，村（社区）妇联主席全部进入“两委”班子。

2020年，全国妇联督导组来铜督导第四期中国妇女社会地位调查工作给予了充分肯定。积极参与全市人居环境现场会筹备，得到了市级相关领导的充分肯定。区妇联在全国人大常委会副委员长、全国妇联主席沈跃跃来渝座谈会上就儿童关爱工作做交流发言，在市级各类会议上进行交流发言2次。全区妇女工作在中国妇女报、《中国妇女》杂志、新华社（含App）、人民日报App等上稿17条；重庆《新闻联播》、《第1眼新闻》播报9次；重庆日报（含App）、重庆晨报等上稿18条；在新华网、人民网、华龙网等网站上稿27条；在全国妇联“女性之声”“重庆女性”等公众号和“今日头条”“新重庆”App等新媒体上稿127条。2名妇联执委分别在央视《新闻联播》和《焦点访谈》中接受采访。区妇联荣获市妇联2020年度考核特等奖。

【思想政治引领】　深入学习习近平新时代中国特色社会主义思想　深入学习贯彻党的十九届四中五中全会精神、学习贯彻习近平总书记视察重庆重要讲话精神，通过召开党组会、党组理论学习中心组学习会等方式进行深刻学习领会，确保入脑入心。通过成立巾帼少云志愿阳光宣讲团，组建区镇村三级妇联宣讲队，针对不同地区不同妇女群体的不同需求，采取“集中宣讲、微宣讲、网络宣讲”等形式广泛开展宣讲，深入贯彻落实党的十九届四中五中全会精神。全年开展“百千万巾帼大宣讲”等群众性宣教活动431场，通过“巾帼龙韵”微信公众号平台发布习近平总书记重要论述和重要讲话精神40余篇，转发“思想政治引领第一课”8篇，受众人数达10余万人次。

培树典型，团结带领广大妇女听党话、跟党走　举办纪念“三八”国际劳动妇女节110周年系列活动，通报表扬“三八红旗集体”等系列先进集体和个人317名，2人被评为重庆市三八红旗手，1人被评为全国三八红旗手。开展新冠肺炎疫情防控先进命名活动，通报表扬抗疫期间涌现出的先进集体95个、巾帼建功标兵100个、最美家庭111户、最美巾帼奋斗者288名。5个家庭被命名为新冠肺炎疫情防控重庆“最美家庭”，2人被评为新冠肺炎疫情防控重庆市巾帼建功标兵。线上开通家教知识网络有奖答题活动、发布家庭诵读大赛、“致敬巴渝最美巾帼奋斗者”百个最美故事征集、绿色生活创意视频、绿色家庭活动线上征集等网络活动7次；开展“好婆婆”“好媳妇”网络评选活动1次，网络答题1次；开展“好网民”活动2次。

【服务中心】 战胜疫情贡献巾帼力量 组织9528名妇联干部、巾帼少云志愿者和300余名“女党员突击队”参与到镇街、村（社区）疫情防控工作中；组建机关“党员突击队”10人协助联系镇白羊镇开展疫情防控日常工作；派驻2名党员干部协助巴川街道值守小区一个月。区妇联助推复工复产相关信息被全国农业农村部采用。利用巾帼龙韵微信公众号发布防疫信息89条，发布“抗疫她力量”、携手战“疫”重庆铜梁姐妹在行动系列报道76篇，开通“宅家创”“宅家购”“宅家汇”“宅家听”等系列线上活动118期。组建抗疫心理咨询专业队伍，开通抗疫心理援助热线，免费为18名有需求的群众提供心理援助服务。结对慰问63名援鄂医护人员家庭，动员各方为一线医护人员捐赠近20万元的医用口罩、安心裤、保暖内衣。积极响应停课不停学号召，组织爱心妈妈、巾帼志愿者担任代理家长，指导孩子网上学习；开通24小时困境儿童救助保护热线，指导爱心妈妈做好孩子心理疏导、稳定情绪等工作。开展“送菜苗助春耕”活动，帮助巾帼家庭农场销售菜苗8000余株，帮助近300户贫困户及时栽种菜苗，协助白羊镇为596户困难家庭送种子、肥料等春耕物资，帮助团碾咸菜合作社收割咸菜，抓好春耕生产。

推进“脱贫攻坚龙乡巾帼行动” 开展家政培训、手工编织等实用技术培训，将贫困妇女纳入培训对象，增强妇女致富技能。实施“两癌”救助，全覆盖救助全区农村两癌患者，发放市区级救助金15万元。筹集资金14.76万元为492名困难母亲每人送去价值300元的“母亲邮包”，“99公益日”共计募集12万元将全部用于发放困难母亲邮包。实施贫困残疾妇女精准关爱项目，慰问残疾贫困妇女1人。实施“母亲健康快车”公益项目，争取“母亲健康快车”1辆。3人被市妇联评为重庆市最美“巾帼脱贫户”。

推进“乡村振兴龙乡巾帼行动” 深化“乡村巾帼大讲堂”活动，开展家政培训、手工编织、电商等实用技术9场，举办高素质女农民专题培训班2期，成功创建巴渝巾帼产业示范基地2个，龙乡巾帼产业示范基地5个，推荐1人参加市巾帼农机手“双学双比”技能竞赛活动获三等奖。在西郊沿线等开展卫生习惯专题培训5场，“植绿护绿微课堂”、栽花种草群团联手活动、“我为妈妈送绿植”、“最美绿植晒一晒”活动共4场。开展“绿色生活美万家·战疫植绿同步行”、巾帼护河、栽花种草、村庄清洁等主题活动1000场。开展“渝你相遇有你最美”巾帼助力乡村旅游活动，到太平镇扎龙厂参加非物质文化遗产体验活动，助力推介铜梁乡村旅游及龙舞等非物质文化遗产。市妇联“乡村振兴巴渝巾帼行动”调研座谈暨现场推进会在铜梁召开。

深化“城市提升龙乡巾帼行动” 开展“绿色家庭”创建行动，制定《铜梁区绿色家庭创建行动方案》，组织开展以“小手拉大手 共建绿色家庭”为主题的六一儿童节活动1场，此次活动先后被重庆电视台、重庆日报、新华网等媒体报道。3个家庭被评为重庆“绿色家庭”。抓好“最美阳台”“最美庭院”创评，评议出“最美阳台”“最美庭院”各10个，其中4个阳台、5个庭院被评为市级“最美阳台”“最美庭院”。向全区广大家庭征集家庭绿色生活视频42件，并在巾帼龙韵进行展播，其中6件作品被市妇联采用并获奖。围绕保护母亲河、"衣旧情深"、交通劝导、街头宣传、困难帮扶等内容,全年组织开展巾帼少云志愿服务活动1000余场次。由区妇联选送的"爱在身边——情暖童心 相伴成长"巾帼少云志愿服务项目被评为铜梁区2020年度最佳少云志愿服务项目并在全区进行集中展演。同时,此项目成功入围全国第三届新时代巾帼志愿服务十大暖心故事候选项目。

推进"创业创新龙乡巾帼行动" 开展"巾帼文明岗"创建申报及复查工作,11个岗组成功创建为铜梁区巾帼文明岗。3个岗组被评为重庆市巾帼文明岗。2人被评为市级巾帼建功标兵。开展"春暖花开 美好生活"系列活动,通过开展吃一碗小面,发布一期用工信息,涮一次火锅,享一回美容,购一批扶贫商品等活动助力经济发展的恢复。推荐7个项目参加"巾帼云端创业 筑梦乡村振兴"——川渝乡村振兴巾帼云创微项目大赛,其中"龙乡众创淘 乡村电商培训"项目荣获大赛第一名。授予翰林酥、紫月阁"巾帼创业就业示范基地"称号。举办"创业创新·龙乡巾帼行动"母婴护理培训、家庭主厨厨艺大赛、农村电商培训共3场。开展"龙乡巧姐""龙乡网姐""龙乡大姐""最美巾帼农家乐""巾帼农业示范基地"推荐命名活动,共评选铜梁区手工制作"龙乡巧姐"10名、农村电商"龙乡网姐"13名、家政服务"龙乡大姐"10名,最美巾帼农家乐5个,巾帼农业示范基地5个。

【家风建设】 **持续推动家庭文明建设** 开展以"建设好家庭 传承好家风"为主题的百名孝善典型评选活动,评选出100名孝善典型,80名孝善典型提名人选。持续深入寻找"最美家庭",走访慰问7户区级"最美家庭"中的贫困家庭,每户送去慰问金、慰问品1000元。1个家庭荣获重庆"十大最美家庭",2个家庭荣获重庆"最美家庭"。1个家庭被评为第十二届全国五好家庭,1个家庭被评为第二批全国"最美家庭"。组织开展"阅读新时代 书香润万家"家庭诵读大赛,评出一、二、三等奖和优秀奖。3个家庭被评为重庆最美书香家庭,3个家庭在市级家庭诵读大赛中获奖。区妇联荣获全市"书香润万家"家庭阅读活动组织奖。在交通系统开展"清风常伴·廉洁齐家"家庭助廉立德活动,选送的书法作品获全市"家庭廉洁文化比赛"一等奖,表演作品《探亲》获二等奖,区妇联荣获全市"清风常伴 廉洁齐家"家庭助廉立德活动表现突出单位。

提升家教指导服务能力 加强对《条例》《大纲》的学习宣传贯彻落实,印制家庭教育知识宣传折页、家庭教育日宣传海报等资料2000份,拍摄家教宣传抖音,在"大美铜梁"等官方抖音号进行刊载。举办家庭教育知识网络有奖答题活动,共2.2万余人参与答题。录播家教知识微课10期,开展"龙乡好父母"专题巡讲19场,承办市妇联"家庭教育流动学校"百场讲座项目3场,积极推广线上讲座,受益家庭10000余个。调整"家庭教育流动学校"讲师团,完善讲师团工作细则,邀请市级专家开展示范课、专题培训2场,全区各级讲师团队伍开展宣讲1000余场。南城街道黄桷门村家庭教育指导服务站被命名为首批"全国家庭教育创新实践基地",铜梁区巴川初级中学校被命名为"重庆市家庭教育创新实践基地"。

提升家庭服务工作水平 推荐5人参加市妇联举办的"十百千巾帼家政示范培训",推荐铜梁区天天家政服务中心为重庆市首批巾帼家政联盟会员。开展"健康中国——母亲行动"宣传活动2场。组织实施"龙宝宝"启蒙计划——早期家庭教育指导服务项目,服务全区1000个家庭,组织编写《铜梁区0~3岁婴幼儿家庭科学育儿指南》,有效指导全区广大家庭做好婴幼儿养育与教育工作。创新开展"平安家庭"建设工作,通过开展"妇女大学法"等法治宣讲,加强法治宣传。各基层妇联对涉毒、家暴、矛盾纠纷等六类问题家庭开展常态化摸排,建立动态管理台账,建立帮扶队伍791支,帮扶人员1826人。举办

"相约幸福"婚姻家庭指导活动,在民政局婚姻登记处发放《幸福手册》,试点开展市妇联"新婚课堂",制作短视频在婚姻登记处循环播放。开展"离婚劝和"服务,加强婚姻家庭矛盾纠纷调解,以家庭平安促社会和谐稳定。

【妇联改革及成效】 一是激发基层组织活力。开展"区县开放日"等基层妇联领头雁培训10期,提高广大妇联干部的理论素养和综合能力。组织2人参加2020年引领服务联系重庆市女性社会组织培训班,提升服务妇女儿童及家庭的能力。南城街道钟维莉等3人被评为重庆市百名优秀基层妇联执委。二是着力夯实基层基础。在区城管局、区审计局、区市民服务和营商环境促进中心试点建妇联,在重庆紫月阁母婴护理有限公司成立妇联,实现全区民营服务企业建妇联"零的突破"。成功创建市级规范化妇女之家、儿童之家各7个,区级规范化妇女之家10个,区级儿童之家8个,妇女微家5个。土桥镇六赢村等2个妇女之家被评为重庆市示范妇女之家,南城街道黄桷门村儿童之家被评为重庆市示范儿童之家。三是进一步创新方式方法。成立铜梁区妇联宣传矩阵微信群,利用"巾帼龙韵"微信公众号建好用好妇女之家,全年发布信息200余期共计711条,发布实事政治消息60余条,推送政策方针、时政时事等信息100余条。积极参加"公益新时代 凝聚她力量"2020年市妇联系统社会化项目发布会暨第五届公众开放周活动,发布项目3个。进一步发挥"联"字优势,配合做好区管领导女干部的培养选拔工作,联合妇联政协界别开展心理健康培训进社区等活动2场。评选铜梁区第五届"妇女之友"30名,推荐重庆市第九届"妇女之友"2名。

【妇女权益维护】 **加强部门协作,健全维权工作机制** 下发《关于落实预防性侵未成年人、保护未成年人人身权益"五项机制"具体举措》《重庆市铜梁区办理性侵未成年人犯罪案件"一站式"询问、救助工作细则》等文件,形成妇联、法院、检察院、公安局等部门共同保护未成年人人身权益的机制。开展"三八"妇女法治宣传、反家暴法宣传、禁毒宣传等"建设法治中国·巾帼在行动"主题活动470场,"千万妇女大学法"法治宣传讲座302场,发放各类法治宣传资料4万余份。规范基层"妇女儿童维权站"建设,建立完善《铜梁区妇联信访工作制度》以及各村社区婚姻家庭纠纷调解室的职能职责和工作流程,全年共向区政法委上报矛盾纠纷案件3个,均已得到有效处理。组织2020年妇女儿童维权工作专题培训,全区166名基层妇联干部参加了培训,印制发放《婚姻家庭纠纷调解工作指南》和《基层妇联组织维权工作手册》1000余册。开通妇女维权服务专线、法律援助服务专线、心理疏导服务专线,全年共接听电话262个,为27名女性提供了家庭纠纷调解,为16名女性提供了心理疏导,为219名妇女提供了法律咨询。

健全关爱帮扶机制,共同维护妇女儿童合法权益 加强和司法局合作,共同打造"法援惠民生"品牌,落实婚姻家庭纠纷调解员的以奖代补政策,今年累计受理各类涉及妇女的民事法律援助案件94件,办结87件,为妇女挽回经济损失213.66万元。实施"小候鸟图书角"公益项目,为7个村社区申请"小候鸟图书角"项目,创造良好阅读条件。加强留守儿童、困境儿童安全教育,印制安全防范告家长书及防溺水"七不三要"20000余份,分发各个村社区。开展贫困留守儿童、困境儿童暑期培养计划,开展"人人都是护旗手"等主题活动6场,协调爱心人士给永清小学全校学生捐赠校服两套、羽绒服一件,为100名贫困留守儿童每人送去400元助学金。做实"1+1+N"困境儿童关爱帮扶,全覆盖走访慰问全区困境儿童3次,发放慰问金、慰问品8万余元;邀请困境儿童代表参加"小手拉大手 共建绿色家庭"的六一儿童节主题活动;常态化举办夏令营冬令营各1次,举办成年困境儿童恳谈会1场。实施春蕾圆梦助学,为10名贫困女高中生发放资金3.6万元；协调社会资金5.9万元资助16名新考入高中和大学的困境儿童。常态化开展重大节日“送温暖”活动，全年共计慰问困难妇女儿童等近1000名，发放慰问金、慰问品14万余元。

（区妇联 粟治广）

铜梁区科协

【概况】 2020年，全区共有镇（街道）科协28个，区级学协会10个，企事业科协7个，园区科协1个，社区科普大学24个，其中，市级科普大学示范教学点2个，社区科普栏60余个，科普长廊、科普画廊7处，社区科普体验馆4个。全年在市、区电视台、报刊、网络等主流媒体宣传科协工作20余次，向市科协报送各类信息50余条，提升科协工作社会知晓率。

【服务科技工作者】 **思想政治引领** 积极组织动员科技工作者持续学习贯彻十九大、十九届二中三中四中五中全会精神，跟进学习习近平总书记最新重要讲话和重要指示批示精神，推动创新理论在科协系统落地生根、开花结果。区科协在科技工作者日组织带领50余名党员科技工作者代表到邱少云故居接受爱国主义教育，全年组织召开科技工作者座谈会2次。

举荐优秀科技工作者先进事迹 区科协举荐科技工作者李卫国成为重庆市科学传播专家团成员，推荐科技工作者张明川成为重庆青年科技领军人才协会会员，中医药学会会长张建红获评铜梁区委颁发的龙乡杰出贡献奖。同时在区级主流媒体上多次宣传教育、卫生、农业等行业优秀科技工作者先进事迹和科技服务活动。

努力搭建展示平台 一是举办“弘扬爱国奋斗精神、建功立业新时代”科技工作者风采摄影展。组织投稿并评选出100幅反映抗疫一线、镇街三长、企业科技工作者等优秀风采摄影作品在城区进行了为期一周的集中展示。二是充分发挥镇街科协组织的作用，组织镇街科协“三长”60余人次在科技工作者日、全国科普日等品牌科普活动期间，以一线抗疫、培训讲座、岗位服务、走访慰问、技术指导等方式开展科技服务活动。

走访慰问科技工作者 一是在全国科技工作者日期间，由区委分管领导带队看望慰问科技工作者代表共18名，全区各级科协组织走访慰问科技工作者代表120人次。二是按照市科协要求认真开展科技工作者状况网络问卷调查，对全区各领域科技工作者100人展开了问卷调查。三是积极发挥科协干部联系科技工作者制度作用，经常深入科技人员和群众中听取意见建议，为科技工作者排忧解难。按照群众所盼、科技工作者所急、党政所需、科协所能，推进科协工作项目化管理、社会化运作、规范化建设。

【服务创新驱动发展】 **助力企业创新** 一是充分发挥平台功能开展技术服务。区科协加强和高新区沟通联系，开展全区科技型企业走访调研活动，征集科技项目需求，积极同高等院校、科研院所对接。为长安离合器公司等3个企业促成科技项目合作，引进西南大学长江经济带农业绿色发展研究中心等3个专家团队，助力企业实现自主创新和提档升级。全年应用中国科协绿平台、重庆科技服务云平台——易智网积极在高新区企业开展服务工作，搜集企业科技需求，全年在网上发布科技需求10条，全年组织和邀请专家到企业开展培训和指导4场。二是努力帮助企业复工复产。疫情期间科协班子成员深入高新区科技企业，帮助企业落实防疫措施，努力为企业排忧解难。通过提供科技项目支持、开展专题科普讲座、各类技术咨询等，积极支持企业复工达产增收。

助力脱贫攻坚 一是实施农业科技项目帮扶和专家技术支持。通过项目和资金等形式，帮助原乡小艾等7家农业企业和农村集体经济合作社发展壮大，邀请西南大学专家团队到全区牧堂纯、成王果业等农业企业开展水产养殖、果树种植等技术培训。二是在全区5个市级贫困村所在镇开展农技知识、防灾救灾等专题知识讲座5场，组织全区医疗卫生系统优质专家开展义诊义检活动5场，免费发放药品1万余元。

【服务全民科学素质提升】 **贯彻落实《全民科学素质纲要》** 充分发挥纲要办作用，加强与成员单位的沟通协调，牵头组织开展三下乡、全国科技工作者日、科技活动周、全国科普活动日等各类品牌活动，并积极参与食品安全周、世界环境保护日、消防宣传日、森林防火等各类科普活动，推动社会化科普新格局逐步形成。

配合、组织公民科学素质活动 配合做好中科协第三方民调机构在全区11个镇街，20个村（社区）开展的2020年公民科学素质比例民意调查。组织举办第三届重庆市公民科学素质大赛铜梁片区赛，选派人员代表铜梁区参加渝西片区复赛，获得二等奖。同时，组织全区机关和事业单位职工以及社区、农村居民积极参与重庆市第三届公民科学素质知识竞赛。

推进科普信息化建设和科普资源开发与共享 一是进一步推进镇街、村（社区）科普中国e站、科普文化重庆云、科普活动室、科普图书室建设，购买5台科普文化重庆云触摸屏终端，为城区3个街道办事处、平滩镇综合服务大厅、安居镇大南社区购买《知多少》系列丛书800套，配发到全区各个镇街、社区、行政村。二是铜梁电视台坚持开设健康科普知识讲座等栏目，《铜梁报》、手机报每周定期宣传科普知识。三是在科普铜梁微信公众号、铜梁区群团新媒体、铜梁网等网络平台定期发布科普知识。四是充分发挥科普宣传栏的作用，对全区70余处科普宣传栏统一制作内容，每季度定期更换，向广大群众普及科普知识。

积极开展各类科普活动 一是开展科技下乡、科技培训讲座等品牌科普活动。区科协组织镇街科协、区级学（协）会等开展科技下乡活动12场次，发放各类书籍资料3万余册（份）；会同农业农村委、卫健委等多家部门开展科普宣传、科技讲座、技能培训等联合行动15场次；组织区内相关专家对农技协骨干人员、种植大户、农村科技带头人等开展专业知识培训5次。二是在巴川龙山、东城长坡、南城南门等8个社区开办社区科普大学教学班，共计课时96节，受益群众约500余人。充分发挥社区科普体验馆作用，每周定期向社区居民和学生开放，全年累计接待参观体验人员共计1万余人次。三是组织开展“千会千人进千户”等科技志愿服务活动。积极组织科普志愿者500余人次，开展畜禽养殖、经果管护等各类志愿服务和培训22场次，走访农技协中的“土专家”“田秀才”，累计走访会员户120余户、农户2200余户。

推进青少年科技教育 一是做好第三届青少年科技创新区长奖工作。共评选出区长奖10名、区长提名奖10名、培育奖6名。二是积极开展“全国5·12防灾减灾日气象科普进校园”等科普进校园活动，邀请市区专家进校园开展科普讲座6场。三是组织全区重点企业科技人员参加“技术创新方法与实践”等线上培训讲座5场。四是会同区教委组织参加重庆市第三十五届科技创新大赛，5人获单项一等奖，11人获单项二等奖，15人获单项三等奖。五是联合区教委、区科技局举办铜梁区中小学科技教育成果展和铜梁区第10届中小学科技节活动。

【服务政府科学决策】 一是组织科技工作者和科协系统干部积极参与市科协改革研讨征文和课题研究。全年形成各类调研论文25篇，区科协评选上报改革研讨论文5篇，1篇获评市科协三等奖，1篇获评优秀奖，区科协获优秀组织单位奖。二是组织发动区级学会、镇街科协组织开展调研活动，为党委政府提交决策咨询建议5件；通过政协科技界委员向党委政府提交涉及全区经济发展、社会管理等方面的决策咨询建议，全年提交提案11件，立案9件。反映社情民意12件，上报市政协社情民意1件。

（区科协　何远行）

铜梁区侨联

【概况】 铜梁区归侨侨眷联合会是全区归侨侨眷组成的人民团体，是区政协的组成单位。全区侨界政协委员6人。

【思想政治引领】 一是召开学习会、座谈会，认真学习习近平新时代中国特色社会主义思想和习近平总书记系列重要讲话，学习党的十九届五中全会精神，学习贯彻市委、区委统战工作领导小组会议精神，强化对侨界人士的政治引导，凝聚侨心，汇聚侨智，进一步筑牢团结合作的思想根基。二是认真学习贯彻习近平总书记关于新冠肺炎疫情防控的重要讲话精神，认真落实区委对抗击新冠疫情各项工作部署，扎实抓好抗击新冠疫情各项工作。三是认真落实全面从严治党主体责任，扎实做好机关党建各项工作，抓好理论中心组学习、支部"三会一课"、干部政治学习和机关精神文明建设、保密、法制、信访等各项工作，严格落实中央八项规定、重庆市党员干部政治纪律"八严禁"和生活作风"十二不准"等廉洁从政若干规定，扎实抓好全面从严治党各项工作。

【服务侨胞侨眷】 一是把党的侨务方针政策、涉侨知识及相关法律法规列入各级领导班子理论中心组的学习内容，积极争取各级各部门和社会各界对侨联工作的重视和支持。二是广泛发动归侨侨眷、海外侨胞、涉侨工作者安装使用"侨宝"App，了解侨界最新工作动态和相关信息。三是8至10月，组织侨界群众1000余人次参加全国侨联"侨商杯"法律知识竞赛，参与人次名并全市前列。四是用好涉侨政策，方便涉侨群众。"三侨生""归侨回国定居"等3个涉侨事项开通网上办理，入驻"渝快办"网上办理平台，方便侨胞侨眷。

【服务发展】 **海外华人华侨联谊工作** 一是新冠疫情期间给铜梁籍的华侨、海外留学生邮寄健康包（内含口罩等防护用品）。组织区侨联委员到高速路铜梁互通口看望执行疫情检查的区公安局干警，并捐赠口罩。二是加强阵地建设，在巴川街道正街社区成立正街社区"侨胞之家"，在市侨联争取专项经费4万元用于"侨胞之家"建设和疫情防控，组织有侨身份的群众在端午、中秋、元旦、春节等节日开展活动。三是在市侨联的统一安排下，完成澳大利亚魏基成夫妇"天籁列车""普惠列车"项目、"侨爱心光明行"活动、强化水安全保障调研等工作；参与协办海归论坛，与会嘉宾、海外留学归国人员代表、市级相关部门负责人共聚一堂，进行了深入交流探讨。四是积极探索开展网上侨联工作，通过电子邮件、微信等形式，加强与铜梁籍海外华人华侨的联系，向他们宣传家乡的发展变化，增进对祖国和家乡的了解。五是积极组织区内艺术界人士参与侨界活动。铜梁区画家杨俊的作品被市侨联选中，作为代表重庆的礼品送给华侨大学。

助力脱贫攻坚，服务民生工作 一是争取市侨联"侨爱心光明行"、正街社区"侨胞之家"、魏基成夫妇捐赠3个涉侨民生服务工作项目在铜梁落地；争取市侨联夏季洪涝慰问资金15000元，慰问侨界受灾群众15名。二是积极助力脱贫攻坚，走访慰问困难群众，为南城、庆隆等镇街送去老花眼镜、助听器、冬衣、被子800余件，为东城、南城、白羊、旧县、太平、石鱼贫困群众免费做白内障手术19例。三是积极组织参与扶贫，帮助福果镇河兴村贫困户销售滞销玉米、小林镇庆云村贫困户销售滞销李子。组织侨联委员、侨联工作人员、侨界人士积极在"重庆扶贫馆"购买扶贫产品。

开展参政议政、调研联谊工作 一是认真做好为侨联界政协委员服务的工作，积极支持他们履职尽责。组织开展学习调查活动2次，走访侨属企业，为经济建设献计出力。推荐侨界政协委员、代表人士参加区委、区政府组织召开的有关学习会、协商会、座谈会等，促进知情出力，发挥参政议政作用。二是积极融入成渝地区双城经济圈，与四川广安市侨联签订战略合作协议，缔结友好，在服务侨企、资源共享、优势互补等方面开展交流合作。三是积极开展丰富多彩的活动，组织侨联委员参观重庆建川博物馆，不断增强侨联的凝聚力。

（区委统战部　邓常君）

铜梁区文联

【概况】 铜梁区文联有在编在岗人员6人。内设办公室和文艺部；团体会员单位有17个文艺协会，其中14个成立特设党支部；创建市级文艺创作基地两个，即安居古城（湖广会馆）文艺创作基地和奇彩梦园文艺创作基地；建立铜梁中学、重庆巴川中学、铜梁巴川小学等6个文联工作站。

【组织建设】 一是在区委宣传部牵头下草拟《铜梁区文艺人才扶持办法》，以更加完善的机制推动全区文艺的进一步发展。二是在区电视艺术家协会建立短视频专业委员会，牵头做好短视频的制作、发布和推广工作。三是组建新媒体宣传百人团，分文史、美术、舞蹈、曲艺等11个小组开展活动，督促会员完成点赞、评论和转发等任务。

【文艺活动】 **开展新冠肺炎疫情防控宣传** 一是录制顺口溜、金钱板等小喇叭和短视频，宣讲疫情防控要求；二是广泛开展文学、音乐、书画、MV、摄影等文艺创作，累计创作380余件作品，凝聚抗疫正能量；三是净化抗疫舆情，适时动员转发、推送权威媒体的疫情动态和辟谣消息。

举办“龙乡巨变”大型摄影展 在第二届重庆铜梁中华龙灯艺术节期间举办“龙乡巨变”大型摄影展和摄影大赛，全方位、多角度展现龙乡铜梁近年来取得的成就和第二届重庆铜梁中华龙灯艺术节盛况，不断打造龙文化品牌。

脱贫攻坚文艺创作采风 组织协会开展创作采风，其中作协深入水口镇天星寨和树荫村开展文学采风，摄协参与市扶贫办等单位组织的“扶贫印记”摄影行动，在太平镇漆坪村全景记录扶贫举措和成果。

创建全国文明城区提名城区社会宣传 制定深化社会宣传和文艺宣传的活动计划，在4至11月期间开展征文评选、主题演讲、诗词诵读、文艺展演、视频创作等活动10余场，提升城市良好形象，广泛传播社会主义核心价值观。

举办“走进我们的小康生活”第五届书画摄影联展 结合全区脱贫攻坚、城乡建设、文旅融合等发展新亮点、新态势进行创作，展出优秀作品72件。

铜中杯2020年度系列铜梁文学奖评选 由永川区作家协会组织评委对2020年度在《巴岳风》《铜梁文学》刊发的本土原创文学作品评出获奖作品。其中余一兵的《你们是一个整体》、李宏的《〈鹧鸪天〉十首》、苏其善的《草药王》和刘敏的《冷静期》分获新诗奖、古体诗词奖、散文奖和小说奖。

（区文联　唐道伏）

铜梁区残联

【概况】 全区持证残疾人有20359人，其中视力残疾3071人，智力残疾1940人，听力残疾2118人，精神残疾3100人，言语残疾210人，肢体残疾9381人，多重残疾539人。

【残疾人康复】 落实疑似残疾儿童诊断补贴工作，完成疑似残疾儿童诊断27例；全覆盖开展残疾儿童康复救助，投入资金226万元，145人次残疾儿童获得救助；加强对残疾儿童康复救助定点机构管理和培育，新成立A级脑瘫康复训练项目机构3家；提升基本康复服务水平，出台《重庆市铜梁区残疾人基本辅助器具适配补贴实施办法》，满足残疾人辅具个性化需求，16名残疾人申请了辅具补贴；大力提高康复需求率、康复服务率、辅助器具适配率，动态更新数据显示，该三项指标分别达到30.1%、98.09%、94.37%，超过全市平均水平；730名符合条件的残疾人免费适配轮椅、拐杖、护理床等辅具；协助落实家庭医生签约和履约服务制度，5747名持证残疾人与家庭医生签约，签约率93.9%；开展康复人才培养工作，培训精准康复、社区康复、家庭医生签约、残疾预防等人员300多人次，选派定点机构专业技术人员9人次参加市级康复培训。

【残疾人劳动就业】 联合区就业局开展就业援助活动，现场登记就业的残疾人42人，推荐落实就业39人。完成残疾人就业和培训信息系统的录入工作，全区目前就业年龄段10389人，已录入系统10389人，录入率100%；其中已就业6288人，未就业3750人，就业率60.53%；全年新增就业95人，新增培训76人，均已超额完成市级目标。认真开展残保金征收工作，全年共计审核用人单位215个，用人单位按比例安置残疾人就业417人，残保金入库2317万元。大力推动盲人按摩机构发展，全区盲人按摩机构19家，从业人员50余人，其中从业盲人44人。举办残疾人就业专场招聘会，登记就业需求50余人，推荐残疾人就业10人。大力开展电商、农村实用技术、盲人按摩技术培训，参训人数近400人。帮助残疾大学生就业7人，就业率达70%。开发助残服务扶贫公益岗位20个，完成2人盲医考报名审核工作，成立残疾人辅助性就业机构一家，落实符合条件的残疾人就业6人，完成残疾人养殖大户培育2户。

【残疾人文体活动】 9个残疾人文化体育示范点全部按规定配备设施、划拨经费、开展活动，全年开展活动40次，参加人数1800余人次。参加重庆市第六届残疾人文艺会演，选送2件作品入围决赛，其中1件获决赛声乐类二等奖，区残联获得优秀组织奖。坚持深入村社区开展残疾人文化周和健身周活动，围龙镇合龙村、龙湖村，高楼镇莲花村等村近1000人次先后踊跃参与，趣味游乐。2020年动态更新调查全区残疾人文化参与率达到36%。用心用情用力讲好残联和残疾人投身经济社会发展的生动故事，开播手语新闻16期，全年在各类媒体上刊发涉及残疾人事业发展稿件228条，其中市级以上媒体采用72条，宣传工作在市残联工作会上作交流发言。

【残疾人扶贫救助】 全年召开9次党组（扩大）会议研究部署扶贫救助工作。残联主要领导带队，逐户走访新识别的建档立卡残疾人家庭43户，贫困边缘户29户、脱贫监测户54户、特殊贫困残疾人家庭119户，为有帮扶需求的残疾人家庭精准制定个性化帮扶方案36份，落实帮扶资金16万元。全面落实贫困残疾人家庭救助政策，10335人次享受“两项补贴”，应享尽享率达100%；完成无障碍设施改造259户，贫困残疾人家庭无障碍改造动态清零；建卡贫困残疾人基本康复服务率和辅助器具适配率达100%。2020年全区1186户1328名建档立卡贫困残疾人高质量脱贫。

【残疾人信访维权】 坚持以残疾人权益维护为中心，引导残疾人听党话、感党恩、跟党走。加强残疾人法律知识宣传，组织开展“德法相伴法治教育培训”4期、“‘莎姐’大普法关爱残疾人活动”1期，参与人数近500人次。进一步跟踪回访住房安全整改问题270个，实施残疾人家庭无障碍改造259户，为16位残疾人临时困难救助2.6万元。困难残疾人优先配租公租房精准保障制度进一步落实，77位残疾人享受路桥套餐减免、免收停车费等优惠政策，补贴残疾人参加C5驾照培训6例。用好用活“12385”残疾人维权服务热线，开展信访接待99人次，走访下访2001人次，通过信访代理，帮助残疾人表达诉求、解决问题286件次。积极推行残疾人法律救助制度，残疾人年内获得免费法律援助10人次，依法维权个案6起，挽回经济损失144万元。

【残联组织建设】 在全区28个镇全覆盖配齐配强残疾人专兼职委员，从根本解决“有人办事”问题。在333个村社区便民中心完善残疾人服务标志，方便残疾群众办事。高质量完成20627人残疾人信息数据动态更新工作，移动终端数据采集率、入户调查率分别达到100%和95.6%。成立信息化建设领导小组，依法高效管理涉残信息。恢复成立市残疾人福利基金会铜梁办事处，募集慈善捐款100余万元。大力推进第三代智能残疾人证换发工作，年底已换发17045人，占应换总数的84%。深入细致开展违规持有残疾人证清理工作，到期整改率达100%。广泛开展助残志愿服务活动，全年1200余人次参与助残志愿服务。

【疫情防控】 全面落实习近平总书记“把人民群众的生命安全和身体健康放在第一位”的要求和关于“抗疫”的一系列重要讲话指示精神，召开多次线上党组会，及时落实疫情防控责任和要求。多形式多渠道向全区残疾群众推送疫情防控知识和各级疫情防控要求8000多条，残疾群众对疫情防控知晓率、遵守防控要求率均达100%。迅速落实区委部署，成立党员突击队，组织机关干部220人次深入高楼镇、铜梁高新区督促落实疫情防控措施。组织资金8万元，走访慰问盲人按摩从业人员47人，开展应急慰问201户，慰问抗疫一线残疾人和残疾人直系亲属7人。排查3000多名精神残疾人员服药情况，为60名交通不便残疾人送药上门。

【灾后重建】 2020年8月，特大洪灾两次过境铜梁，给琼江涪江沿线的残疾人家庭造成重大影响。铜梁区残联逐户开展拉网式排查，了解残疾人受灾情况，落实资金8万元，“一户一策”帮助残疾人重建家园，恢复生产，重拾生活信心。全年全区残疾人无一户因灾致贫，因灾返贫。

（区残联　张永红）

政法委及社会治安综合治理

【概况】 2020年，铜梁区委政法委坚持以习近平新时代中国特色社会主义思想为指导，深入贯彻习近平法治思想，认真落实《中国共产党政法工作条例》及市委实施办法，围绕“战疫情 防风险 保安全 护稳定 助发展”工作主线，推动政法各项工作取得明显成效，得到区委的充分肯定和人民群众的广泛认可。群众安全感年度指数达99.32%、政法队伍满意度97.86分、司法公信力97.80分、扫黑除恶专项斗争满意度96.85%，均排名全市前列。

【坚持党的领导】 一是理论武装走深走实。坚持把科学理论武装作为首要任务，第一时间传达学习总书记重要讲话精神，教育引导全体干警增强“四个意识”、坚定“四个自信”、做到“两个维护”。二是制度机制不断加强。坚持把贯彻《中国共产党政法工作条例》和市委实施办法作为重要抓手，修订完善《区委政法委员会工作规则》，完善细化统筹协调等机制，建立平安建设协调机制，落实干部“协管”“协查”机制，区委政法委的职能定位清晰、作用凸显，工作水平提高。三是政治能力切实提升。坚持把旗帜鲜明讲政治作为根本要求，进一步提升全体干部职工的政治判断力、政治领悟力和政治执行力。

【全力以赴战疫情】 一是全过程参与。从疫情暴发之初、复工复产、复商复学、湖北武汉解封、境外疫情蔓延到常态化防控等各个阶段，高效完成了社区排查、重大政策措施制定、督办协调、明察暗访等工作。二是全覆盖排查。日均组织万余工作力量，扎实开展滚动排查、精准排查、重点排查、延伸排查，精准建立重点地区来铜人员台账，未发生聚集性传染事件及脱管失控事件。三是全周期管理。健全信息获取、信息推送、社区核查、核酸检测、集中隔离、健康管理等闭环管理机制。

【防范重大风险】 强化统筹协调，将防范化解重大风险攻坚战与平安铜梁建设一体部署推进，牵头协调11个专项小组工作，构建起上下贯通、左右联通、内部互通的一体化机制。强化动态管控，落实“把工作做在前面、做在平时、做在基层”要求，常态排查与专项排查、定点排查和巡回排查相结合，精准管控2109个风险点。强化督查督办，按照“三见三定”要求，充分发挥情报信息收集研判、交办督办、处置反馈机制作用，每季度组织督查组深入镇街和部门开展专项督查，整改问题51个。

【社会治安综合治理】 **抓好试点引领** 推进"党建扎桩、治理结网"工程，建立健全目标管理、动态评估、投入保障、激励督促、责任落实等工作机制，整体推进全国、全市首批市域社会治理现代化试点区建设。全市市域社会治理现代化工作现场会在铜梁区召开。

维护政治安全 坚持总体国家安全观，组织协调推动政法机关扎实推进"三大工程"和"10+5"专项行动，有力有效防范化解政治安全风险。报送情报信息51篇，得到习近平总书记批示1次，情报信息专项工作得分排名全市第一。有效防范非法宗教和邪教的传播渗透。全面建成投用铜梁全德学校，努力打造全市一流、西部领先的邪教人员关爱之家。

建设智慧政法 "雪亮工程"建设成效明显，重点公共区域视频覆盖率、联网率达100%，排名全市第一，承办了"加强科技支撑，建设平安重庆"智能化应用场景展。

夯实基层基础 以深化"枫桥经验"重庆实践十项行动为抓手，着力推动基层组织、基础工作、基本能力建设。出台《关于深化矛盾纠纷大调解体系建设的实施意见》，推动构建三调联动、纵向贯通、多方参与的大调解体系。

强化治安防控 6个挂牌整治地区刑事案件同比下降43%，8类严重犯罪案件发案同比下降23.68%。健全新型犯罪打击防范研究一体化机制，组织推动"全民反诈"专项行动并取得初步成效。有效管控10525名重点人员和特殊群体，未发生"民转刑"案(事)件。

推进扫黑除恶 深入推进"六清行动""六建工作"，出台"一案一整治"办法，实现刑事立案下降、破案和移送起诉分别上升的"一降两上升"态势，连续11年保持命案全破，累计打掉恶势力团伙5个、破获"9+4"类案件198起，查处涉案资产3681万元，连续两年获评全市扫黑除恶专项斗争优秀区县。

化解信访矛盾 建立完善信访案件办理通报机制、评查机制、督办机制、领导干部接访下访机制，信访总量、到市访、进京访分别同比下降31.6%、61.1%、50.9%，办结下访受理诉求案件3386件，化解矛盾纠纷726件次，化解"清仓见底"案件70件，化解重点群体10个、重点问题96个、重点人员37人。

维护社会稳定 依托平安稳定风险综合研判机制，跟踪督办重点涉稳事项123件次，联动处置重点涉稳事项47件次。开展矛盾纠纷减存量控增量防变量集中攻坚、房屋租赁市场风险排查整治等专项行动，妥善处置"原油宝"等聚集"维权"事件。牵头出台《贯彻落实防范化解和妥善处置群体性事件意见的重点举措》，健全完善全区维稳处突工作制度体系，连续两年被评为全市防范化解重大风险攻坚战先进区县。

【精准施策】 **护航重大战略部署** 围绕"六稳""六保""双城经济圈"建设、企业复工复产等重点任务，深化政法领域改革，推出"一镇一法官""三调对接""智慧检务"等一系列便民利民举措，依法助推全区经济社会恢复提振，与遂宁、简阳等地政法部门签署了一揽子合作协议并积极推动落实。

推进改革法治 9项改革重点任务、28项法治协调任务推进有力有序，一批改革成果获市委政法委、市委改革办肯定。扎实推进法学会工作，获评第十五届西部法治论坛、首届渝西法治论坛优秀组织奖。

推进舆论宣传 积极参加第五届平安中国"三微"比赛等赛事，"铜梁政法"微信公众号涨粉20%，总阅读量和平均阅读量同比分别上涨700%和500%，政法宣传和意识形态工作有力有效。

规范执法司法行为 制定《关于加强和规范重大敏感案件请示、报告、会商、督办工作实施办法》,常态化开展执法司法规范化检查,协调、督办各类重大、敏感、疑难案件29件次,督促启动再审程序2件,评查案件50件,发现纠正一般瑕疵案件6件。

激发市场主体活力 制定出台《关于服务企业复工复产保障经济社会发展的意见》,组织开展"保市场主体、助企业发展、清挂案积案"专项行动,帮助重庆林腾机电有限公司等14家企业扭亏为盈。

【自身建设】 加强学习培训 深入推进习近平法治思想和训词精神学习贯彻,全面提升队伍斗争精神、战斗能力、服务水平。全年举办6个专题培训班,培训2000余人次,带动政法系统分层分批开展全员培训,政法干部平均政治培训时间达到20学时。为巩固深化"不忘初心、牢记使命"主题教育成果,制定《党建重点任务清单》,完成机关支部、工会换届选举工作,开展理论学习12次、上党课10次,开展主题党日活动12次,交流讨论8次。

确保清正廉洁 深入开展党风廉政建设和反腐败斗争,推进"以案四说"警示教育、"以案促改"常态整治、纪律作风大排查大整治,精准落实"负面清单"制度,加强日常监督管理,坚决查处干警违纪违法行为。

加强综合保障 开展节约型机关、"无废机关"创建,以实际行动践行绿色发展理念。进一步规范机关运行保障制度机制,重要文件、重要会议和活动更加高质高效,全年完成领导会议讲话材料和重要文件200余份。严格落实八项规定精神,深入开展"基层减负年"行动和"四治四提"专项行动。

(区委政法委 毛希望)

法治政府建设

【履行法治政府职责】 深学笃用习近平法治思想，自觉将法治政府建设置于全面依法治区工作全局，一体推进全区各级行政机关法治建设。区政府常务会议研究法治政府建设相关工作10余次，审议重大法治事项20余次。贯彻落实《法治政府建设与责任落实督察工作规定》，完善考核机制，开展全区法治政府建设全面总结评估，将推进法治政府建设情况纳入区级综合考核指标体系。

【优化法治化营商环境】 建立营商环境“观察哨”制度，选聘50名营商环境观察员，形成常态化监督机制，及时发现、转办和解决法治化营商环境领域的各类突出问题。集中开展不符合《优化营商环境条例》的现行行政规范性文件专项清理1次，清理出与优化营商环境要求不符的行政规范性文件4件并按法定程序废止。

【深化行政审批制度改革】 按照“政府委托、园区审批、部门备案”模式，将区发展改革委、区住房城乡建委等6个部门的49项行政审批事项委托下放至镇街、园区。推行工程建设项目“四合一、四联合”改革，政府投资项目从立项到竣工全过程，审批时限从市级要求的70个工作日压缩到41个工作日，一般社会投资项目从投资备案到开工从市级要求的50个工作日压缩到31个工作日，一般工业项目从29个工作日压缩到20个工作日。推行智能“秒办”政务服务。将商事登记、市场准入等营商环境重点领域12家单位41项事项纳入承诺制信任审批，在施工许可事项办理中为企业节省7～22天审批时间。

【优化提升服务效能】 通过企业开办“一网通”平台全流程无纸化办理企业设立登记、刻制印章等业务，费用由财政统一解决，各审批部门全程网上审批，审批结果由工作人员当天送达。着力推进企业开办“零材料、零见面、零费用、零跑路”的“四零”改革。建成全市首个企业开办无费区，办理时限压缩到2小时以内。全年新开办企业达1730家，较上年增长16.2%，在疫情影响下依然实现了大幅增长。建立服务专员制度，落实服务专员提供企业开办、工程建设项目审批等帮办、代办服务3300余次，上门服务160余次。实施便民利企服务，实施每周7天工作制，全天候服务企业和群众；建立企业和高层次人才“绿色通道”，所有事项第一时间办理；设立疑难事项窗口，做到专人协调、窗口联动、迅速办理；开展高频事项“扫码办”，推出区级131项、村(居)39项高频事项二维码，方便企业和群众扫码办事；开展邮政代办和免费邮寄服务，减少企业和群众办事成本。

【行政规范性文件审核与管理】 严格做好涉及疫情防控的行政规范性文件合法性审核工作，全面高效审查发文主体、事项、程序、依据和内容，办理涉及疫情防控的行政规范性文件合法性审核2件，提出合法性审核意见13条，并及时向市政府与区人大报送备案。加强行政规范性文件重点环节管控，健全完善行政规范性文件合法性审核机制，办理行政规范性文件合法性审核22件，提出合法性审核意见200条。办理部门行政规范性文件备案审查4件，高效完成了行政规范性文件目录汇编工作，确保行政规范性文件库数量清、情况明。开展优化营商环境、交通运输、卫生健康、生态环境保护等领域行政规范性文件专项清理8次，并根据清理结果废止行政规范性文件14件。

【强化政府依法决策】 贯彻落实《重庆市重大行政决策程序规定》，强化政府决策法定程序刚性约束，在税务等重点领域出台科学决策的举措和规定，如税务方面，明确重大涉税（费）事项标准、集体审议程序，坚持集体讨论决定，有力推进税务机关科学民主决策，全年对42项重大涉税（费）事项进行审查。完善行政决策论证评估机制，将社会稳定风险评估作为重大决策的前置程序，切实做到应评尽评、当否必否，从源头预防和减少社会重大风险隐患的发生，全年办理重大项目风险评估备案审查40个。建立健全重大民生决策事项民意调查制度，在重要事项实施前或过程中，及时组织召开民调会，充分听取市民代表、企业代表、人大代表、政协委员以及相关职能部门的意见建议，提高决策民主性。

【规范公正文明执法】 推进交通运输、城市管理、农业、生态环境保护、文化市场、卫生健康等6大领域综合行政执法改革，6大领域综合行政执法机构全部挂牌并以新的机构名称对外开展执法工作。推进行政执法规范化建设，编制形成《重庆市铜梁区行政权力和责任事项清单》，共涉及行政处罚以及与之相关的行政强制和行政检查3300余项，全面涵盖全区各部门行政执法清单事项，并在区政府网站主动公开。贯彻落实“两法衔接”工作要求，完善联席会议、信息通报、案件移送、双向咨询等制度。推动行政执法服务改革，在道路交通、生态环境和卫生健康等重点执法领域，积极推行服务型执法模式，依法实施柔性执法、教育指导等执法方式。强化执法工作监督，认真开展行政执法案卷评查工作，常态化开展涉企处罚案件报备工作，对执法单位在执法主体、执法程序、适用法律法规及自由裁量基准等方面存在的问题进行监督，全年对26件涉企行政处罚案件进行备案，提出相关法律意见建议21条。

【依法化解矛盾纠纷】 开展新冠肺炎疫情引发的矛盾纠纷专项排查化解工作，指导村（社区）调委会每周、镇街调委会每半月、区级调委会每月开展一次以上拉网式矛盾纠纷排查，全年排查纠纷2900余次，预防纠纷900余件。健全完善公共法律服务三级实体平台，畅通12348公共法律服务热线，三级公共法律服务实体平台全年接待群众法律咨询4000余人次，12348热线共解答来电咨询700余人次。加强普法宣传，重点抓好与疫情防控相关的普法宣传工作。加强社会治理创新，入选全国市域社会治理现代化试点区、全国乡村治理体系建设试点区。加快实施农村“法律明白人”培养工程，加强乡村法律顾问工作，做好民主法治示范村（社区）的推选命名和动态管理。

【行政复议行政应诉】 积极探索建立行政复议和行政执法监督工作融合机制，通过制发行政复议意见书、与具体行政执法部门当面交流等形式，指出行政执法部门在执法过程中存在的问题，提出意见建议。全区行政复议机关全年办理行政复议案件15件，区政府制发行政复议意见书2份，办案过程中，与复议案件被申请人当面交换意见14次，实地调查8次。全区行政机关认真履行行政应诉职责，切实提高行政应诉能力，健全完善行政机关负责人出庭应诉制度。

（区政府办　王刚）

公 安

【概况】 2020年，区公安局内设机构29个，派出所28个，警务室75个，年末有529名民警和692名辅警。区公安局战疫情、防风险、保安全、护稳定，业务工作和队伍建设齐头并进，全区群众安全感、满意度和执法公信力不断提升，政治社会大局持续稳定。区公安局绩效考评成绩列全市第三，荣立集体二等功，荣获“全国公安机关执法示范单位”称号，获评“铜梁区新时代担当作为奖”，21个单位立功受奖，99名个人记功嘉奖。刑侦支队法医杨发英获评“全国公安系统二级英模”“全国三八红旗手”“全国先进工作者”称号。

【新冠肺炎疫情防控】 2020年，铜梁区公安局全警全勤全力投入疫情防控工作，成立疫情防控工作专班和4支党员突击队、5支青年突击队，印发《新型冠状病毒感染肺炎疫情社会治安防控工作方案》，制定全区42个站点卡点查控方案，制发集中医学观察场所秩序维护工作方案10余份。坚持人物同防、闭环严防、关口细防、横向联防、社会谨防，全面加强来铜返铜人员核查、重点领域重点部位防疫管理、涉疫违法犯罪打击处理、机关内部安全管理等常态化疫情防控工作，核查人员13.15万人次，侦办涉疫情违法犯罪案件23起，确保全区无一例“二代传播病例”。

2月4日，区公安局团委为该局疫情防控青年突击队授旗（区公安局　供图）

【打击刑事犯罪】 2020年，铜梁区公安局始终把打击犯罪作为主责主业，创新建立多发性侵财案件“3+3快侦快破快追赃”工作机制，严打黄赌毒、黑拐枪、盗抢骗、食药环等违法犯罪，成功侦破“9·10大货车被盗案”“4·14网络团伙贩枪案”、龙岩主播诈骗案等大要案件，连续11年保持命案全破，破各类刑事案件16828起，同比上升545.0%；现案破案率达34.88%，同比上升4.34%；其中八类案件发案28起，同比下降26.32%，破案率100%，同比上升5.6%；移送起诉775人，超额完成全年任务。

7月30日，群众送锦旗致谢铜梁区公安局找回被盗车辆（区公安局　供图）

【打击经济犯罪】 依法严厉打击各类经济、涉假领域违法犯罪活动，制发《铜梁区公安局2020年打击非法集资犯罪专项行动方案》《铜梁区公安局“昆仑2020”专项行动实施方案》《重庆市铜梁区公安局涉众型经济犯罪风险排查工作方案》，破获经济案件4起，打击17人。积极会同区金融发展中心、市场监管局等行政职能部门，开展金融领域风险排查工作，摸排线索59条，核查反馈线索58条，化解非法集资积案4件，确保了经济社会稳定。

【禁毒工作】 争取区委区政府大力支持，把禁毒工作纳入全区经济社会发展总体规划，将成员单位和镇街禁毒工作情况纳入年度考核，全区禁毒工作形势整体向好。立公安部毒品目标案件1起，破获公安部毒品目标案件2起，共破获毒品刑事案件84起，抓获犯罪嫌疑人96人，缴获毒品40.5千克，查扣涉毒资金70万，冻结17万元，查扣涉毒车辆2台；抓获毒品网上逃犯2名；查获吸毒人员247人，强制隔离戒毒111人，毒品犯罪高发势头得到有效遏制，吸毒人员肇事肇祸“零发生”、易制毒化学品“零流失”、毒品原植物种植“零产量”。

【治安管理】 年内办理治安案件3278起，治安处罚815人，行政拘留674人，其中查处涉黄案件35起，行政处罚105人，立破刑事案件6起，移送起诉26人；查处涉赌案件68起，行政处罚249人，立破刑事案件44起，移送起诉49人。办理大型群众性活动安全许可2起、备案大型群众性活动15起，审批并发放旅馆业（含留宿洗浴场所）特种行业许可证16家，查获违规、违法行为38起，治安拘留13人，其他处罚31人。销毁各类印章4200余枚，备案刻制各类印章10012枚。加强特种行业、旅馆酒店、KTV歌城和洗浴场所、危化爆、校园、监所、人员密集场所等领域治安整治，检查发现、限期整改各类安全隐患1598个，处罚1家印刷业，警告处罚废旧金属从业人员6人，共查处非法运输、非法储存、违规燃放烟花爆竹案件31件，收缴非法烟花爆竹6595件。

【道路交通管理】 以强化交通事故预防为牵引，深化道路交通管理工作。强化源头治理，重点驾驶人审验率和换证率达99%以上，全区“三客一危”重点车辆检验率、报废率、违法处理率均达100%，整改道路交通安全隐患36处。开展“飚车”、酒驾醉驾等交通严重违法行为整治，民警现场执法与智能科技“执法”有机结合，依托科技设备全天候执法，全年共查处各类交通违法行为87179起。在安全生产中，年内全区发生道路交通安全事故5起，死亡5人，分别同比下降28.57％、54.55%，全区道路交通安全形势总体平稳。开展“交巡警柔性执法”品牌创建活动，优化车管驾业务流程，所有业务实行一窗受理，一站式办结；严格落实“网上办、延期办、预约办、上门办，急事特办”，在城区广场、业务窗口、市民服务中心、派出所等人员密集场所配置13台交管自助服务机，布建3台自助体检机，群众自助处理交通违法等23项交管业务，自助体检换证。

【出入境管理】 加强出入境管理工作，加大偷越国边境犯罪打击力度，抓实外国人管理，摸排出辖区内30名非法出入境人员，共发现查处“三非”外国人5人。办理非法出境入境行政案件5件，行政处罚6人；组织他人偷越国（边）境刑事案件2件，偷越国（边）境刑事案件2件，采取强制措施4人。严把出入境证件受理、审批关，共审批不通过各类出国境证件89人次。加强双报备工作，全区新增法定不批准出境人员931名，收缴出入境证件161本。创建“服务心贴心，满意百分百”窗口品牌，受理各类出入境证件1418人次、外国人签证申请67人次，证件受理零差错、零投诉。

【扫黑除恶专项斗争】 对照扫黑除恶三年目标，清剿黑恶势力、决战案件清结、深化行业整治、谋划常治长效，编制工作清单153项、工作方案20个、运行机制52个，与区级15个部门建立联动协调机制。线索查结率100%，抓获涉恶九类犯罪嫌疑人422人，破获涉恶九类案件129起，打掉涉恶团伙5个、抓获团伙成员54人，追缴税款3808万元；深挖“保护伞”，协助查处移送公职人员88人，列全市前列；涉恶九类案件呈逐年下降趋势，各项工作列全市前列。扫黑除恶专项斗争圆满收官，进入常态化。

【长江禁捕】 开展打击长江流域非法捕捞专项行动，成立领导小组，制发《打击长江流域非法捕捞专项行动方案》《重庆市铜梁区涉渔百日走访活动实施方案》和考核方案。移送起诉非法捕捞案件14起，犯罪嫌疑人19人；深挖非法捕捞案件利益链条线索9条，移交区农业农村委进行行政处罚，确保实现全链条打击整治。制作并下发打击非法捕捞宣传横幅30幅，宣传资料40000份，宣传海报500份，宣传视频75个。全面排查梳理和分析研判涉江涉河安全稳定风险隐患，配合完成全区345名渔民、181艘渔船退捕工作。出动警力326人次，联合开展打击非法捕捞违法犯罪“零点行动”，检查水产品市场160次，检查涉渔餐饮场所405家次，检查渔具销售场所310家次。

【执法规范化建设】 持续开展执法规范化建设，聚焦法治公安建设目标，完善执法办案权力清单和责任清单，推进信息技术与执法办案深度融合，持续开展执法突出问题专项整治，深化执法规范化建设。投入近600万元加强执法办案管理中心建设，加强执法办案活动的智能化管理、集约化保障。邀请专家骨干开展专题培训讲座20余次，组织开展民法典培训9次，培训人员2000余人次；组织法制民警参与现场执法活动，组织法制民警到基层办案单位参与接处警、案件办理等工作。疑难复杂案件商请检察院介入。共巡查各类案件13325件，发现各类问题并下发巡查建议806件，发出执法监督整改建议书20余份，在巡查量和巡查效果上在全市名列前茅。全年，区公安局未发生一起行政复议被变更或撤销、行政诉讼败诉以及给予国家赔偿案件，区公安局荣获“全国公安机关执法示范单位”称号。

【队伍建设】 坚持党的绝对领导，对标落实“第一议题”制度，深化习近平新时代中国特色社会主义思想、习近平总书记在中国人民警察警旗授旗仪式上训词精神和习近平总书记关于新时代公安工作的重要论述学习教育，实现党的创新理论武装覆盖全警；扎实开展肃清工作，增强“四个意识”、坚定“四个自信”、做到“两个维护”，政治判断力、政治领悟力、政治执行力不断提升，对党忠诚的思想自觉、政治自觉和行动自觉切实增强。坚持党建引领，铸牢政治建警生命线，制定《基层党建考核办法》《各党支部规范化建设指引》，成立1个临时党支部，火线发展党员10人，建成“基层党建示范点”3个，全市公安机关党建示范点1个，开展革命传统教育34次，组织全局700余名民警、辅警开展政治轮训。坚持从严治警，加强日常监督管理，出台《促进良好家风八条措施》和《重庆市铜梁区公安局谈心家访制度》，制定《队伍管理七条铁规》《队伍管理重点单位挂牌整治制度》，建立“饮酒报备”制度，问责处理民警68人次，辅警警示约谈3人、警告处分2人、退回3人。坚持素质强警，以大练兵大比武为抓手，开展各类业务培训80余次，培训人员5135人次。落实从优待警，共开展各种形式的慰问237人次，发放慰问金29.48万元；外宣发稿1604篇条，及时选树先进典型，精准把握奖励对象。

6月，区公安局被公安部命名为“全国文明执法示范单位” （区公安局 供图）

11月13日，区公安局150名党员民警向邱少云烈士敬献花篮，重温入党入警誓词 （区公安局 供图）

【装备建设】 修订完善《经济活动内部控制规范》《单警装备管理规定》《执法执勤用车使用管理办法》《重庆市铜梁区公安局政府采购管理办法》《重庆市铜梁区公安局工程建设项目管理实施办法》等规范。投入627万元,购置警车、执法记录仪、反恐处突等常规装备、购买音视频系统、反诈软件设备等,投入319万元推进公安基础设施建设。

（区公安局　高云全）

检 察

【概况】 2020年，铜梁检察院深学笃用习近平新时代中国特色社会主义思想，全面贯彻落实党的十九届五中全会精神，准确把握新发展阶段、认真贯彻新发展理念、服务构建新发展格局，以检察工作高质量发展推动全区经济社会高质量发展。全年检察院受理各类案件1236件，审结1046件，刑事、民事、行政、公益诉讼“四大检察”全面协调充分发展，检察队伍群众满意度98.13，司法公信力98，位居全市前列。

【惩治经济犯罪】 审结破坏市场经济秩序犯罪案件8件23人，其中批准逮捕4件4人，审查起诉4件13人，不起诉4件10人，涉案金额共计4332万余元。紧盯涉众型经济犯罪，起诉诈骗8.4万余人，涉案3100万余元的“中华民康汇”系列网络电信诈骗案。聚焦六稳六保，大力开展“保市场主体、护民营经济”专项行动，强化产权司法保护，办理侵害企业合法权益案件26件33人，追赃挽损470万余元。注重知识产权保护，办理成都佳丰泰建材有限公司假冒注册商标案，有力维护卫浴品牌“箭牌”知识产权。开展涉企“挂案”“积案”专项清理，监督撤销“挂案”2件，为涉案企业解除“诉累”。联合区工商联举办民营企业家座谈会，营造法治化营商环境。

【刑事检察】 全年审查逮捕案件206件273人，批准逮捕184件227人；审查起诉案件556件708人，提起公诉453件571人。严惩影响人民群众安全感的刑事犯罪，重拳打击故意杀人、抢劫、强奸、伤害等严重暴力犯罪24件24人，办理危险驾驶等危害公共安全犯罪220件221人。守护人民群众“钱袋子”，起诉“盗抢骗”多发性侵财犯罪135件181人。积极参与社会综合治理，办理“黄赌毒”违法犯罪102件149人，批捕涉毒30余公斤的特大毒品案。夺取扫黑除恶专项斗争全面胜利，办理涉恶势力犯罪案件2件6人，扎实开展“六清”行动，向重点行业领域发出社会治理类检察建议15份。落实宽严相济刑事司法政策，适用认罪认罚从宽604人，案件适用率92.11%，提出确定刑量刑建议503人，占比98.6%，司法效能进一步提高。

【法纪检察】 大力惩治职务犯罪，深入推进反腐败斗争。办理职务犯罪案件7件7人，对涉嫌受贿罪的原铜梁县国土房管局局长罗某某依法提起公诉，起到办理一案，警示一片的良好效果。坚持受贿行贿一起查，办理建筑承包商罗某某行贿案，让“围猎者”也付出应有法律代价。强化法纪贯通、监检衔接，与区监委联合制发《关于加强涉黑恶势力“保护伞”线索移送的工作办法（试行）》，移送问题线索14条，增强“破网打伞”工作合力。树立精品意识，审查起诉的原垫江县卫生局局长刘某某受贿、行贿案被评为重庆市职务犯罪检察“十大精品案例”。

【刑事执行检察】 强化刑事执行监督，全年办理各类监督案件107件。重点开展羁押场所执法监督，办理刑事执行违法违规案件41件，发出检察建议3份。聚焦刑罚执行，补强监外执行监督薄弱环节，办理社区矫正违法违规案件14件，提请收监执行1件。开展服刑人员违规领取养老金问题专项清理整治，清理违规人员25名以及违规发放养老金17万余元，健全完善工作机制，堵住养老金发放管理漏洞。开展因疫情未关押罪犯清理行动，在落实疫情防控的前提下，“一人一策”监督25名未羁押罪犯全部收监。深化财产刑专项监督，核查罚金刑116人及金额264万余元，追缴罚金24万余元。

【控告申诉检察】 年内受理控告、申诉、咨询总计115件，其中来信29件，来访82件，电话及网络信访4件。所受理的来信来访，均按归口管理原则和首办责任制的规定和要求及时进行分流处理，无积压、无错转，所受理信访件均在7日内进行了程序性回复，3个月内进行办理结果或进展答复。审结刑事申诉案件4件，申诉人全部息诉息访，移送刑检部门立案复查1件，办理司法救助案件27件，发放司法救助金40万余元。推深做实“检察长接待日”制度，院领导参加接待日接待来访48次，共接待来访群众32件50余人，检察长接待日批办案件11件，全部办结。

【民事行政检察】 办理民事行政检察案件90件，其中支持农民工讨薪起诉案件23件，22件获胜诉判决，监督民事生效裁判8件，提请市检察院第一分院抗诉2件并获改判，监督民事审判活动违法行为25件，发出检察建议22份，办理民事执行监督案件29件，发出检察建议25份，全部整改落实。紧盯虚假诉讼，严查“打假官司”等妨害司法秩序行为，“一案三查”办理的铜梁土桥建筑公司和龙乡苑开发公司虚假诉讼案获再审改判，维护司法公平公正。开展民法典普法宣传8次，推动民法典正确实施。

【公益诉讼检察】 办结各类公益诉讼案件76件，其中行政公益诉讼59件，民事公益诉讼17件。聚焦污染防治攻坚战，办理环境资源保护公益诉讼55件，发出诉前检察建议32份，围绕中央生态环保督察整改落实，督促13个镇街对区内关停砂岩矿山生态系统开展修复治理，推动矿山复垦复绿。着眼常治长效，历时3年持续跟进红蝶锶业渣场整治，促使责任单位斥资1500万元完成整改并通过评审验收。办理国有财产保护公益诉讼11件，做实革命文物纪念设施保护。深入贯彻落实最高检“四号检察建议”精神，举办公开听证推动窨井盖安全隐患整治，守护群众“脚底下的安全”。

【诉讼监督】 强化执法司法制约监督，前移监督窗口，设立派驻区公安机关执法办案中心检察室，严控“两退三延”，防止司法程序空转。向侦查机关发出纠正违法通知书35份，追诉漏罪6人，追捕1人。办理立案监督10件，立案5件，办理撤案监督20件，撤案19件。紧盯涉案财物，监督违法扣押款物案件5件。加强人权司法保护，对不符合捕诉条件的，依法不批捕47人、不起诉99人。强化监管场所监督，参与跨地区交叉巡回检察1次。开展羁押必要性审查10次，变更强制措施7人。深化两法衔接，向行政机关发送移送案件函2件。

【思想政治建设】 强化理论武装，持续推进“不忘初心、牢记使命”主题教育常态化制度化，开展党组理论学习中心组学习13次，各支部进行集中学习36次。深入推进争创“学习型”检察院、争当“放心型”检察官活动，2名干警分别入选重庆市检察理论研究人才库和职务犯罪刑检专业团队。坚持强基导向，配齐1名副检察长和1名政治部主任，增补机关党委副书记，增设8名支部委员，进一步夯实基层组织。围绕检察队伍素能提升，分级分类组织干警培训237人次。深入学习贯彻训词精神，打造“四个铁一般”的检察铁军。

（区检察院　喻宁）

法 院

【概况】 铜梁区法院由14个部门(含监察室)组成,其中人民法庭3个。全院有在编干警132人,其中员额法官49人,占37.1%;审判辅助人员59人,占44.7%;司法行政人员24人,占18.2%。全院具有本科及以上学历124人,占93.94%。其中博士学位1人,硕士学位14人,占11.36%。全年共受理案件16016件,审执结14743件,比上年分别下降6.13%和5.37%。

年内荣获2020年度全市诉讼服务指导中心信息平台质效工作先进法院、全市审判工作先进法院、全市环资条线工作先进法院、全市司法警察工作先进集体、全市信息化工作先进法院、全市队伍建设工作先进法院称号。

【重大案件审判】 审结一审重大案件61件,其中刑事4件,民商事52件,执行案件4件,行政案件1件。审结彭品全行贿罪、卫保安非法吸收公众存款罪、黄培等制作、复制、出版、贩卖、传播淫秽物品牟利罪、陈弟明等串通投标罪刑事案件。审结重庆商社物业管理有限公司14件系列案件,重庆恒华投资管理有限公司、重庆展仑商业管理有限公司15件系列案件。

【刑事审判】 全年审结一审刑事案件509件,判处罪犯644人。其中,严重暴力犯罪79件,多发性侵财犯罪171件,涉毒品犯罪88件,涉赌涉黄犯罪21件,依法审结全国扫黄打非办挂牌督办的"草莓TV"网络传播淫秽物品案。决胜扫黑除恶专项斗争收官战,依法严惩把持基层政权、欺压良善、破坏公平竞争的彭品全涉恶团伙;重拳出击"打财断血",财产刑执行到位率84.30%;审结寻衅滋事、开设赌场等"9+4"类案件36件,判处罪犯95人。

【民商事审判】 审结一审民事案件7638件,其中涉就业、医疗、住房、消费等民生案件2200件。审结婚姻家庭案件1096件,深化家事审判改革;加大反家暴力度,及时发出人身安全保护令;审结赡养案件25件,维护老年人权益,根据真实案例拍摄微视频《良心》,弘扬传统美德。审理段某诉区文化委健康权纠纷案,入选全市法院第一批弘扬社会主义核心价值观典型案例。

【行政审判】 审结一审行政案件诉讼案件100件、行政非诉案件33件。其中,驳回原告诉讼请求22件,在潘某某不服区烟草专卖局行政处罚案中,依法认定行政处罚并无不当。判决行政机关败诉11件,保护行政相对人合法权益,强化对行政执法的监督。经释法明理,原告撤回起诉36件,实质性化解行政争议。开庭审理的案件中,行政机关负责人出庭应诉的比例为65.45%。助力法治政府建设,到行政机关走访、座谈12次,对行政执法人员法治培训4次,发布行政审判白皮书,编写典型案例,1篇案例入选重庆行政诉讼十大案例。荣获2020年度全市行政条线工作先进法院。

【审判监督】 落实审判监督管理"八项制度",健全审委会、专业法官会、全庭法官会等机制运行,确保"放权不放任、监督不缺位、到位不越位"。紧盯重点案件,建立动态台账,累计对300多件重大敏感案件实行院庭长个案监督。发挥"错题本"功能,对改发案件分析原因、总结教训,倒逼案件质量提高。落实院领导办案制度,带头办理疑难复杂案件,广受关注的全国首起巴博斯汽车车标瑕疵权益保护案宣判后，被重庆电视台报道，引起良好反响。大力推进司法公开、保证司法公正，裁判文书公开率100%，直播庭审2422场。荣获2020年度全市审判管理工作先进法院称号。

【执行工作】 执结案件5822件，执行到位6.185亿元。加强拘留、搜查、失信曝光等措施运用，强力惩戒失信被执行人，拘留44人，将2391人纳入失信名单，发布限制高消费令2472人次。强力推进"一套房"执行，依法处置"一套房"35套。开辟涉民生案件执行"绿色通道"，开展专项执行，办理追索劳动报酬、赡养抚养费、事故赔偿金、土地承包款等案件770件，执行到位8149万元，为务工人员追回劳动报酬1164万元。荣获2020年度全市执行工作先进法院。荣获2020年度全市执行工作长效机制建设专项工作先进法院。

【其他业务工作】 审结执行行为异议案件21件，检察建议案件4件，撤销缓刑案件1件，民事再审案件3件。

【司法改革】 制定《法官审判权力和责任清单》《重点案件评查暂行规定》等审判管理制度，建立"一镇一法官"机制，深度参与基层社会治理。加大"法信"平台的推广和运用。

【队伍建设】 开展"双优"、青年先锋研究会、"亮职能、晒业绩、比作为"演讲比赛等系列活动，实行"两个一"法官参审计划，实战实训提高青年法官庭审驾驭能力，营造良好氛围，让青年人全面深度参与法院建设发展。开展"巴岳讲坛"专题讲座，举办联欢会、战疫读书分享会、中秋音乐会、趣味运动会等丰富多彩的文体活动，为青年干警搭建展示舞台，增强队伍凝聚力。强化干部选育管用，大力奖掖人才，增补完善后备人才库，有效调动队伍积极性和战斗力。制定完善的《绩效考核办法》，激发干警干事创业精气神。

（区法院　蒋小凤）

司法行政

【概况】 **机构设置** 铜梁区司法局设有8个内设机构，分别为政治处、办公室、行政执法协调监督科、行政复议应诉科、社区矫正管理科（社区矫正管理局）、普法与依法治理科、人民参与和促进法治科、公共法律服务管理科，负责履行全区司法行政工作职能。区委依法治区办公室设在区司法局，单设区委依法治区办秘书科。局辖3个事业单位：铜梁区法律援助中心（参公）、重庆市铜梁公证处、铜梁区医疗纠纷调解中心。区内28个镇街分别设有司法所。全局有在编干警64人（其中机关工勤2人）；法律援助中心全额拨款参公事业在编5人，公证处差额拨款事业在编3人，医疗纠纷调解中心全额拨款事业在编2人。

加强党建 局党组发挥领导带头作用与示范作用，党组成员"一岗双责"有效落实，结合每季度司法行政工作考评、每月司法行政办公例会等，将党建工作与司法行政中心工作一起谋划、一体推动、全面落实，彰显了党建工作活力。在职党员62人，其中新发展预备党员1名，转正1名。以中心组理论学习、三会一课、民主生活会、主题党日活动为载体，组织开展重温入党誓词、政治理论学习、红色教育、警示教育、知识竞赛等党日活动48场。严格执行和落实党风廉政建设相关规定和各项规章制度，开展个别约谈、集中廉政约谈共83人次。

培训提高 组织政治理论、法律法规、职业道德、机关公文、司法业务知识等培训，干部职工人均培训时间超过20学时，实现全覆盖，其中机关公务员235人次，基层司法助理员264人次，医疗纠纷调解中心33人次，公证处134人次，律师275人次，共计941人次。

区司法局党员干部集体参观邱少云烈士故居（区司法局 供图）

【依法治区】 **优化完善制度** 优化完善全面依法治区考核体系，开展全面依法治区专项督察。制定重大法治事项请示报告制度、区委全面依法治区委员会协调小组工作细则、全面依法治区督察工作办法（试行）和法治工作重要决定和方案备案工作规定等制度规定，为推进全面依法治区工作夯实了制度基础。印发《区委全面依法治区委员会2020年工作要点》《铜梁区"市民法律素养提升行动"工作实施方案》等，开展全面依法治区专题培训班，全区参培人员131人。督促全区各镇（街）各部门报告并公开法治政府建设年度报告，落实领导干部述法制度。抓好法治督察和目标考核两个"指挥棒"，开展法治政府建设全面自查评估和全面依法治区督察，全面依法治区考核实现对各镇街、部门全覆盖。

加强行政规范性文件管理 全年共办理区级规范性文件审查22件，提出合法性审核意见200条，及时准确地向市政府、区人大备案报送区政府制定的行政规范性文件14件。开展优化营商环境、交通、卫生、生态环境等领域规范性文件专项清理9次，办理区级征求意见118件，提出法律建议281条。办理重大合同审查17件，提出法律建议182条。

强化行政执法监督 全面推行行政执法“三项制度”，开展行政权力下放“回头看”和专项监督行动，组织评查18个行政执法单位报送案卷材料78卷。落实重大行政处罚备案监督制度，共收到全区涉企行政处罚案件备案26件，提出相关法律意见21条。强化执法资格清理，严格执法证件管理，新办及更换执法证件237件，注销147件。全面清理和规范行政权责清单，编制《重庆市铜梁区行政权力和责任事项清单》和《重庆市铜梁区公共服务事项清单》，取消不具备行使层级的行政权力共计396项、取消公共服务事项共计30项。

推进行政争议案件实质性解决 加快落实行政复议信息化建设，接入全国行政复议工作平台，实现案件网上办理，补录案件44件。深入推进行政机关负责人出庭应诉制度，全区出庭应诉率由2019年的73.5%提升至85.37%。持续强化行政复议行政应诉工作。全年办理区政府作为被申请人的复议案件13件，依法受理13件，办结13件；办理以区政府为被告的行政诉讼案件15件，结案12件。

【普法宣传】 2020年，“七五”普法顺利收官。开展“疫情防控”“4·15”国家安全教育日、“民法典”“12·4”国家宪法日等系列主题宣传活动。开展法律进乡村活动442场，实现村（社区）法治宣传全覆盖。组织新提任的41名新提任领导干部参加新提任领导干部法治理论知识考试，175名领导干部参加年度法治理论考试抽考，合格率为100%，全部旁听了庭审并撰写心得体会。完成全区15037名干部职工参加网上法治理论考试，参考率99.46%，合格率为99.93%。大力实施民主法治村（社区）自治与法治、德治“三治结合”建设，全区52.85的村（社区）达到市级“三治结合”标准。加强青少年法治宣传教育，开展“四点半法制课堂”“开学第一堂法制课”“法治课堂全覆盖”“梦想课堂”等活动95场次。

举办青年普法志愿者法治文化基层行启动仪式暨《民法典》大型宣传展（区司法局 供图）

【律师与基层法律服务】 全区共有律师事务所9家，基层法律服务所2家。执业律师108人，其中专职律师63人，公职律师45人，法律援助律师1人，基层法律工作者（员）13人。

加强党对法律服务工作的领导 严格按照“五个规范”和“七有标准”建设要求加强律师行业党支部建设，集中精力将渝礼律师事务所打造成“业务好、党建好”的示范党组织和标杆所。组织律师行业党支部书记参加轮训学习。落实完善“双向培养”机制，注重在骨干律师、青年律师和律师事务所管理决策层中发展党员。7个律师行业党支部全年开展学习77次。

法治护航民营经济发展 开展“助企抗疫·司法同行”活动，制定企业法律服务方案、开展法律服务园区行、强化法治宣传等方式助力企业复工复产，为企业出具风险提示18件次，审查合同55份，提供法律建议和咨询330件，参与处理企业矛盾纠纷12件。编制完善民营企业法律服务指南，组建民营企业律师服务团，扎实开展民营企业法治体检活动。全区律师审查企业章程管理制度合同文本195件，为企业出具风险提示和法律建议85份；帮助企业建立法律风险预警防范机制10个。

区司法局领导走访渝礼律师事务所了解法治体检工作开展情况(区司法局 供图)

法律服务行业重点工作深入推进 严格监管做好律师违规兼职清理,扎实开展基层法律服务行业规范化建设活动,对全区103名律师、15名基层法律服务工作者开展年度考核。对全区律师事务所、基层法律服务所、执业律师和基层法律服务工作者,依法开展双随机一公开执法检查,实现全覆盖。开展人民陪审员和监督员选任,全区共选取人民陪审员84名,人民监督员9名。对照市政府三级权力和公共服务事项清单,推进政务服务事项动态调整工作、本级实施清单编制、维护等工作。做好政务数据资源共享,建立共享数据清单、资源目录,对律师事务所执业信息和"双随机一公开"、年度考核等信息,对相关部门进行共享。

【司法鉴定】 开展司法鉴定行业公信力提升活动,抽取50份案卷,从鉴定收费、鉴定范围、鉴定时限和鉴定文书制作等方面强化监管检查。建立司法鉴定执法检查清单,对鉴定机构及人员进行全覆盖检查、全流程监管。开展司法鉴定行业清理整顿和规范执业专项检查,采取实地走访、谈话提醒、抽查案卷等方式,从行业准入、质量管理、执业监管三方面对鉴定机构和鉴定人进行检查,未发生违法违规问题。重新核定司法鉴定机构和鉴定人执业范围,按照市司法局范围核定工作要求做好执业范围变更。全年,司法鉴定机构办理鉴定案件306件。

【公证工作】 重庆市铜梁公证处是公益二类事业单位,有公证员3名,公证辅助人员8名。全年共办理各类公证事项5396件,业务收入达239余万,其中民事类公证事项4857件,经济类公证事项238件,涉港澳台及涉外公证事项301件,接待群众来电来访12000余人次,为困难群众及弱势群体减免公证费近15万元。无错证、假证公证业务发生,未发生一件因公证质量问题引起的投诉。

【法律援助】 铜梁区法律援助中心共有工作人员5名,其中公职律师2名。中心践行"应援尽援、应援优援"原则,持续实施"法援惠民生"行动,大力开展扶贫奔小康品牌建设,全面强化刑事法律援助,紧抓法律援助案件质量管理。全年共提供法律咨询5329人次,代书120件,受理法律援助案件389件,其中民事案件265件,刑事案件124件。受援人数达268人次,其中老年人71人次,未成年人101人次,妇女104次人,残疾人8人次,农民112人次,农民工90人次。共办结法律援助案件419件,为贫困弱势群众挽回损失或取得利益744.12万元,其中涉及农民工的235.26万元。持续推进公共法律服务实体平台规范化建设,按照市司法局统一要求升级打造标准化公共法律服务工作站,完成侣俸、太平、安居等17个工作站规范化建设任务,为群众提供更优质便捷的公共法律服务。落实市局《全市公共法律服务重点工作视频调度会任务分解方案》,组建宣传服务队推广应用实体平台、12348热线、12348重庆法网,引导群众在线寻求法律咨询、法律援助、人民调解、法治宣传等服务,有效提升了公共法律服务实体、热线和网络平台的知晓率、使用率。

【人民调解】 **健全调解组织** 建设和完善266个村调委会,67个社区调委会,23个镇调委会,5个街道调委会,实现基层调解组织全覆盖。另建立企业调委会2个,物业纠纷调委会2个,区级行业性专业性调委会15个。调委会总数共计380个。还设立驻派出所调解室15个,驻法院调解室1个。坚持法治、德治、自治相结合的方式，在六赢村、河水村、西来村等西郊绿道沿线村打造“开英调解室”人民调解示范点。

优化队伍结构 吸收年富力强、文化水平高、懂政策讲法律，德高望重、乐于奉献的人员充实到人民调解员队伍中来，全区调解员总数1864名，高中以上文化程度的调解员1421名，占比76.2%。各镇街开展“老马调解法”等人民调解主题培训56次，全区调解员培训率达到100%。

全面排查化解纠纷 全年共开展排查3194次，调解各类民间纠纷和社会矛盾5446件，调解成功5434件，调解成功率达99.7%，当场履行纠纷5272件，办理防止纠纷转化为刑事案件22件，有力维护了社会和谐稳定。

强化调解质量建设 积极推行人民调解员使用“巴渝和事佬”“重庆人民调解”APP处理调解纠纷，打造人民调解新高地。通过听、看、查、访等方式对人民调解工作进行评查，对5110件人民调解案件档案进行督查整改，全年对合格人民调解案件发放调解员补贴14.4万余元。

【社区矫正】 一是加强监督管理。按照《社区矫正法》《社区矫正法实施办法》相关要求，完善社区矫正对象报告、会客、执行地变更、请销假等制度，制定个性化矫正方案，健全矫正小组，实施分类管理，落实“日记载、周报到、月学习、月劳动、季总结”等日常管理措施，防止脱管、漏管。二是加强教育矫正，认真开展“身份意识、制度规范、认罪服法”等主题教育，抓好个案矫正、心理辅导和社区服务，教育矫正质量不断提高。三是强化教育帮扶，为有困难的社区矫正对象落实社会保障、医疗救助、教育救助、临时救助等方面的政策措施，对暂时无业可就、无岗可上、无一技之长的社区矫正对象提供技能培训和就业指导等，促进了社区矫正对象顺利融入社会。全年新接收社区矫正对象238名，解除233名，累计接收社区矫正对象2712名，累计解除社区矫正对象2495名。

【安置帮教】 围绕预释放衔接、安置和帮扶三项重点工作任务，落实疫情防控措施，不断推进监狱刑满释放人员和解除社区矫正对象的社会管理创新。年内全区新回归刑释解矫人员532名，在册帮教对象1962名，刑释人员预释放回执率100%，基本信息核实率100%，在册帮教率100%。

【司法所管理】 统一规范司法所的徽章和吊牌，制作门头、灯箱、指示牌、座位牌、公开栏、“十不准”守则等形成美观统一的司法所形象，保持司法所外观形象完善。全面实行司法所职责公开，职务、联系方式公开，实现群众监督常态化。开展司法所工作人员培训，从工作纪律、工作礼仪和规范、各项业务工作等三个方面入手，提升了基层司法所工作人员政治素质、法律素质、业务能力，提高基层司法行政工作能力。严格执行司法所会议制度、学习制度、请示报告制度、请销假制度、档案制度等五项制度，根据工作情况认真填写好法治宣传情况登记册、来访来电来信登记册等七个工作簿册。

（区司法局　宋建）

仲 裁

劳动人事争议仲裁

【概况】 铜梁区劳动人事争议调解仲裁工作，认真贯彻“先调后裁、调裁结合”的工作理念，把“着重调解，双维双赢，力求无争”作为最高标准，积极预防和处理各类劳动人事争议案件，为构建和谐劳动人事关系提供有力保障。全年共处理各类劳动人事争议648件，其中：受理立案案件429件，不予立案64件。受理立案案件较去年下降7.0%，涉案金额4493.6万元；处理结案426件，结案率为99.3%；以调解方式结案297件，占结案总数的69.7 %，从而有效预防和化解用人单位和劳动者之间的争议，维护当事人双方的合法权益，有效地促进了劳动关系的总体平稳。

【仲裁工作】 **加强企业调解组织建设** 区劳动人事仲裁院坚持预防为主，组织仲裁员分别到重庆凌达汽车织物股份有限公司、重庆凌达实业有限公司等9家企业和3个镇街道（东城街道、双山镇、太平镇）调研、指导工作，同时听取企业关于劳资纠纷预防和化解方面的建议和意见，健全基础调解组织。

积极实施“护薪”行动 按照人社部、最高人民法院等六部门《关于实施“护薪”行动 全力做好拖欠农民工工资争议处理工作的通知》统一要求，区劳动人事争议仲裁委员会认真分析全区近年劳动人事争议案件特点，向涉及建筑劳务、机械制造加工和汽车零配件制造等22家劳动密集型企业邮寄推送《仲裁建议书》，建议按时足额发放劳动报酬，合理合法处理调岗、调薪、裁员和解雇，同时加强人文关怀，建立公司与职工的多方对话沟通机制。

提供免费咨询服务 与区法律援助中心沟通，与监察处理程序衔接，构筑起完善的维权“绿色通道”，对农民工和一些文化程度较低的当事人免费提供快捷的法律援助服务。全年为1000余人次免费提供法律事务、咨询服务，为300名农民工免费开展“绿色通道”服务。

实行调裁结合，立足调解优先 区仲裁委从案件受理立案入手，引导法律援助，提倡律师参与，正确指引当事人尤其是困难一方充分维权。在仲裁庭审时推行旁听制度，定期由仲裁委领导、仲裁院负责人参与旁听案件审理，促使庭审各方公平、公正。实行案件评审制度，由仲裁院负责人不定期对案件进行抽审，发现问题主动纠正。区仲裁委领导全年参与旁听仲裁案件15件，占案数总数的3.5%；评审案件75件，案件评审率达到17.4%。

坚持仲裁为民，调解进入基层 为更好地服务基层群众、优化执法环境，针对一些具有共性与普遍性特点的案件，把调解工作深入到基层、进入到企业和职工中去。全区28个镇街社保所、3家国有企业和6家非公企业建立基层调解组织，大中型企业调解组织覆盖率为28.6%。全年有40余件案件在基层和企业进行调解，收到了“审理一案、宣传一方、教育一片”的效果。

坚持依法办案，确保办案质量 公开办案程序，打造“阳光”仲裁。在坚持《调解仲裁法》和《办案规则》规定的基础上，进一步优化办案程序，缩短办案时间，并公开办案过程，方便群众监督，杜绝暗箱操作，使办案结果公正、合理，真正做到让双方当事人心服口服。

遵守办案制度，确保公平公正 在案件处理中，弱化仲裁员的个人作用，强化案件集体研究、集体决定，以程序公正来保证案件处理结果的公正。年内对30件涉及国企改制的集体争议重大疑难、需裁决且社会影响大的案件，实行仲裁委分管领导参与的集体研究决定制，以便更准确、更快捷地处理争议。

建立回访制度，改进工作方法 为确保劳动人事争议处理结果有效落实，切实维护用人单位和职工的合法权益，在争议案件处理终结后选择部分案件进行回访，收到不错的效果。通过走访或电话采访双方当事人，听取双方当事人对处理结果的反映，以便改进工作方法，提高办案质量。同时，对重大疑难、不服仲裁裁决诉至人民法院的案件，加强同区人民法院的联系，对仲裁裁决和判决结果相互交流，分析总结，取长补短，提高办案工作能力。

【基础设施和基层队伍】 加强机构和基础性建设，提升仲裁队伍工作效能 区仲裁院是按照市局仲裁庭规范化建设标准，高标准规划建设的区级仲裁机构。有办公室3间，建筑面积120平方米；标准化中型仲裁庭1个，建筑面积83平方米；小型仲裁庭和调解室各1个，建筑面积39平方米；有合议室、档案室、更衣室、当事人休息厅各1个，仲裁用房建筑面积共计750平方米。配备有仲裁专用电脑、打印机、录音录像和扩音设备，仲裁庭信息化建设纳入“金保工程”一并规划布局，整个庭审活动实现数字化管理。为客观公正评价仲裁员工作，加强仲裁员管理，强化监督，提高仲裁办案质量，提升仲裁员的能力和素质，在市局的统一部署下，区劳动人事争议仲裁委制定出台了《重庆市铜梁区劳动人事争议仲裁员办案绩效考核实施办法》。

配备调解人员队伍，加强业务培训 全区23个镇、5个街道办事处和4个园区管委会所成立的劳动（人事）争议调解委员会（调解中心）有序开展工作，共配备调解员112名，并建立了相应的工作制度。全区有专兼职调解员、仲裁员140名，86%的人员具有大专以上学历，大学本科以上学历达87%，法律专业人员占到总数的65%。为提高业务处理能力，区仲裁院和区人社局法规科联合举办了本级新任调解员资格培训班1期，所有人员均经过1轮培训，实行专家授课、互动问答、典型案例研讨和现场庭审观摩有机结合的培训模式，不断提高调解员的业务能力，实现从数量型向质量型的转变。

（区人力社保局 苟君可）

经济仲裁

【概况】 充分发挥仲裁在解决民商事争议、化解社会矛盾中的重要作用，扎实开展仲裁法律制度宣传推行工作，积极引导各单位树立仲裁法律意识，认识到仲裁具有充分尊重当事人意愿、约定管辖、专家断案、公正高效、保密性强、一裁终局和成本低廉等独特优势，把推行仲裁法律制度作为指导经济和法制工作的一项重要内容，积极促成市场主体约定仲裁条款，鼓励律师在处理纠纷时引导公民、法人及其他组织选择和运用仲裁这一法律武器。全年积极促成市场主体约定仲裁条款，共约定仲裁条款合同320余件。开展仲裁法律宣传，利用法制宣传日在人口集中区域开展仲裁法律宣传，进一步提高仲裁法律制度的知晓度和认同度。

（区政府办 王 刚）

军　事

人民武装

【概况】 铜梁区人武部组建于1949年12月，2006年2月搬迁到现营院（南城街道白龙大道B段370号），占地面积9703.2平方米，建筑面积7137.66平方米。2018年人武部编制调整改革由正团级调整为副师级，配属民兵训练基地、民兵武器仓库两个正科级事业单位。2020年被重庆警备区表彰为“全面建设先进人武部”。

【思想政治教育】 深入学习贯彻全军思想政治教育工作会议精神，坚持党委议教、管教、抓教，定期分析思想形势，深化巩固“不忘初心、牢记使命”主题教育成果，持续开展“传承红色基因、担当强军重任”主题教育，坚持把经常性思想工作在关键位置，坚决打好意识形态斗争主动仗，重点围绕交流转改文职人员、新任职专武干部、新入队民兵，扎实开展“四反”教育和意识形态教育，紧跟敏感热点事件，学习相关案例教训，引导干部职工充分认清意识形态领域斗争的严峻性复杂性。依托“铜梁”App、“山城军号”“国防报”公众号等新媒体平台，不断加强网络宣传教育，全年在《国防报》上稿7篇，《国防教育》杂志上稿2篇，“山城军号”上稿18篇。

【提升应急能力】 坚持党委议战议训制度，深入查找影响和制约战斗力生成的突出矛盾和问题，制定整改措施；坚持问题导向，持续纠治和平积弊，对照“问题清单”逐一对账销账，确保查摆出的每个问题都见底归零。扎实抓好民兵队伍训练，完成开训动员、少云民兵应急连选拔、入队训练、民兵拉动点验、森林灭火演练、水上搜索救援专业集训等训练工作，高质量完成年度训练任务，进一步增强基干民兵遂行双应任务能力。组织民兵专业骨干在安居琼江码头进行水上救援专业集训，完成共同基础训练、专业单兵训练、水上救援综合训练、救援综合演练四项内容，与区应急管理局、水利局协同开展“铜梁水龙—2020”防汛演练，相关做法被央视军事频道、重庆华龙网等媒体报道；组织专业民兵参与渝西片区“小专业大集中”专业分队训练，承办渝西片区工程抢修专业集训；精心筛选、严格考核选拔，组织民兵骨干参加“全市精武民兵比武”，获渝西片区第一名；参加2020年全市应急民兵力量军地联考联评，获得野战炊事单项第一名，轻武器精度射击单项第二名。

开展军地应急指挥联合演练(谢佳岑　摄)

【征兵工作】　针对2020年“两征两退”改革和新冠肺炎疫情常态化防控的实际，按照“扎实抓准备、深入抓动员、严格抓把关、全程抓监督”的工作思路抓征兵工作落实。先后6次召开区征兵工作任务部署会、征兵工作推进会，每月召开征兵办公室会，总结经验做法、分析研判形势、解决难点问题；充分利用电视台、报刊、微信和出租车、公交车、LED屏等多种载体进行征兵宣传；结合疫情防控工作，走村入户开展宣传，对全区所有应届大学毕业生和在校生逐个精准发动，做到全覆盖；2月10日，铜梁区兵役登记率达到100%；5月25日，全区网上报名人数各项指标为年度征集任务数的5倍以上。严格落实征兵工作领导小组成员单位联合办公制度，组织全体体检、政考工作人员开展业务培训考核，确保标准统一，按时完成兵员征集任务，超额完成Ⅱ类区县82%的征集比例任务。把廉洁征兵作为征兵工作的“保底工程”，部领导亲自为全体双合格青年及家长上“廉洁应征”公开课，并组织签订《廉洁应征承诺书》，组织全体征兵工作人员开展岗前培训、签订《廉洁征兵责任书》，接受区纪委监委和人武部纪委全程监督，确保征集工作“在阳光下运行”。

征兵校园宣传(谢佳岑　摄)

【民兵建设】　结合全区编组任务、组建需求和地方实际，部领导分别带队深入重点行业部门和41家工业园区规上企业走访调研，先后召开4次任务推进会，修订完善编组方案，组织各单位和企业负责人进行3次业务培训，组织专班召开3次会议，为编组资源由镇街向企业、专业向新质拓展奠定坚实基础。组织参加警备区潜力数据调查业务培训，结合警备区数据核查通报，第一时间抽组人员成立潜力数据核查专班，对网上录入潜力数据逐人逐项进行电话核查，下发《民兵潜力调查情况通报》督促整改，分批次组织镇街、行业部门和企业进行潜力数据会审，签订数据上报承诺书和责任书，有效提高了数据准确率。深入基层开展民兵工作检查，由部领导带队，部机关分两个检查组，集中对全区镇街民兵组织整顿工作进行全面检查，核实基干民兵数据录入、队伍编建、人员信息、健全组织等工作。11月接受军委国防动员部深化民兵调整改革检查考评，其中党管武装、后装保障两项为满分，民兵工作受到上级充分肯定。

【国防教育】　拟制《铜梁区2020年国防教育计划》，将国防教育和军事知识纳入全区各级党委(党组)中心组学习，纳入各级干部轮训培训；利用民兵整组的时机，到高新区开展国防教育课，广泛开展“国防教育进企业”活动，进一步提升企业家和员工的家国情怀和拥军意识，自觉支持民兵编组工作；组织筹划“国防教育思政课进校园”活动，在全区高校、中小学校开展国防教育“开学第一讲”，组织民兵骨干为全区2所高校，5所中学1万余学生开展军训活动，进一步增强青少年参军热情和国防意识；结合中国人民志愿军抗美援朝出国作战70周年纪念，大力宣扬“少云精神”，区委书记唐小平在《国防教育》杂志发表《传承“少云精神”，建设英雄之城》署名文章，专题介绍铜梁区国防教育经验做法。

【打造“少云民兵”品牌】 注重传承“少云精神”，开展“冠英雄之名、铸英雄之魂”活动，打造“少云民兵”品牌，联合区委、区政府出台《关于从严从实加强铜梁区应急民兵队伍建设实施方案》，创作传唱《少云民兵之歌》、拍摄MV。紧密结合铜梁区编组任务、组建需求和地方实际，先后2次组织“少云民兵”应急连选拔考核，不断合理调整优化队伍，努力打造专业对口、条件符合、作用明显的“少云民兵”队伍，其中退役军人比例达到78%，党员比例达到56%。年初新冠肺炎疫情暴发期间，“少云民兵”紧紧围绕发挥“六个作用”，第一时间受领任务，全程参与走访摸排、卡点管控、搬运物资等任务；疫情缓解后，转战复工复产、复学复课一线，担负全区8个重点企业、3所中高学校防控消杀任务。“8·16”涪江洪峰过境安居镇，区“少云民兵”奉命奔赴一线，在洪水中鏖战50个小时，担负安置群众、转移财产、加固堤坝等任务，累计转移群众500余人，转运物资40余吨，装填沙袋2000余个，实现人员零伤亡、财产零损失，让驻地群众清晰地感受到“少云民兵”是一支能够信赖、能够依靠的力量，“少云民兵”先进事迹被《国防报》头版头条专题报道。

【“四个秩序”规范化建设】 坚决贯彻落实习主席关于“保持部队战备、训练、工作、生活的正规秩序”重要指示，重塑战备、训练、工作、生活“四个秩序”，有效促进人武部各项工作向打赢聚焦，为打仗服务，推进正规化建设高质量发展。铜梁区人武部担负渝西片区试点任务，部党委高度重视，召开专题会议，领会上级意图，统一思想认识，成立工作专班，多次召开会议研究工作，修订完善本级“四个秩序”建设方案；对接湖南省湘潭县人武部和南岸区人武部，学习借鉴其试点成功经验；严格对照标准，进一步规范完善训练登统计、教案教材、战备资料等。切合实际调整各类库室场地，协调区应急局解决应急器材保障问题，打造军地应急器材库统一调配平台。投入20余万元，新建健身房、修缮民兵基地公共食堂，进一步营造强军精武军营文化氛围。全体人员牢固树立“上下一盘棋”思想，做到各司其职又密切配合形成合力，各项工作齐头并进、落地见效，单位正规化建设高质量发展。

（区人武部　谢佳岑）

人民防空

【概况】 重庆市铜梁区住房和城乡建设委员会，作为区政府工作部门，2019年1月加挂重庆市铜梁区人民防空办公室牌子，办公室主任由区住房城乡建委主任兼任。其主要职责是：负责全区人防工作。编制和组织实施民防规划。负责人民防空工程（包括结合民用建筑修建的防空地下室）和通信、警报、疏散基地的规划、建设、维护、管理。负责人民防空建设项目的招投标、审批、建设、管理。组织人民防空建设项目的申报方案、施工图审查和竣工验收。负责人民防空经费计划、征收、使用和管理。负责全区应急应战指挥平台的运行管护。指导监督有关部门制订防护与应急抢险方案。负责开展人民防空宣传、教育、培训工作。负责人民防空专业队伍组训工作。承担地下空间建设兼顾人民防空功能的综合协调工作。负责城市地下空间的综合开发利用。

【宣传教育】 结合国家防灾减灾日、“6·5”重庆大轰炸纪念日、人防创立70周年纪念日等重要时间节点，深入学校、广场、社区等场所开展宣传活动5次，发放各类宣传资料2万余份；通过《铜梁报》《铜梁手机报》进行媒体宣传2次。

【应急管理】 升级改造应急应战指挥平台，协助处置新冠疫情、洪峰过境等突发事件以及助力脱贫攻坚任务。加强警报系统日常维护管理，新增警报器2台、改建1台；配装警报综合电源10台，配装率达65.2%；维修、保养固定警报器20台，圆满完成“4·4”、“6·5”防空警报试鸣放活动。

【战备组训】 将340人及以上人防专业队伍重新组训为10类13种。组织工程抢险抢修、专业骨干培训2次。组训跨区域应急指挥通信保障训练1次，参加万州、丰都、永川跨区域应急指挥通信保障训练3次。

【资源更新】 完成国防动员潜力调查及统计，更新经济目标、城市人口、人防工程、专业队伍等数据，并适时录入人民防空战备资源数据信息系统。投入资金约10万元，购买鞋帽、服装、帐篷等，进一步充实战备物资库。

【法治建设】 结合全市人防系统腐败专项治理，梳理产权未及时办理、欠缴易地建设费等问题7条，补缴易地建设费22380元。

（区住房城乡建委　李旭波）

经济监督管理

发展计划管理

【概况】 2020年全区上下坚持“两点”定位、“两地”“两高”目标，发挥“三个作用”和推动成渝地区双城经济圈建设等重要指示要求，着力战疫情、战复工、战脱贫、战洪水，全力以赴做好“六稳”工作，落实“六保”任务，脱贫攻坚即将圆满收官，全面建成小康社会胜利在望，全面融入成渝地区双城经济圈建设和“一区两群”协调发展开局起势，统筹疫情防控和经济社会发展取得重大战略性成果，“三大攻坚战”“八项行动计划”取得决定性成果，为“十四五”时期开启全面建设社会主义现代化国家新征程奠定了扎实基础。全年实现地区生产总值661亿元，增长4.4%，经济运行逐步回升，经济长期向好的基本面持续巩固。

2020年国民经济和社会发展主要指标预期目标实现情况

主要领域	序号	指标名称	2020年预期	2020年完成
发展综合质量效益	1	地区生产总值增速(%)	9.5	4.4
	2	人均地区生产总值(万元)	7.5	9.2
	3	农业增加值增速(%)	3.3	4.3
	4	规上工业增加值增速(%)	10.3	5.8
	5	服务业增加值增速(%)	8.8	2
	6	固定资产投资增速(%)	9	10.6
	7	社会消费品零售总额增速(%)	13.8	3.6
	8	一般公共预算收入增速(%)	5	8.4
	9	#税收增速(%)	1	-6.7
创新发展	10	研究与试验发展经费支出占地区生产总值比重(%)	1.6	2
	11	高新技术制造业总产值占规模以上工业总产值比重(%)	35	39.9

续表

主要领域	序号	指标名称		2020年预期	2020年完成
	12	每万人有效发明专利件数(件)		6.5	5.5
协调发展	13	常住人口城镇化率(%)		60	60
	14	城乡居民人均可支配收入比		2.03:1	2.01:1
	15	制造业增加值占地区生产总值比重(%)		43	36.8
	16	战略性新兴产业总产值占规模以上工业总产值比重(%)		13	14.6
	17	规上工业数字经济总产值增速(%)		35	14.3
	18	非公经济增加值占地区生产总值比重(%)		76	80
	19	#民营经济占比(%)		75	75
	20	现代服务业增加值占服务业增加比重(%)		57.5	57.5
	21	文化产业增加值增速(%)		12.5	10
绿色发展	22	能源消耗总量增速(%)★		3.5	3.5
	23	单位地区生产总值能耗(%)★		16▽	16▽
	24	主要污染物排放量下降比例(%)	#化学需氧量★	0.05▽※	0.07▽※
	25		#二氧化硫★	6.3▽※	20.1▽※
	26		#氨氮★	0.52▽※	0.87▽※
	27		#氮氧化物★	8.5▽※	13.1▽※
	28	空气质量优良天数(天)★		300	334
	29	森林覆盖率(%)★		47	47
开放发展	30	进出口总值增速(%)		1.3	20.1
	31	实际利用外资额(万美元)		500	6800
共享发展	32	全体居民人均可支配收入增速(%)		9.8	7.3
	33	#农村居民人均可支配收入增速(%)		9.8	7.3
	34	学前教育普惠率(%)		80	81.6
	35	#公办幼儿园数量占幼儿园数量比重(%)		39.4	50.1
	36	城镇登记失业率(%)		≤4	4
	37	新增城镇就业(万人)		1	1.5
	38	农村贫困发生率(%)		0.1	0

注:①加★为约束性目标,其他为预期性目标;②▽为预期下降目标,以市级复核数为准;③※以2015年为基数,累计下降值。

【发展管理】 **有效投资持续扩大** 围绕“两新一重”,实施重点建设项目172个,完成投资293.1亿元,智能制造产业园、白龙大道交通节点改造等44个重大项目竣工投运,市域快线璧铜线建设顺利推进,独立工矿区转型升级产城融合PPP项目成功落地。新型基础设施建设加快推进,新建成5G基站1140个,新铺设光纤2450余千米,新增端口28200余个。提速补短板投资,完成农村薄弱电网改造项目338个,惠及用户3万余户。全区完成固定资产投资353.9亿元,增长10.6%,其中工业投资128.2亿元,增长19.5%。围绕主导产业实施专业精准招商,新引进项目83个,总投资663亿元,其中10亿元以上项目12个。

消费需求加快回暖 集中开展商圈购物节等大型系列消费促进活动,有力刺激消费回暖向好。全区社会消费品零售总额完成219.9亿元,增长3.6%。批发业销售额完成108.5亿元,增长9.2%;零售业销售额完成140.7亿元,增长10.4%;住宿业营业额完成2.2亿元,增长4.9%;餐饮业营业额完成39.5亿元,增长7.4%。加快促进消费扶贫，畅通购销渠道，建立长期稳定的消费扶贫机制，累计完成扶贫产品购销1.17亿元。

经济开放程度增强 优化外资外贸服务，制定引进外资外贸奖励办法，落实“外商投资企业行政服务管家”制度。持续深化与市中新示范项目管理局、市外事办、市贸促会、香港贸发局等机构深度合作，搭建开放合作桥梁，成功引进朗基尔等外资项目签约落户，实际利用外资完成6800万美元。支持小微外贸企业参加出口信用集体保险，联合渝州海关“一对一”帮扶特色农产品龙头企业“走出去”，推动对外经济快速发展，全年外贸进出口完成17.1亿元，增长20.1%。

工业质量效益持续提升 工业振兴行动计划和工业跃升倍增计划扎实推进，实现工业增加值254.5亿元，增长5.3%；新增规上企业28家，总数达到345家，实现总产值606.2亿元，增长4.6%。产业特色更加突出，电子信息、装备制造、大健康三大主导产业集群持续壮大，广铜“一带一路”高新技术产业合作区落地揭牌，“西部美谷”美妆健康产业基地开工建设，成功创建重庆(铜梁)汽车零部件产业示范园(示范基地)。“领军企业、明星企业”培育工程深入实施，隐形冠军实现零的突破，“小巨人”企业达到5家，“专精特新”企业达到18家。产业转型升级加快，推进企业智能化改造项目67个，建成数字化车间11个、智能工厂1家，战略性新兴产业、高新技术产业、数字经济规上工业企业产值分别增长10.9%、12.7%、14.3%。

农业产业提档升级 实现农业增加值59.55亿元，增长4.5%。粮食生产总体稳定，全面完成高标准农田建设2666.67公顷，粮食播种面积54966.67公顷，产量35.09万吨。优势特色产业持续发展壮大，蔬菜播种面积23253.33公顷，产量73.98万吨；特经作物种植面积9800公顷，产值5.8亿元；水产品总量3.8万吨，渔业经济总产值9.5亿元。农业特色品牌培育加快，新增“两品一标”认证农产品61个，总数达到208个；重庆名牌农产品达到13个。农业产业链价值链加快延伸，黄桷门生态农业互联网小镇、荷和原乡、新陆农业、牧堂纯等综合农业项目有序推进，新引进“上海呈德”“珍惜柑橘”“时时鲜”等农产品加工项目3个，建成电商直播带货基地，推动7000余个农产品单品出村进城。

服务业发展势头良好 实现服务业增加值236.3亿元，增长2%。龙城天街商圈日趋成熟，成功引进星巴克、希岸酒店等品牌企业，入驻商家达350余家，商业设施营业面积达到40万平方米。专业市场和特色街区建设加快。杰民农副产品批发市场持续发展，城乡共同配送中心二期建成投用，淮远河特色餐饮街基本形成。文旅融合发展步伐加快，铜梁龙文化影响力持续提升，荣获“中国龙灯龙舞文化之乡”；安居古城、少云故里等景区进一步完善，西郊花语悠游谷破茧蝶变，玄天湖景区成功创建国家4A级旅游景区，全区接待游客915.8万人次，旅游综合收入45.4亿元，增长8%。

(区发展改革委　安博程)

国有资产管理

【推动国有企业改革发展】 国有资本运行情况 截至2020年12月，全区国有企业总额达到796.66亿元，比去年底增加约90.12亿元，所有者权益398.53亿元，资产负债率50.0%。

重点项目建设 金龙城投公司建设的铜梁区中医院整体迁建工程、北城小学建设项目、职教中心三期项目等6个重点建设项目进展顺利；绅鹏公司建设的科创中心、小米生态标准厂房等16个重点项目进展顺利，其中，科创中心已建成投入使用；龙廷公司建设的原乡中央公园、儿童乐园顺利开园；玄天湖旅投公司积极推进西郊花语悠游谷旅游项目开发，7个会客厅相继建成投用；46.27公顷三角梅产业基地、50公顷西郊彩色森林、23.87公顷玫瑰之约基地初步建成；西郊雅社、原乡小憩、月色雅筑、荷和原乡、黄门小筑等一批极具特色的民宿酒店陆续建成营业,“产业基地+乡村主题旅游”融合发展项目初具雏形,形成了新的网红打卡地;安居华夏文旅公司投资的安居古城书香文化街项目、导轨电车车辆组装基地及试验线建设项目一期工程、安居绿道等项目顺利实施;金庙公司建设的企业服务中心项目主体工程竣工,园区污水处理厂建成投用,日处理污水量5000立方米,极大改善园区生产生活环境的生态承载力,为园区招商引资、加快发展奠定坚实基础。

管理制度建设和监督检查执行 制定《铜梁区区属国有企业劳务派遣用工管理暂行办法》《铜梁区区属国有企业子公司管理办法》《重庆市铜梁区区属重点国有企业违规经营投资责任追究实施办法(试行)》和《关于进一步加强和规范区属国有企业工程建设项目管理的通知》,转发《重庆市企业国有资产交易监督管理暂行办法》。

开展国有企业规范财务管理专项治理活动、国有企业农民工欠薪问题的清理整改工作、国有企业子公司的审计工作、国有企业建设工程项目专项检查,通过自查、检查、巡视巡察、审计、社会监督等,及时发现问题,立行立改。从发现问题、查清问题、形成整改清单台账、反馈企业、企业整改、整改验收、责任追究的全流程闭环监督,形成问题整改“闭环链”,确保问题整改到位,取得实效。

剥离国有企业办社会职能和解决历史遗留问题 完成市属国有企业供水改造519户、供电改造324户、供气改造42户、职工住房家属区物业管理改造539户,市政设施移交共16处,共拨付财政补助资金530万元;完成中央在铜企业供水改造379户、供电改造646户、供气改造280户、职工住房家属区物业管理改造432户;完成中央、市、区属国有企业46户1740名退休人员社会化管理移交工作。

推进国有企业供给侧结构性改革 天青锶化公司清算退出工作基本完成;大南门蚕种场的清算退出工作接近尾声,企业已与44名职工解除劳动合同关系;启动区教委下属企业校办产业经营部的注销退出工作。

国有企业债务绿色可控 进一步加强重点国有企业债务管理,禁止新增政府隐性债务,分类处置企业负债,严格规范企业融资行为,合理控制负债水平。印发《铜梁区区属国有企业资产负债约束实施方案》,对重点国有企业合并报表资产负债率预警线控制在70%以内,制定《债务风险防控预警机制》,控制企业融资成本,将融资成本由6.5%降至6%以内,定期组织企业召开资金保障专题工作会,研判和控制企业融资和债务风险,发现风险隐患,及时提醒警示,确保企业债务绿色可控,实现企业可持续经营。

强化企业国有资产监管 国有企业监管平台建成投用,将企业投融、财务管理、资产管理、人事管理等纳入动态监管,有效地推进信息化与国资国企监管工作融合。加强企业建设项目转固、资产确权办证和闲置资产盘活工作。全区国有企业完成竣工建设项目转固1.27亿元,房屋资产确权办证36.96万平方米,盘活利用闲置国有资产24.37万平方米,区属国企出租房屋资产23.96万平方米,实现租金收益1181.21万元。督促指导区属重点国企开展土地解押收储工作。已解押土地17宗89.50公顷,已收储土地8宗52.67公顷。

支持中小微企业抗击疫情、恢复生产 新冠疫情期间,区属国有企业共减免317户承租户租金519.26万元,区级行政事业单位共减免178户承租户租金64.72万元。

公务用车制度改革 制定《重庆市铜梁区国有企业公务用车制度改革实施意见》。全区参改车辆140辆,保留104辆,取消36辆,取消车辆占比25.71%。转岗、解聘司勤人员30名,已全部按相关法律法规完成安置。本次区属国有企业公务用车改革总体节支率约34.42%。

开展国有企业培训,提升业务水平 坚持

"以培训促成才、以人才促发展"的思路,建立区属国有企业人才队伍培养机制,全年开展国有企业党建、融资租赁、信息化平台软件操作、内部审计等培训,参训人员达400余人次,企业国有资产管理水平得到有效提升。进一步促进国有企业安全生产水平提升和安全生产形势持续稳定。全年开展分析研判、安全检查50次,国有企业无安全事故发生。

【行政事业单位国有资产管理】 加强制度建设,强化行政事业单位国有资产管理 印发《关于进一步加强和改进行政事业单位国有资产管理工作的通知》,督促各行政事业单位进一步开展国有资产基本情况清理、资产核实、账务清理、财产清理、损益认定、在建工程转固、资产盘亏处置、往来挂账的清理核销等工作。

加强日常监管 开展全区行政事业单位国有资产的整合、处置、调配和报废等共计75批次,规范处置行为和资产收益解缴,实行"收支两条线"管理。全年会同区机关事务局共调剂办公用房7个单位,调剂办公用房面积6800.74平方米。督促各行政事业单位加快做好在建工程转固及竣工财务决算工作。督促各行政事业单位抓紧推进资产确权办证工作。

【实施报告国有企业资产管理情况制度】 2020年12月向区人大报告国有资产管理情况:2019年,全区行政事业单位资产总额156.66亿元;区属国有企业资产总额706.55亿元,增长10.33%;负债总额327.58亿元,增长4.11%;资产负债率为46.36%。2020年,共办结"三金"案件4宗,追收入库金额59万元。

(区国资中心 阳兴国)

公共资源综合交易管理

【概况】 重庆市铜梁区公共资源综合交易中心是全区统一的公共资源交易平台,隶属于区发改委管理,为正处级参照公务员法管理的事业单位。2020年虽受疫情影响,但各项交易指标仍逆势上扬,累计完成交易项目701个,交易金额165.05亿元,较2019年增长134.41%,增收节支8.19亿元。

【监管体制改革】 组织专班认真研读114号系列文件,会同区发改委撰写解读报告,向区委区政府书面呈送报告1次、当面汇报4次,开展全区监管体制改革专题培训1次,形成了解改革、支持改革、推进改革的舆论氛围。全面完成交易中心涉改任务53项;首批完成与市交易中心网站全面对接,实现"全市交易一张网";全面推行全流程电子招投标,交易效率明显提升;在全市率先推广使用"重庆市网上中介服务超市",公开选取1733个项目中介服务机构,占全市中介超市交易总量的60.07%,有效解决中介服务交易信息不够透明、行业垄断较强等突出问题;全面推行经评审的最低投标价法,运用该法实施项目102个,增收节支3.24亿元,平均节支率21.49%,单个项目投标企业从原均几十家下降至六七家左右,有效遏制围标串标、买标卖标等违法违规行为;有序推广使用银行保函,2020年收取银行保函235份,涉及金额8219.8万余元,大大减轻企业资金压力;严格执行守法诚信联合激励和违法失信联合惩戒措施,为信用良好的5户中标企业减免履约保证金22.41万元,对因违反相关规定被责令放弃中标资格的企业不予退还投标保证金30万元。

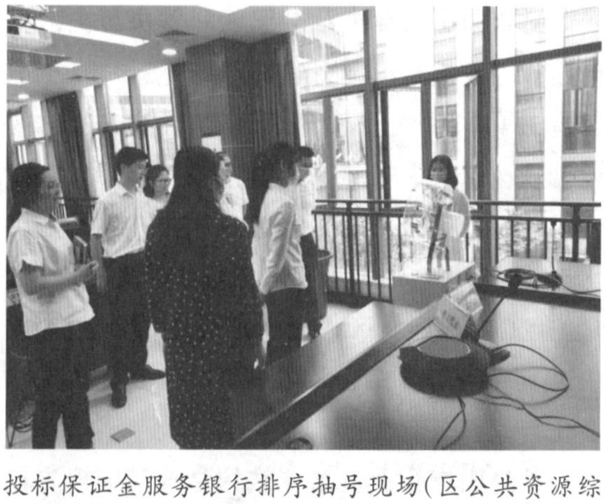

投标保证金服务银行排序抽号现场(区公共资源综合交易中心 杨鹏)

【打造营商环境】 一是建立《交易信息发布规程》《建设工程项目公开招标规程》等规章制度6个，优化交易流程14项，所有进场项目实行统一受理登记和分类流程管理，做到流程清单化、标准化、规范化；畅通脱贫攻坚、乡村振兴、教育医疗、生态环保等“重、特、大、急”项目交易“绿色通道”，通过“提前介入、延时服务、预约服务、容缺受理”等特色服务，对航天云网重庆工业互联网赋能中心、广铜一带一路合作区土地整治、淮远新区基础设施建设等25个重点项目实行“专人负责、全程跟踪”，为区政府投资项目顺利推进提供交易保障。二是加强交易现场管理，严格落实班子成员现场办公工作制度，面对面、零距离听取服务对象意见建议；以“五色马甲”专岗专责、按规着装形式，区分管理招投标参与各方主体，防止交易过程中的违法违规行为发生；规范评标专家及评标区域管理，通过“人防、技防、物防”相结合，现场比对专家身份，全程监督专家行为，敦促专家公平公正履职。三是推行智慧交易，运用信息大屏展示、排队叫号、门禁、影音刻录、电子招投标等服务系统，实现公共资源交易全程公开、全程留痕、全程可溯。新冠疫情期间，创新性开展“云开标”，投标人通过手机App参与投标，避免人员聚集带来的疫情风险，助力企业复工复产，最大化降低疫情带来的不良影响。四是打破“信息孤岛”，加大项目信息和违法违规信息公开力度，全年在门户网站公开违法违规信息41条，协助监管部门处理质疑14件、查处弄虚作假行为3起；完善交易数据统计分析制度，强化数据分析运用，从经济运行、竞争状态、异常情况、信用建设等维度深入分析交易行为，印发数据统计分析专报10期，为区委区政府科学决策和有关部门监管执法提供了有力支撑。五是通过工作流程化、运行规范化、交易电子化、信息公开化，实现了场地标准化、文本标准化、服务标准化，交易效能和交易质量大幅提升。公开招标项目办理由30天压缩至25天，限额以下抽选项目由5个工作日压缩至3个工作日，抽选项目开标时间由3小时缩短至30分钟，投标保证金退付由5个工作日压缩至2个工作日。2020年累计服务市场主体10万余人次，即事即办率100%，收退投标保证金10352笔、56.97亿元，无一笔错退、漏退。

（区公共资源综合交易中心　杨鹏）

国土资源管理

【土地供应】 2020年供应各类建设用地58宗、面积约283.54公顷(划拨土地15宗约48.23公顷，划拨权益价款收入约5.391亿元；出让土地43宗约235.31公顷、出让价款收入约67.2688亿元，其中，经营性用地18宗，约151.64公顷，成交土地价款约65.8766亿元；工业用地25宗，约83.67公顷，成交土地价款约1.3922亿元)，共实现土地价款财政入库收入约72.66亿元 。全年完成土地报批565.2公顷，切实保障“西部美谷”美妆项目、中建材等重要产业项目用地。聚焦“原乡风情·大美铜梁”品牌，成功举办房地产开发用地推介会，积极引进恒大、金科等知名开发商来铜落户投资。

【供后监管】 加强土地供后监管，及时对已供土地的开工、竣工、开发建设进度等情况进行巡查并建立监管信息档案，对未按期开工、竣工的项目依法予以处置。持续开展“五清”(清地)行动，狠抓存量土地、涉嫌闲置土地、欠缴土地价款及其滞纳金和房地产开发项目遗留问题的清理处置，对全区土地利用问题进行专题研究，督促5宗涉嫌闲置土地开工建设。

（区规划自然资源局　郑克燕）

矿产资源管理

【概况】 全面启动第四轮矿产资源规划编制，初步拟定2021年建筑石料用灰岩采矿权出让计划。科学设置矿产资源型城市产城融合“PPP项目”资源配置矿区，做好西南水泥厂址搬迁和矿区选址，2018年公开出让的6宗采矿权已建成投产3家。扎实做好建筑砂石保供稳价，有力支撑各类重要设施和重点项目建设。持续开展矿山“打非治违”专项行动，对全区近年来32条矿山违法开采线索进行了拉网式排查，累计查处矿山违法案件4件，完成整改4件，处罚款42.74万元。扎实开展露天矿山综合整治工作，关闭取缔的28家露天矿山，全市露天矿山综合整治工作片区会在铜召开。

（区规划自然资源局　郑克燕）

审计

【概况】 2020年，铜梁区审计局完成审计计划项目30个，其中审计29个，专项审计调查1个。查出主要问题金额731261万元，其中违规金额2651万元、管理不规范金额728609万元；审计发现非金额计量问题253个；出具审计报告和专项审计调查报告31篇。审计处理处罚金额13426万元，其中应上缴财政2312万元、应归还原渠道资金339万元、应调账处理金额10774万元；移送纪检监察机关处理事项1件。审计促进整改落实有关问题金额104739万元；审计后挽回（避免）损失13645万元；核减投资额13495万元。审计提出建议215条，被采纳129条；提交审计信息376篇，被批示、采用190篇。

2020年度实施的原铜梁区水务局党组书记、局长经济责任审计项目被评为重庆市（区审计局类）优秀审计项目二等奖；实施的铜梁区2019年度财政预算执行和决算草案审计被评为2019年度全市财政预算执行和决算草案审计优秀项目。2020年荣获铜梁区新时代担当作为奖先进集体。

【国家重大政策措施落实情况跟踪审计】 围绕实体经济发展、重大投资项目落地等重点工作，对支持中小微企业发展、新增财政资金、新增地方政府债券、培育新型职业农民、疫情防控优惠等政策措施落实情况实施跟踪审计，推动落实减免租金574.32万元，有效促进国家和地方重大政策措施在铜梁区的贯彻落实。

【财政审计】 聚焦财政收支真实完整、预算分配合理规范、预算资金安全及绩效目标，揭示财政管理中的突出矛盾和风险隐患，推动深化财税体制改革。依托大数据分析平台对全区一级预算单位全覆盖审计，重点关注政府采购预算、财政资金绩效等情况，促进提高财政预算管理绩效。

【三大攻坚战审计】 开展扶贫审计整改“回头看”，督促56个涉及扶贫领域问题落实整改。开展扶贫资金管理使用情况审计，促进义务教育、基本医疗、就业扶贫等政策落实落地。在财政预算执行审计中关注政府债务情况，推动防范化解政府债务风险工作落到实处。对白羊镇主要领导干部开展自然资源资产离任（任中）审计，促进领导干部切实履行自然资源资产管理和生态环境保护责任。

【疫情防控资金和捐赠款物专项审计】 开展疫情防控资金和捐赠款物专项审计，有效促进7527.31万元疫情防控财政资金、290.17万元捐赠资金和1700万元专项再贷款资金得到规范管理、高效使用。

【民生审计】 围绕民生实事，开展2019年保障性安居工程资金投入和使用绩效审计，督促上缴财政资金356万元，有效促进全区公租房和棚改安置住房的建设管理，规范安居工程专项资金的拨付和使用。

【经济责任审计】 坚持任中审计与离任审计相结合，加大对重点地区和单位、关键岗位领导干部的审计监督力度，完成11名党政主要领导干部经济责任审计工作。

【固定资产投资审计】 创新投资审计理念和技术方法，修订完善全区公共投资建设项目审计实施办法，切实推进政府投资审计转型升级。对大庙园区企业服务中心等重点建设项目实施跟踪审计，着力规范建设单位管理行为，防止廉政风险。对区住房城乡建委、区交通局开展建设管理审计调查，提出健全法治、完善制度、防范风险等建议16条。

【信息化建设】 完善数据采集和定期报送协作、督促机制，充分利用大数据分析平台，对全区一级预算单位开展了预算执行审计的全覆盖数据分析、重点核查。积极运用大数据审计思路和方法，提升审计工作的质量和效率。

【内部审计】 全区设内部审计机构58个，配备内部审计人员235人。2020年，全区各级内部审计机构共完成审计项目403个，提出的建议和意见被采纳159条。

（区审计局　刘琳）

统计

【概况】 重庆市铜梁区统计局为区政府工作部门，下设办公室（统计执法队）、投资与综合核算统计科、工业与能源统计科、贸易与服务业统计科四个科室，两个下属事业单位，即重庆市铜梁区社会经济调查队、重庆市铜梁区普查中心。2020年在职在岗25人。

2020年紧扣全区中心工作，切实将区委区政府重大决策部署转化为推动改革创新、优化统计服务、提高数据质量的统计实践。全年区委常委会、区政府常务会专题学习统计法律法规、听取统计工作汇报4次，区委区政府领导多次对脱贫攻坚专项调查、人口普查、统计工作作出重要批示，区政府办印发《关于进一步加强和改进新时代全区统计工作的通知》。

【统计服务优化】 开展疫情期间经济恢复情况的统计监测，形成专题报告《新冠肺炎疫情对我区经济的影响分析》，为区委区政府抓好疫情防控促进经济恢复性增长提供决策参考。持续强化经济运行预警监测，开展月分析、季会商，积极主动与发改、经信、商务等部门衔接沟通，共同研判全区经济形势，查找经济运行中存在的问题，提供建议意见，力推全区经济平稳健康发展。面对区委区政府重大决策部署，密切关注经济社会发展改革中出现的重点、热点、难点问题，开展统计调查分析。进一步做精做细各类统计服务产品，全年编撰《统计分析》38期，《统计关注》3期，呈阅件7期，统计信息230篇，其中25篇分析报告得到区领导批示，1篇调研报告获《重庆统计》《四川统计》采用。

【统计改革推进】 按照党中央国务院、国家统计局关于GDP统一核算改革的部署要求，加强对GDP数据的审核评估，严控基础数据质量，综合运用趋势匹配性、数据协调性等办法，积极稳妥推进GDP统一核算改革。

【严格管控统计数据质量】 组织实施各项常规统计调查、抽样调查、专项调查及统计监测。编印《重庆市铜梁区统计数据全程质量管理体系（2020）》，加强单位名录库动态管理，完善联网直报企业全流程监管，督促企业规范上报统计数据。加强指导，做好“四上”企业新增、变更、退出审核、审批、核查和管理工作。全年实地核查调查单位342个，退库企业37家，走访拟升规（限）企业171个，拟入库投资项目471个，开展数据质量抽查25次，下发书面查询通知书40份，非书面查询2847次。

【统计法治保障】 不断加强统计法治宣传，编印《统计法律法规汇编》“口袋书”发放至全区机关干部、企业业主，“统计法进党校”常态化落实，积极组织发动广大市民参加“百万网民学法律”知识竞赛活动，利用人口普查宣传月、年报会、专业培训会等时机，面向调查对象宣讲统计法律法规2000余人次，为全区统计工作开展营造良好的法治环境。不断强化统计执法检查，组织力量对工业、商贸业、建筑业、投资、服务业等领域进行“双随机”检查，严肃查处两起统计违法案件。在区人民政府网站开设统计行政处罚、失信企业、失信人员信息公示专栏，提高依法诚信统计水平。

【普查成果】 一是推进第四次全国经济普查工作。全面查清全区第二产业和第三产业发展状况，发布《铜梁区第四次全国经济普查公报》（1-7号），编撰《铜梁区第四次全国经济普查课题研究成果报告汇编》。二是认真按照《第七次全国人口普查方案》要求，以“5+2”“白+黑”的工作干劲，打出“分片包干+重点指导+动态报告+多方联动”的组合拳，建立督查督办的工作机制，推进全区“七人普”工作。自“七人普”工作开展以来，共组建区镇（街）两级普查机构29个，选聘普查指导员和普查员5287人，落实普查经费1973万元，开展普查员、普查指导员培训31场5000余人次，完成4968个普查小区划分，召开人普办主任会、部门联席会、普查工作推进会12场次。开展“七人普”宣传月系列活动，努力营造全社会关注普查、支持普查氛围。组织召开全区行职业编码审核培训会并集中审核验收，全力保障按时、保质、保量完成第七次全国人口普查行职业编码。各阶段工作均顺利通过国家和市级质量验收。

（区统计局　李建）

住房公积金管理

【概况】 重庆市住房公积金管理中心铜梁区分中心。机构性质为自收自支副处级事业单位，领导职数两名（一正一副），内设综合科、业务一科、业务二科三个科室。年末有在编职工7名，派遣职工6名。2020年，在全市系统开展“晒党建阵地、展组织活力”活动中，中心拍摄微视频《脊梁》获评一等奖。中心党支部被区委宣传部评为“学习强国”学习平台推广使用先进集体。全市住房公积金管理工作考核为优秀。

2020年底全区建立住房公积金制度单位共711个，参建总人数为37199人；新增缴存单位91个，新增缴存人数3524人，完成计划的234.93%；归集住房公积金5.74亿元，完成计划的125.05%，同比增长0.07%。缴存总额为40.18亿元，缴存余额16.29亿元。

2020年提取住房公积金11635人次4.11亿元，提取率71.69%，其中住房消费性提取占79.34%，发放个人住房公积金贷款1266户5.00亿元，完成全年计划的250%，同比增长11.86%。个贷回收1.90亿元，个贷余额为18.94亿元，个贷率为116.31%，逾期率为0。实现增值收益2601万元，同比增长18.06%，增值收益率为1.66%。

【落实企业疫情帮扶】 采取降比、缓缴等措施助力企业渡过难关，支持1家企业降低缴存比例、36家企业缓缴，受益职工2454人，累计缓缴金额843.75万元；协调建行向9家企业提供近600万元授信贷款。

【优化营商环境】 开展“优化营商环境提升窗口服务效能专项行动”和“规范建设年集中行动月活动”。全力推进缴存业务在线办理，单位网厅缴存覆盖率96%。10月推行公积金冲还贷、公积金组合贷款和公积金贴息贷款约定提取试点，为广大职工缓解供房压力。“渝快办”公积金服务达16项，是“渝快办”上线项目和业务量最多的市级公共服务部门。

（区住房公积金中心　唐家利）

市场监督管理

【概况】 重庆市铜梁区市场监督管理局（简称铜梁区市场监管局）内设办公室、法制科、组织人事科等科室25个，派出巴川街道市场监督管理所等机构28个。直属单位1个，即重庆市铜梁区市场监督管理综合执法支队（2020年4月12日挂牌成立）。

截至2020年12月31日，全局在职干部职工182人，其中公务员165人、工勤人员12人、消委会事业人员5人。离退休人员116人（含代管人员3人）。全局有14个党支部（含离退休支部2个），共有在职中共党员134人（含预备党员3名），约占在职总人数的74%。

【筑牢疫情防控防线】 新冠肺炎疫情暴发后，不折不扣落实重大突发公共卫生事件I级响应，严管餐饮服务单位、家庭集体宴席服务活动经营者举办任何形式的群体性聚餐活动，依法禁止非法野生动物交易，禁止（规范）活禽交易和宰杀。针对口罩、消毒液和“米袋子”“菜篮子”“肉盘子”“药盒子”等民生产品，全力以赴“保价格、保质量、保供应”。抓好咳嗽感冒类药品销售直报工作。履行好全区疫情防控领导小组市场监管组牵头工作，搭建专班，集中办公，相关部门人员各司其职、协同防疫。牵头创新农贸市场数字化智慧化防控措施，建设规范化农贸市场3家和智慧农贸市场2家。牵头完成禁止区域内77家活禽交易和宰杀取缔工作。成立12个检查组，建立冷藏冷冻库动态清单234个，进口冷链食品冷库、经营者清单58个。推广“渝溯源”小程序，指导冷链食品生产经营者登记注册77家，登记直接流入辖区市场进口冷链食品62批次54.22吨，由市内流转入铜的进口冷链食品180余批次25.4吨。开展冷链食品和快递物流外包装、环境预防性消毒工作，已消毒冻库3510个次、冰箱1044个次、冰柜4230个次、配送车3125辆次、进口冷冻食品约8.4吨共计735件，农贸市场126个次。

【食品药品安全】 落实“四个最严”要求，出台《关于深化改革加强食品安全工作的实施方案》《党政领导干部食品安全责任清单》，召开联席会12次，层层压实责任。快检人员培训全覆盖。完成食品抽检4147批次、食品快检5146组、药械抽检117批次。学校食堂在“重庆阳光餐饮”App入驻率达97%。入库并出库较大以上等级食药风险5个，均已整改。药品监管行政行为遵纪守法率100%，服务对象满意率100%，疫苗信息依法公开率100%，无重大偏差，一般偏差发生率低于5%。稳步推进药品“互联网+监管”工作。助推“西部美谷”建设。借助“党建扎桩、治理结网”基层治理模式，扎实开展创建国家食品安全示范城市、创国卫复审准备和创文工作，以及疫苗监管体系评估、质量安全检查。

【工业产品质量安全】 全面开展儿童和学生用品、拼装改装车、低速电动车、危险化学品等专项整治工作，抓严产品质量监督抽查340批次，下达责令改正通知书38份，督促企业限期整改，及时完成监督后处理，形成监管闭环。通过专家指导、联合检查等形式，对涉及人体健康和人身、财产安全的5家生产许可、22家3C认证企业实施全覆盖检查，督查其持续保持获证条件组织生产。开展车用成品油、车用尿素抽检25组，消防产品抽检6组，塑料管材抽检19批次。抓实塑料管材专项整治及禁塑工作。

【特种设备安全】 扎实开展市场监管领域安全生产整治三年行动。深刻汲取“吊水洞”等事故教训，实施特种设备检查诊断、行政处罚、整改复查的闭环执法检查，加大旅游景区在用大型游乐设施、场(厂)内专用机动车辆，充装站特种设备、气瓶、移动压力容器，防疫隔离点、学校等场所特种设备检查，压实安全生产主体责任。全年召开安全生产会议13次，参会企业990家次。全年检查企业656家次，设备2200余台，下达监察指令书43份，发现安全隐患338条，均已整改合格。深化危险化学品、电梯及各景区、大型游乐设施乘客束缚装置、旅游观光车辆等隐患排查治理。月月实现“零飘红”。全区未出现一起特种设备安全事故。荣获“全区安全生产与自然灾害防治工作先进部门”称号。

【注册许可】 落实“放管服”改革，对照世行营商环境评价标准，制发《开办企业“一网、一窗、一次、一日”全流程办结工作实施意见》，将开办企业时间压缩至3小时以内，建成“全市首个开办企业无费区”。全年“先照后证”惠及市场主体3191户。内资企业全程电子化网上登记量占比达98.63%。新登记各类市场主体8125户。全区实有市场主体55251户，增速16.14%。新发展民营经济市场主体8037户、民营企业1932户，增速分别为16.42%、16.83%。

【企业监督管理】 牵头完成部门联合“双随机、一公开”抽查监管16项，双随机检查市场主体2059个。完成企业年报，内资、外资企业年报率分别为92.61%、91.3%。依法批量吊销企业240户，列入异常名录企业1262户。建立查处无证无照经营工作联席会议制，抄告无证无照经营信息14条，处置反馈率100%；查处无证无照经营案件26件。牵头全区房地产、集资融资、教育培训、装饰装修等四大领域广告宣传信访突出问题专项治理，部门联合检查122家次，规范广告宣传内容6处，责令整改6起，开展行政约谈3次。对经济新业态新模式实施包容审慎监管。

【价格监督管理】 加强防疫物资价格监管。加强口罩、消毒液等防疫物资和米面、果蔬等民生商品价格稳定，坚决制止借防疫之机哄抬价格、牟取暴利、搭车收费、转嫁成本、强行摊派等价格违法行为，全年现场责令改正49件，立案查处案件8件，涉案金额300余万元。强化对公用企业的价格监管，确保国家出台的降低工商业水电气费优惠政策落实到位。推动落实公平竞争审查制度。牵头组织开展全区妨碍统一市场和公平竞争的政策措施清理工作，促进统一开放、竞争有序的市场体系加快形成。对2020年度各区级部门公平竞争审查工作进行抽查和考评。

【电子商务监管】 认领排查网站(店)540户，建档建库网站297户，及时率、正确率均为100%。电子标识核发率92.54%。建立网络消费维权站6个，设立重点网站行政指导联络站33个，建比率均为100%。监测入网餐饮经营单位不合格率保持在1%。开展非法野生动物网络交易、口罩等涉及疫情相关产品、网络交易平台和网络经营主体规范、网剑行动等专项行动，全年发出涉网责令改正通知书(行政建议书)63份，行政约谈平台网站1个次。

【信用监管】 归集有效企业信用信息6882条，超过65万条企业信用信息数据入库"重庆市企业信用信息公示系统(重庆)"。查询企业信用情况765次，出具信用报告535份。纠正76条社会信用代码重错码信息，将重错码率降低至万分之一以下。

【消费者权益保护】 开展网上"3·15"系列宣传。组建消费维权自愿服务队在社区、广场、公园等场所流动宣讲。创建市级"放心消费"示范单位2家、区级"放心消费"示范单位228家。依托31个消费维权服务站平台举办消费维权讲座。择优选择维权能力强、工作效果佳的8户企业入驻全国12315平台，积极引导ODR企业源头解决消费纠纷。严格按照12315消费者投诉举报工作要求，做到热线有人守、信息记录全、投诉转办快、件件有回音。全年共受理投诉举报2335件，挽回消费者经济损失285.17万元。及时准确处理办结率达100%。

【质量强区】 出台质量强区2020年重点工作计划，开展制造业、农产品、城市建设和管理、旅游服务业4大领域质量提升行动。助力企业连续两届荣获第七届市长质量奖提名奖，兑现质量品牌奖励资金43万元。重庆威斯特电梯有限公司荣获第七届市长质量奖提名奖，全区累计2家企业获此殊荣。组织质量专家企业行，为全区6家塑料管材生产企业开"良方"获好评。结合质量月等活动，发放《消费品质量安全提示》折页等宣传资料4000余册，开展"质量安全进乡镇、护航消费保民生"主题活动，营造浓厚氛围。组织35家重点规上企业，开展质量管理标杆企业行，助推高质量发展。

【助力"经济圈"建设】 6月18日，主动与遂宁市监局签署《深化遂铜市场监管一体化合作推动成渝地区双城经济圈建设合作协议》《知识产权合作协议》，共开展1次高质量发展专题交流和2次食品药品突发事件(三级)应急演练观摩，建立起企业设立成渝通办、信息交流、情报共享等机制。

铜梁区市场监管局与遂宁市场监管局签约仪式现场(吕倩　摄)

【计量管理】 开展“5·20世界计量日”宣传“四进”活动。完成1734台医疗计量设备检定。联合推进综合防控儿童青少年近视工作,完成全区27家眼镜制配场所97台计量器具检查与督促检定。协调铜梁检测所完成城区11家集贸市场439台件计量器具检定。“双随机一公开”监督检查4家企业14个批次的定量包装。持续开展加油(气)机、民用“三表”、高速公路执法计重衡器、出租车计价器、法定计量单位使用、安全领域计量器具、超限检查站衡器等专项监督检查,规范计量市场秩序。

【标准化和认证认可监管】 积极推进安居古城国家级旅游服务标准化示范项目建设。帮助重庆华夏公司建立旅游服务标准体系3个,制定企业标准53个,项目中期评估工作顺利通过专家组验收。指导31家企业自我声明公开产品和服务标准129项,涵盖268个品种;其中行业标准3个,地方标准1个,企业标准125个。开展“检验检测乱象”专项整治行动,全覆盖检查区内车辆检测、生态环境检测、建筑工程检测等14家检测机构。完成上级部署的自愿性认证“双随机、一公开”监督抽查任务。扎实开展区内5家口罩生产企业认证活动专项整治和25家强制性产品认证企业生产企业及销售网点监督检查。

【法治工作】 制定《2020年度行政处罚案件评查办法》,严格行政处罚案件同级审核制度,案件审核率达100%。案件评查工作获全市市场监管系统第6名。扎实开展“双打工作”“打传规直”“扫黑除恶”“保健市场”乱象整治及“长江禁捕、打非断链”等专项行动。全年共立案454起,从严查处市场违法违规行为,有效维护公平有序市场秩序。

(区市场监管局 谭春梅)

物价管理

【市场价格监测】 疫情防控期间成立价格监测预警组,负责全区防疫物资和民生重要商品的价格监测工作。对大型超市重要民生商品的价格以及区内口罩市场供应及价格进行监测230余次,并将相关数据形成日报上报市发展改革委和区疫情指挥部,避免疫情可能引起的市场价格波动。

开展日常价格监测预警工作。截至2020年向市发展改革委上报粮油肉禽蛋菜副食水产品日报213次,旬报81次,月报30次,上报率100%,为政府价格干预决策提供依据。

【收费管理】 加强行政事业性收费管理。2020年取消行政事业性收费4项,降低行政事业性收费标准5项,减免行政事业性收费2项。加强各类收费备案管理。2020年办理培训收费备案(含幼儿园收费)7件、停车场收费备案12件。

【重点领域价格改革】 完成2020年铜梁区农业综合水价改革任务。推进乡镇供水一体化工作,完成镇街自来水价格调整工作。

(区发展改革委 汪林)

就业管理

【就业再就业】 全年累计促进城镇新增就业15182人,城镇登记失业人员就业4225人,城镇就业困难人员就业3040人。职业培训合格8625人。全区退捕渔民转产安置345人(其中:退出劳动力市场94人,实现就业251人),转产就业率达到100%;纳入养老保险345人,参保率达到100%。开发临时性防疫公益性岗位648个,安置144名贫困人员过渡就业;联合林业、交通、水利等8个部门开发扶贫公益性岗位安置400余名贫困人员就业;新建成扶贫车间11个,吸纳贫困人员就业70人。成功组织开展各类招聘会48场,207家企业提供岗位16306个,介绍成功4280人,“重庆就业网”发布招聘信息2161条。全年发放失业保险金14714人次,2184万元。拨付171家企业中小企业稳岗返还资金2105.05万元,惠及企业职工14483人;拨付236家企业失业保险稳岗补贴资金270.66万元,惠及企业职工12457人。

（区人力社保局　龙建）

【农民工返乡创业】 大力开展“把老乡留在老家”专项行动，对辖区内有就业意愿的返乡农民工进行求职登记，建立就业服务台账，有针对地开展返乡就业服务，利用28个镇（街）赶场日，到镇街开展小型招聘活动，让广大农民工在家门口就能找到合适的工作。同时，通过开展创业培训、提供创业担保贷款、开发创业项目等措施，不断提升农民工创业质量。累计回引18205名在外务工人员返乡就业创业。发放创业担保贷款723户1.3287亿元。

（区人力社保局　朱绍华）

【大学毕业生就业】 开展专项招聘活动，充分利用网络平台积极发布用工信息，为毕业生提供就业岗位。做实高校毕业生实名登记，建立高校毕业生基本信息库和用人单位岗位需求信息库，实现精准推送就业信息；针对困难毕业生开展上门服务和“一对一”援助。高标准建成占地500余平米的“铜梁区大学生就业创业公共服务中心”，设接待服务区、培训活动区、配套服务区三大功能区，为大学生提供政策咨询、职业指导、职业介绍等一系列公共就业创业服务。全年举办高校毕业生就业专场招聘会5场，进场求职人数836人，达成意向协议181人。新增75家企业备案为青年就业见习基地，组织221人参加就业见习，其中：发放见习补贴186人，发放金额88.07万元。组织高校毕业生报到累计470人，其中：硕士16人，本科333人，专科118人，中专3人。

（区人力社保局　张燕）

【人力资源市场】 投资200余万元，建成1000余平米的“铜梁区智慧人力资源市场”，集搜索、查询、订阅、交流、反馈、联系等多功能于一体，设有自助求职区、信息发布区、招聘洽谈区、前台服务区、远程面试区5个功能区域。2020年组织召开各类招聘会48场，207家企业提供岗位16306个，重庆就业网发布招聘信息2161条，公共职业介绍服务机构成功介绍4280人，协助市“6+2”重点电子智能终端制造企业招工6455人。

供求结构分析 人力资源市场全年登记求职人数12490人次，提供岗位16306个，总体上，全区岗位供大于求，机械制造业和服务业岗位占有较大的比重。用人单位在现场招聘会中，专业技术人才比较受企业的青睐，企业对此部分人员也提供了相应的福利待遇；而企业一线工人和服务业人员还有短缺。

（区人力社保局　苏造华）

劳动管理

【劳动保障执法监察】 **创新执法优化服务** 2020年1月，区人力社保局创新执法优化服务试验区创建工作顺利通过市局验收，区人力社保行政执法支队不断巩固深化试验区建设成果，持续抓好监察执法效能建设。以全面深化“法治化保障、专业化建设、精细化管理、全程化监督、人本化服务”为重点，完善执法机制，强化执法保障，促进执法规范，提升执法效能，不断提高人力资源和社会保障执法能力，提升执法服务水平，增强人民群众幸福感获得感安全感。

畅通举报投诉渠道 一是深化落实劳动维权日常接待登记制度和24小时值班制度，安排专人负责来访来电群众接待登记及处理，确保群众的诉求及时得到回复。二是加强信息化平台管理，及时处置网络及线上投诉，安排专人对12333举报投诉平台、全国根治欠薪线索反映平台进行日常管理，安排专人对区长信箱、区长公开电话等信访交办线索进行核处并回复。

严格劳动保障监察执法 截至2020年底，处理咨询、劳动纠纷、监察案件和信访1132件、涉及3254人、4566.19万元。其中立案查处22件，涉及63人、70.19万元。对违反劳动保障法律法规的用人单位，责令改正6起，行政处理2起，行政处罚2起，罚款金额0.7万元，督促企业参保登记1起，清退童工1人，办理拒不支付劳动报酬案件移送公安1起。向社会公布重大劳动保障违法案件2起，向市局推送重大劳动保障违法案件2起，有效打击恶意欠薪行为，切实维护劳动者的合法权益。

加大日常巡查力度，深入开展联合检查 2020年开展各项专项检查和整治行动8次，其中尘毒危害专项执法联合检查1次、规范市场招聘行为维护劳动者平等就业权利专项行动1次、2019年度企业劳动保障守法诚信等级评价书面审查1次、清理整顿人力资源市场秩序专项行动1次、在建工程项目落实《保障农民工工资支付条例》情况专项检查1次、“双随机一公开”日常巡查检查1次、根治欠薪夏季专项行动1次、根治欠薪冬季专项行动1次。通过主管部门日常巡查，多部门联合执法检查等方式，主动巡查用人单位126家，涉及1315人，书面审查用人单位471家，涉及2.9万人。

在建工程项目实现“两金三制”全覆盖 联合各建设领域主管部门全力落实在建工程项目“两金三制”全覆盖。2020年，办理农民工工资保证金减免60起、涉及金额4902.99万元。截至四季度末，保证金收取4421.63万元，支出611.14万元，累计结存余额18334.07万元。审查建筑项目竣工验收农民工工资拖欠公告138起。截至年底，全区68个在建项目均已落实“一金三制”，通过专用账户银行代发农民工工资6.01亿元，涉及8.33万人次。

（区人力社保局 杨宇杰）

【劳动合同制实施】 2020年完成国网重庆市电力公司铜梁供电分公司等4家企业的集体合同、工资专项集体合同、劳动安全卫生专项集体合同、女职工权益保护专项集体合同的审查备案工作。深入推进和谐劳动关系创建工作。重庆长途汽车运输（集团）有限公司铜梁分公司获得2020年“重庆市和谐劳动关系AAA级企业”称号。为企业量身定制“一户一策”培育计划，“一对一”指导，规范用工管理、健全民主制度，截至年底，全区和谐劳动关系企业创建成功38家。

（区人力社保局 叶桂华）

【职业技能培训】 一是加强政策解读和舆论宣传。充分利用报刊网络、区公共和民办培训机构、基层社保所等组织加大政策宣传力度，提升政策社会影响力和公众知晓度，积极为符合条件的劳动者提供免费的职业培训。二是不断壮大和培育培训机构。积极与区内培训机构进行联系，鼓励全区具有合法资质的公办和民办培训机构公平、公正参与定点培训机构申请认定。2020年认定了重庆市铜梁职业教育中心、传媒学院、鸿瑞职业培训学校等15家定点培训机构。三是不断加强培训监管。为确保培训质量和效果，针对线上培训的实际，安排专人以学员的身份进入班级群进行跟学监督。线下培训期间对培训过程采取远程监控、全程录像、实地检查等手段进行有效监管。同时，将培训学员的个人信息全部纳入实名制系统管理，做到培训和实名制系统同步。2020年职业培训合格8625人。

（区人力社保局 杨军）

【职业技能鉴定和职业资格管理】 认真做好职业资格的鉴定考试组织工作，加强考试计划和方案审查，严格鉴定考试程序要求，确保鉴定考试质量。指导社会组织和企业申报技能等级认定评价工作，加强认定机构标准化建设，严格执行考试方案报批管理，规范证书标准，组织各职业工种鉴定考试170次，职业资格鉴定3850人，专项职业能力鉴定2130人，共鉴定颁证5980人。

疫情期间，严格落实对人力资源服务机构、民办职业培训机构的管控和督导，建立信息定期报送和分片巡查督导制度，确保各机构安全稳定。疫情稳定后，建立复工复产复训的标准，指导各人力资源机构、培训机构按要求落实进厂、进校体检制度，做好防疫物资保障，开展机构、校区卫生整治，建立闭环式人员通道，落实信息报告和联防联控制度。加强民办培训学校、劳务派遣机构的指导和管理，开展年度评估、安全排查、日常监督和随机抽查等工作，督促整改年检存在问题的劳务派遣机构6家，通报批评违反鉴定考试工作纪律的培训机构1家，指导整改疫情防控存在较大问题的民办职业培训机构2家。

（区人力社保局　黎进）

烟草专卖管理

【概况】 重庆市铜梁区烟草专卖局有在册职工71人。内设专卖监督管理科、财务审计科、专卖内管与法制监督科等7个机关科室，客户服务部下设3个区域市场客户部，专卖监督管理科下设3个基层稽查队所。

【行政许可】 区烟草专卖局根据重庆市烟草专卖局的统一部署，修订《重庆市铜梁区烟草制品零售点合理布局规定》。全年共受理新办件718户，准予许可479户，不予许可5户，申请人自愿撤回236户，延续759户，变更53户，歇业441户，停业149户。

【打假打私】 全年共查处各类涉烟违法案件71起，查获卷烟7921.9条，涉案金额132.1万元。其中，查获假烟753.9条，涉案金额21.11万元；联合公安部门破获一起涉假网络案件，涉案金额16万元，刑拘2人，逮捕1人，判刑1人，该案达到市局级二级网络案件标准并于年底成功通过验收，有力地震慑了一批违法犯罪分子。

与区市场监督管理局联合开展电子烟专项整治现场
（区烟草专卖局　供图）

【专项整治】 2020年开展全区烟草市场秩序专项整治，依法打击各类涉烟违法行为，全力打造公平有序的烟草市场经营秩序和群众放心满意的消费环境，助力全区经济社会健康发展。专项整治期间，与区公安局、区市场监督管理局、高速公路执法大队、区文旅委等单位和部门共开展联合执法56次，检查零售户达1581户次。其中，检查卷烟销售大户222户次，娱乐服务场所97户次，名烟名酒店101户次；检查货运车辆128辆，私家车辆95辆，在重点打击无证运输烟草专卖品、非法经营烟草专卖品等违法行为中起到了关键性作用。查获涉烟违法案件30起，查获假烟247.4条，涉案金额41.67万元。

（区烟草专卖局　罗心阳）

工程项目招投标监督管理

【公共资源交易监管体制改革】 区发展改革委会同区委组织部、区委编办等相关部门完成职能划转、机构设置及编制审定等相关工作。增加内设机构行政执法科及招投标事务中心，会同招投标监管科开展公共资源交易监管工作。同时对全区各有关部门、镇街、区属企事业人员130余人开展公共资源交易业务培训，提升工作人员素质。

【招标文件标准文本修订】 区发展改革委牵头组织各行业主管部门，按照《重庆市房屋建筑和市政基础设施工程标准施工招标文件（过渡期试行版）》对已有招标文件标准文本进行修订。修订后的标准文本严格执行经评审的最低投标价法，同时将信用管理及合同管理的相关条款载入标准文本。

【规范性文件清理】 区发展改革委牵头组织相关行业主管部门，对现行的涉及公共资源交易的规范性文件开展全面清理，对不适应新形势下监管工作的文件及时废止，对与114号文件有违背的条款及时修订，确保与全市的公共资源交易监管制度保持一致。此次清理废止5个规范性文件及制度文件。

【违法违规行为查处】 督促和指导相关行业主管部门查处串通投标、弄虚作假投标等违法案件7起，查处违法企业11家次，违法人员4人次，累计罚款51.11万元，并将处罚信息在公共资源交易中心网站上公示。

【招投标领域信用信息管理】 严格执行《重庆市工程建设项目信用管理暂行办法》，对存在违法违规情况的招投标市场主体进行信用记分；全市首次对投标（中标）企业在履约过程中的违法行为进行信用记分。2020年度已对受处罚投标（中标）企业进行信用记分37家次（占全市42.05%），其中纳入“黑名单”的企业4家次（占全市44.44%），纳入重点关注名单的企业8家次（占全市20.51%），其他分值的25家次。

【项目履约管理】 以落实项目法人责任制和合同管理为核心，在严格执行《重庆市政府投资项目法人责任制管理暂行办法》和《重庆市政府投资项目合同变更管理暂行办法》的同时，严格督促各行业主管部门加强项目事前事中事后监管，在招标文件和合同中明确规定禁止工程转包和违法分包。围绕工程质量安全管理等重点内容，加大检查督促力度，确保参建单位切实到场履职尽责。

【随机抽选承包商库管理】 充分运用“信用中国”、重庆市工程建设信用信息平台等，建立每月定期清理制度，对入库企业严格实行动态管理。全区施工类企业共计1609家，暂停受到行政处罚、被列入“黑名单”或被列入失信被执行人等不良信用企业的抽选资格共计188家。

【电子招投标工作】 加快推进电子招标投标系统的软硬件建设。对区级有关部门、镇街、区属国有企业、招标代理机构、投标企业进行电子招投标业务培训，构建完善电子招标投标系统并开展电子招标投标试点工作，全年完成2个项目的电子招投标工作。

【重庆市网上中介服务超市】 邀请市公共资源交易中心专家对区级有关部门、区属国有企业、各镇街等60余人次进行培训，并在全市各区县中率先全面使用网上中介服务超市。2020年度已在中介服务超市发布采购需求500余项，占全市需求量60%以上。

（区发展改革委　姚挺）

安全生产管理

【概况】 推动10个专项办公室开展相关行业领域安全生产工作；牵头拟制《2020年全区安全生产与自然灾害防治工作要点的通知》文件，对全区安全生产与自然灾害防治工作进行全面部署；围绕“抓防疫、保安全、促生产”，及时制定工作方案，指导各镇街（高新区）企业开展疫情防控和有序推进复产复工；发挥综合监管作用，提请召开全区安委会、减灾委会全体（扩大）会议4次，筹备召开安全生产与自然灾害防治专项会议16余次，区安委办、区减灾办督导成常态，开展综合（专项）督查5次，对事故多发的道路交通、建设行业单位发工作提醒函，分析事故发生原因，遏制事故多发态势；突出高温汛期、秋冬季安全生产重点，推进开展大排查大整治大执法，专项行动期间，全区未发生1起安全生产事故。

【安全生产专项整治三年行动】 3次征求相关职能部门的意见和建议，形成全区“三年行动实施方案”，推进28个镇街、16个行业部门挂图作战，2020年全区推进完成528项任务；以“三年行动”为统领，扎实推进秋冬季安全生产风险隐患大排查大整治，滚动建立风险除患整治台账清单，排查整改隐患1670条，专项行动期间，全区未发生1起生产安全事故和自然灾害事故。

【重点行业监管】 **非煤矿山、危险化学品和烟花爆竹行业** 依照《2020年度安全执法检查计划》开展日常安全监管，尤其是“新冠肺炎”疫情后期，随着企业复工复产，加大对危化、矿山企业防疫和安全生产的指导及帮扶力度。全年计划检查45家次，实际检查179家次，下达现场检查记录、整改指令及复查意见401份，共查出各类安全隐患572条，督促企业整改安全隐患，已整改572条，执法处罚5家，罚款9.45万元。

标准化与监督检查一体化 督促全区危化、烟花爆竹批发、矿山企业开展自评工作，同时聘请专家对4家危险化学品生产企业、2家烟花爆竹批发经营企业、5家非煤矿山生产企业进行“一体化”执法检查，进一步夯实“一体化”检查机制在监督检查中的重要作用。

行政审批 依法严把安全生产准入关，开展危险化学品行政许可及行政服务工作。完成市、区两级行政审批系统标准化建设和区政务服务相关工作要求，做到“减材料、减跑动、减环节、减时间”，有效提高办事效率。按标准办结危险化学品经营许可证申请及换证39宗、烟花爆竹(批发)经营许可证换证1宗。

【专项整治】 **烟花爆竹经营** 推动批发企业标准化、零售点规范化管理，严格落实零售店(点)选址布局、面积及存放限量、平面布置、建筑结构、消防电气和安全管理等具体要求，倡导批发企业设点连锁经营，强化批发企业与零售店(点)间的安全协同管理，对检查中发现批发企业违反“六严禁”、零售店违反“三严禁”“两关闭”依法予以处罚。

特殊作业 开展特殊作业安全的专项检查工作，重点检查企业动火作业、受限空间作业等特种作业安全操作规范，严查作业票证的规范化，作业现场标准化的落实情况，查出作业票证不完善问题3个，下发限期整改指令书3份，整改完成3项，整改率达100%。

高温汛期防雷防静电 对全区所有危险化学品、烟花爆竹企业防雷防静电工作进行专项检查，督促企业通过有资质的检测机构进行防雷防静电检测，保证企业都能出具有效期内的检测报告，检测有效率达100%。

打非治违 建立危险化学品烟花爆竹“打非治违”工作领导小组，积极开展“打非治违”工作，实现危险化学品和烟花爆竹“打非治违”工作常态化。开展危险化学品烟花爆竹打非巡回宣传13场次，发放宣传资料13000余份，张贴打非通告2800余张。严格落实“打非治违”工作机制，查获非法行为46起，非法储存40起，非法运输6起，收缴烟花爆竹成品半成品6641件，治安拘留3人。共收到举报信息19条，查实10起，发放举报奖励8.52万元。

危险化学品安全生产集中排查整治 聘请相关行业专家对辖区危险化学品生产、经营企业，烟花爆竹批发企业，加油站，气体充装企业进行全覆盖集中专项检查，严格按照相应标准清单，全面对标对表进行核查。共查出各类安全隐患184条，已全部整改。

【工贸行业管理】 **城乡接合部综合治理** 细化冶金机械等工业企业专项任务，形成工贸科安全生产专项整治三年行动挂图作战任务清单，共涉及3个专题5个专项99个任务。统筹开展城乡接合部中小微企业整治专项，组织巴川、东城、南城、蒲吕、旧县等街道召开联席会议，统计形成全区57家城乡接合部中小微企业台账，按照“搬迁入园一批、改造达标一批、淘汰关闭一批”的要求，分为两个执法组开展城乡接合部专项安全检查，共检查企业16家，发现隐患47条，责令限期整改16家。

畅通政府购买服务渠道 印发《重庆市铜梁区应急管理局关于征集冶金机械八大行业安全专家的通知》，面向全市范围征集工贸行业符合条件的专家入库，畅通政府购买服务渠道，以“专家服务+信息化支撑”为手段，提升铜梁区工贸安全治理能力。共收集入库专家97名，剔除不符合条件专家2名，邀请专家为执法检查和专项整治提供技术服务50余次。

专项治理 印发《重庆市铜梁区安全生产委员会办公室关于推进冶金煤气、高温熔融金属、粉尘防爆、涉氨制冷、有限空间作业条件确认五大专项整治常态化制度化的通知》，利用“信息化+教育”，加大冶金机械等工业企业教育培训力度，共开展各类培训11次，涉及安全监管人员和企业主要负责人等共600余人。倒逼企业落实主体责任。开展金属冶炼、粉尘涉爆、涉氨制冷、铝加工（深井铸造）等专项执法检查5次，共检查企业41家次，发现隐患183条，立案调查2家，行政处罚4.55万元。

安全设施“三同时”管理 转发《重庆市应急管理局关于印发〈重庆市冶金等工贸行业建设项目安全设施“三同时”监督管理办法〉的通知》，引导企业主动做好建设项目安全设施“三同时”工作。对已通过的评审的三级标准化企业网络流程进行完善，出具安全标准化证明12份；收到三级标准化评审申请14份，因发生事故取消评审1家，共开展三级标准化评审10家，其中通过8家，终止评审2家。

执法监督检查 检查企业141家次，发现隐患519条，责令限期整改117家，行政处罚7家，罚款14.05万元。

专项执法检查 以钢铁、水泥、电解铝、平板玻璃、烧结砖瓦等行业为重点，开展安全生产专项执法检查，共检查水泥、烧结砖瓦企业28家次，发现隐患116条。

复工复产 以疫情防控“五必须”和安全生产“五到位”为重点，做好复产复工前期宣传引导；建立疫情期间重点企业安全生产“一企一组”责任清单，落实企业监管责任人；共指导服务复产复工企业246家，督促企业压实疫情防控和安全生产工作，疫情期间未发生生产安全事故。

（区应急管理局　杨正波）

工 业

综述

【概况】 2020年，全区345家规模工业企业实现累计产值596.15亿元，同比增长4.7%；工业增加值实现254.5亿元，规上工业增加值增速5.8%；累计完成工业投资128.18亿元，同比增速19.5%；技改投资36.15亿元，技改占比28.2%。

全区年内工业用气量4131.72万立方米、同比增长14.7%，工业用电量13.57亿千瓦时、同比增长19.7%；营业收入584.17亿元、同比增长4.8%；营业利润达到35.84亿元，同比增长2.1%。

【特色产业发展】 2020年，铜梁区集中精力打造电子信息、装备制造、大健康三大特色产业集群。三大特色主导产业实现累计产值482.19亿元，增速6.9%，占规上产值比重达到79.5%，高于全区规上工业经济增速2.2个百分点，拉动全区规上工业经济增长5.4个百分点。

【新兴产业发展】 全区104家“双新”规上工业企业实现产值274.41亿元、增长11.6%。52家战新企业实现产值88.54亿元、增长10.9%，高于规上工业企业产值增速6.2个百分点；79家高新企业实现产值241.76亿元、增长12.7%，高于规上工业企业产值增速3.4个百分点；64家数字经济规模工业企业实现产值178.01亿元、增长14.3%，高于全区规上工业企业产值增速9.6个百分点。

【重点项目推进】 **工业招商** 坚持“金篮子放金蛋子”，实施专业精准招商、延链补链，充分挖掘资源和潜力，抢抓“成渝双核”和国际国内产业转移机遇，加快建设小米智能制造产业园、“西部美谷”等重大产业平台，签约工业项目69个、协议引资额351.5亿元。万洋众创、思特、优理氏、康麦谷等10家企业入驻“西部美谷”，累计投资220亿元。

重点项目 制定出台《“西部美谷”产业园扶持政策》《重庆市铜梁区扶持市场主体升规升限的政策措施》等政策，全力推动工业企业转型升级。全区实施工业振兴重大建设项目56个，总投资238.8亿元，年度完成投资101.75亿元。长江造型、精鸿益、安创材料等5个投产项目按期投产，鹿享家、页岩气等3个达产项目按期达产。

【骨干企业培育】 实施“领军企业、明星企业”工程，推动大中型企业转型升级，积极发挥龙头企业、高成长企业的示范带动作用，推动小微企业升规培育，引导企业走“专精特新”之路。得益于市区两级“专精特新”激励政策，全区“专精特新”企业达到24家，实现产值93.71亿元，同比增长12.0%，拉动全区规上工业产值增长1.8%，贡献率37.6%。培育高新技术企业和科技型企业，对有潜力的企业进行重点服务。年内新增科技型企业151家，总量达到523家；指导伊洛美克、嘉骏电子等67家企业申报高新技术企业，高新技术企业达96家。

【营商环境】 **服务民企** 全面兑现纾困惠企政策，贴身服务民营企业“解七难”，对企业反映问题“日收集、周调度”。区级领导全年集中走访精准服务民营企业，收集困难问题65件，办结65件，办结率100%；群工系统收集困难问题52件，办结51件，办结满意率90.2%。疫情以来，开展解决企业困难和问题专项工作，收集190家企业反映困难和问题212件，已解决反映困难和问题200件，办结率94.3%。

纾解用工难 2020年，累计回引17740名在外务工人员返乡创业就业；落实兑付疫情期间中小企业稳岗返还政策171家、2105万元，帮助企业实现稳岗14592人；兑付失业保险稳岗返还政策236家、270.66万元，帮助企业实现稳岗12457人。

纾解融资难 帮助企业获得金融贷款82.33亿元；充分发挥政府风险补偿金增信作用，累计发放“助保贷、银证通”等产品贷款8.2亿元；强力推进区级转贷应急周转资金使用，累计转贷465笔，转贷金额22亿元。

纾解降本增效难 全年为企业减免缓交税费12.42亿元、减收水电气费5991.33万元、缓收和阶段性减免社保费4.06亿元。

纾解准入难 持续推进“四零”改革，实现企业开办“零材料、零见面、零费用、零跑路”。全区新开办企业1879家，较去年同期增长13.8%。推进“一件事一次办”，加强事项整合，已推出“我要开商场超市、我要开餐馆、我要开旅行社”等“一件事一次办”事项186件。

纾解政策落地难 制定《区级工业企业奖补项目审核暂行办法》，规范区级工业企业奖补项目审核工作；争取上级政策扶持资金3626万元，兑现“民营十条”等区级政策资金4063万元，兑付各级政策奖补资金累计同比增长2.5%。

纾解订单难 搭建园区企业交流平台。通过在园区内积极搭建产业链上下游企业合作交流平台，鹿享家等150家高新技术企业参与，促成会通等辖区企业间达成意向性订单合作10亿元。搭建主导产业匹配平台。通过抓龙头企业带动，对接上下游关联企业，整合区内产业链资源配套，组建6个产业联盟，62家企业建成“供应链合作伙伴关系”。

【转型升级】 **智能化、数字化转型升级** 2020年，全区共有市级企业技术中心、市级企业技术研发中心32个。其中，新增市级企业技术中心1个，新增市级数字化车间10个，新增市技术创新指导性项目推荐目录14个。重庆新民康科技有限公司等12家企业的15个产品获评2019年度市级重大新产品；组织申报重庆市独立法人新型企业研发机构2个、重庆市工业和信息化重点实验室2个、市级绿色工厂1家、2020年国家技术创新示范企业1个；组织99家企业进行研发准备金备案，预算研发准备金6.79亿元；52家企业参加智能制造能力测评。完成技改备案项目100个，项目总投资37.33亿元；通过认定智能化项目67个，项目设备、软件及云服务等方面的投资共计7.59亿元。重庆会通科技有限公司取得两化融合管理体系评定证书。

铜梁区数字化车间和智能工厂

序号	平台名称	类别	层次	依托单位	备注
1	汽车用高性能环保型塑料复合材料智能工厂	智能工厂	市级	重庆普利特新材料有限公司	2019
2	冲压件与压铸件生产数字化车间	数字化车间	市级	重庆精鸿益科技有限公司	2019
3	乳化炸药生产数字化车间	数字化车间	市级	重庆顺安天力达爆破器材有限公司	2020
4	笔记本电脑配件生产数字化车间	数字化车间	市级	重庆百钰顺科技有限公司	2020
5	双质量飞轮制造数字化车间	数字化车间	市级	重庆长安离合器制造有限公司	2020
6	福田采埃孚自动变速器生产数字化车间	数字化车间	市级	重庆南雁实业集团龙剑机械制造有限公司	2020

续表

序号	平台名称	类别	层次	依托单位	备注
7	汽车排放系统制造数字化车间	数字化车间	市级	威孚力达（重庆）汽车零部件有限公司	2020
8	计算机高精密配件生产数字化车间	数字化车间	市级	重庆市铜梁区精亿电脑配件有限公司	2020
9	PE透气膜生产数字化车间	数字化车间	市级	重庆和泰润佳股份有限公司	2020
10	环氧树脂玻璃纤维绝缘材料生产数字化车间	数字化车间	市级	重庆优博电气设备有限公司	2020
11	汽车紧固件加工数字化车间	数字化车间	市级	大进合汽车配件（重庆）有限公司	2020
12	摩托车发动机箱体箱盖生产数字化车间	数字化车间	市级	重庆川普机械有限公司	2020

企业标准建设 企业新参与制定国家、行业标准5个，新增制定企业标准20个，新增质量管理体系认证证书27张。新增市长质量管理奖提名奖1个（威斯特电梯获得第七届市长质量奖提名奖），累计达到2个。2020年全市暂停重庆名牌产品评选工作，全区累计创建重庆名牌产品84个，知名产品24个。

【疫情防控】 **保障防疫物资** 成立疫情防控物资保障工作领导小组，多方筹措，多渠道、全方位地完成全区疫情防控物资采购任务，按照“集中管理、统一调拨、平时服务、灾时应急、采储结合、节约高效”的原则做好物资储备，共采购各类疫情防控物资688.7110万件。组织企业生产医用防护口罩、隔离服等，医用一次性口罩日产能由疫情防控初期零基础提升至50万只，不断完善应急医疗物资储备机制，各类医用物资储备充足。

组织复工复产 建立区领导联系企业制度，选派186名机关干部担任“一人一厂”驻厂专员，大力推行“网上办”“预约办”“零接触”等政务服务，协调解决复工复产企业存在的防疫物资短缺、员工返岗困难、物流通道不畅、原材料不足等问题，为企业筹措口罩120万只，帮助企业招工2237人，解决复工复产难题200件。全区规上工业企业在3月1日实现100%复工复产，中小企业在3月18日实现全面复工。

【安全稳定】 严格按照“党政同责、一岗双责、齐抓共管”要求，认真履行监管职责，制定年度检查计划，开展“经信领域重点行业安全生产专项检查行动”“压事故、保安全专项整治工作”等专项行动。全面开展隐患排查整治，查出问题190个，全部完成整改。

（区经信委　孔洁莲）

装备制造业

【概况】 全区规上工业企业中，装备制造类企业共有171家，包括汽摩企业、统计装备类企业、新型材料企业等，实现产值360.4亿元，占全部规上企业产值的59.45%，同比增速4.5%，拉动全区产值增长2.7个百分点。其中汽摩零部件行业持续回暖，82家汽摩企业实现累计产值182.91亿元，同比增速1.3%，占全部规上企业产值的30.17%。汽摩企业主要生产汽车刹车鼓、内外饰、离合器、缸盖、摩托车弹簧、阀门、轴承套、刹车鼓等；通机装备类企业主要生产发电机、内燃机、农业机械、环境设备、矿山机械设备、水泵、医疗设备等；新型材料产业主要生产环保塑材、干法水泥、塑料管道、保温砌块等。

【重点骨干企业】 重庆新民康科技有限公司创建于2013年5月，注册资金4000万元，建筑面积7.1万多平方米，拥有员工2000余名，150多名技术研发和工艺设计人员，是具有汽车整车线束和发动机线束、新能源高压线束的设计与生产的工厂。2015年12月投产以来,有8项实用新型专利,2020年达到年产值超10亿元。2017年公司与日本住友电装、住友电工株式会社三方签订合作协议。中日合资公司以铜梁工厂为基地,打造中国西南地区最大最强的线束制造企业。

重庆威斯特电梯有限公司 成立于1996年,主要业务为研发和制造各类垂直电梯、自动扶梯、自动人行道、自动停车库系统等系列产品及配件。厂区面积4万平方米,总投资逾5亿元。拥有16个销售分公司及办事处、56家销售代理机构和与之相匹配的全覆盖售后服务机构。公司是中国西部地区最大的电扶梯整机制造企业之一,先后荣获中国"驰名商标"、国家级"守合同重信用企业""A级纳税企业""重庆市高新技术企业"、重庆"龙乡质量奖""重庆名牌产品""重庆市著名商标"、第七届重庆市市长质量管理奖提名奖等一系列荣誉称号。

重庆庆兰实业有限公司 成立于1992年,是一家专注于汽车底盘系统和动力系统关键零部件研发、生产的企业。产品主要有制动盘、转向节、轮毂、链轮、柔性飞轮盘、齿毂、差速器等。重庆庆兰实业有限公司对外投资4家公司,具有2处分支机构。铜梁生产基地占地面积33.33公顷。2017年成功入选重庆市100户成长型工业企业。

重庆普利特新材料有限公司 成立于2011年12月,注册资金2亿元,占地面积8.67公顷,是上海普利特复合材料股份有限公司在西南地区投资的唯一一家全资子公司。主要从事汽车用高性能塑料复合材料的研发、生产、销售和服务,拥有88项授权专利,其中授权发明专利84项,实用新型专利4项;在申请发明专利166项,1个商标许可。2018年,"普利特"牌在西南地区国内市场占有率达9.6%,位居西南地区改性行业第二名,产品和技术处于国内领先、国际先进水平。

重庆新美鱼博洋铝业公司 位于重庆市铜梁区高新技术产业园区金山大道9号,成立于2003年,注册资金为2亿元人民币,占地18.67公顷,拥有年产15万吨铝合金型材和3万吨塑钢型材的生产能力,是西南地区大型铝合金型材和塑钢型材生产基地。在职员工500余名,专兼职研发人员90余名,中高级工程技术管理人员24名。拥有专利54项,发明专利5项,实用新型专利27项,外观设计专利22项。主要产品有铝合金系列:高档智能系统门窗系列、全铝家居系列、新能源汽车系列型材、建筑用铝模板系列型材、工业流水线及幕墙系列型材、轨道交通系列型材、船舶及石油钻井平台系列型材;塑钢型材系列产品:60、80、88推拉门窗系列、60、65内外平开门窗系列、双色共剂型材和彩色系列型材。

重庆天齐锂业有限责任公司 成立于2017年2月,注册资本17859.84万元,占地面积约2.8公顷,有员工180余人,是一家从事电池级金属锂带、锂片、锂粒、锂砂等锂型材产品以及金属锂锭、锂合金及其相关产品的研发、生产和销售为一体的有色金属冶炼企业,是天齐锂业打造金属锂产品"规模全球第一、技术全球领先、业务全球覆盖"的主要生产基地。具备进行规模化生产的能力,有金属锂产能600吨/年。拥有专利57项,其中发明专利9项,实用新型专利44项,外观设计4项,通过技术创新,已开发出电池级金属锂带、锂片、锂粒、锂砂等锂型材产品以及金属锂锭、锂合金及其相关产品10余个。

(区经信委 孔洁莲)

电子信息业

【概况】 2020年,全区规上工业企业中,电子信息企业38家,实现产值93.98亿元,同比增速18.8%,拉动全区产值增长2.6个百分点,主要生产智能门锁、计算机、键盘塑料机构件和小五金等零部件。重点企业包括:鹿享家科技、英力电子、成田科技、精鸿益、嘉技科技等。

【重点骨干企业】 **重庆市鹿享家科技有限公**

司 成立于2018年9月，注册资金1000万元，是云丁网络技术（北京）有限公司的全资子公司。公司规划占地面积13.33公顷，是云丁科技与重庆铜梁区政府联合打造的高科技安防智能产业园区，年产能峰值出货500万台智能安防产品，年营业额超10亿元。主要产品有智能猫眼系列、智能锁Touch旗舰系列、智能锁Classic经典系列、智能锁Smart系列智能锁P推拉系列等。2019年5月，第一台产品下线；同年年产50万台智能安防产品，年营业额超4亿元；10月申报实用新型专利超10项。2020年，成立企业研发平台，加强研发投入，实现年营业额10亿元，生产场地面积扩大到20公顷。

英力电子科技（重庆）有限公司 隶属于英力集团，位于重庆市铜梁区工业园区龙庆路11号，于2011年注册，2014年1月正式投产，主要从事笔记本电脑塑胶件开模、成型、喷漆、溅镀、组立一站式服务。工厂占地面积6.58公顷，厂房11.3万平方米，能容纳1500余人就业，主要经营笔记本电脑和手机等3C消费类电子产品的机构零部件的研发、设计、制造和产品的表面处理。公司曾荣获高新技术企业、区明星企业、ISO认证企业等荣誉称号。

重庆精鸿益科技股份有限公司 始建于2017年，系国家高新技术企业、科技型中小企业，注册资金2000万元。投资总额为1.8亿元，建设占地面积5万余平方米，建筑面积4.5万方米，包括厂房、办公楼、宿舍标准厂房。公司专门从事计算机和安防产品配件研发、生产、销售、服务，主要产品包括笔记本散热模组、电脑外壳、摄像头、机顶盒等。2019年申报数字化车间并获得认定，是第一批重庆市数字化车间。

重庆成田科技有限公司 公司属羽田科技（太仓）有限公司旗下子公司（以下简称重庆成田），成立于2017年7月6日，注册资本1000万元。位于铜梁区东城街道龙安大道8号，有在职员工500余人，是一家以笔记本电脑塑料配套件生产业务为主的高科技公司，主要客户有和硕、纬创等一大批知名企业品牌。2020年，总产值23489万元，营业收入20363万元，营业利润203万元，实现税收115万元。

（区经信委　孔洁莲）

电力工业

【概况】 全区共有民营小型水电站25处，年内6座小水电站完成退出解网、销号，正常运行的有19处，运行中水电站均设置生态流量泄放设施，统一安装生态流量监控设备，实现实时监管。正常运行的19处电站装机总容量为62510千瓦，全年设计发电量23071万度，2020年实际发电量21567万度。

投资8138万元的安居水电站增效扩容改造工程年内完成，装机容量由4.38万千瓦扩容至4.98万千瓦，设计年发电量18129万千瓦·时，增效23.2%。

（区水利局　杨鹏博）

大健康产业

【概况】 2020年，铜梁有大健康产业31家实现产值27.77亿元，累计增长1.9%，拉动全区产值增长0.09个百分点。大健康产业主要涉及生物医药、中医药、健康材料、美妆、粮油、食品等产业，重点骨干企业主要包括赛维药业、和平制药、安碧捷、国裕古窖等。

【重点骨干企业】 **重庆和平制药有限公司** 为中国企业500强之一的重庆医药股份有限公司旗下的制剂生产企业，注册地址为重庆铜梁工业园区白龙三路9号。其前身是具有37年历史的重庆制药厂，拥有全国最大的散剂生产规模，生产的“川渝牌”“同和顺牌”以及“恒乐”牌中西成药在川渝两地久负盛名。和平制药拥有1万多平方米的符合GMP要求的厂房和6条现代化的药品制剂生产线；生产车间有口服固体制剂、口服液体制剂、散剂和中药提取4个；制剂有片剂、胶囊剂、颗粒剂、散剂、糖浆剂、口服溶液剂、流浸膏剂、口服液9个剂型100余个品规。和平制药常年生产8个剂型100多个品规的中西药品。主要产品有阿咖酚散、人参茎叶总皂苷胶囊、酚氨咖敏片等。

重庆安碧捷科技股份有限公司 属于国家级高新技术企业、全国中小企业股份转让系统挂牌上市企业。主营业务为医疗器械及相关数字医疗服务产品的研发、生产和销售,专注于医疗超声耗材和“医学影像+互联网”技术服务及其平台建设。是国内最大、技术最先进的医用超声耦合剂供应商和互联网远程医疗影像技术服务提供商,同时是重庆市委、市政府重点扶持的10家龙头医疗器械企业之一。注册资本4200万元,总资产1.4亿元。拥有国家知识产权局专利授权的发明专利3项,实用新型专利16项,外观专利1项,引进和授权使用发明专利2项,软件著作权17项。2013年底,安碧捷作为重点招商引资企业正式落地重庆市铜梁高新区。2015年,占地近6.67公顷、建筑面积达6万余平方米的安碧捷铜梁园区建成投用。

重庆赛维药业有限公司 成立于2003年,是一家从事化学原料药生产企业,公司位于重庆市金龙工业园区医药化工园。生产场地占地26公顷,建有GMP标准生产厂房和现代化办公大楼。主要生产和销售抗感染及心血管类原料药,主要产品包括加替沙星、格列美脲、甲磺酸多沙唑嗪等。该司具有先进的生产工艺和检测设备,拥有完善的质量管理和保障体系,严格按照GMP组织生产,产品以技术领先,质量过硬,价格合理深得用户青睐,产品供不应求。

(区经信委　孔洁莲)

其他工业企业

【概况】 全区规上工业企业中,三大主导产业企业外其他企业有106家,实现产值124.05亿元,占全部规上企业产值的20.46%,主要涉及化工、消费品、新能源等行业,包含华丰迪杰特、重庆顺安天力达爆破器材有限公司、珍爱卫生用品、鑫佳宝食品等重点企业。

【重点骨干企业】 重庆华丰迪杰特印刷材料有限公司 成立于2008年7月,注册资金5000万元人民币,属于民营有限责任公司(法人独资),隶属于重庆华丰印刷材料有限公司。有员工235人,管理人员21人,专业从事高新技术产品研究与试验开发的有43人。公司是一家专业从事数字印刷用PS版、CTCP版、CTP版的研发、生产及销售的高新技术企业,是全国前三的数字印刷版生产商。公司先后完成42个研发项目,成功转化100余项科研成果。

重庆鑫佳宝食品有限公司 创建于2014年,是一家主要以休闲豆制品、肉制品、蛋制品、蔬菜制品、和果冻制品研发、生产、销售为一体的综合性企业,分别在九龙坡区金凤工业园和铜梁工业园建立了2个生产基地。公司坚持科学管理,严格控制质量和卫生标准,不断引进先进设备、生产工艺、专业工程师和专业技术人才;充分发扬敢为人先、善于亲和、精于创业的特性。

重庆顺安天力达爆破器材有限公司 位于铜梁区庆隆镇龙庙街31号附9号(仅用于办公和通信联络),于2017年1月注册成立,注册资本为2亿元。铜梁厂区占地53.33公顷,建设有办公区、炸药区、雷管区、总库区四部分,于2019年1月建成投用,首条工业炸药和雷管生产线开始生产。公司主要从事民爆器材研究、制造、贮运、销售与使用、工程爆破服务、金属爆炸焊接复合材料加工等经营业务。主要产品有工业炸药和工业雷管两大系列,具有年产58000吨乳化炸药、15000吨现场混装炸药、1.2亿发工业雷管(含50万发电子雷管)、2000万米导爆管和2万吨爆炸金属复合材料的生产能力。

(区经信委　孔洁莲)

工业名优产品

【企业荣誉】 重庆新民康科技有限公司、重庆普利特新材料有限公司、重庆庆兰实业有限公司、重庆长安离合器制造有限公司、重庆新美鱼博洋铝业有限公司、重庆南雁实业集团龙剑机械制造有限公司、重庆赛维药业有限公司、重庆宏雷机械制造有限公司、重庆新红旗缸盖制造有限公司、重庆庆龙精细锶盐化工有限公司10家企业，2020年荣获重庆市铜梁区2019年度领军工业企业荣誉称号。

重庆精鸿益科技有限公司、重庆市铜梁区亿鑫钢结构有限公司、重庆安碧捷科技股份有限公司、重庆北思卡新材料有限公司、重庆天路电力设备有限公司、重庆富典建筑工业化制品有限公司、威孚力达（重庆）汽车零部件有限公司、重庆林腾机电有限公司、重庆市商顺换热设备有限公司、重庆川普机械有限公司10家企业，2020年荣获重庆市铜梁区2019年度明星工业企业荣誉称号。

重大新产品 2020年评选，"环保型耐高温发动机曲轴箱（CG150、CG200、CG300等）"等15个产品获评2019年度重庆市重大新产品荣誉。

（区经信委 孔洁莲）

2020年认定上年度重庆市铜梁区重大新产品名单

序号	产品名称	企业名称	行业	专利名称（布图设计名称）	专利号（布图设计登记号）
1	环保型耐高温发动机曲轴箱（CG150、CG200、CG300等）	重庆川普机械有限公司	汽车摩托车	摩托车零部件装配机的组装机构	ZL201610446383.4
2	4000010仪表台板电线束总成	重庆新民康科技有限公司	汽车摩托车		
3	4000020底盘电线束总成	重庆新民康科技有限公司	汽车摩托车		
4	4000030发动机舱电线束总成	重庆新民康科技有限公司	汽车摩托车		
5	高强度通机曲轴及附件产品（190F、168F、192F、170F、182F、152F、173F、175F、188F、186F、1P70FA、1P65FE、1P65FA、165F等）	重庆宏雷机械制造有限公司	汽车摩托车	曲轴清洁装置	ZL201610762970.4
6	油气水多相计量分离装置	重庆欣雨压力容器制造有限责任公司	装备制造		
7	纳米微气泡废气处理系统	重庆融通绿源环保股份有限公司	其他		
8	普瑞巴林胶囊	重庆赛维药业有限公司	化工医药		
9	高纯度药用2-氯-4-氨基-6,7-二甲氧基喹唑啉	重庆威尔德浩瑞医药化工有限公司	化工医药	2-氯-4-氨基-6,7-二甲氧基喹唑啉的制备方法	ZL200810070254.5
10	新型抗皱耐磨透气汽车座椅护面总成	重庆凌达汽车织物股份有限公司	材料	具有三层立体效果的机织面料及其生产方法	ZL201410846064.3

续表

序号	产品名称	企业名称	行业	专利名称（布图设计名称）	专利号（布图设计登记号）
11	耐磨显色印刷膜(WG-4紫25*330、FY-4月亮22*250、JX-4红24*400等型号)	重庆和泰润佳股份有限公司	材料	透气膜印刷墨盒及拉伸在线深压纹装置	ZL201610761049.8
12	钢带增强聚乙烯螺旋波纹管	重庆融达管道有限公司	材料		
13	抗腐蚀输电线路角钢塔	重庆天路电力设备有限公司	材料		
14	高强度、耐腐蚀手机电池壳料(3003卷材)	重庆奥博铝材制造有限公司	材料		
15	高性能瓶盖料(8011卷材)	重庆奥博铝材制造有限公司	材料		

重庆铜梁高新技术产业开发区

【概况】 重庆铜梁高新技术产业开发区，简称铜梁高新区，前身为重庆铜梁工业园区，是重庆市政府2002年批准成立的16个首批省级特色工业园区之一，2016年6月经重庆市政府批准成为市级高新区。2017年12月，顺利通过科技部专家组国家级高新区"以升促建"工作调研评审并有序推进各项工作。

铜梁高新区规划面积50平方千米，经过18年发展，已开发面积18平方千米，园区投产企业达541家，其中规上企业240家。拥有高新技术企业95家，科技型企业360家，世界500强企业1家，市级重点新产品和高新技术产品230件。2020年实现工业总产值812亿元，增长19.4%，其中规上工业产值487亿元（占全区81%），增长8.3%，新增规上企业23家，新增高新技术企业13家，新增科技型企业105家。是铜梁经济增长的主引擎、工业发展的主战场。

2020年是新冠肺炎疫情防控艰巨之年，高新区管委会坚持一手抓防疫一手抓发展，帮助154家企业解决疫情防控和企业复工复产问题。年内，高新区498家企业全部实现复工复产，未发生一起感染病例，高新区党工委被评为全市抗击新冠肺炎疫情先进集体。

铜梁高新区慰问企业员工，稳岗留工（江尚霖　摄）

【项目建设加快推进】 全年实施重点建设项目79个，其中政府投资项目17个，社会投资项目62个。

强化工作机制 对新开工项目科学安排施工工序，落实项目建设、设计、监理、施工"四同步、四到场"机制，确保项目早建成、早投产、早见效。对在建项目实行清单化管理，严格落实"前期工作关键时间节点、开工时间节点、竣工时间节点"3个时间节点，挂图作战、打表推进，确保项目安全、质量、进度"三提升"。

强化落地服务 定期通过重点项目专题会或现场会进行调度，对新引进项目实行"1+3"责任落实制度，每个项目均明确一名责任领导、一名部室负责人和一名服务专员，督促业主严格履行"项目投资协议"，按照既定的开工建设计划抓紧前期工作。协调解决开工项目施工用水、用电、标高和边坡安全、土地解押等问题。

抢抓建设进度 发扬钉钉子精神，大干快干，高效推进重点项目建设。政府投资类项目中，科创中心已搬迁入驻，大庙园区污水处理厂已全面建成。智能制造产业园小米智能制造产业园项目建成投用，花园高新区主干道环境提升、京东云生态停车场全面完工，西部美谷4万方环境打造45天完成，旧县污水处理厂建设等推进顺利。社会投资类项目中，华鸿盛昌、红岩方大、格唯等项目主体工程基本完成，其余项目按计划有序推进。

【招商引资】 **健全招商机制** 认真落实“招商与招订单相结合”，围绕三大产业招大引强优链。与广州开发区成立战略合作领导小组，组建工作专班，成立广铜合作区招商组，按照“储备一批、洽谈一批、签约一批、开工一批、投产一批”的要求，持续推动招商项目签约落地、开工建设。形成双向履约机制、畅通退出机制，建立招商引资项目动态监管机制，促进闲置资源的盘活利用。

广搭招商平台 借助互联网线上办公，开展“云洽谈”“云招商”“云开工”等一系列“云上招商”活动。广铜“一带一路”高新技术合作区成功揭牌，成立广铜股权投资专项基金，广铜（重庆）实业发展有限公司运转顺利。与广东化妆品质量管理协会、浙江大学化妆品创新中心建立合作关系，共同推进“西部美谷”建设。联合航天云网公司，强力推进重庆工业互联网赋能中心、重庆工业互联网学院（筹）、智慧云图等平台建设。

突出招商实效 全年举办项目集中开工签约活动6次，正式签约一鼓风动、元昊、车舟、铭利达等27个一般工业类项目。“西部美谷”成功签约铜梁万洋众创城、思特、优理氏、绿野等10个项目并集中开工，21个项目已签约入驻铜梁万洋众创城，累计投资220亿元。

【服务企业】 **创新服务企业方式** 提升企业服务水平，助推企业持续健康发展。用好“渝快办”，采取“现场综窗代办+网上自助申报”两种渠道进行受理审批，共设立9个服务窗口，开展“一站式”服务。研究开发“企业服务直通车App”，建立企业服务网格化服务体系，精准解决企业诉求，提高涉企办事效能。

高新区开展“把老乡留在老家”专项活动（江尚霖 摄）

精准解难促实效 重点围绕“订单难”“用工难”“融资难”“政策落地难”等“七难”问题，共收集到380家企业问题446件，解决443件。通过“把老乡留在老家”活动，帮助480余家企业招聘员工7925人，建立“扶贫车间”4个；通过抓龙头企业带动合作，建立以鹿享家、天齐锂业、涪柴动力为代表的100家企业上下游合作“产业链”，达成合作订单3000万元；通过宣传落实疫情期间涉企优惠政策，为109家企业减免租金181万元，申报市级科技项目3个、区级科技项目40余个；通过召开“政银企铁三角”联席会等，帮助鹿享家、南雁、新美鱼、朗基尔等8家企业融资3.8亿元；通过组织100余家企业召开辖区产业链、供应链对接会等，促成辖区企业间达成意向性合作订单1亿元；通过优化高新区公交线路、班次，为30余家企业解决企业员工出行问题。

稳妥处理遗留问题 建立企业遗留问题处置机制，通过“一企一策”等方式，个性化解决企业遗留问题，妥善解决华龙盈科破产遗留问题，果岭长时间土地闲置未开工建设等。年内共协调解决企业消防验收遗留问题13个、规划验收遗留问题15个，盘活利用闲置厂房约36万平方米。

【产业集群】 编制发展规划 扎实推进工业振兴行动计划，高标准编制产业发展规划，加快产业集群发展，培育支撑高质量发展的产业体系。完成《重庆铜梁高新技术产业开发区产业发展规划(2020—2025)》，制定50平方千米空间发展规划和10平方千米控制性详规；完成铜梁片区及全蒲片区22.33平方千米、大庙片区4.14平方千米区域环境影响评价，高新区实际开发范围已扩展至32.17平方千米。

狠抓企业培育 定期走访调研企业，摸清产业基础及企业状况，优选一批带动性强、市场前景好、创新能力强的重点企业，制定"一对一"个性化帮扶方案，给予重点扶持培育。加强企业升规指导，新增规上企业23家，对企业进行股改培训，联合区金融发展中心实地走访动员企业进行股改。引导企业转型升级，全年指导培育企业实施技术改造项目54个，总投资约12.52亿元。

加快产业集群 准确把握未来产业发展大势，大力发展装备制造、信息技术、大健康三大主导产业，加快产业集中布局。推动广铜"一带一路"高新技术产业合作区、中建材"三新"产业园、智能制造产业园、高端汽车零部件进口替代基地等重要平台建设。

【安全环保】 强化安全监管 牢固树立安全"底线"意识和环保"红线"意识，压实责任、齐抓共管，为高质量发展打下坚实基础。严格落实"党政同责""一岗双责"制，每月定期召开重点领域、重点行业风险研判会，对园区企业实行责任分组、分片包干。结合年度检查计划，对园区投产企业和在建项目开展分类分层次安全培训和安全检查，督促企业落实主体责任。全年共检查投产企业及在建项目199家次，发出责令期限整改书81份，排查安全隐患767项，落实整改750项。

狠抓环保问题整改 制定2020年高新区环保任务清单，明确重点环保任务37项。统筹推进中央环保督察问题整改与日常环保监管，完成创祥电源环保整改销号、持续推进红旗缸盖整改。加强工业污染治理，做好小安溪河巡查工作，强化对涉水企业日常监管，督促全部企业完成国家排污许可证办理。聘请环保管家，实行"一企一档""一园一档"动态监管，提高环保管理水平。

加强信访稳定工作 建立信访工作联席会议制度，全面排查投产企业和在建项目矛盾纠纷，定期开展欠薪风险研判。建立风险排查滚动台账，研究制定排风险、保稳定个体方案，有效防范化解各类风险矛盾91件。

【科技创新】 引育人才，开启招才引智新局面 协助承办重庆英才大会海归论坛暨第三届中英健康·医疗大数据论坛(铜梁专场)，与四川大学、中英智慧医疗研究院、北京欧化创新科技有限公司签订人才引进意向协议。积极对接四川大学、重庆大学等高校引进博士后科研人员，不断充实高新区博士后工作站人才力量。用好"人才三宝"，建成并投入使用高新区人才公寓，落实可容纳1000余名各类人才入住的房源近500套。

位于铜梁高新区的铜梁科创中心大楼(江尚霖　摄)

培育主体，增强科技创新新动能 全年新培育科技型企业105家，累计总量达到360家；新认定国家高新技术企业13家，累计总量达到95家；新增市级企业技术中心1家、区级工程技术研究中心5家；新增专利申请量700件，新增发明专利申请量107件，有效发明专利451件，万人发明专利拥有量6.21件。年内新认定精鸿益、百钰顺、南雁等数字化车间10个、智能工厂1个、推进智能化改造项目64个，企业科技创新能力进一步增强。

搭建平台，构建创新创业新台阶 推进首个国家级孵化器创建，初步完成孵化器公共区域及众创空间硬件建设，升级打造1800平方米的创新创业环境，累计拥有入孵企业15家。搭建产学研合作交流平台，定期举办科技成果推介会，促进科技创新成果转移转化。与四川大学共同组建新材料联合研发基地，为企业在高分子领域研究方面搭建发展平台。

（高新区管委会 江尚霖）

铜梁高新区2020年企业信息情况汇总表（前80名）

序号	企业名称	企业地址	镇街	是否上规
1	重庆庆兰实业有限公司	龙腾大道688号	东城	是
2	重庆成田科技有限公司	龙安大道8号	东城	是
3	重庆新民康科技有限公司	龙安大道9号	东城	是
4	重庆普利特新材料有限公司	龙云路18号	蒲吕	是
5	重庆新美鱼博洋铝业有限公司	金山大道9号	东城	是
6	英力电子科技（重庆）有限公司	龙庆路11号	蒲吕	是
7	重庆宏雷机械制造有限公司	云飞路10号	蒲吕	是
8	重庆铜梁西南水泥有限公司	铜合路	东城	是
9	重庆南雁实业集团龙剑机械制造有限公司	铜合大道206号	东城	是
10	重庆市鹿享家科技有限公司	产业大道60号	蒲吕	是
11	重庆奥博铝材制造有限公司	金山大道16号	东城	是
12	威孚力达（重庆）汽车零部件有限公司	姜水路10号	东城	是
13	重庆天路电力设备有限公司	产业大道（变电站旁）	蒲吕	是
14	重庆百联塑胶有限公司	姜家岩路19号	东城	是
15	重庆涪柴动力机械制造有限公司	姜家岩路8号	东城	是
16	重庆楚楚科技有限公司	云安路27号	蒲吕	是
17	重庆凌达汽车织物股份有限公司	金川大道9号	东城	是
18	重庆和平制药有限公司	白龙路9号	南城	是
19	重庆市铜梁区沪华五金电子有限公司	铜合大道202号	东城	是
20	重庆神驰通用动力有限公司	金川大道116号	东城	是
21	重庆雷钜电子科技有限公司	龙飞路13号	东城	是
22	重庆宝根电子有限公司	龙飞路5号	东城	是
23	重庆西泉泵业股份有限公司	龙安大道16号	东城	是
24	重庆会通科技有限公司	金川大道116号	东城	是
25	重庆和天机械集团有限公司	玉泉路11号	东城	是
26	重庆华丰迪杰特印刷材料有限公司	龙兴大道777号	东城	是
27	重庆颢晨机械有限公司	铁佛路6号	东城	是
28	重庆科奥风机制造有限公司	龙山大道17号	蒲吕	是
29	重庆市贵荣塑胶制品有限公司	龙山大道20号	蒲吕	是
30	重庆顺宏机械有限公司	金地大道5号	东城	是
31	重庆力好塑胶有限公司	飞龙路16号	南城	是
32	重庆凌达汽车配件有限公司	中南路919号	南城	是
33	重庆泰吉机电设备有限公司	铁佛路2号	东城	是
34	重庆融宏实业有限公司	飞龙2路	南城	是
35	重庆联达重锻有限公司	龙山大道21号	蒲吕	是
36	重庆鑫科高制冷配件有限公司	龙江路3号	蒲吕	是
37	重庆黄越汽车配件有限公司	铜合路509号	东城	是

续表

序号	企业名称	企业地址	镇街	是否上规
38	重庆渝茂实业有限公司	铜合路226号	东城	是
39	重庆茂航不锈钢有限公司	金龙大道34号	南城	是
40	重庆弘昇管道有限公司	金龙大道22号	南城	是
41	重庆市中腾仁宇机械制造有限责任公司	沿井路2号	东城	是
42	重庆精鸿益科技有限公司	姜家岩路15号	东城	是
43	新连刚电子科技(重庆)有限公司	飞龙路15号	南城	是
44	重庆铜梁渝和实业有限公司	铜合路226号	东城	是
45	重庆乐迪龙鑫科技有限公司	云安路26号	蒲吕	是
46	重庆顺安天力达爆破器材有限公司	庆隆镇龙庙街		是
47	重庆天齐锂业有限责任公司	龙安大道22号	东城	是
48	重庆百钰顺科技有限公司	龙飞路3号	东城	是
49	重庆昆凌电子科技有限公司	金龙大道28号	南城	是
50	重庆致威门业股份有限公司	铜合大道228号	东城	是
51	重庆银岭皮革制品有限公司	飞龙路22号	南城	是
52	重庆新红旗缸盖制造有限公司	龙兴大道771	东城	是
53	重庆优博电气设备有限公司	沿井路5号	东城	是
54	重庆森森水族用品有限公司	飞龙路13号	南城	是
55	重庆融焕电器有限公司	龙腾大道3号	南城	是
56	重庆富典建筑工业化制品有限公司	龙桥路13号	蒲吕	是
57	重庆赛能铝合金有限公司	姜家岩路15号	东城	是
58	重庆市邦联机电制造有限公司	金山大道5号	东城	是
59	重庆瑞鑫科五金制品有限公司	铜合大道533号	东城	是
60	重庆欣雨压力容器制造有限责任公司	龙安大道186号	东城	是
61	重庆旭辉机车配件有限公司	金地大道1号	东城	是
62	重庆超安机械配件有限公司	石包路16号	东城	是
63	重庆市商顺换热设备有限公司	龙山大道25号	蒲吕	是
64	重庆大鼎鼓风机有限公司	龙庆路3号	蒲吕	是
65	重庆嘉技科技股份有限公司	龙庆路15号	蒲吕	是
66	重庆耀虎动力机械有限公司	龙安大道23号	东城	是
67	重庆市铜梁区精亿电脑配件有限公司	龙山大道16号	蒲吕	是
68	重庆瑞信气体有限公司	云飞路26号	蒲吕	是
69	重庆恒勃滤清器有限公司	祝英北路2号	东城	是
70	重庆新嘉骏钢结构有限公司	玉泉路6号	东城	是
71	重庆力东机电有限公司	龙江路7号	蒲吕	是
72	重庆泽田汽车部件有限责任公司	玉泉路2号	东城	是
73	重庆市威诺华光电科技有限公司	龙安大道13号	东城	是
74	重庆宏达化工机电有限公司	白龙社区中南路	南城	是
75	重庆市强胜王鞋业有限公司	白龙2路66号	南城	是
76	重庆胜德隆仓储设备有限公司	云飞路6号	蒲吕	是
77	重庆森凯康洪汽车零部件开发有限公司	飞龙路17号	南城	是
78	重庆颖磊科技有限公司	龙山大道6号	蒲吕	是
79	重庆凌达磁材科技有限公司	中南路919号	南城	是
80	重庆更新金属表面处理有限公司	铜合大道252号	东城	是

重点国有企业

【重庆市铜梁区金龙城市建设投资(集团)有限公司】 为区属重点国有企业,注册资本金4.75亿元(其中铜梁区国有资产经营管理中心出资4亿元,中国农发重点建设基金有限公司出资0.75亿元)。截至2020年底,公司总资产282.58亿元,净资产152.55亿元,信用等级AA。内设党群综合部、规划发展部、财务部、工程部、资产部、内审部6个部室,共有职工52人。领导班子配备董事长1人、总经理1人、监事会主席1人、副总经理3人。公司拥有全资子公司6家和控股公司1家、参股公司2家。

投融资工作 一是强化资金要素保障。全年顺利推进16个融资项目落地,实现融资到位资金33.14亿元,为区级重点项目建设和公司发展提供了资金要素保障。二是高度重视债务风险防范。建立债务风险定期研判制度,提前做好还本付息资金安排,全年还本付息22.27亿元,到期还款率为100%,切实维护了企业金融信誉。

重点项目建设 2020年负责代建全区学校、医院、国(省、县)道改建等区级重点项目14个,全年完成项目投资4.7亿元。截至年底,S302铜梁区城区至侣俸段改建工程完成交工验收并投入使用;G319西泉至虎峰段改建工程已完成K0+950-K2+000段路面工程及标线;X013小林至宝顶段改建工程起点至K2+700段完成交工验收;北城小学迁建工程完成主体验收;职教中心三期工程通过竣工预验收,准备消防验收;中医院整体迁建工程主体工程基本完成,装饰装修工程完成招标工作。铜梁中学新校区建设项目、公安战训基地建设项目、融媒体中心建设项目等8个未开工项目正在完成前期手续。

资产经营管理 一是强化出租经营管理。对具备出租条件的经营性资产均采取在联交所进行公开出租,全年实现租金收入1118.36万元。二是加强资产安全管控。定期开展资产分类安全巡查,完善巡查台账,及时消除隐患,杜绝安全事故发生。全年巡查20余次,发放安全通知500余份。三是按时完成土地置换收储任务。全年完成土地置换收储11宗64.2公顷,涉及价值30亿元,确保土地市场化供应工作顺利开展。

疫情防控工作 一是组织党员突击队、干部职工340余人次参与围龙镇和城区社区的疫情防控工作;保安公司为各部门疫情防控提供安保人员1500余人次。二是全力支持企业复工复产,对124户中小微企业、个体工商户减免租金450余万元;兴农担保公司为48家企业降低担保费率31笔,降低担保费26万元;缓缴担保费17笔,缓收担保费191万元。三是子公司润文公司向全区各药房药店配送口罩72万余个,向复工复产企业销售医用口罩1万余个,免费向全区各级各类学校配送一次性医用口罩100余万个。

推进转型改革 一是大力推进制度建设。制定《子公司管理办法(试行)》《铜梁区兴农融资担保有限公司运营机制管理办法(试行)》《城投物业公司改革方案》等一系列改革制度,为企业转型改革提供了制度保障。二是逐步推进新兴业态。完成了2000个新能源汽车充电桩的登记备案工作和龙城天街生态停车场、原乡中央公园等4处试点建设工作;有偿取得城区停车位收费经营权,2020年新建停车位1907个,实现对中心城区7339个停车位的智能收费管理;稳步推进华兴片区2300万吨石灰石矿产资源开发和房地产开发项目的前期工作。三是强化股权投资管理。以5家实体运行的子(控股)公司为经营主体,大力开展融资担保、保安及劳务派遣、商贸物流、物业管理、公务用车租赁、城区停车位经营等业务。全年实现经营利润1827万元(不含城投物业公司融资成本),实现股权投资收益270余万元。

(金龙城建公司　彭强)

【重庆玄天湖旅游投资开发有限公司】 2014年12月组建,注册资金5亿元。内设党群综合部、财务投资管理部、内部审计部、建设管理部、规划发展部、景区管理中心6个部门。在册职工19人，其中领导4人，即党组织书记（董事长）1名，总经理1名，党组书记副书记（纪委书记、监事会主席）1名，副总经理1名。

度假区按照“祈福巴岳山 养生玄天湖”这一文化理念，紧扣重庆国际健康小镇规划要求，加快景区配套工程项目建设管理工作，完善望山见水公园、玄天湖浮桥栈道及西郊精品民宿酒店和七个便民服务中心，围绕“绿水青山就是金山银山”的生态发展理念，着力开发玄天湖酒店项目、龙文化演绎城项目及铜梁区巴岳山综合生态文旅项目。公司全面完善景区基础设施建设并提档升级，持续发力建设西郊花语悠游谷，以玫瑰岛为中心扩散的系列景点和巴岳山玄天湖景区建成国家级优质景区。

（玄天湖旅投公司 薛秋萍）

【重庆安居古城华夏文化旅游发展有限公司】成立于2013年1月，注册资本金10000万元，主要负责安居古城景区运营管理工作，履行《安居古城旅游开发项目合作协议》出资人义务。内设部门5个：党群综合部、规划建设部、市场运营部、财务资产部和内部审计部。有职工49名，其中董事长、总经理、监事会主席各1人，副总经理4人（其中2人派驻重庆中铁安居文化旅游发展有限公司），各部门管理人员42人（含临聘4人）。下属全资子公司5个，参股公司2个。

截至2020年底，公司资产总额为57.81亿元。全年投入工程建设、拆迁安置、还本付息等各类资金约6.4亿元；景区接待游客350万人次，实现旅游综合收入17.5亿元。12月，安居古城全面通过国家4A级旅游景区复核验收以及国家级“安居古城旅游服务标准化试点”项目中期考核评估。

疫情防控 一是周密布置防控。第一时间采取有效防控措施，自2020年1月24日起取消安居古城景区内系列文化和演艺活动。同时制定应急预案。二是落实常态化措施。景区于3月15日恢复开放；同时落实游景区预约制度，设置卡点开展游客登记、体温筛检、健康码核验等严密防控，切实做到“实名预约、总量控制、分时分流、分区域开放”。三是助力景区有序复工复产。主动作为、优化服务，对接每个复工复产项目，督促复工单位做好人员信息登记、防疫物资采购、门卫查验和每日消毒等工作。同时，对承租公司门店的商户，全部减免3个月租金，进一步减轻景区业主的经营负担。

规划建设 公司坚持以做好经营发展为工作重心，着力推动经营配套项目建设。以特色餐饮、精品民宿、休闲观赏等产业为打造目的，先后启动南华宫片区、杨乐坝和象山片区科普宣教工程等9个项目的方案设计工作。以恢复老旧街区、生态旅游、美化亮化景区以及完善配套基础设施等为目的，完成书香文化街、黄家坝湿地休闲中心等9个项目方案设计工作以及安居国家湿地公园、兴隆街后河街灯饰、黄家坝2号停车场等5个项目建设及验收工作。同时加快推进书香文化街、西环线项目（一期）、安居绿道等7个工程项目。其中书香文化街区项目完成47%工程量，继续进行棂星门、奎文阁施工；黄家坝湿地休闲中心项目基本完成，继续进行周边商业布局；消防中队内装基本完成，进行扫尾工作；西环线项目（一期）在实施场地清理和涵洞建设工作；3条安居绿道工程，除湿地公园至景区段开展招投标工作，其余2条绿道基本完工。

安居古城黄家坝露营基地（柏强 摄）

商贸业态 公司依托全资子公司重庆两江文化创意发展有限公司自主打造咖啡馆、自助烧烤店、火锅店等美食业态6处，打造翰林书画院、扎龙工坊、嘻乐门老舞厅等文娱场馆，原乡情民宿客栈建成投用；在景区植入鹊桥、晚霞过雾舟、复古黄包车等网红景点，并制定实施2020年安居古城商户夜间延时营业鼓励方案，进一步拓展景区的夜游经济。为进一步深化区属国有企业改革，拓展市场竞争力，实质推进公司“市场化、实体化、规范化、多元化”转型，先后组建重庆市铜梁区琼花文化传媒有限公司、重庆市铜梁区古风韵味酒店管理有限公司、重庆市安居古城迎龙游乐有限公司3家全资子公司，合力推进黄家坝露营基地和水上娱乐项目。

景区宣传 一是抓好宣传合作。利用报纸、杂志等传统媒体擦亮景区名片，通过《看龙乡》《安居古城》等杂志以及华龙网、上游新闻、重庆日报等新闻媒体进行景区宣传推广40余次；同时，继续加大与旅行社、车友俱乐部、旅游集散中心的合作力度，不断拓宽区域旅游空间，拓展旅游客源市场。二是抓好活动营销。于春节期间完成第二届重庆铜梁中华龙灯艺术节（安居分会场）的布展和湖广会馆曲艺网络春晚直播；端午节期间完成“我们的节日·端午”汉服文化艺术展演以及CCTV 4的节庆直播活动；7月举办第三届古城古韵诗意安居摄影大赛；9月配合完成“2020年全国重点网络媒体重庆行”走进铜梁活动；中秋、国庆节期间举办安居古城两江广场音乐会。三是抓好新媒体运营。加强对景区官方网站、抖音号、微信公众号等自媒体的运营管理工作，全年累计发布官方抖音短视频92条，微信公众号文稿117篇，官方网站宣传报道60篇，有效实现景区形象宣传，提高景区辨识度，提升游客对景区品牌的认同感。

安居古城街头汉服文化艺术展演（柏强　摄）

（安居华夏文旅公司　陈涛）

【重庆市铜梁区龙廷城市开发建设有限公司】 成立于2015年7月，注册资本金人民币3亿元，信用等级AA。配备董事长1人、总经理1人、监事会主席1人、副总经理2人，2020年有在册职工27人。公司党委下设党支部1个，公司内设党群综合部、财务投资管理部、内部审计部、规划发展部、建设管理部和资产管理部6个部室。下属有重庆诚迅城市建设开发有限公司、重庆市铜梁区龙泰建筑工程有限公司等6家子公司。主要负责淮远新区、龙城天街、城区农贸市场等项目开发建设及经营管理工作。

项目建设 2020年，龙廷公司完成26个项目规划建设工作，其中，区级重点项目7个，完成投资约5.1亿元。全面完成原乡中央公园建设，提档升级绿化景观、滨河景观、夜景灯饰；完成儿童乐园“原乡森林”“原乡部落”两个片区建设，为市民提供全方位亲子教育和原生态游乐体验，日均接待游客近万人次；启动淮远新区基础设施建设，完成书香路及支路、平安路、乡逢路、乡恋路等道路土石方及管网工作；完成体育馆农贸市场、师范附小农贸市场及仙鱼农贸市场等城区农贸市场建设，全部投用；龙鹏景园商住小区完成主体建设，将验收投用；金龙体育馆夜市全面完工；拆除棚户区改造房屋208户，拆除面积约1.2万平方米；完成原乡大道绿化施工，雪庵中路、东郭新街、雪庵西路西段等道路建成通车，实现道路通车里程约8千米，完成道路景观打造20万平方米。

资产运营 启动房地产开发、资产商业运营管理等业务，自主运营体育馆农贸市场，开展原乡中央公园游船、售卖亭、儿童乐园配套用房特色餐饮运营,出租市民服务中心、金龙体育馆夜市、师范附小农贸市场、白土坝农贸市场等房屋资产,实现营收7.2亿元,同比增加约162%,增加资产约21.8亿元。

投资融资 严格按照规定进行工程款结算、工程进度款支付资金,有序开展投资工作,完成投资约5.1亿元。广辟途径开展融资工作,积极与各金融机构进行沟通接洽,完成铜梁区首个绿色债券项目在国家发改委备案工作,实现资金到位约18.16亿元。切实加强风险管控,建立风险管理规章制度,优化债务规模与结构,严控资产负债率过快增长。

(龙廷公司 肖礼旭)

【重庆金庙实业有限公司】 2015年8月成立(地址:大庙镇大兴街246号),2016年6月开始独立运行,2018年3月成为绅鹏公司子公司。公司下设党群综合部、财务资产部、规划发展部和建设管理部;领导班子有董事长兼总经理1名、监事长1名、副总经理2名,员工14名。资产总额18.01亿元,负债7.37亿元,资产负债率40.92%,公司运行正常。2020年,公司实际完成计划投资2.85亿元,占比100%,重点项目均完成目标任务。

重点项目建设 年内重点项目有序推进,企业服务中心完成主体结构封顶,全面进入装饰工程。污水处理厂及厂区绿化全面完工。中水回用管网及沿河污水管网已竣工验收。大兴路完工通车,金狮支路完工通车,骨干道路景观绿化全面完工。500亩工业用地平场(A6地块)完成。

金桂大道景观(铜梁金庙公司 供图)

园区落户企业 以推进项目建设为重点,园区正式签约落户企业16家,项目总用地939亩,总投资34亿元,达产后年产值57.35亿元,年税收1.71亿元。有13家企业开工建设,其中奥维特、新永阳铁塑、耐伦科技、锐霸科技4家企业正在试生产;昂佳科技、优冠辉、LNG项目、新希望4家企业完成厂区外环境施工,进行设备调试及安装;其余7家已开工企业正在加快建设进度,1家企业正在进行方案设计。

要素保障 一是用时3个月完成大庙园区规划环评,取得规划环评批复,解除大庙园区自成立以来的发展掣肘、坚定了社会投资人投资大庙园区的信心;二是完成企业服务中心地块摘牌、权属调查、地籍测量及用地规划许可证办理;三是完成企业服务中心地块用地规划许可证以及9家企业土地摘牌手续、工程规划许可等办理,为15家落户企业解决了正式用电、用气需求。

融资工作 年内公司积极与多家银行对接,取得华夏银行、哈尔滨银行融资资金共计3.2亿元,农行融资项目有序推进,拟融资1亿元,保障重点项目建设资金需求。公司还根据区国资中心土地解押收储专题工作会议精神,积极与农发行铜梁支行对接,在3个月内完成了凯杰实业北侧地块72亩土地置换工作。

疫情防控 多措并举,压实防疫责任,扎实开展宣传、排查、管控工作,统筹做好新冠肺炎疫情防控和企业复工复产各项工作,全力协助大庙镇做好大庙互通口、农贸市场卡点管控,累计检查车辆1700余台、3000余人次,并采购20000个一次性医用口罩,为全区防疫工作贡献力量。

制度建设 坚持26项管理制度学习常态化,并根据公司实际,新制定《责任追究问责管理办法》《职工代表大会制度》,修订《建设项目廉洁风险防控手册》、加班费、差旅费、培训费、挂职费相关管理办法》等7项制度,使公司内部管理更加规范有序。坚持对涉及融资项目的确定、重点项目的合同签订、大额资金的使用、国有资产经营管理等重大事项，严格按照民主集中制原则和党风廉政建设相关纪律要求，促进公司规范化管理。同时建立财务预算机制，加强资金内部管理，定期编制资金使用计划，分析资金使用状况，根据实际情况测算最佳资金持有量，优化账户资金结构。严格落实资金安全预警机制，定期对流动性状况进行风险评估，制定应对措施和应急预案，确保资金满足正常经营需要。

（金庙公司　刘叶萍）

【重庆市铜梁区鹏程物资有限责任公司】 公司于2000年8月由原国有独资铜梁县物资总公司改制成国有控股企业，注册资本金226万元，其中，国有股份占51%，自然人股份（由47名职工股组成）占49%。是铜梁区内专业从事民用爆破器材的销售，储存、运输，报废汽车的回收、销售和再生资源的回收与利用的综合性服务企业。内设综合管理部、供销业务部、配送运输部、安全保卫部，企业党工会。在册员工22人，其中专业技术人员13人，“双肩挑”管理和技术人员5人。设党支部1个，有党员9名，董事会由5名董事组成，其中董事长1人，董事财政局1名，经信委1名，另2名由自然人股东产生。监事会3人组成，均为自然人股东组成。

公司地址位于铜梁区巴川街道大北街209号，在蒲吕镇有占地约6000平方米的工业炸药库和工业雷管库一座，工业炸药储存能力25吨，工业雷管储存能力25万发。爆破器材专用运输车辆3台。全年公司销售各类工业炸药2000余吨、各类工业雷管50余万发；销售收入2300余万元，上缴利税200余万元。

截至年底，公司资产总额1500万元，其中流动资产1324万元，固定资产108万元，负债和所有者权益1500万元。

经营服务 为确保国家在区的重点工程建设良好有序的建设和建材产生企业的生产经营，公司按照“建制度、强管理、谋改革、保安全、促稳定”的工作方针和围绕销售收入和利税超额完成的两个目标；突出抓好公司党的建设、民爆物品销售、报废汽车回收、资产的经营管理四大重点；强化公司现代企业管理制度体系的建立和强化公司内部管理两项基础；确保安全事故“零”目标和信访、上访、集访“零”目标的工作思路开展工作。强化公司闲置资产的经营，提高综合经营效益；拓展了报废汽车和可再生资源回收再利用业务。

公司按照新发展理念要求，以供给侧结构性改革为主线，进一步解放思想，深化认识，克服疫情和民爆市场萎靡带来的不利影响，着力抓好主营民用爆炸物品的销售，公司上下以确保区内民爆物品供应为目标，多次对区内重点工程和非煤矿山等重点项目走访衔接，掌握了解他们对民爆物品的需求和需要公司帮助解决的实际问题，从而确保了区内重点工程合、璧、津高速铜梁段、中国石油集团东方地球物理勘探有限责任公司大庆物探一公司、重庆建工集团“一带一路”重点项目平场和区内非煤矿山等民爆物品需求。同时，还为遂渝高速扩能、轨道交通、铜安乐高速等工程做好了民爆物品需求的前期准备工作。

企业现代化管理 坚持加强内部管理和公司各项规章制度的学习与执行，增强员工遵章守纪的自觉性，重点加强各项制度的执行、考核、监督，让每一项制度落到实处，深入到全体职工心中。严格执行民主集中制和“三重一大”制度，不折不扣的落实意识形态工作，把党风廉政建设责任落到实处，为公司发展提供强有力的纪律保障。定期和不定期开展安全知识的宣传教育培训，组织员工开展反恐、消防安全及应急救援演练，参加重庆市民爆行业管理部门的资质培训，并通过安全评价，确保安全事故风险降到最低限度。

（鹏程物资公司　胡奇）

农 业

综述

【概况】 区农业农村委2020年底有规划和产业发展科(农民科技教育培训中心)、农业管理和行政审批科、扶贫开发综合科等内设机构18个,机关行政人员17人,参公人员27人,事业人员76人。

2020年,全区总农户21.55万户、总农业人口60.8万人,耕地61866.67公顷。全年粮食播种面积54966.67公顷(其中水稻27266.21公顷、玉米8665.30公顷、薯类12913.49公顷、豆类5634.11公顷、高粱462.59公顷、麦类25.66公顷),粮食产量达35.093万吨,比上年略增0.39万吨。油料作物播种面积7241公顷(其中花生1005.48公顷、油菜6235.52公顷),总产量1.515万吨(其中花生0.193万吨,油菜1.322万吨)。蔬菜播种面积23253.33公顷,蔬菜产量达到73.98万吨。果树种植面积7606.67公顷,产量10.55万吨,产值4.86亿元。全区实现农业总产值89.35亿元,增长22.9%,增速居全市第1位;农业增加值59.55亿元,增长4.5%;农村常住居民人均可支配收入21127元,增长7.3%。

【发展新型农村集体经济】 一是以电子商务进农村全覆盖为抓手,构建区、镇街、村社三级电商专员服务体系,278个涉农村社全部建成"爱在龙乡"线上线下店铺,推动7000余个农产品单品出村进城。二是向产业融合发展要集体经济。全区新发展农产品加工企业3个、农产品保鲜贮藏库5个、接待中心1个,增加集体收入120万元。三是依托有实力的经济主体,成立专业协会、专业合作社等,由大户负责统一标准、提供技术、联系市场或协议价收购,村集体负责信息传递、劳务组织、仓储运输等有偿服务,散户具体抓生产管理,三者形成利益共同体,实现抱团发展,建立利益共享、风险共担机制。2020年全区实现村社集体经济总收入3467万元,其中实现经营收入5万元以上的村256个。

2020年,推动项目实施抓发展,全区镇村因地制宜规划实施集体经济项目185个,现已实施完成150个;强化项目保障,整合上级、本级财政资金3150万元,支持各镇街发展农村集体经济项目53个,引导社会资金2500万元投入集体经济发展;加强发展新型农村集体经济人才队伍建设,全区333个村(社区)均配备电商人才和本土人才。

【农村改革】 2020年农业农村改革专项小组承接中央、市委改革任务9项,区委特色改革任务2项,11项改革任务全部完成。农业农村改革助推乡村振兴,53个村获得财政资金3150万元用于发展壮大集体经济,稳步推进"三社融合""三权分置"等农村改革。全区累计清理农村集体资产总额27.7亿元,其中经营性资产3.47亿元,集体土地面积110459.21公顷。全区确认农村集体经济组织成员701967人,经营性资产3.47亿元,量化折股655658股,发放股权证23万本。各村全覆盖建立股份经济合作联合社,278个村级集体经济组织全部登记赋码,雕刻公章,在商业银行登记开户。全区共盘活利用闲置土地2533公顷,村社年集体经济收入达3467万元以上。

【新型农业经营主体】 截至年末，家庭农场市场监管局新注册25个。录入家庭农场名录系统的家庭农场、专业大户、规模种植养殖大户948个，市级示范家庭农场11个，区级示范家庭农场9个。农民合作社736个，国家级示范社3个，市级示范社24个，区级示范社5个。国家、市级、区级龙头企业分别1家、31家、137家。认定新型职业农民51人，完成新型职业农民培训1000人。

【"两品一标"创建】 大力实施主体认证登记工作，年内"铜梁莲藕"荣获国家农产品地理标志，"铜梁龙柚""铜梁麻羊"成功注册国家地理标志证明商标。全区有效期内"两品一标"累计共208个。

（区农业农村委　刘进）

种植业

【概况】 全年实际完成粮食作物播种面积54966.67公顷，其中水稻27266.21公顷、玉米8665.30公顷、薯类12913.49公顷，粮食产量达35.093万吨。油料作物种植面积7241公顷，产量达1.515万吨。

【粮食生产】 以项目实施为抓手，推动产业发展。以水稻新型直播栽培示范项目和特色粮油绿色高质高效示范项目为核心，促进高产栽培技术示范推广。一是实施水稻新型直播栽培示范项目，计划面积133.33公顷，实际落实核心示范片面积202公顷，带动石鱼、双山、小林等全区共完成水稻直播面积688.2公顷，经市级专家测产627.6公斤/亩，较大面积亩产530公斤增产97.6公斤。二是在西河镇建立水稻—油菜轮作示范片17.33公顷，在白羊镇凤凰村（海子坝）建立油菜—甘薯轮作示范片8公顷（另有油菜品种对比试验），通过示范重点推广油菜免耕少耕技术、油菜直播技术、配方施肥技术、病虫草害绿色防控技术，达到节本增效示范效果。三是在华兴、西河等9个镇（街）开展中稻-再生稻绿色高质高效模式多点示范666.67公顷，建立核心示范片90公顷，经市级专家中稻测产平均亩产614.5公斤，较大面积水稻平均亩产530公斤，亩增产84.5公斤。

以点带面集成推广关键技术。一是推广晶两优1206、隆晶优1212等优质稻面积14933.33公顷；二是推广以水稻新型直播、机械化栽培为主的水稻轻简化栽培技术，带动全区水稻新型直播面积688.2公顷，机械化栽培面积3466.67公顷；三是增窝增苗技术较大面积亩增加3000窝左右；四是建立再生稻核心示范片，带动全区10333.33公顷再生稻生产。

【油料生产】 全年油料作物播种面积完成7241公顷，其中花生1005.48公顷、油菜6235.52公顷，总产量1.515万吨。通过产油大县奖励资金项目，全区统一组织采购含油量高、产量高、抗性强的"双低"优质油菜种子10000公斤，根据2020年度各镇街油菜统计面积和油菜种植大户2021年种植计划，统一按照一般农户100克/亩、种植大户200克/亩标准发放到各镇街，优质油菜覆盖率达到99%以上。

【产业集群项目】 2020年，区农业农村委承担重庆市农业农村委员会下达的优势特色产业集群（柠檬）项目。

在高楼镇高楼村、维新镇槐树村、西河镇三善村、少云镇双堰村等村实施标准基地及现代化冷链物流体系建设，建设内容主要为：100公顷施药系统、选果场300平方米、滴灌设施20公顷、800平方的常温库1座、300平方的冷藏库1座、500吨的冷藏库1座、2万吨冻库1座。经过项目建设，每亩年产量增加20%，存储容量达2万余吨，带动农民人均增收0.3万元。

【蔬菜生产】 通过调整种植结构、技术推广、出台优惠政策等措施，全年蔬菜播种面积23253.33公顷，蔬菜产量达到73.98万吨。

【经果生产】 2020年，继续推进特经产业，重点建设万亩花卉基地、万亩枳壳基地、万亩茶叶基地、万亩李子基地、万亩樱桃基地、万亩蜜柚基地等9个重点示范基地，打造以果、茶、药生产基地为载体的休闲农业与乡村旅游相融合都市现代农业基地。果树种植面积7606.67公顷，产量10.55万吨，产值4.86亿元。其中，全区重点新发展优质杂柑466.67公顷。瓜果种植面积346.67公顷，产量1.02万吨。其中，西瓜种植面积285.71公顷，产量9000吨；草莓80公顷，产量1200吨。瓜果生产产值5125万元。花椒生产面积833.33公顷，产鲜椒3200余吨，产值2500万元左右。精品花卉苗木基地986.67公顷，带动全区发展花卉苗木1866.67公顷。

【中药材】 全区中药材类种植面积1230公顷，产值0.43亿元。重点发展枳壳、佛手、艾草等传统中药材品种。中药材投产面积约1000.35公顷，年生产及销售中药材1.4万吨，产值4300万元。区内已培育中药种植及加工企业10家，中药材种植合作社11家，市级龙头企业1家。

【茶叶生产】 全区茶叶生产面积866.67公顷，采茶面积800公顷。年产毛茶525吨，产值2500万元。其中名茶29吨，产值435万元；春茶496吨，产值2065万元。名优茶340吨，产值1915万元。

（区农业农村委　刘进）

畜牧业

【概况】 2020年6月，原区畜牧业发展中心管理的区动物防疫监督所职责、人员编制、在职职工和退休职工转入区农业农村委。区畜牧业发展中心事业编制27名，年末实有在职职工23名，退休职工25人。设党支部1个，共有中共党员25人。

2020年末，生猪出栏356165头，同比增长3.9%；其中出栏优质商品瘦肉型猪32.05万头；存栏297199头，同比增长42.9%；其中：能繁母猪存栏24706头，同比增长115.5%。家禽出栏1732.7万羽，同比增长5.9%；存栏647.09万羽，同比增长2.5%。肉兔出栏125.48万只，同比减少55.28%；存栏40.02万只，同比下降50%。山羊出栏33072只，同比减少5.3%；存栏23678只，同比减少3.6%。牛出栏1458头，同比增长9.1%；存栏2455头，同比增长0.2%；其中水牛266头，黄牛（肉牛）2221头，奶牛8头。马出栏1匹，存栏52匹。驴出栏7头，存栏23头。骡出栏1头，存栏1头。全年肉类总产量56625.6吨，同比增长4.0%；其中猪牛羊禽四肉总产量54404吨，同比增长4.9%。禽蛋产量48227吨，同比增长0.6%；鹌鹑、鸽等其他禽蛋产量9122吨。全年蜂蜜产量112吨。主要畜禽规模化率达53%；主要畜禽良种化率达72%；优质畜牧业占80%以上，畜牧业科技贡献率达55%以上。畜牧业总产值37.70亿元，同比增长36.7%；畜牧业产值占农林牧渔业总产值42.4%。

铜梁区2019—2020年畜牧业发展对比表

项目	单位	2019年	2020年	增减(%)
生猪出栏	头	342721	356165	3.9%
家禽出栏	万羽	1636	1732.7	5.9%
牛出栏	头	1336	1458	9.1%
山羊出栏	只	34934	33072	−5.3%
肉类总产量	吨	54461	56625.6	4.0%
畜牧业总产值	亿元	27.59	37.70	36.7%

【畜禽养殖】 **生猪** 2020年，印发《铜梁区生猪生产扶持政策的通知》。一是推广良种猪。全年实现长白、大约克、杜洛克良种公猪精液配种45645窝，商品猪杂交改良面达100%；在商品猪生产上积极推广长荣杂交猪、约荣杂交猪、杜太杂交猪和洋三元猪，商品育肥猪杂交推广面达98%以上。二是加大财政资金投入。全年共投入财政资金1311.4162万元，用于支持规模养殖场恢复生产贷款贴息补助、新建标准化规模养猪场补助、新引进能繁母猪、仔猪和生猪良种补贴等。向上级争取资金1000万元用于7个新建生猪养殖场荣昌猪产业集群项目建设。全区复养生猪规模养殖场296家，占应复养生猪养殖场82.5%；规模养殖场复养生猪产能20万头。支持散养农户恢复生猪生产，散养户复养后生猪存栏同比增长51.0%。对全区年出栏500头生猪及以上规模养殖场365家（其中年出栏1万头以上规模生猪养殖场6家）进行重点扶持，全区生猪养殖规模化率达80%以上。指导存栏20头生猪当量及以上养殖场（户）1166家（常年存栏3000头生猪当量及以上养殖场8家）实施绿色生态养殖，推进绿色生态生猪养殖，优质商品猪出栏量占全区生猪出栏量90%以上。年内通过招商引资引进正大、正邦、温氏、雨吉润等大型集团公司到本区投资，签订协议投资资金39.5亿元，全区拟新建标准化规模化猪场27个（建成投产后，将年增加生猪出栏22.5万头）。2020年新建年存栏生猪2000头及以上规模养猪场21个，其中，已建成重庆市合冠生态农业有限公司、铜梁区弘郡畜禽养殖专业合作社等8个生猪养殖场并投入生产，有13个养殖场正在建设中。新建成投产的8个猪场全部实现全封闭、自动化投料、饮水、温控、除臭和远程监控等功能，粪污实现异位发酵床零排放处理。全部实现产前、产中、产后全过程智能化管理。全区37家闲置生猪养殖场与正大、温氏、正邦公司开展生猪代养合作，促进生猪发展。安排生猪调出大县奖励资金220万元，对重庆和恒农业有限公司、铜梁区张明元养殖场等25家原建生猪养殖场实施改扩建。年末全部达到规模化、标准化、智能化、现代化。年内，为全区103451头育肥猪、1771头能繁母猪、23720头育肥猪投保，降低生猪养殖风险。

重庆雨吉润畜牧有限公司2020年新建成投产的（7层楼）养殖场，图为能繁母猪栏（胡元平　摄）

家禽 一是积极推广优质良种家禽。肉鸡品种主要有温氏、奇垦系列肉鸡和广西瑶鸡等，蛋鸡主要品种有海兰灰、京粉蛋鸡等。规模养殖场良种家禽推广面达100%。二是扶持发展集约化标准化规模化肉鸡养殖。2020年，重庆温氏等3家养殖公司共发展肉鸡养殖场（户）136家，新发展12家。全年出栏优质商品肉鸡400余万羽（年出栏肉鸡1万羽以上养殖场216家，其中：年出栏肉鸡3万羽以上养殖场35家）。全年新建成投产标准化肉鸡养殖场3家，其中，永嘉镇马信华肉鸡养殖场和围龙镇阮兰肉鸡养殖场年出栏肉鸡30万羽，庆隆镇韩东肉鸡养殖场年出栏肉鸡10万羽。三是发展林下“跑山鸡”生态鸡养殖，全区年出栏500羽以上林下生态鸡养殖户300余家，以重庆特牧农业开发有限公司为带动，采取“公司+专业合作社+农户”发展模式带动全区新发展林下生态鸡100余家，全年出栏优质林下生态鸡210余万羽。四是发展规模化肉鸭养殖。全区年出栏500羽以上规模养殖场120余家。以重庆力凯农业发展有限公司为带动，采取"公司+基地+农户"模式带动新发展规模化肉鸭养殖场30家。五是抓好规模化蛋鸡养殖。全区有良种蛋鸡规模养殖场26家，常年蛋鸡存栏105万羽。全年新建成投产常年存栏5万羽以上规模蛋鸡养殖场2家。

阮兰2020年新建成投产年出栏肉鸡30万羽养殖场（胡元平 摄）

山羊 一是抓"铜梁麻羊"种群资源保护。重点在维新、高楼、少云镇一带建立"铜梁麻羊"种群资源保护区。二是积极推广波尔山羊、大足黑山羊、南江黄羊等地方良种，规模养殖场以养殖良种山羊为主。三是扶持发展山羊规模养殖。常年山羊存栏30只以上规模养殖场有180余家，维新镇沿河村李妙伦常年存栏山羊150只左右。全年出栏山羊200余只。四是推广山羊生态养殖。散养农户普遍采取"放牧+圈养"方式推广山羊生态养殖。

肉兔 一是积极推广良种。以推广伊拉、伊普吕、伊高乐、加利福尼亚等优良肉兔品种为重点，规模兔场良种肉兔推广面达100%；散养户良种肉兔推广面达70%以上；二是积极扶持规模化肉兔养殖。全区年出栏肉兔1000只以上260余家，其中：年出栏肉兔5000只以上55家，年出栏肉兔1万只以上13家。三是打造标准化、规模化智慧肉兔养殖示范场。以重庆兔管家科技有限公司为重点打造智慧养殖示范场。该场共建有标准化兔舍4栋（年内新建成标准化兔舍1栋），12个独立兔舍，建筑面积达1万平方米，建成年处理能力2万吨畜禽粪污的有机肥集中处理中心，引进36条国内最先进的肉兔养殖生产线，建有集自动饮水系统、自动传送带清粪系统为一体的养殖设施，安装自动环控和除臭系统等。全年新建成投产年出栏肉兔2万只以上规模化标准化兔场5家，维新镇营基村蒋扬洪兔场年末存栏兔1300余只，其中种母兔存栏210只，全年出栏肉兔2万只。

【特色畜牧养殖】 **鹌鹑** 一是抓好鹌鹑繁育体系建设。重庆优拓鹌鹑养殖有限公司是一家专门从事鹌鹑种选（培）育、种鹌鹑饲养繁育、鹌鹑种苗孵化、商品代鹌鹑苗供应基地（是西南地区种鹌鹑养殖规模最大、商品代产蛋鹌鹑种苗供应量最多），常年种鹌鹑存栏12.5万羽，同比减少20%；全年孵化商品代鹌鹑苗760余万羽，向本区、市内各区县、市外省（自治区）提供商品代产蛋鹌鹑苗380余万羽。二是抓好鹌鹑产业综合效益。重庆佰德农业发展有限公司除养殖鲜鹌鹑蛋外，还研发生产出"渝跃龙牌"鹌鹑蛋挂面、鹌鹑蛋黄营养挂面、鹌鹑全蛋挂面、鹌鹑蛋清挂面等系列鹌鹑产（食）品，全年产销系列挂面1000余吨，创产值1500余万元。2020年受新冠肺炎疫情影响，全区规模鹌鹑养殖场（户）有260余家，鹌鹑存栏280余万羽，同比减少20%，但铜梁区鹌鹑养殖量仍居重庆市区县第一，产品供应量占西南地区三分之一，全年产鹌鹑蛋7500余吨，全年实现鹌鹑产值0.8亿元。

蜜蜂 品种为中华蜜蜂和意大利蜂。常年蜜蜂存栏6290箱。巴川街道盘龙村将发展蜜蜂产业作为增加村民收入的重要项目，全村有蜂农116户，常年蜜蜂存栏达1120箱，年产蜂蜜6500公斤，已形成蜜蜂规模养殖。重庆铜波蜜蜂养殖专业合作社2020年入社社员发展到130余人。盘龙村2020年将养蜂项目作为村9户建卡贫困户脱贫摘帽措施，新发展蜜蜂65箱。

鸽子 有肉鸽和信鸽。全区有规模肉鸽场11家，常年存栏达15万余羽，其中，常年存栏达3.5万羽以上1家，常年存栏1.5万～1.8万羽2家，全年出栏肉鸽45万～50万余羽，年产商品鸽蛋6.5吨，年产鸽肉110余吨。太平镇的重庆圣理鸽企种鸽养殖场常年存栏种鸽3.6万羽，年出售乳鸽20余万羽，产销鸽蛋23万余枚。铜梁区飞凤肉鸽养殖场常年种鸽1.8万~2万羽，年出售乳鸽12万羽，产销鸽蛋13万余枚。信鸽品种有吴淞系鸽、李鸟等，全区信鸽常年存栏达2.8万余羽，其中侣俸镇的重庆齐圣翔赛鸽养殖中心常年存栏信鸽6500余羽。

香猪 有巴马香猪和藏香猪品种。巴马香猪：分布在维新、虎峰、少云、土桥等镇。全区有4户养殖，年末存栏588头，全年出栏1220头。维新镇新堰村刘朝明2020年末存栏350头，其中常年存栏种公香猪8头，能繁母香猪60头，坚持自繁自养，全年共出栏（出售）香猪800余头，其中种香猪200余头。虎峰镇西泉村李玖全2020年末存栏香猪210头，其中种母猪26头，坚持自繁自养，全年出售种香猪和商品香猪380头。土桥镇六赢村赵敏年末存栏种香猪18头。少云镇高碑村何永利年末存栏种香猪10头，全年出栏商品香猪40头。藏香猪：平滩镇金竹村谭昌义2020年末存栏25头，全年出栏藏香猪102头。

梅花鹿 品种为吉林双阳梅花鹿。分布在维新和永嘉镇，年末存栏119只，全年产鹿茸40千克，出售梅花鹿22只。维新镇新堰村陈德燕年末存栏梅花鹿85只，其中公鹿50只，种母鹿35只，全年产鹿茸30千克，年内出售梅花鹿种鹿22只。永嘉镇万年村郭峰年末存栏梅花鹿34只，其中公鹿10只，种母鹿24只，全年产鹿茸10千克。

泰和乌鸡 又称武山鸡。重庆艾尔农业发展有限公司2020年末存栏1350余羽，全年共出栏商品泰和乌鸡3800余羽，全年产销泰和乌鸡蛋50余万个。蒲吕街道康济村唐文杰年末存栏产蛋泰和乌鸡150羽，全年产销泰和乌鸡蛋1.8万个。

【畜禽粪污资源化利用工作】 全面加大宣传力度，增强养殖业主环保意识。使养殖业主明确养殖环保主体责任。建立完善畜禽规模养殖场属地监管制度，建立“镇（街）—村—社”三级监管体系，签订养殖粪污资源化利用设施运行监管责任书，镇街定期对各村养殖粪污资源化利用设施及运行情况进行监督检查。区畜牧中心对28个镇街的畜禽粪污资源化利用工作开展考核。全区1166家规模畜禽养殖场全部配套完善畜禽粪污处理设施设备，畜禽粪污综合利用率达96.1%；规模养殖场和大型规模养殖场粪污处理设施装备配套率分别达100%；全年集中生产有机肥能力达5万吨。2020年全区新建31个规模养殖场全部按照规模化、标准化、集约化、现代化、智能化、生态化标准建设。

【重大动物疫病防控】 **非洲猪瘟防控** 采取“外堵、内防、严管、保供、应急”措施，健全区、镇街、村、社“四级”防控责任，落实“双专”（专班、专人）制度，强化关键防控措施，深入开展“大宣传大消毒、大监测大排查、违法违规调运生猪百日专项打击”行动。针对非洲猪瘟病毒怕高温的弱点和主要通过接触性传播的特点，切实采取“三烧”“三消”“三检测、四严管”防控方法，确保全区清净无疫。

重大动物疫病免疫 切实抓好春秋两季动物集中免疫，动物免疫做到“应免尽免”的“七不漏”，即：区不漏镇街、镇街不漏村（社区）、村（社区）不漏村（居）民小组、村（居）民小组不漏户（场）、户（场）不漏畜禽、畜禽不漏针、针不漏药。在全区639家畜禽规模养殖场和6.81万散养农户中，免疫生猪口蹄疫30.03万头次，免疫牛口蹄疫0.35万头次，免疫羊小反刍兽疫1.82万只次，免疫重组禽流感病毒（H5+H7）835.13万羽，免疫犬只狂犬病5.17万只，各种强制免疫病种应免疫密度达100%。

消毒灭源 对全区畜禽养殖、屠宰、病死畜禽无害化处理场所等开展消毒，全年开展4次集中大清洗大消毒，发放使用“三氯异氰脲速溶脲酸粉”“戊二醛癸甲溴胺溶液”等消毒药品15吨，清洗消毒运输车辆1200余辆，消毒养殖场和散养农户畜禽圈舍37.73万间次，消毒面达100%，有效杀灭畜禽致病传染源。

重大动物疫情排查 组织技术人员对全区开展非洲猪瘟、牲畜口蹄疫、高致病性禽流感、羊小反刍兽疫等重大动物疫情大排查，共排查畜禽养殖场6.78万余场次，排查畜禽屠宰场80余场次，排查畜禽散养户203.1万余户次，普查生猪200余万头次，普查牛3.26万头次，普查羊6.65万只次，普查家禽2505.38万羽次。普查结果，全年区内无动物重大疫情。

重大动物疫病监测 为准确掌握全区重大动物疫病流行状况和动物群体免疫质量，提高科学防控水平，开展重大动物疫病血清学监测。一是开展免疫抗体监测。共完成牲畜口蹄疫、猪瘟、猪蓝耳病、猪伪狂犬、H5亚型和H7N9禽流感、鸡新城疫等22218份免疫抗体监测。监测结果发现除猪伪狂犬免疫抗体合格率为67.67%，猪蓝耳病免疫抗体合格率为52.56%以外，其他畜禽疫病免疫抗体合格率达90%以上，达到农业农村部规定标准。二是开展感染抗体监测。非洲猪瘟检测710份，猪口蹄疫检测636份，猪伪狂犬检测200份，感染抗体监测结果全部为阴性。三是开展牛羊结核病、布鲁氏菌病“两病”监测。共检测1819份，其中，检测牛羊布鲁氏菌病血清1806份，检测奶牛结核病13头次，检测结果全部为阴性。四是开展马鼻疽监测。用马鼻疽菌素滴眼变态反应方式监测马鼻疽34头，监（检）测结果为阴性。五是开展病原学检测。禽流感病毒：用荧光PCR禽流感通用型检测病料426份；非洲猪瘟病毒：用荧光PCR检测病料3192份；新城疫病毒：用荧光PCR检测病料220份；禽白血病毒：用荧光PCR检测病料80份；猪O型口蹄疫病毒：用荧光PCR检测病料100份，以上共检测4018份，检测结果全部为阴性。六是开展畜禽产品例行（风险）检测。检测畜禽产品54批次，结果全部合格。检测“瘦肉精”700批次，均为阴性。

动物流行病学调查及动物疫病风险评估 一是对全区35个动物流行病学调查点按月开展流行病学调查，出具4期动物流行病学调查报告。二是对全区35个畜禽养殖单元的动物疫病，每半年进行一次风险评估，共出具风险评估报告20份。

【畜产品质量安全】 **落实责任** 与全区590家畜禽规模养殖场（户）、2家生猪定点屠宰企业、2家兽药生产企业、37家兽药经营企业、1家饲料生产企业、171家饲料经营门市签订《产品质量安全责任书》，明确畜产品质量安全第一责任主体。

动物检疫及动物卫生监督 一是规范产地检疫行为。全年实施生猪产地检疫15.45万头，牛产地检疫0.12万头，羊产地检疫3.97万只，家禽产地检疫463.72万羽，其他动物产地检疫149.71万只，实现畜禽产地检疫率100%。二是规范屠宰检疫行为。全年实施生猪屠宰检疫11.33万头，牛羊屠宰检疫0.27万头（只），家禽421.56万只，实现畜禽屠宰检疫率100%。三是规范动物检疫证章标志管理。对动物检疫证章标志保管、发放、使用、回收、处理各环节均全面实行电子化管理和电子出具检疫合格证明。四是规范畜禽流通监管行为。对区外调入畜禽做到严格调运备案审核、严格动物调运监督和调运动物落地监管，杜绝非法调运动物和调入染疫动物行为，阻击非洲猪瘟等重大动物疫情传入。五是规范病死猪无害化处理行为。全面落实养殖场（户）业主病死猪无害化处理的主体责任和官方兽医对病死猪无害化处理的监管责任，全年监督养殖场业主和屠宰企业无害化处理病害生猪720头，无害化处理率达100%，防止了病害动物及产品流入市场。

开展“专项整治行动” 开展违法违规调运生猪、生猪屠宰、农资打假、抗菌药专项整治等行动。共出动执法人员110余人次，出动执法车28辆次。进一步规范投入品生产经营使用行为和畜产品生产行为，严厉打击各种有违畜产品质量安全行为，提升畜产品质量安全水平。

【“三品一标”发展与监管】 一是积极宣传引导。增强畜禽养殖企业农产品质量安全主体责任意识，树立农产品品牌发展意识的信心和申报无公害农产品“三品一标”认证的积极性。二是加强指导，做好示范创建。加强对申报无公害农产品认证养殖企业的指导，严格按照国家有关法律法规规定使用投入品，严格执行无公害农产品生产、管理制度，严格按无公害农产品生产操作规程组织生产和落实农产品生产、投入品使用等记录。全年完成铜梁区富顺生猪养殖场等10家养殖企业无公害农产品认证申报工作，有8家养殖企业顺利通过市农业农村委检查验收，获得国家无公害农产品首次认证，重庆锦尚农业发展有限公司、重庆九辉农业发展有限公司获得无公害农产品复查换证。三是严格获证后监管。对已获得无公害农产品认证的29家养殖企业严格监管，严格按照无公害农产品生产要求组织生产。

铜梁区获得无公害农产品认证养殖场名单表

序号	养殖场名称	养殖场地址	业主姓名	畜禽品种	申报产量（吨）	现场检查时间	备注
1	铜梁区飞凤乳鸽养殖场	东城街道飞凤村7组	阳 攀	肉鸽	2.6	2019.09.18	
2	重庆佰德农业发展有限公司	东城街道青羊村1组	陈 洪	鹌鹑蛋	5.6	2019.10.14	
3	铜梁区朱文桥养殖场	东城街道青羊村2组	朱文桥	猪	110	2019.10.16	
4	重庆兔管家科技发展有限公司	土桥镇高桥村5组	关 健	兔	2500	2019.10.16	
5	重庆旺农饲料有限公司	土桥镇庆林村9组	余荣光	猪	200	2019.10.15	复查换证
6	铜梁区万勇养鸡场	平滩镇红河村2组	唐万勇	鸡蛋	780	2019.07.26	
7	铜梁区张安碧养鸡场	平滩镇惠风村4组	苟 鹏	鸡蛋	370	2019.10.15	
8	重庆力凯农牧科技有限公司	水口镇天寨村11组	唐 祥	肉鸭	1700	2019.10.15	
9	铜梁区荣泰生态农业有限公司	少云镇老君村13组	龙永林	肉牛	50	2019.10.16	
10	铜梁区好肥润生猪养殖场	少云镇	蒋 奎	猪	200	2019.10.15	
11	重庆市铜梁区冬深养殖场	大庙镇东森村8组	汪传胜	猪	490	2019.10.16	
12	铜梁区石明彬养兔场	大庙镇石兴村3组	石明彬	兔	62.5	2019.10.16	
13	重庆市铜梁区泓扬养殖场	石鱼镇长乐村19组	张中建	猪	233	2019.10.16	
14	重庆市铜梁区飞源香猪养殖场	维新镇新堰村7组	刘朝明	香猪	60	2019.10.14	
15	重庆市铜梁区欧德全生猪养殖专业合作社	维新镇杨柳村15组	欧德全	猪	290	2019.10.14	
16	重庆市铜梁区丰养殖专业合作社	高楼镇莲花村2组	汪 波	肉鸭	2535	2019.08.28	
17	重庆市铜梁区忆锋生态农业开发有限公司	高楼镇莲花村1组	徐清海	肉鸭	705	2019.09.26	
18	重庆市铜梁区壹号养鸭专业合作社	高楼镇盘石村6组	王庆文	肉鸭	759	2019.09.13	
19	重庆子和杉农业发展有限公司	太平镇万寿村1组	刘举昌	肉兔	12.5	2019.1.8	
20	重庆特牧农业开发有限公司	福果镇三多村	刘 松	肉鸡	297	2019.09.26	
21	重庆东珠食品有限公司	蒲吕街道	张德富	猪	160	2019.8.12	
22	铜梁区富顺生猪养殖场	平滩镇立灯村	李远伟	猪	405	2020.11.16	
23	铜梁区彭灯伦生猪养殖场	平滩镇立灯村	彭登伦	猪	225	2020.09.16	

续表

序号	养殖场名称	养殖场地址	业主姓名	畜禽品种	申报产量（吨）	现场检查时间	备注
24	铜梁区鑫旺生猪养殖场	平滩镇立灯村	徐洪亮	猪	225	2020.10.26	
25	铜梁区晓勇生猪养殖场	平滩镇玉龙村	胡晓勇	猪	252	2020.11.12	
26	铜梁区乡丫家禽养殖专业合作社	高楼镇涪江村	焦志波	肉鸭	928	2020.09.26	
27	铜梁区飞凤乳鸽养殖场	东城街道飞凤村	杨　攀	肉鸽	2.6	2020.10.26	
28	重庆锦尚农业发展有限公司	东城街道安全村	黄　贵	猪	1200	2020.09.28	复查换证
29	重庆九辉农业发展有限公司	巴川街道登高村	秦倍成	猪	1400	2020.10.16	复查换证

【落实惠农扶持政策】 一是全区安排生猪调出大县奖励资金220万元支持25家原建生猪养殖场改扩建。二是区财政安排210万元资金用于支持种猪场和规模养殖场恢复生产临时贷款贴息补助。三是区财政安排240万元资金用于引进能繁母猪、仔猪和生猪良种补贴。四是落实兑付生猪保险财政补助资金513.5662万元，落实生猪收益保险财政补助资金127.85万元；落实承保公司育肥生猪保险死亡赔偿资金1253.86万元。五是落实规模养殖场病死猪无害化处理补助资金5.008万元；六是落实生猪屠宰环节病害猪无害化处理补助资金14.4万元。

（区畜牧业发展中心　冯明伦）

渔业

【概况】 2020年，全区水产品总量达37992吨，比去年同期增长4.89；渔业经济总产值10.4亿元，比去年同期增长15908万元，增长18.03%。水产品质量安全检测合格率达100%。

【池塘尾水治理】 全区池塘10亩以上尾水治理288口面积2946亩。开展水产品抽样，全年接受农业农村部抽样检测一次12个样品，市级抽样检测一次24个样品，区级抽样快速检测6批次62个样品，共抽98个样品，抽样品种包括草鱼、鲫鱼、鲤鱼、白鲢、花鲢、乌鱼。抽检合格率达100%。全年开展以“池塘高效低碳循环流水养殖”“池塘养殖生态修复技术”等为主题的水产技术培训，参加培训人员380人；利用科技赶场接受渔农咨询多达700余人次。

【绿色养殖技术推广】 全年4家养殖场改造鱼池面积12.67公顷，建起5套底排污系统。水库实施生态养殖，池塘实施绿色健康养殖，共计实施4666.67公顷。

【江河增殖放流以渔净水项目】 全年区财政安排10万元资金，对小安溪河进行增殖放流，共放流规格50克左右的草鱼424千克、白鲢4380千克、花鲢1515千克。

（区农业农村委　刘进）

桑蚕业

【概况】 2020年，全区发种量3384张，产鲜茧125.9吨，农民售茧收入333.64万元，果桑产量350余吨，收入350万元，全区实现蚕业产值683.64万元。已建成少云向阳村、平滩万桥村两个规模化集约化蚕桑基地共计1000余亩。

（区农业农村委　刘进）

林业

【概况】 2020年区林业局内设办公室、林业改革发展科、政策法规执法科（行政审批科），局机关行政编制8名。直属事业单位有区森林病虫防治检疫站（参公）、区林业资源保护中心、区林业技术指导站、区野生动植物保护站和铜梁区双碾林场（挂区国营苗圃牌子），核定事业编制48名

(其中:参公5名)。年末实有行政人员8人,事业人员43人(其中参公5人)。

【国土绿化】 2020年以国土绿化提升行动为抓手,以开展全民义务植树活动为动力,完成营造林8266.67公顷,其中,"四旁"植树333.33公顷,农田林网和特色经济林新造333.33公顷,农田林网和特色经济林改造6000公顷,森林抚育1200公顷,幼林抚育400公顷。完成义务植树233万余株,参加义务植树50.1万人次。建设绿色示范村17个,种植村庄公共场所绿化10.33公顷。全年区统筹建设资金2342万元,带动社会投入300余万元。坚持全面绿化与重点建设项目相结合,向镇街免费提供桢楠苗14万株、柑橘苗0.5万株,用于农村"四旁"植树和重点工程项目造林。落实10名技术人员对西郊绿道绿化进行技术指导,对重点地段、节点查漏补缺,栽植各类花卉苗木3万余株,助力乡村建设蓬勃发展。

【创建国家森林城市】 一是齐心协力抓创建。坚持把森林城市创建与乡村振兴、国土绿化提升行动、脱贫攻坚、全域旅游等相结合,实行对标对表、挂图作战、清单管理。通过开展区树、区花评选,广泛开展创森宣传,每年有50余万人次参加植树、认建认养等多种形式义务植树,尽责率超过92%。二是增绿提质抓共建。新建原乡中央公园、望山见水公园、罗睺寺气象科普公园和龙城商圈休闲公园等,占地面积约258万平方米。实施"五纵五横"城市骨干道路景观提质,新增城市道路立体绿廊约20千米,完成城市绿道建设约16千米。截至年底,铜梁区完成见缝插绿、裸露地面整治近20多万平方米,中心城区新增绿地面积约342万平方米。已建成30个公园、广场。三是利民惠民强产业。以6个示范森林镇街和5个示范森林村庄建设为抓手,全区已建成国家森林乡村6个,市级绿色新村3个,市级绿色示范村55个。已形成拥有1000公顷茶产业、1800公顷笋竹产业、1333.33公顷花椒产业、1000公顷经果林的绿色生态产业,并在西郊示范片建成4栋年产草本花卉400余万盆的温室大棚,用于城区绿化和美丽乡村建设。全区现有市级林业龙头企业5家,市级森林人家9个、区级森林人家8个。

【森林资源管理】 2020年全区办理林木采伐许可209件,消耗蓄积3140立方米;审核审批林地占用92宗,面积220.94公顷,征收植被恢复费5500余万元。编制完成全区"十四五"森林采伐限额规划,全区合理年伐量测算采伐蓄积17560立方米,其中国有林4199立方米、集体林13361立方米。天然林保护工程管护面积15286.67公顷,落实管护人员320人,签订管护合同320份,目标责任书2份,完成生态效益补偿资料核实,兑付生态效益补偿资金337万元。完成天保林管理平台建设基础信息收集,纳入管理平台人员409人。全区森林保险投保面积15333.33公顷,保费总额23.7万元。按公益林1元/亩、商品林2.4元/亩标准,在中国人民财产保险股份有限公司投保(2020年无保险理赔情况发生)。2020年完成森林督查和一张图变更工作,通过国家级核查,国家下发全区违法违规改变林地用途问题5宗,违法违规采伐林木问题2宗。调查核实并处理完成全区上一年度国家林草局森林督查发现反馈问题58个,其中:行政处罚23件,处罚面积9.112公顷、罚款金额24.227万元;刑事处罚1件,面积2.8484公顷;整改补办林地手续14件、面积11.1215公顷;收回林地并恢复植被10件、面积3.2301公顷。

【自然保护地管理】 全区现有自然保护地4处,总面积9917.93公顷,包括2个国家级自然公园,即"重庆铜梁安居国家湿地公园""重庆毓青山国家森林公园";2个市级自然公园,即"巴岳山—西温泉风景名胜区""西温泉山森林公园"。2020年3个自然保护地开展整合优化,总面积7139.53公顷,占全区行政面积5.31%;其中:国家级2个,分别是重庆毓青山国家森林自然公园、重庆铜梁安居国家湿地自然公园,面积分别为2387.53公顷、434.70公顷；市级1个，为重庆市西温泉山森林自然公园，面积4317.30公顷。“巴岳山—西温泉风景名胜区”未纳入整合优化，保持不变。

重庆铜梁安居国家湿地公园 2014年12月31日国家林业局批准重庆铜梁安居国家湿地公园（以下简称“安居国家湿地公园”）建设试点，经过近5年建设，2019年12月25日国家林业和草原局通过验收，正式成为国家湿地公园。安居湿地公园地处琼涪江两江交汇区域，总面积475.28公顷，北起杨乐坝，东至黄家坝，南抵安居镇大田社区，西南达少云镇琼江社区。湿地公园共划分为合理利用区、宣教展示区、恢复重建区、保护保育区、管理服务区五个功能区。2020年优化整合后面积434.70公顷。管理机构为“重庆铜梁安居国家湿地公园管委会”。

重庆毓青山国家森林公园 2015年9月铜梁区政府研究决定在华兴镇、安溪镇、永嘉镇范围内建设毓青山国家级森林公园。经国家林业局实地考察和专家评审，准予设立毓青山国家森林公园，定名为“重庆毓青山国家森林公园”。经营面积2366.53公顷。其中林地面积2345.38公顷。地理坐标：东经105°59’01”～106°05’59”，北纬29°31’23”～29°37’14”。四界范围：永嘉镇竹海村、安溪镇谭洪村、华兴镇明月村。2019年已完成毓青山森林公园立标工作，安装界桩553个、宣传标牌66块。2020年整合优化后面积2387.53公顷。

重庆市西温泉山森林公园 1995年重庆市林业局批准设立，总面积3112.12公顷。包括巴岳山片区1509.09公顷和西温泉片区1603.03公顷，与“巴岳山—西温泉风景名胜区”重叠面积2449公顷，其中巴岳山片区重叠1166公顷、西温泉片区重叠1283公顷。2020年优化整合后面积4317.30公顷。

巴岳山—西温泉风景名胜区 1999年由重庆市人民政府批准设立，总面积3964公顷，其中巴岳山片区2490公顷、西温泉片区1474公顷。与西温泉山森林公园重叠面积2449公顷，其中巴岳山片区重叠1166公顷、西温泉片区重贴1283公顷。机构改革后职能调整，划归区林业局主管。现管理机构为：重庆市铜梁区淮远新区管委会。

【森林火灾预防】 一是强化宣传。通过各种媒介宣传普及《森林法》《森林防火条例》和护林防火知识，制发宣传资料6万份、区政府禁止野外用火通告1万余份，录制禁火通告MP3语音和森林防火十不准，护林员携带小喇叭巡山宣传；充分利用镇街逢场日、“5·12防灾减灾日”、安全生产月等，发放森林防火宣传资料5000余份、森林防火宣传纸扇600余把；发送森林火灾预警信息30万人次。加强老人、小孩、智力障碍和精神病患等人群管控，严防野外用火。二是压实责任。认真落实镇街属地管理责任、林业部门行业监管责任和林区经营单位主体责任，将森林火灾预防责任落实到镇街和国有林场，落实到村社和农户，落实到林区经营单位和个人。三是管控火源。做好野外火源管控，加快完善天保护林平台建设，对巡山护林人员进行智能化管理，督促森林防火检查站和巡山护林人员守好卡、巡好山、防住火。按照“四必”工作流程，严禁一切火源进山入林，全年巡查194次，整改问题68个。督促镇街组织村社干部做好林缘地带烧灰积肥的劝解工作，防止农事用火引发山火。中元节期间，区森林防灭火指挥部召开会议4次，中元节当晚，区林业局分成4个检查组，组织力量开展夜间好巡查活动，严禁祭祀活动造成森林资源损害。重点排查林区坟头寺庙、输电线路等火灾隐患点801个，对排查出的隐患进行登记造册，并督促镇街落实监管责任并逐一整改，及时排除隐患；重点对1149名精神病人等特殊人群加强监管。与大足、璧山接壤镇街开展森林火灾预防联防，互通信息、互相支持。在72个森林防火检查站推行防火一码通微信小程序，通过微信扫码登记后进出林区。完善防火基础设施建设，维修森林防火道路52.63千米、蓄水池25个，投入资金232万元。

【林业执法】 一是积极宣传林业法律法规。在雪庵公园、明月广场、南门汽车站开展新《森林法》《民法典》及禁止食用野生动物宣传3次；利用镇街赶场送知识下镇街、宣传新《森林法》3次；参加市林业局线上执法培训5期、30人次；参加市林业局线下行政执法培训和法治建设培训3期、8人次。二是调查处理林业案件。2020年受理举证听证会1次、二审出庭2次，办结案件71件（其中上年度森林督查案件58件，其他线索来源案件13件）。不予立案48件、查处行政处罚案件19起（其中毁林开垦2件、野外用火1件、擅自改变林地用途14件，逾期占用林地1件、滥伐林木1件），移交刑事案件2件（盗伐国家二级润楠、野生香樟各1株）。2020年起行政处罚案件19全部录入全国林草行政案件分析系统和铜梁区公共信用信息平台。实现罚没收入101.6万元。完成追收法达饲料公司所欠罚款50万元，有力打击了涉林违法行为。

【林业有害生物防治】 全区发生林业有害生物面积10253.33公顷，防治面积10246.67公顷，其中松材线虫病发生4033.33公顷，防治4033.33公顷。一是加强宣传。全区召开松材线虫病防治会议42次，集中宣传8次，发放宣传资料3000份，张贴公告5000份，制定标语406块。二是强化责任。区镇（街道）村社一级抓一级，层层抓落实。三是监督检查。建立四级监测网络，监测覆盖率100%。清理疫木面积11.7万亩，检查村83个、农户13849户，其中藏匿松木农户261户、松木6531公斤。四是检疫执法。全年执法检查50次，出动执法人员100人次、车辆46台次，检查涉木企业70家，检查松木2000立方米，查处违法行政案件10起，处理违法人员10人，罚款1.9万元。五是联防联治。分别与永川、合川、大足、璧山区在边界区域开展春季疫木清理绩效检查5次，执法行动3次，召开片区联系会议2次，通报信息11次，区内加挂松材线虫病疫木检疫检查哨卡牌75块。五是财政保障。区财政安排疫木集中除治清理专项资金800余万元。

【野生动植物保护】 一是利用“世界野生动植物日”“国际生物多样性日”“世界环境保护日”“爱鸟周”等时间节点广泛宣传，全区开展科技赶场5次，主题摄影展1次，横幅8条，折页1.2万份。二是抓好野生动物管理，印制、张贴区政府“关于野生动物禁猎的通告”和播放录音；组织420余名志愿者深入区内江河湖库等鸟类栖息地开展“清网清套”专项行动，设置固定禁猎警示标牌200块；全年救助猕猴、白狐、白鹭、夜鹭等野生动物7只。加强对野生动物疫源疫病的监测、管理控，要求人工养殖、展演场所全面封控隔离，建立台账，日常消毒，昼夜值守。特别是2020年新冠肺炎疫情发生后，全区实行“日报告”“零报告”制度。按全国人大全面禁食野生动物决定和市、区党委政府要求及时制定全区监测防控应急预案，区政府召开常务会议3次，专题会议3次，研究部署全面禁止非法交易、食用野生动物工作。区政府成立铜梁区野生动物养殖后续处置工作组，由区林业局及区级相关部门和有关镇街组织专人负责，对39家陆生野生动物养殖经营企业进行详细清理，建立明细台账。根据市有关规定，结合本区情况及时制定处置工作方案，对20家在养野生动物属于禁食类养殖范围的全部由所在镇街统一进行无害化处置。全区支付动物处置补偿资金1023.3万元。对非禁食类积极引导转型转产，补助转型转产资金126.8万元。要求安溪、华兴、虎峰等镇加强“毓青山国家森林公园”“巴岳山—西温泉风景名胜区（市级）”内的国家二级保护野生植物金毛狗、桫椤、黑桫椤等进行重点保护，在入山路口设置“严禁非法采集，违者将依法处理”警示牌9块。相关镇街80余名护林员加强巡护值守，保护野生植物及其原生境。三是会同区市场监管局、区公安局联合执法巡查，打击野生动植物违法行为，开展联合巡查23次，发放宣传资料2300余份，制发巡查记录50份，制止市场销售青蛙3起，现场收缴疑似黑斑蛙21斤，查办盗伐滥伐野生植物案件2起。

【国营林场（苗圃）】 铜梁区双碾林场成立于1962年2月，2018年4月28日办公地点由巴川街道办事处滨河西路95号搬迁至南城街道西来村10社南城苗圃管护房办公，2019年林场南城苗圃整体移交给重庆玄天湖旅游投资开发有限公司，林场办公搬入巴川街道办事处龙门街538号区林业局办公楼内。林场系区林业局下属财政全额拨款事业单位，生态公益型林场，管护2584.43公顷国有森林，国有林地遍布区内14个镇（街道）。下设巴岳山、西温泉、小安溪和"巴岳山火警观察站"4个管护站。核定事业编制22名，2020年底实有在职在编职工16人。

国营苗圃原县国营苗圃成立于1952年6月，2014年更名区国营苗圃，位于虎峰镇久远村，经营国有苗圃土地1.9公顷。主要职能为全区培育造林绿化用树苗。2005年经县编办批准将苗圃划归国有林场管理，在双碾林场挂"铜梁县国营苗圃"牌子。2009年2月3日，铜梁县双碾林场与铜梁县旧县镇泥溪村6组22号村民胡永坤签订租赁协议，将国营苗圃整体租赁给胡永坤经营（2015年6月8日变更为由胡永坤担任法定代表人的"重庆紫郡农业发展有限公司"），期限30年，从2009年2月3日起至2038年2月2日止。

抓森林资源保护管理 一是森林防火工作，张贴宣传标语和横幅1000余张，制作安装固定标牌500余块。组建森林防火队伍，组织开展森林防火演练1次，参加镇街部门防火演练3次，巡山守护森林资源，坚持24小时值守，确保森林安全。二是做好竹蝗、松毛虫、蜀柏毒娥等监测防治，与镇村联防联治，重点防治200公顷。挂设松墨天牛诱捕器175个，开展国有林区1466.67公顷松材线虫病疫木山场清理除治。三是抓林业安全生产，强化林地林木安全监管，制止群众乱采乱砍，共同保护森林资源。

持续推进国有森林生态修复 一是完成101.33公顷木材战略储备林项目、33.33公顷国家特殊及珍稀林木培育项目的阶段性营林管护。二是完成133.33公顷森林抚育。三是基本完成200公顷国家特殊及珍稀林木培育项目阶段性营造林工作，栽植桢楠苗木13.5万株。四是完成6.67公顷红豆树林木良种繁育体系和6.67公顷红豆树容器育苗造林示范地的后期管护。五是开展林木良种壮苗桢楠培育工作，育苗培育100万株。

加强基础设施修复 一是维修管护站防火道路路面、水沟15.28千米，硬化林区道路1千米，维修森林消防水池6个，维修森林防火检查站3个，开展房顶治漏、墙壁和门窗维修更换，按照防火检查站"八个一"的要求，增添相关设施设备，满足防火检查站工作的正常开展需要。二是基本完成巴岳山管护站和巴岳山火警观察站2处的管护业务用房改造维修，共计面积约1500平方米。对职工宿舍、食堂、物资库房等进行墙面、水电、地面、吊顶、屋顶等维修改造。三是完善4个管护站视频监控系统建设，安装10个视频摄像监控系统。

（区林业局　李军）

水利

【概况】 重庆市铜梁区水利局内设行政科室10个，设行政编制18名、机关工人编制1名，共有在编职工19人。

2020年开展所属事业单位机构改革，将14个所属事业单位精简为5个：重庆市铜梁区水利行政执法支队（参照公务员管理）、重庆市铜梁区水利设施管理事务中心、重庆市铜梁区水资源事务中心、重庆市铜梁区水利工程建设质量事务中心、重庆市铜梁区水土保持事务中心。所属事业单位总编制70名，实有61人。

【农田水利】 加强灌区工程建设，投资2399万元，完成河坝中型灌区续建配套工程建设，整治改造干渠(管)4条共34千米,新建泵站2座,完成节水灌溉面积3466.67公顷,新增改善灌溉面积680公顷。开展农业水价综合改革,完成河坝中型灌区节水配套改造项目农业水价测算,编制完成《重庆市铜梁区2021年农业水价综合改革项目工作方案》,争取上级资金1000万元。推进中小灌区信息化建设,完成全区中小灌区量水站网建设项目初步设计,预计投资1308万元。加强小型水利工程维修养护,投资143万元,完成39处电灌站、25千米渠道整治。

【移民帮扶】 抓细移民后扶人口动态管理,按时发放移民直补资金547.68万元。下达移民资金3854万元,支持大中型水利工程库区及移民安置区供水一体化工程建设。加强移民项目储备,申报三峡移民项目3个,均纳入水利部2021-2023年三峡后续资金项目库,储备项目资金3288万元。

【河长制工作】 全面落实市总河长第1、2号令,全年筹备召开总河长会3次,常务会研究河长制工作4次、政协主席会议听取汇报1次,区级调度会7次、培训会1次,川渝琼江河长制联席会1次。各级河长巡河22926次,发现并解决问题1120个。扎实开展“三乱”专项整治行动,排查整改问题65个。坚持常态暗访机制,累计受理并整改群众举报问题193个。启动新一轮“一河一策”编制工作。全年印发巡河通报9期、水质情况通报10期、河长制工作简报39期,市级以上媒体刊载铜梁区河长制工作信息20余篇。铜梁区河长制工作在川渝河长制联合培训会上做经验交流发言。全年18条区级及以上河流出口断面水质达标率为88.9%,同比提升38.9个百分点。继巴川河、淮远河后,2020年涪江铜梁段再次获评“重庆市最美河流”。市河长办将铜梁区坚持“五个一律”先进做法和成效向水利部推送,并推选铜梁区河长办参评水利部“全国全面推行河长制湖长制先进集体”。

【水资源管理】 完善管理工作制度,开展《铜梁区重要江河水量分配》《铜梁区重点河流生态流量保证实施方案》编制,修订出台《铜梁区实行最严格水资源管理制度的实施意见》,印发《重庆市铜梁区节水行动实施方案》。加强取水许可管理,登记入库取水工程(设施)681个,其中闸110个、坝109个、渠道18个、泵站393个、水井31个、水电站19个、虹吸管1个,全部发放取水许可证;推广取水许可电子证照发放,发出首张电子证照。落实最严格水资源管理,全区年内实际用水总量2.015亿立方米,低于用水总量控制指标0.295亿立方米,万元国内生产总值用水量和万元工业增加值用水量与2015年相比,分别下降38.34%、40.97%。加强水资源质量监测,全年完成10个河流断面29项指标110次抽样监测和4个河长制水质3项指标33次抽样监测。规范水资源费征收,落实用水统计调查对象76个,全年征收水资源费508.39万元。强化非法开采地下水整治,开展城区非法开采地下水专项执法行动,全覆盖走访检查城区洗车场70家,下发限期整改通知书22份,取缔非法开采地下水洗车场19家;巡查取水许可3次,取缔非法地下取水井3口。

【水土保持管理】 推进2020年水土保持重点工程建设,年内治理水土流失面积4平方千米,实施水土流失预防面积82.6平方千米。加强水土保持建设监管,全面清理2010年以来169个水土保持方案审批项目并录入信息监管系统,年内新增审批水土保持方案项目19个,核查处理水利部下发水土保持“未批先建”图斑10个,送达“未批先建”及“未验先投”限期整改通知书41份。全年自主验收水土保持设施14个,征收水土保持补偿费282万元。

【防汛抗旱】 **抓好汛前准备** 印发《铜梁区水利局2020年水旱灾害防御工作预案(试行)》;开展水旱灾害防御汛前安全检查,排查整改问题66个;完成铜梁城区超标洪水预案编制;完成25座水库大坝安全鉴定;完成70座水库水标尺安装;

顺利完成玄天湖水库市级水库管理单位复核验收；指导完成2020年水库维修养护工作，落实资金247万元。

抓好防范应对 严密监视分析水雨情变化，与琼江、涪江上游市区建立防汛联防联动、信息共享机制，定期与气象、应急等区级部门会商研判，及时发布江河水情预警信息。抓实山洪灾害防御，更新镇街山洪灾害“三个责任人”和山洪灾害威胁重点防治区责任人，组织山洪灾害培训演练，全年发布预警信息12条、2000余人次。坚守洪灾发生一线，派出现场指导组6个，分赴受灾镇街和沿江电站协调指导防汛抢险工作。

抓好河道管理 完成694千米河道岸线管理范围划定成果的坐标系转换及合理性复核，完成流域面积50～1000平方千米河流的河道名录公布，全年审查涉河建设项目20个，排查整改河道管理范围内“四乱”问题20处，查获非法采砂2起。

抓好水毁设施修复 向上争取第二批及第三批水利救灾资金、中央直达灾后重建补助资金共计685万元，用于河道护岸、河堰、电灌站、山坪塘等工程水毁修复。

【重点水利工程】 加快推进同心桥水库工程建设。完成同心桥水库施工临时道路、管理房修建、施工导流、混凝土拌和系统安装等临时工程建设，完成主坝土石方开挖和1～3号副坝主体工程建设，累计土石方开挖量约82000立方米，工程建设达到序时进度。

推进太平水厂项目前期工作，完成项目选址和可研报告审查。启动安居堤防巩固提升工程前期工作，计划将工程防洪标准提升至20年一遇。配合开展渝西水资源配置工程实物指标调查和施工组织设计现场踏勘。因与市域快线壁铜线项目冲突，取消沙木糖水库项目实施。

年内，水利建设完成投资40333万元，水利管理业固定资产累计完成投资82715万元。

（区水利局 杨鹏博）

农业机械化

【概况】 全区农业机械总动力14.2万千瓦，拖拉机86台，水稻插秧机92台，排灌机械9000台（套），机动植保机械2400台，机动脱粒机6557台，谷物烘干机10台。在农业生产中投入微耕机1.76万台、旋耕机57台，机械耕整地面积达到6.8万公顷；水稻机插秧2900公顷；水稻机收2.68万公顷，节约收割成本1亿元以上；油菜机收330公顷。推广旋耕机等耕地机械1866台、水稻插秧机1台、履带式收割机19台、轨道运输机7台、植保无人机16架、其他机械337台，共计2300台。新增动力0.6万千瓦。

【农机推广应用】 一是对全区2056台农业机具（其中微耕机1944台、新产品无人植保机14台）补贴资金418.021万元，使用中央补贴资金223.97万元，带动农民和产业生产经营组织投入637.135万元，受益主体2023户，新增功率8546.6千瓦。二是推广机耕田土60700多公顷；在侣俸、西河、平滩等镇示范机插秧266.67公顷，全区推广867公顷；水稻机收25334公顷。区农机推广配合区农综项目科建设土地整治田块项目，实施面积1070公顷。

（区农业农村委 刘进）

农业植保

【概况】 2020年全区所有农作物病虫草鼠害发生面积212720公顷，防治面积130580公顷，挽回粮食损失29457.05吨、蔬菜损失73178.43吨、茶叶损失158.88吨。全区绿色防控覆盖率达41.04%，统防统治覆盖率达42.45%，农药减量0.56%。

【植物检疫工作】 **产地检疫** 申报企业16家，产地检疫面积191.5公顷，主要涉及柑桔、李、桃、梨等409个果树苗木品种；签发产地检疫合格证112份、5953.3万株。

调运检疫 签发植物检疫证书661份，涉及204个品种，调运种子数量21457.5千克，种苗

399.79万株(支),依据产地检疫合格证74份,调运植物检疫证书14份。

【病虫监测普查】 全年实施柑橘溃疡病、梨树病害(火疫病)、稻水象甲、实蝇的监测普查工作。稻水象甲疫情分布在28个镇街,分布面积约7066.67公顷。柑橘溃疡病疫情监测普查过程中,发现旧县街道在实施2019年经果林项目中,采购的苗木,带有检疫性有害生物,且未携带植物检疫证书,植物检疫机构展开调查取证和疫情处置工作,共销毁带疫苗2.3万余株,涉4个村13社,处当事人罚款5000元。未发现梨火疫病疫情。

(区农业农村委　刘进)

农业生态

【农业生态保护宣传】 利用区广播电台,在午间和晚间长期播出《关于加强秸秆露天焚烧管理的通告》,发放张贴《关于加强秸秆露天焚烧管理的通告》5000份至全区村、社及涉农社区,发放禁止秸秆露天焚烧和综合利用宣传手册和宣传单30000份。开展土壤农膜残留农户调查,宣传农膜残留对土壤环境影响,提高群众保护土壤环境意识。

【秸秆综合利用】 一是全区秸秆实现以还田为主的综合利用量达90.75%。二是多途径提高秸秆综合利用水平,实现秸秆肥料化、饲料化、原料化、基料化、能源化。在大庙镇双胜村、巴川街道重庆成王果业有限公司开展秸秆综合利用项目建设,其中大庙镇双胜村可解决桑树枝条千余吨的再利用,同时可消纳玉米秆、稻草和玉米芯等农作物秸秆千吨以上;巴川街道重庆成王果业有限公司可利用果苗枝条、畜禽粪污、食用菌包等农业废弃物上千吨生产成果树幼苗栽培基质。

【沼气安全管理】 一是印发《重庆市铜梁区农业农村委员会关于加强2020年农村沼气安全管理工作的通知》,制定《农村沼气安全生产(处置)责任书》,并由区农业农村委员会统一与镇街签订《铜梁区2020年度农业行业安全管理责任书》,强化责任,落实措施。二是各镇街在6月开展街头沼气安全宣传活动,对各辖区内的安全隐患进行大排查大整治,杜绝重特大农村沼气安全事故发生,确保农村沼气安全事故人员死亡零发生。三是印发《重庆市铜梁区农村沼气安全使用手册》20000本,并发放到群众及沼气生产业主中,普及农村沼气安全知识。四是抓重点促落实保安全,分管领导带队深入大中型沼气工程项目和50户以上集中供气联户沼气工程项目实地检查沼气安全生产工作。五是对全区所有镇街沼气安全生产管理工作进行全覆盖检查,对发现的问题及时进行整改。六是在11月25日—12月10日,组织专人对镇街农村沼气安全工作进行检查,对发现部分镇街日常检查、巡查不到位,安全责任制缺失,对沼气业主管理不规范等问题反馈镇街并完成整改。

【农业生态环境监测】 一是积极配合市级农产品产地土壤环境质量国控例行监测工作。二是认真抓好入侵生物预警检测,开展入侵生物调查,制定入侵生物预警监测和防治方案。三是积极配合市级完成耕地土壤环境质量类别划分工作,并报市级验收。四是积极落实农田地膜残留监测,完成15个监测点的初步布置,并将进一步落实农户实地调查与田间调查工作。

【环境污染整治】 加强农作物秸秆露天禁烧管理。出动执法人员626人次,执法车辆189辆次,多轮全覆盖镇(街)开展露天禁烧执法检查。全年优良大气达323天。大力推广绿色种养殖技术。开展化肥减量示范,在全区实施果菜茶有机肥大替代化肥面积1940公顷,绿色种植8953.33公顷,推广配方肥6700公顷,水肥一体化示范3786.67公顷,发放测土配方施肥建议卡21.5万份,全区测土配方施肥技术覆盖率达93%。2020年化肥使用量减少1%。推广绿色防控技术,切实减少农药污染。全区主要农作物绿色防控技术覆盖率达到41.04%以上,专业化统防统治覆盖率达到42.45%,农药减少使用量2.2吨,比上年减少0.56%,完成减量0.5%的目标任务。

【乡村治理试点示范】 一是扎实推进乡村治理体系建设区级试点示范工作,出台《铜梁区加强和改进乡村治理任务分解表》,将政治、自治、法治、德治、智治五个方面的工作细化为67条具体任务,督促各镇街及相关部门认真贯彻落实,每月收集汇总工作推进情况,已完成中期评估。二是2020年11月10日全市乡村治理工作培训会在铜梁召开。三是积极开展市级示范村镇申报及区级示范村镇创建工作。拟推荐土桥镇为示范镇,土桥镇庆林村、南城街道西来村为示范村,上报市委乡村振兴办。

(区农业农村委　刘进)

农业综合开发

【概况】 2020年度,实施2019年农业综合开发项目计划总投资3642万元,其中:中央财政资金2887万元、市级财政资金755万元。实施农业综合开发土地治理高标准农田建设项目2个。

【农田建设项目】 2020年度实施2019年土地治理高标准农田建设项目2个,总投入资金3942万元,其中:中央财政资金2887万元,市级财政资金755万元,在土桥镇新房村、高垭村;水口镇树荫村;旧县街道四龙村;西河镇兴建村;安溪镇安康村;大庙镇莲胜村、双胜村和东森村建设高标准农田1753.3公顷。

(区农业农村委　刘进)

脱贫攻坚

【压实攻坚责任,夯实决战力量】 一是区委主要领导担任脱贫攻坚第一责任人,蹲点督战定点攻坚村,区政府、区人大、区政协主要领导和区委副书记定点联系市级脱贫村;其余区领导定点联系镇村,带动形成强烈的攻坚态势。二是召开区委常委会会议、区政府常务会议、领导小组会议专题学习66次,带动部门、镇街开展学习400余场次,推动脱贫攻坚入脑入心、化为行动。三是成立以区委书记、区长为“双总指挥长”的脱贫攻坚指挥部,下设15个分指挥部,抽调31名精干力量集中办公、合力攻坚。镇街全覆盖成立指挥部,联系区领导任第一指挥长,构建起上下一体、各方联动格局。

【全面实现“两不愁三保障”】 开展社会救助兜底保障“清零行动”,对“四类人员”等重点对象多轮次全覆盖走访研判,将2723名贫困人口纳入城乡最低生活保障、175人纳入特困供养,实现应保尽保、应兜尽兜。落实各类教育资助金699万元,对2815名义务教育阶段贫困在校生全覆盖落实资助政策,实现应助尽助。建立控辍保学机制,跟踪监测贫困家庭学生就读情况,对无法到校就读的残疾儿童“一人一案、送教上门”,全区义务教育适龄儿童无一辍学失学。全面落实“先诊疗后付费”“一站式”结算等制度,大病集中救治、慢病签约服务、重病兜底保障均达100%,贫困户家庭医生签约、医保参保实现全覆盖,贫困户住院自付比例、重特大疾病和慢性病门诊自付比例均在政策范围之内。对“四类人员”住房安全开展全面排查、动态监测,实施C、D级危房改造554户、旧房整治提升2000户,全区贫困户实现住房保障、鉴定、标识标牌全覆盖。制定一般农户危房改造政策,对排查出的危房分类处置,改造一般农户危房33718户,确保危房不住人、住人无危房。投入3.92亿元实施城乡供水一体化场镇管网安装改造、农村饮水安全提升工程等,全面改善农村人口饮水条件,贫困户集中供水率达87.52%,全区贫困人口100%实现饮水安全保障。

【全面消除疫情灾情影响】 建立区镇村上下联动、部门横向沟通的应对机制,统筹抓好“战贫”“战疫”“战灾”。稳岗拓岗保就业。建成扶贫车间11个,吸纳70名贫困户就近就业;开发扶贫公益性岗位500余个,全区返岗务工贫困人口达5605人、同比增长5.5%,实现有意愿的贫困劳动力就业全覆盖。拓宽渠道保畅销。开展产展销对接、"万企帮万村"行动等,举办各类消费扶贫直播活动,通过直播带货、"亲帮亲、邻帮邻"、扶贫专柜等拓展销售渠道,线上线下销售扶贫产品1.1亿元,滞销农产品全部销售变现。帮扶救助保收入。全面开展受疫情灾情影响调查,建立监测帮扶机制,临时救助受疫情影响贫困户726户69.5万元,对因灾受损的496名贫困群众全部理赔、重建,全区未出现因疫因灾致贫返贫。全力推进项目建设。全年安排扶贫专项资金4136万元,实施扶贫项目61个,实现项目建设按时完工、资金拨付及时到位、项目带贫益贫全覆盖。

【打通脱贫攻坚与乡村振兴关节】 将市级脱贫村100%纳入脱贫攻坚与乡村振兴有效衔接试点村,一村一规划,一村一专班,不断夯实"三基",深化"十大专项行动",推动脱贫攻坚固本、提质、增效。建强基层组织。坚持抓党建促脱贫,回引农村本土人才669名,选优配强驻村工作队员22名、"第一书记"5名,打造一支不走的持续战斗工作队。整顿农村软弱涣散基层党组织98个,筑牢基层战斗堡垒。壮大基本产业。设立1000万元扶贫产业发展基金,走深走实"六要路径"发展新型农村集体经济,发展特色产业2333.33公顷,全区集体经济收入超过3000万元,全面消除"空壳村",贫困户利益联结全覆盖并实现人均分红500元以上。新发放扶贫小额信贷983户2086万元,获贷率达68.86%。提升基础设施。建成"四好农村路"688千米、泥结石路520千米,农村公路组组通实现100%,5个市级脱贫村通达率、通畅率均达100%。改造农村用电设施3万余户,实现行政村光纤、4G信号全覆盖。

【坚持从严监督、强化宣传总结】 深化开展专项整治。深入开展扶贫领域腐败和作风问题专项治理,全覆盖推广农村财务一体化监管平台、便民查询平台,全年查处扶贫领域腐败和作风问题16件,处理27人次。全面宣传总结。中央、市级媒体报道铜梁区脱贫攻坚工作1100余次,《重庆扶贫专报》《重庆扶贫》刊发铜梁区重要稿件34篇。扎实开展"扶贫日"系列活动,组织脱贫攻坚先进典型评选、先进事迹巡回报告。精准归整扶贫档案。统一制定扶贫档案目录、档案室建设标准等,全覆盖培训、指导督促部门、镇街开展收集、整理、数字化等工作,2020年以前的扶贫档案整理和数字化全部完成。

(区脱贫攻坚指挥部综合办　张楠)

农业耕地保护

【耕地保护】 全年实施土地整治3169.53公顷,完成土地复垦9公顷,实现新增耕地307.53公顷。开展农村乱占耕地建房专项整治行动,开展专题宣传40余次,发放宣传资料2500余份,在坚决遏制新增的同时,完成国家和市级下发19459个图斑的摸排工作。

【土地复垦】 完成42个农村建设用地复垦项目的储备补充耕地内外业核查和市级抽查工作,完成15个农村建设用地复垦约9公顷的竣工测绘工作,26个复垦项目完成18.8公顷地票交易,获得地票价款5666万元。

【土地整理】 取得铜梁区白羊镇石船村等16个土地整理项目入库批复,规模3746.67公顷,预计新增耕地350.52公顷。维新镇营基村等14个土地整理项目已核发新增耕地核定证书,实施规模3166.67公顷。

【土地执法】 2020年依法查处土地违法行为20件,处罚款332.21万元;查处矿山违法案件4件,整改4件,处罚款42.74万元;查处规划违法行为19件,处罚321.07万元。2020年共计处罚款619.15万元,有效打击了土地矿山和规划违法行为。全面开展农村危房处置工作,摸排出危房26190户,计划拆除5571户,封堵6721户、复垦5513户,改造8327户。完成规划竣工核实59件,面积97.98万平方米。

(区规划自然资源局　郑克燕)

农业执法监管

【农产品质量安全监管】 加强监管 一是在疫情防控特殊时期，开展农资打假“春雷”行动，出动执法车辆42辆次，执法人员160人次，检查农资门店170余家，抽送检两杂种子20个，立案查处农资案件3起，没收假劣农药251.4千克，销毁问题种苗23262株，处罚没款人民币30398.5元。二是加大对种植养殖业生产基地投入品使用及使用记录等巡查检查。共巡查检查种养殖业监管主体614家次，未发现违规使用禁限用药物。三是开展绿色食品认证主体和现场采摘鲜食水果质量安全专项检查。共检查绿色食品认证主体20家次，草莓、柑橘、樱桃、桑椹、枇杷、李子和桃子采摘园45余家，现场抽送产品45个，均合格。

开展检测 对时令水果、草莓、蔬菜生产基地进行检查20次，对水产品、蔬菜、水果、食用菌质量监督抽检30次，抽检样品50个，全部合格。全区定性农药残留快检达13909个样品，合格率99.4%。水产快检62个样品，全部合格。开展种植水产和畜禽产品定量抽送检农产品637个，检测合格率99.8%。

实施追溯管理 2020年全区规模以上种植养殖业主体614家注册进入重庆市农产品质量安全追溯管理平台。同时，正积极配合市级开展与国家农产品质量安全追溯系统对接。全区114家“三品一标”获证主体全部入驻国家农产品质量安全追溯管理系统。全区170家获得农药经营许可的经营主体也全部入驻重庆市农药追溯管理系统。

专项整治 对蔬菜、水果、水产品和畜禽产品中存在的违法使用禁用药物和非法添加物、农药兽药残留超标等突出问题和生产记录、农药安全间隔期、兽药休药期制度、食用农产品合格证制度落实等重点工作，针对性开展“利剑1号”“利剑2号”“利剑3号”行动。共出动执法检查人员426人次，检查生产经营主体271家次，巡查农资门店170家次。开展飞行检查3次，检查农产生产经营主体50余家，监督抽查农产品50个，检测合格率98%。查处农资案件4起，没收假劣农药251.4公斤，销毁问题种苗23262株，处罚没款人民币30398.5元。查办农产品质量安全案件2件，处罚没款3040元。

【农资市场监管】 一是制定农资市场检查计划，召开区级种子批发经销商13家和镇街农服中心工作会一次。对各镇街农服中心下发农资市场检查通知，组织3个检查小组在春季开展专项全覆盖执法检查，开展农资市场执法宣传2次，同时开展日常不定期检查60次，2020年检查区级种子批发经销商13家，检查各乡镇种子代销户260家，要求整改10起。二是加强种子备案管理，实行纸质和网上备案同时进行，区级种子经销商13家，共备案两杂种子250个。三是配合市农委进行种子质量监督检验抽样19个，全部合格；农药监督检验抽检17个，不合格1个已立案处罚。四是对已办理农药经营许可的169个农药经销点（含4个限制农药经销点）加强执法检查和监管。五是协调处理东城、虎峰、旧县等地农资纠纷7起，为群众挽回经济损失3.5万元。

【动物防疫类执法】 开展生猪屠宰专项整治、病死畜禽无害化处理专项整治，农业综合执法零点行动、农资打假等专项行动，出动执法人员268人次，执法车辆132台次。强化大案要案查处，2020年按一般程序办理案件8件，罚款23714.56元。

【渔政监管】 2020年实施长江流域退捕转产渔船181艘，渔民345人，整合中央、市、区三级资金2922万元，开展渔民安全培训2次，制作悬挂禁渔期宣传横幅标语65副，宣传资料、通知、手册张贴发放6000份。走访涉渔餐饮店数192家，水产品经营销售点24家，渔具生产、经营销售点96家；检查渔船安全181次，出动执法检查人员290人次；开展联合执法，协同公安、镇街等查处电捕鱼、非法捕捞28次，与合川、潼南渔政管理部门开展联合执法行动2次；处理非法捕鱼36起，移送公安机关进行刑事起诉17起。

【农机执法监管】 检查变型拖拉机及农业机械161台次；与市场监管局联合检查变拖销售市场，检查销售门店6家，与公安、镇街开展联合变型拖拉机整治行动1次，引导外籍变拖上交牌证15副，报废61辆。排查合作社农业初加工机械安全隐患1起，并督促合作社落实整改，消除隐患。

【农产品执法抽样检测】 对水产品、蔬菜、水果、畜禽产品质量监督执法抽检59批次，其中58批次合格，1批次猕猴桃多菌灵超标，已经立案查处。农产品抽送检样59个，合格率98.3%。

【农产品质量安全执法】 结合农产品质量安全"利剑行动"对全区农产品生产基地（包括养殖场、屠宰场、豆芽生产企业）进行执法检查82次，出动执法人员232人次。抽检农产品（包括畜产品、水产品）共计59批次，其中水果5批次，蔬菜26批次，大米2批次，畜产品15批次、水产品11批次，发现1批次水果农残超标。结合市农委《关于开展果蔬采摘农产品质量安全专项整治行动的通知》对全区28个镇街共有112家开展对外采摘的果蔬基地，摸清其种植规模、品种、批次、开园上市时间、产品检测情况。将采摘基地主体资质信息录入慧执法软件，进一步充实检查对象数据库。

【秸秆焚烧检查】 出动执法检查人员710人次，整改通知10份，全区发现制止并扑灭火点50个，警告、批评教育25人次，现场要求整改7起。

【执法案件】 全区共办理案件共办理案件50件，其中畜牧类案件8件，缴罚款23714.56元。农资案件4件，处罚没款30398.5元：其中种子案件2件，处罚没款19690元；农药案件2件，处罚没款10708.5元。渔业案件37件，处罚没款8050元。秸秆焚烧案件1件，罚款500元。

（区农业农村委　刘进）

国家农业科技园区

【概况】 2018年4月，铜梁区正式启动国家农业科技园区创建工作，2019年国家农业科技园区管委会接力开展创建工作。以西郊示范片为载体，围绕绿色蔬菜、特色林果、生态渔业三大主导产业，建成万亩蔬菜基地4个、国家级蔬菜标准园3个，龙韵果乡、牧堂纯2个国家级"星创天地"、铜梁枳壳1个市级"星创天地"，果树研究中心、中邦柑橘研究所等21个农业科技平台，龙韵果乡、名优水产品养殖等5个试验示范基地。拥有农业科技企业85家，实施各级科技计划项目74项，有效专利135项，其中发明专利74项。乡村振兴展厅建成投用，智慧农业系统正努力建设之中。

【专业市场建设培育】 物流园专业市场规划面积60公顷，建设商贸服务设施50万平方米，引进家居建材、五金交电、蔬菜水果批发等项目8个，其中：铜梁汽车北站建成投入运营，杰民商贸中心、玺龙时代商城已建成投用；龙城大世界一期引进红星美凯龙星艺佳，已入驻家具、家电品牌72家，二期工程已完成总工程量的30%；光仑商贸园全面竣工，铜梁电摩城入驻，经营面积8798平方米；百汇国际博览城成功引进家具家电、建材、五金、酒店、仓储物流、生活超市、商务中心等近200家；凯杰丰霖商贸城完成总工程量的80%，署娇商贸城正在方案报审中。

【教育文化板块基本成型】 教育板块规划面积3.26平方千米，辖区内有重庆传媒职业学院、国家法官学院重庆分院、重庆艺术工程职业学院、重庆对外经贸学院（铜梁校区）和重庆阳光助学中心5所院校。其中重庆传媒职业学院、重庆艺术工程职业学院、重庆对外经贸学院已经顺利实现招生，在校学生人数已突破2万人。

（铜梁国家农业科技园区管委会　谢显华）

农业名优产品

【农业品牌打造】 2020年度铜梁区大力实施农业品牌建设。“铜梁莲藕”荣获国家农产品地理标志、入选全国名特优新品牌录，“铜梁龙柚”“铜梁麻羊”成功注册国家地理标志证明商标，“原乡小艾”“铜梁乌鱼”“绿油坡豆芽”入选首批重庆农业品牌荟萃，“铜梁葛粉”获评重庆优质气象农产品，“天星寨540克葛粉”“原乡小艾迷你灸”获评重庆好礼品牌，铜梁龙龙贡米等5种粮油产品获评重庆好粮油品牌，鹌鹑蛋等6个优质农产品成功授权重庆“巴味渝珍”市级区域品牌。新增绿色食品60个，农产品地理标志1个，新增总产量达8.34万吨。全区累计市级以上认定或评选的农业品牌个数达46个，新增18个。

2020年荣获重庆好粮油品牌农产品名单

品牌名称	品牌主体	评定文件
铜梁龙侣俸小榨香菜籽油（物理压榨、非转基因）	重庆市铜梁区储备粮有限公司	渝粮协〔2020〕31号
铜梁龙压榨菜籽油（非转基因）	重庆市铜梁区储备粮有限公司	渝粮协〔2020〕31号
铜梁龙龙贡米（绿色食品）	重庆市铜梁区储备粮有限公司	渝粮协〔2020〕31号
铜梁龙龙乡米（绿色食品）	重庆市铜梁区储备粮有限公司	渝粮协〔2020〕31号
铜梁龙丝苗米	重庆市铜梁区储备粮有限公司	渝粮协〔2020〕31号

铜梁区2020年授权“巴味渝珍”产品名单

品牌名称	品牌主体	评定时间	年限	评定文件
鹌鹑蛋	重庆伯德农业发展有限公司	2020.2	3年	“巴味渝珍”授权证书
白花菜	重庆市铜梁区御丰蔬菜专业合作社	2020.11	3年	“巴味渝珍”授权证书
飘儿白	重庆市铜梁区御丰蔬菜专业合作社	2020.11	3年	“巴味渝珍”授权证书
生菜	重庆市铜梁区御丰蔬菜专业合作社	2020.11	3年	“巴味渝珍”授权证书
腊月香川味香肠	重庆市腊月香食品有限责任公司	2020.12	3年	“巴味渝珍”授权证书
腊月香川味腊肉	重庆市腊月香食品有限责任公司	2020.12	3年	“巴味渝珍”授权证书

（区农业农村委　刘进）

交通　邮政

交通

【综述】 机构设置 中共铜梁区交通局党委下设基层党支部11个，其中非公党组织4个。区交通局机关内设6个科室：办公室、财务科、建设管理科、综合运输科、法制安全科、行政审批科。下属5个事业单位：交通运输综合行政执法支队、交通运输事务中心、交通工程质量安全事务中心、公路事务中心、交通运行监测和应急调度中心。下属1个国有企业：和信交通工程质量检测公司。全系统共有干部编制168人，在编145人。辖区重点客运企业有5家：重长司铜梁分公司(铜梁汽车北站)、新龙都客运公司(铜梁汽车南站)、祥龙公司、龙华公司、渝通公司。

境内道路 区境公路总里程4537千米，其中高速公路90千米(成渝复线、三环高速、渝遂高速)、国道52千米、省道257千米、农村公路4138千米。“十三五”期间，高速路网不断完善，合璧津高速、渝遂扩能一期、铜安高速公路相继开工建设，“一环六射”高速公路主骨架初具雏形；完成国道改造2千米、省道改造84.4千米，至2020年底，普通国道二级及以上里程比例达100%，普通省道三级及以上里程比例达到66%；建成“四好农村路”1566千米，公路密度达331千米/百平方千米，万人拥有量62.5千米，均处于全市中上水平。行政村通畅率100%，村民小组通达率100%、通畅率100%。

经济运行情况 全年交通建设项目完成固定资产投资10.14亿元，规模以上交通运输企业营业收入完成2.7亿元。

【公路建设】 对外大通道建设 成渝中线高铁在铜设站(工可获批后，即可开工建设)。渝遂高速公路扩能项目(北碚至铜梁段)完成房屋拆迁协议15户，将红线内控制性工程用地18.87公顷交付给施工方，云雾山2号隧道正进行施工。铜梁至安岳高速完成房屋摸底调查473户，签订房屋拆迁协议70户，将红线内控制性工程用地26.8公顷交付给施工单位，控制性工程巴岳山隧道正在抓紧施工。合璧津高速(铜梁段)完成全部拆迁工作，完成项目建设红线内52.93公顷交地工作。控制性工程1、2号隧道全面贯通。积极谋划渝遂扩能二期、铜梁至永川连第二机场高速等前期工作，加快推动市郊铁路西环线前期工作，完成工可编制。

区域互联互通 2020年“四好农村路”建设任务688千米，惠及群众约20万人；村民小组通达率、通畅率实现两个100%目标。投入资金3800余万元，为太平镇坪漆村、西河镇双永村等5个市级贫困村编制交通发展专项规划，修改扶贫公路37.9千米，建成西郊干道60千米、泥结石硬化路800千米，优先打通断头路，实现内畅外联的公路网。

【道路桥梁养护】 加大危旧桥隐患排查整治力度，实施危桥改造9座，对国、省、县道216座桥梁进行定期检测。加快安全保障基础设施建设，累计投资2600万元，增加安防工程160千米。建成“反应迅速、设备齐全、人员专业、能力充分、一体联动”的应急保障网络，成功处治枯树倒塌、危岩垮塌、交通事故油污路面等公路突发事件167次。总投入约690万元对全区国省县道349千米实施畅安舒美示范工程，全面打造鲜花绿草生态路，提升路域环境。

【公路运输】 全区共有一级汽车客运站2个、四级客运站2个。拥有客运汽车343辆、货运汽车3949辆（其中危化品运输车87辆），城市（乡）公交线路达到27条，公交运力213辆，中心城区公交站点500米，覆盖率100%，城乡公交站点500米覆盖率80%；巡游出租车245辆、网约出租车167辆。道路运输周转量完成89312万吨千米，增长8.3%。

交通疫情防控 疫情暴发期间，抽调580余人，成立40余个卡口检测点，检查车辆55万余次，劝返车辆2.2万辆，测量体温120万人次，确保全区无一例输入型病例。防控降级后，成立工作专班，在南北车站设置检测点，检测19.59万人次入铜乘客；开行复工复学专车，运送外出就业民工350人次，输送学生55364人次，确保全区疫情防控与经济发展两手抓两手硬。常态化疫情防控阶段，切实抓细抓实汽车站场、公共交通运输等交通流动面疫情防控工作，坚持每日对辖区公共交通工具以及车站、码头等公共区域进行“日消毒”。

城乡公交 深化交通运输领域供给侧结构改革，优化调整龙城天街商圈核心区公交线路，开通城区到主城龙头寺公交化班线，虎峰公交化改造如期完成，璧铜城际公交开行，全区266个建制村通客车。启动侣俸镇镇级物流站建设，促进交通建设和乡村振兴有机融合。引导企业新增、更新出租车、公交车使用清洁能源车，全区公共交通清洁能源车达97%。

【水路运输】 境内通航河道共222千米，其中涪江26千米为七级航道，其余为等外级。共有港航登记船舶293艘、乡镇自用船587艘。2020年，水上运输周转量完成1837万吨千米，增长9.3%。

开展“三无”船舶整治及通航流域船舶清理情况督查 会同区农委、水利局、公安局，对全区28个镇街的“三无”船舶整治开展情况和禁捕情况逐一进行实地检查，对督查中发现的问题进行收集并限期整改。共清查“三无”船舶145艘，其中办理自用船合理合法化10艘，拆解16艘，未拆解129艘；共清查自用船587艘，其中已办理证书448艘，未办理证书139艘。

巩固非法码头专项整治成果 为严防非法码头死灰复燃，安居监督站不定时对已整治的非法码头进行巡查。并完成全区老旧码头评估工作，顺利取得港口码头经营许可证。

积极开展船舶防污染整治 制定港口码头防污染设施建设方案，营运船舶全部加装生活污水收集储存排出系统和污油水收集储存排出系统。修建船舶垃圾、船舶污油水、生活污水回收罐等相关防污染设施3处，实现辖区船舶污染物全部上岸处置。

完成客渡船船型标准化建设 新建4艘水上巴士投入使用，更新建造的4艘水上巴士客船和6艘人力渡船投入使用，经船舶所有人自愿退市客船2艘。水上巴士的投用标志着涪江水路通航掀开了新的一页。

认真做好汛期水上应急抢险工作 聘请12名水上应急抢险专家，强化应急救援队伍。积极开展实战应急演练2次，为汛期水上应急抢险奠定基础。严格执行领导带班和24小时值班制度，密切关注雨情、水情，通过水上交通监控系统、GPS、短信等多渠道第一时间把信息准确传达到企业、船舶，全年汛期共计发布水情预警信息1000余条。“8·12”“8·17”特大洪峰过境期间，紧急启动防汛应急预案，抽调60余名党员干部职工，对涉洪道路桥梁实行24小时值守监测预警、险情排查、应急处置、抢险救援，灾后修复，对辖区水域所有船舶进行拉网式排查，及时上报水情动态，及时调整防汛措施，确保洪峰过境无船舶安全事故。

坚持不懈发展绿色航运 常态化巡河200余次，组织区级河长、区委主要领导巡河2次，组织涪江流域河长制工作领导小组成员单位对涪江进行巡河检查4次，协调各类河长制相关问题3起，解决群众反映问题1起，落实区河长办交办问题5起。涪江铜梁段获评“2020年重庆最美河流”。

做好涪江饮用水源地保护工作 委托区环保局对涪江进出水断面进行多次水质监测，监测结果显示区内涪江流域进出水断面水质均达到三类水质标准，符合相关要求。将涪江饮用水源地纳入日常巡河管理范围，强化日常监管，更换河道航标，禁止船舶驶入保护区域。

【交通管理】 **运输综合能力不断增强** 全面推进智慧交通体系建设，交通应急指挥平台、交通数据资源中心、交通行业核心基础性数据库基本建成，公路、桥梁、隧道、车辆等信息实现有效整合。

“放管服”改革深入推进 加大“放管服”力度，推行行业审批“就近办”“网上办”“马上办”“一次办”，所有行政审批项目全部进驻区行政服务中心，加大推行承诺制信任审批，梳理一批“四零”事项，提高行政审批效率。

行业安全监管持续平稳 扎实开展“安全生产专项整治三年行动”“6+1”专项整治三年行动、秋冬季安全生产大排查大整治大执法专项行动、液化石油气瓶和瓶装液化石油气运输安全专项整治等，开展各类检查642次，排查整治安全隐患751个，查处违法案件803件，累计处罚款103.77万元。年内全区交通行业未发生安全生产死亡责任事故。

强化路域执法，保护路产路权 全年巡查公路里程达到5.31万余千米，开展路域环境综合整治3次，拆除各类广告牌、影响视距的横幅、标语等431起，清除堆积物63处113立方米，清理公路摆摊设点184起。全年共检查货运车辆80.41万辆，卸载超限超载车辆1197辆，共卸载货物4035.13吨，处罚超限超载车辆171台次，移交交巡警支队处理248件，超限超载率控制在1%以内。办理路政行政处理(罚)案件163件，收取公路赔偿、罚款、占用费188.01万元，路政案件查处率、结案率和赔偿率达到100%，公路巡查率100%，使公路路产路权得到有效保护。

营运柴油货车专项治理 共注销营运柴油车122辆，严格执行道路货运密闭运输，全年共出动执法人员7000余人次，检查车辆66万余台次，纠正货运车辆未密闭运输和冒装撒漏行为710台次。

（区交通局　赵安岭）

邮政

【概况】 中国邮政集团有限公司重庆市铜梁区分公司(以下简称“中邮铜梁区分公司”)下设管理机构五部一室(市场营销部、金融业务部、渠道平台部、集邮与文化传媒部、寄递事业部、综合办公室)，下辖代理金融网点40个，邮政业务网点3个。分公司全口径从业人员394人。

2020年，中邮铜梁区分公司实现邮政业务总收入1.56亿元，同比增幅7.9%；完成业务量22576.48万元，增幅23.58%。全年收寄包裹达到477.47万件，增幅70%；投递包裹达到237.63万件，投递报刊575.92万份；全年办理存取款业务190.89万笔；代扣电费5.93万笔，代扣金额467.17万元。

【经营服务】 建制村直接通邮质量稳步提升，普服邮件全程时限全面达标，邮政服务申诉处理满意率100%。城区党政机关《人民日报》《铜梁报》当日见报率100%。机要通信连续28年实现质量全红。税邮业务全年代开发票3.44万张，代征税额1341万元；便民缴费5.86万笔，交易金额658.97万元。

“三大攻坚战”有力推进 一是积极防范重大风险，风险防控力度不断提升，全年未发生重大金融风险和重大安全事故。二是助力打赢脱贫攻坚，在4个市级贫困村建设村邮站，为村民开通便民缴费、网上代购，开展金融防诈骗、反假币等活动6场（次），开展农技知识培训4场（次），共惠及村民300余人；与2个贫困村签订扶贫助农产品销售协议，累计销售扶贫产品5万余元。三是深入推进绿色邮政建设，按照国家邮政局“9792”工程要求，分公司全面使用绿色瘦身胶带，使用率达100%，电商快件不再二次包装率达92%以上，中转袋再次使用率达到100%，网点配备“废弃包装物回收箱”100%。

营投能力逐步提升 扎实推进“快递进村”，开通西郊环线9个村的“快递进村”，累计建成52个“邮快超市”；城区“邮快超市”与除顺风以外的所有社会快递合作。

铜梁分公司发动员工奋力抢收部队包裹（李玲 摄）

服务三农成效明显 一是坚持开展工业品下乡，全年累计配送复合肥650吨、种子13吨，配送农副产品180吨。二是大力发展农村电商，全年完成数字化优质站点175个，注册“邮乐小店”572个，上线本地产品54个，通过邮乐小店分享、邮掌柜平台推广、开设邮乐网铜梁特产馆、联合第三方电商平台等方式推动农产品进城，促进电商消费助农扶贫工作，累计助农销售农产品75.57万元。三是强力推进惠农合作项目，全区累计走访农民专业合作社1581家，235家实现合作，实现农产品线上线下销售99.49万元；6月与区政府签订“互联网+”农产品出村进城合作协议，成功入选农业农村部“互联网+”农产品出村进城工程试点单位。四是持续开展知识进万家活动，坚持通过送金融知识下乡、防电信诈骗、反假币宣传等院坝会活动改善农村金融环境，全年累计开展院坝会242场，参与人数约9680人次，有效提高了群众金融知识水平及安全防范意识。五是深入推进惠民便民服务，辖区所有邮政营业网点全部开通电费、电话费便民缴费和代开税票服务，14个网点开通警邮合作、5个网点开通政务服务、2个网点开通福彩业务，不断延伸服务范围、拓展服务深度、创新服务模式，切实提升人民群众便利感和幸福感。六是积极助力“书香铜梁”建设，持续开展母亲节中小学生书信活动，深入开展“书香满铜梁·全民爱阅读”系列读书活动，在部分邮政营业网点设立绿色书屋，为建设“书香铜梁”营造良好的社会文化氛围。

（中邮铜梁分公司 李玲）

城乡建设

综述

【机构设置】 2020年3月11日，重庆市铜梁区城建监察大队更名为重庆市铜梁区住房和城乡建设行政执法支队；将重庆市铜梁区建筑管理站承担的行政职能划入区住房城乡建委，保留其公益职能，并更名为重庆市铜梁区建筑管理事务中心；重庆市铜梁区建设工程质量监督站、重庆市铜梁区建筑工程施工安全管理站承担的行政职能划入区住房城乡建委，整合其公益职能，设置为重庆市铜梁区建筑工程质量安全管理事务中心，为区住房城乡建委管理的正科级公益一类事业单位；设立重庆市铜梁区城市管线综合管理事务中心，为区住房城乡建委管理的正科级公益一类事业单位。

委机关内设机构9个，下属事业单位8个，总数不变，其中减少建设工程质量监督站、建筑工程施工安全管理站、城建监察大队；增加住房和城乡建设行政执法支队、建筑工程质量安全管理事务中心、城市管线综合管理事务中心。

核定编制105人，实际在编97人。其中委机关编制17人，在编16人。事业编制88人，在编81人。

【城乡一体化统筹发展】 城乡饮水安全保障持续提升，先后建成安居十万吨提水工程、小北海中型水库、安居防洪护岸综合治理工程；实施城区老旧小区、单体楼供水设施改造2万余户；累计投入资金1.12亿元实施农村人饮巩固提升工程，改造村级供水工程35处，改造场镇供水管网154.5千米、"一户一表"2.4万余户，升级镇级水厂10座。城乡用电安全保障持续提升，华兴110千伏输变电工程、华兴110千伏变电站35千伏送出工程、北郭110千伏变电站1号主变扩建工程、白羊35千伏输变电工程竣工投运。城乡用气安全保障持续提升，建成石鱼页岩气铜梁高新区D323.9×7.1mm高压A级供气管线，建成福果至大庙dn250 PE供气管线，建成蒲吕至旧县dn200 PE供气管线；全年建成中压管线207.5千米、低压管道404.8千米。重大交通项目持续推进，沪渝蓉高铁（成渝中线高铁）在铜设站，市域快线璧铜线节点工程加快建设，铜安高速、渝遂复线高速、合璧津高速建设顺利推进，兰渝高铁渝遂绵段、市郊铁路西二环线前期工作有序开展。现代化交通新格局日益显现，全年新建国省干线项目7个，里程37.4千米，总投资4.25亿元，至年底，累计完成干线公路建设共计113千米；全年完成"四好农村路"建设688千米，至年底，累计建成"四好农村路"1560千米，农村公路总里程达4110千米，全区村民小组通畅率、通达率实现两个100%目标。重点片区建设稳步推进，巴岳山玄天湖度假区、小北海度假区、安居古城景区、大庙工业园区、核心区建设日臻完善，高新区、淮远新区建设步伐加快。

【城镇化建设】 **城市品质全面提升** 坚持"多规合一"和产城融合，完成国土空间规划编制双评价、自然资源保护与利用、生态修复与国土综合整治等专题研究及生态红线和自然保护区优化调整。提质原乡大道，推进书香路、乡逢路等骨干道路建设，打通断头路5条。完成白龙大道等城区节点景观提档升级，新增公共绿地139万平方米。儿童乐园顺利开园，铜梁中学新校区开工建设，融媒体中心、美术馆加快推进。改造棚户区288户、老旧小区30个。完成60部老旧楼房电梯改造。开展“三小”管护，改造“五小”设施300余处，新改建城市公厕5座、垃圾压缩站7座。建成5G基站1140个，铺设光纤2450千米。成功创建(巩固)扬尘控制示范工地10个、智慧工地5个、市级文明工地3个。建成城镇排水管网51千米，改造升级镇级污水处理厂24座，城市污水集中处理率达到98%，污泥无害化处理率达到96%。

镇村面貌明显改善 建成60千米绿道、120平方千米西郊示范片，建成乡村会客厅8个。完成“四好农村路”688千米，硬化泥结石路800千米，惠及群众约20万人。启动乡村振兴补短板泥结石路硬化工程800千米。开通城区至虎峰公交线路。推进城乡供水一体化，改造场镇供水主管网155千米、“一户一表”2.4万户，改造升级镇级水厂10座。完成农村薄弱电网改造项目338个。启动农村生活垃圾分类收集，在全区266个行政村设置集中投放点2892个，累计发放户分类垃圾桶26685组、积分兑换卡7万余张；为各镇街村社集中采购、配发分类桶7200个、垃圾箱361个。涪江铜梁段获评全市最美河流，全市农村人居环境整治工作现场会在铜召开，央视《焦点访谈》专题报道乡村振兴经验做法。

【城旅融合】 按照全域旅游发展方向，以“原乡风情”为特色，综合人文特技、文化精髓、建筑风格、生态环境、空间结构等方面元素，继续推进城市各功能片区建设，在凸显其区位优势的基础上，不断提高综合承载能力。借助城乡一体化统筹发展和各功能片区建设成果，进一步优化调整旅游产业布局、积极拓展旅游服务功能、健全完善旅游基础设施、创新整合旅游产品新业态，促进城旅、农旅、文旅、商旅、工旅、体旅等深度融合发展，全力打造中华龙文化旅游名城、国际大都市后花园，努力建成高品质生活典范区。年内全区接待游客总人数1038万人次，同比增长5.2%，旅游总收入45.36亿元，同比增长8%。

【商贸旅游建设】 龙城天街商圈全面提质，协信·星光天地开业，新引进星巴克、希岸酒店等知名商家，实现营业收入6亿元。规划物流园专业市场60公顷，建设商贸服务设施50万平方米，引进家居建材、五金交电、蔬菜水果批发等项目8个。杰民商贸中心、玺龙时代商城建成投用；龙城大世界一期引进红星美凯龙星艺佳，入驻家具、家电品牌72家，二期完成总工程量的30%；光仑商贸园全面竣工，铜梁电摩城入驻，经营面积8798平方米；百汇国际博览城成功引进家具家电、建材、五金、酒店、仓储物流、生活超市、商务中心等近200家；凯杰丰霖商贸城完成总工程量的50%，署娇商贸城正在进行方案报审。基本建成安居古城游客接待中心，玄天湖景区成功创建国家4A级旅游景区，土桥镇六赢村评为“全国乡村旅游重点村”，西郊·花语悠游谷成为热门打卡地。成功开展第二季“双晒”文旅推介活动，荣获全市最佳营销奖。叙知香入选中国餐饮企业百强名单。

(区住房城乡建委　李旭波)

城乡规划

【概况】 **机构设置** 重庆市铜梁区规划和自然资源局机关内设自然资源调查登记科、自然资源权益和利用科、国土空间规划科等10个科室；下属有区土地整治储备中心、区规划和自然资源综合行政执法支队、区矿产资源管理办公室等6个局属事业单位，并设有工业园区、巴川、侣俸、永嘉、蒲吕、大庙、安居、平滩、虎峰、少云、旧县11个规划和自然资源所。全系统在编干部职工161人，退休人员65人，在职职工中党员105名，预备党员1名，退休职工中党员34名。

2020年，全局突出抓好工业振兴、乡村振兴、城市提升，抓实大通道、大投资、大项目、大保障等各项重点工作，努力为推动全区经济社会持续健康发展提供强有力支撑。全年各支部开展主题党日活动64次，集中观看爱国教育和警示教育纪录片8次。在疫情防控期间，抽调100余名干部职工组建党员突击队，深入全区16个社区104个小区开展义务值守30余天，10余名干部荣登铜梁区疫情防控光荣榜。全年积极回复群众关心关注的规划调整、老旧小区加装电梯等问题219件，受理依申请信息公开24件。承办区人大代表议案35件、政协提案33件，获评铜梁区2020年度人大代表议案及政协委员提案办理优秀单位荣誉称号。

【城市规划编制调整】 积极抢抓主城都市区同城化发展及铜梁桥头堡城市定位等重大“机遇期”，邀请中规院编制重庆主城都市区国土空间总体规划铜梁分区规划，完成国土空间规划编制双评价、自然资源保护与利用、生态修复与国土综合整治等专题研究及生态红线和自然保护区优化调整。坚持“多规合一”和产城融合，兼顾开发建设、生态保护、粮食安全等长远发展需要，科学划定生态保护红线、永久基本农田保护红线和城镇开发边界三条控制线，统筹协调全区生产生活生态空间，谋划好铜梁至2035年及2050年发展蓝图。

【城市形象提升】 坚持“取法乎上、内外兼修”，道法自然打造田园城市，积极选取高水平设计单位参与重要片区、重要节点、重要建筑设计。重点打造了淮远新区生态宜居、协信·星光天地、龙城天街商圈、望山公园、见水公园，加强对重要道路、重要城市节点、重要公共建筑的形态管理，切实“管住红线、管住体量、管住形象”，提升整体城市形象。全年办理用地许可220余万平方米，办理工程规划许可169.37万平方米，完成规划核实140余万平方米。

【村镇规划】 全面结合西郊片区发展需求，以60千米乡村道路“串点连线、成片扩面”，建成120平方千米乡村振兴西郊示范片，打造西郊花语悠游谷、西郊原乡民宿、美丽乡村“会客厅”等乡村旅游精品，完成了西郊示范片24个村实用性村规划编制。中央电视台黄金段栏目《焦点访谈》对铜梁乡村振兴、西郊示范片进行了专题报道。加快补齐场镇功能性短板和产业短板，落实不同的规划指引及发展策略，着力建设安居、蒲吕、大庙等一批有产业支撑、文化传承、配套完善的特色小场镇。加强历史文化保护，完成第三批、第四批市级历史建筑挂牌保护及保护规划编制，启动历史建筑分级测量，完成安居历史文化名镇保护规划编制。

（区规划自然资源局　郑克燕）

勘察设计

【地理信息更新】 利用大数据的功能价值和社会效益，建成包括全区1340平方千米、分辨率0.4米的实景三维数据及覆盖面积约36平方千米、分辨率为0.05米的实景三维数据。对中心城区2020年新建的约56千米市政道路地下管线进行系统维护，并对中心城区约15平方千米地形图进行更新测量，进一步提升信息化能力和数据设施建设水平。

【土地房屋测绘】 实现“多测合一”完全到位；为中铁安居公司、西南水泥新址、金庙公司、城投公司等单位实施铜安乐高速、璧铜快轨、S302、铜中新校区、同心桥水库、国道319线西泉段改造等用地勘界和拆迁勘界；全年完成房屋建面测绘106.91万平方米，土地面积测绘64.33公顷，完成地形图测绘32件、约233.33公顷。

（区规划自然资源局　郑克燕）

【勘察设计监管】 监督全区在监项目地质勘察，严格执行业内各项法律法规，规范勘察设计市场行为。完成地质勘察的在建项目共计122个，区城乡建委抽查项目13个，抽查率10.66%，合格率99%。

【初步设计审批】 办理政府投资初步设计批复33件，其中：公建项目17件，总建筑面积5.06万平方米，总投资3.17亿元；市政项目16件，总投资4.76亿元。

【施工图审查备案】 定期通过“重庆市城乡建委勘察设计管理统计报告系统”填报图纸审查备案情况，施工图审查备案建筑项目51个，其中：房屋建筑项目33件，总建筑面积155.39万平方米，总投资70.56亿元；市政项目18件，总投资9.91亿元。

【勘察设计执法】 对全区建设工程勘察设计质量进行执法检查，抽查勘察设计项目20个，其中建筑工程16个、市政工程4个，未发现勘察设计质量问题。

（区住房城乡建委 李旭波）

城市建设

【城市公建设施】 新改扩建中小学幼儿园12所，中医院迁建工程主体完工。提档升级公办养老机构，推进农村互助养老创新试点。推进6.08平方千米海绵城市建设，创建（巩固）施工扬尘控制示范工地10个、培育市级文明工地3个、完成市住房城乡建委5个“智慧工地”的目标任务。完成288个棚户区和30个老旧小区改造。新增机动车停车位2769个，非机动车停车位1.2万个，提供免费停车位3110个。新改建城市公厕5座，改造城区节能路灯1788盏。完成原乡大道绿化工程、人才公园、白龙大道交通节点改造等建设项目，新增城市绿地139.1万平方米（其中立体绿化约40.7万平方米）。完成“城美山青”年度重点项目9个、坡坎崖绿化美化项目11个，绿化面积154万平方米。建成5个市级社区健身点和15个区级社区健身点，全区社区健身点数达46个。

积极参评2020“发现重庆之美”推选活动，“铜梁高新区主要干道景观提升项目”被评选为“重庆最美坡坎崖”，铜梁区凤山公园被评为“最美公园”，铜梁区白龙大道人行道获得“最美人行道提名奖”。在第三届长江上游城市花卉艺术博览会上，铜梁布展项目获得综合一等奖、设计金奖。人民公园、雪庵公园、凤山公园获得2020年“无废公园”称号。雪庵公园广场、明月广场、人民公园广场等5个广场被命名为第一批铜梁区文体广场。

【环保工程】 **城区污水处理厂** 城区生活污水处理厂2座，分别为南城污水处理厂和三期污水处理厂，总投资约3.66亿元，均由铜梁排水公司负责运营和维护。南城污水处理厂设计日处理能力5万吨，实际日处理能力5.6万吨，排放标准为国标一级A；三期污水处理厂已完成厂区和部分截污干管建设，设计日处理能力为3万吨，排放标准为国标一级A，拟于2021年2月进水调试。

园区污水处理厂 园区范围污水处理厂4座，分别为新东城污水处理厂、蒲吕污水处理厂、铜梁高新区（旧县组团）污水处理厂和大庙污水处理厂，总投资约2.16亿元。其中新东城污水处理厂设计日处理能力1万吨，排放标准为国标一级B；蒲吕污水处理厂设计日处理能力2万吨，分二期建设，排放标准为国标一级A，一期（1万吨/日）已建成投用；铜梁高新区（旧县组团）污水处理厂设计日处理能力0.5万吨/天，排放标准为国标一级A，正在建设中；大庙污水处理厂设计日处理能力1.5万吨，分二期建设，设计排放标准为国标一级A，项目一期（0.5万吨/日）已完成建设尚未投用。

镇级污水处理厂 镇级污水处理厂24座，总设计处理能力1.77万吨/日，总投资约2.3亿，排放标准为国标一级B及以上，均由重庆市环投集团运营，其中安居、虎峰、旧县、高楼镇级污水处理厂排放标准为国标一级A。至年底，完成24座镇级污水处理厂技改、新建。

污泥无害化处置设施 在铜梁区侣俸镇新复中学旧址建成污泥无害化处置设施，设计日处理能力100吨（一期80吨/天，二期20吨/天），总投资约3000万元，预计污泥处置每年产生经济效益约1200万元。

雨污管网 全年新增、改造雨污管网约70千米，其中完成城区雨水管网项目17个，长度约14千米；完成污水管网项目17个，长度约14千米；完成合流制管网改造约14千米；完成乡镇项目6个，改造雨污管网约26千米。更换井盖559个，水篦子317个，解决市政排水管网冒溢、堵塞等问题36余次，完成城区排水设施维护维修项目40余个。乡镇生活污水集中处理率85.2%，城市生活污水集中处理率99.5%，污泥无害化处理率97%。

【城市重点组团基建】 **龙城天街商圈** 商圈基础设施于2019年年底基本完工，建设项目均位于铜梁新城核心区商圈，其中中央广场及商业步行街以商社汇、潜能商都、宝莲国际、龙都财富中心围合的中心广场为中心，东西、南北走向成为十字型步行街，并延伸至金龙大道、广龙路、中兴东路、迎春路东段。

建设内容主要分为五个标段：一是中央广场及商业步行街工程（一标段），二是中央广场及商业步行街、商圈车行环道道路工程（二标段），三是商圈车行环道道路工程（1#、2#道路），四是核心商圈南入口D3和D4地块景观绿化工程，五是核心区商圈电力排管建设工程。

打造的亮点工程：一是生命之树，二是“龙形投影”喷泉，三是“楼宇灯饰”照明，四是“智慧商圈”系统。

铜梁高新区基建 2020年基础设施项目计划总投资1.8亿元，完成投资额1.53亿元。新建全德片区6号路、蒲吕西部片区9号路、蒲吕外环线等长度约5千米。辖区范围内40公顷平场工程，拆除渝遂高速三座人行天桥，新建小型停车场、健身设施等企业生活配套设施。新建拦河水库、生基嘴水库下游排水工程，总投资4000余万元，项目位于产业大道及龙腾大道，仅限雨水排水，总长度约4千米。建成沿龙安大道、铜合路、产业大道、龙山大道等约16千米绿廊沿线道路绿化，同步建成小米公社前庭绿化、淮远河大桥街头游园、京东云生态停车场入口游园等5个节点绿化。新建人才公寓约20万平方米，科技型企业孵化器装修面积约1800平方米，蒲吕滨河风光带一期建设约4万平方米。

巴岳山玄天湖度假区基建 玄天湖景区建成浮桥栈道步行系统1350米，连接玄天湖南北两侧，形成“大环套小环”的步行交通格局；增设望龙亭、玄天鸟居、东升亭和玄天亭等休憩节点4个；在景观节点补植色叶乔木及芳香型灌木2.1万余平方米；玄天湖舞龙广场、镜湖路、天鹅平台等重要节点进行灯光布置35688盏。鼓励风情家泽缘业主投资430余万元进行景区提质改造，完成4.67公顷花卉苗木基地建设，全年种植花卉水果266.67公顷。

安居古城景区基建 安居古城消防中队建设项目基本完工。铜梁导轨电车车辆组装基地，完成1#厂房及附属设施建设，组装基地内轨道3千米，铺设试验线一期线路1.6千米。安居古城书香文化街区（文庙、书院及县衙）项目占地面积约2.2万平方米，总建筑面积约1万平方米，其中文庙建筑面积3171余平方米、县衙建筑面积2064余平方米、书院项目未启动。至年底，完成招标工作，施工单位进场完成产值约600万元。完成铜梁安居国家湿地公园—滨江路景观工程，项目西起迎龙门码头，东至黄家坝湿地公园入口，全长1.1千米，其中平面景观设计面积约2.9万平方米，崖壁景观优化面积约9000平方米。完成安居古城兴隆街、后河街灯饰工程，该工程包含安居古城游客接待中心至城隍庙、乌木桥至大田角，全长约2000米。完成安居古城老城区污水管网整治，改造情景水街片区波纹管约4000米，三、四级管网约15000米，新建5立方米～15立方米化粪池120余座。全年景区接待游客约350万人次，实现旅游综合收入约17.5亿元。

大庙工业园区基建 建成大庙园区企业服务中心，占地面积约2.47公顷，总建筑面积46175余平方米，总投资约2.8亿元。建成日处理量5000立方米污水处理厂1座，完成厂区绿化约

10000平方米，总投资约7000万元。完成金桂大道两侧绿化及电力廊道绿化1100米，总投资约3000万元。改扩建市政道路605米，雨污管网900米。总投资约2000万元。新建14米宽市政道路305米，包含雨污水管网、人行道、路灯等附属设施，总投资约1000万元。铺设大庙园区桂林河南侧污水管网，总计长度约2.5千米，总投资约1000万元。完成市政道路景观用水管网铺设6110米，总投资约1000万元。

【城区老旧小区改造】 利用中央资金改造老旧小区30个，总投资1800余万元。其中南城街道3个，东城街道6个，旧县街道6个，巴川街道15个。

利用区级资金改造老旧小区50个，总投资1500余万元，其中巴川街道14个、东城街道17个、南城街道19个。

【背街小巷整治】 巴川街道安装雪亮工程摄像头403个，实现辖区重点地区实时监控、重要信息及时传递，重要事件及时处置。规劝游动摊贩9000余次，规范主次干道310次，拆除违立柱、墙体广告500余平方米，发放违停宣传提示单4万余份，处罚违法停车案件4453起，查处道路污染、建筑工地渣土乱倾乱倒、非法挖掘市政道路案件、查处毁绿占绿案件共计13起，管控露天烧烤380起、露天焚烧360起。清理牛皮癣3万余处，美化、绿化环境5000余平方米。劝导、查处违章车辆（含摩托车、农用车）800余辆，劝导人员3300余人次。

东城街道开展市容秩序集中整治6次，规范占道经营1700余处，拆除违规户外广告241处。规范车辆停放2.8万余次，张贴违停告知单1.9万余张，处罚4400余车次。集中整治城区卫生30余次、老旧小区226个、清理垃圾550余吨，清理城乡接合部、城中村及淮远河、高速路沿线建筑垃圾50余吨，清除牛皮癣近2万处。拆除违法建筑125处，1.69万余平方米。

南城街道规范劝导乱占道、乱牵挂、乱停放、乱张贴、乱堆放等违章行为2万余件次；发放停车规范宣传资料4万余份，共规范非机动车12000余辆；下发违法停放告知单5432起，处罚违停机动车1701台次，罚款金额85050元；清理违规、废弃、破损广告和横幅共210余处，立案查处小区违法建设行为390起，拆除城区存量违法建筑26500平方米。

蒲吕街道增设货运停车场、生态停车场车位300余个，规范游摊220余个，整治占道经营170余家，劝导、纠正违章停放车辆等1800余车次，清除非法小广告（牛皮癣）共计500余处，清理违章户外广告20余处，各类篷（伞）30余处。

旧县街道整治老旧小区13个，发动群众参与环境卫生大扫除40余次、规范农贸市场停车位100余个，规范游摊40余个，整治占道经营商户50余家，拆除违章户外广告10余处，清除牛皮癣400余处。清理乱张贴宣传资料12条，并规范张贴到宣传栏或社区张贴栏。

（区住房城乡建委　李旭波）

【环卫设施建设】 **厨余垃圾处理设施建设** 通过购买市场化服务的方式，委托重庆市环卫集团有限公司集中收运处理城镇厨余垃圾，配置专用收运车辆11辆、专用收集桶4100余套、收运人员32名，投入500万元，新（改）建城区垃圾中转站7座，大幅提升垃圾中转能力。按市城市管理局统一规划，处理设施为合川区厨余垃圾处理厂，日均收运处理量达到80余吨。农村厨余垃圾利用阳光堆肥房和沤肥池就地处理。

太平垃圾填埋场整治 新增生活垃圾填埋区库容40万立方米、飞灰临时填埋区4万立方米。引入社会资本建成填埋气发电厂，日均发电并网4万度。

推进生活垃圾焚烧发电厂建设 自2016年起采用BOT方式实施，该项目建设投资7.7亿元，垃圾焚烧处理规模1200吨/日，预留远期1800吨/日处理能力，选址于庆隆镇，占地160亩。至2020年完成全部土建施工，正进行设备安装，将在2021年6月投入使用。

推进"厕所革命" 投入458万元新改建5座城市公厕。

【灯饰建设】 完成龙城天街及人民公园周边楼体景观灯饰工程,对龙城天街及人民公园周边共56栋建筑打造夜景灯饰。完成白龙大道沿线楼体景观灯饰工程,对白龙大道沿线共约34余栋高、低层建筑打造夜景灯饰。完成城区周边高层楼体楼顶轮廓灯饰安装工程,对约32栋高城建筑楼体的楼顶轮廓安装洗墙灯。完成2021年春节迎春灯饰(城市道路亮化)工程,对龙腾大道、白龙大道、龙门街、龙都路等重要路段和节点进行氛围营造,使用各类地插灯12000支、葫芦灯7520个、灯笼17712个、雪球灯15125个、以及其他各种灯串和灯光小品71631个,电缆90800米,铺设PVC保护管12000米。

【鲜花园林城市建设】 按照"300米见绿,500米见园"的要求,重点实施了人才公园、产业大道、美业大道、原乡大道绿化工程及白龙大道交通节点改造工程等建设项目,共完成政府类投资新(改)建城市绿地建设项目20个,社会投资项目29个,共计新增城市绿地139万平方米,立体绿化达40.7万平方米。全面完成9个"城美山青"年度重点项目及11个坡坎崖绿化美化项目,绿化面积达154万平方米。积极开展"增绿添园""增花添彩"和生态建设工作,完成玄天湖浮桥栈道绿化项目、主干道路绿化围合项目等9项"城美山青"重点任务。实施"五纵五横"城市骨干道路景观提质,建设原乡大道、产业大道、龙山大道、铜昌路等8条道路附属绿化,面积达24.8万平方米,全面树立崭新的城市面貌。完成城区闲置地、裸露地面整治,面积约4万平方米。

铜梁龙乡亮丽的白龙大道(区城市管理局 供图)

(区城市管理局 陈永彬)

【城乡供水建设】 **城镇供水建设与监管** 实现场镇供水统一运营,指导区龙泽水务公司全资注册成立龙源乡镇供水公司,负责21座镇街水厂运营。实施城乡供水一体化工程建设,新建供水主管网155千米,一户一表改造2.4万余户,城区水厂供水延伸到旧县街道、石鱼镇、虎峰镇、侣俸镇、平滩镇等周边镇街。推进场镇供水提质,完成西河水厂技改,更换5套加氯设备和3套加药设备;完成土桥六赢山水厂智慧水厂建设,新装膜处理净化设备1套;启动维新水厂、高楼水厂智慧水厂建设,预计投入1000余万元,已完成项目施工招标。加强城市供水水质监管,实施水质月度42项指标、年度106项指标行业监测,并开展季度公示,全年城市供水水质综合合格率100%。

农村供水建设与监管 开展农村饮水安全提升建设,投入区级财政资金3598万元,新建农村人饮供水管网1586千米,解决建卡贫困人口1713户4878集中供水需求。投资521万元,实施巴川、太平、侣俸农村人饮巩固提升工程项目,新建农村人饮供水管网181千米,解决6848户19281人集中供水。完成华兴镇团林村巩固提升项目,建设人饮管网10千米。完成维新镇沿河村、水口镇树荫村巩固提升工程,建设人饮管网28千米。投资348万元,完成蒲吕街道、安溪镇等12个镇街人饮管网延伸改造。投资100万元,完成55处村级供水点维修养护。加强水质监管,对77处农村集中供水工程、17处分散供水工程全覆盖动态检测,年检测频次由200次提升到505次。全区农村集中供水率达89.51%,建卡贫困户集中供水率由48.29%提升到87.52%,5个市级贫困村集中供水率达98.8%。

（区水利局　杨鹏博）

镇村建设

【特色小镇建设】 完成平滩滨河道路饰面铺设2000米，硬化结石路520米、裸露地面4500余平方米，人行道添绿10000余平方米。修复墙面2500余平方米、人行道1800余平方米、人行道路缘石300余米、公厕3座，整治屋顶10000余平方米。安装人行道座椅15套，增设绿化150余平方米、花箱1处。铺设弱电管网7700余米，安装路灯71盏。

【农村危房改造】 2020年实施建卡贫困户等重点对象农村危房改造554户。

【城乡接合部建设】 巴川街道完成"一事一议"泥结石路硬化25.6千米，打通农村断头路，建好产业路、联网路，"四好公路"36.6千米。投入资金1460余万元，在建西郊绿道北延伸段（绸厂支路、仙鱼段）改造工程、铜梁西郊示范片干线公路工程共计5.5千米。绿化道路35.8千米、栽植花草4.5万平方米，改柴棚、圈舍810余处。

东城街道建成四好农村公路3条4.4千米，乡村振兴农村泥结石路硬化工程10.672千米，整治完成泥结石路口3处。实施人饮水安全提升工程，安装管网112.5千米，有效解决建卡贫困户饮水问题73户，惠及沿途一般农户2142户。乡村可视范围道路除草、培土83.9千米，清理杂草450车，栽花植绿83.9千米，绿化面积5万余平方米，改造柴棚306个，圈舍165个。

南城街道完成西郊绿道、产业路建设13.8千米，"四好农村路"建设18条、31.8千米，在建道路3条、4.96千米。实施饮水安全巩固提升工程27.29千米，改善33户贫困群众饮水质量。实施绿化16.5万平方米，实现绿道向绿网延伸。河东、马滩、西来会客厅全面投入使用，服务群众6万余人次、游客10万余人次；完成改厕1080户，西郊示范片区全覆盖。新建和改造化粪池300余口，安装路灯70余盏，种植花木4000余株。整治西郊农房及庭院520余处，改棚舍62处。

蒲吕街道建成农村"四好公路"29.5千米、农村产业公路1.8千米，全面完成农村泥结石路硬化建设16千米。实施农村饮水安全巩固提升工程，新建集中供水主管网8.4千米、入户管网7.55千米，蓄水池2个共计240立方米。开展农村"厕所革命"，已完工527户，开工在建57户。种植花卉24万余株，完成植树造林3.33公顷，3500余株，森林抚育66.67公顷，"四旁"绿化40公顷。

旧县街道完成"一事一议"泥结石路硬化11千米，完成"四好农村路"建设43千米，打通农村断头路，建好联网路12.8千米。道路两旁培土绿化20.5千米，栽花植树46万余株。新建雨、污水管网5千米，新修一体化污水提升泵站一座，管网缺陷修复121处；实施农村饮水提升工程，安装管网91千米，解决贫困户群众134户404人饮水困难问题，惠及沿线一般农户3120户。完成改厕2050户，安装太阳能路灯40盏。

（区住房城乡建委　李旭波）

城市管理

【城市基础设施维护管理】 对市政道路设施共520万平方米实现市场化管护，强化隐患排查及维护管理，修复人行道面积约20300余平方米，修复车行道面积约4300平方米，修复路缘石约1050米，安装更换栏杆约1600米，设施完好率达98%以上。持续改造配电箱、窨井盖、垃圾桶、导视牌、斑马线等"五小"设施1700余处，实现2769个路内停车位收费管理，开放3110个路内免费停车位，市政设施完好率达98%。深入开展老旧小区"三小认领"，完成38座桥梁常规定期检测，完成7座桥梁结构定期检测及病害整治，完成11座桥梁栏杆升级改造和2座桥梁伸缩缝整治，桥梁检测及病害整治率达到100%，施划机动停车位2769个、非机动停车位1.2万个，安装隔离护栏2公里，景观花箱7600米。

【环境卫生管理】 制定《铜梁区城市环境卫生管理作业规范》《城区河道保洁工作管理制度》，建立城镇餐厨垃圾收运处置体系，确保环卫保洁提效精细，全年共收运1900余家餐厨垃圾产生单位及城镇500余个居民小区二次分选的厨余垃圾。新增更换各类环卫车辆4台，城市主要道路机扫率达到95%。开展区级6条重点河流、200千米的河道市场化清漂保洁，实现47个公厕以及生活垃圾、餐厨垃圾等的市场化、规范化、专业化管理。全面推进城乡生活垃圾分类，制作宣传展板950块、宣传标语横幅1500余幅，广泛宣传营造氛围；建成示范街道3个、示范村45个，涉及城乡居民16余万户，另外启动181个村开展垃圾分类收集；将生活垃圾分类与人居环境整治相结合，区财政全年投入1074万元推行积分制，不断激发群众内生动力；在全区266个行政村设置集中投放点2892个，累计发放户分类垃圾桶26685组；为各镇街村社集中采购、配发分类桶7200个、垃圾箱361个，进一步满足农村居民投放垃圾需求。

【园林绿化管理】 全面推行城区绿化管护市场化，每年投入约2400万元，对200万平方米公共绿化(其2020年新增约33万平方米)、15个公园广场全面纳入城区绿化管护，管护率达100%。通过公开招标，确定重庆市鸿恩寺公园管理有限公司为管护单位，管护规范化、专业化程度进一步提升。委托重庆市风景园林科学研究院开展原乡中央公园管理手册编制，将人工精细管护与自然抚育有机结合，探索大型综合公园管理新模式。针对城区主要开花植物月季、三角梅、红梅、紫荆、紫薇等十多个品种，落实"专人定树"精细管理，确保达到最好开花效果。积极探索老旧小区"三小认领"，公园广场"园长制"管理模式，认真践行"大城众管"。积极探索推广紫薇二次开花技术，花期由以前1个月增加到近4个月。全年对城区行道树修剪约3.5万株，针对性复壮雪松、香樟、银杏约500株。同时开展白蚂蚁专项整治，治理乔木50000余株。

清新的铜梁高新区景观(区城市管理局　供图)

【城市环境综合整治】 开展老旧小区整治，对288个"老旧小区"进行综合整治，95栋老旧楼房安装电梯。对159栋老旧居住建筑消防设施、91条背街小巷进行改造。落实农村人居环境专项整治"一化两改三不见"要求，在龙腾大道、G319石鱼段、铜大路、西环路和G319太平段等城乡接合部重点区域，开展人居环境整治工作。梳理全区28个镇街道路、院落绿化美化需求，向全区28个镇街提供木春菊754余万株，五色梅280余万株，美人蕉162余万株。持续开展城区市容环境秩序综合整治，开展户外广告、店招店牌整治行动，整治户外广告1856块，店招店牌424块，拆除面积8558.5平方米；开展道路扬尘管控，巡查工地2951个，检查脏车入城238454车次，行政处罚34件；劝导规范毁绿占绿行为1065次，行政处罚13件；劝导占道经营行为35388次，处罚21件；劝导露天烧烤、露天焚烧行为795次，治理城市管理顽疾，城区市容环境秩序持续改善。

【城管执法】 开展法治化建设。制定并印发《城市管理执法队伍标准化建设实施方案》《城市管理执法队伍纠察工作制度》《城市管理协管人员精细化考核办法》等20余项制度。建立健全行政执法公示、执法全过程记录、重大执法决定法制审核等行政执法"三项制度"。建立包括全区餐饮行业、机关事业单位、百货销售、停车场所、废品收购站点、车辆维修、车辆清洗、城镇排水、物业管理、游动商贩、机动车辆登记信息等11个子库共计15万余个监管对象的大数据库，向各类监管对象精准推送法律法规和城市管理规范和标准近100万条，做到靶向宣传，提高宣传针对性和宣传效果。积极探索无接触式执法，率先在全市实现一个行政执法机关全部行政执法案件网上办理，获评全市城管系统十佳案例，在中国建设报宣传报道，并由市局执法总队以专报形式报住建部。坚持公正文明规范执法，2020年相继开展了违法停车、违法违法建设、打通"生命通道"等城市专项治理行动，查处城市管理违法一般案件28件、罚款10.28万元；城区道路交通秩序整治共计发放违停告知单49178起，处罚15535起，罚款63.81万元；城市违法建设治理工作立案757件，拆除违法建筑9372.64平方米，罚没金额1324万元；开展打通"生命通道"集中清障行动，共打通消防车道901条，清除堵塞消防车道和占用消防救援场地障碍物88处(个)、强制拆除违法建筑103平米，依法查处消防车通道违法行为16235起，警告1344人。

【城区灯饰维护管理】 强化"灯明景亮"，实施城区景观灯饰市场化维护工作，对过保质期的灯饰工程通过公开招投标购买社会服务的方式进行管护。完成城区路灯节能改造工程，对龙城大道、龙门街支路、龙福路支路、龙飞路支路、旺龙支路等63条支次干道、背街小巷的老旧传统高压钠灯，改造为节能型LED路灯1643盏。完成大足、太平、侣俸入城口方向连接西郊绿道的道路路灯安装工程，敷设管线约6500米、安装10米单臂整套LED路灯165套。持续开展城区照明暗盲区整治，完成姜家岩片区照明暗区路灯改造工程；完成迎宾东路人民公园段照明暗区路灯安装工程等照明暗盲区整治工作；城区景观灯饰管护全年共计处理各类大小故障约2300起，更换开关电源1643个，更换LED线性洗墙灯4738套，洗墙灯2583套，安排高空作业2066人次。城区路灯日常维护开挖、恢复管线2210米，维修路灯约6700盏，新(改)建检查井230套，处理扶正倾斜灯杆22根。加强路灯设施整洁，全年共计对城区50多条主次干道的6200余套路灯杆进行清洗。保障供电稳定性，对城区149套配电箱所存在的超负荷、三相偏相、电气元件老化、箱体严重锈蚀等情况进行了集中规范改造。

(区城市管理局　陈永彬)

建筑业

【概况】 **房屋施工面积**　年内房屋施工面积共计约430万平方米，比2019年减少1.8%，其中新开工面积137.4万平方米，减少38%。新开工住宅面积55.26万平方米，减少61.9%。全年房屋竣工面积156.35万平方米，减少15.9%，其中住宅竣工面积100.78万平方米，减少30.7%。全年商品房销售面积142.50万平方米，上升0.2%，其中住宅销售面积75.26万平方米，下降24.8%。商品房销售额72.05亿元，减少13.3%，其中住宅销售额47.87亿元，减少20.2%。

建筑施工企业　全区共有建筑施工企业189家，其中施工总承包119家(一级2家，二级17家，三级90家)；专业承包60家，劳务企业10家。全年办理建筑企业资质增项5家；新办总承包企业5家，专业承包2家，劳务资质0家；引进总承包企业0家，调出0家。

房地产开发企业　全区共有房地产开发企业66家，其中一级4家，二级15家，三级19家，四级0家，其余暂定有28家。全年新办房地产开发资质4家，暂定资质延期4家，核定资质0家，重新新办资质2家，正式资质检验0家。

建筑业生产总值　建筑业注册地总产值274.36亿元、增速15.1%，排名主城都市区第1、全市第2。建筑业增加值111.93亿元、增速8.2%。建筑业对全区GDP贡献率为27.3%，拉动GDP增长1.2个百分点。

【行政许可标准化建设】 **网上审批服务**　由区住房城乡建委牵头，区发改委、区经信委、区交通局、区水利局、区规划自然资源局、区消防救援支队等部门单位协同的工程建设项目审批服务大厅，完成业务受理事项6708项，其中工程建设项目审批受理事项1343项（立项用地规划阶段受理265项，工程建设许可阶段受理95项，施工许可阶段受理517项，竣工验收阶段受理336项，并行推进阶段受理130项）；非工程建设项目审批受理事项5365项，办结率100%。

优化营商环境 持续深化行政审批流程再造集成创新，设置“社会投资小型低风险项目”窗口，落实窗口人员，全程帮办代办，确保“一次申报、一次办结”。办件环节由19个压减至4个、时间由15.5天压减至12天以内。取消社会投资小型低风险建设项目强制监理，免缴防空地下室易地建设费和城市基础设施配套费，工程勘察和施工图审查由政府购买服务，供水和排水接入实行“零上门、零审批、零收费”的“三零”服务。全年组织相关部门单位人员培训6次，培训人员363人次。全年共办结小型低风险项目3个，平均减少审批环节2~3个、压减时间5~10天。

审批制度改革 通过“四合一、四联合”改革，从立项到竣工验收全过程，政府、社会、工业“三大”投资项目审批时限从市里改革文件要求的70、50、29个工作日压减至41、31、20个工作日，实现再提速41%、38%、31%。将建设项目用地预审、工程规划许可、建筑工程施工许可、城市排水接沟改沟许可等12个事项分别纳入后补式和非核心要件式信任审批。全年共办理承诺项目206个，运行较好的建筑工程施工许可证后补式信任审批，平均每个项目节约审批时限10~22个工作日。全面推行政务服务“好差评”工作机制，建立以评价、反馈、改进、监督、考核等为主要内容的政务服务评价制度，完善“在线评价+现场评价+电话回访评价”等8种方式，全年工程建设项目审批评价5250条，好评率100%。设立咨询台，开展全程代办服务项目24个。

【施工许可】 **建筑市场监管** 完成项目开工前施工现场踏勘107个，办理施工许可证107件，建筑面积142.08平方米，合同造价27.85亿元，同比分别减少41.53%、37.59%、33.21%，其中房地产开发项目8件，建筑面积57.64万平方米，合同造价为8.97亿元，同比分别减少65.21%、63.65%、56.60%。全年共收取城市建设配套费3.36亿元。

房地产开发项目管理 办理项目资本金存入2件，金额4548万元，按规定使用项目资本金办理10件，金额4821万元。办理房地产开发项目建设方案备案2件。

【建筑行业监管】 **建筑质量监管** 新报质监项目107个，其中房屋建筑项目87个，建筑面积137.4万平方米，市政工程20个，总投资7.98亿元。未完待结转工程项目285个，其中房屋建筑项目115个，建筑面积240.4万平方米，市政工程170个，总投资16.81亿元。竣工验收项目82个，其中房屋建筑项目73个，建筑面积156.35万平方米，市政工程9个，总投资1.56亿元。

工程安全监管 新报监房屋市政工程项目47个，全区受监在建房屋市政工程项目共57个，总造价41.72亿元；其中房屋建筑工程44个，建筑面积241.36万平方米，造价36.96亿元；市政基础设施工程13个，造价5.49亿元；土石方工程2个，造价1581万元。深入开展“建安”系列行动、安全生产大排查大整治大执法等专项检查，共计出动各专项整治、日常检查1939人次，检查建筑工地815个次，排查并督促整改一般安全隐患3962条。下达限期整改通知书246份、局部停工通知书48份、停工通知书21份，行政处罚决定301起罚款83.5万元（其中简易程序288起罚款24万元，一般程序13起罚款59.5万元）。项目经理违法违规行为记分14人次共57分。制作、印发、张贴各类安全宣传手册、横幅、海报1200余份，组织“安管人员”继续教育1次。

违法建设查处 立案办结一般程序行政处罚案件23件，累计处罚金额276余万元。针对参建各方人员履职不到位的问题，建立在建项目微信群，对施工方主要管理人员到岗履职情况采取“双随机一公开”“四不两直”等方式加强日常巡查，下发责改通知书69份，责停通知书17份。

【“智慧工地”建设】 加快“智慧工地”试点工作，不断推进建筑施工信息化、智能化、标准化建设，先后创建龙城首府、昕晖·璟尚等5个“智慧工地”示范工程，完成市住房城乡建委下达“智慧工地”创建目标任务。利用人员实名制登记、危大工程管控、起重机械黑匣子管理、视频在线监控等系统和平台，切实加强建筑工地“智慧”管控，进一步提升全区在建项目安全生产监管效能。

【建筑节能】 严格执行初步设计建筑节能专项审查、施工图审查、设计变更审查备案和建筑能效测评标识制度。全年建筑能效（绿色建筑）测评与标识通过160栋，建筑面积约116.47万平方米。执行绿色建筑标准项目10个，建筑面积约3.6万平方米。

（区住房城乡建委　李旭波）

生态环境保护

【机构设置】 区生态环保局内设办公室、行政审批科、水生态环境科、大气环境科和土壤环境与辐射安全科5个科室；下设铜梁区生态环境综合行政执法支队(参公)、铜梁区生态环境监测站、铜梁区环境宣教信息中心3个事业单位，全局核定编制共82人，实际在编在岗人员69人。

【环保宣传】 **新闻宣传报道** 在《重庆日报》、华龙网、中新网等区外媒体刊发稿件26件、区级媒体刊发稿件42件。加强“铜梁生态环境”微博、微信宣传，微博发布转发和原创信息共2300余条，微信发布420余条。拍摄“攻坚战污染 绿色促发展”专题视频2部，制作污染防治攻坚战图集一部，反映全区污染防治攻坚成效。

网络舆情引导 加强与环保NGO组织交流沟通，积极转交和处理相关投诉，促进社会和谐稳定。加强网络舆情监控，及时发现、妥善处理网络环境舆情，对发现和接收到的投诉做到第一时间回复，及时分析研判重大网络舆情，共处理群工系统投诉15件、网上舆情19件。

社会宣传活动 开展“美丽中国 我是行动者”“六五”环境日系列活动以及国际生物多样性日活动，走进广场和社区开展丰富有趣的表演、环保知识竞赛等活动。组织开展环保公众开放周，激发公众环境责任意识，鼓励公众积极参与环境保护工作。借助“全国低碳日和节能宣传周”“国家宪法日”“国际志愿者日”等区级宣传活动，不断提升公众生态环境保护意识，带动群众关心并支持生态环保工作，推动社会爱护生态环境营造良好舆论氛围。

【环境整改】 生态环保督察反馈意见整改落实。第一轮中央环保督察反馈的15项措施整改任务和43个问题整改任务全部整改完成。第二轮中央生态环保督察未明确指出铜梁区问题，铜梁在充分学习领会市级整改方案基础上，结合自身实际，制定13项专项整改子任务和10个举一反三问题整改工作方案，5项专项整改子任务和10个举一反三问题完成整改，剩余8个跨年度整改任务正在有序推进。

【环境监管】 **开展执法正面清单管理** 对安装有在线监测、监控及纳入执法正面清单管理的92家企业建立现场监管为辅、科技执法为主的执法新机制，采用在线监测、视频监控、执法监管41次，开展电话、QQ、微信等网络服务监管139家次，其他非现场检查方式17次，累计通过科技手段帮扶企业685家次。

落实“双随机一公开” 严格按照“双随机一公开”的原则坚持依法监管，落实事中、事后监管责任，推进“双随机”抽查制度化、规范化；坚持公正高效，做到严格规范、公正文明执法；坚持公开透明，实行“阳光执法”，公开随机抽查事项、程序和结果，保障市场主体权利平等、机会平等、规则平等；坚持管理创新，强化市场主体自律和社会监督，着力解决群众反映强烈的突出问题，提高监管效能，对双随机名录库中的446家企业，抽取检查232家，发现问题23件，督办整改23件。

【污染防治】 **水污染治理** 严格“五个一律”，打好碧水保卫战，推进完成永嘉响水岩水库、福果拦河堰水库等5个水源地治理；完成全区集中式水源地规范化建设、水源地视频监控和隔离网建设工程。持续加强工业污染治理，大力提升工业污水治理能力，新建完成大庙污水处理厂；建成的工业集聚区污水集中处理设施及在线监控设施正常运行。强力补齐生活污水治理短板，完成平滩、侣俸等8座乡镇污水处理设施技术工艺改造；推进完成旧县、高楼、安居、虎峰等4座镇级污水处理厂提标改造和铜梁城区污水处理厂(三期)扩建工程；加快推进城镇雨污管网工程建设，建成城区排水管网约27.07千米，场镇排水管网约24.53千米。

区生态环境局与旧县街道一起巡查小安溪(区生态环境局　供图)

大气污染防治　强化“四控两增”，打赢蓝天保卫战，对12家重点企业开展柴油货车入户抽检；完成动车排气道路抽检3126辆，完成抽检非道路移动机械60台；完成英力电子开展挥发性有机物治理；淘汰燃煤锅炉4台，完成燃气锅炉低氮燃烧改造7台；创建和巩固扬尘控制示范工地10个；加大施工工地监管力度，督促工地落实控尘“十项强制性规定”；推行建筑工地“红黄绿”标志分类管控制度，动态管理“红黄绿”标志名单；加强道路冲洗、清扫保洁，创建和巩固扬尘控制示范道路10条；完成餐饮业油烟深度治理140家，完成公共机构食堂安装油烟净化装置20家；完成全区空气质量自动监测网格化建设，在全区建设63套空气质量自动监测微型站。

土壤污染防治　开展危险废物规范化管理工作，危险废物规范化考核持续达到A级；有序推进全区危险废物收集暂存设施试点建设，建立健全小微企业危险废物收集网络，确保小微企业和非工业源危险废物得到及时、规范收集处置；加强工业、农业用地污染防治工作，受污染耕地安全利用率达到95%左右，污染地块安全利用率95%；贯彻落实《重庆市工业固体废物堆存场所环境整治方案》，持续开展“清废行动”，有序推进重庆红蝶锶业渣场、龙璋白泥渣场整治工作；以医疗废物、废酸、废铅蓄电池、废矿物油等危险废物为重点，扎实开展安全生产专项整治三年专项行动工作，有效管控固体废物和重金属环境风险。

区生态环境局领导检查重润电镀园固危废管理处置情况　(区生态环境局　供图)

【建设项目环保管理】　环境影响评价制度改革　落实《重庆市生态环境局关于印发重庆市不纳入环境影响评价管理的建设项目类型的通知》文件要求，对不涉及有毒有害及危险品的仓储、物流等78类建设项目实行豁免环评手续管理。加大对需要办件类项目指导帮扶力度，办理环境影响评价手续共381件，其中环境影响评价登记表292件、环境影响评价报告表及报告书99件。

固定污染源排污许可工作　建好“一张表单”，以信息清单统领许可管理工作，充分运用污普、电力、工商等各类数据，采取“辖区镇街排查上报，部门下沉核实”及“重点、简化管理对象由区生态环境局直接指导，登记管理对象由辖区镇街指导”的工作模式，纳入排污许可核发、登记管理的固定污染源1620家，其中重点管理78家，简化管理198家，登记管理1344家。

(区生态环境局　李春洪)

【矿山环境恢复治理】 2020年市规划自然资源局下达至铜梁区矿山生态修复任务11公顷(其中包括长江及主要支流10千米范围内2处废弃露天矿山生态修复工作,面积3.63公顷)。区规划自然资源局在深入摸排调研的基础上,形成全年度矿山生态修复工作计划。截至年底,完成矿山生态修复面积23.5公顷。全面启动绿色矿山建设,要求全区所有生产矿山企业全部编制绿色矿山实施方案,年内4家矿山企业通过市级绿色矿山第三方评估,除纳入西南水泥搬迁征地范围内的云祥采矿场外,其余在产露天矿山均达到市级绿色矿山标准。

(区规划自然资源局　郑克燕)

【环保执法与环境安全】 **重点污染源执法检查** 制定重点污染源执法检查年度计划,对重点污染源的污染治理设施运行、污染物排放、环保制度落实等情况开展现场执法检查622家次,发现企业环境管理不到位等问题310个,督办问题整改295个。加强对16家在线监测和27家在线监控企业执法监管,自动监测数据有效传输率达99.52%、公开率为100%,监督性监测结果公开率为100%。

保持高压执法态势 严查各类环境违法行为,共立案44件,发出行政处罚决定书36件,罚款金额147.99万元,查封扣押1件,移送公安机关涉嫌环境犯罪案件1件,向渝北区法院申请强制执行10件;受理12369投诉571件(同比下降21%),群众来电来访146件,舆情办理13件,微信网络投诉35件,信箱投诉22件,河长办交办47件,群工系统14件,共处理848件信访件,办结率均为100%,群众满意度达到95%。

坚守安全隐患排查底线 开展环境安全企业隐患排查960余人次,检查企业320家次,查出18个风险隐患问题,整改完毕17个,立案处罚4起,处罚金额8万元,环境安全隐患排查整治信息统计按期上报率达100%。指导辖区内81家风险企业开展突发环境事件风险评估及应急预案的新编、修订工作,全区各类突发环境事件风险评估及应急预案备案总数达135个,涵盖了政府类、园区类、部门类及企事业类,基本实现辖区风险源风评及应急预案全覆盖。

(区生态环境局　李春洪)

商贸服务业

综述

【概况】 区商务委内设有办公室、安全科、市场体系科、外经贸科、商贸流通科5个科室；设党组书记1名，主任1名，副主任3名，科级领导职数7名。机关行政编制12名，实有11人；机关工勤事业编制2名，实有2人。下设铜梁区商贸服务中心事业单位1个，事业编制6名，实有6人。

（区商务委　苗玉林）

【市场建设】 **商场超市发展** 全区营业面积10000平方米以上的商业综合体有6个：万达、重百·商社汇、万莎·奥特莱斯、宝莲协信·新光天地、财富中心和潜能商都，均已相继开业营运。营业面积1000平方米以上的各种超市18个。其中：超联购物中心营运面积超过1000平方米、重百商场龙城国际7000平方米、永辉5平方米、糯米鲜生超市5000平方米；1000平方米至5000平方米的商场超市有：苏宁电器、重百电器、国美、金泉生活馆、金泉总店、塔山重百、联豪超市、佳悦购超市、弘利超市、侣倖枫梧、平滩金泉、虎峰枫梧等17个。

专业市场建设 各类大中型专业市场共11个，经营面积35.87万平方米。其中：居然之家建材市场，经营市场3万平方米；杰民农副产品批发市场，经营面积4.2万平方米；龙迈家居建材市场，经营面积约3万平方米；建玛特铜梁商场，经营面积4.2万平方米；百汇国际建材市场，经营面积约12万平方米；重长司铜梁汽车北站五金交易市场，经营面积1.8万平方米，百事达汽车交易市场，经营面积0.5万平方米；友谊蔬菜批发市场0.2万平方米；龙城百货批发市场1万平方米；仙鱼塘水果批发市场，经营面积0.17万平方米；电动车摩托车交易市场，经营面积0.6万平方米，快递物流市场（城乡共同配送中心），经营面积1万平方米。全区农贸市场共51个。已经营44个，经营面积约17万平方米。其中：城区经营的标准化菜市场15个，经营面积约6.2万平方米；镇规范化农贸市场35个，经营面积12.5万平方米。

龙城天街市场建设 总体规划用地面积3.8平方千米，建设面积110万平方米，其中零售商业面积72万平方米，专业市场约3万平方米，写字楼面积约18万平方米，酒店面积约17万平方米，是重庆市除主城以外最大的商圈。商圈内主要有万达广场、宝莲国际都会、商社汇、财富中心、潜能商都等六大商业综合体项目。建成投用沥青公路7条2.9千米，路灯900盏，公厕2座，直饮水设施4处，树池座椅10处，龙形投影1个，生命之树特色灯饰景观1处，完成9栋楼的灯饰工程装饰，广场铺装5万平方米，完成整个龙城天街的Wi-Fi全覆盖。

物流发展 全区有规模以上（50辆以上）道路货运企业7家，危化品运输企业4家，入驻的快递企业26家，物流企业在全区布局网点61个，仓库面积达到194.6万平方米，其中物流及快递仓库面积1.44万平方米。2018年，我区依托重长司货运场，着力打造城乡共同配送中心，着力构建区内商贸物流体系，主要提供快递、第三方物流、仓储服务、大型物件、普通货物运输、货运物流信息交易等综合服务。目前，正在镇、村一级大量设立商贸物流网点，着力建设三级物流配送体系，全区33余家货运物流企业已经向城乡共同配送中心聚集，区内商贸物流体系正在逐步得到完善。商贸物流企业信息化水平不断提升，信息化率达到100%。

（区商务委　彭建平）

【消费品市场经济指标】 2020年，全区GDP实现661.02亿元，第三产业增加值236.25亿元。商业增加值48.1亿元，其中批发零售业增加值36.37亿元，同比增长2.0%；住宿餐饮业增加值11.73亿元，同比下降0.8%，在全区第三产业增加值中占20.36%，占全区GDP的7.28%。全区实现社会消费品零售总额219.93亿元，同比增长3.6%；批发业实现销售额108.50亿元，比上年增长9.2%；零售业实现销售额140.74亿元，增长10.4%；住宿业实现营业额2.15亿元，增长4.9%；餐饮业实现营业额39.49亿元，增长7.4%。年内新发展限额以上商贸单位89家，累计497家。

批发零售业

【概况】 截至2020年底，全区商贸市场主体累计达到38750户，其中企业5420户，个体工商户33330户。批发和零售业27441户，其中企业3566户、个体工商户23875户；住宿和餐饮业5434户，其中企业529户、个体工商户4905户；居民服务、修理及其他服务业4189户，其中企业294户、个体工商户3895户；租赁和商业服务业1686户，其中企业1031户、个体工商户655户。

部分大中型零售企业销售额对比表

单位：千元

企业名称	2019年销售额	2020年销售额	同比增速
重庆市铜梁县超联商贸有限公司	178281	218281	22.44%
重庆华乙欢电子商务有限公司	14114	16114	14.17%
重庆市铜梁区卓信电器有限公司	35350	39350	11.32%
重庆市奇镁摩托车销售有限公司	43731	44731	2.29%
重庆金泉商贸有限公司	78016	81016	3.85%
重庆市铜梁区锦辉商贸有限公司	98813	108813	10.12%
重庆市铜梁区宏扬家私有限公司	57424	62424	8.71%
重庆润文商贸有限责任公司	111388	126388	13.47%
重庆市铜梁区新世纪车行	100734	110734	9.93%
重庆市铜梁区昊川汽车销售有限公司	202304	242304	19.77%

（区商务委　彭建平）

特种商品流通

【成品油】 铜梁区在营加油站共有43座，其中，中石油公司16座，中石化公司5座，中铁建公司1座，中航油公司1座，中外合资企业1座，民营企业19座。2020年，全区成品油消费量8.4万吨。其中，汽油消费量5.34万吨，占63.57%；柴油消费量3.06万吨，占36.42%。

【散装水泥】 坚持推广水泥散装化，产生了较好的社会经济效益。2020年全区散装水泥年供应量达到6.0万吨，散装率达到45%。

【报废汽车】 通过政府引导和市场竞争，持续深入推动再生资源回收体系建设，铜梁区再生资源回收布点更加合理，形成点面结合、三位一体再生资源回收网络体系。积极培养大型报废汽车拆解市场主体，年内建成报废汽车大型拆解处理中心1个，面积达2.1万平方米，年处理报废汽车能力达1万辆，处理废旧物资能力达1万吨。

（区商务委 刘涛）

粮油购销

【概况】 **粮食生产** 全区粮食种植面积5.5万公顷，粮食单产6384.45千克/公顷，粮食总产量35.09万吨，其中谷物总产量26.17万吨，豆类总产量1.41万吨，薯类7.45万吨。

粮食收购 全区粮食收购企业共有7家，其中：国企1家，民营企业6家，全年购入粮油21.85万吨。

粮食储备 全年共储备各级政策性粮食13.82万吨，全部按照国家规范储粮相关管理要求储存，做到数量真实，账实相符，质量良好、储存安全。

粮食销售 2020年全区粮食需求量22.4万吨。构建了较为完备的粮食销售网络体系，全年支持铜梁区储备粮有限公司、金泉超市等骨干粮油加工、商贸企业在全区建设了27个粮食应急供应网点，区级成品粮储备600吨。

粮库建设 投入各级资金共计300万元。其中，市级支持资金149万元，企业自筹资金151万元，配置设施设备23台，满足了企业控温储粮需要，减缓粮食老化速度。

粮食安全检查 2020年度共开展政策性粮食储备监督检查15次，主要对全区粮食储备粮实物、质量、统计、安全等进行全面检查，确保储备粮数量真实、质量良好，对发现的问题，督促企业及时整改检查，消除粮食安全隐患，加强日常监督管理。落实粮食政策性收购和市场化收购检查，核查粮食收购许可证资格，杜绝“打白条”、压级压价等坑农害农行为，切实保护农民种粮积极性，确保粮食生产持续发展。

（区发展改革委 韩夷）

国家储备粮管理

【重庆市铜梁区储备粮有限公司】 公司是集粮油购销、储运、加工和综合贸易于一体的国有粮食企业，属重庆市储备粮管理有限公司直属企业。内设办公室、组织人事部、财务部、发展部、仓储部5个部门。下设有重庆铜梁国家粮食储备库、重庆市铜梁区龙乡军粮供应站2个子公司，营销、工业2个专业公司，巴川、平滩2个分公司以及酒类销售中心，控股重庆铜梁龙文化发展有限公司。区储备粮公司有职工130人，各类专业技术人员99人，其中储粮与加工相关技术人员41人；拥有固定经营场所和粮油经营门市，绿色优质粮油种植基地3个，国内一流的大米加工生产基地2个，传统工艺菜籽油生产线2条。公司圆满完成全年目标任务，企业安全稳定无事故。

【经营状况】 **粮油收购** 2020年购入粮油15.75万吨，其中，从生产者购进7.12万吨，从企业购进8.63万吨。

重庆市铜梁区储备粮有限公司2019年与2020年稻谷收购价格对比表

2019年收购价					
时间	1.1−7.23	8.1−8.15	2.1−2.6	8.16−−9.23	9.23−12.31
价格	2.52	2.50	2.70	2.52	2.54
注：2018年国家最低收购保护价为2.52元/千克（2019年执行2018年最低保护价）					

续表

2020年收购价						
时间	1.1—3.3	3.4—8.9	8.10—8.23	8.24—10.21	10.22—11.22	11.23—12.31
价格	2.54	2.62	2.62	2.68	2.80—2.84	2.70
注:2019年国家最低收购保护价为2.54元/千克(2020年执行2019年最低保护价)						

粮食销售 全年销售粮油15.35万吨,完成计划9.61万吨的159.89%,比同期10.36万吨,增加48.16%。实现营业总收入42303万元,比同期32043万元增加10260万元,增长32.02%;加工粮油5.18万吨,完成计划3.5万吨的148.14%;比同期6.02万吨,减少13.95%。实现利润185.74万元,比同期646.26万元,减少71.26%。

线下经营门店铜梁储备粮公司(戴刚　摄)

拓展和稳定购销渠道 一是巩固发展大宗贸易,推动效益持续增长,继续巩固与重庆啤酒、五粮液股份公司、泸州老窖酒厂原辅材料供应商稳定合作伙伴关系,外购外销粮食及附产物3.33万吨,同比3.95万吨减少15.7%;二是加强军队、校园食堂合作,为全区中小学校提供专供粮油0.18万吨,圆满完成铜梁、合川、潼南军粮专供配送任务;三是做好巴川城区5个粮油供应网点销售,确保当地市场应急保供工作;四是全力推进网上购销粮食7.53万吨,金额19108.82万元。

【仓储管理】 公司按照"一符、三专、四落实"及"规范化、精细化"的储粮管理要求,做好仓储管理,保障国家急需时调得动、拿得出、用得上,在疫情期间,充分发挥国有粮食企业主渠道作用,全力做好应急保供。

严格规范储粮,保障基础管理 一是加强政策性粮食的储备与管理,充分发挥政策性粮食的仓储"蓄水池"作用。二是落实仓储基础管理,确保仓储工作规范化。三是加强储粮示范仓建设,全面完成铜梁国库2间,安居分库1间示范仓建设。四是政策支持,争取市级补助资金支持149万元,企业自筹151万元,在铜梁国库开展"优质粮食工程"——控温储粮技术实施与应用,配置21台粮仓专用空调机和2台谷物冷却机,实施控温储粮仓间3.8万吨仓容,进一步增强企业整体储粮水平。

成品粮低温储存库(戴刚　摄)

应用科技储粮,落实质量监督 一是加强技术应用。加强储粮新技术、新工艺的推广应用,继续推动机械通风、环流熏蒸、计算机粮情检测技术,运用谷物冷却机、浅层地能低温及空调控温储粮技术,控制和保持粮堆及空间温度,实现了低温或准低温储粮。二是落实技能人才培养。以技能拔尖人才工作室为平台,开展仓储、质检专业技能人才培养,组织并选拔专业人员参加重庆市发展和改革委员会、重庆市级公司举办的仓储技能培训学习,公司3人参加农产品质量检验员培训,成功取得中级工职业技能证书。三是在铜梁国库与安居储备库进行规范化储粮标准仓建设，采用轻钢龙骨和单面铝皮的聚氨酯保温板进行隔热，创新仓房吊顶模式，使得仓房平整美观，气密、隔热效果好，得到全市粮食仓储企业推广应用。四是做好质量监督。一方面开展稻谷产新质量调查，掌握质量状况；另一方面严格收购粮食质量指标控制，严把质量关。

【粮食轮换经营管理】 全年完成中储、市储轮换计划，其中轮入、轮出中央储备粮稻谷各1.85万吨，轮出中央储备粮小麦0.47万吨（轮入由中央储备粮重庆直属库）。轮出重庆市级储备粮稻谷2.05万吨、轮入重庆市级储备粮稻谷2.05万吨，轮出重庆市级储备粮小麦1.99万吨、轮入重庆市级储备粮小麦1.99万吨。全部完成轮换计划。

【内控管理】 **坚持质量为本，推进品牌建设** 一是完善质量检测站，建立运行机制，配强配齐人员，加强资金设备配套，提升质量检验功能。二是严格体系建设要求，规范落实ISO9001质量体系，ISO14001质量环境体系、HACCP食品安全控制体系，做到产品质量可追溯，确保食品安全。三是聚焦市场需求和消费习惯，实施"五优联动"，着力增品种、提品质、创品牌。全年新增品种6个，"铜梁龙"龙乡米、龙贡米、丝苗米、压榨菜籽油（非转基因）和"侣俸"小榨香菜籽油（非转基因）被评为"重庆好粮油"，产品竞争力得到有效提升。四是第一时间复工复产，加强应急保供，"铜梁龙"粮油作为疫情防控期间粮油市场保供稳价主力军，发挥了"第一道防线"作用；参加铜梁粮食宣传周、第三届中国粮食交易大会，有效提升品牌影响力。

加强改革创新，推进开源节流 一是修订完善公司、所属法人单位章程和《"三重一大"决策制度实施办法》，配套制发《党委会议事规则》《经理层议事规则》，落实"四步工作法""三重一大"决策制度，公司党委前置研究公司工作规划、重大经营活动、减员分流和机构改革方案、疫情租金减免等改革发展事项18个，完善体制机制。二是更新完善生产经营、业绩考核、选人用人和劳动人事薪酬等内控制度23个。三是研究制定组织架构和减员分流方案，安居直属库合并到铜梁国库，本部管理机构下沉至专业公司，优化了管理层级，3月分流人员16人。四是争取区级临时应急储备物资补贴、房产税和土地使用税减免和援企稳岗补贴123万元；阶段性减免"四险"137万元。完成太平粮管所、围龙四合门市处置工作，实现收益347.1万元，完成目标任务的341.7%，积极时限开源工作。

【财务管理】 推进财务管理，严格控成本、控费用，全年实现营业收入42303万元，比同期32043万元增加10260万元，增加了32.02%，实现利润总额187万元；年末，公司资产总额22584万元，负债总额7651万元，净资产14933万元，资产负债率33.88%。

【安全生产管理】 慎终如始抓好储粮安全、生产安全，开展疫情防控工作，筑牢安全防线。一是完善安全制度规程，落实组织机构，加强责任监督；制定并完善仓储、质量、生产等各岗位安全制度、规程共17个。二是加强安全教育培训，先后组织干部职工和临聘人员，培训学习《全生产法》等法律法规、规章制度，组织开展安全培训、消防演练共4次，投入安全资金86万余元，查出安全隐患36起，全部及时整改到位。三是始终如一抓好疫情常态化工作，做好防控知识宣传，提高安全防范意识，加强日常防控监管。

（区储备粮公司　邓娟）

食品药品商业

【概况】 至2020年底，全区共有食品药品相关市场主体10633户，即食品生产环节231户（含食品生产企业89户、食品生产小作坊132户、食品相关产品10户），食品销售环节4507户（含保健食品经营546户、摊贩150户），餐饮服务环节2676户（含学校食堂205户、摊贩181户）。饲料兽药生产单位3户，屠宰企业2户，规模以上种养殖业体614户，农资、兽药、饲料经营单位377户。

农(集)贸市场56个(含固定摊位食用农产品经营者919户)。药品医疗器械生产单位22户(药品生产企业3户、批发企业5户,医疗器械生产企业2户、批发企业12户);药品零售经营企业455户(含经营冷链药品(非口服和外用生物制剂)6户)。医疗机构827户(含民营医院、个体诊所、村卫生室),其中取得特殊药品使用资质的单位68户,疫苗接种单位29户,分发、配送单位1户(区疾控中心)。

(区市场监管局　谭春梅)

烟草商业

【概况】 铜梁烟草分公司是铜梁区烟草专卖批发企业,设有营销一级部门1个,二级区域部门3个,卷烟销售人员22人,平均年龄39.6岁,拥有行业中级以上职称15人,承担铜梁区卷烟市场营销、网络建设、客户服务、品牌培育、终端建设、物流配送、送货监管等职能。2020年公司实现税利1.24亿元,增幅0.24%。

【卷烟销售网络】 铜梁辖区卷烟订货有效零售户3157户。其中,城市零售户1301户,集镇零售户1053户,乡村零售户数量803户。从业态类型有:铜梁卷烟市场有便利店零售户337户,占有效零售户10.67%;超市零售户101户,占3.2%;商场零售户8户,占0.25%;食杂店零售户2049户,占64.9%;烟酒商店零售户85户,占2.69%;娱乐服务零售户77户,占2.44%;其他零售户500户,占15.84%。

客户经理向卷烟零售户指导卷烟陈列(区烟草专卖局　供图)

【卷烟销售市场】 **市场状态**　全年15元以下低端品规保持较高的价格状态,社会库存降低,紧俏、中低档卷烟、重点畅销品牌需求量依然较大。高端品规和地产天子系列价格略有回落,其原因主要是疫情对高端市场的影响和卷烟社交消费功能减弱。

品规优化布局　6月底,公司开展品规优化布局,全年减少品规44个,现有品规减少至214个,品规集中度进一步提升。销量前十的品牌依次为龙凤呈祥、云烟、玉溪、天子、红塔山、黄鹤楼、中华、贵烟、黄果树、娇子。地产烟卷烟(重庆烟草工业公司)天子系列中,天子(金)、天子(中支)、天子(千里江山细支)处于天子品牌销售前三。

倡导文明吸烟行为　为大力弘扬社会主义核心价值观,公司积极传播"分烟"理念,倡导文明吸烟行为,全年建成吸烟舱10个,吸烟区1个,吸烟点50个。

【卷烟物流配送】 **配送范围**　配送覆盖辖区全部乡镇,共4台配送车辆,保证全力配送到点,隔日到货。2月中下旬为免受疫情影响,公司全员积极投身卷烟分拣工作中,连续奋战11个昼夜,分拣卷烟正常量的两倍以上。及时确保零售户的卷烟销售,满足社会消费需求,保障零售客户正常经营,为辖区经济复苏奠定基础。

卷烟零售户经营信心提升　全区客户需求满足率在93%左右,毛利率平均11%,全年月平均存销比0.41,整条价格指数97.71,单包价格指数100.59。农村乡镇客户毛利率因市场结构和低档货源量趋紧的原因,比城市客户毛利率略低。

【新型现代终端建设】 为促进卷烟市场持续健康发展,2020年公司开始推行新型现代卷烟零售终端建设,推动卷烟零售终端形象升级、管理升级。全年建成示范线路2条,打造终端客户500

余户，开展客户培训5次。现代终端建设水平大幅提升。

（区烟草专卖局 罗心阳）

供销商业

【概况】 铜梁区供销合作社联合社系参公处级单位，为全区供销系统的主管部门，内设行政办公室、业务发展科和监事会办公室，编制11人，其中领导职数4个，干部人数7人。实有在编人员11人，其中正处级干部1人，副处级干部3人，四级调研员1人，正科级干部2人，主任科员2人，科员2人。

区供销联社直属单位有农资企业、物资回收公司、电子商务公司、农民专业合作社服务中心有限公司、合作经济联合会各1个；恢复基层供销社28个，其中创建平滩镇、侣俸镇、虎峰镇、永嘉镇、土桥镇、南城街道基层供销社示范社6个。

2020年末，区供销社系统有区级农资配送中心1个、中心镇农资配送中心10个、区级废弃农膜中转站1个，镇街和村级庄稼医院18个，农资经营网点54个、再生资源回收网点277个、桐君阁大药房药店40个、烟花爆竹经营网点202个，累计建设村级综合服务社200个、镇级废弃农膜回收站40个、村级综合服务社“星级示范社”21个，基层供销社参股入股农民专业合作社累计16个。

全年引进6家社有企业与供销社共同发展，完成营业总收入59495万元，同比增长335.77%；营业利润2226.00万元，同比增长855.36%，资产总计18553万元，同比增长41.79%；所有者权益9172万元，同比增长123.33%。

【基层服务体系建设】 一是积极建设村级综合服务社，组织召开专题工作会，印发《铜梁区2019—2020年村级综合服务社星级社建设实施方案》，指导相关镇（街道）按照《实施方案》在全区建设了12个星级村综合服务社。二是规范专业合作社发展，与农委共同清理空壳社108家，出台《关于规范农民专业合作社及严格按照“三会”制度运行的通知》，督促专业合作社建立建全“三会”制度，确保理事会、监事会正常运转，并多次深入专业合作社进行指导，年内指导发展专业合作社78个。三是规范农民合作社服务中心运行，利用财政补助资金10万元，聘请专业会计人员，为基层社、专业合作社和农村综合服务社开展代账、事务代办、档案管理等业务，并拓展融资咨询、农技支持等服务。

【“三社”融合工作】 **深化基层社、农民专业合作社、信用社（银行）的融合发展** 一是供销社、农商行发挥各自优势，共同开展农民专业合作社授信工作。年内农商行铜梁支行向全区农民专业合作社及业主累计发放贷款2906万元，贷款余额2846万元，完成金融服务额63228万元。二是主动联系建设银行铜梁支行，在各基层网点建立473个“裕农通”金融服务网点并开展网络运营维护，服务农户1万余名，交易量达4.4万笔。三是与财政局、区农业农村委联合印发《铜梁区推进“三社”融合发展“融合贷”风险补偿资金管理办法》，落实政府风险补偿资金1000万元和贷款贴息资金100万元，与重庆农村商业银行铜梁支行、中国农业银行铜梁支行、重庆银行铜梁支行、重庆铜梁浦发村镇银行融合发展，有力解决基层供销社、农民专业合作社融资难、贷款贵的问题。

积极推进基层供销社与农民专业合作社融合试点 年内10个基层供销社参股入股10个农民专业合作社共计50万元，以资本形式融入农民专业合作社，形成服务优势叠加、产业相互渗透、功能互补延伸，利益共享、风险共担的利益共同体。

大力发展电商平台 指导供销社农产品直营总店与市供销社“村村旺”电商集团签订合作协议，推荐49家97类产品入驻“村村旺”电商平台，促进全区农特产品销售；建设“村村旺”线下实体店，做好全区人居环境“积分制”礼品派送工作，通过拓展服务领域将社有企业由1家发展到7家；为平滩万亩三红柚衔接落实了重庆市"村村旺"电商集团、深圳宝能集团进行采购；落实小林镇李子、高楼镇萝卜等大宗农产品销售，助力农民增收和乡村振兴。

铜梁经验受到上级肯定 9月17-18日，铜梁区在2020年全市"三社"融合发展现场推进会上做经验交流发言，铜梁区"三社"融合工作经验被选作全国典型案例进行复制推广。在此期间，接待全国供销合作总社金融服务部发展处处长乔小鹏一行来铜梁调研考察，实地察看铜梁区"三社"融合发展工作情况并召开座谈会，全国总社对铜梁区"三社"融合发展工作给予充分肯定，并对铜梁区供销系统的深化改革、为农服务方式进行的探索创新给予了认可。

【为农服务】 不断增强农资保供实力 一是在疫情期间，积极组织时时鲜农业科技有限公司等企业在小区设立农副产品直销点，为小区居民提供蔬菜、肉禽蛋等生鲜农产品共计19.9吨。同时，组织肉、菜等生鲜农产品支援疫情区，为湖北省提供蔬菜、水果等生鲜农产品共87.5吨。二是在全区恢复供销直属农资经营网点32个，采取合作、加盟等形式在各镇（街道）设立农资经营网点54个，经营网点覆盖率达100%。供销社实现肥料淡储年均8000余吨，销售各种农资年均10000余吨，有效保证了全区肥料等农资供应。三是主动减少化肥销售和使用，大力推广有机肥，全年销售有机肥1000余吨，推广有机肥使用面积达200多公顷。

积极开展机械化作业 一是培育基层供销社示范社，通过购置农用无人机、旋耕机、挖掘机、运输车、收割机等农业机械设备，强化硬件建设，指导基层社和农民专业合作社开拓机耕机播、统防统治、农作物管护收割、土地平整等和机收农业生产全程社会化服务，增强基层社的循环造血功能。二是助力传统为农服务方式向机械化作业转变。按照开放办社要求，吸收专业合作社入股加盟，利用区财政专项扶持资金购买农业机械设备，将农业服务方式转型升级为开展农业生产全程社会化服务，力破农资服务的镇级断层问题。

努力开拓动物防疫服务 通过开放办社方式吸收新美达兽药公司为供销社成员单位，逐步在各镇（街道）、各村建立兽药销售网点，为全区5个镇（街道）、潼南区1个镇（街道）等镇街、村社的农民和农民专业合作社开展动物防疫和森林病虫害防治，推广动物防疫，拓宽供销社为农服务领域。

【污染防治】 扎实开展农膜回收 一是按照"六有标准"在全区28个镇街布点建设了40个回收网点。二是规范收购过程管理，28个镇街划为4个片区，落实4名人员每人负责一个片区；建立补贴奖励制度，加强人员的培训和对回收中转站的规范管理。三是争取到区级财政资金195.64万元、市级资金82.5万元，用于全区农膜回收工作。全年回收废弃农膜392吨（目标任务：330吨），肥料包装物77.54吨（目标任务：50吨），位居全市前列。6月12日，铜梁供销社在2020年全市废弃农膜回收利用工作推进会上做交流发言。

建立三级再生资源回收体系 起草《铜梁区再生资源回收体系建设方案》，利用争取到的111.24万元财政专项资金，建立中心—站—点的三级回收网络体系，实现全区再生资源无"死角"回收。

【成渝双城经济圈供销协作工作】 一是成立了以联社主要领导为组长、分管领导为副组长、业务科及办公室相关人员为成员的领导小组，召开专题会议确定将遂宁供销社作为我社双城经济圈建设协作发展对象。二是主动与遂宁市供销社联系，7月3日，到遂宁市供销社洽谈遂铜供销协作发展事宜，双方介绍供销社近年来发展情况及所在地区经济现状，并落实科室及专人负责对接工作。三是于10月20日前往遂宁市，与遂宁市供销社签订供销协作发展战略合作协议，重点围绕改革经验互鉴、为农服务互动、社有企业互联、人才队伍互建4个方面进行合作。

【农民合作社服务中心】 区农民合作社服务中心成立于2016年，主要为全区农民专业合作社服务。2020年，农服中心通过集中开展各类服务，不断提升农民合作社和各类农业经营主体软实力，帮助解决各类农业企业和农民群众的困难，提升农业社会化服务水平，提高农民组织化程度，促进农业产业发展，助推乡村振兴。截至年底，中心代账457个单位，代办税务53个，代管档案53个，代办16个专业合作社、14个综合服务社相关工商事宜。协助13个基层供销社做好银行开户、6个基层供销社购买房屋等相关事宜，协助创建西郊绿道无人售卖网点，并与铜梁区超联购物商场合作，做好无人售卖网点的物资供给。

【脱贫攻坚】 一是推荐涉贫专业合作社(农业企业)及产品入驻市供销合作社“村村旺”电商平台进行线上销售，在各镇街建设“村村旺”电商平台线下直营店销售土特产品。通过联系超市、机关食堂、职工采购等多种方式帮助涉贫专业合作社、贫困农户解决农副产品滞销问题。二是协调帮助贫困户解决危房改造及公益岗位；针对贫困村太平镇坪漆村、维新镇沿河村缺少农业技术人员的情况，区供销联社专门安排农技专家指导村水果专业合作社并送去农药，有效规避病虫害风险。三是将安居镇基层供销社作为“互联网+供销社”试点着力打造，疫情期间，安居镇基层供销社通过微信朋友圈、广告宣传等方式，积极开展当地农副产品销售，为建卡贫困户、村集体、养殖业主、部分村民代售兔10000余只，小龙虾300余斤，血橙2万余斤，鸡鸭500余只，蔬菜300余千克，鸡鸭蛋1000余枚，创新服务把当地农产品卖到全国各地，共销售农产品20万余元。四是采取电话咨询、现场查看等方式摸清全区5个市级贫困村春耕实际需求，将农资送到每个贫困村、每个贫困户家中。同时还在康山水果专业合作社、坪漆村果树种植专业合作社、双增水果种植股份合作社等贫困村脱贫产业合作社组织社会化服务，对果树除草、施肥，并专门安排技术人员到田间地头指导施肥耕地。结合产业扶贫，到土桥、平滩、侣俸等乡镇对新型农业经营主体的生产、施肥、防病虫、管护等进行一系列技术培训，助推农村产业发展。

（区供销联社 梁艳）

住宿餐饮业

【概况】 2020年，全区住宿餐饮企业和个体共5878户(其中企业500户，个体工商户5378户)，经营面积约60万平方米，从业人员3万余人。全年住宿业营业额完成2.15亿元，同比增长4.9%；餐饮业营业额完成39.5亿元，同比增长7.4%。餐饮业主要以临街门面为依托，逐步以龙城天街商圈，淮远古韵一、二期商业街，金龙美食城，白土坝夜市等聚集发展，以中餐、火锅、快餐为主。铜梁特色餐饮店有三活春、赵木二羊肉、四喜鱼府、太平头刀菜、齐庆美蛙鱼头、叙知香美蛙鱼头、香即福鱼火锅和牛鲜肉、潮鱼等，其中三活春、赵木二羊肉被市商务委评为重庆老字号。

【特色传统名小吃】 特色小吃有铜梁泡凤爪、兰花根、翰林酥、葛根粉、冲冲糕等。其中铜梁泡凤爪最为出名。一批知名凤爪品牌有：秦老幺泡凤爪、鑫佳宝泡凤爪、杨记泡凤爪、龙乡好礼华爪爪、渝跃龙泡凤爪、香即福凤爪等。

二十世纪80年代改革开放初期，杨记福开始探索泡凤爪的制作和售卖，杨记泡凤爪创立前店后厂的模式，注册宜品坊商标，将泡凤爪做得远近闻名。同一时期，秦文华创立了秦老幺泡凤爪，在诸多泡凤爪风味的基础上，将泡凤爪的风味定型在糊麻味上。

据统计，2020年全区生产经营泡凤爪的商家近100户，年销售量在1000吨以上，年销售额2亿元以上，解决就业1000余人。此外，铜梁凤爪实现线上销售，年销售量70%来自线上，实现了量的飞跃、质的提升。区长直播带货，更是把泡凤爪作为直推的铜梁特产，当天实现近一万单的成交量。

【住宿行业】 全区有铜梁大酒店、天喜豪生、龙轩、梦湖等酒店宾馆210家，床位8500余个；有逍遥山庄、寂寞山庄等农家乐56家，星级农家乐4家。

（区商务委　涂朝春）

铜梁区部分住宿餐饮酒店接待能力表

单位名称	经营地址	联系电话	房间床位	住宿接待能力(人)
铜梁大酒店	铜梁区东城街道迎宾路1号	45690777	房间136间 床位224张	224
天喜豪生酒店	东城街道办事处中兴788号	85159888	房间142间 床位218张	218
龙轩大酒店	南城街道白龙大道C段333号	85199999	房间156间 床位276张	276
重庆梦湖酒店	铜梁区南城街道桐梓园	45860891	房间42间 床位75张	75
铜梁区开东酒店	南城街道淮远河南岸8号	45855555	房间44间 床位55张	55
龙洲大酒店	东城街道龙城大道269号	45619999	房间59间 床位77张	77
龙都宾馆	铜梁区巴川街道小北街31号	45659996	房间64间 床位104张	104
铜梁龙胤大酒店	东城街道塔山东街489号	45659098	房间66间 床位89张	89
太阳宾馆	南城街道龙都路125号	45690688	房间52间 床位63张	63
金之然大酒店	东城街道办事处中兴东路633号	45267899	房间55间 床位75张	75
希漫酒店	东城街道民谐路58号第2幢	45698699	房间77间 床位106张	106
良桐酒店	东城街道办事处财富广场东路88号潜能商都17,18层	45260999	房间49间 床位75张	75
智溢酒店	铜梁区金龙大道18号	45390666	房间95间 床位119张	119
百集酒店	铜梁淮远河商业步行街南岸31号	45687999	房间68间 床位84张	84
龙胤大酒店	铜梁区东城街道塔山东街489号	45659098	房间66间 床位88张	88

广告业

【概况】 广告主体培育 聚焦“放管服”改革，积极培育广告经营主体，全区广告经营主体1367户，同比增长24.6%，其中，主营广告公司266户，其他广告经营主体1101户。

广告产业发展 全区广告从业人员9859人，其中，管理人员854人、创意设计人员3851人、业务人员4621人、其他人员533人。全年广告经营额4.4亿元，同比增长6.3%，其中，电视广告117万元，户外广告25416万元、网络广告7569万元、新媒体广告7517万元、其他广告3371万元。（详见附表）

广告监督管理 全年开展互联网广告、房地产广告、网络直播广告宣传等10余次专项整治，全方位、高频次监测337个重点网站（网址），累计监测广告8866条次，行政约谈45家次，立案查处广告违法案件47件，积极营造良好广告市场竞争环境。

（区市场监管局 谭春梅）

2020年全区各类广告投入情况与上年比较表

单位：万元

项目	2019年	2020年	增长额
合计	41431.00	43990	2559
电视广告	487	117	-370
户外广告	28125	25416	-2709
网络广告	1829	7569	5740
新媒体广告	862	7517	6655
其他广告	10128	3371	-6757

供电

【概况】 国网重庆市电力公司铜梁供电分公司为国网重庆市电力公司全资分公司，2020年，公司完成固定资产投资1.46亿元，营业收入10.64亿元，同比增长11.88%；安全生产实现“八不发生”；公司获“全国文明单位”称号、龙乡杰出贡献奖。

【供需服务】 为铜梁区境内23个乡镇、5个街道供电，供电面积1343方千米，供电服务人口84万人。2020年，公司完成售电量20.77亿千瓦时，同比增长17.16%。其中：第一产业用电0.21亿千瓦时，同比增长16.81%；第二产业用电11.46亿千瓦时，同比增长14.89%；第三产业4.51亿千瓦时，同比增长32.99%；城乡居民生活用电4.59亿千瓦时，同比增长9.74%。

为构建良好电力营商环境，提升“获得电力”指数，公司将小微企业办电环节压减至2个；由电网投资至企业红线，为客户节约办电成本2522万元；压缩接电时间，高压、低压业扩报装平均接电时间缩短至33.02天、2.94天，同比压减20.2%和58.7%。走访民营业企业199户，解决用电问题20项，帮助65户开展用能分析，减少用电成本支出近780万元。

持续深化“三全三防”反窃电工作体系，以大数据分析为支撑，反窃查违累计查处窃电42户、违约用电40户，追补电量9.57万千瓦时，收取追补电费及违约使用电费147.78万元。落实年内疫情期间优惠政策，同时配合重庆市经信委降低重点企业用电成本均价至0.6元/千瓦时，2020年全年降低企业用电成本5857.52万元。

【主要工程建设】 2020年，属地项目潼南凉风垭至铜梁金龙220千伏输电线路工程顺利投运。重庆铜梁华兴110千伏输变电工程、铜梁北郭110千伏变电站1号主变扩建工程、铜梁白羊35

千伏输变电工程、华兴110千伏变电站35千伏送出工程竣工投运，新增主变容量17万千伏安；110千伏线路52.7千米，35千伏线路20.4千米。重庆铜梁垃圾发电厂110千伏送出工程开工建设。铜梁地区35-220千伏网络结构更加完善，各级电网建设进一步满足了渝西供电区负荷发展需要。

年内完成338项农村电网薄弱环节治理，政企合作投资0.7988亿元，覆盖巴川街道、安居镇等28个镇街161个行政村30691户居民，解决了低电压台区、重过载台区、老化线路、配电设施安全隐患等突出问题，使人民群众利益得到保障。全区农村供电水平取得较大提升，供电可靠率提升至99.8411%，电压质量合格率提升至99.978%，户均容量提升至2.52千伏安/户。

（供电分公司　池之恒）

供水

【概况】 龙泽公司党支部于2020年6月通过复评，成为市水投集团公司首批基层党建示范点。公司党支部书记、董事长、总经理蔡源，荣获市水投集团公司首届十大“杰出贡献奖”。公司报送的《创新档案管理，服务企业发展》获评重庆市“2020年度市属国有企业档案开发利用优秀案例”。这是在全市众多参评企业中获评的13个优秀案例之一，也是获评唯一的区县级国有企业。

【生产经营与供水服务】 全年生产取水2992.02万吨，自来水供水2899.98万吨，自来水售水2350.68万吨，主要供水区域为铜梁城区和蒲吕街道、土桥镇、水口镇、二坪镇、庆隆镇；实现营业收入1.04亿元。

【重点项目建设】 **城乡一体化城区及场镇供水设施改造工程完工** 该工程是区委区政府确定的系统解决城乡饮用水安全保障问题的民生工程。龙泽公司在严格落实疫情防控措施的前提下抢抓工程进度，至年底工程完工，累计完成投资21428万元；累计完成供水主管网安装168.97千米，完成支管网安装218.1千米；累计完成一户一表安装25272户，为铜梁区解决“两不愁三保障”突出问题、如期打赢脱贫攻坚战、如期全面建成小康社会，做出了重要贡献。

同心桥水库工程建设按计划有序推进 截至年底，完成施工临时道路、施工供电、砂石骨料生产系统设备等临时工程；施工导流明渠及上下游围堰建设完成，并顺利开展施工导流工作；枢纽工程1#-3#副坝主体填筑至设计高程；枢纽工程主坝土石方开挖完成并通过主坝坝基验收。同时做好征地移民工作，完成库区内房屋拆迁、人口搬迁和土地征收、部分工矿企业补偿评估及补偿，并同步开展库内专项设置迁（复）建和搬迁人口养老保险购买工作。同心桥水库工程累计完成投资40578万元。其中，2020年度完成征地移民投资9000万元，完成工程投资3100万元，完成其他投资1200万元。完成投资占年度计划的133%。

【应对洪峰过境】 8月18日，涪江最大洪峰过境铜梁段，造成涪江原水浊度暴增600倍，最高达到21000NTU，原水水质持续恶化。龙泽水务公司在小北海水厂启用高浊度原水应急预案，提高水厂工艺处理能力，确保混凝、沉淀、过滤、消毒各道工艺环节正常运行；加强24小时值班值守，严密监测涪江原水浊度变化；加大管网巡检力量，出现爆管及时抢修。龙源乡镇供水公司提前发出停水通知，提醒居民储水；及时转移少云、高楼两地取水泵房、车间的生产物资及设施设备，组织专人对水位进行动态监测。小北海水厂出厂水浊度始终控制在0.2NTU以内，PH值在7.55左右，出厂水水质合格并优于国家标准，保障了人民群众的用水安全。

【龙源乡镇供水公司】 重庆市铜梁区龙源乡镇供水有限公司（简称“龙源乡镇供水公司”）是龙泽公司的全资子公司，于2020年2月11日成立，注册资金2000万元，于2020年5月1日开始运营。公司经营范围:自来水生产与供应,各类相关工程建设等。有员工124人,下设“四科一室”(财务科、生产科、安全科、工程管理科、办公室)和五个片区(虎峰、少云、旧县、永嘉、平滩片区)运营中心及19个制水车间。供水规模2.5万吨/日,主要供水区域为铜梁区19个镇街;供水面积约110平方千米,服务人口约21.5万人,入户水表户数31154只,其中场镇入户水表户20324只,农村入户水表户10830只。

(龙泽水务公司　傅献忠)

供气

【概况】 重庆潜能燃气股份有限公司是重庆潜能(实业)集团的全资子公司,主营铜梁区境内天然气供应、天然气管道安装及维修、天然气相关产业如CNG加气站等,是重庆市首批取得燃气经营许可证的城镇天然气企业。

内设六部一室,企业党工团组织健全。有员工206人,其中有各类专业技术人才60余人,具备燃气管道、燃气设备设施、燃气器具安装和设计资质,是“中国人民银行企业景气调查定点企业”,先后获“纳税诚信A级信用企业”等多项荣誉。

公司建成高压长输管线37.7千米,中低压管线2700余千米,阀井799座,调压箱3099个,中压配气站2座,页岩气撬装站1座,无人值守站1座,水容积2000立方米球罐1座(最大储气能力:3.2万立方米),依托于遂宁磨溪气田,公司投资建设潼南至铜梁273高压管线,具备日供气能力100万立方米,发展各种用气户19.8万余户。2018年9月,“足202井页岩气输气工程”建成投产,2020年具备日供气20万立方米的能力,铜梁区至此拥有自己的应急保障气源,真正实现“双气源”供气,进一步确保天然气持续、稳定、安全供应。同时,中贵管线穿铜梁而过,并在铜梁设有太平分输站,给铜梁的天然气供气保障提供了坚强后盾。铜梁区是川渝地区从来没有限停工业用气的极少数地区之一。

【基础设施建设】 2020年,完成四项设施建设:一是建成石鱼页岩气铜梁高新区D323.9×7.1mm高压A级供气管线,由此增加气源供应渠道,在高新区形成了双气源供气。二是建成福果至大庙dn250 PE供气管线,该管线输气能力在近期可满足铜梁高新区(大庙组团)的用气需求。三是建成蒲吕至旧县dn200 PE供气管线,该管线输气能力可满足旧县街道片区的用气需求。四是全年共建成中压管线207.5千米,低压管道404.8千米。

【经营业绩】 2020年度,公司新增用户12819户,发展各类天然气用户212877户。全年供气10188万立方米,营业收入达31689万元,上缴税费达1710万元。

(潜能燃气公司　熊玲)

旅 游

【概述】 2020年，铜梁区以全域旅游为引领，重点围绕铜梁西郊示范片、安居古城示范片和玄天湖片区发展乡村旅游，旅游业发展态势良好。安居古城景区进行全面提档升级，积极争创国家5A级旅游景区，并成功创建国家湿地公园；奇彩梦园景区改建为龙舞广场，启动周周龙舞汇活动；西郊示范片围绕休闲观赏、精品民宿、生态康养、运动健身等产业，精雕细琢绿道风貌，打造具有"震撼力、高品质、精细化、体验感"的西郊花语悠游谷、西郊原乡民宿、西郊活力绿道、西郊天然氧吧，打响"活力绿道、四时花语"西郊旅游品牌，全面唱响"周末到铜梁"；铜梁玄天湖景区完成景观提质和旅游配套设施建设，2020年3月被评为国家4A级旅游景区。

全区有22家旅游机构，主要业务涉及组织国内、入境旅游，国际、国内旅游招徕、咨询、宣传等，导游8人，从业人员70人。此外，有星级饭店3家，其中四星级饭店1家：铜梁大酒店；三星级饭店2家：太阳宾馆、龙都饭店。

（区文旅委 张鸿春）

【重点景区】 **安居古城（国家4A级旅游景区）** 面积13.2平方千米，内含安居古城核心区3平方千米以及黑龙嘴、琵琶岛、黄家坝、波仑寺等文化旅游功能区块。古城内有市、区级文物古迹197处，国家级非物质文化遗产1项。宗祠、行会、商会、哥老会遗迹林立，"九宫十八庙"璀璨夺目，街巷明清建筑鳞次栉比，琼江书院、崇德书院古雅耀目，湖广、福建、江西、广东等地会馆遐迩闻名。是集古县城文化、巴渝文化、宗教文化、书香文化、移民文化、抗战文化和民俗龙文化于一体的千年古城，是著名的古丝绸之路在四川盆地中部的一个起始点，县衙、文庙、书院、城隍庙、古码头、古楼阁演绎古县城的悠久故事；依山而建的传统民居、通幽曲折的古街小巷和独具韵味的吊脚楼、川江号子、安居旱船描绘巴渝风貌；千年古刹波仑寺、元天宫，韩愈、米芾题刻，内陆妈祖庙书写宗教情怀；千年书院孕育了200举人、23进士、4翰林，世代书香传为佳话；湖广移民、南北客商汇聚安居水码头，江西风格的万寿宫、徽式风格的妈祖庙、湖南风格的濂溪祠，多元文化交融；黄埔军校14期驻训安居培养抗战英杰，冯玉祥、刘伯承等均在此留下足迹；大蠕龙、稻草龙、黄荆龙、扁担龙、钢花飞溅的火龙汇聚安居，玩龙灯、抢龙宝、扳龙角、赛龙舟经久不衰，龙文化丰富多彩。先后获得"中国十大最美乡愁旅游目的地小镇""中国最具文化魅力古城""全民探寻重庆新名片之重庆新名片10强""重庆十佳文明风景旅游区"以及全国文明村镇等称号，正全力打造国家5A级旅游景区。

安居古城临江一景（区文旅委 供图）

玄天湖景区 由巴岳山片区和玄天湖片区组成，总面积约6平方千米。巴岳山文化遗迹丰富，文化类型多元，有龙文化、道教文化、佛教文化、茶文化等，有形态奇特的合欢鸳鸯树黄桷门，有2000多年历史的川东第一古刹巴岳寺，三丰洞、天灯石、棋盘石等历史遗迹到处留有道教传说。玄天湖3.5千米长的水面宛如一条巨龙盘绕在巴岳山下，湖面辽阔秀美，港湾连绵、小岛点缀，湖光山色交相辉映，自然胜景宛如天成，环湖绿道已多次进行骑行、马拉松等体育赛事，其优越的自然环境是健康养生、休闲度假的清心之地。2020年3月，玄天湖景区被评为国家4A级旅游景区。

秀美玄天湖（区文旅委　供图）

西郊花语悠游谷景区　有60千米健身绿道，面积达120平方千米，融合了荷和原乡、奇彩梦园、玫瑰岛、西部农林大世界等30余个知名乡村旅游景点景区，有西部最大彩叶林基地和三角梅基地，成为“周末到铜梁”旅游品牌的主打景区。彩叶林基地项目占地266.67公顷，主要种植美国红枫、美国海棠、豆梨和绣球等，独家享有国内唯一的知识产权保护，并聘请美国农业部首席木本组培专家担任技术顾问，在规划、设计、建设、运营等多个层面开展工作，以国际新优种源及知识产权品种为核心，以未来景观彩化市场为导向，高起点、高标准建设国内一流、国际同步的西部最大彩色苗木基地；三角梅产业基地占地面积100公顷，总投资5000万元，打造川渝片区规模最大、品种最多，辐射全国的三角梅产业园。引进三角梅引种、生产、销售和文旅运营全产业链，力争形成以“产业基地+乡村主题旅游”的产旅融合标杆。玫瑰产业基地占地40公顷，西郊雅社精品民宿建成以浪漫、休闲为主题的温馨客栈。还有黄门小筑民宿、荷和原乡精品民宿等，依托荷和原乡景区，融入了丰富的龙文化与荷文化元素。

西郊花语悠游谷景区（区文旅委　供图）

黄桷门奇彩梦园景区（4A级景区）　以优美的山水田园、花木彩景等资源为依托，以“彩色农业”为主题，着力打造以休闲度假为主导，集农业观光、乡情体验、商务会议、居住地产于一体的人文化、多元化，高品质的综合型产业园区。总占地216.67公顷，分为七大特色板块：以农民新村为主的风情小镇、四季花海景观区、四季果蔬采摘体验区、现代设施农业示范区（即温室大棚）、特色水产养殖区、森林休闲度假区和护养康复区。花海景区由七彩斑斓的各色花卉织就，形成43.33公顷色彩缤纷的花海，让人们享受视觉的饕餮盛宴。

色彩斑斓的花海（区文旅委　供图）

西部桂花博览基地（3A级景区）　该园是中国大西南占地面积最大、品种数量最多的生态桂花园，桂花种植面积约为400公顷，有多品种名优桂花树30余万株。共划分为5个园区，分别种植速生金桂、银桂、丹桂、朱砂桂、状元红等5个桂花品种。景区集苗木培育、特色商品生产、城郊休闲旅游、名优特色桂花观赏于一体，配套有露营基地、观景长廊、博览园入口广场、桂花仙子广场、桂花文化广场、观光亭阁等设施。

荷和原乡(3A级景区) 即爱莲湖湿地公园，距铜梁城区10千米车程。园区依托山水脉络，呈现"荷香淡淡，垂柳依依、清波渺渺"的独特景观，集商品莲藕生产、名优特色荷花观赏、都市休闲旅游及荷文化展示于一体的荷花生态湿地公园。荷莲种植面积达866.67公顷，其中核心景区133.33公顷，种植有90多个观赏荷花和500多种水草，是大西南地区最大的莲荷种植基地。景区内还开设了游船、垂钓、烧烤、露营、骑行和水上娱乐等10余个游乐项目，成为重庆近郊户外运动的基地，深受旅游者喜爱。

风光独特的荷和原乡景区(区文旅委　供图)

【旅游接待】 2020年，全区接待国内外游客共1038万人次，同比增长5.2%；旅游综合收入达45.36亿元，同比增长8%。五一节期间，累计接待游客24.5万人次，实现旅游收入1.21亿元。其中，安居古城接待游客12.4万人次，奇彩梦园(含风情小镇)接待游客4.6万人次。端午节期间，累计接待游客17.8万人次，同比增长9.8%；实现旅游收入8671万元，同比增长10.04%。其中，安居古城接待游客6.31万人次，奇彩梦园(含风情小镇)接待游客2.2万人次，巴岳山玄天湖接待游客3.4万人次。国庆节期间，累计接待游客49.4万人次，实现旅游收入2.35亿元。其中，安居古城接待游客23.9万人次，实现旅游综合收入1.2亿元；奇彩梦园接待游客2.5万人次，实现旅游综合收入1250万元；巴岳山玄天湖接待游客7.4万人次，实现旅游综合收入3712万元；各节假日期间，全区旅游市场秩序井然，无旅游投诉和旅游安全事故发生，圆满实现"安全、秩序、质量、效益"的目标。

【景区建设】 **西郊花语悠游谷** 按照"集中成片、内外兼修、可看可留"原则，修建绿道60千米，串联起区内巴川、南城、土桥、太平、侣俸5个镇街24个村(社区)，建设占地120平方千米。

西郊产业示范片 打通断头路、交通路、景观路、产业路，串联起30余个特色产业基地和乡村旅游景区。初步形成绿道经济圈和果香农家、花漫田园、荷和原乡、鱼戏禾田、龙舞玄天五个片区的"一圈五环"空间布局，呈现"绿链串珠、衔山萦湖、支脉渗透、绿意绕城"山水田园景观。示范片内已引进培育农业企业、家庭农场、专业大户等新型农业经营主体134个，发展特色产业达4.07万亩，建设乡村会客厅8个，打造精品民宿7家、精品农家乐23家。

安居古城 2020年启动南华宫片区、杨乐坝和象山片区科普宣教工程等9个项目的方案设计工作，完成了书香文化街、黄家坝湿地休闲中心等9个项目方案设计以及安居国家湿地公园、兴隆街后河街灯饰、黄家坝2号停车场等5个项目建设及验收工作。在商贸业态方面，打造了咖啡馆、自助烧烤店、火锅店等美食业态，翰林书画院、扎龙工坊、嘻乐门老舞厅等文娱场馆，建成投用原乡情民宿客栈；还在景区植入了鹊桥、晚霞过雾舟、复古黄包车等网红景点，并制订实施2020年安居古城商户夜间延时营业鼓励方案，进一步拓展景区的夜游经济。

奇彩梦园 奇彩梦园景区改造升级龙舞广场，举办周周龙舞汇活动，常态化开展火龙表演。

少云故里 按照故居原貌完成邱少云故居重建，并展陈邱少云事迹介绍和物品陈列，建设接待服务中心，打造成为红色文化基地和党建教育基地。

玄天湖景区 完成景观提质和旅游配套设施建设，2020年3月被评为国家4A级旅游景区。

【宣传营销】 **网络媒体宣传** 全年铜梁文旅官方微信发布100余条，微博发布400余条。在上游新闻、周末去哪儿官微、重庆日报App等新闻媒体发布文旅宣传100余条。并推出“西郊花语悠游谷‘五一’开门迎客”“桃子熟了，七大采摘好去处”等30余期专题宣传。通过机场T3航站楼灯箱广告、火车北站候车厅灯箱广告、渝遂高速收费站对牌广告、中山四路LED屏广告、铜梁东铜梁西铜梁南下道口户外广告大牌等媒体宣传推介。

活动宣传营销 积极参加2020年中国文化旅游产业博览会、第五届重庆文化旅游惠民消费季、2020年重庆国际文化旅游产业博览会等重要节会，高水平持续举办2020重庆铜梁马拉松活动、重庆铜梁中华龙灯艺术节和系列乡村旅游节会活动等，进一步扩大铜梁文旅影响力和知名度。

10月5日，全市区县“晒旅游精品·晒文创产品”大型文旅推介活动铜梁专场开播。区长姜国杰担任“文旅推介主播”。首推当日，观众超过1700万人次、点赞数超300万人次，淘宝销售金额超48万元。铜梁双晒热度带动国庆中秋双节期间，吸引游客57.8万人次，同比增长16%，实现旅游收入3.369亿元，同比增长16.4%。直播之后，铜梁旅游极其火爆，西郊雅舍、荷和原乡、原乡藕寓等民宿周末入住率均接近100%。吸引100余万人次到铜梁“打卡”，拉动消费超5亿元。

旅游营销政策实施 为应对疫情对旅游团队的冲击，调整旅游营销奖励政策和奖励实施范围，全年团队游客2万余人，自驾车辆600余辆。

文创商品开发 收集整理旅游商品45种，开发文创产品匾额书签、文创灯具等20余种，在西郊花语悠游谷8个乡村会客厅展示销售。

【管理服务】 **旅行社、导游人员的管理** 严格落实日周月检查制度，督促各旅行社、旅行社分社及旅行社门市部严格按照经营范围经营，导游、领队严格执行“行前教育、行中引导、行后总结”制度，倡导文明旅游。

旅游饭店管理 一是对旅游星级饭店的消防安全、疫情防控、垃圾分类等进行实地检查。发现隐患，督促整改，确保消防隐患及时整改到位。二是向宾馆负责人了解从业员工健康及疫情防控开展情况，查看防护措施、消杀、体温检测设备、入住宾客信息登记本等。三是指导和监督旅游星级饭店做好一次性用品以及餐饮浪费等源头减量工作。

【旅游节庆活动】 2020年，铜梁区举办“重庆人游铜梁”、首届重庆·铜梁西郊文化旅游节、奇趣童真梦幻泡泡节、小林砂糖李采摘节、西河脂胭脆桃节、荷和原乡首届荧光跑、奇彩梦园北极光大秀夏日狂欢会、“爱在西郊·与你同行”自行车骑游、2020重庆铜梁原乡风情马拉松赛等活动。

（区文旅委 黎娟 杨惠艳）

房地产业

【房地产开发】 年内实施集体土地征收176.4公顷，完成房屋拆迁552户（其中历史遗留78户），办理征地人员安置974人、征地人员养老保险771人，支付补偿安置款约6亿元。拆除团结社区5组、6组和白龙社区11组等历史遗留户16户。2019-2020年度实施巴川街道民主路等5个棚户区改造，征收房屋207户，房屋建筑面积1.6万平方米，补偿资金约1亿元，其中选择产权调换78户，选择产权调换房屋87套，房屋建筑面积8146.36平方米。实施国有土地上房屋收购48户，建筑面积5974平方米，支付补偿款3483万元。办理信访事项34件，处理信息公开事项6件。启动司法强拆程序59户，在走程序过程中签订拆迁协议33户，移交区规划自然资源局12户，其余14户因拆违程序未完成或因人员外出仍在履行公告送达程序。

【房地产市场】 全年商品住房成交5835套59.62万平方米，金额约37.22亿元，同比分别减少32%、35%和32%。销售商业及其他用房16.37万平方米，8.73亿元，车位4617个16.13万平方米，金额约2.87亿元。中心城区成交5779套59.16万平方米，金额约37.10亿元，同比分别减少30%、33%和32%。其中，760套8.17万平方米，5.43亿元由非铜梁籍居民购买，套数占13%，面积占14%，金额占15%。商品住房成交均价6242元/平方米，同比增长4%；中心城区成交均价6271元/平方米，同比增长3%。二手住房交易3435套，面积34.44万平方米，同比分别减少20%、19%。

全年办理商品房预售许可64件59.37万平方米（含非住宅），全区现有预（销）售楼盘76个。据回备数据库的网签数据统计，2020年尚有3042套32.7万平方米商品住房、72.58万平方米商服用房、92.7万平方米停车用房。

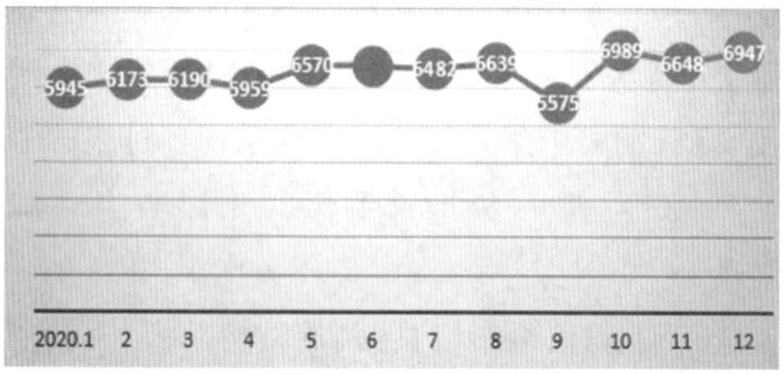

1-12月铜梁区中心城区商品房住宅价格走势

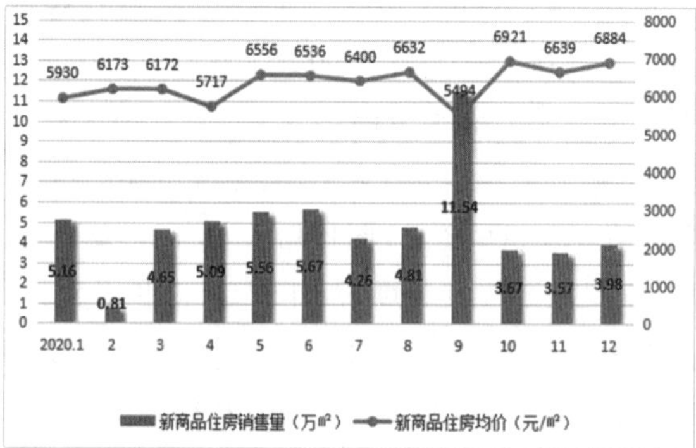

1-12月铜梁区商品房住宅销量及均价情况（万㎡）

【房地产管理】 坚决制止和查处房地产市场违法违规行为，对全区76个在售楼盘日常巡查102次，约谈房地产企业负责人8次，责令企业立即整改问题10项。

【物业管理】 物业专项维修资金交存户数17650户，归集金额约1亿元，归集建筑面积133万平方米，追收物业专项维修资金921万元。受理支取申请108起，划拨金额470余万元，涉及房屋建筑面积约258万平方米。开展全区28个小区高层建筑消防设施隐患整改;进行消防应急疏散演练1次,参训200余人;开展行业培训1次,培训260余人。统筹做好104个物业小区疫情防控工作,处理信访纠纷98起。

(区住房城乡建委 李旭波)

财 税

财政

【概况】 区财政局承担全区财政组织收入、财政支出保障、财政监督管理等职能。机关行政编制21人，实有20人。事业编制72人，实有64人。内设预算科、国库科、政法教科文科等科室10个；局下属事业单位有国库集中支付核算中心、财政预算评审中心、非税收入征收管理中心，其中国库集中支付核算中心为参公事业单位。局党委下设5个党支部，有中共党员87名。

2020年全区一般公共预算收入34.66亿元，增长8.4%。其中，税收收入18.46亿元，下降6.7%（扣除新增减税因素影响后，全区税收增长4.8%）。全区一般公共预算支出74.51亿元，下降3.6%。

2020年1—12月铜梁一般公共预算收入完成情况表

单位：万元

预算科目	累计完成	比上年±%	预算科目	累计完成	比上年±%
一般公共预算收入	346,624.00	8.4	一般公共预算支出	745,142.00	-3.6
一、税收收入	184,601.00	-6.7	一般公共服务支出	66,717.00	-14.1
增值税	40,544.00	-7.0	国防支出	493.00	-12.7
企业所得税	16,622.00	16.5	公共安全支出	32,444.00	4.9
个人所得税	2,627.00	-15.8	教育支出	138,164.00	2.9
资源税	3,262.00	-48.4	科学技术支出	8,541.00	11.2
城市维护建设税	9,891.00	0.4	文化旅游体育与传媒支出	12,885.00	12.3
房产税	7,322.00	7.0	社会保障和就业支出	84,081.00	3.1
印花税	2,770.00	7.0	卫生健康支出	108,831.00	8.0
城镇土地使用税	19,224.00	-30.3	节能环保支出	20,361.00	2.1
土地增值税	32,488.00	16.8	城乡社区支出	129,094.00	-10.9
耕地占用税	8,895.00	179.5	农林水支出	78,089.00	3.1
契税	40,770.00	-21.9	交通运输支出	17,177.00	-41.0
环境保护税	114.00	-15.6	资源勘探工业信息等支出	5,089.00	-58.6
其他税收收入	72.00	18.4	商业服务业等支出	878.00	-49.2
			金融支出	595.00	41.7
			自然资源海洋气象等支出	3,015.00	-48.3
二、非税收入	162,023.00	33	住房保障支出	12,767.00	-24.2
专项收入	22,190.00	56.1	粮油物资储备支出	157.00	-67.2

续表

预算科目	累计完成	比上年±%	预算科目	累计完成	比上年±%
行政事业性收费收入	14,142.00	20.1	灾害防治及应急管理支出	7,435.00	49.7
罚没收入	4,729.00	−18.9	其他支出	850.00	
国有资源(资产)有偿使用收入	111,928.00	34	债务付息支出	17,477.00	11.1
其他收入	9,034.00	40	债务发行费用支出	2.00	

【财政预算】 全区预算执行情况 一般公共预算:全区一般公共预算收入34.66亿元,增长8.4%。其中,税收收入18.46亿元,下降6.7%(扣除新增减税因素影响后,全区税收增长4.8%);非税收入16.2亿元,增长33.4%。加上级补助收入、政府债务转贷收入、动用预算稳定调节基金、上年结转和调入资金等转移性收入49.68亿元后,收入总计84.34亿元。全区一般公共预算支出74.51亿元,下降3.6%。加上解支出、政府债务还本支出、安排预算稳定调节基金和结转下年等转移性支出9.83亿元后,支出总计84.34亿元。

政府性基金预算:全区政府性基金预算收入63.39亿元,增长15.3%。加上级补助收入、政府债务转贷收入、抗疫特别国债和上年结转等转移性收入22.63亿元后,收入总计86.02亿元。全区政府性基金预算支出65.45亿元,增长15%。加上解支出、政府债务还本支出、调出资金和结转下年等转移性支出20.57亿元后,支出总计86.02亿元。

国有资本经营预算:全区国有资本经营预算收入0.02亿元,调出到一般公共预算统筹安排。

区级预算执行情况 区级一般公共预算收入32.83亿元,增长9.6%,完成预算的104.2%。其中,税收收入16.72亿元,下降6.5%;非税收入16.11亿元,增长33.4%。加上级补助收入、政府债务转贷收入、镇级上解、动用预算稳定调节基金、调入资金和上年结转等转移性收入50.38亿元后,收入总计83.21亿元。区级一般公共预算支出68.79亿元,下降4.3%,完成预算的97.7%。加上解支出、补助镇级支出、政府债务还本支出、安排预算稳定调节基金和结转下年等转移性支出14.42亿元,区级一般公共预算支出总计83.21亿元,收支平衡。

政府性基金预算:区级政府性基金预算收入63.39亿元,增长15.3%,完成预算的100.6%。加上级补助收入、政府债务转贷收入、抗疫特别国债和上年结转等转移性收入22.63亿元后,收入总计86.02亿元。区级政府性基金预算支出63.1亿元,增长15.9%,完成预算的100%。加上解支出、补助镇级支出、政府债务还本支出、调出资金和结转下年等转移性支出22.92亿元后,支出总计86.02亿元。

国有资本经营预算:区级国有资本经营预算收入完成0.02亿元,调出到一般公共预算0.02亿元后,收支平衡。

政府债务情况 2019年末区政府债务余额85.9亿元。2020年新增政府债务17.96亿元,发行再融资债券置换到期政府债券4.99亿元,偿还到期外债0.26亿元,2020年末政府债务余额103.6亿元。市级下达铜梁区2020年政府债务限额103.9亿元,政府债务余额控制在限额以内。

2020年新增政府债务17.96亿元中,含政府专项债券17.4亿元、亚投行新冠肺炎疫情防控贷款0.56亿元。专项债券全部为30年期其他领域专项债券,年利率约4%。

2020年政府债务余额103.6亿元中:分别为一般债券47.6亿元、专项债券54.8亿元、外债1.2亿元。

【财政政策实施】 落实更加积极有为的财政政策,在应对新冠疫情冲击中发挥保障性作用 面对疫情带来的财政减收、艰巨繁重的复工复产任务和企业生产经营困难，落实减税降费政策为企业减负降本9亿元，兑现租金减免、贷款贴息、稳岗返还、财税奖补等政策1亿元，打造政银企“铁三角”为企业解决融资难、融资贵问题，推动经济社会秩序稳步恢复。抢抓双城经济圈建设机遇，创新政府投融资模式，争取政府债券资金17.4亿元、各类转移支付46.8亿元，推动科创新城、淮远新区等重大项目建设。快速落实区委“直达项目、直达企业、直达基层”要求，中央直达资金在全市率先实现100%支付。

支持打赢三大攻坚战，在落实重大决策部署中发挥支撑性作用 坚持优先保障、加大投入、强化监管，跑好全面建成小康社会“最后一公里”。安排财政资金4.48亿元，保障扶贫产业发展、贫困群众就业创业和基本生活，有力推动决战脱贫攻坚圆满收官。坚持生态优先、绿色发展，安排财政资金2亿元，支持大气、水、土壤等污染防治，深入打好污染防治攻坚战。深化政府债务“绿色可控”机制，全年化解隐性债务83亿元，未新增一笔隐性债务，未出现一例违约风险，守住债务风险管控底线。

保障基层平稳运行，在兜“六保”促“六稳”中发挥基础性作用 坚持有保有压，按照“保基本民生、保工资、保运转”优先顺序，锁定“三保”支出基数，封闭“三保”资金运行，坚决兜牢“三保”底线。建立镇街支出标准体系，完善托底保障机制，确保镇街正常运转。落实政府过“紧日子”十条措施，严控公务活动和会议培训，严控年度中增支，全年压减一般性支出2.1亿元，腾退财力对冲减税降费、疫情防控、洪涝灾害影响。

区财政局领导为党员干部开展主题党课培训（区财政局 供图）

【财政监管】 7月，下达《关于开展规范财务管理专项治理的通知》，开展全区各镇（街）、区级各行政事业单位、区属国有企业2018年1月至2020年5月在财务管理规范性和资金使用合规性方面存在问题的专项治理工作，通过专项治理追缴收回财政资金6.59万元，纠正不规范报销资金6080.8万元。通过专项治理工作，进一步规范单位的财务管理，完善了内控制度体系。

同月，下达《关于开展扶贫资金政策落实情况监督检查的通知》，对2018—2020年25个镇街实施的76个专项扶贫产业发展项目及11个区级部门安排使用46个专项扶贫项目开展检查，以查促改，进一步加强扶贫资金的规范使用和扶贫项目的规范管理。

严格落实《财政部关于加强直达资金常态化监督的通知》文件精神，全年常态化开展直达资金监督，通过“直达基层、直达企业、直达项目”方式，确保直达资金快速支付到使用者末端，充分发挥直达资金在特殊时期落实“六稳”“六保”工作的特殊作用。

【债务管控】 2020年，区财政局严格落实铜梁区政府债务“绿色可控”机制，扎实推进债务管控工作，提升科学理财水平，全面筑牢债务风险防控屏障。

严格执行政府债务“绿色可控”机制 一是严格政府债务管理。政府债务余额控制在市级下达的限额以内，新增政府债务全部纳入预算管理。二是守牢隐性债务底线。严把新增融资审查关口，隐性债务实现零新增；通过统筹新增财力、盘活存量、安排预算资金、优化调整建设方案减少提款方式超额完成全年存量债务化解任务。三是实行债务违约风险动态管理。定期召开债务风险研判会议，未发生一例债务违约风险事件。

持续抓好开源节流工作 一是树立“大财政、大预算、大统筹、大保障”管理理念，统筹管好全区资产、资源、资金，确保财政运行稳定有序。二是注重广开财源。不折不扣落实减税降费政策，支持实体经济发展，培植新兴税源，2020年铜梁区实现一般公共预算收入34.66亿元。三是优化支出结构。坚持有保有压，在每月确保“三保”资金需求的前提下再调度其他项目资金，切实兜住“三保”底线；落实政府过“紧日子”要求，全年压减一般性支出10%以上，严格工程建设和信息化建设管理，严控公务用车和大型办公设备购置、非必须区外公务活动。

【政府采购】 2020年下达政府采购计划43610.49万元，实际合同金额17958.65万元，合同预算金额19972.35万元，节约资金2013.7万元，节支率10.08%。

疫情期间开通防疫物资采购绿色通道 为保障新冠疫情防控工作顺利开展，及时开通疫情期间防疫物资采购“绿色通道”，对疫情防控急需的货物、工程、服务实行紧急采购程序，确保全区疫情防控物资及时到位。

落实政府采购政策支持脱贫攻坚 贯彻落实国家脱贫攻坚政策，提高政治站位和思想认识，助力打赢脱贫攻坚战。实施政府采购国家贫困地区农副产品方案，督促区级各预算单位在“扶贫832平台”采购贫困地区农副产品，落实预留份额采购贫困地区农副产品政策，推进脱贫攻坚取得扎实成效。

实施“互联网+政府采购”行动 持续深化政府采购制度改革，提升政府采购信息化水平和便利化程度，积极推进电子化政府采购平台和电子卖场建设。在“重庆市政府采购云平台”上新开通在线竞价功能，组织开展网上服务超市和货物超市系统操作培训，提升政府采购人员的业务能力和履职能力。

“政府采购业务一体化系统”升级换代 推进“政府采购一体化系统”升级换代，新增“采购需求管理”“政策资源管理”“监管分析”等多个模块，充分运用智能化、大数据技术手段，加强政府采购活动监管，提高采购效率和采购质效。

【社会保障】 强化困难群众兜底保障 及时兑现社会救助调标政策。将城市居民最低生活保障标准提高到每人每月620元；农村居民最低生活保障标准提高到每人每月496元；特困人员基本生活标准提高到每人每月806元等。全年共对51989名困难群众发放基本生活保障金1.87亿元。

继续执行社会救助和保障标准与物价上涨挂钩联动机制 对城乡低保对象、特困供养人员等发放价格临时补贴，全区共发放价格临时补贴31.59万人次，发放金额1926.97万元，切实解决困难群众的生活困难。

继续实施医疗救助托底保障 一是继续对特困、低保、建卡贫困户等困难群众实施医疗救助，全年救助13.83万人次，救助金额2742.66万元；二是设立健康扶贫基金1000万元实施医疗托底保障，全年累计使用健康扶贫基金466.88万元，累计救助贫困患者8482人次。

【支农扶贫】 筹措资金，为脱贫攻坚提供有力保障 全年安排各级各类用于扶贫的资金共4.48亿元，其中区级财政安排资金2.67亿元，同比增长225%。扶贫资金主要用于：财政专项扶贫0.41亿元，基础设施扶贫2.39亿元，社会保障兜底1.28亿元，教育资助0.33亿元，对口帮扶巫山0.07亿元。年内共安排财政专项扶贫资金4136万元，其中区级专项扶贫资金1422万元，区级资金占市级以上资金的比例为52.39%，区级资金同比2019年增长8%。

强化资金监管，提高资金绩效 一是创新财政专项扶贫资金管理机制，开展预算执行、绩效目标“双监控”，项目实施、资金拨付“双监管”，“双管齐下”开展扶贫项目资金监督管理工作；二是高度重视中央脱贫攻坚巡视整改回头看及国家、市级成效考核反馈问题整改工作，制定出台工作方案并及时完成整改；三是及时开展财政专项扶贫资金政策落实情况监督检查和2019年财政专项扶贫资金重点绩效评价，及时查找问题并督促扶贫资金使用单位限期完成整改。

认真做好对农户的直补兑现工作 配合区农业农村委、区林业局、区畜牧中心等农口部门认真落实各项支农惠农政策，兑付退耕还林、农机具购置补贴、生猪屠宰环节损失与无害化处理等涉农直补资金8766.30万元。协同区农业农村委和镇街，完成对全区耕地地力保护补贴工作，发放耕地地力补贴6633.29万元，补贴农户种植面积91.5万亩。

区财政局调研二坪镇乡村振兴生产道路建设情况（区财政局 供图）

【会计事务管理】 **会计队伍** 截至年底，通过市会计信息管理系统注册登记区内会计人员共2876人。人员学历情况：会计人员大专及以下学历2071人，本科以上学历805人。专业职称情况：会计专业技术高级职称23人，中级职称380人，初级职称969人。

会计法律法规宣传 开展《会计法》《会计准则》《会计制度》及其配套法规、规章的宣传工作，制作宣传画及宣传单1.5万余份向社会广泛宣传会计法律法规，编印制度手册1000余册下发到各单位便于财务负责人及会计人员学习。引导单位负责人和社会各界重视、支持会计工作；引导广大会计人员学好用好会计法律知识，自觉树立诚信理念，努力构建学法、用法、守法长效机制，落实单位负责人对本单位会计工作的主体责任，规范会计秩序，提高会计信息质量。

会计人员专业培训 一是加强机关企事业单位会计人员培训。以推进财政和会计改革为重点，全面贯彻落实中央、市委关于实施人才强国战略的精神，加强会计管理，充分利用各种教育资源和现代科技教育手段，打造多层次、多形式、多内容的财会人员教育培训平台，开展专业培训5期，培训800余人次。二是借助区农委对村级干部涉农政策培训平台，加强村级财会人员业务培训工作，培训人员达200余人次。

代理记账机构管理 进一步落实便民措施，积极与市财政局对接，将“会计代理记账机构执业资格审批”事项纳入行政许可，采取开放端口方式，实行代理记账许可证书网上审批。积极推行“互联网＋政务服务”，审批时间由20个工作日缩短为1个工作日。按照铜梁区政府要求，制定“双随机一公开”实施细则，明确工作原则、基础内容、职责分工。同时对代理记账机构开展的代理记账活动进行全过程检查，及时整改存在问题，公示检查结果，不断规范代理记账业务管理。

会计基础管理 一是加强会计基础工作建设。认真贯彻落实财政部《会计基础工作规范》，狠抓会计基础工作规范执行。制定行政事业单位费用报销凭证管理办法，扎实抓好会计基础工作规范化管理，规范会计操作行为，提高会计核算质量和会计工作质量，提升全区会计基础工作规范化、制度化和科学化水平。二是规范会计档案管理。全区各行业各单位认真贯彻实施新的《会计档案管理办法》，开展会计档案管理工作检查，确保实施效果。三是提高日常服务工作水平。优化会计窗口服务，做好政策宣传解释，改进服务态度。根据《会计法》《会计人员管理办法》规定，完成会计人员基本信息采集工作；认真开展会计专业技术初、中级职称考试工作，全年会计专业技术初、中级职称考试合格311人，参与会计继续教育人员1692人。

会计电算化建设 全面实现会计人员管理信息化、会计专业技术资格考试无纸化管理制度。全区预算单位会计核算统一信息化网络平台建设，实现共享管理制度。全区所有行政事业单位会计核算工作，都实行了电算化记账管理模式。区内各规上企业也基本实行了电算化核算管理模式。

监督管理 建立区内行政事业单位财务会计信息大数据库，对全区行政事业单位财务会计信息数据统一管理，通过财政大平台信息系统，统一会计科目设置、核算要求，实现时时监管，促进单位财务会计基础工作规范化。

【注册会计师行业】 铜梁区当地注册成立会计师事务所1家，重庆龙源会计师事务所有限责任公司。因注册会计师的管理职能在省级，铜梁区未涉及注册会计师管理，亦无注册会计师协会。

重庆龙源会计师事务所 系1999年按国务院关于经济鉴证类社会中介机构脱钩改制要求，由原分别隶属铜梁县财政局、铜梁县审计局的重庆龙洲会计师事务所、铜梁县审计事务所脱钩改制组建，为专业从事经济鉴证类的社会中介服务机构。2020年度，在重庆市会计师事务所获多项单位和个人优良诚信记录；会计师事务所获得重庆市铜梁区税务局A级纳税评级，事务所党支部被行业党委评选为优秀支部，团支部被评选为2019年重庆市注册会计师行业五四红旗团委（团支部）。

（区财政局 沈美余）

税务

【概述】 **机构** 铜梁区税务局下设18个内设机构、8个派出机构、2个事业单位，设立1个机关党委，16个基层党支部，设立机关工会委员会、机关妇委会、团委。

纳税人 辖区内现有正常经营纳税人23401户，增值税一般纳税人2425户，小规模企业纳税人5638户，小规模建账户3927户，双定起征点以上小规模纳税人2户，双定起征点以下15336户。企业所得税纳税人6188户，个人所得税扣缴义务人5246户。

税收收入 2020年，纳税超过1亿元的3户，纳税5000万元～1亿元6户，1000万元～5000万元44户，100万元～1000万元293户。全年，区税务局税收收入累计完成31.53亿元，同比下降6.96%，减收2.36亿元，其中：地方级完成20.63亿元，同比下降7.82%，减收1.75亿元；区级完成18.5亿元，同比下降6.73%，减收1.33亿元。剔除减税因素，我区1～12月税收收入同比增长1.15%。

疫情期间税收工作 为支持疫情防控和经济社会发展，区税务局着力推动政策优惠全面落实，利用QQ群、微信群、短信平台向纳税人推送优惠政策信息4.5万余条，编发《支持新型冠状病毒肺炎疫情防控税费政策指引》等宣传资料1.2万份，通过点对点上门辅导、开展专题培训等方式，提高政策知晓度。依托税收大数据，算好各税费种减免情况的“总台账”“明细账”“企业红利账”，详细掌握政策落实情况，加强政策效应分析。疫情防控期间向铜梁区四大班子报送3期《疫情税收分析》专报，得到领导肯定性批示7次。年内，全区累计新增减税及附加1.97亿元，降费1.93亿元；落实延期申报、延期缴纳服务，涉及税款0.54亿元、社保费1.8亿元。优惠政策的及时兑现落实，有效为市场主体纾困解难，有力地促进“六稳”“六保”工作。

【税费管理】 **货物与劳务税** 持续深化增值税改革，严格落实增值税降率、增值税发票管理、小微企业普惠性税收减免、增值税留抵退税等改革举措，抓好免征、即征即退等增值税优惠政策执行情况监管。专票电子化改革试点平稳落地，成立试点工作组，搭建“1+7”组织架构，健全科所联络机制和周任务清单制度，畅通政策咨询热线，将电子专票审核事项纳入内部快反重点监控。

所得税 规范企业所得税核定征收工作，完善核定程序，完成全区630户纳税人企业所得税核定征收方式认定，对360户纳税人由“核定”转“查账”方式进行流程维护。开展2019年度企业所得税汇算清缴工作，2019年度汇算清缴入库企业所得税8523.51万元，办理退抵税1033万元。推进新个税改革落地。加强自然人基础数据信息维护，完成2万余条自然人身份疑点数据清理。实行税收源泉控制，开展对扣缴义务人的培训辅导，加强预扣预缴环节专项附加扣除政策的宣传辅导，规范单位扣缴申报管理。全年汇算清缴申报补税378.76万元，累计1.73万人申报退税，成功退税713万元。

财产和行为税 落实疫情困难减免1378户次，减免房产税1286万元，减免城镇土地使用税2287万元，有力支持了抗疫大局和复工复产。审核完结14个房地产开发项目的土地增值税清算申报，审增的补税和审减的退税合计2290万元。存量商业用房评估系统正式上线，评估计税系统全面覆盖存量住房和商业用房。实现财行税申报“十税合一”，巩固和深化不动产登记“一窗式”办理，不断优化税收营商环境。联合区财政、自然资源部门开展调研、提出应税矿产品建议税率，扎实推进《资源税法》正式实施。与区规划和自然资源局签订耕地占用税和资源税征管协作机制备忘录，通过信息共享追收耕地占用税835万元。

社保费和非税收入 积极争取地方党委政府支持，及时召开征缴工作会议，按周通报征收进度，倒逼责任落实，城乡居民“两险”征收成效明显。加强税务与医保、社保、扶贫办和卫健委等相关部门的沟通，第四季度先后召开7次部门联席协作会议，探索建立部门间关联业务“一站式”联办服务，联合提升管理服务水平。建立《城乡居民社会保险费资助部门协调处置工作机制》《城乡居民医保征收“网格化”管理制度》和《征缴资金安全管理制度》，标准化、规范化推进征收工作。围绕“区税务局自有平台、其他部门平台、媒体公共平台、村社宣传平台”开展社保费政策宣传解读，实现辖区宣传全覆盖。2020年，区税务局累计组织社保费收入19.16亿元，同比下降0.02%，减收43万元；非税收入0.94亿元，同比下降3.13%。全区城乡居民基本医疗保险参保人数62.23万人，征收金额1.61亿元。

【税收征管】 **税收风险管理** 探索建立税收风险管理新模式，制发《税收风险管理工作规程》，构建一体化、全流程的纵向管理闭环，打造动态化、立体化的风险防控体系，不断提高税收风险管理工作质效。2020年，区税务局共完成风险应对任务890户次，查补税款及滞纳金6060万元。

抓好数据维护 从严把关纳税人基础信息采集录入，统一信息采集标准，规范数据采集流程，严格把好数据入口。安排专人负责征管数据的提取、分析、提醒工作，及时对异常数据进行修正和补录，确保数据准确、真实、全面。

追缴欠税欠费 开展往年呆滞税金及陈欠清理确认工作，分户建立欠税管理台账，完成陈欠、呆滞税金以及关停、空壳企业欠税的复核确认工作；做好欠税企业风险分类管理，逐户逐笔建立低风险、中风险、高风险和高危风险欠税台账，逐月制定欠税清缴计划，加强风险欠税纳税人的监控，开展欠税分析，运用欠税约谈、欠税公告、信用等级评定、限票管理、阻止出境、税收保全等措施，提高欠税追缴成效。全年共追收欠税1220户，追收金额达18740万元，其中陈欠清理压减2316万元，新欠追缴入库16424万元。

【纳税服务】 **优化便民方案** 制发《2020年“便民办税春风行动”实施方案》，确定包含落实优惠政策、优化便民缴费服务、规范税收执法方式在内的23个方面66条措施，推动办税缴费服务提档升级。年纳税时间约90小时，较去年约减少10%。

办税更加便捷 全面优化企业设立登记、刻制印章、申领发票、社保登记等开办流程，大力实行“清税证明免办服务”，推广“承诺制”“容缺制”

注销服务，进一步优化跨区域涉税迁移流程，全周期涉税服务市场主体不断优化。

渠道更加多样 推行"一网一门一次"高效服务模式，8大类209项涉税事项实现一次上门或零上门办理。大力推广电子税务局，实现发票领用、纳税申报、优惠办理等14类119项涉税事项全程网上通办。在全区范围内配置15台办税自助终端，实现发票申领、发票代开、发票认证、完税证明打印等自助办理，减少前台排队等候时长，实现税企"双减负"。

退税更加快速 落实全程电子退税，退税资料及数据全部改走"网路"，退税受理、审核、退库全部实现电子化，有效降低纳税人时间成本，单户退税平均办理时间缩短2天，出口退税最快3个工作日办理完成。全年累计办理各项退税2.17万笔，退税金额4.65亿元。

【税收执法】 强化执法监督，落实好税收执法责任制 全年审理重大涉税(费)事项41件。加强内部控制，核实市局下发的内控疑点任务15批次100余条，开展增值税专用发票内部快反工作，核实疑点68条。有序推行税收执法"三项制度"，税收执法更加公平、公正、公开。

强化案件查处，深化内部管理制度建设 改进案件查处方式，完善税警联络工作机制，落实税收"黑名单"，推进部门联合惩戒，扎实开展"双打"专项行动、双随机案件检查、积案清理等重点工作，税务稽查强管促收、引导遵从的作用不断彰显。全年稽查立案检查企业45件，结案23件，查补收入1723.96万元。

（区税务局　杨威力）

2020年度铜梁区纳税前100名企业名单

纳税人识别号	纳税人名称	行业
915002242037020103	中国烟草总公司重庆市公司铜梁分公司	烟草制品批发
12500224450629463B	重庆市铜梁区人民医院	综合医院
91500224078810572E	重庆新民康科技有限公司	汽车零部件及配件制造
91500224MA60HQD20D	重庆昕晖璟樾房地产开发有限公司	房地产开发经营
91500224676131764B	重庆农村商业银行股份有限公司铜梁支行	商业银行服务
11500000MB16772678	重庆市铜梁区规划和自然资源局	经济事务管理机构
9150022477849673XP	重庆银行股份有限公司铜梁支行	商业银行服务
91500224MA60B0MN66	重庆金达科畅房地产开发有限公司	房地产开发经营
91500224MA6148RP9D	重庆金裕宸房地产开发有限公司	房地产开发经营
91500224MA5U3NMTX2	重庆市铜梁区同禄建材有限公司	其他采矿业
9150022470933768X5	重庆市来新居房地产开发有限公司	房地产开发经营
91500224MA5U6GXBXU	国网重庆市电力公司铜梁供电分公司	电力供应
91500224574826450K	重庆曜阳置业有限公司	房地产开发经营
91500224MA604F1P1C	重庆拓航房地产开发有限公司	房地产开发经营
91500224MA604CA65L	重庆文乾房地产开发有限公司	房地产开发经营
91500224MA60HTXP4Q	重庆正梁房地产开发有限公司	房地产开发经营
91500224753057212G	重庆铜梁西南水泥有限公司	水泥制造
125002244506294716	重庆市铜梁区中医院	中医医院
915002245880402565	重庆普利特新材料有限公司	塑料零件及其他塑料制品制造
91500224084666669Y	威孚力达(重庆)汽车零部件有限公司	汽车零部件及配件制造

续表

纳税人识别号	纳税人名称	行业
915002249037160180	中国农业银行股份有限公司重庆铜梁支行	商业银行服务
12500224450629498X	重庆市铜梁区妇幼保健计划生育服务中心	专科医院
91500224331663335X	重庆石博士新材料有限公司	化学试剂和助剂制造
91500000733950978E	重庆潜能燃气股份有限公司	天然气生产和供应业
91500224095332795P	重庆市博悦房地产开发有限公司	房地产开发经营
91500224MA5U7GN01R	重庆富典建筑工业化制品有限公司	水泥制品制造
91500224588903445A	重庆新红旗缸盖制造有限公司	汽车零部件及配件制造
91500224MA60W46D8E	重庆恒龙房地产开发有限公司	房地产开发经营
915002247626534972	重庆市鹏瑞房地产开发有限公司	房地产开发经营
91500224756201013X	重庆赛维药业有限公司	化学药品原料药制造
9150022406054910X1	重庆嘉骏电子有限公司	电子电路制造
5002249037476DK	中国邮政集团有限公司重庆市铜梁区分公司	邮政基本服务
500224056456904	重庆华龙盈科实业有限公司	房地产开发经营
915002246689227181	重庆龙轩实业有限公司	房地产开发经营
915002242037031792	重庆市铜梁区龙泽水务有限责任公司	自来水生产和供应
91500224203706927R	重庆市恒鼎置业有限公司	房地产开发经营
91500224903714514H	中国工商银行股份有限公司重庆铜梁支行	商业银行服务
915002246761441004	重庆华丰迪杰特印刷材料有限公司	文化用信息化学品制造
91500224576165609P	重庆市铜梁区精亿电脑配件有限公司	计算机零部件制造
915002240605434023	重庆市铜梁区沪华五金电子有限公司	计算机零部件制造
91500224083091832Y	新连刚电子科技(重庆)有限公司	计算机零部件制造
91500224736550937J	重庆市巴岳建筑安装工程有限公司	住宅房屋建筑
9150022407231499XM	重庆三峡银行股份有限公司铜梁支行	商业银行服务
91500000320464373J	重庆页岩气勘探开发有限责任公司	陆地天然气开采
91500224091228296N	重庆金锦骏昌实业有限公司	房地产开发经营
91500224565616646P	重庆鸿图建筑劳务有限公司	住宅房屋建筑
915002247562420424	重庆和平制药有限公司	化学药品制剂制造
915002247592801241	重庆市铜梁区天翔置业有限公司	房地产开发经营
915002246689348581	重庆佳耀商品混凝土有限公司	水泥制品制造
91500224MA5U32AT6U	重庆辅创置业有限公司	房地产开发经营
915002246992715169	重庆南雁实业集团龙剑机械制造有限公司	汽车零部件及配件制造
91500224084660312P	重庆泽京庆远置业发展有限公司	房地产开发经营
91500224203748633T	重庆铜龙建筑工程有限公司	住宅房屋建筑
915002242031267548	重庆重变电器有限责任公司	变压器、整流器和电感器制造
91500224MA60EY8R9Q	重庆市前行科技有限公司	音响设备制造
91500224MA6036WQ7G	重庆市鹿享家科技有限公司	其他智能消费设备制造
915002249037473244	中国农业发展银行重庆市铜梁支行	政策性银行服务
91500224MA5U7KKC1T	重庆市铜梁区林水建材有限责任公司	石灰石、石膏开采

续表

纳税人识别号	纳税人名称	行业
915002242032293661	重庆长安离合器制造有限公司	汽车零部件及配件制造
915002240736889936	重庆优博电气设备有限公司	变压器、整流器和电感器制造
91500224593654105E	重庆强鸿商品混凝土有限公司	其他建筑材料制造
91500000450439184R	重庆传动轴股份有限公司	汽车零部件及配件制造
915002247592884842	重庆红蜻蜓鞋业有限公司	皮鞋制造
91500224574839681J	重庆市铜梁区地产开发有限公司	房地产开发经营
9150022473659151X4	重庆市岳洋宾馆有限公司	正餐服务
915002246733668753	重庆龙纳化工有限公司	其他化工产品批发
91500224MA5XDWAJ3Q	重庆会通科技有限公司	初级形态塑料及合成树脂制造
91500224MA5UB74U3K	重庆顺安天力达爆破器材有限公司	炸药及火工产品制造
91500224903733395R	中国银行股份有限公司重庆铜梁支行	商业银行服务
91500224203714951K	重庆明龙建筑工程(集团)有限公司	住宅房屋建筑
91500224590527282C	重庆雷钜电子科技有限公司	计算机零部件制造
91500224068292783Q	重庆恒鸥置业有限公司	房地产开发经营
91500224095330730K	重庆市铜梁区中天实业有限公司	房地产开发经营
9150022470938817XM	重庆庆龙精细锶盐化工有限公司	无机盐制造
9150022475005725XM	重庆新美鱼博洋铝业有限公司	铝压延加工
91500108784245777K	重庆和泰润佳股份有限公司	日用塑料制品制造
9150022470947844XE	重庆宏雷机械制造有限公司	汽车零部件及配件制造
915002246992655627	重庆市铜梁区荣丰建材有限公司	建筑装饰用石开采
91500224736551059Y	重庆市双全建筑安装有限公司	住宅房屋建筑
91500224622132139R	重庆永顺建筑安装工程有限公司	住宅房屋建筑
91500224765940512W	重庆民能实业有限公司	架线及设备工程建筑
915002246992828723	重庆森迈汽车配件有限公司	汽车零部件及配件制造
91500224MA5UA94F0L	重庆可隆科技特汽车配件有限公司	汽车零部件及配件制造
915002247562207242	重庆尚赏居地产集团有限公司	房地产开发经营
91500224572103646W	英力电子科技(重庆)有限公司	计算机零部件制造
91500224568744088X	重庆市铜梁区隆耀建材厂	石灰石、石膏开采
91500224582827701F	重庆昆凌电子科技有限公司	电阻电容电感元件制造
91500224203705246R	重庆市茂森建筑工程有限公司	住宅房屋建筑
915002245540586421	重庆市鹏瑞房地产开发有限公司龙腾盛世项目部	房地产开发经营
91500224552003883C	重庆林腾机电有限公司	汽车零部件及配件制造
91500224745320324M	重庆新申世纪新材料科技有限公司	电子专用材料制造
915002240924016526	重庆潜铧置业有限公司	房地产开发经营
91500224203703929A	重庆西泉泵业股份有限公司	泵及真空设备制造
91500000203744878R	重庆龙珠电力股份有限公司	水力发电

续表

纳税人识别号	纳税人名称	行业
91500224320464250L	重庆市铜梁区百事达小额贷款有限公司	小额贷款公司服务
9150011655902330XB	重庆珍爱卫生用品有限责任公司	非木竹浆制造
91500224621917831U	重庆庆兰实业有限公司	汽车零部件及配件制造
915002249037146538	中国建设银行股份有限公司重庆铜梁支行	商业银行服务
91500224057787115N	重庆港腾机械有限公司	其他电机制造
915002246733732740	重庆融达管道有限公司	塑料板、管、型材制造

金 融

综述

【概况】 2020年全区银行业总资产641.76亿元，比年初增加71.07亿元，上升12.45%。银行业、保险业纳税总额1.57亿元，有力支持了全区经济发展和社会稳定。

铜梁区银行业、保险业发展主要的特点是行业规模稳步增长，保险业保费收入持续增长。至年末，全区银行各项存款余额549.63亿元，较年初增加40.67亿元，同比增长7.99%，高于去年同期2.32个百分点；各项贷款余额493.3亿元，同比增加58.47亿元，增长13.45%，存贷比90.57%，同比增长3.93个百分点。铜梁区保险机构保费收入10.31亿元，比同期增加0.93亿元，增长9.91%。

【服务民营小微企业】 2020年，铜梁区金融发展中心引导辖区金融机构不断优化信贷结构，切实加大对民营小微企业等领域的支持力度。不断深化政银企“铁三角”，建立四个常态化金融服务机制。一是建立联动服务机制。每月召开政银企联席会，深化政银企合作；二是建立定点服务机制。设立民营小微企业首贷续贷中心，每天两家银行轮流坐班；三是建立定期收集融资需求机制。每周一收集企业融资需求，交办给银行，实行清单式管理，限时办结，逐一销号落实；四是建立定期走访机制。全年开展2次“金融大走访”活动，“一对一”精准解决企业融资难题。截至12月末，铜梁区银行机构普惠小微企业贷款余额58亿元，较年初新增8.94亿元，同比增长18.23%，比同期各项贷款增速高出7.94个百分点。针对企业无抵押物问题，依托用能、纳税、应收账款等创新推出“用能贷”等24个纯信用信贷产品，为环际低碳、云韧机械等837家企业贷款16.75亿元。其中9月为祥臻科技发放首笔“用能贷”72.9万元，成为全国首例通过能源数据模型助贷成功的案例。抓好中央、市级金融扶持政策落实。疫情暴发以来，为6673家（次）企业提供资金74.31亿元，其中为1313家（次）企业续贷、展期15.8亿元；对4.6亿元贷款调整付息方式；为2.79亿元存量贷款下调贷款利率，利率在去年的基础上普遍下调10%以上。

【支持乡村振兴】 2020年，铜梁区金融发展中心积极引导辖内金融机构创新农村金融服务，加大农村信贷投放。截至12月末，全区涉农贷款余额167.91亿元，较年初新增10.19亿元，占全区各项贷款余额43.13%，其中：农村基础设施建设贷款余额65.8亿元，同比增长6.83%；农林牧渔业贷款余额13.06亿元，同比增长26.2%。助力西郊示范片区产业发展，如农发行铜梁支行投放贷款8亿元，用于该片区发展培育品牌农业、智慧农业、生态旅游农业等特色高效农业；农行铜梁支行、农商行铜梁支行针对西郊示范片区的特色产业量身打造“莲藕贷”产品，为加入莲藕合作社的种植农户和加工户提供30万元以内的纯信用贷款。三是加大农村基础设施建设信贷投放。农发行铜梁支行投放改善农村人居环境中长期贷款22.71亿元，用于铜梁区农村人居环境整治，用于铜梁区淮远河白龙大桥至富家桥水生态环境综合治理，打造以原乡公园为核心的基础设施提质升级，打造玄天湖景区、三角梅生态产业园及玫瑰生态基地。四是支持辖区"三社"融合发展。以设立"三社"融合发展风险补偿资金为增信手段，辖内农行、农商行、重庆银行、铜梁浦发村镇银行等4家银行金融机构与区政府合作开展"融合贷"业务，切实解决农民专业合作社、基层供销社融资难问题。

【助力精准扶贫】 2020年，铜梁区把扶贫小额信贷作为打赢脱贫攻坚的重要举措，进一步创新工作机制，坚定发展目标，坚守风险底线，形成了贫困群众"贷得到、放得快、用得好、还得上"的良好局面。累计贷款金额5736.73万元，累计贷款3089户（次），获贷率69.45%。贷款余额4217.33万元，无逾期贷款。

银行

【概况】 2020年末，铜梁区有法人银行机构和支行12个（家），营业网点126个，从业人员2300人。全区银行总资产641.76亿元，比上年末增长12.45%；各项存款余额544.64亿元，同比增加42.76亿元，增长8.52%。

保险

【保险保障】 2020年，铜梁区保险业共为全区经济社会发展提供风险保障金，至年末，全区保险公司赔付支出3.68亿元，增长11.54%。其中，财险公司赔付支出2.4亿元，增长13.62%。人身险公司赔付支出1.28亿元，增长7.82%。

【保险收入】 2020年，全区保险公司原保费收入12.48亿元，比同期增加0.87亿元，增长7.52%。全区财产险公司保费收入3.95亿元，同比增长5.52%。其中，车险业务保费收入2.51亿元。占63.54%。非车险业务保费收入1.44亿元，占36.46%。全年全区人身险公司保费收入8.52亿元，同比增长8.47%。全年全区保险机构承保利润0.44亿元，增长129.73%。其中，财产保险公司承保利润0.36亿元，增长-0.6%；人身险公司短期承保利润0.08亿元，增长104.42%。

【服务社会保障体系】 2020年，辖区内保险机构积极发展健康险，成为全区社会保障体系有益补充。类型更加丰富，保费增速较快，赔付支出不断增长。形式从传统重疾险和医疗险2种形式逐渐发展为重疾险、防癌险、"人人安康"百万医疗险、普通医疗险、政策性大病保险、长期护理保险等多种形式，保障期限更加多样化。全年全区人身公司健康险保费收入1.82亿元，比上年增长22.46%。

证券

【概况】 2020年，铜梁区有证券公司2家。证券公司实现代理证券交易额361.51亿元，比同期增加47.17亿元，增长15.01%；其中，东北证券重庆铜梁营业部2020年末，营业收入1334.82万元，上缴税金83.19万元。

西南证券重庆铜梁营业部2020年末营业收入380.99万元，上缴税金31.88万元。

（区金融发展中心　黄志瑶）

科学技术

综述

【概况】 铜梁区科学技术局内设办公室、科技资源配置科、技术创新及产业化科，实有工作人员10名。下属1个财政全额拨款正科级事业单位，即铜梁区高新技术生产力促进中心，实有工作人员9名。

2020年，全年通过认定的国家高新技术企业43家（其中首次认定22家，再次认定21家）、科技型企业169家。5家企业建成工程技术研究中心。铜梁区气象科普基地被评为国家级科普基地，新建3个区级科普基地、3个农业科技专家大院和1个市级星创天地。强化科技人才引进培养，建立院士专家工作站4个、博士后科研工作站4个，建成市级创新创业示范团队6个，引进中国工程院院士张福锁、“长江学者”夏庆友、国家“百千万人才工程”人选林元华为代表的高层次创新创业人才80余人，培育企业创新创业领军人才1名。加强科技金融服务，深化知识价值信用贷款改革，全区共有141家企业申请知识价值信用贷款，共计25830万元；101家企业获得放款，共计17829.85万元。

2020年区内企业获国家高新技术企业认定名单

序号	企业名称	序号	企业名称
1	重庆国翔创新教学设备有限公司	23	重庆兆冠玻璃有限公司
2	重庆石博士新材料有限公司	24	重庆涪柴动力机械制造有限公司
3	重庆秦恒建筑材料有限公司	25	重庆新钰立金属科技有限公司
4	重庆多仑建材有限公司	26	重庆环际低碳节能技术开发有限公司
5	重庆富典建筑工业化制品有限公司	27	重庆欣雨压力容器制造有限责任公司
6	重庆智沐电子科技有限公司	28	新连刚电子科技（重庆）有限公司
7	重庆珍爱卫生用品有限责任公司	29	重庆瑞信气体有限公司

续表

序号	企业名称	序号	企业名称
8	重庆伊洛美克动力总成有限公司	30	重庆昆旺电子有限责任公司
9	重庆嘉骏电子有限公司	31	重庆创祥电源有限公司
10	重庆新缔欧机械制造有限公司	32	重庆昆凌电子科技有限公司
11	重庆天齐锂业有限责任公司	33	英力电子科技(重庆)有限公司
12	重庆润博电子有限公司	34	重庆派乐精细陶瓷有限公司
13	重庆同益机械有限公司	35	重庆雷钜电子科技有限公司
14	重庆市铜梁区子奇药材有限公司	36	重庆凌达汽车织物股份有限公司
15	重庆联达重锻有限公司	37	重庆肯佐机电有限公司
16	重庆港腾机械有限公司	38	重庆市铜梁区精亿电脑配件有限公司
17	重庆成田科技有限公司	39	重庆融焕电器有限公司
18	重庆北源玻璃有限公司	40	重庆黄越汽车配件有限公司
19	重庆国华包装制品有限公司	41	重庆鑫科高隔热材料有限公司
20	重庆灵汇聚氨酯有限公司	42	重庆市银盛模具有限公司
21	重庆能标汽车空调有限公司	43	重庆市好迪涂料有限公司
22	重庆格莱特电气有限公司		

【科技计划项目】 区级工业类科技计划项目立项30项，安排科技经费220万元；区级农业类科技计划项目立项18项，安排科技经费100万元；区级社会事业类科技计划项目立项38项；争取市级科技计划项目立项1项，获得科技经费支持50万元。

【科技创新平台建设】 2020年，铜梁高新区创建国家高新区进入国务院审批序列，新建区级工程技术中心5个、区级科普基地3个、农业科技专家大院3个、市级星创天地1个。“十三五”期间，建成国家农业科技园区，拥有国家级星创天地2个，市级星创天地1个，建成重润等市级研发平台38个，区级研发平台41个，科普基地18个。建立院士专家工作站4个、博士后科研工作站4个，建成市级创新创业示范团队6个，引进高层次创新创业人才80余人，培育企业创新创业领军人才1名。围绕信息技术、装备制造、新能源新材料和大健康、新冠肺炎等领域累计支持科技项目300余个，1500余万元。

2020年新建区级科研平台

序号	平台名称	申报单位
1	重庆市铜梁区企业工程技术研究中心	重庆雷钜电子科技有限公司
2	重庆市铜梁区企业工程技术研究中心	重庆精鸿益科技有限公司
3	重庆市铜梁区企业工程技术研究中心	重庆优博电气设备有限公司
4	重庆市铜梁区企业工程技术研究中心	重庆市鹿享家科技有限公司
5	重庆市铜梁区企业工程技术研究中心	重庆昆凌电子科技有限公司

【科技创新主体培育】 2020年，新培育科技型企业169家，总量达540家；新培育高新技术企业22家，总量达95家。全社会R&D经费投入达到12.45亿元，占地区GDP比重达到1.88%，其中高新技术企业R&D经费投入达到8.44亿元，占比达到67.79%。“十三五”期间，新增高成长性企业26家，5家企业在新三板挂牌、7家企业在重庆股份转让中心挂牌；国家级、市级知识产权优势企

业分别为13家、24家，新增高新技术产品、市级重点新产品289个。全社会R&D经费支出占地区GDP比重从2016年的0.82%提高到2020年的1.88%。

【科技服务民生】 一是科技项目支持社会事业发展。安排38个科技计划项目支持文化、医疗卫生领域的课题研究，着力解决制约民生改善与社会进步的技术瓶颈问题，促进社会事业进步和民生不断改善。二是开展科技特派员专项行动，选派市级科技特派员35名、区级28名，带领团队在子奇药材、真艾农业、沿河村等企业、合作社及农户开展科技研发、技术指导。深入金滩、沿河等市级脱贫村开展产业技术需求调研工作，组织科技特派员到市级脱贫村开展油茶、辣椒等种植技术培训指导7次，在基层开展农技推广大培训，进村入户提供技术指导。三是专家大院助推农业农村发展。围绕乡村振兴西郊示范片新建3个农业科技专家大院，累计建成专家大院18个，其中2个市级专家大院，为产业振兴提供技术保障。四是科技普及服务公众生产生活。新建区级科普基地3个，铜梁区气象科普基地被评为国家级科普基地。区科技局联合区科协、区社科联、区教委等单位成功举办2020年科技活动周、全国科普日等系列科普活动，为公众生产生活提供科学技术服务。

【科技合作与交流】 持续深化经济圈创新合作，推动涪江流域两地仪器设备、科技人才等科技创新资源的共享，创新一体化发展。深化拓展与中科院、北科大、川大、重大等院校合作，通过共同建设研发中心、成立科研工作站所等方式，推动高校科研成果在企业迅速转化运用。加入成渝地区双城经济圈技术转移联盟、重庆高新区协同创新战略联盟、成渝地区双城经济圈科技创新创业联盟，积极融入重庆科学城创新生态圈和两江协同创新区。

【科技成果推介】 2020年，科技成果登记共8件。通过果之王园艺研究院、现代蚕业综合科学研究院、枳壳星创天地、龙韵果乡星创天地、澳洲茶树种植科普基地等科技服务平台，推广应用樱桃种植、饲料养蚕、洽枳一号、平滩蜜柚、澳洲茶树等新品种、新技术，开展现场技术服务97次，举办技术培训5场361人次。

（区科技局　亢翠）

2020年科技成果登记表

序号	成果登记号	成果名称	完成单位
1	铜梁科成字2020Y001	复合开锁型智能门锁	重庆市鹿享家科技有限公司
2	铜梁科成字2020Y002	具有防盗结构的电子猫眼	重庆市鹿享家科技有限公司
3	铜梁科成字2020Y003	具有防护结构的猫眼装置	重庆市鹿享家科技有限公司
4	铜梁科成字2020Y004	具有把手换向调节结构的指纹门锁	重庆市鹿享家科技有限公司
5	铜梁科成字2020Y005	具有消除指纹残留结构的指纹门锁	重庆市鹿享家科技有限公司
6	铜梁科成字2020Y006	一种环保低能耗LED灯泡	重庆市威诺华光电科技有限公司
7	铜梁科成字2020Y007	一种混凝土用砂石骨料含水率测定装置	重庆富典建筑工业化制品有限公司
8	铜梁科成字2020Y008	一种双开门式混凝土骨料投放装置	重庆富典建筑工业化制品有限公司

知识产权管理

【商标管理】 按照铜梁优势特色农产品产业布局，梳理优势特色农产品，到相关镇街进行注册地标可行性调研，制定详尽的培育计划，有序开展地标培育工作。多渠道宣传知识产权法律法规及实施“品牌化”建设和创新驱动发展的重要意义，激发市场主体知识产权创造积极性。2020年新增“铜梁龙柚”“铜梁麻羊”2件地理标志证明商标，协助“铜梁艾叶”“铜梁水南茶”“铜梁鹌鹑蛋”“大庙桑葚”开展地理标志证明商标申报工作。

截至2020年底，全区新申请注册商标1844件；新增注册商标1587件，比去年同期增幅44.8%；有效注册商标8017件（其中中国驰名商标5件，地理标志证明商标8件），比去年同期增幅21.16%，万户市场主体商标拥有量1451件。

【专利管理】 指导企业建立健全知识产权管理机构、完善知识产权管理制度、实施知识产权战略，大力培育市级、国家级知识产权优势和示范企业，强化知识产权示范带动效应。2020年引导申报市级知识产权优势企业9家，全区新增市级知识产权优势企业7家，指导13家国家级知识产权优势企业填报年度考核；截至年底，全区共有国家级知识产权优势企业13家，市级知识产权优势企业31家。

全年受理专利申请1762件，比2019年同期增幅45.74%，其中发明专利申请受理216件，增幅30.12%；专利授权1187件，增幅42.33%，其中发明专利授权80件；全区发明专利存量为435件，每万人有效发明专利拥有量为5.99件。

（区市场监管局　谭春梅）

【版权管理】 开展“2020年版权宣传周”系列活动。推荐三阿文化传播有限公司和紫苑广告有限公司及其总经理参与申报2020年重庆市“十佳版权创新企业”和“十佳版权创业先锋”评选活动。龙文化传媒有限公司被评为2020年重庆市版权示范单位。完成辖区印刷企业和出版物发行单位的年度核验工作共91家。完成15项新闻出版（电影、版权）行政服务事项的搭建和电子证照、电子印章的配置工作。完成行政服务审批事项37项（其中，内部资料准印6项，印刷企业设立2项，印刷企业变更11项，出版物零售设立14项，出版物零售变更4项）。8项许可类事项中即办件为3项，占比37.5%，实现全程网办，承诺办结时限压缩比例80%。大力推进软件正版化工作，全区计算机3912台，操作系统授权4437台，实现全覆盖；预装操作系统2278台，预装率51.35%。全区已购买WPS2019办公软件的场地授权。

（区委宣传部　秦雪）

大数据应用发展

【全面推进“云长制”】 一是完成全区迁移上云任务。积极向上对接，将区卫健委2个未能实施迁云信息系统纳入市卫健委“卫生健康云”进行统一运维管理和迁云，全区2020年非涉密政务信息系统迁移上云率达100%。二是加快信息系统内部整合。停用区扶贫办“手机精细化管理App”、区教委“办公OA”、区卫生健康委“办公OA”3个非涉密政务信息系统，区政府门户网站并入市政府门户网站。年内共计减少非涉密政务信息系统17个，整合率达50%。三是严格把关全区政务信息化项目审核。对全区28个拟建信息化项目开展审核把关，推进全区信息化项目集约化建设。

【统筹智慧城市建设】 成立区新型智慧城市建设领导小组，统筹推进全区新型智慧城市建设。精心编制《铜梁区新型智慧城市建设总体方案（2019—2022年）》，谋划智慧城市重点建设任务27项、重点工程52个。与浪潮集团有限公司签订战略合作协议，共同推动构建智慧城市体系。坚持面上推进与重点突破相结合，在重点领域集中力量打造智慧城市典型应用。一是在全市率先构建智能化可视化扁平化社会治理体系。依托大数据打造“党建扎桩，治理结网”工程以及社会治理大数据平台，开发三级指挥中心信息系统，打通区、镇（街）、村（社区）三级“信息通道”。二是在全市建成首个防灾减灾救灾大数据平台。通过人工智能、5G通信、物联网等多项技术集成14个部门30类异构数据，融合打造应急管理“一张图”，防灾减灾救灾“一张网”。三是实施智慧政务服务项目建设，推进承诺制信任审批上线运行，加强智慧政务大厅建设，运用大数据分析，为改进预约服务、办事引导、好差评等提供支撑。四是在西南地区（地级市）率先打造能源大数据中心。实现“水、电、气、油”等行业数据以及汛情、金融等相关数据的归集和管理，累计获取水、电、气、油等近10年的各类数据2000万余条，利用能源大数据发放全国首例“能源贷”，初步形成政府、能源企业、用能企业生态圈。五是在全市率先建成居民健康大数据共享平台（试用），及时发现、动态识别重点人群预警监测情况，实现对村（居）民健康的分类和动态管理。六是建成全市首个城管大数据库及城市管理执法智慧警务综合管理系统。完善数字城管综合管理，新增城市园林绿化管理信息、路灯智能控制等9个子系统，持续提升城市管理智能化水平。

【政务数据管理】 一是对照市级政务数据资源“三清单”制度，形成全区2020年度政务数据资源共享需求清单和目录清单。二是清理存量目录，挂载数据资源，已备案注销目录290余条、版本变更目录77条。全区共有目录1048条（2020年新增目录121条），其中完成资源配置目录621条，配置率59%。

【基础设施建设】 一是推进5G网络规划建设。累计建成5G基站1140个，实现城区全覆盖、乡村振兴西郊示范片、安居、蒲吕等重点区域热点覆盖。二是推进光纤网络建设。全区新铺设光纤2450余千米，新增端口28200余个。累计铺设光纤网络3.9万千米，端口数87.1万个，实现光纤网络城区全覆盖。三是推进互联网小镇建设。巴川、南城、土桥、安居、平滩5个互联网小镇用户手机普及率达99%，蒲吕互联网小镇通信基础设施覆盖率达90%。

【疫情防控】 联合中国电信铜梁分公司开发疫情防控大数据平台，实时将数据分析推送到相应属地镇街，提高数据共享效率；开发复学复课异常情况防控平台，满足复学复课师生情况录入需求。全面推广使用“渝康码”，全区注册生成“渝康码”达676022人次；设置采集员总数达7097人，产生采集信息817057条。

【助力脱贫攻坚】 一是完成“百日大会战”通信设施建设任务。全区农村地区新建4G基站12个，优化提升5个市级巩固脱贫村通信基础设施，4G网络平均覆盖率达94%；新铺设农村地区光纤2000余千米，新增端口18000余个，覆盖率90%以上。二是推进网络扶贫提速降费。推出贫困户专属扶贫政策，设立扶贫地区专属资费，对贫困户免费增加语音和流量、减免套餐费用、推出优惠手机活动等。

（区大数据发展管理局　白红梅）

【电信服务业】 **中国电信铜梁分公司**　2020年分公司有6个内设机构和14个支局，从业人员201人。全年主营业务收入16223万元，同比增幅13.8pp；缴纳税收93.86万元。企业盈利能力持续增强。

2020年，分公司共投入建设资金589万元，持续加强通信建设。一是加强移动及光宽网络质量优化提升。截至年末，分公司FTTH城区覆盖率、场镇覆盖率均达99.8%，村社覆盖率达84.3%，269个行政村FTTH村村通。城区移动信号覆盖率达到98.5%、农村达95%以上，基本实现全区行政村、道路连续覆盖。二是狠抓网络基础管理，优化城区和农村光网结构，OLT和城域网成环率达到100%，提升了网络稳定性。三是加快5G基站建设。分公司完成374个5G基站建设，全覆盖铜梁城区道路和商圈，以及大庙、旧县、安居重要场镇，圆满完成5G工程建设百日攻坚任务。四是完成全量机房整治，对原51个机房进行整合，退网18个。五是网络优化。全年割接200余次。直熔光缆7条；完成OLT双上联改造42台并实现OLT物理双路由上联；完成IP-RAN成环率100%；完成全网9系、5系交换机双上联共计49台，达到100%；完成33个机房中继光缆、227个光交、马家湾机房搬迁退网、云龙端局中继光缆、ODF等整治工作。优化工作提高网络的稳定性，减少业务中断，缩短故障处理时长，提高了网络品质与服务感知。六是全面提升差异化服务能力，深化倒三角服务，实施五项承诺，打造“快+”服务。强化行为过程管控，分公司客户服务水平大幅提升，NPS测评保持同城第一，高于全市平均水平，让人民群众可以在当期享受到最先进、最高级的信息服务。七是推进“互联网+”应用。持续开展铜梁区“雪亮工程”施工工作，全年实施雪亮增补工程监控点位共1500个；智能升级智慧应急指挥系统项目，为全区经济社会健康发展营造安全稳定的社会环境，保障人民群众的利益。

践行责任，彰显担当。一是新型冠状病毒疫情期间，分公司全力保障铜梁区党政部门、医疗机构、教委及学校等重点防疫单位的应急通信需求和正常通信服务保障。打造疫情防控大数据平台，快速响应防疫一线部门应急通信需求，紧急开通受理33部对讲机终端送到一线，并为区内卫生医疗机构开通视频卫生专网、发热门诊电话、云呼叫平台等，全力支撑防疫抗疫；紧急开通全区48个单位的天翼云会议，共接入4400方，开通来电名片369线，综合办公229户以及应急区域短信1.3万条；全力保障疫情期间“停课不停学”，分公司党委团委组建先锋队，通过免费提速至500M、免费开展网络质量调查、免费提供直播云平台和天翼云课堂、绿色通道安装师生家庭宽带等多项措施，为全区100所中小学校的广大师生保驾护航网上教学。二是开展互联网基础管理专项行动。通过健全机制，加强协作，严把接入关、彻底清理未备案网站、清理接入网站主体信息、管控IP地址备案、全面关停互联网接入用户80/443/8080端口等，确保本地接入网站备案率100%，备案主体信息准确率（备案主体资质证件准确率）保持在95%以上，打造铜梁区清朗网络空间。三是保证通信网络安全畅通。分公司发挥网络优势、应急处置及资源调度能力，确保各个单位重要信息系统和基础通信正常运行。尤其是在重大会议、重大活动、节假日、中高考等重要时间节点前，做到守土有责，积极梳理网络应急预案，排查设备及网络安全，关注端口流量，防患于未然。

（中国电信铜梁分公司　郝一霖）

中国移动铜梁分公司　年内分公司从业人员110人，全年总收入23000万元，上缴税收53.85万元。

推进信息基础建设。一是持续加大网络基础建设，2020年建成开通4G基站100余个，5G基站200余个，完成铜梁城区及重点区域5G网络全覆盖，其中铜梁万达商圈建成爱立信5G网络SA示范区，移动5G覆盖率99.13%，下载速率814Mbps，该示范区为全国100个“5G标杆区域”之一。二是助力铜梁区信息化建设，先后开展智慧园区、智慧医疗、智慧校园、智慧农贸等项目，加速智慧化城市建设，大力推广云视讯、云桌面等产品，提高辖区党政企事业单位办公效率。

推进疫情防控和社会发展。一是牵头建设铜梁区疫情防控指挥视频会议调度系统，7天时间建设完成铜梁区疫情防控指挥部覆盖所有镇街共35个点位的视频会议调度系统，5天时间建设完成铜梁区人民医院远程会诊系统。二是积极筹备抗洪抢险工作。洪峰过境前，多次前往抗洪现场察看通信保障防汛筹备情况；洪峰过境后，第一时间组织力量前往受灾区域巡查摸排受损情况，及时恢复受损光缆、杆路及设备，确保网络畅通。三是在网络建设扶贫方面，针对贫困村累计建设4G基站12个，家庭宽带建设1012户；在资费扶贫方面，组织技术人员联合区扶贫办上门为扶贫目标客户办理扶贫业务；在消费扶贫方面，购买城口、巫山，以及本地扶贫产品共计6万余元。

加强客户服务。一是构建“三全”服务理念，以过程为导向，结果为支撑，塑造移动服务文化，提升品牌形象。二是以党员为先锋，发挥党员带头作用，全员参与到服务工作中来。三是制定完善的服务管控体系，打造闭环服务，让服务全方位全维度覆盖，将温暖送入千家万户。四是建立客户关怀体系，提升客户感知，对不满用户修护日清、周结，对集团关联人上门拜访达300余次，生日温馨问候达百余条。

（中国移动铜梁分公司　陶涛）

中国联通铜梁分公司　分公司下设3个内设机构和3个营销网格，有从业人员52人。2020年积极响应“提速降费”政策，40家客户单位提供“提速降费”政策，降低中小企业通信成本，响应区委营造良好营商环境；参与打击电信诈骗及“两卡”防范工作。全年实现收入5000万元，年内新增用户2.3万户，用户规模达到10万户。

做好网络建设。一是全面深化网络共建共享工作。全年累计共享开通5G基站355个，在铜梁城区、安居、蒲吕等重点区域形成连片覆盖；开展4G、传输网络、动力配套的共建共享共维工作，累计开通4G开通共享小区近90个，实现核心机房传输光缆容灾备份。二是持续夯实4G网络建设。新建4G基站23个，室分站点19个，MR良好覆盖率达到95%以上。三是优化基础设施助力乡村振兴。投入160万元新建4个电信普遍服务基站，解决贫困村无4G网络覆盖的现状；投入25万元提升农村基站的动力配套能力，投入16万元优化整治农村区域传输网络安全隐患，传输网络成环率超85%；试点10G PON建设，稳步推进1000M家庭宽带预覆盖建设。

强化政治责任担当，做好疫情防控工作。成立疫情防控领导小组，制定网络保障应急预案及线上业务服务保障方案，确保区通信调度畅通、居民通信畅通；疫情防控期间，助力公安视频接入三大医院发热门诊，向入铜人员累计发送500万次疫情防控短信；在复工复产期间，向工业企业免费提供沃填报、云视频等软件应用，主动为中小企业减免通信费用，对重点客户群体、援助湖北人员提供免停机。铜梁联通全程独家提供全市工业复工复产启动会的网络保障及热成像人体测温设备，同时提供联通云视频服务。

助力扶贫工作。主动对接对口扶贫单位维新镇开展脱贫攻坚工作，并一对一联系新堰村5户建卡贫困户；累计使用扶贫专项资金8.57万元，用于解决维新镇贫困户“两不愁三保障”突出问题；发展198户扶贫通信套餐，解决贫困户通信问题。

（中国联通铜梁分公司　陈远）

气象事业

【概况】　铜梁区气象局属国家一般气象观测站。有在职职工26人，其中研究生3人、大学本科生12人、大学专科生9人，高中级工程师11人。2020年，铜梁区气象局成功通过“全国文明单位”复核，被科学技术部和中国气象局联合授予首批“国家气象科普基地”称号，获评首批“全国气象部门创建模范机关先进单位”，获评“重庆市重大气象服务先进集体”，获评“全市气象部门创新工作奖”，在全市气象部门年度综合目标考核为“优秀”。公众气象服务满意度达92.7分。

2020年9月9日，由科学技术部和中国气象

局联合组成的评审组赴铜梁开展创建国家气象科普基地现场评审。

（区气象局　罗先猛）

【气象服务】　筑牢气象防灾减灾“第一道防线”　精准预测及服务全年9次区域性暴雨天气过程及5次过境洪水，及时准确做好气象保障服务；为春运、两会、龙灯艺术节、高（中）考、农民丰收节、原乡风情马拉松等重大活动提供精细化气象服务，为党委政府决策提供科学支撑。履行区气象灾害防御指挥部办公室职责，发挥全区突发事件预警信息发布中心作用，组织多部门联动会商10余次，精准及时发布气象预警信息1237条，短信接收1731万人次、各类终端4万台次，电话叫应60余次，全年因气象灾害零伤亡。强化防雷行政执法监管，全年开展防雷安全生产执法检查73次，依法行政处罚4次；在安全生产执法检查过程中，积极开展气象普法科普宣传活动，累计达45次。积极开展人工影响天气作业45日次，有效应对大气污染防治，助力铜梁蓝天目标顺利完成。

提升气象服务水平　推进重庆智慧气象“四天”系统本地化建设，完成气象观测业务自动化切换、业务机房改造和气象影视系统升级。新建1部X波段双偏振雷达和1个村级预警工作站，将全区广播电视发布系统纳入突发预警信息发布体系。以网格预报为基础，运用AI、物联网等新技术，建成智慧气象“防指”决策系统，实现部门联动协作及预报预警业务智能化。以15个部门大数据共享共建为核心，在全市率先建成基于三维实景的生态宜居及防灾减灾大数据平台，研发出安居洪水推演模型，形成多行业大数据智能化一张图管理。该平台代表铜梁参展2020年线上中国国际智能博览会。

助力城市提质和生态优区战略　积极争取上级资金2000万元，推进铜梁气象公园三期及气象科技馆规划建设，铜梁气象公园被列入“三峡国家气象公园”重点示范公园，成为全市重点打造的“八大珍珠”之一；完成集生态、科技、文化于一体的铜梁龙舞气象科技馆方案设计。牵头参展第17届中国—东盟博览会暨第二届“中国天然氧吧”文化旅游节，充分挖掘发挥“中国天然氧吧”品牌效应，助力全区生态旅游、特色产品、人文风情等大力推广，受到展会嘉宾的青睐和好评。沿西郊绿道沿线建设荷和原乡、玄天湖、玫瑰岛等6个生态旅游气象观测站，定制开发西郊花语悠游谷智慧气象服务平台，为西郊沿线30余个乡村景点提供优质气象服务，助力西郊旅游科技内涵的提升。

启动发展铜梁气候经济　推进“重庆优质气候农产品”“重庆气候养生地”等的培育工作，助力“铜梁粉葛”获评“重庆市优质气候农产品”，并在首届川渝气候经济发展大会上亮相；推荐双山、安居申报2021年“重庆气候养生地”。并将全区297个农头企业和农业大户纳入气象为农精准服务对象，通过农业天气通App提供病虫害防治、春耕春播等农气情报以及专家咨询等服务，助力农业提质增效。

2020年11月27日，在川渝气候经济发展大会上，“铜梁粉葛”被授予“重庆市优质气候农产品”称号。

（区气象局　罗先猛）

做实气象科普教育　成功创建首批“国家气象科普基地”（由科学技术部和中国气象局联合授予）；编制出版气象灾害防御宣传读书《安安御险记》；与区教委及职教中心合作，针对中小学生开设气象灾害防御科普课程；组织4所学校参加全国风云之战校园巅峰战，巴川中学小班荣获全国季军；选送人才参加全市科普讲解大赛获“优秀奖”。

（区气象局　罗先猛）

地震事业

【概况】 推进地震烈度速报与预警工程建设任务。完成国家烈度速报与预警工程建设（重庆市铜梁巴川街道仙鱼社区气象公园基本站）；协调区规资局、住房城乡建委、林业局、生态环境局、信访办、太平镇等单位加快完成重庆市烈度速报与预警铜梁太平基准站征地工作；建立建设工程防震安全监管机制，组织开展地震工作联席会1次；牵头开展建设工程（新建、改建、扩建）抗震设防要求落实情况检查，摸底排查建设工程68项，落实检查54项。

（区应急管理局　杨正波）

教 育

综述

【概况】 重庆市铜梁区教育委员会2020年在编在岗行政人员18人，工勤1人。代管区教育考试中心、区学生资助管理中心，下辖教师进修校、教育技术与装备中心两个事业单位。

全区有各级各类学校251所，其中，幼儿园163所(独立建制38所，附设幼儿园27所，公办民营普惠性幼儿园36所，民办62所)，小学61所，普通初中16所(民办2所，九年一贯制学校1所)，普通高中5所(民办1所，完全中学1所)，特殊教育学校1所，中等职业学校2所(含教师进修校)，高等院校3所。全区在编教职工5946人，其中：普通高中985人、职业中学219人(含基地)、初中1835人(含重巴、实验中学)、小学2764人、特校21人、幼儿园143人、区教师进修校42人；在校学生13.7646万人，其中：幼儿20126人，小学42931人，初中33815人，普通高中16028人，职业中学5732人，特校117人，高校18897人。全区学校占地231.11万平方米(不含高校，中职17.16万平方米，普高42.24万平方米，初中57.42万平方米，小学93.59万平方米，特校0.25万平方米，学前教育20.45万平方米)；校舍建筑面积126.85万平方米(不含高校，中职6.46万平方米，普高33.07万平方米，初中32.82万平方米，小学40.18万平方米，特校0.3万平方米，学前教育14.02万平方米)。全年教育经费总投入235311万元，比上年的203370万元增加31941万元，增长15.7%，其中：国家财政性投入207367万元，比上年166238万元增加41129万元，增长24.74%。

2020年铜梁区教育事业情况表

单位：所、人

学校类别	学校数	毕业生数	招生数	在校生数	教职工数	
					计	其中专任教师
总计	249	32582	32304	118749	8034	6949
中等职业教育	2	1589	2453	5732	222	219
普通高中	5	5002	5582	16028	1418	1236
普通初中	16	9181	10771	33815	2012	1904
普通小学	61	9282	6570	42931	2746	2679
特殊教育	1	10	4	117	21	21
学前教育	163	7518	6924	20126	1615	890

注：此表数据包含民办教育，数据来源于《2020—2021年学年初铜梁区教育事业统计综合报表》

2020年铜梁区办学条件情况

单位:万平方米、万册、亿元、万GB、台

学校类别	占地面积	校舍面积		运动场地面积	固定资产值		图书		教学用计算机
		计	其中教学行政用房		计	其中教学仪器设备值	计	其中电子图书	
总　计	231.11	126.85	58.22	65.74	20.79	2.1	212.07		15491
中职教育	17.16	6.46	3.40	2.70	1.38	0.27	20.61		1392
普通高中	42.24	33.07	12.69	9.54	7.19	0.49	37.54		2197
普通初中	57.42	32.82	10.39	20.27	6.53	0.49	46.28		5211
普通小学	93.59	40.18	21.14	27.31	5.69	0.85	92.84		6691
特殊教育	0.25	0.30	0.10	0.05			0.28		
学前教育	20.45	14.02	10.50	5.87			14.52		

注:此表数据包含民办教育,数据来源于《2020—2021年学年初铜梁区教育事业统计综合报表》

2020年铜梁区地方教育经费来源构成表

单位:万元

地方教育经费来源	投入额度	占总投入比(%)
总　计	235311	
一、国家财政性教育经费	207367	88.12
1.一般公共预算安排	171761	72.99
2.政府性基金预算安排	35606	15.13
二、民办学校中举办者投入	219	0.09
三、捐赠收入	0	0
四、事业收入	27495	11.68
其中:学费	26257	11.16
五、其他教育经费	230	0.10

注:此表数据包含民办教育,数据来源于《2020年全国教育经费统计报表》

【党建工作】 **强化政治引领** 深化"第一议题必学"长效机制,不断巩固主题教育成果,组织开展"学讲话 看变化 增信心 明决心"活动。持续加强思政教师培训、思政课教学研讨等工作,全年共计培训思政教师212名,组织思政教师参加各类赛课、送课等活动396人次。编印并下发《铜梁区中小学党建工作指导手册》500册,进一步加强对学校党建工作的标准化、规范化指导。以打造一批覆盖不同区域、不同学段、不同层面的示范党组织为目标,建成9所区级党建示范点学校。建立5个工委班子成员党支部工作联系点,点对点共指导工作10次。狠抓民主集中制的贯彻落实,全年2次对各基层党组织健全完善议事规则及决策程序、校级领导班子主要负责人带头发扬民主、重大事项请示报告工作等进行督查。带领教育系统134个党支部、2290余名党员,组建党员干部突击队,全力做好学校疫情监测、医疗救助、志愿服务等工作,1081名党员参加社区街道联防联控。成立由500余名党员教师组成的线上教学指导、技术保障、师生心理关爱三个专家团队,全力保障线上教学顺利有序实施。在"开学复课工作光荣榜"上,21个基层党组织、48

名党员干部教师榜上有名。

强化教育培训 开展教育系统“党课开讲了”“讲政治比贡献创一流树形象”行动，打造优秀微党课20节，选出决赛展演视频19个。聚焦全程培养，精准摸排并跟踪管理30名非党员优秀人才，建立健全重点发展对象递进培养体系。坚持“双培养”机制，并积极向优秀思政课教师倾斜，为思政课教师发展提供平台。全年发展党员22名，预备党员转正37名，其中思政教师占比40%。持续开展国培等培训和深化科研教研，全年共计培训教师10234人次，培训覆盖率达100%，各级各类赛课、科研论文、征文撰写获国家、市、区级奖达2231人次。

加强党风廉政建设 持续加强警示教育，推动廉政谈话和讲廉政党课常态化，全年开展警示教育81场，重拳开展教育乱象治理，持续开展教育系统领导干部和教职员工违反“八项规定”精神、违反廉洁自律相关规定等案件的查办查处，确保教育系统风清气正。

【教育督导】 印发《政府履行教育职责网络监测评价反馈问题整改方案》《2020年履行教育职责评价工作实施方案》，认真开展自查自评，强化问题整改，配合市政府教育督导室完成政府履行教育职责评价工作。拟定《铜梁区创建全国义务教育优质均衡发展区工作方案》，推动义务教育优质均衡发展。围绕新冠肺炎疫情防控、开学复课、教育脱贫攻坚等重点工作，派驻学校、镇街督察员开展督查督办，编发督查快报110期、专报5期。开展学校新冠肺炎疫情防控、落实立德树人根本任务、教育脱贫攻坚等2020年重点工作及开学工作等专项督导，迎接市政府教育督导室立德树人工作督导检查。继续开展全区幼儿园办园行为督导评估。完成2019—2020学年度学校工作目标考核工作。分别组织20所、21所中小学样本校高质量完成2020年国家、市级义务教育质量监测工作。积极推动督导改革。拟定《深化深化新时代教育督导体制机制改革工作方案》，着力加强自身建设，组织开展督学能力提升学习培训、督导论文（案例）评选，6篇获市级奖。

【教师队伍建设】 出台《中共重庆市铜梁区委教育工作委员会、重庆市铜梁区教育委员会关于印发〈专项治理行动“回头看”方案〉的通知》《重庆市铜梁区教育委员会关于修订印发重庆市铜梁区中小学（幼儿园）工作室管理办法（试行）的通知》，加强干部教师激励。出台《重庆市铜梁区教育委员会关于加强重庆市巴川中学校教师管理的通知》，强化民办学校师德师风建设和管理。全年共交流任职校级干部7名，组织考察试用期满校级干部8名。新招录教师221名，引进区外人才17名，选聘区外在编教师6名，共计244名。继续委托重庆师范大学培养农村小学全科教师50名，委托重庆文化艺术职业学院培养五年制学前教育公费师范生计划5名。选派5名教师到巫山县支教，提升“三区”教育发展水平。500余名教师参训2020年“国培计划”项目。遴选市级学科带头人、市级学科名师、高中市级骨干教师等培养对象55名，参加2020年市级教师培训项目。实施新教材培训、中小学思政课教师培训、课程建设能力提升培训、社区教育课程建设培训等30余个区级教师培训项目，培训干部教师6000余人次。全年新增重庆市英才计划之青年拔尖人才1名，市级学科带头人1名，市级学科教学名师8名，市级骨干教师27名，金龙小学书记唐芸、铜梁中学教师刘道恩获正高级职称。

【教育科研】 全区承担各级各类在研课题195项。2020年立项课题61项，其中国家级1项（重庆市巴川中学校郭洪主研“初中生五维自主教育理论及实践研究”），市级15项，区级45项。全年举行开题会34次，结题会36次，课题结题138项，开展课题推进会23场次。

在重庆市普通高中新课程新教材实施项目评选中，铜梁中学校命名为重庆市普通高中新课程新教材实施示范校，铜梁一中、铜梁中学校分别创建“普通高中语文课程创新基地”“普通高中物理课程创新基地”，铜梁中学校“高中英语大单元主题阅读课程”创建成精品选修课程等。教师进修学校李奕奕主持“乡村教师专业发展培养模式的探索与实践”、重庆市巴川中学校郭洪主持“初中生五维自主教育的模式创新与实践探索”获国家级基础教育教学成果培育项目。78个项目获评铜梁区2018-2020年度基础教育科研优秀成果，其中专著3项，课题27项，论文32篇，校本读物、校本课程等16项。

【德育工作】 强化制度保障，制定并印发《铜梁区中小学德育工作指导意见》《铜梁区维护学生身心健康专项行动20条措施》《关于加强新时代中小学劳动教育的十项措施》《关于贯彻落实铜梁区维护学生身心健康专项行动20条措施的实施方案》。举办铜梁区第九届班主任基本功大赛，遴选出2名教师参加重庆市第九届班主任基本功大赛全能比赛，8名教师参加单项比赛，其中罗仁娟荣获全能三等奖，7人次获单项奖。铜梁中学的袁代彬和铜梁巴中的祝晓利当选重庆市2020年普通中小学优秀班主任宣传人选。在重庆市第五届普通中小学课程育德精品课评选活动，铜梁区荣获一等奖6人，二等奖3人，三等奖8人。推动铜梁区打造中国养成教育试验区工作，学生讲文明、有礼貌、守交规、勤自理、爱卫生、喜阅读等良好习惯初步形成；初步构建起幼儿园、小学、初中、高中一体化养成教育模式；重庆巴中“五维自主”教育模式被评为重庆市德育品牌；3所学校获评重庆市文明校园；42所学校获评首批区级养成教育示范；区教委连年获评“新时代好少年”主题教育读书活动全国先进集体，35所中小学获评全国示范学校，36名指导教师获评全国先进个人；3名学生获评“新时代重庆好少年”荣誉称号；养成教育成果被《中国德育》《中国教育报》、中国教育电视台、区电视台、铜梁报等媒体跟踪报道11次。

【美育工作】 区教委集中举办现场合唱和课堂器乐比赛，57所中小学校2117名中小学生参与，共评出区级团体奖57个，学生个人奖286个，教师指导奖149个；在重庆市2020年中小学学生艺术活动月系列活动中，荣获市级一等奖4个、二等奖2人，区教委和9所学校获优秀组织奖。

【体育工作】 区政府投入资金1493万元添置体育器材和建设体育场地。成功创建全国体育传统特色学校9所、全国特色幼儿园2所。体教融合搭建师生展示平台，办好区级体育赛事，联合区体育局举办了篮球等6个项目的比赛，全区中小学有400余支代表队、5000余名运动员参加比赛，学校参与率达到95%以上；承办重庆市2020年中学生篮球比赛，来自全市各区县75支队伍近1000人参赛，比赛取得圆满成功；积极组队参加市级体育赛事，有9人次取得国家一级运动员资格，44人次取得国家二级运动员资格。

【卫生工作】 加强校园疫情常态化防控工作，落实“一校一专班”人员，严格校园封闭管理，坚持每日收集学校师生健康情况，实时掌握师生健康动态，指导师生做好个人防护，培养良好个人卫生习惯，强化应急处置，坚持校园疫情应急演练常态化，加强督导检查，发现问题督促整改落实。14万多名师生平安复课复学，未发生一起在校感染新冠肺炎的病例。实施义务教育学生营养改善计划，自主实施义务教育学生营养改善计划，学生营养改善计划全覆盖义务教育学校78所学校，受益学生76813名，全年发放学生营养午餐补助资金2600余万元。开展儿童青少年近视预防工作，2020年与2019年比较学生平均近视率降低0.54%。开展学校垃圾分类工作，利用宣传栏、LED屏、微信、公众号等宣传媒介作用，大力开展垃圾分类知识普及，师生知晓率达100%。

【基本建设】 续建项目4个，包括职教中心三期工程、北城小学迁建工程、旧市坝小学扩建工程、平滩幼儿园新建工程。新开工项目11个，包括铜梁中学新校区建设工程、铜梁二中扩建工程、白龙小学新建工程、安居中小学幼儿园新建工程、关溅小学迁建工程、庙坡幼儿园新建工程、青少年活动中心幼儿园新建工程、龙都小学食堂工程、新复小学学生公寓和食堂建设工程、塘坪小学综合楼及运动场建设工程、西河小学食堂工程等;维修改造项目43个,涉及学校41所。旧市坝小学扩建工程于秋期投入使用,职教中心三期工程、北城小学迁建工程、平滩幼儿园新建工程及龙都小学食堂工程基本完工,新复小学学生公寓和食堂工程主体完工。巴川小学、西泉小学、永嘉小学等41所学校维修改造工程全部按时完工验收。

【财务后勤】 教育经费总投入23.53亿元,比2019年增加3.19万元,增长15.71%,其中:国家财政性投入20.74亿元,比2019年增加4.12亿元,增长24.74%。完成义务教育薄弱环节改善与能力提升项目规划建设任务,两年共投入资金8271.04万元,占规划投资112.29%。新建和改扩建校舍面积25831平方米、护坎134.57立方米、围墙270延米;采购生活类、安全类和信息化设施设备34599(台、件、套)。

【安全工作】 组织开展中小学安全教育日、国家安全教育日、消防119等10个安全主题班会活动。组织开展安全网络知识竞赛、"安全在我心中"美术摄影竞赛、第九届消防安全示范课竞赛等活动,普及安全知识,增强师生安全防范意识和能力。发放《防溺水致家长的一封信》10万余份,发放《市民安全手册》10万余册,组织学校自创交通安全知识读本20余种。每周通过微信群、QQ群等方式向家长全履盖推送交通安全知识10余万人次;发放相关宣传资料10万余份,不断强化师生、家长安全意识,形成家校管理合力。严格执行"日周月"安全检查制度,对排查出的各类安全隐患逐一登记建档,实行清单化管理,明确整改措施和责任人。组织开展春秋两期开学校园周边环境整治工作,累计发现问题30多个,并督促相关镇街及时整治。组织开展"护苗"和"净网"专项治理行动,对校园网站、学习App、微信群、办公软件等网络设施进行专项检查,发现问题12个并及时整改。投入30多万元对双山幼儿园等12个公办独立幼儿园视频监控进行升级改造,实现与区教委监控中心联网联通,协调区政法委将113所民办幼儿园视频监控纳入各镇街雪亮工程统一实施,实现全覆盖;投入30余万元为全区585名校园保安购买服装与安防器材;投入11余万元为民办普惠性幼儿园购买安保器材和防疫物资,督促民办幼儿园自聘校园保安179名。全区学校校园封闭、保安配备、视频监控联网达标率均为100%。

【学生资助】 教育系统资助各类学生34087人次,资助总金额3021万元。其中:学前教育阶段资助家庭经济困难幼儿874人次,资助金额85.88万元;义务教育阶段资助家庭经济困难寄宿制学生14595人次,资助金额893.8万元;义务教育阶段学生有1462人次享受免费午餐,资助金额88.83万元,有3839人次享受非寄宿生活补助,资助金额100.15万元;中职教育阶段资助学生9813人次,资助金额1259.6万元;高中教育阶段资助学生3182人次,资助金额424.97万元;办理大学生生源地信用助学贷款1082笔,贷款总金额793.51万元;对铜梁籍建档立卡贫困家庭大学生学费资助322人次,资助金额97万元;对家庭经济困难大学新生资助7万元路费,共计98人;对46名三峡移民专科大学生资助了4.6万元。保障铜梁籍家庭经济困难学生从学前到大学的正常就学,全面实现应助尽助。

【教育脱贫攻坚】 全年资助建卡贫困人口学生4846人,资金678.3万元。对区外就读的建卡贫困学生,逐一发函要求就读区县落实建卡学生资助政策,全年共向市外发函466人次,为市外28个未享受资助的建卡贫困学生,垫付资助资金16770元,确保资助对象精准无遗漏。落实"双线"和"1+N"联控联保责任制,确保各单位明职履责。建立义务教育控辍保学动态监测机制,以学生户籍为基础,开展全方位监测,实行异动报送、"季度通报"等制度,精准施策,逐一开展动态跟踪劝返，全区全面实现义务教育阶段“零辍学”。落实“一对一”送教工作，为全区249名送教上门学生实施送教上门19920课时。

【教育装备与信息化】 印发《铜梁区教育技术装备建设项目管理办法（试行）》《铜梁区教育技术装备建设项目设计方案审核办法（试行）》，进一步规范教育技术装备建设项目管理。统筹使用教育信息化经费1400万元，对39所中小学的“班班通”、校园网络、广播系统进行升级改造，购置“班班通”设备274套、升级校园网络14个、改造校园广播系统13个、学习平板277台、云桌面电脑83套等，学校信息化基础条件得到明显改善。加强智慧校园建设和云课堂试点工作，铜梁中学等6所学校成功入选第三批“重庆市智慧校园建设示范学校”，全区累计达13所；在11所中小学100个班级开展了云课堂试点工作。组织参加第二十四届全国教师教育教学信息化交流、教育技术征文、中小学生电脑制作等各类活动，获国家级奖12人次、市级奖100余人次，区技装中心被评为“先进组织单位”。成功举办“2020年中小学实验教学说课暨创新实验操作活动”，71名理科教师参加现场决赛，12人参加市级决赛获一等奖2人、二等奖3人、三等奖3人。2所学校被市教委表彰为教育信息化工作“先进单位”，刘启龙等4名同志被评为“先进个人”。牵头搭建了4个线上教学平台，抽调骨干教师组建技术保障专班，3120名教师坚持上直播课，直播课程60000余节，日均在线学生9万余人，占比达95%。经对家长、学生问卷调查，满意度达90%。组织开展“停课不停学”教学成果展示评比和微课评比活动，评出优质直播课250节、微课170节。

（区教委　涂飞）

学前教育

【概况】 全区有156所等级幼儿园，其中一级幼儿园50所，二级幼儿园49所，三级幼儿园57所。上报国务院的17所城镇小区配套幼儿园治理工作全部完成，新认定5所等级幼儿园，15所幼儿园升等，新增4所普惠性幼儿园，新增普惠学位570个，普惠覆盖率达到81.6%以上。新增2所公办幼儿园，新认定36所幼儿园为公办民营普惠性幼儿园，新增公办学位5700个，公办幼儿园在园幼儿占比达到50.1%以上。

（区教委　涂飞）

基础教育

【概况】 全区流动人口随迁子女定点就读学校新接收流动人口随迁子女3492人（其中小学1273，初中2219人），保障符合条件流动人口随迁子女应读就读目标。根据国家相关政策规定，安排现役军人子女24人、援藏干部子女4人、消防员子女2人、援鄂医务人员子女19人、拆迁户子女102人、房交会子女21人、问题楼盘业主子女9人、政府引导高层次人才2人到相应学校就读。年内，铜梁中学被区生态环境局评为“铜梁区生态环境保护突出贡献单位”，立心小学杨正勇老师被评为“铜梁区生态环境保护突出贡献个人”；成功举办铜梁区第35届青少年科技创新大赛，评出区级等级奖802个，在市级科技创新比赛中，共获得等级奖32个，其中，实验一小两幅科幻画代表重庆市参加国家级比赛，获奖等级及数量再创近年新高。开展6～17周岁户籍适龄儿童接受义务教育情况“地毯式”排查3次，建立8本相关台账。排查出查无此人的81人、已死亡的35人、户籍重复的34人、失踪失联的17人，通过与公安局、各镇街等一起做出了处理。建立“一生一策”劝返工作机制，成功劝返29名学生返校就读。疫情期间免费为全区中小学生邮寄教材到家，采购260个平板电脑和87台宽带云电脑给349名贫困学生免费使用，免费为137名网络流量不够的学生提速和增加流量，采取“电视＋网络”形式，分学段、分批次推送资源4939个、精品微课5822节，3967名教师上直播课，直播课程60930节。线上心理健康课点击人数达

14.59万人次。春期，为补足因疫情影响耽误的课程，在全区中小学开展课后延时服务共计67441课时，惠及中小学生68874名；秋期，课后延时服务在实验一小、龙都小学、巴川小学、金龙小学、外国语实验小学、玉泉小学、立心小学、金砂小学、西城小学、实验二小、平滩小学、高楼小学、关溅中学、联盟学校等14所试点学校开展。年内对9万余名学生开展“师生面对面一对一交流活动”，针对1256名特殊学生采取“一生一策”关爱方案，开启“一生一师”陪伴模式，帮助学生调整心态融入学习和生活。是年，全区高考重点本科上线人数达1459人，上线率33.83%，超市平12.87个百分点；一般本科上线率76.54%（重庆市比例为55.74%），超市平20.8个百分点。全区清北录取3人，重本录取1240人。

（区教委　涂飞）

高等教育

【重庆传媒职业学院】 学校始建于2008年，占地面积32.15公顷。截至2020年，学校总建筑面积9.557万平方米；教学行政用房3.894万平方米。下设有现代教育学院、数字媒体学院、经济管理学院、五年一贯制学院、继续教育学院5个学院。有26个招生专业，其中市级双基地建设立项1个、培育项目1个，市级骨干专业1个，国控师范类专业1个。全校共有教职工407名，其中专任教师271名，副高级及以上职称教师39名，研究生以上学历73名，教育部教学指导委员会成员1名，“双师型”教师占60%以上，聘请了10余位国内外知名客座教授。

年内，共面向12个省市地区，通过分阶段开展招生工作，共录取新生3482人。其中：春季分类招生录取1291人；秋季统招录取新生1980人。中职直升录取196人；高职扩招第一批录取15人；高职扩招第二批录取487人。毕业生就业区域主要分布在市内，占毕业人数比例为83.43%，积极服务于地方经济发展；市外就业人数地区则主要分布在四川省（4.91%）和贵州省（3.08%）。近三届毕业生规模逐年扩大，总体就业态势较好，就业率均在90.00%以上。其中2020届毕业生就业率较2019届同期有明显上升。董萍萍老师、刘晏岑老师在“稳就业 保居民就业”演讲比赛中分别荣获市级二等奖和三等奖。学校“互联网＋美业”项目在重庆市合川区人社局主办的“大创慧谷”大学生创新创业大赛荣获优胜奖；“迅捷电脑走进高校”创业项目成功进入重庆市第四期“优创优帮”大学生创业扶持计划50强。

与世界500强企业怡亚通集团公司合作建立了以移动互联网相关技术为核心的“众创学院”，与华三通讯技术公司合作成立了“华三网络学院”，与华龙网、大渝网、深圳电视台等大型企业建立了长期的校外实训基地。同时开设具有行业特色的“立方国际可视化”“国际邮轮乘务”“北京通用航空服务”等定向班。学生在校期间即可参与企业项目制作，实现零距离上岗。学生顶岗实习率达100%，一次性就业率持续保持95%以上。

（区教委　涂飞）

【重庆艺术工程职业学院】 学院设立党政办公室、人事处、教务处等10个管理部门；设立艺术设计学院、建筑工程学院、工程经济与管理学院等9个二级学院和公共课教学部。全年学院招生分布省份15个，普通专科生报到2787人，普通专科6191人。毕（结）业学生630人，经过重庆市教委就业指导中心初审、二次核查及国务院督查，2020届毕业生初次就业率为93.10%。

疫情防控 召开疫情防控专门会议18次，制定疫情防控方案、防控制度、开学预案、工作通知等文件36件，组织防控培训6次，应急演练12次。坚持教职工的每日健康打卡，学生每日体温监测；投入20多万元专项资金，购置消毒液、酒精、洗手液等共计1172千克，口罩、电子测温仪、防护用具等各类抗疫物资62409件（套）。按照教育部“五个一律”的要求，严把大门关，杜绝一切闲杂人员进入校园。2020年,学校师生员工没有1例确诊病例、疑似病例。

师资队伍建设 认真落实"3211"师资队伍建设工程,继续促进双师型队伍建设。先后对18名干部的职务进行调整。羊英姿老师被评为市级优秀青年骨干教师。引进专任教师、辅导员、管理人员共62人,其中高级职称3人,硕士研究生12人。教师参加国家、重庆市各类教师培训150多人次。杜培菲等9位老师通过2020年学校岗位职级竞聘;王丹等8位老师通过副教授职称评审,王子等14人取得讲师任职资格,教师职称结构得到进一步优化,整体水平得到进一步提升。

基本建设 2020年学校新建并投入使用实训室7间,新增实训设备326台(套),至此,全校共有56间实训室供实践教学使用,其中校企共建实训室8间,实训场所面积达2.1万平方米;拥有教学科研仪器设备总值2098万元,另有师生作品展览馆2个,专家工作室4个。新建的1.5万平米的学生宿舍F栋正式投入使用,新增篮球场2个,羽毛球场2个;食堂特色档口增加5个,就餐座位总数达到1500多个;安装32个高清监控摄像头,实现明厨亮灶。改建监控系统,共安装388个网络高清监控摄像,实现公共区域监控范围全覆盖;全面建设校园围墙和门禁系统,校园安全进一步保障。

学科与专业建设 学校紧紧围绕经济社会发展对人力资源的需求,对专业结构进行调整优化。学前教育、公共艺术设计、统计与会计核算3个新专业获得批准;建筑经济管理、表演艺术两个专业顺利通过评估。学校艺术设计、视觉传媒、建筑工程、信息技术、艺术教育5大专业群呈现出良好发展态势。

课程建设 学校组织开展一流课程建设,张毅老师的《标志与CIS设计》被评为重庆市线下一流课程,张玉红老师的《室内设计BIM》、李双老师的《大众行为心理与空间设计》被评为重庆市线上线下混合式一流课程。组织对29个专业、499门课程的专业标准、课程标准再次梳理,并完成汇编工作。

思想政治教育 学校始终把思想政治工作主体责任作为党委第一要务。坚持按标准按要求配备思想政治理论课教师队伍。严格落实领导听课和每学期讲1次思想政治理论课或形势与政策课工作。开设"毛泽东思想和中国特色社会主义理论体系概论""思想道德修养与法律基础""形势与政策"等课程。有专兼职思政课教师各8名,均为中共党员。专职辅导员25名,其中中共党员20名。形成一支老中青相结合富有生机活力的思政工作队伍。深入开展"五个一"活动:领导干部组织1次领学、深入1次课堂、走进1次班级、开展1次调研、主讲1次党课。2020年,704名师生参加入党积极分子培训,发展新党员21名。

加强对学生的教育管理,狠抓学风建设,实施"早监督、中抽查、晚巡视"的管理制度。全年全校学生上课平均出勤率保持在92%,教室文明、寝室文明建设取得明显成效。全年23名学生被评为市级优秀大学生,5名学生获国家奖学金,135名学生获国家励志奖学金,1172名学生获国家助学金。

校园文化建设 学校有学生社团20个,开展社团活动50余次,重点打造了第一届"重艺杯"篮球赛、十佳歌手大赛、团支部风采大赛等校级文化活动。各二级学院"一院一品"育人活动有

序开展，服装与表演学院实施“红色文化育人”，工程经济与管理学院实施“管理育人”，建筑工程学院实施“双创育人”，视觉传媒学院实施“技能竞赛育人”，五年一贯制学院实施“思政育人”，艺术设计学院实施“实践育人”，为营造浓郁的校园文化氛围做出积极贡献。

“巴渝工匠”杯重庆市第十三届高等职业院校学生技能竞赛“艺术专业技能（声乐表演）”赛项在校内举行。

（艺术工程学院　供图）

科研工作　2020年，学校出台三全育人、课程思政建设与管理办法，成功申报“筑梦红色之旅”市级重点教改项目，“红色文化融入课程思政的探索与实践”列入市级人文社科规划项目，成功立项2020年市级教改项目2项，四项市级教改项目结题；学校立项校级教改课题32项，其中，校级教改项目12项，三全育人专项课题研究项目12项，课程思政专项课题研究项目8项。获重庆市第二届高等教育研究与教学改革优秀论文三等奖2个。出台教学成果奖评选办法，评选出第一届教学成果奖。教师共发表论文13篇，文涛教授的油画入选第十一届中国西部大地情中国画、油画作品展；周勃等教师的作品入选第二届重庆油画双年展。学校举办第四届教师作品展，共展出64位教师的75件作品。

产教融合　2020年12月，学校成功举办职教集团集团年会暨校企合作论坛，进一步铆合产教融合、校企合作平台，形成行业性、区域性的合作模式和相对稳定的多元合作办学机制。全年共开设企业订单班18个，冠名班7个；校企共建专业5个，12名青年教师进企业开展工程实践。通过校企合作，学校的实践教学条件、人才培养质量、教师双师素质得到了提高。学校作为副理事长单位参与成立成渝地区双城经济圈时尚产业联盟，作为创始人单位参与成立川渝地区68所高校组成的成渝地区双城经济圈高校艺术联盟。

技能竞赛　2020年学校技能竞赛参赛项目、参赛学生、获奖数量均创新高；获得国家级、市级各类技能竞赛共27项，参赛学生总人数705人，共获得各级各类奖项60余项；其中，获得全国性赛项一等奖1个、三等奖3个；市级赛项一等奖1个、二等奖5个、三等奖3个。成功举办重庆市“巴渝工匠”杯重庆市第十三届高职学生技能大赛声乐表演赛项。

（重庆艺术工程学院　李亚卿）

【重庆对外经贸学院】　学院秉承“厚德、笃学、砺志、创新”的校训，以内涵发展、产教融合、服务地方、形成特色为主线，形成经、管、文为主体，理、工、艺综合发展的学科专业格局。有本科专业42个，专科专业4个，涉及7个学科门类、22个一级学科。英语、国际经济与贸易、旅游管理等三个本科专业为重庆市“三特行动计划”特色专业，应用经济学是市级重点学科，国际经济与贸易是市级一流专业，国际经济与贸易、旅游管理是市级转型发展试点专业。

学院设有跨境商务学院、管理学院、外国语学院、数学与计算机学院、大数据与智能工程学院等11个二级学院。建有智慧实验实训大楼、标准图书馆、体育馆、实验剧场、模拟演播厅和200余间多媒体和智能化教室；设有智能教育与智慧学习协同创新中心、网络舆情大数据研究中心、数字媒体技术与应用研究所、全媒体创意传播研究中心、“智慧管理+”研究发展中心等科研机构。有市级实验教学示范中心、市级众创空间、市级大学生创业孵化基地。

铜梁校区有学生5000余人，均为大一新生。铜梁校区设立管理委员会，代表学校负责铜梁校区的全面工作，保障校区正常的教学、生活秩序，维护校区安全、稳定、文明、和谐。管委会下设综合办公室、教务办公室、学生工作办公室、后勤管理办公室等四个职能部门；保卫、财务、图书馆、网管中心根据实际工作需要派驻校区工作人员，履行其相应的职责。常驻教职工52人（行政管理岗、辅导员），任课教师均由合川校区按专业课程设置派往铜梁校区任教。

（区教委　涂飞）

职业教育

【概况】 重庆市铜梁职业教育中心对接铜梁区支柱产业转型发展，重点开展交通运输、加工制造、信息技术等专业大类招生，共计招生1561人，较上一年度增加22.14%，生源覆盖重庆市及周边省市。学校设置9大类14个专业，共87个教学班，在校生3886人，其中，加工制造类、交通运输类、信息技术类等衔接区域支柱产业的专业学生占在校生的55.51%。年内，学校1186名毕业生中，到企事业单位直接就业521人，高等教育深造631人，参军20人，自主择业8人，自主创业4人。从升学去向看，升入重庆文理学院、重庆三峡学院等本科院校15人、升入重庆电子工程职业学院、重庆工业职业技术学院等高职院校616人。学校采取分专业按“汽车维修工、电工、焊工、钳工”等工种对2018级488名学生进行为期20天的技能鉴定集中培训，参培学生获取中级职业技能等级证书通过率为100%；为高新区企业提供技术服务，开展新员工培训指导，企业管理指导，心理健康疏导等多项就业指导培训，完成培训共计572人次。为重庆市市内外企业等单位输送技术技能人才1186人，直接就业516人，其中市内就业人数占九成以上，基本对口服务于当地企业发展，毕业生初就业收入达3483元。该校被市政府授予“重庆市拥军优属模范单位”，被市教委推荐评选教育部社区服务先进集体；李志豪同学参加教育部“美好生活劳动创造”主题演讲比赛获全国二等奖；参加重庆市中等职业学校学生气排球比赛获团体一等奖；教师参加重庆市中职学校教师教学能力比赛获得二等奖1个、三等奖1个；31名师生参加重庆市职业技能大赛，3人获一等奖、8人获二等奖、20人获三等奖；12名学生参加重庆市文明风采活动，3人获二等奖、9人获三等奖。

（区教委　涂飞）

特殊教育

【概况】 全面摸底区内6～16周岁共638名适龄残疾儿童接受义务教育情况，按照“随班就读、特校就读、送教上门”方式分类安置接受义务教育，实现全区适龄残疾儿童少年教育全覆盖。开展“一生一案”送教上门工作，对137名残疾儿童送教上门达6576次。争取市级专项资金100万元，在虎峰中学、蒲吕中学、实验二小、大庙小学、石鱼小学、侣俸小学建成6间特殊教育资源教室。区特殊教育学校有在校学生119人，开设聋、弱、自闭、综合等义务教育班8个，三残儿童入学率100%、巩固率95%。7月，小学毕业12人、初中毕业15人，共毕业学生27人。

（区教委　涂飞）

重点中学

【铜梁中学】 铜梁中学办学历史悠久，其前身是北宋元符（公元1098年）知县梁民创办的巴川县学，乾隆二十五年（1759年）改建为“巴川书院”。1907年，举办新学，定名为“铜梁中学堂”，抗战时期，黄埔军校第13、15、16、17期曾在校驻训；1949年被命名为“川东区铜梁中学校”；1953年更名为“四川省铜梁中学校”；1980年3月，学校定名为“铜梁中学校”，被誉为“千年书院、百年名校”。学校是原四川省首批重点中学，重庆市直辖后首批重点中学，跨区域办学合作开展活跃，以“川渝五校联谊会”为纽带，与川渝各校成功搭建学术交流、教育教学合作平台。学校占地17.07公顷，现有85个教学班，在校学生4900余人，教职工382人，其中正高级教师2人，特级教师1人，国家、省部级劳模及优秀教师11人，重庆名师1人，重庆市学科名师5人，重庆市骨干教师25人。

人才引进 共招录6名部属高校公费师范

生，12名高校研究生，向社会公开招聘2人，引进高层人才第3类省级骨干教师1人，急需紧缺人才4人。新增正高级教师1人，新增重庆市学科名师2人，新增市级骨干4人。

高考再创佳绩 学校重点上线814人，本科上线1527人，专科上线率100%。单科最高分：语文129分，数学145分，英语148分，理综288分，文综235分。德语DSD项目优势进一步延续，15人考取德语一级证书，获得就读德国名校预科资格，6人被世界排名前列的德国名校录取。

精品课程建设 先后成功创建"龙舞运动体育课程创新基地""高中物理课程创新基地"2个项目。刘雪庵音乐作品选、中国古诗文选读、铜梁龙版画欣赏与创作、校园影视节目制作、盛世中国的工匠技艺、高中物理科创实践活动、研学旅行在龙乡、高中英语大单元主题阅读8门市级精品课程建设项目申报成功。"铜梁中学爱国主义教育校本课程"在全国中小学校本德育课程和教育案例征集展播活动重庆市级评选中获得一等奖。

设施建设 在原有场馆基础上，对龙山、凤山校区篮球场和体育馆进行升级改造，新建改建了天象馆、舞龙馆、校史馆、科创中心、生涯规划指导中心等特色场馆；投入资金1200余万元，完成智能黑板、电子班牌、基础网络、智能安防、IP广播、一卡通等的安装改造，初步建成全区领先的智慧校园。

学校社团 有文学社、心理社、象棋社、模联社等12个学生社团。其中驼铃文学社、雪庵学生艺术团获评重庆市普通高中优秀学生社团。"做合格铜中人"演讲比赛、"激情跑操"、"筑梦十四五放歌新征程"班级合唱比赛、"奋进新时代，青春励志行"首届学生玄天湖远足社会实践活动和"倡导环保风，共享劳动美"铜梁中学"劲牌"阳光班劳动实践活动等创新活动，进一步激发师生爱祖国、爱家乡、爱劳动的热情。

【铜梁一中】 **抓好党建，保障教育发展方向** 召开党员大会4次、党委会21次、党委理论学习中心组学习12次、支部主题党日12次；学校党委召开民主生活会1次，各支部召开组织生活会1次；领导班子成员讲党课7次，支部书记讲党课4次。专题研究意识形态工作4次，制定《铜梁一中网络行为和信息安全管理制度》，对群主进行专题培训，完善了《2020年意识形态领域风险隐患防范化解重点任务台账及责任清单》。推行"团结、带头、落实、进取、创新"十字工作方针。开展师德师风全员培训和专项治理行动"回头看"工作。选拔任用二级班子7名，新聘教师22人，发展党员2名，完成党支部的换届工作。

落实立德树人根本任务 "李永班主任工作室"获区专家好评，组织班主任工作室成员外出考察学习，进一步提升了班主任工作室骨干班主任的工作能力。开展了"5·18"成人礼"抗疫青春，十八而志；制度自信，传承有我"主题活动、"女生教育优先，带动男生进步"等特色活动；加强养成教育，成功创建铜梁区健康促进学校。学生获奖205人次，达国家一级运动员水平22名、国家二级运动员水平29名，达级人数居重庆市重点中学之首。橄榄球男女队分获市亚军和季军，学生社团"啦啦操"被评为市优秀学生社团。

重视科研稳步提升教育质量 采用"请进来、走出去"的办法，邀请重庆市学科带头人对学科组进行新高考培训，安排多名优秀教师外出培训学习；启动铜梁一中学习创新型青年教师培养项目，开展各学科优质课大赛，为学科组发展储备人才；培养市级学科名师2名，市级骨干教师4名，提高了教师专业水平。教师赛课获区一等奖7人次，二等奖7人次；"一师一优课"获部级优课1个、市级优课1个；课题结题市级3个、区级2个，新申报市级课题2个、市级精品课程1门；成功创建"重庆市普通高中地理课程创新基地"和"重庆市中小学幼儿园教师教育实践基地"；教师发表论文及获奖456人次。学业水平合格考合格率均达95%以上。

高考质量再创辉煌 重点上线221人(不含艺术),本科达1003人,600分以上高分达5人,小班教学质量显著,重点上线率92.1%;专科总上线率再次达100%。

【铜梁二中】 铜梁二中原名西泉中学创办于1942年,2001年迁入铜梁城区。学校占地8公顷,建筑面积约5.3万平方米。2012年成功创建为"重庆市重点中学"。先后获得"全国中小学优秀文化艺术传承学校""第三批全国中小学舞龙舞狮教育示范学校""重庆市非物质文化遗产传承教育基地""第一批市级非物质文化遗产传习所"等荣誉称号。2020年,学校有76个教学班,学生4300余名。教职工309名;市级学科名师1名,市级骨干教师14名,区级骨干校长1名,区级名师2名,区级骨干教师36名;研究生学历教师33名;高级教师114名,中级教师124名。

高考佳绩 参考人数1468人,上线总人数1468人,持续保持升学率100%。纯文化重点上线31人,本科上线380人。重点是近5年、本科是近10年取得最好成绩的一年。有4个班本科上线率均达90%。文科两名同学分别考取602分和598分的高分,名列铜梁区文科前茅。有三名同学单科居全区前三。艺体本科上线99人,1名同学被北京体育大学录取。

人文艺体教育特色突出 开设有龙舞、舞蹈、音乐、美术、田径、篮球、足球、乒乓球等多个特色项目,正在继续打造健美操、花样跳绳等特色项目。学校龙舞队多次参加市内外竞赛和演出,获多项全国、市、区冠军,参加国庆70周年天安门群众联欢活动,向全国人民、向全世界充分展示了铜梁龙、中国龙的风采。在全国第二届"非遗进校园"优秀实践案例评选中,"龙舞进校园"实践案例成功入选第二届"非遗进校园"十大优秀实践案例。学校舞蹈队也多次在市、区各种大赛中获奖,舞蹈《筑梦》获得市级一等奖;2019年编创《龙把子》斩获全国群星奖。美术近三年平均每年有多人考入四川美术学院等名校,女篮多次获得市级比赛前三名。

【铜梁巴中】 铜梁区巴川中学始建于1957年。2020年有122个教学班,在校学生7557名;教职员工517名,其中本科以上学历377人,市区级骨干教师80人。学校占地10.67公顷,有2万平方米的教学楼,400米标准运动场,3000人住宿公寓,5000人就餐食堂,八大功能室,智慧教室、录播教室、心理咨询室、"少年硅谷"创客工作室投用,校园网络全覆盖。

深入推进素质教育 实施以"树人教育""英语特色教育""艺体特色教育""特色社团教育"为主的特色学校建设,促进学生德智体美劳全面发展。先后被评为全国信息技术创新应用示范学校、全国"争当小实验家"科学体验活动示范学校、全国学习科学研究先进集体等。

抗疫情,保教学 学校成立"开学复课暨疫情防控工作领导小组",引领"一校一专班"7个小组。学校微官网推送《今年谷雨,我们终于再聚校园》《迎着朝阳,接你回家》等15篇疫情防控文章,积极组织开展"国旗下的讲话""众志成城,共抗疫情"等相关活动,发表书画42幅、征文29篇、原创高清MV两首,以及利用横幅、LED宣传标语、宣传栏,营造良好的校园疫情防控氛围,确保开学复课工作顺利进行,荣获重庆市抗击新冠疫情先进集体。

【重庆巴中】 重庆市巴川中学校是一所优质民办学校。校园占地18.47公顷,校舍面积124680平方米,设有初中部、小班部、高中部三个校部。在校学生1万余人,来自全国33个省份,其中区外学生近70%,住校生近80%。学校有教职工1000余人,其中专任教师700多人(含教授、中学特级教师8人),毕业于双一流大学、部属师范院校及海外名校的教师占20%,硕士及以上学历占10%。

推进自主教育体系 学校构建"自我认识、自主规划、自主学习、自主管理、自我评价"的"五维"自主教育体系,并在初中、高中阶段持续深入推进，取得一系列成果：《中国教育报》先后分别以《满园春色关不住——郭洪校长的创新思维与巴川中学的精神风景》《思教育，看巴川，风景这边独好——重庆市巴川小班实验中学校“自主教育”解码》为题进行专题报道；郭洪校长专著《郭洪与自主教育》入选“教育家成长丛书”，全国会议交流十余次，《初中生“五维”自主教育模式的创新与实践探索》入选重庆市2020年重庆市基础教育成果培育项目。

荣誉　学校先后被授予“全国初中质量建设先进单位”“中国民办教育百强学校”“全国自主发展示范学校”“剑桥大学生源基地”“清华大学生源基地学校”“影响重庆十大品牌中学”等称号。

（区教委　涂飞）

文化

概述

【概况】 2020年，区文化旅游系统有核定编制80名，在编70名。其中，机关行政编制15名，机关工勤1名，在编14名；文化市场综合行政执法支队事业编制15名，其中参公事业编制在编7名，原旅游监察大队事业编制在编7名；旅游营销促进中心事业编制5名，在编4名；文化馆事业编制16名，在编15名；图书馆事业编制11名，在编11名；文管所（博物馆）事业编制7名，在编6名；体育事业发展中心事业编制10名，在编6名。在职队伍中，按文化分有研究生以上文化6人，大专以上文化60人；按职称分有正高级职称1人，副高级职称4人，中初级职称27人。

铜梁先后被命名为“中国民间文化艺术（龙灯）之乡”“全国文化先进县”“全国老年气排球之乡”，获评“2014中国最具文化魅力城区”称号，铜梁龙舞被评定为“国家级非物质文化遗产”“巴渝十大民间艺术”“重庆十大文化符号”之一；铜梁舞龙队荣获国家舞龙队冠名权；龙灯彩扎工艺被评为“重庆市非物质文化遗产”。

（区文旅委　张鸿春）

社会科学

【概况】 重庆市铜梁区社会科学界联合会内设科室1个，核定编制4名。全区有社会科学类社会组织会员单位11个，全国人文社会科学普及基地2个，市级人文社会科学普及基地4个，镇街社会科学普及工作站26个。2020年，成功创建市级节约型机关和区级无废机关、区级文明单位，大力支持全国文明城区提名城区创建，铜梁区社科联获“全市区县社科联工作先进单位”。

【社科规划】 围绕全区经济社会发展中的重大理论和现实问题，精编《选题指南》。立项2020年度社会科学规划年度项目23个（其中，重点项目6个），调研项目2个。结项2019年立项项目18个。抓好结项项目成果转化，抄送区级相关部门成果摘要4个。

【疫情防控】 积极响应组织号召，抽调1名机关干部全力协助联系镇开展新冠肺炎疫情防控工作；多方协调，如期完成区新冠肺炎疫情防控领导小组下达的2万个一次性医用口罩采购任务。

【社科普及】 认真贯彻《重庆市科学技术普及条例》，开展形式多样的“社科五进”。立项2020年社科普及活动项目14个，结项13个。设计制作图文并茂的“乡村振兴战略”“农村人居环境整治三年行动方案”“总书记关于百姓生活环境重要讲话”“十九届五中全会精神”，解读类普及读物25000余份；印制《民法典》宣传普及手册10000册，《弘扬中华优秀传统文化繁荣发展哲学社会科学》知识普及读本8000册。联合旧县街道人和社区开展“社会科学进社区”活动，联合区科技局、区科协等单位新命名区级科普基地3个。

【学术工作】 联合区图书馆、区诗词学会和区书画艺术研究会开展《奋战疫情诗歌创作朗诵活动》，共收到原创作品597件，精选345件编印专刊2期660余本。同时，加强对区级各社会科学类社会组织开展的学术研讨（沙龙）活动进行指导，鼓励他们充分发挥好各自学科特长和人才优势，不断繁荣发展学术。

【智库建设】 启动第二批社科智库专家入库工作。10月，与区委宣传部联合命名铜梁区第二批社科智库专家15名（其中，心理健康领域13名，传统中医领域2名），铜梁区社科智库专家成员达到41人。

（区社科联　姚春应）

文学艺术

【文学】 2020年铜梁文学以主题创作服务中心，不断提升创作质量，不断践行"举旗帜、聚民心、育新人、兴文化、展形象"的使命任务。

以创作凝聚正能量 一是《铜梁文学》杂志出版抗疫专刊；二是深入市级贫困村水口镇树荫村等了解脱贫攻坚情况，增强提取素材、书写时代的能力；三出版本土文学集《点赞铜梁》，汇聚近年讴歌祖国、抒写家乡的优秀作品。

以交流提升创作能力 一是邀请重庆作协副主席蒋登科来铜举办文学座谈会，针对基层作者创作瓶颈释疑解惑，对文学组织工作的群众性和文学性如何兼顾交流了北碚作协的经验。二是邀请区委宣传部领导进行时事政策讲座，从中央政策大势、铜梁发展大局出发，了解和关注经济社会发展重点和热点，使文学与时代同行。

以公开发表扩大作品影响 王应兰在《光明日报》发表散文《临水而居画中游》；李明忠在《作家文摘》发表散文《写春联的老祖父》；苏其善分别在《散文选刊·下半月刊》发表《草药王》，在《中国作家》影视版发表微电影剧本《最后的愿望》；刘凤在《精短小说》发表《老赌的赌》。另有周兴碧、唐道伏、赵呈荣等在《重庆日报》"两江潮"副刊、《重庆晚报》"夜雨"副刊、《重庆法制报》"了然"副刊等市级报刊发表作品50余件。

【艺术】 **美术** 区文联联合重庆市油画协会举办"迎新年——2020重庆小幅精品油画邀请展"，在区图书馆展出76件作品。区美协举办"巴渝丹青·秦廷光、秦盛阳美术作品展"，总结两位老艺术工作者地域题材创作实绩；承办重庆市宣传部主办的习近平新时代中国特色社会主义思想主题版画作品巡展铜梁展；承办重庆市美术家协会主办的"原乡风情5+5"走进铜梁写生活动。在人才队伍建设上，夏清江、刘诗霖、赵俊、冯丽思、喻春花加入重庆市美术家协会。

书法 一是举办抄录邱少云家书书法展，前期网络上展出后在图书馆进行两个月的线下展出。二是在市文联文艺活动中心举办铜梁籍中国书协会员书法作品展。三是开展"创文明城区·书大美龙乡"铜梁区首届青年书法展。四是与区美协联合举办"尚古立新"五人书画展，并召开研讨会。五是积极组织参加重庆市第二届群众书法展，何建川、杨刚获优秀奖；何明龙参加由市委宣传部、市文联主办的重庆市第九期中青年文艺骨干研修班，被评为优秀学员。

铜梁籍中国书协会员作品展（杜锦权　摄）

音乐 秦启江、邓秋实分别创作抗疫歌曲《情系天地间》《有一道光芒》；闫强、秦启江创作的《梦想花开》和《丰收圆舞曲》获重庆市脱贫攻坚优秀原创歌曲奖；刘敏创作的《包子婆婆》获市委宣传部资助，并在《歌曲》杂志发表。刘敏等改编的铜梁民歌《高高山下一条河》《满山飞起啰儿啰》在学习强国等平台推出。

摄影 区摄协参与市扶贫办等单位组织"扶贫印记"摄影行动，承办铜梁抗疫摄影大赛、"原乡风情 大美铜梁"摄影大赛、"西郊随手拍"摄影大赛、最美阳台最美庭院摄影展等数十项，其中郭洪《别有洞天》《四面山晨曦》、唐彬《白鹤村之夏》入选江津全国大展，唐明兵《铜梁龙舞队进京记》获专业报新闻摄影学会银奖，毕克、王永贵、银代明等人作品在《大众摄影》刊发，会员在《重庆日报》《人民日报》等媒体刊发新闻图片100余件次。

铜梁区举办第五届书画摄影作品联展（杜锦权 摄）

舞蹈　区舞协原创舞蹈《龙凤呈祥》《丰收圆舞曲》参加2020年“中国农民丰收节”原乡风情大舞台；《在希望的田野上》《栀子花开》《龙笼笼》《激情拉丁》参加2020“欢悦四季·舞动巴渝”重庆广场舞展演，分别获得片区赛优胜队伍、优美队伍、优秀队伍3项殊荣。

曲艺　区曲艺家协会以培训夯实基础，先后举办快板培训班和金钱板培训班。同时发挥曲艺优势融入各类宣讲，先后开展“决战决胜 奋斗有我”故事宣讲会、2020年理论微宣讲、乡村振兴党课故事创作等活动。在创作上，何代科作品《送菜》《浅说四川花鼓》分别在《曲艺》杂志4期和6期上发表。

（区文联 唐道伕）

广播　电视

【概况】　铜梁区融媒体中心为区委直属事业单位。中心领导班子按2正4副配备，设党委书记、主任1名，党委副书记、总编辑1名，副主任、副总编辑4名。下设综合部、总编室、全媒体策划部、新闻采访部、新媒体中心等15个部室。内设机构科级领导职数30名，编制74个。融媒体中心全年制作播出电视新闻节目316期，专题节目56期；播出电视节目时长12410小时；购买电视剧2580集，纪录片365集，专题节目1780期。重大建设工程：探索“中央厨房”运行机制，再造“策采编审发”生产流程，对接广大融媒科技公司，投入670万元，完成“中央厨房”建设；同步开展电视高标清同播（250万元）和应急广播体系建设（301万元），强化农村广播运行维护，实现农村广播全覆盖。

【内宣展播】　开设“走向我们的小康生活”“决战决胜脱贫攻坚”“十三五成就巡礼”“抗疫群英谱”等专题专栏20余个，编播《铜梁新闻》219期、《铜梁新闻周刊》37期、自拍新闻2500余条，摄制宣传片21部、专题片40部、VCR28个、MV6个、PPT9个、发布抖音短视频1200余条。

【外宣展播】　建立联席会议制度，坚持“月计划周安排”“头条新闻”等选题策划，加强与上级媒体沟通衔接，全年在央视各栏目播出稿件18条，《人民日报》《经济日报》《光明日报》、新华社等中央级报纸刊发稿21条，重庆卫视、新闻频道各栏目播发稿件217.5条，人民网、新华网、重庆日报客户端等各大新闻网站上稿1300余条。

（区融媒体中心　郭攀）

广电网络

【概况】　重庆有线电视网络股份有限公司铜梁分公司2020年继续按照三部三中心组织架构（综合业务部、市场营销部、技术支撑部、政企业务中心、和两个经营维护中心）运行，重点优化政企业务中心工作机制。分公司有从业人员80人，其中中共党员33人，研究生1人，本科11人，大专21人，中专及高中37人。铜梁辖区28个镇街继续保持属地网格化站点营维管理，进一步完善干线抢险施工队和干线维护抢险队职能职责，二级调度实行7～24小时上班制度，确保网络安全运行和高效服务。

【经营创收】 2020年，铜梁分公司积极组织生产自救，全力复工复产，坚持以市场为导向、以效益为中心、以发展为第一要务，突出市场创新机制，细化经营管理单元，开展线上线下同步经营机制。年初，在疫情全封闭管控时期，先后采用重庆有线公众号线上业务自助办理、单兵营维系统（社区经理单个智能便携服务系统）和电话指导维修等方式，确保经营生产正常运行。继续常态化开展用户生命周期关怀和优家电商平台，努力完成生产经营任务。全年实现目标和利润双突破。

【产业发展】 **产业拓展** 以国网整合、广电5G一体化建设有序推进为契机，结合全区智能化总体部署和行业趋势，积极推动城乡融合发展。以公客为基础，重点发展智能专区、着力打造智慧城市、数字乡村等新内容，加快全光网全IP建设，积极推进固网融合、云网融合、网媒融合发展，推动新的产业形成，拓展培育新的产业增长点。

网络建设 持续重点推进规划城区老旧小区网络改造和行政村网络建设工作，全面提高网络高承载和全业务支撑能力。全年完成网络建设投资共计400余万元，新建光缆皮长1400千米，农网用户光纤入户改造4000户。

【服务管理】 **服务客户** 一是兑现服务违规奖惩制度，加强工单管理，开展对老弱病残特殊用户上门服务活动，开通营业厅绿色服务通道，用户优先办理业务。二是持续推进好师傅进小区现场办理业务，实行用户费用到期线上预警信息和人工电话同步提醒，工单实施电话二次催修。全年转派96868工单8122件，实行安装必派工单100%和日完工率100%制度。处理及回复疑似违规服务和客户问题工单共85件，服务质量满意度得到了大幅提升。

安全生产 一是建立安全生产长效机制，强化安全责任和意识，一手抓经营创收，一手抓安全生产。二是修订安全应急预案，成立应急保障小组，提升了风险预判、预警及处置能力。三是进行安全教育培训，不断提高全员的安全业务责任和管理能力，增强员工自我防范意识。四是巡查整改，年内累计组织网络安全巡查80次，处理网络安全隐患90起，各类光纤故障抢险140次，无线基站故障抢险20次，处置车辆破坏网络10起，网络整改投资46.5万元，组织参加各类安全培训5场190人次，到乡镇实地进行技术支撑工作55次，办公场、机房、室外一体机柜等夏季、冬季集中安全检查2次。全年前端系统可用率100%。

（广电铜梁分公司　曾玲）

报纸

【概况】 2020年，《铜梁报》共出报151期，总计刊发各类稿件约5000条。对标对表《重庆日报》，以“不忘初心 牢记使命 推动重庆各项事业沿着习近平总书记指引的方向奋力前行”（铜梁篇）和“把习近平总书记的殷殷嘱托全面落实在重庆大地上”（铜梁篇）为主线，长期或阶段性开设大型系列报道《在行动—铜梁篇》《看效果—铜梁篇》《走向我们的小康生活》《决战决胜脱贫攻坚》等栏目，全方位报道铜梁疫情防控、工业振兴、乡村振兴、城市提升、脱贫攻坚和人居环境整治等常态化重点工作。

【重点栏目】 1月，推出“幸福都是奋斗出来——2020年铜梁两会特别报道”，圆满完成“两会”报道。1-4月，先后推出《坚决遏制新型冠状病毒感染的肺炎疫情蔓延势头》《坚定信心 同舟共济 坚决打赢疫情防控阻击战》《坚决打赢疫情防控的人民战争总体战阻击战》《统筹推进疫情防控和经济社会发展》等栏目，刊发（含转发）疫情防控、复工复产等有关稿件约500条。4-6月，在常态化重点报道基础上，特别关注了支援湖北医疗队返回、开学复课、抗疫英雄和市委五届八次全会、区委十五届十次全会。5月，推出《劳模风采》栏目，讲好劳模故事，大力弘扬劳动精神、劳模精神和工匠精神；6月，推出全国安全生产月宣传、新冠肺炎疫情社区排查先进事迹宣传。7-9月，在常态化重点报道基础上，特别关注厉行节约反对浪费、抗洪救灾、退役军人先进事迹（退役军人风采）等内容。10-12月，特别关注学习宣传贯彻党的十九届五中全会精神、十三五我们的故事、十三五成就巡礼等内容。

（区融媒体中心　郭攀）

新兴媒体

【概况】 秉承“小媒体也有大担当”理念，围绕建设“主流舆论阵地、综合服务平台、社区信息枢纽”定位要求，大力推动内容、平台、渠道、人才、机制、管理六个方面深度融合，强力推进媒体融合发展。铜梁App、铜梁发布微信公众号、铜梁发布微博号、大美铜梁抖音号等累计粉丝量实现100万+、点击总量2.5亿+、点赞总量800万+。其中“大美铜梁”原创抖音作品实现点击量1亿+作品1件、500万+作品5件，点赞量600万+作品1件、10万+作品6件。全年，铜梁App发布新闻10271条，“铜梁发布”微信发布信息1198条、微博发布信息4306条，“大美铜梁”抖音号发布信息1213条。

（区委宣传部　顾智文）

印刷出版

【概况】 制作“扫黄打非”相声剧《卖碟》；制作发放宣传手册、展架、海报、书签、宣传扇子等宣传品115000余份。开展“扫黄打非·新风”集中行动、“扫黄打非·正道”集中行动、“扫黄打非·长白山工程”、2020年“剑网行动”、校园周边文化环境集中整治行动、国庆期间出版物市场及网络文化环境专项整治等行动。“扫黄打非”信息系统执法信息录入632条。对辖区内印刷企业、书店、电影院等常态化开展“扫黄打非”和疫情防控检查指导。东城街道获评第四批全国“扫黄打非”进基层示范点，六赢村获评第四批全市“扫黄打非”进基层示范点。9月，中宣部反非法反违禁局局长张强调研铜梁区“扫黄打非”工作，并给予高度评价。开展“绿书签行动”创意书画与征文作品征集活动，区“扫黄打非”办、区文明办、区教委获优秀组织奖，66件作品获优秀个人奖。全区28个镇街、333个村（社区）的“扫黄打非”基层站点规范化标准化建设实现100%。

开展新时代乡村阅读季活动，推荐乡村阅读榜样2名。“我的书屋·我的梦”征文书画大赛，全区10件作品获奖。开展“百本好书送你读”活动（已转发九期），开展“乡村振兴　文化先行——‘百本好书送你读’走进市级脱贫村”活动。完成266个村农家书屋配送工作，建成5个村级图书馆分馆。

（区委宣传部　秦雪）

中宣部反非法反违禁局领导调研铜梁区“扫黄打非”工作（区委宣传部　供图）

文物　博物

【概况】 铜梁区共有不可移动文物点481处，其中市级文物保护单位16处，区级文物保护单位84处，未核定的文物点381处。

铜梁博物馆　成立于1995年10月，是重庆市第一家区县级综合类博物馆，馆内核定事业编制7名，实有在职在编干部7名，其中党员6名。占地面积7000平方米，馆藏文物1万余件（其中一级文物126件（组）、二级文物15件、3级文物

565件)。1999年被确定为铜梁县青少年爱国主义教育基地。2000年加挂"重庆铜梁龙博物馆"牌子。2004年被确定为"魅力重庆一日游—铜梁文化专线"景点。2009年6月被评为国家三级博物馆,同年7月实行永久性免费开放。2012年被确定为铜梁县科普教育基地。铜梁博物馆常年开设四个具有铜梁地域特色的文物陈列展室,分别展出被中科院命名的2万1千多年前的旧石器文化"铜梁文化"、俗称"小兵马俑"的铜梁明墓石刻仪仗俑、誉满全球的铜梁龙灯和具有浓郁生活气息的民俗文物。

匾额博物馆 与铜梁博物馆合署办公,在图书馆开设1500平方米陈列室,陈列精品清代木匾100块,是铜梁区文化建设的一大亮点。

【文博工作】 **铜梁博物馆晋级** 经中国博物馆协会批准公布,铜梁区博物馆正式晋级为国家二级博物馆。

文保维修工程 投资2200万元,对区级文物保护单位巴岳寺进行抢救性维修工程开工。

地面文物调查 投资130余万元,完成对全区石窟寺文物的系统调查,理清和掌握了全区石窟寺文物资源。

展厅优化升级 投资130余万元,完成博物馆龙灯厅的优化升级,提高公众的参观体验。

文创产品研发 主要完成以铜梁石俑为元素的书签、文化衫、水杯等文创产品的研发,数量达82种,收到良好的经济效益和社会效益。

举办临时展览 全年举办临时展览14次、走进校园展览95次,发放资料10500余份。

接待与培训活动 全年接待观众41.1万人次(含匾额博物馆),其中青少年参观14.5万人次。举办了首届"小小讲解员"招募与培训活动,推出线上培训课程7节、线下培训课程3节。开展馆校合作教育项目,签订馆校共建协议,实现"知识教育+技能教育+情感教育"的教育目的。

学术研究 出版《铜梁博物馆画册》《记忆的桥梁——铜梁博物馆珍宝》,探索出版《铜梁明代石刻仪仗俑画册》。

(区文旅委 张渊)

公共图书馆

【概况】 铜梁图书馆成立于1984年,新馆建筑面积12974平方米,藏书50万余册,免费开放面积7000余平方米。在编职工10人,临聘员工9人。职工队伍有高级职称1人,中级职称5人,初级职称1人,全部属大专以上文化。2010年以来为国家一级公共图书馆、市级免费开放先进单位、市级社会科学教育基地、市级园林式单位、市级清洁卫生单位、巾帼英雄文明窗口、市级学雷锋示范岗;2016年获全国社科普及基地称号。

馆内机构有图书流通部、文献采编部、活动服务部、信息技术部以及办公室。对外设有图书外借室、电子阅览室、铜梁古籍保护中心、铜梁书画院、视障阅览室等15个免费开放窗口。建有24小时自助图书馆、数字图书馆、DLIB业务系统、哥德电子借阅网络系统。37个分馆(其中乡镇分馆28个、7个村级分馆、社会共建分馆2个)工作进入常态。

2020年度购书经费90万元,订购期刊805种,购置图书30291册,新增电子图书5793册。图书流通部年接待读者126752人次,借阅图书216366册次,新办读者证2546个。

【读书服务活动】 全年先后开展"迎新春·送祝福"元旦活动、"我们的中国梦"知识进万家活动、关爱残疾人活动、"让阅读推广走进你我"基层法律宣教活动、"粽情端午·药香避秽"亲子活动、好书进军营活动、"悦之声"线上课堂、"学雷锋·树新风"文化志愿者服务活动、"书香助力抗疫·阅读通达未来"、"我爱我的国·我爱我的家"国庆中秋系列活动、"新时代乡村阅读季"阅读推广活动、"重庆农民工日"文化服务活动、"抗击疫情脱贫攻坚"书画展、"龙乡心驿站"活动、阅读大赛展演。

【对外合作】 5月在涪陵区,与四川省遂宁市图书馆签订双城经济圈合作协议。9月在四川省阿坝州九寨沟县与阿坝州文旅局、图书馆签订双城经济圈合作协议，并参与捐赠九寨沟藏族贫困学生“微心愿”活动。

（区文旅委　张鸿春）

档案

【概况】 2020年5月，区编委《关于重庆市铜梁区档案馆机构编制方案的批复》明确铜梁区档案馆主要职责为全区档案接收、馆藏档案管理、信息化建设、档案安全、档案资源开发利用提供管理和服务保障。下设综合科、档案管理科、信息技术科、编研开发科四个内设机构，事业编制11名。

【档案数字化建设】 加快推进国家级数字档案馆创建，投入1200多万元配置硬件设备设施，搭建应用软件系统，完成10T电子数据安全迁移。

【信息数据管理】 接收33个单位共15万件档案进馆，经鉴定面向社会开放馆藏档案4.4万余件。全年共接待查档对象9620余人次，提供电话预查服务900余人次，提供档案证明1.1万份，复印档案3.3万余页。

【档案安全】 开展档案馆安全风险评估排查以及档案安全风险隐患专项整治，建立馆微型消防站，组织开展消防安全培训和应急演练，不断提高应急处置能力。

【基础设施建设】 区档案馆新馆搬迁投用，新馆建筑面积8550平方米，其中档案库房4000平方米，业务和服务用房2500平方米。

（区档案中心　叶波）

社会文化

【概况】 铜梁区文化馆核定编制16名，实有在编干部15名，其中党员7名。建成文化馆总、分馆30个，发展歌舞、川剧等馆办文艺团队7支。2020年，完成第五次全国文化馆评估定级地（市）级一级馆申报。

【区级重要文化活动】 全年实施送演出进社区、进企业、进景区等165场，受益群众达20余万人次。举办“我们的节日·端午”汉服文化艺术进安居展演、“我们的节日·六一”、铜梁区庆祝2020年“中国农民丰收节”南北片区赛等线上线下文化活动5次。

【铜梁龙文化】 **龙文化队伍** 一是开展传承人培训，壮大龙文化传承人员队伍。二是举办全国龙狮舞教练培训班1期，龙灯彩扎培训班2期，金钱板和快板培训班12期，龙舞进校园培训班50余期，赴四川西昌举办龙舞培训班1期。此外，组织铜梁龙绣及与龙雕、龙饰相关的铜梁木雕等传承人参加各类培训9人次。

龙文化活动 常态化开展铜梁龙文化系列非遗项目展示。举办第二届重庆市铜梁中华龙灯艺术节开幕式及灯会，奇彩梦园、安居古城和铜梁龙景区龙舞表演常态化。全年举办龙舞专场晚会8场，其他龙舞表演100多场（其中赴河北省、四川省等区外展演30余场）。

龙文化发展 一是积极开展“中国龙文化艺术之乡”“中国龙文化研究中心”申报工作，铜梁区被中国民间文艺家协会命名为“中国龙灯龙舞文化之乡”。二是推荐“铜梁龙舞进校园”获评第二届全国“非遗进校园”十大优秀实践案例。三是推荐太平镇坪漆村龙灯彩扎基地被重庆市文化旅游委和重庆市扶贫开发办公室命名为重庆市“非遗扶贫就业工坊”。

龙文化研究成果 《重庆市国家级非物质文化遗产集成·铜梁龙舞卷》《铜梁龙灯会探秘》《中国工艺美术集成·铜梁龙灯彩扎工艺》进入编辑出版阶段。《国家级非物质文化遗产项目学术性文集·铜梁龙舞卷》进入编辑阶段，铜梁龙舞保护工程的《中华龙文化大数据中心》建设项目开始实施。同时拓展研究民族龙文化，《底蕴深厚的西藏龙文化》一文在西藏《主人》杂志发表，为促进民族团结，增强民族凝聚力尽到一份力量。

【社会文化辅导与培训】 **阵地培训辅导** 2020年，

共开展舞蹈、书法、语言等各类艺术类免费培训班61期，累计学时1023学时，服务人数935人。(其中少儿免费艺术培训班54期，免费培训人员823人，外来务工人员5期，免费培训人员78人，老年人2期，免费培训人员34人。

基层培训辅导 建立基层文化活动示范点15个，每个示范点年均辅导1次以上。全年举办基层文化站室业务人员及文艺骨干培训班2期(广场舞培训和业务工作培训各1期)，培训人员230人。区文化馆干部到本区基层综合文化中心指导、辅导、培训实现28个镇街全覆盖。

【广场群众文化活动开展】 一是选拔队伍参加“奋进新时代·共圆小康梦”——2020“欢跃四季·舞动巴渝”重庆市广场舞比赛。二是开展铜梁区庆祝2020年“中国农民丰收节”南北片区赛，全区28个镇(街)参与。

(区文旅委　张鸿春)

电影管理放映

【电影创作】 启动龙文化主题电影《龙魂》创作，该片入选全市电影重点题材项目库。资助创作电影《伴山伴水》，该片入选重庆电影扶垚计划。协助拍摄电影《晚春》，并在铜梁举行开机仪式及新闻发布会。

【惠民电影放映】 协调财政资金共计171.53万元，全年放映惠民电影6460余场次，全面完成市级任务3610场次(行政村3192场次，农民工16场次，社区(含广场)402场次)，区级任务2838场

电影《晚春》在铜梁举行开机仪式及新闻发布会(区委宣传部　供图)

(广场、公园1584场，3个景区360场，社区、敬老院、工业园区共894场)。常态化开展疫情防控检查，抽查、检查50家次。

(区委宣传部　秦雪)

非物质文化遗产保护

【名录体系建设】 至2020年底，铜梁区已形成国家、市、区三级非遗名录体系，涵盖民间文学、传统音乐、传统舞蹈、传统戏剧、曲艺、传统体育游艺与杂技、传统技艺、传统医药、民俗等九大类。全区共有国家级非遗项目1项，市级非遗项目13项，区级非遗项目86项。共有代表性非遗传承人135人(已去世12人)，其中国家级非遗代表性传承人1人，市级非遗代表性传承人17人。2020年10月，“重庆市铜梁龙舞进校园实践案例”入选由文化和旅游部非物质文化遗产司支持、中国青年报社指导、中国青年网主办的第二届“非遗进校园”十大优秀实践案例。12月，铜梁“龙灯彩扎非遗扶贫就业工坊”入选重庆市级非遗扶贫就业工坊名单。

国家级名录申报 “铜梁龙灯彩扎”入选第五批国家级非遗名录推荐项目。

市级非遗代表性传承人申报 推荐李学平、郑光兰、赵吉秀、张远文、周可吉、蔡明灿、汪德炳、梅健、杨德明、严天学10人参加第六批市级非物质文化遗产代表性传承人申报，涉及木匾工艺、铜梁彩灯舞、铜梁龙舞、三活春鸡兔鱼烹制技艺、铜梁赵木二羊肉制作技艺、余家拳等项目。

区级名录建设 开展第四批区级非物质文化遗产代表性项目发掘整理评审公布工作，共收集到老陈艾养生品传统制作技艺、金钱板制作技艺、谭氏土陶传统制作技艺13个申报项目，经过专家评审13个项目全部通过评审，推荐为第四批区级非遗代表性项目。

【宣传展示】 一是选送龙锦餐饮文化有限公司(铜梁区三活春餐馆)的选手参加璧山区第五届重庆非物质文化遗产暨老字号博览会“巴渝工匠

杯”非遗技能赛，在“毛血旺烹制技艺”项目中获二等奖，获得“巴渝工匠”殊荣。二是推荐何代科书场获重庆市试点非遗曲艺书场挂牌。三是区文化馆申报获批设立孔子学堂，拓展非物质文化遗产传播平台。四是创作金钱板《社会主义制度是人民的靠山》《吃得文明》《数“机”》《吓一跳》、《赞绿道》系列曲艺作品10余个在区内外展演影响广泛。全年演出金钱板等曲艺作品30多个，演出80多场，其中《吃得文明》系列曲艺作品表演视频被“学习强国”列入宣传学习内容。五是改编川剧作品1个，召开川剧研讨会1次，组织川剧定点展演42场，送川剧表演进社区、进村社共56场。

【非遗保护】 编辑出版了《峨眉派余家拳拳谱》，《铜梁川剧志（1986—2020）》《川剧简明读本》也进入编辑出版阶段。2020年5月，铜梁区非遗保护中心、铜梁二中、铜梁区职业教育中心入选第一批市级非物质文化遗产传习所，传承项目为“铜梁龙舞”。铜梁龙舞保护工程的《中华龙文化大数据中心》建设项目开始实施。

（区文旅委　陈玲　杨万豪）

文化艺术交流

【参加市级演赛交流活动】 1月在重庆市沙坪坝区沙磁文化广场成功举办“传承传统文化·感受非遗魅力——铜梁龙舞专场晚会”。10月组队赴长寿区参加“奋进新时代·共圆小康梦”第九届重庆市乡村文艺会演舞蹈、音乐比赛，其中独唱《丰收圆舞曲》获音乐类三等奖。同月，组织三支舞蹈队伍赴垫江参加2020“欢跃四季·舞动巴渝”重庆市广场舞展演活动，一支队伍入围。此外，区文化馆曲艺干部何代科创作的金钱板《冠状病毒重防范》《好医生》《心》《团年》和花鼓《送菜》5个作品，分别被中国《曲艺》《重庆文化》《重庆艺术》《重庆政协报》等杂志登载。

【承办市级演赛活动】 参与渝西文化馆联盟共同举办原创抗疫文艺共8个艺术门类的展演、展览，累计展出作品2430余件，在市级及以上媒体发表原创抗疫主题文艺作品500余件。

1月2日，在铜梁承办第二届重庆市铜梁中华龙灯艺术节开幕式，复现铜梁龙舞表演团队参加国庆50、60和70周年庆典时的节目，依次表演《龙凤呈祥》《龙舞盛世》《龙耀中华》三个浓墨重彩的龙舞节目。

9月，承办重庆市庆祝2020年“中国农民丰收节”铜梁主会场节目展演，并在土桥镇荷和原乡龙舞广场举办2020年中国农民丰收节图片展。

10月，承办“欢跃四季·舞动巴渝”重庆市广场舞决赛，铜梁队获优美队伍称号。

（区文旅委　张鸿春）

文化产业

【概况】 全区有文化企业933家（其中规模以上35家），个体经营户1800余家，有重庆市文化产业示范基地2个（庹氏书法、盘石火龙）、市级乡村乐园2个（奇彩梦园、金梅印象）、市级首席技师工作室1个。全区文化产业实现增加值13.29亿元，同比增长13.1%，占GDP比重2.9%。

【推动文旅结合】 举办铜梁区第五届文化旅游惠民消费季活动，全年开展春季、夏季和秋冬季三季活动，累计开展活动38场，参与文化旅游消费者达12万余人次，参与的文化旅游企业、商户达80余家，涵盖景区、星级饭店、旅行社、健身场所、歌舞娱乐、电影放映、图书销售、广告婚庆、书画市场等文化旅游行业，带动文化、体育、旅游等相关领域消费1.2亿元。

（区文旅委　张鸿春）

文化市场

【概况】 全区有215家文化娱乐企业，其中歌舞娱乐场所27家、游艺娱乐场所21家、互联网营业场所95家、文艺表演团体30家、营业性演出场所1家、旅行社2家、分社1家、旅行社网点17家、体育游泳场所3家。在行政审批工作中推行“项目公示、集中受理、办结承诺、统一送达、首问责任、一次性告知、最多跑一次”等便民措施，全面接到行政许可申请事项95件，其中不予受理(场地不符合开始要求)1件，办结90件，5件延续到2021年办件。

(区文旅委　张鸿春)

文化执法

【概况】　铜梁区文化市场行政执法大队与重庆市铜梁区旅游监察大队整合，成立重庆市铜梁区文化市场综合行政执法支队，其主要职责是以重庆市铜梁区文化旅游委名义实施执法，统一行使文化、文物、出版、广播电视、电影、旅游、体育市场行政执法职责。

2020年，检查文化旅游经营场所1371余家次，镇街巡查120次，收缴非法出版物460本(张)，办结行政处罚案件7件，不断净化文化旅游市场环境。。

【执法工作】　**做好疫情防控**　会同各相关部门开展疫情防控检查，一是进行疫情防控宣传，提高从业人员疫情防控意识；二是督促各经营单位配备疫情防控物资，对进入经营场所的人员进行实名登记、询问活动轨迹、体温检测，落实经营场所的消杀灭工作；三是落实疑似人员的处置工作。四是加强日常巡查，确保文化旅游经营场所疫情防控工作常态化。

旅游市场执法　开展暑期旅游市场专项整治行动。在6-8月联合公安、市场监管、交通等部门共检查旅游企业34家次，出动执法人员102人次，发现问题20条，发出整改指令20条。做好旅游投诉处理工作。收到有效旅游投诉2件，均在有效期内办理完毕。检查旅游企业150余家次，出动执法人员350余人次，发现问题30条，发出整改指令30条，发出行政处罚通知书1份，罚款2000元。

不可移动文物专项检查　对全区市级文物16处，区级文物84处进行全覆盖检查。全年累计检查不可移动文物100处，出动执法人员305人次。

出版物市场监管　全年支队出动执法人员600余人次，检查出版物市场300余家次，收缴非法出版物460本(张)，办结出版物行政处罚案件2件。全区出版经营场所做到了证照齐全，业主守法经营，整体有序可控。

印刷复制业专项整治行动　一是强化了宣传引导。召开印刷业管理工作会议，通报典型案例，对经营业主、员工进行了法律法规宣传。二是开展专项执法检查。出动执法人员440余人次，检查印刷企业64家次，复打印店150余家次，办结印刷企业违法案件1件。

娱乐场所监管　执法支队以疫情防控为重点，加强与公安局、消防救援支队等职能部门联系，及时掌握行业动态，每月对辖区内的歌舞娱乐场所进行全覆盖检查1次以上。全年出动执法人员762人次，检查娱乐场所292家次。

网吧监管　将网吧集中的城区(巴川、东城、南城)进行划片监管、责任到人，各自在夜间、节假日开展巡查，及时制止违法行为。出动执法人员1564人次，检查网吧614家次，发现问题60余条，发出行政处罚通知书3份，罚款10000元，依法吊销许可1家。

广电行业执法检查　对全区星级宾馆酒店、景区酒店、民宿及部分镇街旅馆、民营医院开展了违规接收电视节目专项检查。开展法律法规宣传，积极联系铜梁广电网络公司、电信公司在城区东城街道玉泉社区开展“看高清电视，小锅盖用户置换优惠试点活动”。出动执法人员100余人次，共拆除违规安装的小锅盖28个。

法律宣传教育引导　举办法律宣传培训，召开各类文化旅游经营业主宣传培训会议6次，参训人员800余人次。学习相关法律法规，通报典型案例，发放宣传资料3000余本(份)。发现违规行为限期整改，约谈业主10余次。

“扫黄打非”专项行动　行动期间，支队发放打击侵权盗版宣传资料(纸袋)2000余个，共出动人员400余人次，检查经营场所200余家次，收缴非法出版物445本(张)。

(区文旅委　张鸿春)

体育

【概况】 2020年，区体育局落实编制13名，其中行政编制3名，专业人才10人（游泳教练3名，龙舞、田径教练各2名，排球、足球、篮球教练各1名）。成立全区体育总会，各单项体育协会20个、体育俱乐部14个，兼职从事体育工作的社会人员约200人。全区有国际级舞龙裁判员7人、国家级舞龙裁判员2人，各类一级裁判员70余人、二级裁判员300余人。

全区有大型公共体育场馆4个，建成体育场地3173个。其中，城区建有体育场60个、体育馆1个、游泳馆5个、社会足球场15个，城区5分钟健身圈覆盖率达100%；农村建有群众体育健身工程254个、健身广场28个，行政村农民体育健身工程覆盖率达到95.49%；全区中小学共有篮球场214块、排球场96块、体育馆6个、400米田径场7块，小运动场53块，各级各类学校体育器材全部按标准配备。

2020年成功举办重庆铜梁原乡风情马拉松、重庆市铜梁区2020—2021“体彩杯”职工篮球联赛、“爱在西郊·与你同行”自行车骑游活动，并承办重庆市国际式摔跤冠军赛。

【竞技体育】 开设游泳长训班、跆拳道长训班。游泳项目常训学生20余人。区体育局与区教委联合在10所学校设置12个区体校重点项目训练基地12个（含篮球4、足球3、田径1、摔跤1、跆拳道1、橄榄球1、舞龙1），篮球和足球项目基本建成梯队。另外，为加强重点项目训练基地督促管理，区体育事业发展中心（区体校）派出专职教练员对各训练基地建设和日常训练工作进行督促指导。学校作为培养竞技体育后备人才的摇篮和补充，区内各中小学创建有全国校园足球特色学校23所、全国校园篮球特色学校11所、全国校园网球学校4所，重庆市校园篮球特色学校3所、重庆市校园田径特色学校1所、重庆市校园花样跳绳特色学校1所，共计43所国家级、市级特色学校。

【群众体育】 11月，举办重庆市铜梁区“体彩杯”职工篮球联赛，来自区内各部门、镇街、行业的76支球队，1000多名篮球爱好者参赛，有近300场比赛。同月举行重庆铜梁原乡风情马拉松赛，5000名跑友参加，市体育局副局长张欣、奥运冠军王丽萍出席起跑仪式，CCTV5、中新网、新华网、人民网等30多家媒体，100余名记者参与报道，百度搜索赛事名称关键词报道数量达306万条。

10月30日至11月1日，2020年重庆市国际式摔跤冠军赛在铜梁举行，来自重庆26个区县、近300名选手同台竞技。

积极推进体教融合，备战市六运会，拟参加11个比赛项目，注册青少年运动员700余人。

筹办第三届中华龙灯艺术节，举办舞龙舞狮教练员裁判员培训班，请中国龙狮运动协会专家到场授课，共培训舞龙舞狮教练员裁判员74名。积极创建中国龙狮运动名城，区政府与中国龙狮运动协会签订战略合作协议，区体育局与中国龙狮运动协会签订中华龙狮大赛举办协议，铜梁区成为中国龙狮运动协会理事会常设举办地。

此外，积极推进全民健身，每天有数千人到玄天湖环湖步道、西郊绿道等地自觉健身锻炼。

【全民健身集中展示活动】 先后举办重庆铜梁爱在西郊·与你“铜”行骑游活动、“中国农民丰收节”西郊花语悠游谷场景式自行车骑行接力赛和各协会赛事活动40余次。开展“体彩公益金·健身伴我行”公益免费培训活动，活动设有老年组太极拳，中年组网球、羽毛球，青少年组篮球、羽毛球和网球等培训项目，全年免费培训1000人次。以协会、俱乐部等为载体，常态性开展曳步舞、健步走、跑团、门球、气排球等内容丰富、形式多样、参与自由的群众性活动。补助协会活动经费150万元，开展国民体质监测活动38次，监测5000余人；开展《国家体育锻炼标准》达标测验活动，测验3000余人。

【体育设施建设】 2020年，新建设5个市级社区健身点和15个区级社区健身点，全区社区健身点数达46个。市体育局资助旧县街道11人制标准足球场和水口镇乡镇健身广场项目完成建设。指导各镇街大力建设健身步道、登山步道和完善标识标牌。依托玄天秀水生态画廊，建设彩色环湖步道10千米。依托原乡中央公园，建设休闲步道21千米。依托西郊花语悠游谷，常态化推进农村人居环境整治，建设乡村绿道60千米，绿道成为景观道、产业道、健身道。依托巴岳山，修缮登山步道3千米。西郊绿道入选重庆市“体育旅游精品线路”，向大型体育公园标准推进。

【体育场地管理】 全区公共健身场地设施免费开放率达100%，寒暑假期学校运动场地也向群众免费开放，并鼓励引导民营健身场馆开展优惠活动。对公共场地设施落实专人管理，对经营性场地设施加强监督检查。同时，切实抓好疫情防控指导、防疫物资准备、场所消毒、人员登记、测量体温等疫情常态化防控工作，从3月23日起，辖区3173个体育场地全部有序恢复开放，确保人民群众健身需求。

（区文旅委　张鸿春）

全民健身中心一二期场地全年免费开放（区文旅委供图）

医疗卫生

综述

【概况】 区卫生健康委员会内设10个科室，核定行政编制21人、工勤编制2人，年末实有行政人员20人、工勤人员2人。

全区有医疗卫生机构837家。其中：政府举办的区级综合医院1家、中医医院1家、街道社区卫生服务中心5家、社区卫生服务站所、镇卫生院22家、妇幼保健院1家、疾控中心1家、卫生健康行政执法支队1家、精神卫生中心1家（二级精神病专科医院）、健康教育所1所；村卫生室558所，民营医院个体诊所及企事业医务室243所。

全区医疗机构设置病床3983张。其中：区直医院（含民营医院）2490张，镇卫生院（含中心卫生院）、街道社区卫生服务中心1208张，精神卫生中心186张，妇幼保健院99张。实有床位4412张。其中：区直医院（含民营医院）2720张，镇卫生院（含中心卫生院）、街道社区卫生服务中心1590张，妇幼保健院99张，门诊部3张。

全区各类医疗卫生机构人员数5866人，其中卫生技术人员4606人，其他技术人员178人，管理人员173人，工勤技能人员447人，乡村医生和卫生员462人。全区医疗卫生机构人员中有在编职工2080人，其中：专技人员1941人（卫生技术人员1882人、其他技术人员59人），管理人员108人，工勤技能人员31人。在专业技术人员中，高级职称307人（正高61人，副高246人），中级职称767人，初级职称867人。学历结构情况：博士4人，硕士134人，本科1270人，专科529人，中专及以下143人。执业（助理）医师2072人；注册护士2463人。

2020年全区医疗卫生机构资产总额266360.87万元（26.63亿元），财政对卫生计生系统投入83713.78万元（8.37亿元）。

【医疗卫生改革】 铜梁区在全市率先实现医疗机构接入全国异地就医结算平台全覆盖。启动医域医共体“三通”建设，建立“横合纵通区域抱团”的整合型医疗服务新体系，筹集500万元设立医共体纵向技术协作“资金池”，牵头医院帮助基层开展临床新技术、新项目35项，开展远程影像、心电、会诊、教学等医疗业务5546人次。启动虎峰镇、平滩镇中心卫生院创建基层区域医疗卫生中心工作。持续深化基层集团化改革，筹集基层发展专项资金约1300万元，虽受疫情影响，全区基层医疗卫生机构总诊疗量达813272人次，同比增加5.24%。

【突发公共卫生事件医疗救治体系建设】 完成全区120信息指挥系统维护建设，建成以铜梁区120医疗急救指挥中心为枢纽，全区30家公立医疗机构为急救网站的医疗急救网络体系；开展区级卫生应急队伍标准化建设，建成4支共78人规模的区级卫生应急队伍，包括紧急医学救援队、突发传染病防控队、突发中毒事件处置队以及突发事件心理救援队，并为其配置标准化的应急处置背囊；组织开展新冠疫情防控桌面演练和新冠肺炎疫情防控核酸检测扩大筛查应急实战演练各1次。2020年，全区除新冠肺炎疫情外共报告传染病类突发公共卫生事件1起，事件发生场所在学校，为一起水痘聚集疫情，事件等级为未分级事件。累计发病21人,无死亡病例报告。通过规范的流行病学调查、病例及时隔离治疗、学校晨午检、因病缺课追踪制度以及复课管理、消毒、健康宣教等一系列措施的落实,疫情得到规范处置和有效控制。及时处置"8·17"洪涝灾害突发事件,派遣疾控中心应急处置小组、区人民医院应急救援小组携带消毒药品1000瓶、喷雾器40台、紧急救援药品赴受灾地区开展医疗保障并指导涉灾镇开展环境清淤消杀、饮用水的消毒、蚊虫孳生地消除、灭蟑、灭鼠饵剂投放等现场工作。全年全区在重大节假日和重大活动期间,完成各级各类保障任务61场次,派出医护人员180人次。

(区卫生健康委　陈静)

疾病防控

【疫情管理】 根据国家疾病监测信息系统信息统计,2020年铜梁区无甲类传染病报告,报告按照甲类管理的新型冠状病毒肺炎确诊病例10例,其中无症状感染者6例。乙类传染病报告12种1086例,发病率为149.55/10万,死亡8例(艾滋病),死亡率为1.10/10万。丙类传染病报告7种974例,发病率为134.12/10万,无死亡病例报告。乙类传染病中,肠道传染病报告4种54例,报告发病率为7.44/10万;呼吸道传染病报告5种347例,报告发病率为47.78/10万;自然疫源及虫媒传染病报告1种1例,报告发病率为0.14/10万;血源及性传播传染病报告5种684例,报告发病率为94.19/10万;无新生儿破伤风病例报告。针对区、镇(街道)传染病防控工作人员,开展新冠肺炎及登革热疫情防控专题培训、流行病学调查专题培训、学校重点传染病防控等相关培训会共4期,培训327人次。

【重点传染病防治】 **新冠肺炎疫情防控** 2020年全力抗击新冠肺炎疫情,在区委区府的强力领导下,进行快速全面精准的流调溯源、大量的密切接触者追踪管理、疫情信息审核报告、风险分析研判等应急工作。对全区10例新冠肺炎确诊病例及6例无症状感染者、76例疑似病例(已排除)进行规范流行病学调查,完成576名密切接触者、3名密切接触者的密切接触者的追踪排查及管理。综合利用大数据与信息化手段,确保流调工作不漏一人、不漏一环,扩面、细致、深入做好流调溯源工作。

除此之外,铜梁区前后派出三批共63名援鄂队员奔赴湖北:2月2日下午,区首批援鄂医疗队(由区人民医院6名、中医院4名护理人员组成)启程开赴湖北武汉共同抗击新冠肺炎疫情;2月11日,第二批援鄂医疗队(区人民医院医生4名、护士7名,区中医院护士11名组成)启程开赴湖北孝感抗击新冠肺炎疫情;2月20日,第三批援鄂医疗队(区人民医院18名,区中医院医生3名、护士10名)启程赴湖北孝感抗击新冠肺炎疫情。

人禽流感、SARS等突发急性传染病监测 2020年铜梁区疾控中心每月对东门农贸市场、李家湾农贸市场和(或)巴川街道玉皇村家禽散养户、太平镇垣楼村家禽规模养殖场开展外环境禽流感病毒污染状况(病原学)监测(132份),未监测到H7N9病毒阳性;11月于永嘉镇开展职业暴露人群的人禽流感抗体水平监测(50人份),结果均无异常;2020年每月开展风险排查与评估,完成12期传染病及突发事件公共卫生风险评估报告。开展不明原因肺炎/人禽流感可疑病例监测,按时完成不明原因肺炎12期的监测月报表。

霍乱防治工作 铜梁区疾控中心与各级医疗卫生单位把以防制霍乱为主的肠道传染病作为防治工作的重要任务来抓。各医疗机构在5-11月规范开设肠道门诊,做到组织、人员、物资、经费"四落实"。

乙型病毒性肝炎监测项目 全年完成急性乙肝监测项目工作,在全区各医疗机构中筛查急性和未分型乙肝病例,制定《铜梁区乙肝监测方案》,并进行乙肝专题培训会。2020年全区共报告1例急性乙肝病例，对每名患者规范及时地进行血液样品的采集检测和个案调查。

性病艾滋病防治 以世界“艾滋病日”为契机开展“携手防疫抗艾，共担健康责任”等形式多样的宣传咨询活动，联合社区开展“防艾”知识宣讲，提高全区广大群众对艾滋病防治知识知晓率、关怀和支持艾滋病感染者健康生活、消除社会歧视，为艾滋病防治工作营造一个良好的氛围。全年累计进行151059人次的HIV抗体检测，完成辖区常住人口数10%以上的要求；累计完成175例首次流行病学调查，流调率为100%。积极开展羁押人员HIV、梅毒检测，2020年检测415人，检测率均达100%。自愿咨询检测2622人次。

结核病防治工作 新冠疫情来袭，以线上为主线下为辅的多种形式开展“世界防治结核病日”宣传活动，重点开展以提高“防痨”队伍的整体素质为目的的业务培训，新冠疫情期间送药到家，全面完成上级下达的各项任务指标。全区接待初诊病人1475例，免费痰检2020人次，确诊肺结核病232例。严格按照《中国学校结核病防控指南2020版》规定对学校肺结核疫情进行疫情处置，全年无聚集性疫情发生。对全区所有中小学生和高二年级学生均进行肺结核筛查。

手足口病防治工作 2020年铜梁区共采集手足口病病例咽拭子87人份，阳性率为68.97%（60/87）。其中阳性结果以A6为主，阳性率为34.48%（30/87），其次为CA16阳性率为23%（20/87）。

狂犬病防控工作 2020年铜梁区无狂犬病病例报告。要求各医疗机构加强狂犬病病例监测及报告，并对群众进行狂犬病自我防治知识的健康教育，提高人群暴露后规范处置率。

【地方病防治工作】 完成2020年重点地方病控制与消除评价自评工作；完成“十三五”地方病防治规划终期评估；完成地方病防治专项三年攻坚行动（2018-2020年）终期评估。完成2020年土源性线虫病重点人群服药驱虫工作；完成重点寄生虫病防治规划（2016-2020年）终期评估。完成重庆市消除麻风病危害规划（2011-2020年）终期评估。

碘缺乏病 制定《铜梁区2020年碘缺乏病监测实施方案》，组织开展项目工作业务培训1次，完成旧县街道、平滩镇、福果镇、安居镇、石鱼镇102名孕妇尿样和盐样的采集，监测和孕妇个案调查表工作，完成旧县小学、平滩小学、福果小学、安居小学、石鱼小学8～10岁非寄宿学生201名的尿样和家中食用盐样的采集、监测及碘缺乏病健康教育宣传工作，完成201名儿童甲状腺检测工作。据监测结果显示，全区孕妇盐样中位数26.4mg/L，尿碘中位数184.9μg/L。儿童盐样中位数28.1mg/L，尿碘中位数245.8μg/L，甲状腺肿大率为3%。完成全区基本信息及5个项目监测点基本信息、102份孕妇盐样、尿样结果和201名儿童盐样、尿样及甲状腺检测结果的网络直报工作。

疟疾防治 一是根据市疾控疟疾防治工作要求，针对基层开展疟疾防治培训工作，开展集中培训一次，培训人数58人；二是对回国人员开展宣传教育工作，对到中心进行主动询问的归国人员进行免费的疟原虫RDT快速检测及血片检测；三是在“全国疟疾日”开展以“消除疟疾控新冠、同防输入再传播”为主题的防治宣传活动，该宣传活动历时一周，累计播放宣传视频200余小时，接受健康咨询人次群众达200多人次，发放宣传资料1000余份。

麻风病防治 全区共有麻风病例10例，全部为治愈病例。全年处理1例麻风副反应病例，将此病例送至巴南区皮肤病防治院进行住院治疗，并在其出院后对其开展定期随访及服药督导工作。积极开展“世界防治麻风病日”宣传活动，利用橱窗、街头咨询、社区、医院板报，广泛宣传麻风病可防、可治、不可怕。引导公众转变观念，消除对麻风病患者及畸残者的歧视和偏见，深入7名麻风畸残病人所在的组、院坝、家庭，对他们的身体进行检查，给他们讲解如何做好自我护理。同时，对疫点群众进行线索调查及健康教育宣传。

布鲁氏菌病监测 完成全区13个监测点205人的重点职业人群布鲁氏菌病血清学检查工作，开展畜间布病疫情收集及布病防治知识知晓率问卷调查工作，全区累计完成布病防治知识知晓率问卷调查1300人。按规定完成相关数据网络直报及总结上报工作。

【土源性线虫防治】 按照《铜梁区土源性线虫驱虫工作实施方案》要求，继续开展土源性线虫病重点人群服药驱虫工作，完成全区28个镇街6万余人服药信息统计工作，及时开展服药驱虫工作。

【慢病防控工作】 **肿瘤随访登记** 2020年，全区肿瘤随访登记工作持续开展，实现全区所有医疗卫生机构肿瘤登记报告网络直报工作，实现肿瘤病例生存随访工作全覆盖，组织3家区区直医疗卫生机构和28家基层医疗卫生机构约60余人进行专项业务培训会1次，开展肿瘤随访登记工作专项督导1次。全区累计报告新发恶性肿瘤病例2119例。

心脑血管事件监测报告 根据《铜梁区心脑血管事件监测报告实施方案》要求，加强基层医疗机构网络报告心脑血管事件的能力，开展业务骨干专项培训1次，全区累计报告脑卒中病例2270例。

慢阻肺的监测报告 为规范全区慢性阻塞性肺部疾病的报告，扩大监测范围，提升报告质量，召开专项培训会1次，全区31家医疗机构报告工作均实现网络报告。全区累计报告慢性阻塞性肺部疾病病7331例。

居民死亡监测报告 2020年共报告全区辖区死亡人数5483例，粗死亡率为755.03/10万，人均期望寿命78.47岁，死因顺位居前三位的分别是恶性肿瘤、脑血管病和心脏病。

万步有约职业人群健走大赛 全区37个机关、企事业单位，共计932人参与热身选拔赛。最终确定由36个机关、企事业单位的533名队员组成41支队伍代表铜梁参与全国竞赛，并获得全国优秀健走示范区称号。

健康骨骼干预行动项目 选取东城街道开展健康骨骼干预行动，完成100名中老年人的骨密度检查及干预前的问卷调查工作。

健康支持性环境调查评估 2020年，对辖区内已创建的健康支持性环境开展运行状态评估及信息更新工作。全区建成市级健康知识科普基地1个、健康主题公园2个、健身步道7条、健康促进学校60家、无烟党政机关累计创建61家、健康驿站10个，2个健康知识宣传长廊，打造太平镇平滦村、维新镇沿河村、水口镇树荫村、安溪镇金滩村、西河镇双永村区级5家健康小屋，4家健康食堂。

【卫生检验】 **理化检验及微生物检验样本检测** 全年共完成盐碘监测300件共计300项目次，尿碘监测300件共计300项目次，水样699件共计15450项目次，食品风险监测样本30件共计362项目次，作业场所危害因素监测25家共计428项目次，一次性卫生用品20件共计120项目次，餐具监测15件共计15项目次，实验室污水样本8件共计13项目次。为指导全区食品卫生、饮食饮水卫生等服务业提供切实可行的科学依据。

传染病相关检测 全年参与新冠核酸检测共计37576份样品，其中人员上呼吸道标本（含疑似病例、密切接触者、发热病人、中高风险地区来铜返铜人员、冷链从业人员、医务人员、快递及外卖人员、驾驶员、机关事业单位食堂工作人员等）26897份，食品（含进口食品）及其包装物6963件，环境样本3695件，进口货品21件。全年共参与处置突发事件及疫情共7次，其中处置食物中毒1次采集样本19件检测76项目次，疑似学校诺如病毒疫情1次采集样本16件检测32项目次，处置学校疑似流感疫情2次采集样品32件检测64项目次，处置麻疹风疹疫情及血清IgM抗体检测1次，处置非慢性乙肝疫情及血清抗HB-cIgM 1∶1000检测2次；完成HIV初筛及梅毒筛查各788人次；配合市疾控完成禽流感监测采集环境样本144份和高危人群血清抗体样本50份；检测手足口病例标本91份182个项目次；完成布鲁氏菌病监测工作，共检测样本200人份。针对新冠病毒样本采集、运输、大规模核酸筛查、常态化防控监测等，开展全区培训3次共计培训248人次，并对各医疗机构开展核酸样本采集开展全覆盖督导；指导辖区5个街道社区卫生服务中心建成艾滋病检测点5个。为有效控制传染病的发生，保护人民健康起到了积极作用。开展职业卫生从业人员健康体检（包括肝功检测、血常规、尿常规、血糖等项目）共3480人次。

实验室质量控制 全年共完成经历试验82件共计161项目次。参与重庆市市场监督管理局、市疾控中心等单位组织的能力比对或盲样考核共7次，完成盲样检测43件，涉及项目13项，截至年底所有已反馈结果均为满意或优秀。

实验室检测能力提升 为聚焦新冠肺炎疫情防控中暴露的疾控能力短板，提高中心实验室平战结合能力，中心依托亚投行贷款项目和特别国债项目全年共计投入2300余万元购置各类实验室专用设备181台件，建成方舱PCR实验室1间，改造特殊功能实验室6间，搭建实验室信息管理系统1套，在进一步提升全区新冠核酸检测能力的同时，储备了较为充足的处置突发传染病疫情应急检测机动能力，为建设一支在专业领域具有较高学术和专业水平的现代化疾控检测队伍打下坚实的基础。

【免疫接种】 **知识宣传与培训** 全年共开展免规相关培训4次，培训214人次，对相关预防接种工作人员进行冷链自动温度监控系统、预防接种规范管理、疑似预防接种异常反应、预防接种资格等培训，并在培训后进行现场考核。开展以"及时接种疫，共筑健康屏障"为宣传主题的全国儿童预防接种宣传日活动，发放宣传资料5000余份，向群众面对面宣传扩大国家预防接种工作政策、疫苗相关疾病预防及预防接种知识。按照《全国疑似预防接种反应监测方案》的要求，认真履行疑似预防接种异常反应报告的收集、调查工作。疫苗储存、运输、管理、使用均符合要求，未出现违规操作，未发生重大预防接种事故，安全注射率100%。

预防接种报告情况及接种率调查工作 四苗基础全程接种率99.66%，五苗基础全程接种率98.66%，七苗基础全程接种率97.96%，八苗基础全程接种率97.52%，儿童建卡率、建证率为100%。

疫苗、冷链管理及督导 全年结合基本公共卫生开展4次业务督导，各预防接种单位根据《预防接种工作规范》《疫苗流通和预防接种管理条例》要求，建立内容真实有效的疫苗出入库记录、冷链温度记录等内容，同时开展自查清查，确保冷链设备正常运作和疫苗的正确储存，加强落实疫苗管理和出入库制度。

入托入学查验接种证 2020年全区应查幼儿园158所、小学62所，实查幼儿园158所、小学62所，查验覆盖率100%。幼托机构查验率100%，小学查验率100%。

（区卫生健康委　陈静）

公共卫生服务

【0～6岁儿童健康管理】 2020年度辖区内活产数4452人，按照规范要求接受1次及以上访视的新生儿人数4197人，新生儿访视率94.27%；辖区内0～6岁儿童数31381人，辖区内接受1次及以上随访的0～6岁儿童数28959人，儿童健康管理率92.28%。

【2型糖尿病患者健康管理】 年内辖区内2型糖尿病患者应管理人数17800人，已管理人数17807人，按照规范要求进行2型糖尿病患者健康管理的人数11076人，规范管理率62.20%，年底前随访空腹血糖达标人数13075人，管理人群

血糖控制率73.43%，按规范要求进行2型糖尿病患者健康管理的人数(其中2020年上半年不区分随访方式)11455人。

【高血压患者健康管理】 年内辖区内高血压患者应管理人数51500人，已管理的高血压患者人数52003，按照规范要求进行高血压患者健康管理的人数32852人，规范管理率63.17%，年底前随访血压达标人数39513人，管理人群血压控制率75.98%，在管高血压患者家庭医生签约人数34194人。

【居民健康档案管理】 2020年辖区内常住居民数726000人，建档人数658423人，健康档案建档率90.69%，建立电子健康档案人数658423人，电子健康档案建档率90.69%，档案中有动态记录的档案份数406708人，健康档案使用率61.77%。

【传染病及突发公共卫生事件管理】 2020年登记传染病病例数3038人，网络报告的传染病病例数3038人，传染病疫情报告率100.00%，报告传染病病例数3038例，报告及时的病例数3038例，传染病疫情报告及时率100%，报告突发公共卫生事件相关信息数3个，及时报告的突发公共卫生事件相关信息数3个，突发公共卫生事件相关信息报告率100%。

【肺结核患者健康管理服务】 辖区同期内经上级定点医疗机构确诊并通知基层医疗卫生机构管理的肺结核患者人数166人，已管理的肺结核患者数166人，管理率100%。同期辖区内已完成治疗的肺结核患者人数237人，按照要求规则服药的肺结核患者人数232人，肺结核患者规则服药率97.89%。

【家庭医生签约服务】 已组建家庭医生团队数174个。辖区内常住居民数726000人，常住人口签约数239300人；辖区内0～6岁儿童数31381人，0～6岁儿童签约数9389人；辖区内65岁及以上常住居民数108600人，65岁及以上常住居民签约数86920人；辖区内孕13周之前建册并进行第一次产前检查的产妇人数4146人，孕产妇签约数2612人；年内辖区内已管理的高血压患者人数52003人，在管高血压患者家庭医生签约人数47020人；年内辖区内已管理的2型糖尿病患者人数17807人，糖尿病患者签约数15474人；已管理的肺结核患者人数166人，肺结核患者签约数人165人；辖区内登记在册、诊断明确、在家居住的严重精神障碍患者人数4039人，严重精神障碍患者签约数3375人；辖区内残疾人数15262人，残疾人签约数9150人；纳入计划生育家庭特别扶助制度的独生子女伤残或死亡家庭的夫妻人数1832人，纳入计划生育家庭特别扶助制度的独生子女伤残或死亡家庭的夫妻签约数1721人，农村建档立卡贫困人口数12423人，农村建档立卡贫困人口签约数12189人，城乡低保五保人口数14624人，城乡低保五保人口签约数9702人。

【健康教育】 发放健康教育印刷资料种类2000种，发放健康教育印刷资料数量734704本，播放健康教育音像资料种类576种，播放健康教育音像资料次数15735次，播放健康教育音像资料的时间40197小时，健康教育宣传栏设置个数615个，健康教育宣传栏内容更新次数3703次，举办健康教育讲座次数1913次，举办健康教育讲座参加人数51567人，举办健康教育咨询活动次数333次，举办健康教育咨询活动人数30810次。

【老年人健康管理】 辖区内65岁及以上常住人口数108600人，接受健康管理人数76546人，老年人健康管理率70.48%，建立健康档案的65岁及以上老年人数106152人，老年人健康体检人数76546人，体检表合格数68891份，体检表合格率90%接受健康指导、健康咨询、健康教育(不包括健康体检)等服务的65岁及以上常住居民15561人。

【卫生监督协管服务管理】 发现的事件或线索次数924个，报告的事件或线索次数924个，卫生监督协管报告率100%，协助开展的食源性疾病、饮用水卫生安全、学校卫生、非法行医、非法采供血、计划生育和职业卫生实地巡查次数6406次。

【严重精神障碍患者管理】 全区登记在册的确诊严重精神障碍患者人数4039人，按照规范要求进行管理的严重精神障碍患者人数3232人，严重精神障碍患者规范管理率80.02%。

【预防接种】 全区应建立预防接种证人数45235人，建立预防接种证人数45235人，建证率100%。乙肝疫苗应接种人数4888人，实际接种人数4865人，乙肝疫苗接种总针次数13846针，乙肝疫苗接种率99.53%；卡介苗应接种人数4894人，实际接种人数4876人，卡介苗接种总针次数4876针，接种率99.63%；脊灰疫苗应接种人数4564人，实际接种人数4541人，脊灰疫苗接种总针次数20526针，接种率99.5%；辖区内百白破疫苗应接种人数4006人，实际接种人数3983人，百白破疫苗接种总针次数22334针，接种率99.43%；麻疹成分疫苗应接种人数6319人，实际接种人数6296人，麻疹成分疫苗接种总针次数12037针，接种率99.64%；流脑疫苗应接种人数3236人，实际接种人数3214人，流脑疫苗接种总针次数16809针，接种率99.32%；乙脑疫苗应接种人数5813人，实际接种人数5788人，乙脑疫苗接种总针次数12207针，接种率99.57%；甲肝疫苗应接种人数5909人，实际接种人数5885人，甲肝疫苗接种总针次数5885针，接种率99.59%。

【孕产妇健康管理】 孕13周之前建册并进行第一次产前检查的产妇人数4146人，早孕建册率93.13%，产妇出院后28天内接受过产后访视的产妇人数4174人，产后访视率93.76%。

【中医药健康管理服务】 65岁及以上常住居民数108600人，接受中医药健康服务人数71229人，老年人中医药健康服务率65.59%；辖区内3岁以下儿童数14527人，0～36个月儿童接受中医药健康服务人数9938人，中医药健康服务率68.41%。

（区卫生健康委　陈静）

医疗

【医疗服务】 一是二级以上医疗机构均开展实名制预约诊疗服务，区直三家医院临床路径执行科室有37个，执行病种共180个，实现临床路径“医、护、患”一体化，加强医务人员医患沟通技巧和人文教育培训，提高医患沟通意识和水平，落实检查检验结果互认，积极建设远程影像、心电、会诊、培训等，协助医共体内信息共享，二级以上医院优质护理服务全覆盖，区护理质控中心对全区护理工作开展专项检查和培训各1次；二是加大医联体建设，完成2个医联体的建设上，组建医共体，以“医通、人通、财通”工作方式，努力实现基层首诊、双向转诊，推动上级医疗机构下转患者数量持续增长，区域内就诊率达90%以上，开展优质服务基层行等级医院评审工作，7家镇街医疗机构服务能力达到国家基本标准。区中医院持续巩固三甲复审成果，区人民医院继续深入推进三甲医院创建工作；三是全区医护人员进行“三基三严”培训，共计800余人；四是强化对口帮扶。铜梁区选派8名医务人员和3名业务骨干对口帮扶巫山和西藏芒康县。同时为巫山支援药品及资金8万元，帮助受援医院建设重点特色专科1个，培育适宜技术1项，培训医务人员25名。为芒康县人民医院制定儿科常见疾病的诊治规范，开展新技术2项，建立PCR实验室；帮助芒康县如美镇卫生院、纳西乡中心卫生院建立超声科，筛查出患先天性心脏病15人；五是持续推动干部保健和征兵体检及医疗保障等相关工作。对全区离退休干部和区管干部进行了健康检查及保健咨询。做好市管领导的保健巡诊和医疗服务工作，完成区级医疗保障40余件。

【医疗业务】 **门诊业务**　2020年，铜梁区门诊病人4403887人次。其中：综合医院933839人次，中医医院502265人次，中西医结合医院16710人次，妇幼保健院162326人次，专科医院28403人次，社区卫生服务中心（站）222805人次，镇（中心）卫生院590254人次，门诊部15230人次，诊所、卫生所、医务室727605人次，村卫生室1204450人次。政府举办的医疗机构门诊业务收入50154.939万元。其中：综合医院23801.9万元，中医医院12518.80万元，妇幼保健院4264.2万元，社区卫生服务中心3285.4万元，镇（中心）卫生院4326.4万元，村卫生室实现业务收入1958.239万元。

住院业务 全年住院治疗出院病人119364人。其中：综合医院（含民营医院）48917人，中医医院26885人，中西医结合医院2082人，妇幼保健院4919人，专科医院2329人，社区卫生服务中心9439人，镇（中心）卫生院24757人，门诊部36人。政府举办的医疗机构住院业务收入67254.30万元。其中：综合医院34810.7万元，中医医院21797.90万元，妇幼保健院2151.7万元，社区卫生服务中心2186.5万元，镇（中心）卫生院6307.5万元。平均病床使用率70.28%，其中：综合医院（含民营医院）73.15%，中医医院80.85%，中西医结合医院27.79%，妇幼保健院58.82%，专科医院23.81%，社区卫生服务中心75.48%，镇（中心）卫生院67.67%。全区出院者平均住院9.1天，综合医院8.27天，中医医院8.89天，中西医结合医院6.74天，妇幼保健院4.28天，专科医院2.53天，社区卫生服务中心8.07天，镇（中心）卫生院13.01天。全区平均死亡率0.22%，其中综合医院0.44%，中医医院0.15%，社区卫生服务中心（站）0.05%。

【医药费用控制情况】 2020年，全系统药品占医药收入的比例为36.04%，同比增加1.75个个百分点。每门诊人次费用212.83元，同比增长5.67%，其中：区直医院增长7.37%，基层医疗卫生机构增长16.71%。全区出院者平均医药费用6203.09元，比去年增加4.39%，其中：区直医院增长4.84%，基层医疗卫生机构增长9.69%。

【健康扶贫】 **强化保障力度，确保精准救治** 全年支付健康扶贫基金466.88万元，救助贫困住院患者4774人次和特慢病门诊患者11523人次，平均自付比例分别为9.73%和12.03%，区域就诊率为94.72%；落实便民惠民政策，全区所有医疗机构严格执行“先诊疗后付费”“一站式”结算，为符合条件的1522名贫困患者代办“两病”和特病卡；实施“三个一批”分类救治，全区共有建卡贫困人员4423户、12423人，患病人员3659户、6362人，通过大病集中救治、重病兜底保障、慢病签约服务的“三个一批”分类救治，救治率100%；2020年，大病专项救治病种增至33个，在农村建卡贫困人口基础上，将民政低保、特困及重度残疾纳入大病专项救治范围，各类在管大病患者2176名，实施“光明工程”，为农村建卡贫困“白内障”患者累计免费手术105例次；强化监测预警重点人群管理，建立因病致贫户档案，落实边缘易致贫户、脱贫监测户及监测预警重点人群追踪管理，协同民政、残联等部门落实帮扶措施。

结合“美丽医院”建设，推进卫生院所环境提升 完成五个市级脱贫村所在卫生院及村卫生室环境提升工程，开展村卫生室“一村一室一证”规划调整，全区公立医院有三级医院1所、二级甲等医院2所及镇街标准化卫生院28所，263个行政村卫生室全部达到标准化建设标准；稳步推进区人民医院“三级”医院创建，持续巩固区中医院“三甲”复审成果，与重庆医科大学附属儿童医院签订“重儿儿科医生联盟”分级诊疗项目，区中医院创建成为南京中医药大学附属重庆市铜梁区中医院，建立区级名医和名中医工作室9个。全区现有国家级、市级重点（特色）专科21个。持续推进基层医疗机构等级评审工作，持续开展全科医生及紧缺人才培训。全区有全科医生260名，达到3.58名/万人，超全市2.8名/万人目标要求，积极申报15名临床医生进行儿科医生转岗培训，落实60名基层医务人员到区级医院进修学习，组织符合条件报考执业助理医师的乡村医生参加执业（助理）医师考试，完成全区乡村医生诊疗能力培训；将全区所有医疗机构纳入医共体建设，落实区级医院牵头责任，引领、帮扶基层卫生院和民营医院提升医疗服务能力，定期到基层卫生院开展就诊服务和业务指导，下沉“区管镇用”人才30人，完成上转病人405人次、下转病人115人次，实现远程医疗服务区域影像平台实现全覆盖。

组织家庭医生团队，抓好分片服务管理 全年组建家庭医生团队174个、1058人，实行“分片服务、划片管理”模式，完成12241名在家建卡贫困户家庭医生签约全覆盖，开展健康科普和健康知识教育讲座共1673场、健康咨询活动326场，完成村级健康教育骨干人员能力提升培训会12场，发放健康知识宣传印刷资料77种、播放健康知识宣传影像资料25种。

强化对口支援，落实结对帮扶 5月，在区人民医院及区中医院共选派5名临床医务人员分别对口帮扶巫山县人民医院、巫山县中医院，支援药品5万元；6月，再次从区人民医院、中医院、妇幼保健院各抽调1名医务人员对口支援巫山县庙宇镇中心卫生院，帮扶期限1年，其中挂职业务副院长1人，支援资金3万元，帮助受援医院重点建设特色专科1～2个，培育适宜技术1项以上，培训医务人员25名。

强化政策宣传，入户走访 在市级新闻媒体及铜梁区融媒中心宣传健康扶贫政策及工作亮点共21次；在各医疗单位大厅、输液厅，显眼位置设置健康扶贫政策专栏及摆放宣传折页，统一印制健康扶贫手提袋、“健康扶贫明白纸”、健康扶贫政策宣传折页及健康扶贫手册分发到各医疗单位，用于入户走访时发放；报送市级简况3篇、区级简况21篇、区级专刊1篇、约稿信息1篇。

强化问题整改，推进工作落实 针对中央脱贫攻坚巡视、国家成效考核反馈、市脱贫攻坚“回头看”、国扶办2020年脱贫攻坚督查反馈及健康扶贫存在的问题，建立任务、问题、制度“三张清单”，通过联动配合、清单管理、定期报告、常态督导、成效回访，现所有健康扶贫问题整改任务全部清零销号。

【特色专科】 **区人民医院** 成功创建市级临床重点专科4个：泌尿外科、肿瘤内科、临床护理、神经内科；市级特色专科3个：泌尿外科、呼吸内科、肝胆胸外科；市级临床重点学科建设项目2个：呼吸内科、重症医学科；市级特色专科建设项目1个：神经内科。

区中医院 国家三级甲等中医医院，其中国家中医药管理局“十五”“十一五”“十二五”重点专科1个：骨伤科；国家级特色专科2个：心脑血管科、疼痛针灸科；市中医重点专科2个：心血管病科、脑病科；市中医特色专科2个：疼痛科、肛肠科；市级中医药重点学科1个：骨伤学；市级中医重点专科1个：康复科。

区妇幼保健院 保持市级妇幼保健重点专科1个：妇女常见病防治专科。

【供血用血及器官捐献】 全年采集无偿献血5843人次。其中采集全血5782人，血量为8803.0u，共计1760600ml；单采血小板61人，79个治疗量。发往临床：血浆类9507u、血小板79u、红细胞类8178u、冷沉淀2135u、全血为0u；成分输血率100%，采全血人次增长率为-9.5%，采全血量增长率-4.7%。年内开展专项宣传5场次，招募器官捐献志愿者21人、遗体捐献志愿者6人、造血干细胞捐献志愿者27人。配合市红会对器官捐献志愿者进行捐献实施，对器官捐献者困难家庭开展帮扶救助。全区实施器官捐献3人。

【疾病构成】 主要收集来源于城市医院住院病人主要病种分析，包括区人民医院和区中医医院。

（区卫生健康委　陈静）

铜梁区人民医院2020年入院前十位疾病排名统计

顺位	ICD类目	病种名称	出院人数	构成比 %	住院总天数	
					计	平均
(甲)	(乙)	(丙)	(1)	(2)	(9)	(10)
1	J44.100	慢性阻塞性肺病伴有急性加重	1206	2.93	10665	9
2	Z51.102	手术后恶性肿瘤化学治疗	1006	2.44	4365	4
3	G45.004	后循环缺血	933	2.27	5780	6
4	I63.300	大脑动脉血栓形成引起的脑梗死	759	1.84	7519	10
5	I84.201	混合痔	721	1.75	6630	9
6	I25.103	冠状动脉粥样硬化性心脏病	689	1.67	4534	7
7	J15.902	社区获得性肺炎,非重症	652	1.58	4634	7
8	J06.900	急性上呼吸道感染	643	1.56	2402	4
9	Z51.103	恶性肿瘤维持性化学治疗	612	1.49	3957	6
10	Z46.600x002	取出输尿管支架管	548	1.33	634	1

铜梁区中医院2020年入院前十位疾病排名统计

序号	ICD编码	疾病名称	疾病数	占比%
1	M51.202	腰椎间盘突出	1214	4.52%
2	G45.004	后循环缺血	860	3.20%
3	I84.201	混合痔	858	3.19%
4	M47.802	混合型颈椎病	852	3.17%
5	J44.100	慢性阻塞性肺病伴有急性加重	838	3.12%
6	I25.103	冠状动脉粥样硬化性心脏病	749	2.79%
7	Z47.001	取除骨折内固定装置	465	1.73%
8	N13.202	肾积水伴输尿管结石	458	1.70%
9	I63.900	脑梗死	372	1.38%
10	I10.x00x032	高血压病3级(极高危)	347	1.29%

妇幼保健

【孕产妇保健】 2020年全区活产数为4452人,孕产妇保健覆盖率达到98.58%,早孕建册率为93.95%,产后访视率为93.76%,全年无孕产妇死亡,孕产妇系统管理率为92.25%。7岁以下儿童保健覆盖率为92.28%,3岁以下儿童系统管理率为91.10%,新生儿产后访视率为94.27%,5岁以下儿童死亡率为3.82‰;婴儿死亡率为2.92‰,出生缺陷发生率7.07‰。全年免费发放叶酸妇女3717名,育龄妇女叶酸服药率达90%。对4634名孕产妇进行免费艾滋病、梅毒和乙肝筛查,为323名儿童免费接种乙肝免疫球蛋白,免费治疗12名梅毒孕产妇,随访艾滋病产妇及儿童、梅毒孕妇所生儿童共计83人次,全年无艾滋病、梅毒、乙肝母婴传播发生。

【两癌检查】 全区28个镇街卫生院开展妇女"两癌"检查,完成宫颈癌筛查13472人;完成乳腺癌筛查12462人。共查出宫颈癌低级别病变33例,癌前病变43例,确诊宫颈浸润癌1例、微小浸润癌6例,宫颈癌及癌前病变检出率371.14/10

万，早诊率98.00%；乳腺浸润导管癌6例，乳腺癌检出率48.15/10万；乳腺癌早期诊断人数1人，早期乳腺癌检出比例16.67%；乳腺癌及癌前病变随访率100%，治疗率100%。阳性妇女均进行了治疗和随访。

【孕前健康检查】 开展免费孕前优生健康检查3052人，早孕随访率、妊娠结局随访率均为100%。避孕节育术前咨询率达100%、术后随访率达96%。全年免费药具发放人数为5674人，公立医院和基层医疗机构免费药具发放覆盖率100%。在全区所有接产医院开展了新生儿“苯丙酮尿症”、“甲状腺功能低下”、“葡萄糖—6磷酸脱氢酶”和“17α羟孕酮”筛查，全区助产机构分娩新生儿4766人，新生儿疾病筛查4730人，筛查率为99.24%。

（区卫生健康委　陈静）

医院管理

【概况】 一是通过现场和网络培训等方式，开展院感防控、个人防护等培训和演练，提高防控和诊疗能力，全区集中培训2场次，各医疗机构培训100余场次，共培训4000余人次，区级院感质控中心开展专项检查6次，对发现的问题建立台账，要求医院立即整改；二是做好使用目录备案工作，区药学质控中心组织开展临床药师和抗菌药物、毒麻精神类药品临床使用培训1次，300余人（次）参加；三是落实医疗质量安全管理要求，加强投诉管理，严厉依法查处打击涉医违法犯罪；四是完成214名医师资格考试报名现场审核工作和1660名医师定期考核工作。开展庆祝第三个“中国医师节”系列活动，对全区卫生健康系统50名医生予以表彰；五是开展760家医疗机构依法执业和医疗技术临床应用管理等自查和监督检查工作，开展行业作风建设工作专项行动工作，规范执业行为，加强与公安、司法等部门协调配合，加大对伤医、医闹事件的打击力度，维护正常医疗秩序。六是加大《重庆市献血条例》宣传力度。组织开展世界献血者日、无偿献血宣传月活动，推进临床用血安全管理。做到采供血零事故，服务质量零投诉。

（区卫生健康委　陈静）

卫生法制与监督

【卫生法制建设】 认真做好规范性文件的制定和清理工作，对清理出的4份规范性文件，废止1份，保留3份，积极做好《基本医疗与健康促进法》《中华人民共和国民法典》宣传学习工作。联合区发改委、区公安局、区市场监管局、区医保局等5部门下发《关于印发〈铜梁区医疗卫生行业综合监管联合执法制度〉〈铜梁区医疗卫生行业综合监管信息通报制度〉通知》；联合区市场监管局、医保局、镇街派出所等单位开展联合执法；区政府对全区医疗卫生行业综合监管成员单位工作开展情况进行督查并通报相关情况；制定《医疗卫生行业综合监管部门协同工作规定》。涉及依申请办理类政务服务事项共计95项，其中92项入驻市民服务中心办理。行政许可事项全程网办件占比达到100%、承诺办结时限压缩比达到88.96%，共审批行政许可事项2271件，公共服务等其他事项16件。完成“出生一件事”纳入市民服务中心网审平台办理对接事宜。完成依申请办理类政务服务事项应住全住市民服务中心，“渝快办”办理承接事宜。2020年审批服务事项2318件（网审平台），审批再生育161例。

【综合行政执法】 对公共场所、生活饮用水、学校卫生、职业卫生、放射卫生、传染病防治、医疗卫生7个执法类别共立案查处117件，已结案106件，收到发款36.03万元。其中公共场所卫生43件，处以罚金1.56万元；生活饮用水6件，处以罚金0.5万元；学校卫生5件，罚款0.3万元；传染病防治卫生24件，处以罚金3.2万元；放射卫生6件警告；医疗卫生11件，处以罚金3万元；打击无证行医9件，处以罚金22.47万元；职业健康2件，罚款5万元；没收违法所得0.61万元。办理大案要案4件。

【"双随机"监督抽检】 完成国家和市里下达铜梁区在公共场所卫生、生活饮用水卫生等10个专业328家单位的双随机监督抽检任务。并将监督抽检结果在区政府官方网站进行公示。查处违法案件14件，行政罚款0.46万元。

【专项监督检查】 2020年，完成上级下达铜梁区在学校、托幼机构新冠肺炎疫情防控、新冠肺炎疫情防控期间紧急上市的消毒产品等14个领域的专项监督检查任务。对检查中发现的问题下达《卫生监督意见书》，责令限期整改。对违反相关法律法规的共立案处罚55件，共处罚金17.86万元。

【日常监督检查】 一是水质监测。对集中式供水单位出厂水水质监测25件次，合格5件，合格率20.0%，比去年同期上升12.3%；对末梢水监测246件次，合格178件，合格率72.4%，比去年同期上升2.5%。对小区直饮水水质抽检水样138件，合格136件，合格率98.6%。二是每季度对28个镇街医疗卫生单位的协管工作进行一次督导考核；每半年对全区的卫生监督协管员进行一次协管业务培训。三是对住宿场所、游泳场所、沐浴场所、美容美发场所4个专业的1226家单位实施量化分级，评出A级21家，B级39家，C级1166家。四是对辖区内矿山、建材、化工、制鞋等共276家用人单位的职业健康开展监督检查。对发现的问题下达《卫生监督意见书》189份，行政警告处罚7起。五是对辖区内1家餐饮具集中消毒单位每季度开展一次监督抽检，共抽检样品34件次，合格34件次。六是全年监督检查消毒产品生产企业21户次，抽检样品35件次，合格35件次。

【医疗卫生行业综合监管】 全年联合市场监管、公安、医保等部门开展综合执法5次，立案查处非法行医案件10件，结案9件，行政罚款22.47万元，没收违法所得0.16万元。

【职业安全健康监督管理】 成立区委副书记、区长任组长的铜梁区职业病防治工作领导小组，制定《重庆市铜梁区职业病防治工作领导小组办公室关于进一步加强职业病防治工作的通知》。强化部门监管，做好职业病防治规划评估和编制，规范监测和职业病管理，切实加强职业病源头治理和前期预防。3月，联合区人力社保局、区总工会对辖区矿山、建材、化工开展尘毒危害专项执法联合检查。8月，对重点企业开展粉尘危害专项治理工作。9月至11月，对全区53家重点行业包含非煤矿山、冶金、水泥、石材加工、陶瓷、建材进行实地监督检查，覆盖率达到100%。强化用人单位主体责任落实，创建3家健康企业。完善保障救助措施，对诊断为尘肺病的患者实施分类救治，对符合救助条件的，及时给予救助。指导用人单位规范劳动用工管理，依法签订劳动合同，辖区内重点行业的劳动者依法参加工伤保险覆盖率达到95%以上。完成726家企业现状调查，1167例职业性尘肺病随访调查；完成重点职业病、放射卫生、职业病危害因素监测等工作。组织开展尘肺病肺康复站建设。

（区卫生健康委　陈静）

医学人才教育科研与合作交流

【概况】 2020年，协议引进儿科学博士研究生1人，柔性引进博士（正高级职称人员）5人、特聘专家顾问6人；考核招聘硕士研究生38人（其中，17人已报到，21人进入体检环节），协商选调紧缺专业人才7人；公开招聘卫生事业人员57人；招聘"三支一扶"服务期满人员14人；考核招聘基层医疗卫生机构紧缺实用专业技术人员6人；为区疾控中心增加编制15名。区人民医院选拔4名学科带头人和4名青年骨干进行重点培养，支持在职考研考博，培养在读博士3名、培养在职硕士研究生31人。区中医院持续推进"千人计划——第三批重庆市中医药师带徒项目"继承带教工作，继续落实国家中医药相关项目培养任务。区卫生健康委与遂宁、资阳、简阳三市卫生健康部门签署《卫生健康一体化发展合作协议》，在医疗服务、公共卫生、健康产业等方面进一步加强联动协作；与英国华人医疗信息签订人才培养框架协议，进一步拓宽卫生系统人才培养路径；3家区属医院分别与中国中医科学院、成都中医药大学、广州中医药大学、重庆大学附属肿瘤医院、重庆市人口和计划生育科学技术研究院、中英数字医疗研究院达成6个合作项目，涉及人才培养、技术合作、中央彩票公益金资助专项等多个方面。2家区属医院集中聘任6位医科院校高层次人才为专家顾问，将为医院提供专业人才培养、技术指导、学科建设等服务，将推动铜梁医疗卫生健康事业实现新发展。全年共组织开展各类卫生健康人才培训56期，培训14502人次。

（区卫生健康委　陈静）

爱国卫生

【概况】 开展第32个爱卫月活动。发动群众参与治理5万余人次，整治居民小区、村落300余个，整治农贸市场40余个，治理卫生死角1000余处，清运垃圾1000余吨。爱卫月活动期间全区共办宣传专栏80余期，设计印制宣传海报、传单、温馨提示单、科普知识折页、口袋书等宣传资料100余万份。定期开展病媒生物防制，专业技术人员300余人次参与，清除孳生环境300余处，开展重点监测60余次，使用灭杀药品8000余千克，做到药物按技术规定投放，覆盖率达100%，全面清除“四害”孳生场所。完成农村卫生厕所改（建）造22036户。实施控烟行动，提升健康素养。开展第33个“世界无烟日”主题活动，2020年“世界无烟日”主题宣传活动暨烟草警示巡展活动。推进无烟党政机关创建，全年新创建20个无烟党政机关，全区无烟党政机关创建覆盖率达62%。

（区卫生健康委　陈静）

人口与计划生育

【常住人口】 铜梁区期末总人口为73.6万人，育龄妇女14.59万人，已婚育龄妇女10.19万人。人口出生（含往年补报）4870人，出生率为6.61‰，死亡5547人，死亡率为7.53‰，自然增长−677人，自然增长率为−0.92‰。出生人口中，政策内生育4768人，符合政策生育率为97.90%；一孩2438人，一孩率为50.06%，二孩2099人，二孩率为43.1%，多孩333人，多孩率为6.8%；男孩2493人，女孩2377人，出生婴儿性别比为104.88。

【户籍人口】 铜梁区期末总人口为85.39万人，育龄妇女17.63万人，已婚育龄妇女12.97万人。人口出生（含往年补报）5779人，出生率为6.77‰，死亡人口5813人，死亡率为6.8‰，自然增长−34人，自然增长率为−0.04‰。出生人口中，政策内生育5645人，符合政策生育率为97.68%；一孩2828人，一孩率为48.94%，二孩2531人，二孩率为43.80%，多孩420人，多孩率为7.3%；出生男孩2936人，出生女孩2843人，出生人口性别比为103.27。

注：以上常住人口和户籍人口数据统计口径为《重庆市计划生育信息统计工作规范（2017版）》（渝卫办信统发【2016】273号），数据来源于重庆市人口家庭信息系统监测数据。

【奖励扶助】 全面贯彻落实法律法规和上级制定的奖励优惠政策。2020年新增奖励扶助对象1569名、特别扶助对象161名，累计奖励扶助享受对象30333名、特别扶助享受对象1767名。奖扶发放资金36271560元、特扶发放资金17650740元。

（区卫生健康委　陈静）

计生协

【概况】 2020年，全区有28个镇（街道）计生协会、333个村（居）计生协，建有361个会员之家和3749个协会小组，有会员60040人，其中骨干会员5617名，有各级志愿者6713人。

【群众性宣传教育】 在元旦春节期间开展“宣传贯彻党的十九届四中全会精神，走访慰问困难计生家庭”主题活动，全区各级计生协开展宣传服务活动74次，慰问困难计生家庭1741户，送慰问金21.6万元，实现对全区计生特殊家庭走访慰问全覆盖。在第22个“会员活动日”暨中国计生协成立40周年纪念日之际，围绕“壮阔四十年 奋斗新时代”主题，组织召开纪念中国计生协会成立40周年座谈会，印发宣传海报、纪念品20000余张（份），主办《庆祝中国计划生育协会成立四十周年宣传专栏》341块。在“7·11”世界人口日、“12·1”世界艾滋病日期间组织各镇街、村居计生协开展生育政策、优生优育、生殖健康、新冠疫情防控知识宣传服务，向广大育龄群众和会员宣传婚育文明新风尚。

【计生家庭帮扶】 投入保费74.45万元为1881名计生特殊家庭父母办理住院护理保险，全年有962人获得赔付97.36万元，赔付率达131%。向221户计生特殊家庭、计生困难家庭发放生育关怀金77.9万元。为全区1108户计生特殊家庭明确226名镇街领导、363名村（居）干部为帮扶“双岗”联系人，落实家庭签约医生242名、志愿者895名为特约联系人，全区联系人队伍达1726人，制作发放联系知情卡2313张。对全区计生特殊家庭实行动态分类管理，落实计生特殊家庭“3+X”联系人制度，全年累计采集录入、更新维护计生特殊家庭联系人帮扶信息20866条，对高龄、失能、伤残、独居和多病等重点计划生育特殊家庭每两月1次入户走访谈心或电话联系率达100%。

【助力健康中国铜梁行动】 组织各级计生协干部、会员群众收看中国计生协家庭健康主题推进活动启动仪式及相关健康普及节目，发动会员群众参加2020年中国家庭健康知识大赛。启动实施200名新生儿遗传性代谢疾病筛查项目。推进青春健康教育工作实现经常化、制度化、规范化。印发《青少年保健》《关爱生殖健康 构建幸福生活》《优生优育》《新冠肺炎防控小常识》等宣传折页资料115000份，推动健康知识在群众中的普及。

【组织建设】 全年在巴川街道八一路社区、巴川街道接龙社区、南城街道西来村、土桥镇河水村、二坪镇兴龙社区5个村（社区）计生协实施规范化建设，实现标识统一、标准统一、制度统一、服务模式统一，有效提升基层计生协综合服务能力。

（区计生协　吴青）

重点医院

【区人民医院】 一是注重发挥党建引领作用。落实主体责任，针对新冠肺炎疫情防控阻击战，组织35名勇士逆行湖北，280多名党员干部主动请战抗疫一线，1303名职工放弃休假恪尽职守；全院累计收治疑似患者84人、诊断确诊10例，实现零遗漏、零差错、零感染、零事故目标。年内新建27个党支部，发展党员14名；先后荣获“全国医共体建设示范奖”“全国改善医疗服务最具价值奖”等荣誉。二是深化国家三甲医院创建，狠抓“服务能力提升工程”。争取上级资金7751万元规划建设蒲吕传染病区，改扩建发热门诊、儿科门诊等；推进胸痛、卒中、创伤三个中心建设，卒中中心以高分通过评审。圆满完成“脱贫攻坚”任务，年内共收治贫困患者4277人次，其中建卡贫困患者912人次。落实好公立医院综合改革。通过“美丽医院”评审，按照“三级”标准加强“智慧医院”建设。三是提升医院管理水平，做好预防保健和慢病管理等工作。科研教学培训成效明显：成功申请科研项目省部级4项、厅局级30项，职工发表学术论文83篇，获批国家发明专利2项，新型实用专利54项；招收6名硕士研究生，正式开展研究生教育。四是2020年，医院受新冠肺炎疫情影响，运行指标受到一定影响，也暴露出防疫和服务能力方面存在不足，得到上级部门高度重视。在能力提升方面，财政投入增加到19588.69万元；全年实现总收入84239.12万元，同比增长21.82%；总支出82539.79万元，同比增长15.99%；收支结余1699.33万元，同比增幅184.63%。

（区人民医院　张良华）

【区中医院】 2020年是全面建成小康社会和“十三五”规划收官之年，区中医院坚持以习近平新时代中国特色社会主义思想为指导，坚定不移地做好疫情防控工作的同时，全面加强三级甲等中医医院内涵建设。一是凝心聚力抗击疫情。自新冠肺炎疫情暴发以来，区中医院前后选派三批共计28名医护人员参与抗击“新冠肺炎”支援湖北医疗队。二是全面加强公立医院党的建设。抓好党员干部理想信念教育，严格执行党委领导下的院长负责制。按照“支部建在科室”原则，重新调整党支部结构，由原来的5个党支部增设至26个党支部。三是严格执行18项核心医疗制度，不断提高医院服务能力。“智慧中药房”正式投入使用，提高了中药饮片、成方制剂等药事服务水平。四是正式成为国家中医住院医师规范化培训基地，成功申报市级博士后科研工作站，被重庆医药高等专科学校评为优秀教学基地。五是稳步推进重点专科建设，成功创建重庆市中医康复重点专科，成功创建重庆市中医急诊急救能力建设项目单位。六是整体迁建及外科大楼建设项目已完成全部的砌体工程，后续工作稳步推进。

（区中医院　周鼓利）

【区妇女儿童医院】 **探索发展结硕果** 在持续抓好妇产科、儿科常规医疗业务工作的同时，积极探索发展新业务，成功申报为重庆市残联“残疾儿童康复救助”定点机构、中央彩票公益金“资助出生缺陷干预项目”定点机构、中国妇幼保健协会“乳腺疾病防治建设”和“互联网+围产营养门诊规范化建设”项目单位、铜梁区妇幼保健专科联盟牵头单位，为促进医院儿童康复、生殖遗传、乳腺疾病防治、营养门诊、规范化建设等业务发展和学科建设奠定坚实的基础。

新冠疫情防控 认真落实上级部门疫情防控工作要求，健全组织体系，细化工作流程，规范建设发热诊室，圆满完成各项指令性任务。自新冠肺炎疫情发生以来，参与定点医院医疗救治13人次、各类会议疫情排查指令性任务130余次，开展线上线下培训60余次、核酸检测1000余人次，做到疫情防控和医疗业务两不误，实现院内新冠肺炎疫情零感染目标。

妇幼公共卫生 加强孕产妇健康管理、0~6岁儿童健康管理以及托幼机构卫生保健管理。牵头完成“两癌”筛查项目工作任务，全面推进预防艾滋病、梅毒、乙肝母婴传播及增补叶酸项目工作，规范开展计划生育技术服务，强化基层指（督）导，夯实妇幼保健工作基础。完成免费婚前医学检查重点民生实事工作，全区婚检率从2019年的5.55%上升到52%，名列全市前茅。

人才队伍建设 通过多渠道吸纳、多途径培训，扎实开展人才引进、学术交流、实践锻炼、医疗支援等工作，持续提升干部队伍综合素质和能力。2020年引进博士研究生1名，招录专业技术人员6名，选派业务骨干外出学习、进修160余人次。获评新冠肺炎疫情防控铜梁“最美家庭”4个、“好乡亲”4名、“铜梁区新时代担当作为奖”先进个人1名、“重庆市三八红旗手”1名、“重庆市巾帼文明岗”1个。

医改重点工作 落实健康扶贫政策，设立综合服务窗口，开通就诊绿色通道，严格落实“先诊疗、后付费”“一站式结算”等便民措施。落实12项医改便民措施，设置母乳喂养室，配备自助手机充电桩，新增自动售货机，细化预约挂号流程。实施“美丽医院”建设，加强院内绿化治理，规范医疗废水废物和生活垃圾分类处置流程。推进“智慧医院”建设，完成流感医疗服务监测系统和临床药学系统等接口改造，医院信息化建设工作取得突破性进展。

特色优势项目 开设遗传咨询门诊，浙江大学祁鸣教授为该医院长期客座教授，免费为出生缺陷患儿家庭提供咨询服务，受到群众好评。实施儿童康复项目，针对运动、神经、语言发育迟缓的儿童、智力残疾儿童开展康复训练。启动互联网+专科创新服务项目，为孕产妇、术后康复患者、儿童等有管理需求的群体提供新型健康服务。继续推进不孕不育、宫颈疾病防治、产前保健、月子公寓、儿童保健和中医小儿推拿、中药熏洗、穴位埋线等特色项目，取得良好效果。

（区妇女儿童医院　张姝）

社会生活

区划事务

【管理机构】 重庆市铜梁区民政局内设“三科一室”,即社会救助科、社会事务养老科、基层政权和社会组织管理科、办公室。下属7个事业单位,其中参照公务员法管理的事业单位有4个:低保中心、婚姻登记处、救助站、殡葬管理所;未参公的事业单位有2个:社会福利中心、慈善捐赠中心;自收自支的事业单位1个:殡仪馆。全局干部职工编制38人,实有38人。

【地名普查】 开展地名文化保护工作,建立全区地名文化保护名录,甄选安居古镇、林森公馆、邱少云故居等6条地名信息作为全市地名文化保护名录内容;在老旧小区改造中坚持只改环境不改名,最大程度保留老街巷、老建筑传统名字。通过会议讲解、进社区宣传等方式贯彻落实《行政区划管理条例》。

【区级边界管理】 全年界线、界止点无变化,界限上标志物无明显变化,界线无争议,无刑事案件发生。完成平安边界创建工作,边界平安和谐,未发生边界纠纷和信访。

(区民政局　石春月)

第七次人口普查

【基本信息】 第七次全国人口普查,是国家在2020年开展的全国人口普查。普查标准时点为2020年11月1日零时,彻查人口出生变动情况及房屋情况。普查对象是普查标准时点在中华人民共和国境内的自然人以及在中华人民共和国境外但未定居的中国公民。普查内容主要是调查人口和住户的基本情况,包括:姓名、居民身份证号码、性别、年龄、民族、受教育程度、行业、职业、迁移流动、婚姻生育、死亡、住房情况等。此次普查,铜梁区与全国同步,从2020年11月1日到12月10日进行入户登记,至年底完成登记信息的编码;2021年4月才能开始陆续公布普查的主要数据。

【普查准备】 **组建机构,落实责任** 区政府于2020年1月22日组建了第七次人口普查领导小组,下设办公室(以下简称人普办)在区统计局,并抽调镇街3名工作人员集中办公。至4月底前,区、镇、村三级普查机构全部组建完成。全区各级普查机构层层分解目标,责任落实到人。区人普办组建3个业务指导组,对全区人口普查工作实行分组联系指导;全体工作人员实行责任包干制,每个镇街落实1名区级指导员。全区共划分333个普查区,4968个普查小区。各镇街对标对表,分管领导包片负责,业务骨干定点指导。

宣传发动,营造氛围 区人普办会同区委宣传部制定《重庆市铜梁区第七次全国人口普查宣传工作方案》,并于10月10日举行宣传月启动仪式,在城区街道、大型场镇开展了8场文艺演出;充分利用报刊、广播、电视和互联网,开展广泛宣传;共下发普查公告3万张,宣传画3万张,《致住户的一封信》43万余张;通过公交车站广告栏、T形广告牌、楼宇广告等载体,精准投放海报,视频等宣传资料。

购置设备,轮训业务 区人普办投入2250台PAD用以数据采集(其中新购设备1450台,原有可用设备800台)，采购各类普查物资5300套。并提前启用新购采集设备，组织专业人员采取“集中培训+一对一轮训指导”的方式进行业务培训。

先行试点，选聘“两员” 于8月10—27日，在巴川街道仙鱼社区完成重庆市铜梁区第七次全国人口普查综合试点，区人普办、各镇街均选派业务员骨干参与全流程试点。同时，为集中力量，全区选聘“两员”5200名，其中普查指导员1956名，普查员3244名。区级指导员均参加过市级培训并通过测评，各镇、村两级普查人员的培训工作于9月底前全部完成，共计培训30余场次。

整顿户口，通力协作 根据市人普办统一部署，区人普办与各镇街、区公安局等单位协调配合，按时完成了全区849162名户籍人口和140021名暂住人口的信息采集工作。

【现场登记】 **摸清单元，弄准底数** 区人普办积极协调各部门，收集人口数据，运用大数据提前研判部署。各镇街人普办积极协调物业、学校等单位，为普查员入户提供便利。全体普查员履职尽责、逐户摸底，结合部门行政资料和居民生活痕迹进行认真细致的复核。

多方协作，不重不漏 业务指导组进行了3轮巡查督导，下发11次工作提醒，对各项工作提出具体要求。业务组及时进行问题汇总、分析研讨，统一进行解答，共下发问题解答8期。数据处理组查验摸底数据46万余条，短表登记数据119万余条，并通过比对行政记录、区内流动人口信息等方式，进行查漏补缺。

质量为主，严格验收 工作中坚持以数据质量为重，强化各阶段质量控制，发文明确区、镇两级人普办的质量验收职责分工，采取“本地回避、互不交叉”的方式对各阶段普查工作质量进行验收。经现场复核，全区各阶段所抽中的28个验收小区，全部符合国家质量验收标准。

【信息编码】 为确保人口普查的数据质量，区人普办选派技术骨干采取现场讲解和制作视频操作教程相结合的方式，对残留的问题清单进行比对复查，严格核实，确保全区4万余条错误清单应改尽改。在此基础上，选派24名为业务骨干组成区级编码小组，分工开展户口登记的信息编码，共编行职业码42254条。编码完成后，组织进行交叉复核，在市人普办开展的行职业编码抽查中，全区行业差错率0.06%，职业差错率0.12%，均符合编码验收要求，为人口普查数据分析工作打下良好基础。

(区统计局　李建)

人民生活

【城镇居民收入与消费】 全年城镇常住居民人均可支配收入42449元，比2019年增长5.6%。其中：工资性收入25100元，增长5.7%；经营净收入8257元，增长3.3%；财产净收入2560元，增长5.8%；转移净收入6532元，增长8.1%。城镇居民人均消费支出25587元，增长3.6%。其中：食品烟酒8221元，衣着2545元，居住4519元，家庭设备用品及服务4517元，交通和通信2278元，文化教育娱乐服务2101元，医疗保健1069元，分别增长7.2%、-5.0%、5.7%、8.8%、-0.6%、-7.5%、4.4%。

【农村居民收入与消费】 全年农村常住居民人均可支配收入21127元，比2019年增长7.3%。其中：工资性收入8397元，增长6.8%；经营净收入6124元，增长6.6%；财产净收入514元，增长9.8%；转移净收入6092元，增长8.5%。农村居民人均消费支出13529元，增长8.0%。其中：食品烟酒4966元，衣着847元，居住2586元，家庭设备用品及服务1715元，交通和通信996元，文化教育娱乐服务861元，医疗保健1315元，分别增长8.7%、8.0%、6.4%、9.7%、1.8%、-8.1%、26.8%。城乡居民收入比2.01：1。城镇常住居民恩格尔系数32.1%，农村常住居民恩格尔系数36.7%。

(区统计局　李建)

社会保障

【社会保险】 2020年度社会保险参保情况：城镇企业职工基本养老保险参保15.3万人；城乡居民养老保险参保38.4万人；工伤保险参保11.6万人；失业保险参保82304人。

2020年度社会保险费收入情况：城镇企业职工基本养老保险费收入94925.55万元；城乡居民基本养老保险费收入4806.99万元；工伤保险费收入1285.07万元；失业保险费收入2368.2万元。

重庆市人力社保局领导调研铜梁社保服务大厅（区人社局　供图）

社保工作　扩大参保覆盖面，实现“应保尽保”。通过精准分类宣传、做好新业态人员群体参保等措施，不断扩大参保覆盖面，推动全民参保计划落实，全区城乡养老保险参保率稳定在95%以上。

切实保障待遇支付，发挥“稳定器”作用。全年支付城镇企业职工基本养老保险待遇151794.94万元，城乡居民养老保险待遇21716.01万元，工伤保险待遇4276.84万元。机关事业养老保险待遇46590.26万元。做好年度退休人员养老金调整补发工作，这是自2005年以来重庆市连续第16年调整企业退休人员养老金，也是继2016年之后连续第5年统一安排、同步调整企业和机关事业单位退休人员待遇。

做好社保卡发放工作，提升群众体验感。按照市里工作要求，加大电子社保卡申请签发工作力度；社保卡经办网点全部实现全渝通办和川渝互通，打破参保人员的户籍地或参保地限制，实现应制就制、应发就发、立等可取。截至年末，全区累计发放社保卡88.36万张。

积极应对疫情，助力复工复产。抽调专人进驻工业园区企业，协助企业搞好新冠肺炎病毒防控及复工复产工作；做好与相关单位协调，建立信息共享机制，保证疫情期间各项惠企惠民政策待遇落实到位。通过实施社保降费减负政策，全区2020年社会保险费为参保企业减负5.49亿元，切实降低参保单位运营成本，共克时艰，帮助企业轻装上阵。

抓好退捕渔民保障工作，解决渔民后顾之忧。全区退捕渔民总数345人，参保缴费345人，参保率100%。

推进社会化管理服务，实现老有所养、老有所乐。完成供电公司等36家国有企业移交协议签订，移交退休人员850人、完成100%；转移退休党员党组织关系214人、完成100%。会同区委组织部、财政局等6部门联合印发《关于加强我区企业退休人员社会化管理服务工作的实施意见》，进一步规范退休人员社会化管理服务工作。会同老体协组织开展全区性企业退休人员文化体育活动，进一步落实了社会化管理服务工作。

启动综合柜制经办模式试运行，提升服务“软环境”。推进服务模式改革，进一步落实“放管服”改革和“最多跑一次”要求，优化营商环境，大大缩短办事时间，提高了办事效率。特别是在疫情期间，综合窗口的设置极大减少群众聚集，得到办事群众的普遍认可，评价满意度创新高。社保服务大厅日均办件500余件，日均制作社保卡100余张，月均现场受理业务及接待群众10000余人次。“综合柜员制”改革后，基本实现“一窗受理、一站服务、一次办结”经办目标。区融媒体中心为此专门摄制了《大道至简　民生为本——铜梁区社会保险事务中心“综合柜员制”业务经办模式改革纪实》纪录片，树立“社保人”良好形象。

（区人社局　安春光）

【社会福利】 失能特困人员集中照护工程 积极改革创新，通过“公建民营”方式，引入品牌养老连锁企业百龄帮经营南城敬老院，将其建设成特困供养人员失能半失能集中供养中心。全面摸清生活不能自理的分散特困供养人员的集中供养需求，全年新增集中供养失能特困人员36人，实现农村失能特困人员集中照护“应护尽护”、特困人员集中供养“应养尽养”。

养老服务 强化服务质量监管。持续开展养老院服务质量提升专项行动，投入37.6万元，聘请第三方养老服务企业监督、考核全区养老服务设施建设及运营情况，实行月考核、季排名、年评选，最终结果作为当年运营补助重要依据，倒逼养老机构不断提升养老服务水平。

推进服务队伍建设。清理敬老院超龄养老服务人员，提高工作人员待遇，确保队伍年轻化；采取“送出去学、请进来教、委托培训”等方式，全年投入15万元，组织集中培训班7期，培训养老从业人员318人次，岗前培训率达100%，提高养老从业人员服务能力及应急处置能力。

丰富社区居家服务。投入55.2万元，聘请养老服务企业每月定期为高龄、失能、留守老年人提供洁面、理发、助浴服务，累计服务2.4万人次以上，有效改善老年人精神面貌。聘请社工组织利用互助养老点、社区养老服务站广泛开展助老、敬老活动，让广大老年人切实感受到党和政府的关怀和温暖。

区民政局在土桥镇开展农村留守老人关爱帮扶活动（石春月 摄）

助推康养产业发展。通过进一步强化土地支撑、提升财税补贴力度等政策，招商引入品牌养老企业开展连锁型、经营性养老服务，助推康养产业发展。与重庆光大百龄帮集团等品牌养老企业签约5个项目。

强化养老机构安全管理。全年开展安全检查982家次，排查治理安全隐患277个，下达整改指令39份，处罚1.5万元，警示约谈养老机构32家次，全区44所养老机构28项基础性指标合格率达到100%。投入21万元升级监控硬件设备，维护视频联网监控系统，进一步完善“市—区—镇—院”四级视频联网监控体系；投入10万元，在全区养老机构食堂开展“互联网+明厨亮灶”建设，提高食品安全监管效能；投入85万元，试点消防物联网建设，购买第三方消防维保服务，保障全区养老机构消防设施设备正常运行。疫情期间，采取“五个暂停”措施，对全区44所养老机构、278个社区养老服务站、13家殡葬服务单位进行了5轮巡查督查，实现“零感染”目标。

关心爱护留守儿童和困境儿童 加强组织领导和统筹协调，为全区350余名留守及困难儿童送去关爱。

（区民政局 石春月）

“情暖童心 相伴成长”夏令营活动启动仪式（石春月 摄）

【社会救助】 城乡低保 一是落实低保兜底政策。2020年，新纳入农村低保保障建卡贫困户180户320人，全区累计1246户2719人建卡贫困对象享受低保兜底政策，占农村低保6528户

11504人的23.63%，占全区建档立卡总人口12423人的21.89%。全年发放农村低保保障建卡贫困户低保金1114.22万元。

二是提高城乡低保人员基本生活标准。自2020年9月起，城市低保保障标准由原580元/月·人提高到620元/月·人、农村低保保障标准由原440元/月·人提高到496元/月·人。截至年底，全区共有城市低保对象2057户2864人，累计发放低保金2020.35万元；农村低保6528户11504人，累计发放低保金5699.38万元。城乡低保月人均补差分别达到528元、408元，分别达到保障标准的85.2%、82.3%。

三是开展“社会救助兜底保障清零”行动。成立区“两不愁”保障分指挥部，制发《铜梁区脱贫攻坚总攻社会救助兜底脱贫专项行动工作方案》，明确重点任务20项。从4月起，在全区开展“社会救助兜底脱贫清零”行动，区级对全区未脱贫户、边缘户、监测户、丧失劳动能力户以及家庭人均纯收入在6000元以下重点对象进行挂牌督战，运用民政政策逐户过滤筛查，交办镇街救助线索65条。各镇街“领导包一村、干部包一组”对已脱贫户、老年人、重病重残人员以及受疫情影响等对象进行排查，各镇街排查困难群众26.6万人，排查出救助线索518条。截至12月，建档立卡贫困人口中有2721人纳入城乡低保、173人纳入特困、9人纳入孤儿、6人纳入事实无人抚养、1318人纳入残疾人“两项补贴”、865户获得临时救助。

区民政局领导走访慰问困难群众（石春月　摄）

特困人员救助供养　自2020年9月起，特困人员供养标准由原754元/月·人提高到806元/月·人。截至年底，全区共有城市特困3579人，累计发放特困人员供养金3729.47万元；农村特困2894人，累计发放特困人员供养金2920.11万元；特困人员丧葬费发放279人254.51万元。有220人领取特困全护补贴，发放补贴资金70.11万元；有884人领取特困半护补贴，发放补贴资金215万元。有4865人领取特困全自理补贴，发放补贴金98.52万元。

临时救助　严格落实《铜梁区人民政府关于调整完善临时救助制度的通知》要求，降低救助门槛，提高救助标准，与全市救助水平保持一致。全年累计为困难群众解决临时性、突发性生活困难6723人次，发放临时救助金1457.18万元，次均救助2167.46元。对接市社会救助基金会，转介救助48户，救助金72.8万元。

孤儿养育　据统计有孤儿57名，基本生活保障金为1204元/月·人，全年累计发放82.6万元。启动“福彩圆梦·孤儿助学”工程，以1万元/年·人的标准发放助学金，截至年底，为17名孤儿发放助学金，累计发放金额13.59万元。

残疾人两项补贴　全区共有12949人享受残疾人两项补贴，全年累计发放补贴1090.96万元，其中贫困残疾人生活补贴4573人，累计发放371.29万元，重度残疾人护理补贴8376人，累计发放719.67万元。

流浪乞讨人员救助　开展“夏季送清凉”和“寒冬送温暖”专项救助行动，全年累计救助生活无着的流浪乞讨人员212人次，站内救助138人次、站外救助74人次。其中，未成年人13人次，疑似精神障碍25人次，智力残疾10人次，肢体残疾5人次，疑似传染病人2人次，行动困难4人次，危重病人3人次，基本健康150人。

协助区外寻亲救助　在全国救助管理信息系统，公安机关人口信息库进行人脸识别比对73次，利用公安机关DNA数据库进行DNA采集比对率达到100%,在全国救助寻亲网、今日头条寻人版块、微信公众号等网络平台推送寻亲信息27条。2020年,为无法查明身份信息长期滞留的流浪乞讨人员寻亲成功7例,协助区外救助机构寻亲成功15例。

"寒冬送温暖"专项救助行动,为街头流浪乞讨人员发放食品(石春月　摄)

其他救助　一是发放精简退职困难老职工38人,生活救济金24.77万元;遗属17人,发放生活补助金11.28万元;拆停企业困难职工5人,发放生活补助金3.92万元;襄渝伤残民兵民工10人,发放困难补助金6.1万元;襄渝矽肺219人,发放困难补助238.92万元。二是为1766名经济困难高龄失能老年人按200元/月·人标准,发放养老服务补贴379.52万元。三是实施"民政惠民济困保"第二轮投保。截至年底,累计参保2.54万人,理赔1291人次,理赔总金额173.28万元,提高了困难群众抵御风险能力。四是疫情期间,对确诊的农村建档立卡贫困人口、低保对象、特困人员等,按低保标准2倍标准给予临时救助;按100元/人的标准向低保、特困、孤儿、事实无人抚养儿童发放区级一次性价格补贴,共计195.03万元。

(区民政局　石春月)

【社会抚恤】　全面落实优待抚恤政策,全年共发放优抚各类抚恤补助8216.9万元,发放价格临时补贴449万元。下拨210.38万元"解三难"资金用于解决优抚对象生活、医疗、住房困难,惠及对象1402人。加大优抚医疗救助力度,全年救助重特大疾病优抚对象351人次,救助金额54.6万元。同时,在春节和"八一"建军节期间走访慰问驻铜部队和部分优抚对象,发放慰问金16.55万元和18万余元慰问物资,打卡发放慰问金260.1万元,发放年画4万份。

(区退役军人事务局　余海林)

【医疗保障】　**机构设置**　重庆市铜梁区医疗保障局核定编制29名,在职27人(含行政编制5人,事业编制22人)。设行政科室2个(综合科、业务科),事业单位2个(医疗保障事务中心、医疗救助中心),医疗保障事务中心下设参保事务科、待遇审核事务科、医药服务科、稽核事务科、基金管理事务科、综合信息科、招标采购事务科7个科室。

医疗保险　2020年,全区城镇职工基本医疗保险和城乡居民合作医疗保险参保总人数77.20万人,征收保费9.80亿元,基本医保参保率稳定在97%以上;抗击新冠疫情期间,对全区2095家企业单位缴费部分阶段性减半征收保费1629万元。支付城镇职工医保待遇209.38万人次,报销医保统筹基金28055.45万元;支付城乡居民医保待遇(含市外住院手工报销)284.90万人次,报销医保基金41018.38万元;支付生育保险待遇971人次,报销生育保险基金2111.87万元。

基金监管　推进医疗保障基金监督体制机制改革,结合全市"打击欺诈骗保百日攻坚"专项行动,建立全区《医保基金社会义务监督员制度》《医保基金监管部门联席会议制度》等医保基金监管制度。坚持例行巡查检查不放松、突出问题专项治理的原则,高标准、严要求验收2019年居民医保门诊统筹专项行动中被暂停医保网络结算的50家定点医疗机构(村卫生室和诊所);开展2020年基层医疗机构医疗救助对象专项检查,抽调相关科室人员组成4个检查组,对全区28个镇街卫生院、10家民营医疗机构进行现场检查和病历抽审。全年开展现场检查423家次,网审定点医药机构1000余家次，追回医保基金312.53万元，处违约金338.34万元，暂停医保网络结算12家次，解除服务协议64家，发放举报奖励4起，举报奖励金合计1834.70元。

医保扶贫 对建卡贫困人员中的未脱贫和返贫人员按居民医保一档个人缴费标准给予全额补助，对建卡贫困人员中的已脱贫人员按居民医保一档个人缴费标准的70%给予补助，全年扶贫建卡人员参保补助1.19万人次242.07万元。建卡贫困人员基本医疗保险、大病保险、医疗救助、扶贫济困医疗基金救助实行“一站式”即时结算，为贫困人口看病就医费用结算提供便利，解决因报销医药费用跑腿垫资的问题；实施建卡贫困人员区域内区县级医院基本医保起付线降低50%，住院报销比例提高10个百分点、城乡居民大病保险起付线降低50%，报销比例提高5个百分点。全年建卡贫困人员“一站式”基本医保报销5.75万人次2067.81万元；大病保险报销2944人次175.79万元；医疗救助1.96万人次，支出救助金346.30万元。

医疗救助 全区41家医保定点医疗机构开通医疗救助服务，救助对象在全市医疗救助定点医院就医，实行基本医疗保险、大病保险、医疗救助“一站式”同步结算。医疗救助对象参加基本医疗保险个人缴费给予资助，全年医疗救助资助参保3.37万人，共853.24万元。救助对象门诊和住院医疗费用经基本医保、大病保险报销后，属于医疗保险政策范围内的自付费用给予一定比例的限额救助。（救助标准：普通疾病门诊救助比例分别为全额救助和60%，封顶线分别为每人每年500元和300元；普通疾病住院救助比例分别为重点救助对象80%、其他救助对象70%，年救助封顶线分别为1.5万元和1.2万元；“病种”和“费用”相结合的重特大疾病救助，救助比例分别为重点救助对象80%、其他救助对象70%，重特大疾病病种救助年封顶线为10万元、大额费用救助年封顶线为6万元。）全年医疗费用“一站式”救助13.47万人次，支出医疗救助金2657.21万元。

药品采购 自2019年“4+7”药品集采试点工作开启以来，已完成三批药品集采和五省联合采购工作，同30家公立医疗机构和1家民营医疗机构分别签订采购协议，采购91个品种、73万余盒、615万余元药品协议量；五省药品联合采购已完成约定采购数量的报量工作。随着渝黔滇豫四省市对吻合器、补片、胶片和国家组织冠脉支架集中带量采购工作的开展，医用耗材集中采购工作正式开启，同人民医院、中医院签订吻合器、补片、胶片等共计178万余元的医用耗材采购协议。

（区医保局　王薇玮）

【住房保障】 全年收取公廉租房租金875.33万元，涉及保障家庭2430户，追收门面租金230.26万元。年度计划完成保障对象入住公共租赁住房40户，至年底共审核、审批并办理入住保障家庭58户。发放符合廉租住房保障条件尚未实物配租家庭租金补贴58户、金额8.2万余元；取消家庭条件发生变化不再符合租金补贴发放标准2户；清退家庭条件发生变化不再符合公（廉）租房保障104户；发放国家定期优抚对象家庭补助48户，金额12万元。接待来访群众650余人次，回复信访来件33件。

（区住房城乡建委　李旭波）

社会事务

【妇女儿童】 **妇女工作** 妇女健康状况。婚前医学检查率为58.30%，孕产妇产前检查率为98.58%。孕产妇住院分娩率100%，孕产妇系统管理率为92.25%，孕产妇贫血患病率2.24%。计划生育普及率为98.3%；升值保健知识普及率为99.1%；已婚育龄妇女避孕率56.5%。

妇女政治地位。全区共有区级人大代表268人，其中女性代表94人，占35.07%；区政协委员273人，其中女性95人，占34.79%，资料显示，妇女参政议政意识强，管理决策有能力，入选人大代表、政协委员比例逐年上升，参与管理程度提高。在区委、区政府领导班子中，各有女领导干部1名。区党委11个工作部门中，配有女干部的领导班子有7个，占班子总数的63.63%；区政府29个部门中，配有女干部的领导班子有21个，占班子总数的72.41%；全区28个镇街党政机关全部配有女干部领导。公务员队伍中，女性占比为30.97%；村民委员会成员中，女性比重占22.81%(其中，村委会主任人数女性比重22.93%，居民委员会成员女性占45%)。全区企业职工代表大会中，女性代表4952人，占总人数的40.59%。

妇女就业与保障。全区高级专业技术人员中有女性488人，占比33.28%；参加城镇职工基本养老保险人数中有女性65817人，占比43.07%；参加城乡居民社会养老保险中有女性180091人，占比46.94%；参加城镇职工基本医疗保险中有女性53161人，占比47.99%；参加失业保险参保人中有女性38409人，占比46.66%；参加工伤保险人中有女性51054人，占比43.81%；参加生育保险人员中有女性40604人，占比为52.95%。

(区妇联　粟治广)

儿童工作　儿童社会保障工作。重点关爱留守儿童和困境儿童，调整农村留守儿童关爱保护和困境儿童保障工作联席会议制度。进一步加强组织领导和统筹协调，开展"儿童福利信息动态管理精准化"专项行动，对农村留守儿童、困境儿童、孤儿、艾滋病病毒感染儿童分布区域、结构状况等基本信息做到底数清、情况明，联合教委、公安等部门建立健全农村留守儿童数据季度通报制度、重点对象数据交办制度。对全区28名儿童督导员和333名儿童主任开展业务培训，发放《儿童督导员工作指南》《儿童主任工作指南》2000余份。疫情期间和寒暑假期间广泛开展儿童关爱保护政策、儿童福利政策宣讲进村(居)活动，印发宣传资料1万份，惠及3000余人。投入11.2万元开展"助力脱贫攻坚 关爱儿童成长"活动，为全区350余名留守儿童、困境儿童代表送去关爱。

(区民政局　石春月)

儿童健康保障工作。卡介苗接种率为99.63%；脊髓灰质炎疫苗接种率为99.43%，百白破疫苗接种率为99.35%；含麻疹成分疫苗接种率为99.64%；乙肝疫苗接种率为99.52%，甲肝疫苗接种率为99.59%，流脑疫苗接种率为99.23%，乙脑疫苗接种率为99.52%。7岁以下儿童保健管理率为92.28%。

儿童受教育保障工作。全面实施农村义务教育经费保障机制改革，全部直接免除义务教育阶段中小学学生学杂费；进一步整合教育资源，办学条件不断改善，呈现出各类教育协调发展的良好局面，有力地保证教育产业健康、快速、持续发展。2020年，在园幼儿数20126人，其中女童9542人，占比47.41%，学前三年毛入园率女童为91.56%；小学、初中适龄儿童净入学率达100%，九年义务教育巩固率100%；高中阶段女生入学率为97.5%。

(区妇联　粟治广)

【老龄事业】　养老服务设施建设　投资8600万元(其中争取上级资金5000万元)，建成投用旧县、侣俸、土桥、双山等4所敬老院，新增床位619张；新建高楼、庆隆2所敬老院，床位220张。积极争取地方专项债券6000万元，启动建设大庙、蒲吕、平滩、白羊等4所敬老院，床位740张。投入资金800万元对巴川、华兴等6所敬老院实施

侣俸镇敬老院实景(石春月　摄)

了提档升级改造。全年启动建设17个社区养老服务中心,22个市级社区养老服务站,51个区级社区养老服务站,在全市率先实现村(社区)养老服务站全覆盖。

建立"1141"农村互助养老服务新模式 按照"整合闲置资源、整合人才队伍""设施有保障、服务有温度"的思路,明确1名村支部委员负责管理互助养老点、就近建设1处养老服务场所、组建4支养老服务队伍、建立1套积分制激励机制,以村庄院坝为平台打造农村互助养老点,把农村老人组织起来,在日常生活中通过低龄健康老人与高龄失能老人相互帮助、相互照顾,实现结对抱团、安享晚年。有效整合社会资源,动员党员干部、专业志愿者、社工等开展生活照料、心理慰藉为主要内容的帮扶服务,实现养老服务延伸到最后一公里,切实破解农村养老服务的难点、痛点和堵点。全区82个村建有108个农村互助养老点,组建养老服务队伍432支,"一对一"结对帮扶高龄、失能、半失能老人248人,累计开展养老服务12960人次。

(区民政局 石春月)

【老体协工作】 区老体协深入开展"健康老体协、活跃在基层"主题活动,抓基层组织网络建设,探索融合发展之路,不断拓宽协会的工作渠道,主动争取党委、政府、部门的重视和支持,积极推动建立"党政主导、部门尽责、协会组织、社会支持、重在基层、面向全体"的老年人体育工作格局,进一步增强做好老年体育工作的使命感和责任感,主动作为,埋头实干,推动铜梁区老年体育事业发展再上新台阶。2020年被重庆老年人体育协会授予"重庆市老年人体育工作最佳组织奖"称号。铜梁区荣获全国老年体协第一批授予的"全国老年太极拳之乡"称号。

老体协组织建设 一是抓基层分会建设:全区有老体协会员近10万人,共建有28个镇街分会,55个部门行业分会,共计83个基层分会。同时,还有村、居老体协分会工作站287个。每个分会配齐了主席、副主席、秘书长;村、居老体协工作站设有站长1人。二是抓直属站、团建设。区老体协组建健身指导站、团,有太极拳、气排球、夕阳红、操舞、柔力球、门球、持杖健走、小球、钓鱼、棋牌、科研等11个,并设有正、副站、团长。三是抓基层组织工作到位。每年基层分会和站团坚持年初有计划,年终有总结。区老体协坚持每年年中召开半年工作会议,年底召开年会。总结工作,布置检查,评选表彰先进。

全民健身重大项目建设 2020年,一是抓"全国老年气排球之乡"创建活动,获得成功授牌。年内,举办铜梁区职工气排球联赛和铜梁区老年气排球联赛,每次比赛都是100支队伍以上,最多的达到120支队伍。同时,多次举办全区太极拳比赛、交流、展示活动,最多的一次达到500人的队伍参加太极拳展示活动。

全民健身群众身边文体活动 镇街、部门老体协分会工作积极主动,常年活动不断。一是82个基层分会全年利用春节、三八妇女节、五一劳动节、七一建党节、十一国庆节、中秋节、重阳节、元旦节等重要节日,开展登山、游园、钓鱼、乒乓球、羽毛球、气排球等形式多样的文体健身活动。二是积极参加区老体协举办的各种培训和比赛活动。全年区老体举办三期太极拳培训班、两次气排球比赛,还有广场操舞、柔力球、太极拳等项目比赛,收到很好的效果。三是部门分会邀请活动坚持不懈。上半年由于疫情影响没能开展,但是下半年完成了全年活动计划。共举办33次邀请活动,项目包括羽毛球、投篮、飞镖、钓鱼等。

新冠疫情防控 区老体协认真贯彻落实区委、区政府关于做好"居家防疫"的要求,及时向基层老体协分会及站团发出《为打赢疫情防控阻击战,传递"健康"能量——致全区老体协分会、站团及老体协工作者的倡议书》和《铜梁区老体协关于延期参加重庆市第四届老年人体育健身运动会的通知》,认真做好宣传、组织和防控等各项工作。区老体领导及工作人员坚持轮流值班制度，用电话、微信等方式加强与分会、站团联系，做好有关服务工作。各级老体协分会还组织党员在所在的党支部和社区进行捐款，指导动员捐款20余万元的现金及物资；有的老体协分会还组织党员和志愿者参加到值班、执勤和为小区居民服务的工作中。最终，做到全区老体协会员“零感染”。

（区老体协　刘建华）

【婚姻家庭】　婚姻登记　一是提供婚姻家庭“一站式”服务。开展“新婚课堂”项目，举办婚姻家庭讲座和沙龙12场，发放《幸福手册》3483份，受益3000余人。弘扬新风正气，提倡新人婚事新办简办，发放倡议书3483份。开展“离婚劝和”服务，利用律师、心理咨询师、社会工作师为离婚双方开展心理辅导，成功劝和80余对。利用网上预约和现场预约，为老弱病残等特殊群体开通绿色通道，针对重残及因病卧床补证的夫妻实行上门服务，受到困难群众欢迎。二是依法登记。全年共办理结婚登记4383对，离婚登记2575对，补发结婚证2046对，补发离婚证136对，登记合格率、规范率均达到了100%。无涉外婚姻登记，无违法婚姻登记，实现婚姻登记“零差错”，维护婚姻当事人的合法权益。

（区民政局　石春月）

群众为区民政局婚姻登记处送锦旗（石春月　摄）

家庭文明建设　区妇联以“家家幸福安康工程”为抓手，推动好家庭、好家教、好家风建设。持续推动家庭文明建设，开展以“建设好家庭，传承好家风”为主题的百名孝善典型评选活动；加强对《条例》《大纲》的学习宣传贯彻落实，提升家教指导服务能力；推荐妇女干部5人参加了市妇联举办的“十百千巾帼家政示范培训”，组织实施“龙宝宝”启蒙计划——早期家庭教育指导服务项目；开展“绿色家庭”创建行动，组织开展以“小手拉大手 共建绿色家庭”为主题的六一儿童节活动等。全区3个家庭被评为重庆“绿色家庭”；区内评出“最美阳台”“最美庭院”各10个，其中4个阳台、5个庭院被评为市级“最美阳台”“最美庭院”。向全区广大家庭征集家庭绿色生活视频42件，并在巾帼龙韵进行展播，其中6件作品被市妇联采用并获奖。

（区妇联　粟治广）

【社区建设】　建立“四自协同”城乡社区治理机制　坚持群众主体，激发内生动力，建立以“双十条”村规民约，引导村民“自我管理”；以“6+N”社区社会组织体系为核心，鼓励村民“自我服务”；以“一商二议三公开”三步工作法为路径，规范村民“自主决策”；以“阳光村务”为举措，强化村民“自主监督”的“四自协同”城乡社区治理工作机制。该机制在土桥镇六赢村成熟运用，向全区范围推广。

制定社区综合服务设施建设三年行动计划　印发《铜梁区城乡社区综合服务设施建设三年行动计划的通知》，对28个镇街城乡社区便民服务中心、警务室、卫生服务站、日间照料中心（养老服务站）、文化活动室等社区综合服务设施建设情况进行摸底，建立健全台账，全区城乡社区综合服务设施覆盖率达到85.89%。

规范村（居）务公开　出台《重庆市铜梁区城乡社区治理领导小组办公室关于印发〈重庆市铜梁区村（居）务公开目录〉的通知》，对村（居）务公开内容进行规范，推行“四务”（党务、政务、财务、服务）每月定期“线上+线下”公开，重大事项及时公开，确保公开事项全公开、全透明，公开对象全覆盖。

推进基层社会治理减负增效 对28个镇街“四项清单”落实情况及“万能章”现象进行抽查，群众反响良好，相关证明事项本着服务群众原则按要求正常出具，用章管理规范，村（社区）运转高效顺畅。

建立村规民约监督执行长效机制 印发《关于切实做好村规民约执行工作的通知》，依托农村人居环境整治积分制度，实行村规民约遵守情况积分动态管理。各村按照一户一档建立积分台账，每月进行1～2次积分量化管理，让村规民约真正用起来、活起来。

健全社区居委会下设委员会制度 出台铜梁区《2020年推进物业管理融入社区治理工作方案》，全区有58个社区建立社区物业管理议事协调机制及社区环境和物业管理委员会，深入各物业小区，将物业矛盾纠纷处理纳入社区协商事项中，化解基层社区矛盾。

（区民政局　石春月）

【慈善事业】 **慈善募捐** 全区共组建网络捐赠团队586个，通过为企业捐赠搭建平台、与部门合作实施项目、争取上级慈善机构和爱心单位捐款、支付宝网络募捐等多渠道多方式募集慈善款物，共筹募慈善款物1306.07万元，发放救助款物1191.63万元，直接帮扶4803人和5个市级贫困村、4个敬老院，惠及7385人次。

慈善救助 慈善助学。积极推进支付宝网络募捐工作，上线“困难儿童的梦想礼包”“让留守儿童快乐成长”“关爱残疾儿童”3个项目，共计筹款52.5万元，帮扶留守儿童、困境儿童、残疾儿童1505名；开展“99公益日”网络募捐，组织“情暖万家·托起希望”“为贫困学生圆梦”2个项目，为贫困学生购买价值2.4万元的平板电脑10台，共资助全区困难中小学生及贫困大学新生1281人，助学自出127.4万元。

慈善助医。通过慈善医疗救助专项基金，救助低保、五保中的癌症和尿毒症患者20人，救助金额1.75万元。通过临时医疗救助项目，救助因病致贫，且不满足低保、五保中的癌症和尿毒症条件的其他贫困人员，共55人，救助金额7.32万元。爱尔眼科医院救助贫困眼疾患者326人，金额20.91万元。根据捐赠者的意愿对患者定向救助，共744人次，金额49.63万元。

扶贫、敬老、助残。资助五个市级贫困村慈善资金28万元，向困难群众捐赠价值9.66万元的格力电扇1017台。对其他街镇村公益设施建设进行资金帮扶，为开展精准扶贫，助推脱贫攻坚发挥积极作用。开展“慈善情暖万家”活动，为1671户低保、低收入家庭、残疾人、重病患者等困难群众送去了慰问金和生活物资，把党和政府的温暖和社会各界的爱心送到了千家万户。开展“助力脱贫攻坚，关爱特困老人”主题系列活动，为3个敬老院购买90台空调机，为少云镇敬老院购买价值7.4万元40台电视机和一批健身器材。

疫情防控。争取上级慈善组织疫情防控资金57万元，开展线上、线下募捐活动，共组建68个捐赠团队，1704人次献爱心，累计接收到慈善款物227.23万元，全部用于疫情防控工作。协助开展新冠肺炎疫情防控“最美家庭”评选活动，分别给予获奖者500元奖金，奖励111人（户），金额5.55万元。积极争取社会力量支持，累计为养老机构配送口罩2万个、消毒液170桶，水果蔬菜21000斤，有效保障养老机构防疫物资、生活物资充足到位。

慈善福彩 福彩公益金可用资金总额。2020年度，区级福利彩票公益金可用资金总额为689.34万元。其中：2019年度第二批分成114万元，2019年市级清算追加10万元，2020年市级预安排351万元，2019年未使用结转214.34万元。

福彩资助公益服务项目。一是敬老院达标改造、提档升级等179.56万元。维新敬老院升级改造0.5万元；土桥、双山敬老院添置设备53万元；巴川街道福利院消防水池改造15万元；华兴敬老院达标改造90万元；南城敬老院（铜梁区特困人员失能半失能养护中心）电梯安装及院内绿化21.06万元。二是城乡困难群众(含重度残疾人)医疗救助18万元。三是社工人才队伍建设26.87万元,用于2019年社会工作考试补助。四是乡镇项目43.12万元。巴川街道盘龙公益性墓地道路、地灾治理工程20万元;大庙镇东森村公益性墓地地灾治理16.12万元;西河镇双永村便民服务中心提档升级项目7万元。五是区福彩民心亭建设2.66万元,用于支付福彩民心亭维修维护等项目。

(区民政局　石春月)

【社会行政事务管理】 **社会组织管理**　社会组织登记监管。全区有社会组织376个,其中:年内新成立登记8个、注销登记9个、变更登记15个,登记合格率100%。社会组织登记服务一律进驻政务服务中心综合窗口统一受理、统一办结,办结时限由法定60个工作日压缩至10个工作日。年度检查工作进一步细化标准,改进年检服务,优化流程,做实年检结论,促进社会组织健康有序发展。

规范管理行业协会商会涉企收费。全面清查35个行业协会商会的涉企收费信息,重点整顿9类违法违规收费行为,取消不合理收费项目,降低收费偏高、盈利较多的标准,调整会费档次、降低会费标准,鼓励减免会费。要求各行业协会商会严格按照章程开展活动,企业入会自愿、退会自由;建立收费信息主动公开长效机制,在"信用中国"网站上集中公示全区行业协会商会会费标准,增加政策透明度,主动接受社会监督;依托全国价格举报电话12358和信用体系平台,畅通行业协会商会违规收费投诉举报渠道。

加强社会组织领域风险防范化解。在年检工作中,要求社会团体和社会服务机构在工作报告里对本组织存在的风险及化解措施进行陈述,经排查,尚未发现有社会组织违法违规接受境外资助情形或被敌对势力渗透利用等情况。

社会组织参与脱贫攻坚。印发《全区性社会组织参与脱贫攻坚工作指引》,积极引导和动员社会组织进一步挖掘帮扶潜力,采取多种方式,凝聚社会力量参与脱贫攻坚,全区各类社会组织累计捐赠善款30.8万元、发放物资价值3.5万元。

积极推进全区性行业协会商会与行政机关脱钩改革工作。按照"五分离、五规范"的工作要求,重庆市铜梁区苗木行业协会、重庆市铜梁区鞋业商会、重庆市铜梁区农业产业化经营服务商会、重庆市铜梁区小水电行业协会、重庆市铜梁区青年商会等5家纳入脱钩改革的行业协会商会与行政机关全面脱钩。

开展社会组织登记评估。经过自主申报、专家组评估、评估委员会评审等程序,重庆市铜梁区慈善会被评定为3A级社会组织。

社会救助综合改革　全面建成并运行铜梁区"一网通联"平台,实现纵向连接区、镇(街)、村(社区),横向贯通17个区级单位的T字形救助平台信息共享;在28个镇街、333个村居设立社会救助综合登记窗口,配备1人以上窗口服务人员,摆放窗口标识。全年28个镇街总登记量3694件,办结件2997件,待办件697件;跨部门共享救助信息270.98万条。

收养登记　严格依据《中华人民共和国收养法》《中国公民收养子女登记办法》《民政部收养登记工作规范》及相关政策规定,依法办理收养登记。全年共办理解除收养登记1件,登记率、规范率均达到100%,全年无违法收养登记。

殡葬改革　开展殡葬服务单位疫情防控专项督促检查107次,累计接待祭扫群众31454人次、发放口罩22541张、配备消毒液7228瓶,实施检测75351人次,无聚集性感染事件和安全责任事故发生。开展安全生产检查128家次,排查安全隐患12个,全部完成整改。完成蒲吕街道康济农村公益性墓地、巴川街道盘龙村农村公益性墓地道路硬化、排水、排危工作;完成10个农村公益性墓地及2个集中安葬点地形图和勘界测绘。完成区殡仪馆遗体火化炉尾气检测,筹备遗体火化炉油改气项目。审批拨付殡葬惠民资金161例

25.67万元。新建立村(社区)红白理事会62个,全区333个村(社区)实现红白理事会全覆盖,引导群众文明治丧886起,移风易俗有序推进。

(区民政局　石春月)

【烈士纪念馆设施设备维护与管理】 全区有邱少云烈士纪念馆1座、西泉烈士陵园1处以及零散纪念设施8处,均落实专人管理。按时足额拨付管理经费,邱少云烈士纪念馆管理经费纳入年度预算,西泉烈士陵园年补助5万元,陈达三烈士墓每年补助1万元,其余7座散葬烈士墓每年补助2000元/座。加强对零散烈士墓的修缮管理,制定《铜梁区零散烈士纪念设施修缮工作方案》,投入8万余元对全区6座零散烈士墓进行搬迁、修缮。向市退役军人事务局申报烈士纪念设施维修维护项目,获批中央资金89万元、市级资金20万元,均用于烈士纪念设施的综合管护。修缮邱少云烈士故居,真实记录邱少云烈士成长历程和光辉战斗岁月,成为全区一处重要的革命教育基地。

(区退役军人事务局　余海林)

灾害事故

【气象灾害】 2月14日,铜梁区出现强降温天气,平均气温由14日14.6℃下降至16日的7.6℃。巴岳、燃灯、岚峰等8个站最低气温低于0℃,其中巴岳站最低气温达到-3.2℃。

6月26日,暴雨到大暴雨。西河、永嘉、围龙、安溪、华兴、大庙、福果等镇街的12个自动站达到大暴雨,最大降雨量出现在西河站达192.5mm。洪涝灾害导致大庙、西河、华兴等14个镇街共计4380人受灾,损坏房屋13间,农作物受灾面积达416.91公顷,直接经济损失达786.15万元。

7月1日,大暴雨。安溪、虎峰、大庙、福果、华兴等10个镇街达大暴雨,造成华兴、大庙、小林等17个镇街1284人受灾,农作物受灾面积达129.15公顷,损毁房屋达53间,直接经济损失达746.89万元。

7月15日,暴雨。南城、东城、太平、侣俸、土桥、围龙、南城、福果、华兴、安居等18个镇街达暴雨,造成大面积农作物受损。

7月25日,大暴雨。华兴、蒲吕、安溪、围龙、大庙、西河、福果、华兴、旧县、虎峰、永嘉等镇街的18个自动站达暴雨,造成199人受灾,部分农作物以及房屋受损。

8月17日至20日,受涪江上游四川境内持续强降雨影响,涪江铜梁段迎来近40年最大洪水过境。涪江铜梁安居段水位最高上涨至220.41米,超警戒水位6.41米,超保证水位2.91米;过境洪峰持续时间长,共超涪江铜梁安居段保证水位217.5米达54小时,超安居堤防设计防洪水位(220.3米)达10小时。在洪峰过境中,全区紧急转移安置7518人,无人员伤亡,但因过境洪水引发的洪涝灾害造成12494人受灾,直接经济损失46515.62万元,其中因灾倒塌房屋17户29间,农作物受灾面积约578公顷,基础设施损失约28292.82万元,工矿企业损失约4292.4万元,公益设施损失约6220万元。

(区气象局　罗先猛)

【洪旱灾害】 全年发生14次洪涝灾害,洪旱灾害造成26个镇街206个村(社区)受灾,受灾人口19351人,转移安置7884人;造成农作物受灾面积1235公顷,绝收面积204公顷;各项直接经济损失共49778.1万元。

其中,出现“7·16”“8·14”“8·17”等6场区域性暴雨天气过程及三次过境洪水。8月16日至20日,涪江铜梁安居段遭遇近40年来最大洪水灾害,最高水位220.41米,超警戒水位6.41米,超保证水位2.91米,安居镇、高楼镇、少云镇、白羊镇、旧县街道、二坪镇等6个镇街12494人不同程度受灾,紧急转移安置7518人,直接经济损失46515.62万元。

(区应急管理局　杨正波)

【火灾】 2020年,全区共发生火灾210起,直接财产损失48.32万元,未发生亡人及较大以上火灾；全区消防救援队伍共接处警780起，营救和疏散被困人员110人，挽救财产价值2000余万元，成功处置各次急难险重任务。

（区消防支队　王秋宽）

【道路交通事故】 2020年全区道路交通事故5起，死亡5人。

（区公安局　高云全）

【生产安全事故】 2020年，全区共发生各类生产安全事故16起、死亡19人，占全年控制指标的82%，与2019年相比，事故起数与死亡人数分别上升23%和5.5%。

事故分析：年内建设施工事故7起、死亡8人，分别占43.7%和42%，与上年相比，事故起数与死亡人数均上升300%；道路交通事故5起、死亡5人，分别占31%和26%，同上年比分别下降16.7%、50%。这是历年来下降幅度最大的，道路交通安全形势的持续稳定向好；工贸及其他事故4起、死亡6人，分别占25%和31.5%。

（区应急管理局　杨正波）

巴川街道

【概况】 巴川街道辖区面积39平方千米，城区面积16平方千米，耕地面积16.82平方千米，下辖16个村（社区）。2020年末，辖区户籍人口90319人，其中城镇居民83034人，农村居民7285人。辖区内有幼儿园、小学、特殊学校、高中、职业学校、高职院校共34所。街道机关年末实际在编在岗115人（其中行政46人、事业67人、参公2人）；设有党政办、党群办等10个内设机构，另设产业培育中心、退役军人服务站等7个事业单位。

地区生产总值952254万元，同比增长1.6%。年内第一产业增加值15985万元，同比增长10.5%。第二产业增加值215776万元，同比增长0.9%，其中工业增加值39399万元，建筑业增加值176377万元，同比增长6.0%。第三产业增加值720493万元，同比增长1.6%。固定资产投资总额194567万元，工业投资总额6930万元。社会消费品零售总额747511万元，同比增长3.5%。财政收入3898万元，同比增长8.1%，其中工商税收3653万元，同比增长2.1%。城镇居民人均可支配收入42273元，增长5.39%；农村居民人均可支配收入22260元，增长7.36%。

【经济发展】 **招商引资** 成立巴川商会，搭建共赢平台，持续优化营商环境，全年发展会员131个。建立对外招商引资工作专班，对接中铁建渝遂扩能工作组，引进成立重庆渝遂复线高速公路有限公司，注册资本达1.232亿元，该公司负责铜梁—北碚段渝遂高速公路扩能项目总投资62.68亿元。

集体经济 大力实施农田宜机化改造，围绕粮油、蔬菜、经果等基础保供产业发展，新建宜机化田园17.13公顷、菜园16公顷、果园14.47公顷。结合国土绿化、四旁植树等项目，在西郊道路、319国道公路、农家院落新造经济林40公顷。建实“村集体+企业+农户（贫困户）”利益联结机制，玉皇村“三变”改革试点带动集体增收46万元，村民人均增收85元。

【社会发展】 **基础设施建设** 投资3182万元，建设干线公路、断头路、联网路、产业路、“四好”公路和“一事一议”泥结石硬化公路49条32千米。全面推进城乡供水一体化，完成西郊人饮提升巩固工程建设，确保4000户7000人饮水安全。

推进农村改厕工作，完成卫生厕所改造422口；完成西郊片区三档村无害化卫生厕所改造491口。

城市提升 全面落实“马路办公”，持续推进“五长制”工作，解决城市问题452个。科学设置二分类垃圾桶588个，三分类垃圾桶166个，建立“区级+镇级+村（社区）级”生活垃圾分类指导员队伍，配置垃圾分类桶边指导员21人，引导群众自觉参与生活垃圾分类工作。全面完成棚户区改造项目住户协议签订，纳入年度棚改项目共187户，其中货币安置121户，产权调换66户，实际征收房屋面积约1.445万平方米，发放补偿款6666.17余万元。落实11个老旧小区改造工作，为180个老旧小区、264幢单体楼和37处平房落实管理责任人和保洁员。建立网格化服务管理及视频会议系统，安装雪亮工程摄像头403个。积极开展社会治安巡逻防控，悬挂重点整治地区挂牌标识500余块，重点地区发案30件，同比下降61.5%。检查各类生产经营单位287家，查处并治理安全隐患125处，劝导、查处违章车辆（含摩托车、农用车）800余辆，劝导人员3300余人次。划分网格59个，整合综治巡逻、司法调解、城管协管等7支队伍485人并入网格构建平安员队伍，对辖区道路、背街小巷、居民小区、在建工地等开展常态化巡查检查，规劝游动摊贩9000余次，规范主次干道310次，拆除违立柱、墙体广告500余平方米，发放违停宣传提示单4万余份，处罚违法停车案件4453起。

环境保护 督促56家餐饮企业按照环保要求完善油烟净化设备；全面排查加油（气）站油气回收装置、汽车维修厂等14个在用燃油非道路移动机械；常态化巡查露天焚烧行为，制止处置露天焚烧300余起。全面落实河长制，加强河库“四乱”清理排查，两级河长巡河1000次，排查整改河库污染问题130处，完成上级交办问题12个；对小北海、巴川河、淮远河开展常态化巡逻管理，收缴各类渔具500余件，完成小北海饮用水源取水点周围防护拦网安装1000余米。辖区统防统治、绿色防控面积达666.67公顷，农药用量同比减少515千克，与农户签订农产品检测委托书，检测农药残留物274样次；严控畜禽养殖污染排放，与12家养殖场签订粪污购销协议，并督促九辉农业完成畜禽粪污资源化系统升级改造。设立再生资源村级回收点8个、镇级回收站2个，回收地膜、棚膜、塑料包装袋66吨。绿化道路35.8千米、栽植花草4.5万平方米，改柴棚、圈舍810处，清理白色垃圾、建筑垃圾、生活垃圾240余吨。

西郊示范片环境美化（黄萌雨　摄）

社会保障 一是疫情防控。下沉机关干部100余人，发动党员、村（社区）干部、少云志愿者等9000余人次，严管小区、路口、个体工商户、酒店等重要场所，做好集中隔离点和居家医学观察人员服务管控。全年街道未出现一例确诊病例。压实“企业主体、行业主管、街道属地管理”责任，组建复工复产服务专班，助推1250家具有法人资格民营企业、6442户个体工商户、185家“四上”企业复工复产，安排驻厂专员点对点开展指导帮扶及政策宣传，并定期对冷链等重点行业人员进行核酸检测。二是解决“两不愁三保障”突出问题。鉴定出一般户危房484户，完成拆除140户，封堵189户，C、D级危房改造101户。建立“专家+指导员+贫困户”技术指导服务机制，聘请农技专家、选派农技指导员6人，为5户规模养殖户申请到户产业补助1.6352万元，为6户贫困户申请贷款3.1万元，充分激发脱贫内生动力。现行标准下辖区37户105名建档立卡贫困人口全部脱贫。三是开展“把老乡留在老家”行动，成功回引683名外出务工人员返乡就业创业，实现城镇新增就业人员3903人，完成“4050”补贴、“单双解”社保补贴、低保就业补贴733人，创业小额担保贷款1388万元。四是保险和民政优抚工作。办理城镇职工养老保险2063人，居民养老保险635人，年内新增城市低保50户79人，农村低保12户27人。充分发挥临时救助救急难作用，共救助267户533人75.025万元。推进敬老院改造提升，发放老年人高龄津贴48.56万元，服务补贴7.4万元，特困护理补贴13.275万元。做好残疾人关爱帮扶工作，为21名困难残疾人员办理居家托养，5名有康复需求残疾人配送辅具，发放残疾人“两项”补贴34.79万元。完成家庭医生签约服务2.644万人，农村妇女免费“两癌”检查2105人，组织适龄人群完成孕优检查500例，为7820名65周岁以上老年人提供免费查体。

【党的建设】 街道下设党委13个，支部95个，共有党员2790名。新设非公支部1个，新吸收预备党员12名，恢复25名退役军人组织关系，转接党组织关系139个。

街道全面贯彻落实党的十九大和十九届二中、三中、四中、五中全会精神和习近平总书记视察重庆重要讲话精神，深入推进党风廉政建设和反腐败斗争，认真落实中央八项规定精神，时刻紧盯“四风”问题新形势新表现，利用党工委会、干部大会等学习研究党风廉政建设8次，开展“以案四说”“以案四改”“扶贫领域警示教育大会”2次，转发学习违纪典型案例12次，推送廉洁提醒短信13次，提醒谈话50余人次。全年打造党建示范村2个，巩固提升软弱涣散基层党组织2个，引进本土人才8名。建立党员发展“五本台账”，新建非公经济党组织3个，调整隶属关系4个，选派党建指导员25个。积极开展“三小”认领工作，严格落实16个村（社区）党员“三亮”行动，召开党建联席会50余次。

（巴川街道　梁清源）

领导班子名录

党工委书记　蒋　伟
党工委副书记　办事处主任　赵　洪
党工委委员　人大工委主任　赵　兵
党工委副书记　汪伯伦
党工委委员　办事处副主任　冉朝玉
党工委委员　政法书记　古洪斌
党工委委员　武装部长　办事处副主任　刘兴明
党工委委员　周良群
党工委委员　纪工委书记　童　渝
党工委委员　黄　怡
办事处副主任　瞿　洪
党工委委员　办事处副主任　刘定航

各村（社区）基本情况表

村（社区）	户数户（户）	户籍人口（人）	党委（支部）书记	村（社区）主任
接龙村	1026	2817	李　芳	何代碧
玉皇村	1138	3386	柏小林	刘　敏
千年村	1380	3317	吴代明	石安强
大雁村	866	1994	刘昌明	李仁文
盘龙村	678	1996	龙虎国	周孟勇
八一路社区	1215	3865	施志荣	陈正会

续表

村(社区)	户数户(户)	户籍人口(人)	党委(支部)书记	村(社区)主任
仙鱼社区	1235	3821	赵 燕	—
柿花社区	967	2019	阳明煜	彭汝莉
东方社区	5270	16212	杨 渝	赵政朝
东城社区	3720	11030	王安秀	刘 洋
和平社区	3254	8601	叶甜甜	王兴洪
正街社区	2649	8538	郑淮平	—
龙山社区	1855	6013	刘 凤	—
体育街社区	3020	5949	叶作敏	祝美娟
淮远社区	2236	4485	张 宏	周情燕
袁家社区	3086	6276	刘学瑜	赵吉福

东城街道

【概况】 东城街道位于铜梁城区东北部，东邻蒲吕街道、二坪镇，南邻南城街道、西接巴川街道、北连白羊镇、水口镇。辖区面积约47平方千米，辖9个社区、7个村，143个村（居民）小组，总户数31432户，户籍人口70618人。辖区内有1所高中，1所初中，4所小学，17所幼儿园。

街道办事处核定编制114名，实有104人（其中行政45人；事业59人）。设党政办、党群办等11个内设机构，7个下属事业单位。2020年度获得重庆市生活垃圾分类先进集体。

全年完成地区生产总值173.47亿元，同比增长4.6%；第一产业增加值1.7亿元；同比增长11.2%；第二产业增加值127.9亿元，同比增长4.9%；其中工业增加值102.5亿元，同比增长6.5%；第三产业增加值43.85亿元，同比增长3.4%；固定资产投资完成106.67亿元，其中工业投资42.59亿元；社会消费品零售总额53.67亿元，同比增长3.4%。全年完成地方预算内财政收入13384万元，其中：税收13332万元，非税收入完成52万元。城镇居民人均可支配收入42809元，同比增长6.13%；农村居民人均可支配收入22272元，同比增长8.12%。

整洁的现代化车间（东城街道　宋玫红）

【经济发展】 完成民营经济市场主体发展目标，新增个体工商户1775户，企业514家。规上企业208家，其中工业企业122家，限上商贸企业36家，服务业企业12家，建筑房地产企业40家。全年新入库项目11个，总投资7.67亿万元。完成粮食播种1584.7公顷，总产量达10131吨，增幅分别为1%和3.1%；蔬菜播种721.93公顷，总产量达21865吨，增幅分别为4.4%和5.2%。新增特色产业（佛手种植）项目9.3公顷，累计16公顷。新培育重庆市金栗食品有限公司规上农产品加工业1个。完成金梅印象、工业园区项目、佳耀商品混凝土项目195人的农转非报批、资金支付等相关工作。完成佳耀商品混凝土二期扩建、金江水泥厂后侧储备地征地6公顷，渝遂复线、污水处理厂第三期扩建管网租地19.33公顷。

【社会发展】 **城市管理** 统一实施屋顶平改坡10万余平方米，拆除违法建筑125处，1.69万余平方米。整治861城区违法建筑20万余平方米；规范占道经营1600余处，拆除违规户外广告等140余处。规范车辆停放2.8万余次，张贴违停告知单1.9万余张，处罚4400余车次。集中整治城区30余次、保洁老旧小区226个、清理垃圾450余吨，清理城乡接合部、城中村及淮远河、高速路沿线建筑垃圾50余吨。打造壹号公馆、美丽泽京等14个生活垃圾分类示范小区，给164个小区配置分类垃圾桶2018组。组建排查整治队伍9支，摸排化粪池1418座，新增完善维护井盖、导排气管等相关设施39座，监测重点区域化粪池排放气体203座，下达整改通知书35份，清掏整改达标197座。投资369.5万元，对7个老旧小区实施综合整治，清理废旧家具、垃圾、杂物80余吨，处置外墙砖脱落17处380平方米。

平安乡村建设　一是新冠疫情防控期间，设置交通要道疫情防控检查站11个、小区疫情防控检查点220个，自筹资金筑高筑牢道路隔断2600平方米，道路检查站累计检查车58651辆次，劝返2448辆次，排查98084人次。实施居家医学观察3638人，集中隔离348人。全年走访30.58万户次，累计排查人员95.89万人次。二是切实推进重点行业安全整治，检查工业、商贸、危化等企业159家（次），下达整改通知书18份，整改隐患37处。全面提升社会矛盾化解力度，共接待来信来访群众1000余人次，调解矛盾纠纷及处理群众诉求681件，化解率达99%。排查和承接上级交办信访积案8件，成功化解8件。社区矫正人员47人，解除41人，安置帮教223人。三是开展法律文化进村活动35场次，送图书、展览讲座、送法规政策科技进村宣传70次，农村（社区）电影公益放映960场次。对文化市场、KTV、网络会所、影城不定期地进行检查62次。召开专题研究统战、宗教、侨台工作10次，做到及时掌握和解决辖区内社会治安问题。

生态保护　开展农村黑臭水体的清理排查，整改堰塘1口。加强企业治污巡查，关闭企业2家。全年共出动巡查农村秸秆焚烧、城区垃圾焚烧、露天烧烤等人员近3000人次，发现扑灭火点67处。全面落实河长制工作，累计巡查466人次，整改落实问题5个。整治坡上未密闭粪池30余处；清除驱雀飘飘彩旗55处；在重点路段栽花植绿25千米，绿化面积50000余平方米；彻底清除并转运重点路段杂草450车；改造柴棚306个，圈舍165个；召开人居环境整治积分兑换讲评坝坝会55场次，兑换积分200余人次；全面发动群众全域推进辖区垃圾清除100余吨。完成义务植树基地1个，面积10公顷，累计参加义务植树4.287万人次植树17.248万株。完成农村“四旁”植树20公顷，农田林网和特色经济林改造486.67公顷全年化肥用量1280吨，比全年目标任务1350吨减量使用70吨，减量5.2%。辖区测土配方施肥建议卡100%发放到村、农户、规模种植户、农资经销商。全年农药用量9060吨，较全年9210吨减量使用150吨，减量1.63%。

美丽乡村——青羊村（东城街道　宋玫红）

社会保障　城镇新增就业22449人，开发公益性岗位861个，发放小额创业担保贷款5990万元，完成“6+2”重点电子智能企业招工760人，开展“把老乡留在老家”活动回引农民工2137人，协助铜梁高新区招工1194人。完成养老待遇资格核查80595人，完成居民医保征收233578人次。发放低保金、特困资金1574万余元。全年实现城镇新增就业4181人，办理就业创业证2827个，办理“4050”人员就业登记852人，办理失业登记561人，办理2019年“4050”人员补助申请678人，补助金额300.89万元，各类业务咨询答疑3100余人次。受理小额贷款申请82人次，发放61人次，共计1170万元。对102户建卡贫困户、四类人员和5778户一般农户进行“两不愁三保障”及饮水安全保障全覆盖排查。发放金融扶贫贷款102户264.9万元。建档立卡贫困适龄儿童入学率达100%。实现建卡贫困户家庭医生签约、精准脱贫保购买、“先诊疗后付费、一站式结算”全覆盖。加强农村饮水工程建设管理，投资275万元，争取区级资金127.74万元，对6个村2个社区74户214人农村建档立卡贫困户集中供水改造，一般受益农户达1286户，3206人。全年鉴定房屋1156次，排查农村CD级危房共702户，拆除144户；实施封堵313户；组织实施CD级危房改造共209户，其中享受区级和市级CD级危动48户，自行改造161户；改造农村旧房30户。建成“四好农村公路”33.38千米、“一事一议”农村公路25.616千米，生产生活便道228千米。完成农村改厕533口，发放特扶慰问金3.8万元。推进家庭医生签约服务，共签约4575户13727人。农村适龄妇女“两癌”筛查15726名。组织29873名老年人免费体检。改造完成老旧小区47个。

【党的建设】 街道党工委有下属社区党委9个，机关党总支1个，党支部66个，其中机关支部3个、村支部7个、社区党委下属支部40个、非公党支部16个。全年转入党员171人，转出党员69人，死亡党员14人，开除党籍1人，党员信息管理系统现有党员1952人，其中预备党员18人，现管理党员档案988份。发展党员10人(其中农村党员2人)，预备党员转正5名。培养入党积极分子23名。

政治引领 扎实开展“不忘初心、牢记使命”主题教育，抓好“四治四提”专项行动，全面实施“党建扎桩、治理结网”工程，召开各级党建联席会30余次，收集处理问题130余个，开展“三小”认领工作，100余名党员和60余名志愿者自愿参与认领“小绿化”“小设施”“小场地”。疫情期间，辖区1833名党员自愿捐款132214元。

组织建设 调整支部书记3人，专职干部5人、回引本土人才3人。全覆盖集中培训基层党组织书记16人次。16个村(社区)全面实现“一肩挑”，7个村党组织书记兼任集体经济组织、合作经济组织负责人，7个行政村及2个涉农社区先后成立了乡村振兴理事会。全年享受老党员生活补贴151人，发放生活补贴19万余元；对131名困难党员、群众在春节、“七一”期间进行了慰问，共发放慰问金4万余元。持续开展5个社区党群服务中心优化提升工作，改造提升16个村社区党群服务中心的规范化建设；完成4个社区党群服务中心内部改造，；打造玉泉社区一号公馆红色物业试点，成立壹号公馆小区党支部(支部委员会由5人组成，其中支部书记1名，副书记1名，委员3名)，街道选派党建指导员2名，指导开展党的日常活动和小区的管理工作。

党风廉政建设 全年开展“以案四说”警示教育会18场次，受教育对象达1502人次。受理信访件6件，办结5件，办理中1件；上报问题线索2例；诫勉谈话2人，通报批评2人。开展重要节点、脱贫攻坚、干部作风、公车使用等各项监督检查25次，发现问题7个，谈话提醒42人次。查处违反中央八项规定问题2件，组织处理8人，诫勉谈话2人，提醒谈话4人，批评教育2人。开展各类监督检查159个点次，提出工作建议33个，发现问题线索2个。

(东城街道　宋玫红)

领导班子名录

党工委书记　袁厚泉
办事处主任　周　高
人大工委主任　童中华
党工委副书记　高　山
纪工委书记　伍小燕
办事处副主任　石明琼　刘　霞　蒲淑红
武装部长　邱光兵
党工委委员　卢应伦　何永平

各村(社区)基本情况

村(社区)	户数(户)	户籍人口(人)	中共支部(总支、党委)书记	中共支部(总支、党(支)委副书记
塔山社区	4363	9085	涂兴明	熊　燕
长坡社区	3291	8612	李代菊	张长云
龙城社区	3678	8106	李　霞	李　霞

续表

村(社区)	户数(户)	户籍人口(人)	中共支部(总支、党委)书记	中共支部(总支、党(支)委副书记
晏渡社区	2813	5736	蒋有菊	赵晓欢
玉泉社区	1896	5806	刘华伟	潘秀琼
双门社区	2511	2736	高尚懿	周德富
金龙社区	1984	4601	陈代彬	龙　平
姜家岩社区	3624	6505	康笃位	刘昌兰
全兴社区	878	1905	陈天伦	汪永会
梁祝村	1056	2706	张才容	刘学福
飞凤村	1038	3092	黎永龙	康云龙
花院村	1086	3612	王科全	王科富
安全村	1400	3298	田贵红	杨元菊
水星村	879	2258	张邦中	冷继贵
拦马村	543	1502	陈　荣	全成英
青羊村	392	1058	罗朝华	周和海

南城街道

【概况】 南城街道辖区面积66.24平方千米，辖7个社区、9个村、257个村（居）民小组，户籍人口72446人。街道机关干部年末在职人数101人（其中行政39人、事业56人、参公4人）。

全年实现地区生产总值866902万元，同比增长4.1%；第一产业增加自19947万元，同比下降0.4%；第二产业增加值476052万元，同比增长7.3%；工业增加值369568万元，同比增长8.7%；建筑业增加值106484万元，同比增长1.8%；第三产业增加值370903万元，同比增长0.2%；完成固定资产投资264719万元，同比下降9.2%；工业投资10918万元，同比下降30.1%。全年实现社会消费品零售总额262761万元，同比增长3.2%。完成财政收入2589.24万元，同比下降14%。农村居民人均可支配收入实现21994元，同比增长7.66%；城镇居民人均可支配收入实现42524元，增长5.25%。

【经济发展】 **工业发展** 新冠肺炎疫情总体可控后，街道将企业复工复产作为最重要的工作来抓，及时帮助辖区各企业恢复生产。全年新发展规模以上工业企业3家、限额以上商贸企业1家。年末共有规模以上工业企业43家、限额以上商贸企业53家、限额以上商贸个体户64家、规上服务业企业22家。

农业发展 全年粮食播种面积1720.67公顷，粮食产量11064吨，同比增加158吨，同比增长6.4%。经济作物面积1380.6公顷，产量37049吨；油料面积283.13公顷，产量617吨；蔬菜播种面积998.4公顷，蔬菜产量35982吨，增长3.22%，粮食、经济作物均实现增产增收。新发展农业企业1个，培育区级龙头企业1户。累计流转土地1045.47公顷，涉及农户6152户，涉及土地租金1100余万元。持续深化农村集体经济发展“六要”途径，全年村级实现集体经济收入142.103万元、社级51.4万元，其中集体经济收入10～50万元的村（社区）有5个、5～10万元的村（社区）有8个。

乡村振兴西郊示范片建设 全面完成西郊绿道、产业路建设13.8千米，整治西郊农房及庭院520余处，实施绿化16.5万平方米，实现绿道向绿网延伸；河东、马滩、西来会客厅全面投入使用，服务群众6万余人次、游客10万余人次；优化农村产业发展环境，玫瑰基地、彩色苗木基地、西郊雅舍、原乡慢食等一大批新兴产业得到发展，带动周边群众就业300余人。

【社会发展】 **基础设施建设** 全年共拆除历年已签协议户房屋近200户、新签协议并拆除房屋82户（历年遗留问题69户），全面完成金川大道北段、白龙小学迁建等8个项目的拆迁任务，确保金科原乡溪岸等4个地块及时供地，打通了南北大道、平安路延伸段等6条道路，其中市域快线璧铜线首期征地实现签约、拆迁、交地三个100%，三角碑片区王科华户的成功拆除，解决了历时三年的遗留问题，彻底打通了南北大道、铜大路和三角碑路口节点，助推了三角碑片区城市品质提升。完成“四好农村路”建设18条、31.8千米，在建道路3条、4.96千米，处置农村CD级危房1428户；完成改厕1080户；新建和改造化粪池300余口，安装路灯70余盏。投入资金390余万元，实施老旧小区综合改造3个，新增小区停车位30个。排查消防通道153条，消除安全隐患19处，打通消防车道5条，划设救援场地8处。

城市管理 不断完善城市管理常态长效机制，加大主要干道和重点区域治理力度，规范劝导占道经营、“骑门摊”、游摊散贩等市容违章行为30000余件次，处理人行道乱停乱放208起，整治违规、废弃、破损广告和横幅534块、1380平方米；办理市政违法简易程序案件254个，一般程序案件7个，处罚金额26400元；处理数字化城市管理平台交办件3561件，完成率达100%。常态化开展文明劝导活动，引导群众文明出行。

生态保护 严格落实“河长制”，各级河长共计巡河3000次，发现并整改相关问题82个。全面禁止肥水养鱼，收回水库和集体山坪塘承包权，清理养殖水体682处；关闭禁养区畜禽养殖场2家，督促整改限养区畜禽养殖场14家。大力实施农村人居环境整治，通过院坝会、“积分制”、志愿服务活动等形式，发动激励群众积极参与，种植花草72处40万平方米，改棚舍62处658平方米，清理各类垃圾1000余处100余吨，打造示范点1个、示范道路16条，努力“把乡村建成人们喜欢的样子”。

少云志愿服务队开展垃圾清扫活动（南城街道　供图）

社会保障 聚焦“两不愁三保障”突出问题，全面推行“321”精准帮扶模式，街道、村（社区）两级书记遍访所有建卡贫困户，新开发公益性岗位13个，发放小额扶贫贷款62.1万元，为49户贫困户发放脱瘟鸡苗每户20羽，申报4户产业到户补助14400元，培育致富带头人16名、带动贫困户52户，集体经济与贫困户利益联结实现全覆盖，帮助辖区贫困户和扶贫产品认定企业销售农副产品5123.43万元。中央脱贫攻坚专项巡视“回头看”反馈意见、国家2019年脱贫攻坚成效考核反馈问题、市级脱贫攻坚成效考核反馈问题全部整改清零，全街道82户、212名建卡贫困人员全部脱贫。全年帮助就业困难对象就业再就业571人，职业技能培训450人，协助市重点电子智能企业招工230人，初审、报批创业担保贷款139人，发放2407万元。严格落实低保救助政策，发放低保金379.54万余元、临时救助金10.01万元、特困供养金225.52万元；完成家庭医生签约13534人，新建市级养老服务站1个、区级养老服务站3个，南城敬老院正式投入使用，养老服务站实现村（社区）全覆盖。

民生实事 深入实施“党建扎桩、治理结网”工程，成立网格党支部26个、楼栋党小组63个，召开各级联席会议65次，收集处理问题86个，实现了矛盾纠纷就地化解；在30个老旧小区中开展“三小”认领，打造红色物业试点小区1个，构建起“小区特设党支部+业主委员会+物业服务企业”三方联动的治理机制和服务体系。免费开放街道综合文化服务中心和农家书屋，开展“全民阅读”活动2场，受益群众1200余人次；完成流动文化进村47场，累计服务3900人次；播放惠民电影192场，累计服务10000余人次。深入推进“五风浸润”工程，组织开展“我们的节日”专题活动3场，评选街道级“新乡贤、好乡亲”10名、村（社区）级“新乡贤、好乡亲”42名。

【党的建设】 街道党工委下属社区党委7个，党总支2个，党支部61个，其中机关党支部3个、村党支部9个、社区党支部29个、非公党支部17个、流动党支部1个、专业合作社党支部1个、社会组织党支部1个，共有党员1850人。

落实党建责任 研究制定南城街道2020年党建工作清单和组织工作要点，主要领导深入各村(社区)调研、指导党建工作26次,督查通报4次,确保各级党组织切实履行主体责任。严格落实意识形态工作责任制,党工委会专题研究意识形态工作2次;全面清理有“毒”有“害”信息,坚决肃清孙政才恶劣影响和薄熙来、王立军流毒,努力营造风清气正的政治生态。

组织建设 严格落实支部工作条例等党内法规和“三会一课”等制度要求,全面推行书记、主任“一肩挑”,用好用活乡村振兴讲习所,整顿软弱涣散基层党组织1个;按程序发展党员5名、转正8名;建立健全帮扶困难党员、群众帮扶机制,走访慰问困难党员、老党员65人次。

优化基层队伍 积极组织基层党组织书记参加区级集中培训,进一步提升“带头人”能力水平;调整达龄专职干部5名,回引本土人才9名,将6名本土人才培养为专职干部,优化基层领导班子年龄学历结构。从退伍军人、致富能手、优秀本土人才中发现并培养基层后备干部35人,为换届奠定坚实基础。

党风廉政建设 严格落实中央八项规定精神,全覆盖开展“以案四说”警示教育,先后组织200余名基层党员干部到区廉政教育基地参观学习。严肃查处群众身边的不正之风和腐败问题,整改中央巡视组反馈问题1个,办理区纪委转交的群众信访举报4件,开除党籍1人、留党察看1人、诫勉谈话1人、提醒谈话2人。

(南城街道 王伟)

领导班子名录

党工委书记 李祖建

党工委副书记 办事处主任 张晓天

党工委副书记 人大工委主任 范 川

党工委副书记 陈德星

党工委委员 纪工委书记 周 英

办事处副主任 龚川兵

党工委委员 政法书记 祝家福

党工委委员 办事处副主任 吴先兰

党工委委员 办事处副主任 武装部长 陈 伟

党工委委员 陈 莉

党工委委员 李 玲

党工委委员 办事处副主任 陈 熙

各村(社区)基本情况

村(社区)	户数(户)	户籍人口(人)	党委书记/村(居)委会主任
南城社区	2470	7116	曹邦华
南门社区	3109	9495	黄成国
桐子社区	1616	4213	蒋赐兵
岳阳社区	1835	4518	秦伟云
两路社区	2362	5702	吴文绿
白龙社区	2675	6359	肖明海
团结社区	3160	8011	秦 翅
河东村	1209	3246	刘敏谷
西来村	722	2042	周英德
鱼溅村	1260	3314	刘泽芳
翠英村	1368	3818	陈光云
黄桷门村	981	2653	雷 迅

续表

村(社区)	户数(户)	户籍人口(人)	党委书记/村(居)委会主任
梯子村	1447	3591	陈德平
巴岳村	929	2484	余远彬
马滩村	1119	3070	汪学贵
聚星村	1050	2814	龚运奎

蒲吕街道

【概况】 蒲吕街道位于铜梁城区东部，辖区总面积66.6平方千米，城区建成面积8平方千米；街道下辖10个行政村、5个社区、206个村民小组，年末15409户，户籍人口39746人。街道机关年末实有干部95人（其中行政33人、事业56人、参公6人）。内设机构16个。2020年荣获“重庆十大最美小镇”称号。

全年地区生产总值572823万元，同比增长9.9%；第一产业增加值21060万元；第二产业增加值499441万元，同比增长11.2%；第三产业增加值52322万元，同比增长3.3%。固定资产投资完成448930万元，同比增长50.2%；工业投资完成290516万元，同比增长80.4%。城镇居民人均可支配收入42017元，同比增长5.64%；农村居民人均可支配收入22191元，同比增长7.66%。财政收入4932万元，同比增长6.43%。税收收入4785万元，同比增长8.65%。

【经济发展】 **工业发展** 街道配合协调西部美谷项目用地，落实大坪社区9组陈吉全院子整体拆迁，安置群众13户62人，配合完成大坪社区2、3、4社20公顷拟新征地勘界工作。促进民营企业发展，发展民营企业110家、个体174家，实现同比增速15.64%。强化企业服务保障，通过“龙桥驿站”平台为6家企事业单位和工地近1000人提供餐饮服务，为10余家企业提供保洁服务，收运垃圾300余吨，解决了企业职工用餐难、保洁难等系列问题，为企业发展营造了良好环境。

农业发展 大力发展新型农村集体经济，修订完善13个村（社区）新型农村集体经济方案，新发展善心村集体经济柑橘3.33公顷，街道13个村（社区）集体经济总收入达120万余元。康济片区引进重庆艾尔农业发展有限公司为经营主体，采取“企业+村集体+农户”的经营模式，种植佛手133.33公顷，年产鲜果达3千吨，实现经济效益1.5亿元。聘请6名建卡贫困户和30余名普通群众采摘、干燥佛手等，实现人均每年增收6000多元。康济村被评为全区集体经济先进典型村。

俯瞰康济药乡（蒲吕街道　供图）

【社会发展】 **民生实事** 完成城镇新增就业1605人，返乡创业就业735人，发放创业担保贷款329万元，参加实用技术及职业技能培训280人；开展“把老乡留在老家”专项行动，对高新区11家重点企业组织送工191人，对市重点企业组织送工42人。强化民生保障。完成农村适龄妇女“两癌筛查”检查1310人；重点关爱农村留守儿童66名、留守妇女22名、留守老人44名，并全部纳入系统管理；积极做好残疾人基础服务工作，发放残疾人各项补贴472650元，残疾人康复需求和康复服务332人，实施无障碍改造2人。

启动建设区第十特困供养设施(敬老院)项目和街道养老服务中心;积极建设全国示范型退役军人服务站,协助25名困难退役军人享受各类帮扶政策,形成常态化走访慰问制度。积极开展了"99公益日"活动,实现2034人次参与,募集捐款358190.84元,获得配捐68285.28元,总筹款426476.22元,荣获重庆市慈善总会颁发2020年"99公益日"活动先进集体。为建卡贫困户136户402人购买"精准脱贫保",组建家庭医生团队63人,开展健康随访服务544次,免费健康体检272人次;136户建卡贫困户住房全部保障到位;实现集中供水117户347人,分散供水19户59人;资助建卡贫困家庭学生155人次21.87万元。开发扶贫公益性岗位安置建卡贫困人员26人,鼓励贫困户外出务工165人,实现贫困劳动力务工率达到86%;发放扶贫资金补助74户14.79万元、扶贫小额信贷44户117.3万元。建设青山、康济扶贫项目2个,带动周边贫困户18人,培养12名致富带头人与39名建卡贫困户签订协议,助力贫困户增收致富;设立电商扶贫专柜1个,建立消费扶贫动态管理台账,累计帮助20余户贫困户销售10余种农副产品28万余元。

基础建设与城市管理 配合全区抓好外联通道建设,完成S107省道蒲吕段项目、渝遂复线高速公路项目铜安高速公路项目征、租地等工作;完成人才公园项目一期28.53整体规划和平场工作。不断完善农村基础设施建设,建成农村公路105千米,乡道17千米;完成卫生厕所改造527户,卫生厕所普及率达到95%以上。配合高新区完成龙山大道、产业大道、汇贤路景观绿化项目建设,打造"一纵两横"景观绿道。新建货运停车场、生态停车场,增设车位300余个,规范游摊220余个,整治占道经营170余家,劝导、纠正违章停放车辆等1800余次,清除非法小广告(牛皮癣)共计500余处,清理违章户外广告20余处,各类篷(伞)30余处,规范建筑工地7个,整治、查处洒漏车辆180余次。

乡村公路四通八达(蒲吕街道 供图)

文化事业 投入资金5.6万元开展流动文化服务活动40场,送演出、电影下乡20场次,观众达3.1万人次;免费开放报刊阅览室、电子阅览室、培训教室(展览厅)、多功能厅、办公室等。培训社区舞蹈队、社区文艺队伍等。下乡演出20场次,电影下乡、送图书阅览进村(含青少年校外活动)6场次,送图书进村2场,送展览讲座2场,送法律法规政策宣传进村6场,接待重庆市庆送文化下乡2场,图书分馆培训2场;开展"一镇一品"民俗文化挖掘、展演和非遗传承工作,培训传承人5人。

【党的建设】 辖区内党组织29个,其中非公经济党支部5个、机关党支部3个、村(社区)党支部15个。全年新发展党员5名,预备党员转正5名。截至年底,共有党员1005名(含预备党员5名),入党积极分子8名。

思想政治教育 全年组织召开党工委会议35次、理论学习中心组会议6次、各基层党组织主题党日活动276次;系统学习《习近平谈治国理政第三卷》等新思想著作;发放《民法典》等学习资料1000余册;组织安装"学习强国App"学习平台900余人次,定期交流学习心得。

组织建设 提升改造党群服务中心3个;完成15个村(社区)书记主任"一肩挑"工作;开展青山村党支部软弱涣散党组织集中整顿,查找问题3个,制订整改措施16条,整顿完成后青山村党支部成为党组织规范化示范点,并承办全区村

(社区)党组织规范化示范化建设现场会。建立“联系领导+驻村干部+支部书记+本土人才”的“3+1”帮代机制，下沉20名本土人才到组锻炼，储备培养村(社区)后备干部32名；落实驻村包社干部120余人下沉到村、社、组助推中心工作及重点任务。

党风廉政建设　组织150余名机关干部、村(社区)书记、副书记到区廉政教育基地参观学习；先后开展“以案四说”警示教育专题会16次，受教育1000余人次；查处违纪违规案件1起，调查办结信访件2件、问题线索5起。

(蒲吕街道　田华)

领导班子名录

党工委书记　唐　健

党工委副书记　办事处主任　刘襄渝

党工委委员、人大工委主任　曾建萍

党工委副书记　王　东

党工委委员　纪工委书记　朱文有

党工委委员　办事处副主任　李　兵

童　彬

党工委委员　武装部部长　办事处副主任

刘开勇

党工委委员　陈清训

办事处副主任　周茂伟

各村(社区)基本情况表

村(社区)	户数(户)	户籍人口(人)	中共支部书记	村委(社区)主任
葫芦社区	836	1022	胡小龙	肖廷梅
穆莲社区	1304	2762	谢发伟	范艳宾
龙桥社区	2038	4537	杨永兵	杨昌禄
大坪社区	1108	2728	赵大斌	陈泽伦
新市社区	147	218	蒋永亮	蒋永亮
平安村	876	2356	陈朝勇	陈　信
人和村	1593	4489	陈良福	杨清柱
沙心村	1599	4362	李高洪	张开旭
石虎村	1055	3077	杨全忠	何洪海
大塘村	1466	3900	张祖明	何益文
善心村	417	1261	郭能祥	蒲云康
新联村	913	2878	陈文贵	谢尚均
沙坝村	640	1892	任开友	熊　辉
青山村	868	2627	林述容	龙运春
康济村	549	1637	白　桦	陈泽超

旧县街道

【概况】 旧县街道位于铜梁区东北部，与合川、璧山接壤，重庆三环高速、合璧津高速贯穿辖区，境内有段家塘500吨级码头，距遂渝高速路铜梁东互通口9千米、合川动车站14千米、渝新欧铁路始发站25千米，是成渝经济区的轴心节点之一。街道辖区面积80平方千米，下辖17个行政村、3个社区，296个村民小组，19178户，50298人。2020年镇政府机关干部行政实有37人，事业实有42人，参公4人。

全年地区生产总值201815万元，同比增长3.2%；第一产业增加值完成38514万元，同比增长12.4%；第二产业增加值105509万元，同比增长1.2%；第三产业增加值57791万元，同比增长2.5%；固定资产投资投完成94503万元，其中工业固投完成31946万元。财政收入完成1520万元，同比减少37.2%。税收完成1505万元，同比降低21.7%。农村居民人均可支配收入21886元，同比增长7.91%。

旧县街道风貌(唐仁能　供图)

【经济发展】 **工业产业发展** 高新区(旧县组团)建设初步启动，33.33公顷土地征地拆迁工作全面开启，园区污水处理厂、骨干道路建设等项目稳步推进；长安离合器、强鸿商砼、骁天建材、铸耀金属等7家企业投资1.47亿元开展项目技改、扩规；茂茂科技离合器配件产业园B车间已建成投产(预计年产值2000万元以上)；计划占地45.34公顷的西南水泥迁建工程正式启动，征地拆迁工作有序开展；为民营经济发展“解七难”，积极帮助辖区企业争取上级补助资金500余万元，建立健全政银企协同推进机制，为企业之间搭建合作平台，帮助大中小企业配套协作各环节协同发展，解决产业链、供应链、资金链难题。

农业产业发展 制定“1+5+N”产业发展规划，大力发展柑橘、鹌鹑两大主导产业，依托退耕还林及特色经济林发展“爱媛38”柑橘33.33公顷，413.33公顷的“铜合柑橘产业带”基本形成，组建1+10柑橘技术骨干队伍深入田间地头面对面为辖区群众开展柑橘种植技术指导培训；鹌鹑养殖规模达到250万羽，鹌鹑养殖向标准化、规范化发展，铜鹌阁黄金鹌鹑蛋面成功上市营销，区域鹌鹑总产值实现8600余万元。九塘村花椒成功申报绿色食品认证；完成四龙村380.53公顷高标准农田建设工程。

旧县街道集体经济发展柑橘种植项目喜获丰收(唐仁能　供图)

【社会发展】 基础设施建设“合璧津”高速路旧

县段建设工程路基施工基本完成;金钟街综合整治项目、旧县停车场建设、明宏鑫城还建房和标准化农贸市场项目全面完工,金钟、万寿社区约7千米雨污管网建设完工投用,稳步推进茶园路、万寿老街南延伸段、向阳南路北延伸段三条市政道路建设。铜梁区城镇排水管网改造整治、老旧小区改造配套基础设施建设、S208省道改建、十一人制足球场建设、第六特困敬老院建设项目基本完工;深入推进小安溪河堤整治工程,3.2千米河段治理工作全面启动;实施城乡供水一体化工程,建设供水管网50余千米;改造电力线路28.33千米,新增变压器21台,新增供电能力1230千伏安;建成天然气管网158.5千米,辖区内17个村燃气主管网全面贯通。

旧县街道干净整洁的智能化停车场(唐仁能 供图)

生态保护 扎实推进三级河长制组织体系,对辖区23家企业开展每月环保检查2次以上,督促企业完善治污设施,切实提高污染物无害化处理能力,常态化开展清漂工作,清理水面漂浮物及岸坡垃圾物400余吨,实现三条区级河流均为Ⅲ类水质。坚持“五个一律”,关闭小安溪沿岸畜禽养殖场(户)70余家,全面推广畜禽养殖循环化改造,全面完成渔业禁捕工作,辖区渔船全部签订退捕协议并完成渔船拆解。深入开展村庄清洁行动。健全农村垃圾收运处理体系,实现农村垃圾收运全覆盖。全面完成九塘、箭高、石鼓段家塘、金钟、岚槽场镇的雨污管网改造工作,分别建成污水处理站,实现污水应收尽收。扎实推进生活垃圾分类示范工作,打造箭高村垃圾分类示范点,健全完善分类投放、收集、运输、处理体系,实现餐厨垃圾定点定时收运。

社会保障 一是脱贫攻坚。持续推进“两不愁三保障”扶贫措施落地落实,整合街道、村干部力量,对223户贫困户进行全覆盖帮扶,帮扶责任人定期进村入户走访;为贫困户销售农副产品7.57万元;建成3个扶贫项目;开发公益性岗位23个,创建扶贫车间1个,促进贫困户就近就地稳定就业37人;向158户建档立卡户发放扶贫小额贷款281.7万元;对无劳动力的贫困户实行低保兜底或纳入特困救助供养;对有突发情况、生活困难的建卡贫困户及时发放临时救助金11.78万元;为56名贫困学生申请稻草援助资金1000元/人。全面完成了街道223户692名贫困人口脱贫目标。二是疫情防控。建立完善街道、村(社区)和社三级联防联控工作机制,充分发动400余名村社干部、网格员的主观能动性,对辖区内的5万余名居民住户进行了逐一排查登记,在广泛宣传引导群众不扎堆不聚集的同时对辖区内130余名与确诊人员密切接触者实行严密的隔离,对7000余名返乡人员进行细致研判和居家健康监测,对辖区内各个超市、居民小区等重点地段严格落实消毒措施,切实有效地阻绝了新冠疫情的传播蔓延。三是完成城乡居民养老保险扩面参保29252人,城乡居民医疗保险参保39653人。全面落实最低生活保障、特困供养、残疾人“两项补贴”、优抚安置、救灾救济等政策,2020年累计发放低保资金330余万元,发放临时救助88.6万元。大力推动农村危旧房处置工作,拆除、改造农村危房557户,实施农村卫生厕所改造2011户;组织全街道4382名老年人进行体检,全面完成农村妇女“两癌”检查任务;持续推进“把老乡留在老家”专项行动,全年共回引区外务工人员1012人,发放54例创业担保贷款1060万元,组织345人开展职业技能培训,引导推荐322名贫困劳动人口就业。

文化事业 坚持开展文化下乡活动,不断完善村级文化阵地建设。全年开展公共文化演出服务34场次，积极组织开展各类单项文体活动14场次，强化社会主义核心价值观建设，以“中国梦”、脱贫攻坚和乡村振兴为主题，举办“我们的中国梦 知识进万家”文艺演出、“脱贫攻坚成效图片展”“培育文明新风 助推乡村振兴”广场舞等一批弘扬主旋律、讴歌新时代的活动。

【党的建设】 旧县街道党工委下属基层党组织45个，其中机关党总支1个、机关支部3个，社区党委2个，村（社区）支部24个，非公支部13个，社会组织2个，共有党员1456名，2020年度培养入党积极分子36人，吸收预备党员14人，预备党员转正10人。

党建阵地建设 持续推进金钟村、永兴村软弱涣散党组织整顿工作。用活用好乡村振兴讲习所、社区党校，全面推行每月主题党日、党员政治生日活动。持续推进村（社区）党群服务中心整体优化提升工程，对4个便民服务中心实施新建、扩建、国有资产划拨，双兴村、人和社区、白果村党群服务中心已完成验收，永兴村党群服务中心主体工程基本完工。深入实施“党建扎桩、治理结网”，定期召开两级党建联席会议，分层分类定期研究解决基层党建、社会治理难题。

干部队伍建设 持续优化调整农村带头人队伍，采取异地交流跨村任职专干5名、平级交流支部书记2名，劝退55岁以上不胜任不适任干部8名，聘用16名优秀本土人才担任专干职务，17个村全面推行农村党委书记、村委会主任“一肩挑”。严格执行选人用人标准，完成5名科级领导干部的选拔任用、8名公务员职级晋升、5名事业干部竞岗工作。

党风廉政建设 认真贯彻执行党内《准则》《条例》等规定，充分发挥党工委主体责任和纪工委监督责任，从严加强党员干部的管理和监督。持续保持对扶贫领域“严打微腐败”的高压态势，提醒谈话44人次，办结群众信访件10件，处理违纪党员7人，其中党内警告2人、严重警告1人、撤销党内职务1人、留党察看1人、诫勉谈话2人，为全街道发展营造了风清气正的政治环境。

（旧县街道 唐仁能）

领导班子名录

党工委书记 刘 云
街道办事处主任 汪 龙
党工委委员 人大工委主任 汪柱彬
党工委副书记 胡 军
办事处副主任 张 冬
党工委委员 政法书记 辜明川
党工委委员 办事处副主任 张 高
党工委委员 办事处副主任 童光利
党工委委员 丁贤容
党工委委员 纪工委书记 赵宏峰
党工委委员 李 亚
党工委委员 武装部长 办事处副主任 李 兵

各村（社区）基本情况

村（社区）	户数（户）	户籍人口（人）	中共支部书记	村（社区）主任
永兴村	1222	3210	何开文	—
金钟村	1239	3257	熊 云	—
檬梓村	1331	3548	周在海	—
四龙村	1041	2713	邓永亮	邓永亮
长河村	751	2142	杨守春	—
大观村	648	1698	万 群	—
石砚村	1482	4221	张 越	—

续表

村(社区)	户数(户)	户籍人口(人)	中共支部书记	村(社区)主任
宋坪村	1143	2866	杨应伟	—
箭高村	816	1999	任开伦	—
丁家村	1013	2621	唐大伦	—
双星村	1044	2703	贺开华	—
中峰村	931	2996	刘生权	—
龙洞村	1059	3119	曾令伟	曾令伟
九塘村	867	2345	彭开华	彭开华
白果村	1080	2883	袁国胜	—
祝家村	900	2413	李自惠	—
永清村	993	2665	祝富国	—
万寿社区	534	1019	周　敏	—
金钟社区	912	1549	刘仁君	—
人和社区	172	331	莫少纲	—

土桥镇

【概况】 土桥镇地处铜梁区南面，距城区10千米。辖区面积45.85平方千米，其中耕地面积20.8平方千米，集镇面积0.71（建）平方千米。镇辖10个村和1个社区（桃溪社区）、156个村（居）民小组。2020年年末村（居）民总户数为8458户，户籍人口22639人。

辖区内有小学3所，土桥小学在职教师31人，在校学生260人；旧市坝小学在职教师34人，在校学生386人；新桥小学在职教师18人，在校学生152人；铜梁区第八养老设施（土桥敬老院），床位100张，入住老人37人。镇政府机关设有党政办、人大办等综合办事机构8个，农业服务中心、社会保障服务所等事业机构7个。年末在编在岗60人（行政26人、事业32人、参公2人）。

全年财政收入1402.88万元，其中税收1324.71万元；地区生产总值完成88505万元，同比增长2%；第一产业增加值完成23775万元，同比增长12.7%；第二产业增加值完成32388万元，同比增长1.2%；第三产业增加值完成32342万元；固定资产投资完成57099万元，增长20.1%；工业投资完成3450万元；农村居民可支配收入21309元，同比增长7.66%；社会消费零售总额17986万元，同比增长3%。

【经济发展】 **工业经济** 新培育研制保温材料规上工业企业1家，新增原乡民宿、原乡慢食以及荷和原乡特色餐饮民宿企业3家。辖区内有工贸企业45家，其中规上工业企业7家，完成工业固定资产投入3450万元。发展其他企业21家，实现工业增加值25449万元。

原乡藕遇民宿（土桥镇　供图）

农业发展 结合新型农村集体经济发展，整合各类涉农资金，集中成片发展优质水稻种植53.33公顷，高标准农田建设146.67公顷；规范化建设“荷美莲藕”股份合作社，带动周边地区发展莲藕产业800公顷，年产2.3万吨；发展特色水产养殖小龙虾53.33公顷；发展精品花卉苗木种植40公顷；以荷和原乡为中心，种植枇杷、桃子、西瓜、杨梅、李子等精品小水果133.33公顷，年产优质水果2580吨；蔬菜种植达160公顷，栽植优质高粱13.33公顷，优质花椒26.67公顷，规模化水产养殖112.27公顷；全年粮食播种面积为1884.2公顷，总产量达12155.29吨；蔬菜播种面积为940.8公顷，总产量达26208吨；生猪养殖出栏量达1.9万头。

农旅融合 按照农旅融合的发展思路，打造荷和原乡3A级景区，在六赢村、庆林村、河水村发展原乡藕寓民宿、原乡慢食农食体验、西部农林大世界水果采摘等农旅融合产业。以荷和原乡为核心打造休闲旅游目的地，完善园区基础设施，引进小酒馆、陶器馆、龙灯彩扎基地等特色小店，丰富产业业态；通过“村集体+农户”等模式，成立重庆市铜梁区荷和原乡乡村旅游专业合作社；利用荷和原乡闲置农房新培育农家乐6家、增设民宿客房31间；全力推进莲藕加工，打造六赢村“爱莲人家”莲藕加工展示体验中心；成功举办2020铜梁第九届荷文化旅游节，创新发展荧光夜跑新运动方式，借助新型媒体更新微信公众号，发布微信专题文章20条，发布抖音短视频10条，吸引游客30万人，实现旅游综合收入1500万元。

荧光夜跑活动（土桥镇　供图）

集体经济　投资550万元完成爱莲人家主体工程建设，投资50万元建成高垭精米加工厂，投资59.5万元在六赢村、大磨村发展实用莲藕21.33公顷，投资2000万元，建设高垭村、新房村宜机化高标准农田约133.33公顷。全镇10个行政村均实现集体经济收入5万元以上（其中6个实现年收入20万元以上），全年向农民分红23.6万元，年人均纯收入达2.1万元。

【社会发展】　基础设施建设　一是农村公路建设。建成“四好”农村公路及产业道路18.97千米，完成乡村振兴提质路4条4.987千米，完成“入院泥结石路硬化约12.08千米，硬化泥结石路总里程达179千米。二是农田水利建设。建成高垭村、大磨村等4处农田灌溉设施；配合区龙泽水务公司完成场镇供水主管网改造14.2千米，二三级供水管网改造4.5千米。三是农村旧房整治。改造西郊绿道沿线农房349户、荷和原乡核心区农房112户、旧房整治提升95户，拆除农村危房263户、封堵338户、复垦36户，农村C、D级危房改造44户，整治庭院10个。四是场镇提升建设。完成桃溪社区旧房立面及坡屋顶整治63户，10491平方米，建成3000平方米休闲公园和3000平方米的桃溪社区生态停车场，整治桃溪社区裸露地面2000平方米；实施旧市坝场镇弱电下地、旧市坝场镇市政道路及景观绿化工程。五是公共设施建设。投资约1100万元建成铜梁区第八养老设施（土桥敬老院）；争取并整合市基层政权建设资金新修土桥镇公共服务中心400平方米。建成河水村会客厅和高垭村、高桥村两个便民服务中心，改造新房村便民服务中心。

脱贫攻坚　争取上级扶贫专项资金50万元建成高垭村精米加工厂，已投入使用；投资44.34万元为30户建卡贫困户安装自来水；投资22.2万元改建卫生厕所、硬化院坝2151.37平方米；帮助建卡贫困户和4050人员开发公益岗位47个；发放产业扶贫资金7.9万元，帮助23户建卡贫困户发展养殖产业。帮助符合条件的86户建卡贫困户办理小额贷款158.1万元；帮助符合政策的52名建卡贫困户享受低保政策、9人享受特困供养政策、38人享受残疾人“两项补贴”。全年建卡户人均收入13557.74元。

社会保障　一是推动稳岗就业。开展“把老乡留在老家”活动，为农村富余劳动力提供就业、培训信息和就业服务，协助市重点电子智能企业招工163人，高新区企业用工72人。全年开展就业技能培训235人，新增就业146人，新增创业25人，农民工返乡就业创业620人，发放创业贷款485万元，“4050”补贴12人6.28万余元。2020年开发公益性岗位49个。二是落实救助政策。兜底帮扶低保167户273人，全年发放低保金118万元，大病救助12户，发放救助金7.585万元，临时救助104户211人，发放救助金8.44万元。资助重点优抚对象、特困人员、低保人员参加惠民济困保险460人，4.6万元。积极组织农村妇女295人参加免费“两癌筛查”。三是培育文明乡风。免费开放农家书屋，充分发挥文化阵地作用。倡导全民阅读，送培训辅导进村2场，送图书阅览进村（含青少年校外活动）3场，送法规政策科技宣传进村20次，发放宣传资料2500张，续配图书600册。组织开展“新乡贤、好乡亲”推选、“清洁文明户”评选和宣传教育活动，2020年各村共评选好乡亲50人，最美院落150户，自力更生脱贫攻坚标兵10人；评选出镇级“新乡贤、好乡亲”9人、最美院落9户、自力更生脱贫攻坚标兵9人；获评区级新乡贤2人，最美院落1户，孝善典型1户。新配健身器材17套，新增河水村篮球场1处。组建荷花龙舞队1支、小彩龙队伍1支、斗笠舞队1支，开展坝坝舞、坝坝球等群众文体活动；建成具有本村特色的文艺骨干团体11个，广场舞队伍15支；送文化下乡22场，送惠民电影160场，大型文艺演出2场，“种文化”志愿者小分队进基层演出12场；创新“一村一品”，建好各具特色的村文化队伍，组织参加坝坝舞培训11场，常态化开展坝坝舞活动。

【党的建设】 土桥镇辖区有23个基层党组织，其中村（社区）党组织11个、流动党支部1个、社会组织党支部2个、专业合作社党支部1个、非公党支部7个、机关党支部1个，2020年全镇发展入党积极分子16名，发展预备党员7名，转正2名，截至年末，全镇实有党员686名。

党建工作 一是抓好“带头人、年轻人”队伍建设。全面实行村（社区）书记、主任“一肩挑”，制定党支部书记年度工作清单和负面清单“两张清单”，选优配强村干部，不断优化干部年龄、学历结构。实行“联系村领导+驻村干部+支部书记+本土人才”的“3+1”帮带机制，实行划片负责制。二是推进党支部规范化建设。规范落实“三会一课”、支部主题党日、党员过政治生日等制度，办好用活乡村振兴讲习所，每月开展1次讲习活动。三是狠抓“两支队伍”建设。党员队伍推行党员“三亮”，把党员的身份、承诺和评议结果亮到党员家门口。建立党员教育管理“红黄绿灯”制度，划分党员责任区，组织党员带领群众组建少云志愿者队伍，常态化开展政策宣传、游客服务、课外辅导等志愿服务，激发党员队伍生机活力。干部队伍建立镇村干部包社机制，确保每名干部（特别是年轻干部）得到下沉锻炼；围绕提升自治原动力，土桥镇在全区率先成立乡村振兴理事会，由村党支部书记兼任理事会理事长。四是狠抓党风廉政建设。不断加强党风廉政建设，把每个领域、每个环节党风廉政建设和反腐败工作抓严抓实抓具体。加强对党员干部的党风廉政教育，与镇党委班子成员谈心谈话8人次，与机关干部谈话36人次，与村（社区）干部谈话32人次。全年查处违纪党员4名。

（土桥镇　贺艳如）

领导班子名录

党委书记　秦　科
党委副书记　镇长　丁真兵
党委委员　人大主席　邓安其
党委副书记　叶永强
党委委员　纪委书记　王春花
副镇长　侯大孟
党委委员　武装部长　副镇长　刘　川
党委委员　陈　晞
党委委员　陶　生

各村（社区）基本情况

村（社区）	户数（户）	户籍人口（人）	支部书记（主任）	副书记
桃溪社区	251	453	李祖辉	夏王丽
高桥村	1554	4260	周云峰	李应红

续表

村（社区）	户数（户）	户籍人口（人）	支部书记（主任）	副书记
大磨村	1102	3011	胡元刚	雷文英
六赢村	1117	2923	吴开英	王定文
黄沙村	390	788	许国黎	张　玲
河水村	789	2100	雷开桂	江春茂
庆林村	1221	3402	夏远辉	—
新房村	955	2781	汪兴武	—
高垭村	557	1677	龙思勇	—
新田村	315	766	黄　燕	周德明
石庄村	207	478	唐青万	张光海

二坪镇

【概况】 二坪镇位于重庆市铜梁区东北部，辖区面积26.5平方千米，大部分为浅丘地形，分别与铜梁区东城街道、旧县街道、水口镇、合川区南津街道接壤，距铜梁城区7千米，淮远河和小安溪河汇流而过。镇辖6个行政村和1个社区(兴龙社区)、108个村民小组。2020年末，村(居)民总户数5532户，户籍人口13587人。

辖区内有小学、幼儿园共2所，在职教师共29人，在校学生264人，其中幼儿园61人；适龄儿童入学率100%，镇内文化服务站1个；中心卫生院1所，卫生人员24名，床位20张；村级卫生室10个。镇政府机关设有党政办、人大办等行政机构10个，镇属社保所、农业服务中心等事业办事机构7个。年末实际在编在岗53人(行政20人、事业31人、参公2人)。

2020年，地区生产总值44063万元，同比增长5.3%；第一产业增加值完成12989万元，同比下降0.5%；第二产业增加值完成14659万元，同比增长13.3%；固定资产投资54565万元；工业投资完成11973万元；第三产业增加值16415万元，同比增长2.8%。财政收入完成639.8万元，其中税收完成626.3万元，非税收入13.5万元。农村居民人均可支配收入20524元，增长6.9%。

【经济发展】 **重点项目** 一是全力协助正大集团铜梁二坪3000头种猪场项目建设，项目总租地21.33公顷，建设占地约4公顷，标准化猪舍面积约14155.7平方米，办公及科研用房约1500平方米，有机肥加工场约6000平方米，该场为闭锁繁育的种猪场，拥有3015套配种妊娠栏位，600套产床，经产能繁母猪3000头规模。其附属配套肥猪场年提供80000头优质健康仔猪，满足年30万人猪肉需求。年生产有机肥5000吨，实现种养结合及周边种植业循环利用。二是整理有关老虎口景区的故事传说，多次与旅投公司洽谈，规划建设安全护栏、观景平台、人行栈道、农家乐、名宿等配套设施，结合地域特色做好开发前期的工作准备，老虎口旅游资源开发项目已入选淮远乡村振兴示范片区规划范围。

农业发展 全力打造西南澳洲茶树生产示范基地扩规，基本形成产前产中产后有机衔接的完整产业链条，推出茶树系列产品8个，入驻京东铜梁特产馆单品5个，帮助周边农户通过在生产基地务工实现人均增收8000元/年。持续深化“一村一品”，二郎村发展柠檬20公顷，产值30万元，三房村发展火龙果4公顷，产值36万元。通过“公司+集体+农户”模式，争取上级项目资金实行股权化改革固定分红项目4个，实施三房村和狮子村集体经济项目2个。二郎村发展柠檬栽植20公顷，在林间间种玉米、蔬菜等经济作物，提高土地利用率，减轻柠檬栽植前期成本压力。中山、隘口、狮子等5个村利用荒山、荒坡种植澳洲茶树13.33公顷，收割澳洲茶树25吨。2020年全镇各村实现集体经济收入72.13万元，平均每村集体经济收入10万元。

【社会发展】 **基础设施建设** 一是完善老虎滩景区交通设施。将狮子村严鲤路路宽由3米扩展到5.5米，路面由泥石路改造成草油路，解决了老虎口瀑布景区的交通‘瓶颈’问题，为发展乡村休闲农业提供交通保障。二是实施场镇提质行动。实施场镇污水处理设施改造工程，更换配套主管网140米，日处理污水约140立方米。启动二坪镇雨污分流改造项目，促进场镇居民生活污水与雨水分流。老街投入资金2万余元，修建花池6个，采购花箱16个，种植四季茶花、四季杜鹃等花草54株，维修路灯14盏，提升场镇美化亮化。提供公共环境绿化公益性岗位2个，加强场镇休闲公园清洁卫生和花草管护。三是补齐基础设施短板弱项。积极做好S107省道提质建设协建工作，保证工程稳步推进。全年农村“四好”公路建设竣工26.947千米，“一事一议”补短板泥结石路硬化10千米，进一步完善村间道路网。四是大力实施“村庄雪亮”工程，打造乡村振兴示范带，在二水路、二旧路安装路灯180盏，群众出行日益安全便捷。五是全面开展农村住房安全隐患排查，累计鉴定一般户危房1004户，完成D级危房改造58户，C级危房改造104户，拆除危房179处，封堵394处。

生态环保 一是推进农村改厕工作，2020年完成农村卫生厕所改造567户。二是实施村庄净化、绿化、美化、亮化、文化“五化工程”，新增手推垃圾车20个、垃圾箱体5个、垃圾桶108个，整治非正规生活垃圾堆放点14处。场镇流转土地3.33公顷，修建完成二坪众志休闲公园。新造(改造)林地373.33公顷，完成5条出境公路沿线21千米绿化和美化。对全镇辖区内的89千米支路进行培土，栽植木春菊、美人蕉、五色梅52万余株，就地取材移栽扁竹根30余万株。发动群众清理沟渠140千米，垃圾34吨。扎实推进“积分制”评比，月月评比，公示到户，开展兑换60余场，交叉评比“最美庭院”30户、“清洁文明户”180户。三是严格落实河长巡河制度。2020年镇级河长巡河119次，村级河长巡河584次，发现并整改完成问题17个。同时加大排查和暗查力度，强化入河排污口监管。在全镇流域周边安置垃圾桶210个、垃圾箱62个，保洁员12名，清理水面漂浮物91吨，岸坡垃圾物68吨，流域面源污染得到有效治理。四是全镇养殖场全部进行循环化改造，完善长期监管机制，建立粪污去向台账。畜禽粪污综合利用率提高到98%以上，规模化养殖场粪污处理设施装备配套率达到100%。

平安乡村建设 一是深入推动实施“三年行动”专项整治，广泛开展道路交通安全、食品安全、校园周边安全、烟花爆竹等重点领域安全生产专项检查整治。2020年聘请专家对4个工贸企业进行风险诊断，查出辖区企业、消防和道路交通危险化学品经营单位安全隐患49处，现场整改5处；限期整改企业安全隐患32处，农村道路隐患12处。实施“找短板、补欠账、惠民生”建安行动计划。完成2个村的农网改造，建全2个标准道路交通安全劝导站的监控配置，安装生命防护栏9千米，安装路段监控21个。成立镇级综合应急救援队，建成7个综合应急救援站，建成应急避难场所7处，有效提升全镇应急处置能力。二是社会综合治理常抓不懈。每月对重度精神障碍患者进行全覆盖走访，实施动态管控80人，救助治疗18人。与各村(社区)签订综治管理目标责任书，充分发挥调解小组作用，加大矛盾纠纷排查调解力度。全年共排查矛盾纠纷47件，调处矛盾纠纷46件，确保小事不出村，大事不出镇，促进社会和谐稳定。三是充分利用“三月法制宣传月”、六月安全生产宣传月等重要节点，开展安全、防邪、防假期溺水和扫黑除恶、禁毒等为一体的综合性法治宣传5场次，开展“千万市民学法律”宣传活动12场次，各村(社区)设置法制宣传栏14块，向群众发放法治宣传资料4000余份，切实加强群众法律意识。

脱贫攻坚 一是聚焦“制度保障”，压紧压实责任。全镇落实帮扶干部78名，紧盯“两不愁三保障”突出问题，逐户逐人制定方案，落实帮扶措施。严格执行帮扶干部“四必见”制度，通过电话、微信、上门走访等形式，结合“渝扶贫”App，对全镇135户417名建卡贫困户信息进行比对核实，做好走访记录，着力解决建卡贫困户反映突出的问题。严格按照“八步两评议两公示一比对一公告”的流程进行贫困户识别和退出，通过动态调整，全镇贫困人口新增2人，减少7人，边缘户减少2人。

二是聚焦“产业就业”，努力实现贫困群众稳定增收。全镇大力推进扶贫小额信贷和产业扶贫资金申请，落实产业指导员6名，对建卡贫困户进行对口产业帮扶。2020年全镇扶贫小额信贷累计发放资金93户165.7万元，申请扶贫到户产业资金7.02万元，帮助16户建卡贫困户发展种养殖业，并以此为抓手，狠抓消费扶贫，全年累计实现消费扶贫36万元。全镇建卡贫困户劳动力249人，劳动力转移就业181人，开发扶贫公益性岗位26个（其中临时性防疫15人，环境卫生保洁和绿化6人，生态护林员2人，水库管护员2人，环保员1人）。镇财政投入6.2万元购买鸡苗、鸭苗送与贫困户喂养，帮助在家的118户建卡贫困户稳步增收。动员并组织23名在家贫困户劳动力参加电工焊工、厨师、山地鸡养殖等紧缺行业的技能培训，提升贫困户劳动技能水平，促进贫困户就业创业。

三是紧扣“两不愁三保障”标准，精准施策。“不愁吃、不愁穿”方面：严格落实低保兜底政策，低保兜底42户90人。义务教育保障方面，加强“控辍保学”，帮助1名残疾学生实现“送教上门”，确保建档立卡贫困户子女无一辍学。落实贫困户教育资助政策88名，实现贫困学生资助全覆盖。基本医疗保障方面，二坪卫生院、各村标准化卫生室全面达标，家庭医生签约率达到100%。全镇417名贫困人员全部参加医保，实现医保全覆盖。住房安全保障方面，四类重点对象CD级危房改造5户，完成四类重点对象住房安全鉴定并挂牌496户。饮水安全方面，通过实施2020年农村饮水安全提升工程，铺设自来水管网53千米，切实解决133户建卡贫困户饮水问题，集中供水率达98.5％。针对全市决战决胜脱贫攻坚专项督查、“百日大会战”暗访抽查及区级遍访督查反馈的问题进行全面自查，发现并梳理出具体问题169条，制定实施方案，明确问题清单、责任清单、措施清单和整改时限，对涉及全镇问题进行逐一整改并全部整改完毕。

民生实事 通过慰问活动等多种形式，建立健全失独家庭、留守儿童、留守妇女、退役军人和空巢老人等特殊群体的关爱体系。实施家庭医生签约服务4100人，农村妇女“两癌”筛查219人。坚持创业带动就业，发放创业担保贷款110万，城镇新增就业147人，“把老乡留在老家”行动回引农民工就业创业321人，开展就业技能培训90人，协助市重点电子智能企业招工133人，开发临时性防疫、公共环境绿化保洁、基层就业协管等公益性岗位29个。组织流动文化进村28场，开展农村电影惠民工程放映红色经典电影30余场，开展科技文化卫生“三下乡”活动15场次。

【党的建设】 全镇共有12个党支部，其中包括1个机关支部、7个村社区党支部、1个合作社党支部、2个非公党支部、1个社会组织党支部；现有正式党员479人，培育积极分子11人，新吸收党员3人。

坚持政治建设引领 一是把政治建设摆在首位。2020年镇党委主动开设《习近平谈治国理政（第三卷）》“读书研讨班”，组织领导班子成员集中学习3天，讨论交流学习心得18篇，先后开展镇党委理论学习中心组学习14次，镇村两级开展各类理论学习94场次。二是持续巩固“不忘初心、牢记使命”主题教育成果。严格执行请示报告制度，凡涉及重大事项或做出重大决定，都及时向区委请示报告。按照“十破十立”要求，始终保持滚石上山的劲头，全面彻底干净肃清孙政才恶劣影响和薄熙来、王立军流毒，对“七个有之”高度警觉，切实增强“四个意识”，坚定“四个自信”，做到“两个维护”。三是牢牢掌握意识形态主动权。始终把意识形态工作放在重要位置，持续强化宣传舆论阵地建设与管控。2020年专题研究意识形态工作2次，与重点场所签订责任书11份，加强拆关转停庙宇管控7座，妥善处置回复网络舆情4条。

抓实基层组织建设 深入实施基层党支部扎桩工程，切实提高党支部标准化、规范化建设质量。2020年投入21万元对三房村、兴龙社区2个党群服务中心进行改造升级，按时完成1个示范村、4个规范村创建工作。持续整顿后进基层党组织，每月到中山村党支部研究工作1次以上，针对4个问题制定整改措施10条，逐一整改落实并完成检查验收，同时对隘口村党支部整顿情况进行“回头看”。

持续抓好作风建设 对镇村党员干部进行谈心谈话76人次、提醒约谈89人次。严格落实中央八项规定精神，组织镇村干部进行违反中央八项规定精神问题典型案例专题学习2次。把握重要时间节点，深入开展元旦春节、五一端午、中秋国庆期间作风建设监督，组织人员对节假日期间公款购买赠送年货节礼、公车管理、值班值守等作风建设情况开展监督检查10余次，转发廉洁过节短信5次。全年组织机关干部和村（社区）干部集中观看警示教育片1次，参观区廉政教育基地1次。在全镇范围内开展扶贫领域“以案四说”警示教育1次，及时召开镇村干部会通报学习市纪委、区纪委通报的典型案例，发挥震慑效应。

（二坪镇 王文雯）

二坪镇领导班子名录

党委书记 柳建华
党委副书记 镇长 孔庆明
党委委员 人大主席 王治国
党委副书记 张西泉
党委委员 纪委书记 向 娟
党委委员 田荣生
党委委员 政法书记 副镇长 王顺利
党委委员 武装部长 副镇长 刘仁建
党委委员 喻 映
副镇长 郑 昕

各村（社区）基本情况

村（社区）	户数（户）	户籍人口（人）	各村（社区）支部书记	村委（社区）主任
二郎村	904	2381	罗义雄	刘亚飞
狮子村	842	2200	罗昌明	石顺明
中山村	642	1560	汪 秀	周家全
隘口村	721	1807	周家兴	高 英
三房村	1162	2927	高兴才	汪定红
严家村	915	2200	苏继兰	任 川
兴龙社区	346	512	吴必忠	蒋广勇

水口镇

【概况】 水口镇地处铜梁区东北部，距城区15千米，辖区面积26平方千米，辖1个居委会、4个村、64个社。总户数3908户，户籍人口9988人。水口镇机关内设机构9个，下属事业单位7个。年末在编在岗44人。

2020年，完成地区生产总值69095万元，同比增长6%。第一产业增加值10110万元，同比下降3%；第二产业增加值45862万元，同比增长12.4%；第三产业增加值13123万元，同比下降5.7%。固定资产投资完成44384万元，同比增长11.4%，工业投资完成2483万元。财政收入完成1073万元（其中税收1055.5万元，比上年增长3.1%），同比增长3.2%。农村居民人均可支配收入20000元，同比增长6.75%。

【经济发展】 **特色产业** 发展塔罗科血橙、美国蜜橘、越南青柚、红脆丰桃、大雅柑、百香果、长叶香橙等特色经果200公顷。发展清水生态鱼和红虾养殖等66.67公顷。试验种植“短平快”产业优质“艳椒465”13.33公顷。充分依靠各村自然资源优势，因地制宜，科学定位，形成“一村一品”特色经济，构建一花（使君子花）、一粉（天寨葛粉）、两鱼（大滩、汪祠生态鱼）、四果（百香果、血橙、红脆丰桃、蜜桔）为代表的特色脱贫产业基地。依托使君子获评“区花”重大机遇，加快使君子花卉产业发展步伐，成功培育出使君子花卉盆景，培育使君子苗木5万余株，建成独具特色的使君子花卉苗木基地。联合重庆天星寨粉葛食品有限公司打造粉葛原料基地，与重庆研究院达成合作意向，对粉葛进行深度开发，拓展特色农产品外延。

树荫村“花语果乡”经果基地香桃园（苏其善　摄）

集体经济 按照支部+合作社+大户+贫困户的发展模式，成立股份经济合作联合社4个，群众和贫困户以土地入股，组建专业合作社5个。获上级财政专项支持新型农村集体经济项目建设9个，补助资金363万元，全镇4个村全部“脱壳”，村集体经济实现收入70万元。创新“3+3”利益联结机制，以3项集体经济产业发展收入（集体经济土地租金收入，集体经济务工收入，集体经济利益分红）+3项家庭产业发展收入（以奖代补鼓励发展种养殖业，血橙种植全覆盖，辣椒种植）为主，确定集体经济纯收益的15%～20%用于帮扶贫困户发展，建卡贫困户通过利益联结机制实现收入40余万元。

农旅融合 启动大滩乡村振兴示范点建设，以5千米大滩环湖绿道为主线，实施环湖路周边99户旧房整治，在两岸栽花种草，整合绿水、田园、花草和文化资源，配套建设星级渔家乐、渔耕文化、观光台、小鱼馆等设施，与产业大道、天星古寨、河畔公园、君子文化广场和树荫村“花语果乡”基地串点连线，倾力打造农村集体经济和乡村旅游同步发展的乡村旅游精品线。

品牌建设 科学规划品牌发展战略，开展产业农产品认证，新认证甜橙、葛粉和百香果等“三品一标”无公害农产品6个，全镇“三品一标”农产品达到9个。进入全区扶贫名特优农产品品牌目录系列产品3个，正在审核6个。

【社会发展】 **农业设施建设** 投资3万元对红岩洞水库进行维修整治；投资40万元对大滩水库管理房内外装修改造，投资8万元对水库周边基础设施改造；实施树荫村高标准基本农田建设项目，完成土地整治12.67公顷，新建机耕道4100米，修建水沟3500米；实施“重庆冠纳蔬菜种植专业合作社蔬菜生产标准园建设项目”，投资41万元，新建单栋钢管大棚9215平方米。投资579万元的大滩天寨产业路已完成3座桥的建设，1.5千米正在进行路基建设；投资123万元的汪祠村12、13社公路1.5千米正在进行路面铺筑；投资335万元的大滩环湖路3.1千米已完成水稳层建设。投资220万元的天寨14组至万家洞等三条路正在进行路基建设。投资8万元实施天寨村工矿闲置土地绿化改造工程项目；投资10万余元实施君子花廊培土和园林建设项目；投资10万余元对水口老砖窑及周边环境进行改造、新建生态停车场一座。

场镇建设 投资73万余元完成场镇弱线下地，结束场镇弱线如蛛网密布的历史。创建成功重庆市第二个、铜梁区首个“安全用电示范镇”。全面实施鲜花小城镇建设，行道树下建花台100余处，连心桥、人民大桥等处建花箱、花池6处，栽种木春菊、太阳花等5000余株，同时在门店前

水口镇美丽乡村建设（苏其善 摄）

放置花钵等400余个。添置垃圾桶100余个。提高环卫工人待遇，对场镇进行24小时保洁。对4户违法建筑300余平方米全部拆除。完善400米破损污水管网修复，场镇生活污水全部纳入污水治理。

社会保障 举办职业技能培训3期73人，完成“把老乡留在老家”回引人员260人，向市、区重点企业送工达55人。组建大滩扶贫车间，安置13名务工困难群众就近就业。向区就业局争取公益岗位21个。向47名贫困户申请交通补贴和9名贫困户申请创业补贴12644元。帮助8名回乡创业群众创业担保贷款135万元。全镇完成居民医疗保险8895人，征收医保基金191万元。动员6720人参加居民养老保险，完成基金征收165万元。大力开展“社会救助兜底保障清零行动”，已纳入低保234户377人，特困供养117人，孤儿2人；残疾两项补贴249人次；临时救助295户743人22万元。全年累计发放各类救助款304万余元。

民生实事 健全镇、村（社区）文化活动室和图书阅览室，升级镇综合文化服务中心，常态化开展电影下乡、文化演出进村活动。新建汪祠村养老服务站1个，新增树荫村互助养老点2个，实现村（社区）养老服务站全覆盖。办理15名残疾人居家托养，发放9名残疾人辅具。投资179万元实施全镇农村饮水安全巩固提升工程，新建自来水管网130千米（其中dn32管以上主管网80千米，入户管网50千米）。新增安装自来水1400多户，农村集中供水率95%。排查危房739户，全部鉴定挂牌，危房拆除144户、封堵166户，改造CD级危房372户（D级164户，C级208户），建卡贫困户享受CD级危房改造政策52户，完成旧房整治提升244户。四类对象危房排查鉴定393户，挂牌393户，一般户危房鉴定718户，挂牌718户，危房处置完成739户。为全镇56名学生（学前1名、小学16名、初中18名、普高3名、中职8名、大专及以上10名）全部落实教育资助政策。

疫情期间给学生发放作业本等学习用品61份，借用智能终端8个，补助学生网课流量费1.1万元，实现全部学生疫情期间停课不停学。完成城乡居民基本医保、大病保险、医疗救助等在定点医院通过同一窗口、统一信息平台完成“一站式”结算，住院自付比例9.97%，门诊自付比为16.47%。家庭医生签约269人(次)，慢病签约政策53人，整体救治率到达100%。重病兜底政策28人，大病集中救治政策8人，兜底总金额11万余元，重病及大病救治率100%。改建卫生厕所914户，94户建卡贫困户全部达到卫生厕所要求。调查贫困户扶贫产业发展资金需求，贫困户获贷62户、金额89.15万元，获贷率达65.9%。2020年新增建卡贫困户小额信贷15户，边缘户陈道富获扶贫小额信贷2万元。为44户建卡贫困户申请产业到户资金9.48万元。

环境保护 新建鸡圈和柴棚1000个，推行禽畜圈养和柴草规范码放，启动垃圾分类。每月定期开展农户积分制评比，按时兑换相应奖品，创建美丽庭院55户。增添设施设备，租用垃圾转运车1辆，垃圾分类桶100个，建成农村垃圾集中收运平台63处。在姜水路、水二路、水白路沿线新培土15千米，栽植“三花一树”100万余株，播撒各类花种240千克，完成“君子花廊”精品点建设，打造长达5000米美丽“君子·花间道”。发动场镇居民200余人次栽花种草3000余株。天寨村先后获得重庆市绿色新村、国家森林乡村等荣誉称号。深入推行河长制。各级河长共巡河416次，发现整改问题12个。增加清漂保洁员10人、添置垃圾箱体64个。全镇6条区镇级河流16.2千米河道清理漂浮物4次，河道清漂长度累计100余千米，清理淤泥及垃圾230余吨。

【党的建设】 **推进标准化规范化建设** 投资250余万元新建汪祠村党群服务中心，健全各种功能设施。改建大滩村、天寨村党群服务中心。按照软弱涣散基层党组织整顿的标准要求，常态化整顿市级脱贫村树荫村党支部。

用活乡村振兴讲习所 以习近平总书记在决战决胜脱贫攻坚座谈会上的重要讲话和视察重庆重要讲话精神为重点开展讲习活动，全覆盖组织扶贫干部培训，重点学习产业扶贫、就业扶贫等政策措施。

党员干部遍访贫困户 全体帮扶干部深入开展入户走访，掌握社情民意，解决群众困难，组织召开院坝会320余场，广泛进行宣传教育，增强贫困群众脱贫致富意识，激发贫困户脱贫内生动力。

加强驻村工作队管理 利用12371党建信息平台，对树荫村第一书记和驻村工作队员的党组织关系转接情况进行专项检查，全部人员均已按要求将党组织关系转接到所驻村党组织。

狠抓队伍建设 建立健全农村优秀人才回引机制，完善联系村领导+驻村干部+支部书记+本土人才“3+1”帮带机制，5年来回引本土人才15名，3余名本土人才成长为带头人或转岗为专职干部。

（水口镇　苏其善）

领导班子名录

党委书记　汪文波
党委副书记　镇长　杨　锟
党委委员　人大主席　陈　琼
党委副书记　刘婧晶
党委委员　政法书记　副镇长　周孝全
党委委员　副镇长　钟世仁
党委委员　纪委书记　程　涛
党委委员　杨清荣　冯廷伟

各村(社区)基本情况

村(社区)	户数(户)	户籍人口(人)	党支部书记	党支部副书记
树荫村	996	2480	赵安福	罗元书
天寨村	982	2593	陈小勇	苏友维
大滩村	895	2334	苏元富	周有芹
汪祠村	725	1966	吴久宇	周　凤
清泉社区	310	615	杨德琴	李红专

安居镇

【概况】 安居镇距铜梁城区17千米，辖区面积56.7平方千米，辖4个社区、13个行政村，户籍人口35321人，是国家历史文化名镇、全国特色小镇和全国文明村镇。2020年底，安居镇政府机关干部职工共计68人，其中行政28人，参公3人，事业36人，机关工勤1人。

安居旅游资源丰富，"两江六岸"风光绝配，"安居八景"独步西南。有国家4A级旅游景区1处，规划面积14.16平方千米，内含安居古城核心区3.2平方千米以及黑龙嘴、琵琶岛、黄家坝、波仑寺等文化旅游功能区块，2020年获评为"巴蜀文化旅游走廊新地标"。

全年实现地区生产总值155548万元，同比增长4.5%。第一产业增加值22953万元，同比增长7.3%；第二产业增加值61612万元，同比增长7.7%；第三产业增加值70982万元，同比增长1.3%。固定资产完成62819万元，工业投资完成6265万元。财政收入525万元，同比增长11.94%。农村居民人均可支配收入21163万元，同比增长7.28%。

安居古城（安居镇　供图）

【经济发展】 **农旅融合发展**　按照"串点成线、连线成片、由片扩面、城乡融合"的思路，着力打造一条经杨乐坝、黄金梨基地、安居古城、湿地公园、露营基地、象山花海等多处产业基地的26千米绿道环线，提档升级蔬菜基地33.33公顷、枇杷采摘园20公顷、红妃樱桃采摘园3.33公顷，采取"黄金梨+蔬菜"间作种植方式，规划发展集体经济66.67公顷，着力打造精品产业园；按照"乡村产业先行，基础设施同步跟进"的要求，大力推进基础设施建设，全面完工杨乐村片区公路白改黑一、二标段，旧房整治提升改造118户，完成公路沿线绿化美化、路灯安装等工程，农村生活污水综合治理项目已进行方案评审和预算编制等；象山村片区滨江公路新建工程已完成80%工程量。

重点项目建设　解决新游客接待中心项目、书香文化街区项目等17户多年拆迁遗留问题并完成签约工作。配合安居华夏文旅公司、中铁安居公司实施安居古城书香文化街区、新游客接待中心等17个工程项目；完成黄家坝露营基地、水上娱乐、乡村振兴示范片旅游项目、非遗民俗文化演艺等经营性业态项目规划方案；新增俄罗斯冰淇淋、后河街自助烧烤店、嘻乐门舞厅3家经营场所；原乡情民宿客栈、翰林书画院基本完工。

安居古城景区管理　制定《安居古城景区综合管理人员制度》，完成古城景区消防栓更换工作，建立健全供电、天然气、通信等各部门联动机制，统筹景区市政、消防、综治、交协警等综合管理力量，分片区、设路长，层层传导压力，落实责任，提升景区管理水平。

【社会发展】 **民生实事**　一是防疫抗疫。紧盯"重点区域、重点人员"，坚持"外防输入、内防扩散"，对境外以及其他中高风险地区外来人员进行彻查彻排，统筹推进疫情防控和经济社会发展，有序恢复生产生活秩序，全面规范工业企业复工复产。疫情期间，共排查并隔离重点地区返回人员1311人，安排核酸检测人员69人，截至年底，未发现一例感染症状。二是抗洪抢险。面对“8·17”特大洪峰，安居镇精心组织、科学研判，成功抵御住百年一遇的特大洪峰，实现“零伤亡”的工作目标，全面做好灾后恢复工作，迅速抢修损毁房屋、道路、通信等设施；及时核灾报灾，对全镇遭受洪灾的10个村（社区）进行深入摸排，恢复重建房屋16户，清除洪淤2万余吨，群众生产生活秩序得到有序恢复。三是基础建设。建成“四好”公路9.3千米、泥结石“一事一议”混凝土路面10千米，完成龙泉、杨乐村白改黑道路工程一标段；对辖区7000余户农村房屋进行全面普查，改造“四类”对象CD级危房133户，完成建卡贫困户、普通农户户厕改建2239户；做好8.17洪峰过境水毁水利设施修复工作，投入资金120万元修护水毁提灌站6座。

抵御“8·17”特大洪峰现场（安居镇　供图）

乡风文明　按规分类处置非法小庙7座，扎实做好乡村移风易俗“十抵制十提倡”宣传，广泛开展“五家”活动56场，流动文化进村55场，通过新时代文明实践中心，收集解决群众意见8条，成功评选区级新乡贤1名、第四季度铜梁好人1名，顺利通过“全国文明村镇”复查，会龙社区、大田社区成功评选为铜梁区文明村社区。

环境保护　一是严格落实河长制。镇、村两级河长巡查200余次，排查出岸线乱占问题3个，逐一整改验收销号。严格检查辖区排污企业，累计开展企业排污检查16次，发现并整改隐患问题2个。修复因受洪灾损毁管网70余米，新建压力井4座，清理厂区及道路淤泥1400余立方米。二是污染防治。建成七佛、杨乐垃圾分类示范村，新建垃圾分类月台112个，发放手推式分类垃圾桶250余个、入户分类垃圾桶1000余个；结合农村人居环境整治开展农村面源污染治理工作，回收农膜、化肥农药废弃包装物7.2吨，化肥农药减量1%；全面完成红蝶锶业固废渣场包封，全速推进污水处理厂新建技改项目。三是人居环境整治。严格落实“一化两改三不见”要求，开展宣讲166场次，引导群众主动参与整治。全镇美化公路30.68千米（栽植木春菊50000株，美人蕉115750株，五色梅10000株），改圈舍366处，改柴棚270处，清理白色垃圾3.2吨、建筑垃圾26.2吨、生活垃圾236吨，兑换积分奖品122635元，评选清洁文明户1201户，评分检查覆盖率达100%。

社会保障　一是脱贫攻坚。全面梳理各级各类反馈问题及整改任务，整改完成所有国家和市级脱贫攻坚成效考核反馈问题。依托农村“三变”改革，落实扶贫项目资金250万元。完成“四类”人员住房安全鉴定1100户，完成危旧房处置1265户，切实做到危房不住人；125名贫困户学生享受教育扶贫政策，全镇适龄学生无失学、辍学现象；坚持贫困户城乡医疗保险全覆盖，城镇职工和城乡居民医疗参保率达100%；投入397.88万元实施农村饮水安全提升工程，建成饮水管网137.5千米。二是社会救助与就业。办理区级临时救助54户、镇级临时救助47户，共发放救助金53.8万元，完成“两癌”筛查530人次；深入开展“把老乡留在老家”专项行动，完成返乡创业就业828人、市内重点电子企业送工221人、高新区送工125人以及240万创业担保贷款，开发并管理公益性岗位50个，落实“4050”大龄灵活就业社保补贴15人，7.4万元。

【党的建设】　现有基层党组织25个，其中，机关党支部1个，村（社区）党支部17个，非公党组织7个，党员1125人。

思想政治建设 坚持镇党委会、中心组学习会第一议题必学习近平新时代中国特色社会主义思想，每季度听取党建工作汇报，对党建工作存在的问题和难点及时研究解决，全年研究党建议题143个；严格落实党员领导干部双重组织生活制度，班子成员累计讲党课27次，与分管科室、联系村（社区）干部谈心谈话60余人次。

基层组织建设 大力推进农村基层党建"整乡推进、整县提升"示范创建行动，完成龙兴村1个规范村，四面、象山、杨乐、石马、赛龙5个示范村建设任务，规范村比例达到80%以上，示范村比例达到40%以上；强化阵地建设，加快石马村、四面村新建党群服务中心建设进度，确保石马、四面村按时入住办公，更好服务群众。

党风廉政建设 严格落实中央八项规定精神，持之以恒正风肃纪，深化"以案四说"，开展"以案四改"，推动全面从严治党纵深发展。聚焦乡村振兴、惠民政策落实等重点领域，严查群众身边的腐败问题。调查处理区纪委交办问题线索4件，给予党纪处分3人、诫勉谈话3人。

（安居镇 刘建宏）

领导班子名录

镇党委书记 张正全
镇党委副书记 镇长 杨 勇
镇人大主席 蒋福生
镇党委副书记 刘 明
镇党委委员 纪委书记 龙志敏
镇党委委员 政法书记 副镇长 武装部长 郑渝强
镇党委委员 副镇长 何 磊
镇党委委员 周厚实
镇党委委员 李传芳
副镇长 罗辅强

各村（社区）基本情况

村（社区）	户数（户）	户籍人口（人）	支部书记
大南社区	672	1297	唐治均
临江社区	679	1223	陈泓宇
会龙社区	452	908	胡继菊
大田社区	969	1573	苟 兰
七佛村	683	1617	周贤容
玉顶村	689	1523	李 毅
赛龙村	599	1618	王 杰
石马村	1535	3995	张世学
龙兴村	1213	3324	刘福伦
龙泉村	749	1940	朱孝华
紫极村	965	2283	周 汙
琵琶村	568	1357	李含群
淘河村	833	1776	张 明
四面村	976	2425	周 川
杨寿村	1371	2974	陈绪明
杨乐村	1140	2784	杨 叶
象山村	1027	2704	郑婷婷

白羊镇

【概况】 白羊镇地处铜梁区北部，距区政府驻地17千米。辖区面积38平方千米，场镇面积0.5平方千米，辖1个社区、7个村，103个村民小组，户籍人口15189人。2020年获评区级文明镇。

镇机关年末实有54人，其中行政21人，事业30人，参公3人。辖区白羊小学有学生276名（含送教上门学生3人），教师31名（含白羊中心幼儿园1人），2020年共毕业81名，升学率100%。镇卫生院有职工23人，设有床位30张。白羊敬老院设有80张床位，服务对象49人，职工人员6人。

2020年，地区生产总值完成44888万元。第一产业增加值13659万元，第二产业增加值18585万元，第三产业增加值12644万元。固定资产投资完成42182万元。完成财政收入491.2万元，税收收入完成478万元。农村人均可支配收入20039元，同比增长6.99%。

【经济发展】 **特色产业** 铜梁咸菜口感鲜香可口，脆而不绵，咸甜皆宜，是白羊镇的特色产业。主要产区在水碾村，是重庆市咸菜种植、加工基地之一，也是市级咸菜加工小微企业村，加工咸菜已逾300年。2020年，该村以专业合作社为龙头，建成800平方米加工厂房，带动规模加工户34户、散户100余户累计种植咸菜原材料约66.67公顷，年生产加工咸菜近1000吨，年创收750多万元。

集体经济 围绕“六要路径”，盘活撂荒地21.47公顷，退耕还林种植经果16.53公顷，流转土地93.87公顷。投资50余万元完成凤凰村淀粉电烘干房建设项目，7个村的集体经济营收突破80万元。推进产业规模化，持续培育发展种植雷竹66.67公顷、蔬果120公顷，特色水产养殖80公顷，成功引进温氏集团建设年出栏2万头的生猪养殖项目。

【社会发展】 **防疫抗洪** 全力以赴抗击疫情，发动包社干部、少云志愿者100人次/天，深入103个社，构筑群防群治“铜墙铁壁”，送检核酸检测56人，2020年全镇无疑似和确诊病例。应对“8·17”洪峰过境，对全镇16个重要水位监测点实行24小时值守监测，组织镇村社干部200余人次，抢收农作物近66.67公顷，紧急转移安置57户157人，应对洪峰过境实现零伤亡。

基础设施建设 开展农村公路建设工程5项，完成人行便桥维修11座，建成“四好农村路”4.86千米，打通“断头路”7条。完成兵马村、石船村、清晏村土地整治项目5千米，硬化泥结石路5千米。完成旧房整治60户，拆除危房125户、封堵242户。投资290余万元，实现自来水管网社社通，常住户、四类对象、建卡贫困户的自来水覆盖率分别达到81.5%、98.6%和100%。改造农村薄弱电网，为羊咀、水碾、凤凰、兵马、石船等村扩容新安装变压器19台，配合完成10kv龙寿佛垭1

“四好农村路”建设（白羊镇　供图）

组支线改造工程。拓宽“雪亮工程”覆盖面，累计安装监控探头42个，配备专职平安员1名，兼职平安员81名。

民生实事 按照“分类救助、重点救助”原则，发放低保金165.06万元、特困供养金254.13万元、临时救助金32.05万元、救灾资金10.61万元、冬春救助资金1.53万元，受益127户185人。申请小额扶贫贷款185万元，建成投产扶贫车间1个，培养致富带头人9名，带动27户贫困户实现增收8万余元。持续开展“把老乡留在老家”专项行动，发放创业担保贷款75万元，职业技能培训106人，回引返乡人才345人。持续开展“三下乡”和“新乡贤、好乡亲”评选活动，打造“一镇一品”文化活动品牌1个，开展“智志双扶”教育培训7场，送各类讲座、演出等流动文化进村42场次，服务群众10000余人次，评选10名镇级“好乡亲”，8个村（社区）成功入列“区级文明村（社区）”序列。

环保事业 建成投用镇、村两级再生资源回收站8个，回收加工废弃农膜3.1吨，秸秆还田、能源化利用率达90%；投放垃圾箱体80个，设置分类垃圾桶3000余个，实现103个社全覆盖。持续开展人居环境整治行动，结合积分制评比，设立积分“红黑榜”7个、积分兑换超市8个，开展积分兑换活动80余场，栽植美人蕉、木春菊、五色梅等苗木32万株，美化面积约2.4万平方米，柴棚改造率、鸡鸭圈舍规范圈养率均在85%以上。全面推行河长制工作，组织1000余人次，常态化清理河流（水库）漂浮物和垃圾198吨，新建卫生厕所432座。

人居环境整治（白羊镇　供图）

【党的建设】 共有基层党支部10个，其中村（社区）党支部8个，机关党支部1个，非公党支部1个，共有党员555人，培养积极分子10人，新发展党员1人，按期转正党员4人。

管党治党 一是全年开展理论学习中心组学习13次，撰写调研报告9篇。二是对照区委第十一轮常规巡察反馈意见，制定整改方案，细化分解任务37项，召开整改推进情况分析会8次，召开巡察整改专题民主生活会1次。三是严格落实意识形态工作责任制，专题研究意识形态工作2次，签订意识形态工作目标责任书8份。四是扎实开展软弱涣散党组织专项整顿，查找并整改突出问题4个，群众满意率100%，改扩建村党群服务中心5个。五是狠抓廉政建设，办结信访件2件，查办案件1件，党纪处分1人，诫勉谈话4人，提醒谈话4人，约谈党员干部200余人次，推动全面从严治党向纵深发展。

（白羊镇　何欣）

领导班子名录

党委书记　蒋文勇

党委副书记　镇长　潘　静

党委副书记　人大主席　刘鹏举

专职副书记　肖必兵

党委委员　纪委书记　苟廷刚

党委委员　政法书记　副镇长　查智勇

党委委员　武装部长　蒋必伟

党委委员　副镇长　罗　燕

组织委员　陈　颖

宣传委员　统战委员　陈方毅

各村(社区)基本情况

村(社区)	户数(户)	户籍人口(人)	中共支部书记	村(社区)主任
羊咀村	944	2248	周明惠	雷世明
水碾村	1057	2446	周龙超	周艳平
清晏村	943	2319	李国云	徐　菊
金铃村	672	1569	周尚强	—
凤凰村	1090	2627	周定毅	—
兵马村	651	1563	蒋　奎	蒋　奎
石船村	821	1991	甘世芳	蒋　敏
金羊社区	272	426	陈志国	詹宗玲

平滩镇

【概况】 平滩镇地处重庆市铜梁区西部，距城区17千米，北与潼南区接壤。辖区面积91.2平方千米，其中建成街区面积1平方千米。辖17个行政村，1个社区，总户数16714户，户籍人口48232人。耕地面积4811公顷。汉农蔬菜和骏兴水稻种植专业合作社获评2020年“重庆市农民合作社市级示范社”。

镇政府机关年末实有在编人员81名，其中行政编制35人，事业编制45人，机关工勤编制1人。内设党政办公室等10个综合办事机构。下设农业服务中心等7个事业单位。

辖区内有小学4所，在校学生共计2000余人，教师150余名；中学1所，在校学生1500余人。镇中心卫生院有职工61人，设床位90余张；镇敬老院有职工4人，设床位60张，收住老人30余名。

2020年全镇实现地方预算内财政收入1259万元，其中税收1254.93万元。地区生产总值158749万元，同比增长5.5%。第一产业增加值48737万元，同比增长7%；第二产业增加值60463万元，同比增长6.5%；第三产业增加值49549万元，同比增长3.2%。固定资产投资69782万元，同比增加11%。工业投资9600万元，同比增加32.7%。社会消费品零售总额40059万元，同比增长5.8%，农村居民人居可支配收入21520元，同比增长7.58%。

【经济发展】 **招商引资** 新引进重庆航骏建筑有限公司、巨义文化传媒公司2家企业落户运营。全镇累计民营企业45家，新增个体工商户146户。最大限度克服新冠肺炎疫情影响，分类制定方案，有序推进复工复产。疫情防控期间，送工到市级重点企业54人、区级信产企业182人，帮助342名贫困人口有序返岗，开发临时防疫公益性岗位45个，安置贫困人员11人。

农业发展 2020年全镇“蔬菜、水产、经果”三大产业年产值突破5.6亿元，提供务工岗位6000余个，人均年收入达1.1余万元。畜禽产业新引进建设生猪养殖场4家，新建集体养殖场1个，累计规模畜禽养殖场达109家。全镇申报绿色食品15个，平滩蜜柚顺利取得“铜梁龙柚”地理标志。实施团宝村市级专项扶贫资金建设项目，实施四方、玉龙、红河等13个村蜜柚园基础设施建设，17个村集体经济蜜柚园管护有序开展。

【社会发展】 **狠抓场镇提质** 投入200余万元，完成平滩镇中学分部校园环境整治工程、新桥至三角碑地区环境整治、镇垃圾压缩站改造工程、平滩河路灯工程、维修破损管网等基础设施建设；投入1500万元，沿河道栽植特色苗木12800余株，完成人行金刚砂步道铺设2000余米，整治场镇道路500余米，绿化道路约1800米，开展弱电下地，新建管网8500余米，整治周边房屋100余户，硬化裸露地面约4000平方米，修复墙面约2500平方米，绿化面积约6000平方米，规范店招店牌约1000平方米。

基础设施建设 2020年全镇完成“四好农村路”建设15.3千米，“一事一议”公路建设38千米，在建公路23条16.178千米；完成C、D级危房改造348户，旧房提质65户，拆除367处，封堵1509户。打造规范化社会治理创新中心，完善社会治理指挥中心社会治理系统建设，增设117个视频摄像头实现全天候实时监控。

民生保障　落细落实惠民政策。2020年全镇开展职业培训330人次，发放创业担保贷款350万元，确保城镇登记失业率控制在5.5%以内；吸引外出务工人员回乡就业780人，向企业送工230人；建成扶贫车间2个，吸纳建卡贫困户13人；推进城乡居民养老保险扩面，新参保305人；完成低保户、一二级重残人员、建卡贫困户三类人员养老保险及医疗保险全覆盖。

【党的建设】　2020年底，全镇共24个党支部，共有党员1394名，全年共培养积极分子11名，新发展党员9名，党建工作有序开展。

全年新聘用综合服务专干3人，新聘用本土人才7人，18个村（社区）后备力量共31人，其中文化程度大专及以上20人，中专及高中学历11人。群工系统受理事项387件，办结比100%，满意率99%。大力实施村（社区）便民服务中心整体提升行动，完成新华村、太安村便民服务中心扩建工程和万桥村党建示范点建设。

严格落实党风廉政建设主体责任，督促班子成员认真履行“一岗双责”持续推进扶贫领域腐败和作风问题专项治理行动；深化开展“以案四说”警示教育，筑牢党员干部拒腐防变的思想道德防线。2020年以本镇案例开展“以案四说”警示教育2次，廉政教育活动2次，监督检查20余次，警示谈话32人次，诫勉谈话1人次，通报批评19人次。

（平滩镇　王艺森）

领导班子名录

党委书记　马良媛
党委副书记　镇长　周景前
人大主席　张晓霞
党委副书记　熊　昕
党委委员　政法书记　刘德洪
人大副主席　李升泉
党委委员　武装部长　副镇长　柏　斌
党委委员　纪委书记　李　遗
宣传委员　张长林
组织委员　王伏娟
副镇长　王永吉

各村（社区）基本情况

村（社区）	户数（户）	户籍人口（人）	中共支部（总支、党委）书记	村委（社区）主任
万桥村	936	3196	叶大忠	程辉绪
洋海村	694	2414	周　春	徐　龙
华光村	561	1928	傅成明	何明江
新华村	859	2832	周启国	叶　群
插腊村	811	2892	徐世全	张春良
青杠村	728	2532	田贵友	邹其琳
珠玉村	1244	3495	王　春	刘金炳
高平村	1054	3487	喻国庆	喻良才
四方村	839	2818	余　帜	周帝伟
太安村	669	2323	陶华彬	张维龙

续表

村(社区)	户数(户)	户籍人口(人)	中共支部(总支、党委)书记	村委(社区)主任
红河村	704	2484	李代洪	谭洪贵
立灯村	687	2601	吴琼英	何庆刚
金竹村	759	2380	廖少红	曹　芳
洪太村	762	2326	孔小红	汪学良
玉龙村	904	2833	张登文	吴永群
团宝村	972	3056	高金云	熊光元
惠风村	577	1960	朱　云	张光明
龙潭社区	2954	2675	陈明凤	唐树伦

双山镇

【概况】 双山镇位于铜梁西部，与潼南区五桂镇、卧佛镇和大足区宝顶镇接壤，距铜梁城区23千米。辖区面积33.83平方千米。辖7个村、1个社区，总户数4418户，总人口11952人。

政府机关实有在编在岗40人。内设党政办公室、人大办公室、经济发展办公室等综合办事机构8个。镇属事业单位7个。

镇辖有国家一级乙等医院1所，有职工22人，医生9名，护士4名，开放床位20张。有6个村卫生室，10名乡村医生。双山小学在校学生363人。学校有教职工43人，其中区级骨干教师5人，中小学高级教师3人，中小学一级教师17人。

2020年，地区生产总值完成33403万元，同比下降0.9%。第一产业增加值12841万元，同比下降6.9%；第二产业增加值6291万元，同比增长10.5%；第三产业增加值14271万元，同比下降0.9%。固定资产投资完成43515万元，同比增长10.1%。本级财政收入实现449.53万元，其中税收完成420.73万元。城乡居民人均可支配收入完成19979元，同比增长6.38%。

【经济发展】 **集体经济** 深化“一村一品”，持续推进樱桃、李子、柠檬、百香果等小水果及魔芋种植，中蜂、清水鱼养殖等项目，全年实现集体经济收入78万元；全面清理撂荒地、荒山荒坡，新发展群坊喻兴香椿6.67公顷；建立农产品展示中心体验馆，通过与长运集团合作的“采购销”模式配送铜梁及主城各地，推动体验馆与电商二合一，实现年销售额达300余万元。

产业发展 围绕“农区+景区+集体经济+人居环境”的工作思路，在群坊村成功打造1个大棚樱桃精品示范园、1个农产品展示中心体验馆、3个集体经济项目和1个农旅融合产业。成功创建全国绿色新村1个、全国名优特新农业产品1个、绿色食品认证3个、地理标志1个。

【社会发展】 **疫情防控** 第一时间成立专项防控小组，制定防控工作方案，从严落实包片分村分社全域排查、防疫宣传、隔离管控等举措，通过组织保障给力、党员干部发力，带动群众出力，有效实现全镇零感染、有力推动复工复产、复学复课以及春耕备耕相关工作。在常态化防控中，全面做好中高风险地区来铜人员排查、隔离管控、核酸检测、宣传引导等工作，坚决守住来之不易的疫情防控成果。

党员先锋队开展防疫工作（双山镇 供图）

脱贫攻坚 全面完成671户农村危旧房整治，建卡贫困户新增70户203人集中供水，覆盖率达87.7%，全面实现饮水安全保障。涉及两不愁三保障的困难家庭政策兜底、送教送学、医疗救助、住房保障、产业指导、利益链结、稳岗就业、务工补贴、小额贷款、销售扶贫等问题动态清零。顺利接受并通过市扶贫办2次调研督查和市级成效考核西南大学第三方评估等相关工作。

抗洪救灾 第一时间安排部署，制定应急预案，细化处置措施，明确工作责任，全面落实防汛任务。有效处置具体问题17个。整治大理、岩湾沿线地灾易滑坡点4处，整治建新等塌毁公路路段2处，涉及资金53万元；累计慰问受灾群众25户，发放救灾资金3万元。

环境保护 通过宣传发动、集中整治等措施，激励群众志愿参与“一化两改三不见”，重点抓好辖区主干道和镇与镇连接道沿线环境整治，改圈舍、改柴棚346处，清除公路沿线杂草20余千米，清除白色垃圾、生活垃圾、建筑垃圾20余吨，有序推进五色梅、木春菊栽植20余万株，打造6个示范点。同时，通过栽植棕榈、实施硬隔离等，促进场镇以及新建广场街得到美化亮化。从严落实河长制，做好河道两岸日常保洁和定期清理，全年清理河道22千米，河库漂浮物3.6吨，生活垃圾5.5吨。完成镇污水处理厂技改并全面投入使用。完成区2个大户养猪场改造提升。

入场道路绿化带（双山镇　供图）

民生实事 完成“四好农村路”建设10千米；一事一议泥结石路硬化工程12千米；楠木桥改造工程建成通车；建成5星级村级卫生服务站1个；新建敬老院实现搬迁入住；完成421户卫生改厕，完成群坊村公厕项目建设。开展各类线上线下就业技能培训252人次；发放创业担保贷款50万元；扎实开展“把老乡留老家”，持续回引374人，推动就近就业人员369人。

【党的建设】 全镇有党支部9个，党员408名，新发展党员5名。

思想政治建设 从严落实“三会一课”、民主生活会和双重组织生活会制度，持续推动学习新思想常态化长效化，专题研究意识形态工作4次，部署及培训意识形态工作2次。全年党委会学习22次，中心组学习12次，支部主题党日学习132次，乡村讲习96次。

组织建设 注重培养锻炼，坚持把基层一线、艰苦环境、急难险重岗位，作为培养锻炼年轻干部的主阵地。动态调整支部书记4人，大胆使用、充分储备年轻力量，村干部平均年龄从49岁降到41岁，大专以上学历从8%提高到22.5%。

党风廉政建设 始终把抓好全面从严治党作为首责主业，定期召开党委会、联席会等统筹谋划全面从严治党工作，全年专题研讨党风廉政建设议题10次。以钉钉子精神抓好中央八项规定及细则精神贯彻落实，常态化开展警示教育3次、“以案四说”1次，诫勉谈话2人、提醒谈话4人，开展党建专项督查12次，约谈班子成员及支部书记17人次，通报批评7人、会议检讨2人。

（双山镇　汪子钦）

领导班子名录

党委书记　吴　罡
党委副书记　镇长　杨东升
人大主席　黄胜勇
党委副书记　汪　杰
纪委书记　刘　波
副镇长　政法书记　武装部长　肖阳兵
副镇长　李大国
党委委员　唐大寨
党委委员　经　玲

各村(社区)基本情况

村(社区)	户数(户)	户籍人口(人)	党支部书记	村(居)委主任
双河社区	318	479	宋祖文	王兴容
双泉村	748	2112	吴跃明	张新建
寿桥村	658	1859	戴　霞	杨春雄
岩湾村	639	1547	张跃海	张焕春
大理村	514	1291	张明耻	姜荣亮
喻兴村	578	1782	陶甫华	曾晓菊
建新村	274	759	吴跃学	陶秋福
群坊村	689	2123	郑长玲	张祖义

小林镇

【概况】 小林镇地处铜梁西部，辖区面积30.67平方千米，耕地面积1279.5公顷。辖4个村1个社区，共81个村民小组，2020年末总户数4579户，总人口12562人。

2020年镇机关干部实有在岗人数43人。镇内有小学1所，教师30名，10个教学班，在校学生384名；幼儿园2所：其中公办幼儿园1所，教师6名，3个班，学生81名；民办1所，教师2名，2个班，学生60人；镇中心卫生院1个，在职职工17人，病床20张；敬老院1个，入住五保老人17人。

2020年地区生产总值达到36284万元、年均增长2.4%。第一产业增加值10627万元，增长0.9%；第二产业增加值11110万元，同比增长1.1%；第三产业增加值14547万元，同比增长4.3%。固定资产投入完成47767万元，同比增长17.6%。全镇完成财政收入248.22万元。农民居民可支配收入达到19892元，同比增长6.77%。

【经济发展】 **农业产业** 调优农业产业结构，围绕"六要"路径，利用荒山荒坡、闲置土地，因地制宜发展铜梁砂糖李、生态种养殖、乡村旅游，全镇累计流转土地290.7公顷，消除撂荒地7.47公顷，成立农业公司及专业合作社12个，形成233.33公顷砂糖李，千亩优质水稻，13.33公顷澳洲龙虾示范基地，年出栏2万只东坡鸡。成功实现"铜梁砂糖李""澳洲龙虾""小林生态米""东坡鸡"等一批在市场上叫得响、立得起的特色农产品。新增绿色食品认证8个，重庆真要德农业开发有限公司被评为区级农业龙头企业。

集体经济发展 以合作社为载体，稳步推进"1+4+N"模式，4个集体经济组织均已实行跨村运营。一是铜梁砂糖李得到新发展。砂糖李合作社和金泉超市等20多家电商、商超建立了长期合作关系，拓展了销售渠道，砂糖李品牌进一步得到市场认可，平均销售价格在每斤5元，销售额突破150万元。完成砂糖李基地避雨大棚项目建设，进一步提高了抗自然风险的能力。二是深化圣灯村黑水凼水稻种植专业合作社与市农科院合作，优良品种示范基地扩大到33.33公顷，实现标准化生产，不断提升产品质量。三是因地制宜扩大"东坡鸡"养殖规模，采取合作社统一引进鸡种、统一防疫处理、统一技术指导、统一后期回收销售、农户分散放养的方式，走出了一条产购销一体化的可持续发展道路，全镇"东坡鸡"养殖规模达到4万只。四是深入推进澳洲龙虾生态养殖项目，在2020年澳洲龙虾育苗成功的基础上，建成使用占地12公顷的示范养殖基地，依托重庆乾润农业科技发展有限公司，采取以养代训的方式，不断扩大养殖规模。五是探索蛋鸽养殖发展，通过采取"合作社+农户+贫困户"的合作经营模式，实行分户养殖，现已发展蛋鸽2000多对。全年实现集体经济收入123.2万元，建卡贫困户户均分红100元。推进农村"三变改革"，引导农户以土地、资金等入股经营主体、新型农村集体经济。强化农产品质量检测，完成农产品农药残留检测600个。开展春秋季动物疫病防控，严防非洲猪瘟疫情，累计出栏生猪7200头。

【社会发展】 **脱贫攻坚** 130户401名贫困户全部如期脱贫。一是严格按照"两不愁、三保障"要求，认真排查、逐一对照，处置四类对象危房32

户，一般农户危房667户；落实教育政策学生帮扶81名，其中对1名残疾人学生送教上门，实现义务教育“零”辍学；大力实施贫困户饮水提质工程，对庆云村、华寿村供水管道进行整修，新增集中供水贫困户53户；强化政策兜底，实施低保、五保、残疾人、基本医疗保障全覆盖。二是通过介绍就业、设置公益性岗位等方式，大力实施就业帮扶，落实公益性岗位7个，新介绍贫困户就业2人，动员贫困户参军1人。三是落实小额扶贫贷款85户，申请贷款188.1万元，助推贫困户产业发展。四是大力实施消费扶贫，解决农产品滞销，全面消除疫情影响。积极申报铜梁砂糖李、小林生态米、东坡鸡为扶贫产品，和区纪委、党校等联系单位一起助推脱贫户农产品销售，通过电商、直播带货等方式累计为脱贫户销售农产品30余万元。五是完善集体经济和贫困户利益联结机制，集体经济实现全覆盖。76户脱贫户通过种养殖方式参与集体经济生产和经营，集体经济为全镇脱贫户发放受益分红1.3万元。2020年政府补助资金10万元，发展鸡苗2万多只，李子苗2000余株，促进贫困群众持续增收。六是治理人居环境。坚持扶贫与扶志相结合，动员贫困户种植果苗2000余株，三角梅150株，山茶花100株，紫薇树50株。完成93户贫困户卫生厕所改造，实现全镇卫生厕所全覆盖。有效改善了贫困户的生产生活环境，提振贫困户精气神。

生态保护 一是深入开展“把乡村建成群众喜欢的样子”专项行动，积极推动人居环境积分制工作，调动群众积极性参与人居环境整治，组织发动群众栽植木春菊、五色梅、李子树等花草7万余株，美化道路9.1千米。改造柴棚、圈舍610余个，清理白色垃圾、建筑垃圾、生活垃圾578吨。二是推进秸秆综合利用，大气污染治理取得新进展，森林覆盖率达到48.6%，土壤环境质量保持稳定。三是以落实河长制为抓手，全年完成巡河整改问题25个，常态化开展河道清漂，共组织清漂30次。四是持续推动面源污染治理工作，对辖区22户规模种养殖企业发放专用回收桶44个，回收废弃农膜2.5吨，深入开展化肥农药减量，实现粮油作物化肥用量零增长，果蔬化肥用量负增长。五是完善地埋式垃圾压缩中转站配套设施，与村（社区）签订家村公路垃圾清扫、场镇保洁、河道清漂合同，采取“社集—村收—镇运”的方式，实现对场镇及各村生活垃圾收运实现全覆盖。六是争取中央资金356万元，对潼湖水库开展饮用水源地（不达标饮用水源）整治工程（预计2021年1月全面完工），确保饮用水源地全面达标。七是分类施策，投入资金40万元，完成农村卫生厕所改造200户。八是全面推行垃圾分类，投入6万余元建设生活垃圾分类指导站，在全镇设置花台插牌30个，生活垃圾收集点123个，有效确保农村生活垃圾集中收集问题。

整治后的潼湖水库（小林镇　蔡艳）

民生实事 一是对全镇94名优抚对象发放补贴97.9万元；救助退伍军人“解三难”28人。二是做好城乡就业、社会保险、医疗保险等工作，全年办理创业担保贷款3件，发放创业贷款50万元，开展“把老乡留在老家”专项行动，吸纳返乡创业就业125人，实现新增劳动力转移119人。三是组织动员辖区285户群众参加孕前优生健康检查和育龄妇女两癌筛查，落实679户农村家庭计生奖励扶助、生育关怀等政策。四是探索敬老院社会化养老服务，解决21户独居老人生活困难问题。五是深入开展“枫桥经验”重庆实践行动，扎实推进“党建扎桩、治理结网”工程。及时就地解决信访件12件、化解各类矛盾纠纷17起，调解及化解成功率均为100%。六是切实做好全镇21名严重精神障碍患者的管理服务工作，强化监护人监护责任，有效防范严重精神障碍患者肇事肇祸事件的发生，维护社会公共安全和社会稳定。

【党的建设】 2020年底有党支部8个，非公党组织2个，党员412名。一是强化政治引领、服务引领、能力引领、作风引领，重视选好“带头人”、培养“年轻人”。让年轻人兼任社长、网格员，领办集体经济，参与电商发展和直播带货，从发展中锻炼年轻人，不断夯实乡村振兴基层基础，充分发挥党员先锋模范带头作用，全面引领各项工作。二是深入实施“五风浸润”工程，引导群众践行文明礼仪，遵守文明规范，开展乡村移风易俗“十抵制十提倡”宣传活动，着力营造婚事新办、丧事简办的社会氛围。三是督促各村严格落实“七个全覆盖”，建立农村财务一体化监管平台、便民查询平台，定期及时公开村务和财务。四是班子成员严格落实“一岗双责”，切实做好分管领域党风廉政建设和反腐败工作，认真落实全面从严治党“两个责任”。五是常态化开展干部包社入户大走访，宣传党的政策、倾听群众呼声、密切党群干群关系。

（小林镇　常凯、蔡艳）

领导班子名录

党委书记　涂伟生
党委副书记　镇长　谢　杭
人大主席　朱文彬
党委副书记　曾德熙
党委委员　纪委书记　周良民
副镇长　王泽林
政法书记　武装部长　副镇长　刘治宇
组织委员　王河静
宣传委员　统战委员　周小俊

各村（社区）基本情况

村（社区）	户数（户）	户籍人口（人）	中共党支部书记	村（社区）主任
圣灯村	1119	3160	施志福	—
鱼龙村	1004	2931	庞登民	杨德敬
庆云村	1087	3225	叶兆良	张从富
华寿村	877	2541	何代勇	张正良
团山社区	492	705	唐定平	—

虎峰镇

【概况】 虎峰镇位于铜梁区东南部，距铜梁城区18千米，辖区面积79平方千米，其中耕地面积3509.9公顷，林地面积4900公顷。辖22个村，4个社区(居民委员会)，286个村(居)民小组，总人口4.3956万人。场镇建成区面积1平方千米，常住人口8500人。

2020年镇政府机关单位年末实有76人。内设综合办事机构10个，下属事业单位7个。辖区有初级中学1所，开设20个班，有在校生1131人。小学5所，共有学生1407人。幼儿园9所，其中公立幼儿园5所，私立幼儿园4所，共有在校学生569人，学龄前儿童入学率达100%。镇中心卫生院1所，有副主任医师4人、副主任护师5人、主治医师16人、主管护师11人、主管药师4人、医师8人、药护技师9人、助理医师8人、药护士2人、其他人员5人，实际开放床位66张。

全年完成地区生产总值307792万元，同比增长10.3%。第一产业增加值36703万元，同比增长10.2%；第二产业增加值201523万元，同比增长13.6%，第三产业增加值69565万元，同比增长2.1%。财政收入1359万元，同比增长7%，其中税收1329万元，增长9.5%。完成固定资产投资102988万元，工业投资完成42028万元，同比增长6.7%。社会消费品零售总额45928万元，增长4.6%。农村人均可支配收入实现21924元，增长7.99%。

【经济发展】 **新型工业加速转型升级** 狠抓企业纾困解难，用好用活扶持民营经济十条政策措施，深入推进"解七难"提高服务质量，初步形成机械加工、新型建材、电子信息和农产品加工四大支柱产业。盘活西泉碗厂、原河纸厂等闲置资产，引进重庆通晓门业有限公司、重庆乔鼎国际物流公司等3家企业入驻。全镇规模以上工业企业发展到23家，完成工业增加值201523万元，增长13.6%，工业总产值、增加值均在全区乡镇中排名第二名。

农业实现晋级提档 全年出栏生猪2.6915万头、存栏4786头，超额完成生产保供任务。粮食完成播种3239.47公顷，总产2.1087万吨，建设高标准农田166.67公顷。获得"巴味渝珍"授权农产品2个，并完成品牌建设。辖区内初步形成优质经果、花卉苗木、生态蔬菜、山地特色产业四大基础产业，新发展优质花椒、水果120公顷，新培育稻虾养殖6.67公顷，中药材2.07公顷。2020年全镇集体经济总收入达214万元，村集体经济年收入5万元以上的村19个。轮桥、天锡等多个村实现了集体经济收益首次分红。

【社会发展】 **社会保障** 一是全力抗击疫情。正月初一集结全镇机关干部到岗到位，设立检查点劝导站、逐户走访排查、落实居家隔离管控措施、场所全面消杀、场镇实行封闭管理，200余名镇村干部日夜坚守，900余名志愿者参与联防联控，全覆盖排查辖区居民35869户、118428人次，场所消杀达24万余平方米，全镇无一人感染新冠肺炎。二是强化精准帮扶，开发护林员、农村公路保洁员等公益性岗位37个，新建扶贫车间1个。协助136户建卡贫困户成功申请小额扶贫贷款227.75万元，帮助33户建卡贫困户申报区级扶贫产业发展基金13.28万元、镇财政支持0.5万元，用于贫困户发展种养殖业。以干部"后备箱”带货、电商平台销售、设立扶贫产品专柜等方式销售农产品35万元。改造四类重点人群农村CD级危房39户，实施旧房改造提升157户，一般人员危房改造1128户，拆除、封堵危房2176户。现行标准下，全镇204户建卡贫困人口全部稳定脱贫，顺利通过国家普查暗访和市级实地抽查核查。三是办实事、强保障。完成送流动文化服务进农村88场次、送电影下乡324场次。铜梁首个镇级全民健身中心主体工程基完工，将极大丰富群众文体生活。新建区级养老服务站4个。全镇新增城镇就业373人，城镇登记失业人员就业100人。城乡居民基本养老实现全覆盖、医疗保险参保率95%以上。全镇新增城乡低保对象99户，动态调整84户，临时救助207户、39.81万元，做到应保尽保、应退尽退、应救尽救。特困、优抚、残疾人等政策全部严格落实。“两癌”检查695人次，完成家庭医生签约12510人。

环境保护　全面打好蓝天、碧水、净土保卫战，关停处置非法搅拌点6个，立案查处环境违法企业1家，移交司法机关2个。龙璋纸业白泥渣场遗留环境问题整治有序进行，搬迁坝下农户3户。污水处理厂一级A标改造提升全面完成，末端尾水处理项目建设有序推进。开展饮用水水源地规范化建设，完成3个集中式饮水源安装安全防护网300米和4个集中式饮水源的监控设施建设。在13个村实施农村饮水安全提升建设工程114.8千米。大力推进农村“厕所革命”，完成农村卫生厕所改造330户，普及率达95.1%。农村道路两旁栽植斑竹、木春菊、八角金盘等花草竹木55万余株，购买300余吨楠竹用于柴棚圈舍改造，农村人居环境进一步得到绿化美化。农村人居环境积分制按月评比，创建整洁庭院780余户，评比“整洁户”3000余户。

基础设施建设　铜梁区首批EPC试点——场镇雨污分流管网建设有序推进，“金大线”110千伏输电线建设工程竣工完成。渝西地区第一座建有三甘醇脱水装置的脱水站——重庆页岩气勘探开发有限责任公司足202中心站进入试运行，设计处理规模300万立方米/天，钻井平台已开工建设。同心桥水库开始浇筑混凝土重力主坝，建成后年供水量为1062.6万立方米，将彻底解决镇村供水难问题。三年累计新建成“四好农村路”101.2千米，建设断头路、联网路15.8千米，乡村振兴补短板硬化泥结石路17千米，硬化G319搭接支路1.6千米，G319虎峰至西泉段改道工程沥青路面铺装基本完成，交通建设三年行动计划圆满收官。城区至虎峰西泉公交车正式开通运营。

【党的建设】　虎峰镇党委下属基层党支部29个（其中机关支部1个、村社区支部26个、非公支部1个、退干支部1个），共有党员1330名。2020年转正12人，新发展预备党员9人，培养积极分子25人。

思想政治建设　坚持党委会第一议题必学习近平新时代中国特色社会主义思想，开展中心组学习10次，党委班子成员为党员干部讲党课55次，各支部结合主题党日学习312次，组建26支基层宣讲队，对习总书记视察重庆重要讲话精神、十九届五中全会精神等政策理论开展主题宣讲54场次。

基层组织建设　全年提拔一级主任科员5名，新提拔正科级干部1名、副科级干部3名，均严格按照规范流程办理。全面完成村（社区）党委书记“一肩挑”，新选拔村（社区）党委书记6人，整顿软弱涣散党组织2个。2020年培养入党积极分子25名，新发展预备党员9名，预备党员转正12名，确保滚动实施农村党员发展三年规划。

党风廉政建设　与班子成员、党支部书记谈心谈话80余次。2020年，全镇处分（处理）党员干部20人次，其中开除党籍3人，诫勉4人，警示约谈13人次，通报曝光6件，持续形成正风肃纪高压态势。

（虎峰镇　冉久红）

领导班子名录

党委书记　王咏忠
党委副书记　镇长　陈俊洁
党委委员　人大主席　黄开荣
党委副书记　政法书记　吴　科
党委委员　纪委书记　周小锋
党委委员　副镇长　武装部长　刘　龙
副镇长　杨明英
党委委员　副镇长　张建军
党委委员　柏兴霞　骆星宇

各村(社区)基本情况

村(社区)	户数(户)	户籍人口(人)	书记、主任
石岭村	846	2063	刘成刚
久远村	745	2062	许先淑
石柱村	1261	3220	张小丽
石梯村	716	1851	张云闵
庙湾村	542	1338	黄忠梅
东山村	648	1601	扶永海
回龙村	827	2374	冉顺江
轮桥村	663	1665	席章玲
石寨村	936	2543	祝跃伟
双桥村	560	1521	陈德祥
青符村	699	1855	吴　敏
翰林村	902	2375	许弟玲
天锡村	824	2275	刘远禄
滴水村	369	977	李　会
纯古村	754	2082	张　黎
水鸭村	645	1713	陈宗全
太公村	414	1027	张祖玲
西泉村	898	1767	兰代香
进仕村	602	1329	陈　静
群力村	518	1394	夏世模
前进村	590	1550	关海泉
双龙村	498	1451	李长旭
温泉社区	626	906	徐姝梅
华西社区	506	839	宋文彬
新生社区	946	1590	秦伦萍
建新社区	358	588	万安丽

福果镇

【概况】 福果镇位于铜梁区南部，距铜梁城区20千米，辖区面积37平方千米，集镇面积1.2平方千米，有耕地1488.13公顷，林地2130公顷。辖区有1个社区，10个村，124个村（居）民小组，总人口18178人。

镇政府机关实有在编在岗49人。内设党政办、党群办、人大办等8个综合办事机构，下设农业服务中心、文化服务中心等7个事业单位。辖区有小学1所，教师34人，学生396人；幼儿园1所，幼师8名，幼儿66名；卫生院职工18名，设病床20张；农村卫生室（点）17个，乡村医生17人。重庆市农村商业银行（铜梁支行福果分理处）1个，有职工5名；中国邮政储蓄银行重庆铜梁福果营业所1个，有职工4名。

2020年，地区生产总值72092万元；第一产业增加值完成14802万元；第二产业增加值完成32750万元；第三产业增加值完成24540万元，同比增长2.8%。实现财政预算收入538万元，同比增长15%，其中税收收入500万元，同比增长12.6%。社会消费品零售总额完成27497元，同比增长2%。农村居民人均可支配收入20568元，同比增长6.95%。

【经济发展】 **招商引资** 成功引进重庆珑越建设发展有限公司、重庆茂发商业管理有限公司、重庆磐城房地产营销策划有限公司、格局（重庆）营销策划有限公司、中商大成实业有限公司、中商农超实业有限公司和重庆渝茂东贸易有限公司7个企业注册福果。

产业发展 持续深化“六要路径”发展新型农村集体经济，构建“党支部+合作社+贫困户”利益联动机制，因地制宜发展绿色茶、经果林、美人椒、优质稻等产业106.67公顷，特牧农业成功申报市级龙头企业，带动发展大户28户次、散户210户次，实现集体经济收入66.6万元，其中10万元以上的村2个，5万元以上的村7个。

【社会发展】 **基础设施** 同心桥水库，市级重点项目，31个社完成征地补偿。11个坝段基础通过验收，全面进入混凝土施工阶段。市民公园建设，计划三期总投资300万元，规划蓝图已设计完成。定期维护和检修三星、龙岗、联合污水处理站，实施技术改造2次。新增照明设施94盏，拆除福兴社区违法建筑1000平方米。改造农村人饮工程5489米，安装供水管网19公里，解决39户103人贫困人口集中供水问题。建成“四好农村路”12.16千米、“断头路、联网路”6.22千米，硬化泥结石路13千米。

区领导调研市级重点项目同心桥水库建设（福果镇供图）

民生实事 实施CD级危房改造9户，“四类”重点人员旧房整治提升35户。改造“卫生厕所”350户，修建公厕所1座。改建养老服务站2个、养老服务中心1个。开展3期职业技能培训，新增城镇就业157人、公益性岗位18人。发放创业担保贷款14户、275万元。办理城乡居民养老保险11025人、医疗保险15684人。发放196户314人城乡低保金168万元，申办临时救助145件，发放救助金18.54万元。发放退役军人优待金16.98万元、“解三难”资金4.5万元。申请慈善爱心救助金3.7万元，发放稻草基金救助金8千元、残疾人辅具20件。“两癌”免费筛查230名、婚前医学检查30对。送文艺演出进村20场、放映电影120场。调解矛盾纠纷132件，化解信访积案4件。整治山洪自然灾害12起。发放自然灾害救助金9万元。

疫情防控　组建“1+9”工作专班，设置卡点18个，发动党员干部、平安员、院落长、志愿者1833人次，构建“三级齐抓、群防群控”强大合力。送春耕种子入户161千克，开展技术指导13次，协助解决养殖业滞销问题3次，帮助13家企业顺利复工复产。

铜梁区福果镇疫情防控党员突击队（福果镇　供图）

脱贫攻坚　压实“三包干”责任，实行“双保险”机制，做好数据清晰“八比对”、资料到户“八要件”，全面整改巡视、考核、督查问题278条。全覆盖签约家庭医生和购买“精准脱贫保”，发放小额信贷98万元。实施扶贫项目1个，发展糖柑8公顷。政企联合为66户发放鸡苗1650只，帮带增收15万元。“后备箱”代销农副产品1.2万斤，线上消费扶贫18万元。落实稳岗就业126人，发放区外务工交通费补贴72人8326元。疫情期间，协调解决43名学生无流量、网速慢、无手机问题，送去平板电脑2台。

生态保护　小安溪铜梁段系统治理，福果段全长2千米，整治工作有序推进。拦河埝水库生态环保整治，争取上级资金467.63万元，完成二次供水、主体围堰和副坝防滑齿建设。全面铺开“河长制”责任网，常态化清理辖区6条河道漂浮物、倒弯竹木及两岸生活垃圾。召开“三千会”、院坝会281场，发动群众参与9400人次，开展人居环境整治现场拉练活动4次。公路两旁复土63千米，改柴棚禽棚520处，清理垃圾5400处、150吨，淘汰废旧垃圾箱体11个，新增2立方米垃圾箱体20个、120升垃圾桶200个。制作积分制红黑榜及“比一比晒一晒”公开栏10块，评出“清洁文明户”1322户，开展集中兑换90余场、兑换奖品3058份，颁发流动红旗1526面。

【党的建设】　全镇建有15个党支部（机关党支部1个，村社区党支部11个，非公党支部3个），正式党员587个，新发展党员2个，培养入党积极分子9个。

思想政治建设　坚持党委会、中心组第一议题必学习近平新时代中国特色社会主义思想，认真学习贯彻党的十九届五中全会精神和《习近平谈治国理政（第三卷）》，扎实贯彻落实习近平总书记视察重庆重要讲话精神和系列重要指示批示精神，研究党建议题132个，党委会集中学习33次，中心组学习14次，上党课22次。

基层组织建设　改造提质党群服务中心5个，整治不规范问题10个，打造区级示范点1个，镇级示范点2个。11个村（社区）全面完成“一肩挑”，调整党支部书记3名、专职干部7名，回引本土人才6名，挖掘培养后备力量28人，整顿软弱涣散党支部3个，党员“三亮”开展志愿服务95场次。

党风廉政建设 组织镇村干部学习十九届中央纪委五次全会、《中国共产党纪律处分条例》相关重要会议文件精神，严格执行中央八项规定精神，全面干净彻底肃清孙政才恶劣影响和薄熙来、王立军流毒，廉政谈话105人次，办结区纪委交办信访举报3件、处置问题线索5条，开展“以案四说”和“以案促改”14场，党员干部知敬畏、守纪律、转作风的意识明显增强。

（福果镇 徐琴琴）

领导班子名录

党委书记 张朝敏
党委副书记 镇长 张亚东
党委委员 人大主席 李清华
党委副书记 吴小华
党委委员 纪委书记 谢 超
党委委员 武装部长 副镇长 陈小波
党委委员 政法书记 副镇长 龙云兵
党委委员 组织委员 陈 果
党委委员 宣传统战委员 王光辉

各村（社区）基本情况

村（社区）	户数（户）	户籍人口（人）	党支部书记	党支部副书记
福兴社区	783	1021	韩 航	—
林宇村	787	2208	杨光久	高永秀
高山村	587	1698	黄国忠	王 伟
河兴村	602	1603	傅贵芳	—
荷香村	581	1571	胡德申	—
龙岗村	668	1869	范立筠	—
三多村	454	1233	—	亢 勇
三星村	531	1480	杨光玲	—
三元村	701	1976	胡德碧	刘红霞
团实村	773	2024	胡正芳	张明文
西山村	624	1495	时明中	孙瑞友

石鱼镇

【概况】 石鱼镇紧靠铜梁城区,交通便捷,国道319线、省道铜永路、区(县)道庆石路贯通全境。辖区面积32.87平方千米,有8个行政村1个社区,共7517户(其中乡村户数6850户),总人口19667人(其中乡村人口18606人)。场镇建成区面积0.2平方千米,户籍人口1061人,常住人口1952人。石鱼镇机关核定编制数56名(行政编制为21名,事业为35名)。内设党政办、党群办、经发办等16个机构。有自来水站1个;污水处理厂1个;小学2所(石鱼小学、安平小学),有在校学生746人;中心文化站1个;卫生院1个,病床20张,卫生技术员22人;幼儿园2所;敬老院1所。

2020年,地区生产总值125846万元,同比增长11.7%。第一产业增加值16119万元。第二产业增加值72401万元,同比增长19%;第三产业增加值37326万元,同比增长3.8%。固定资产投资73270万元,同比增长25.4%,其中工业投资57062万元,同比增长27.2%。社会消费品零售总额18028万元,同比增长2.1%。农村居民人均可支配收入21198元,同比增长7.7%。2020年,完成财政收入1463万元、税收1267万元,分别同比增长31.33%、17.97%。

【经济发展】 **加强企业扶持力度** 主动协调金融机构放贷,为鑫鑫塑料吸管厂争取贷款80万元,为天亿鑫机械制造有限公司争取贷款50万元,同时为镇燃气用量达到要求的餐饮企业及时申报补助。落实企业安全、环保、劳动保护、工人工资兑付以及矛盾纠纷调处等工作。主动服务辖区页岩气钻探开采工作,协调解决重庆万福来木材加工有限公司与重庆云焱有限公司场地协议纠纷等事宜,确保企业健康发展。

推动产业转型 充分利用"重庆石鱼小企业创业基地"平台和"重庆市铜梁区石鱼镇商会"团体,引进重庆云焱新材料有限公司、重庆兴鑫发再生资源有限公司、重庆森联科技有限公司、重庆市铜梁区森洲港物流有限公司等7家企业。全镇规上企业达到8家,工业用电量增长4%、工业用气量增长3%,规上工业企业利润增长5%,工业税收增长12.6%。

发展现代高效农业 用"互联网+"为农业赋能,建立镇级电商平台1个、村级8个,线上单品达469个,线上销售额达到493.8万元;创建林夏一度电商平台,销售额达520万元,同时帮助销售其他镇街农副产品66万元。推动产业规模化、品牌化、融合化发展,兴发村李子、东店村沃柑获得"绿色食品"认定。

发展新型农村集体经济 积极深化"六要"途径,推进"集体+合作社+农户+电商"经营模式,共培育集体经济项目13个,发展优质稻20.67公顷、李子300公顷、沃柑50公顷、火龙果13.33公顷、特色蔬菜(贝贝南瓜)0.67公顷,全年农村集体经济增收80万元,与112户建卡贫困户签订集体经济分红协议,实现"集体+建卡贫困户"利益联结机制全覆盖,已全部实现分红。三和村利用撂荒地发展集体经济的经验做法被重庆日报宣传报道。

【社会发展】 **全力战疫情** 一是坚决压实工作职责。成立疫情防控工作领导小组,下设一办九专班,建立点长制、院长制等制度,明确职责,压实责任。二是及时调整防控措施。准确把握疫情防控和经济形势的阶段性变化,因时因势调整工作着力点和应对举措,着力建立同疫情防控相适应的经济社会运行秩序。三是持续抓好重点管控。建立18个卡点,落实36人24小时值守,引导16名志愿者积极参与守卡,定期全覆盖滚动式开展排查,严守疫情防控底线。做好信息推送、点对点对接,对发热病人持续进行居家观察,对重点地区来铜返铜人员坚持落地查人、闭环管理、核酸检测,做到"应检尽检、即到即检",对公安交办、系统推送等共计640人全部点对点排查到位,对武汉来人、密切接触者全部落实居家管控措施。发动企业主、群众全民抗疫,镇商会捐款10万元。四是精准稳妥推进复工复产。成立企业复工复产工作组,每天落实2名镇村干部对辖区复工复产企业实地指导,通过商会微信群、实地走访等方式,大力宣传疫情期间的各种优惠政策,全面收集企业在复工复产中的需求,及时帮助企业解决困难。督促指导学校完善防控方案、应急预案,确保复学复课顺利进行。五是持续做好常态化疫情防控工作。坚决做到班子不散、防控措施不松懈,根据实时情况,及时调整疫情防控措施。

基础设施不断完善 不断补齐基础设施短板,提前启动"四好农村路"建设项目的续建、测设、招投标工作,完成在建公路续建5条4.3千米;新建"四好农村路"23条20千米、联网路7条3.7千米;乡村振兴泥结路硬化18.35千米;国道319、铜永路干线公路搭接路硬化27条2.1千米,庆石路改道1.68千米,全年新修公路超50千米。启动团团河整治、庆石路改道工程、垃圾焚烧发电站物流通道等重点项目,完成盐田村、太康村、鱼兴社区党群服务中心规范化建设,实施兴发村党群服务中心。大力推进卫生厕所改造,完成812户,建好公厕1座。

生态保护 一是按照"一化两改三不见"要求,绿化公路32千米,规范鸡鸭圈舍、柴棚2174个。改革垃圾收运机制,添置垃圾箱45个,新建垃圾箱桶位150个,完善收运设施。严格落实河长制,按"五个一律"要求,制定"一河一方案",实行常态化巡河和清漂8吨。全面监测辖区工业污水、畜禽养殖企业污水以及场镇生活污水排放,全面禁止肥水养鱼,加大垃圾收运,清理废弃秸秆、农膜及露天堆放农业废弃物16.9吨。实施矿山恢复治理,完成奇硕建材复垦复绿。二是对辖区内自然保护地和风景名胜区建房、采矿、企业排污、畜禽养殖以及农业面源污染等进行全面排查,完成奇硕建材矿山环境恢复治理和复垦工作。完善场镇管理及农村垃圾收运管理制度。建立场镇管理、场镇园林绿化管护、场镇污水管网巡查、农村保洁及农村垃圾收运体系,新增垃圾箱体45个。定期对水库及河流进行清漂及白色垃圾清除,同时加大巡河管理及巡河力度,建立动态清零排查制度,发现问题13个,整改完成率100%。完成全镇531处鱼塘鱼池、32家养殖场、64家工业企业大排查,清理垃圾44.4吨,沟渠30.5千米,清理塘库堰45处,清理废弃秸秆、农膜及露天堆放农业废弃物16.9吨。回收地膜、棚膜4.5吨。化肥农药使用量同比减少3.1%。在8个村建立再生资源回收点,回收各类再生资源1646.7千克。常态化开展禁止秸秆露天焚烧宣传教育及巡查工作,总共巡查862次,共发现43处违规焚烧情况并及时处置。

文体卫生事业发展 优化提质石鱼公园,新安装一套健身设施,对公园进行常态化保洁和养护。深化"五风"浸润工程,开展"做有梦想有追求的铜梁人"活动1次,"家风润万家"活动2次,以及"点赞公民"等系列活动。组织开展文化服务进村活动、演出等16场次,免费开放镇村文化读书场所,电子阅览、图书阅览室培训室等接待群众3000余人次,完成送图书阅览进村2场,送展览讲座2场,送辅导培训2场,送法规政策科技宣传进村10场。完成8个村、1个社区、1个敬老院共120场次的农村公益性电影放映和爱国主义教育影片放映工作。推荐辖区20名优秀代表参加区百名孝善典型评选活动,熊达友、刘九玲等5人评为区级“好乡亲”称号。建成敬老院健身中心,配齐文体设施。举办健康服务养生讲座86场次,养生活动32场次,4000余人次参与学习。积极协调,完成镇中心卫生院整体搬迁,已投入正常使用。对全镇小学、幼儿园、卫生室等30个单位进行卫生健康督促检查,收集问题进行限期整改,完成计生奖扶年审1016人。做好精神障碍患者随访、监管和关爱康复工作。

决战决胜脱贫攻坚 一是压紧压实工作责任。严格落实党委书记、镇长双组长制,主要领导坚决扛起脱贫攻坚第一责任人政治责任,落实“四必见”日常走访制度;制定“两不愁三保障”和饮水安全保障等工作方案,对照目标任务落实行业属事责任;与8个村签订脱贫攻坚成果巩固责任书和精准识别承诺书,制定脱贫攻坚重点任务清单,实行动态销号管理,压实村级属地责任。健全联系领导包村、驻村干部包社的工作机制,成立脱贫攻坚帮扶工作队。通过健全层层责任机制,确保帮扶责任落实横向到边、纵向到底。二是落地落细“两不愁三保障”。按照应保尽保救助原则,开展社会救助兜底脱贫清零行动,全覆盖走访排查。全年新增低保36户70人(其中建卡贫困户7户15人),实现建卡贫困人口应保尽保,辖区所有建卡贫困人口生活得到基本保障。全镇现有建卡贫困学生64人(学前教育学生11人、义务教育学生38人、中职以上15人)均享受教育扶贫资助政策,正常入学。对所有建卡贫困人口按照标准资助6.2万元参加城乡居民基本医疗保险,实行“先诊疗后付费”“一站式”结算,自付比例均不超过10%。按照“危房不住人、住人无危房”原则,全面排查辖区一般农户农房6858户,已鉴定农村危房1415户,已完成危房拆除308户、封堵378户、宅基地复垦50户;C级修缮加固200户;D级拆除重建68户,辖区所有农户全部落实安全住房。对25户建卡贫困户实施集中供水改造,对58户分散供水建卡贫困户饮用水进行检测,水质合格率100%。三是多举措助力增收。建立扶贫车间、开发公益性岗位,解决19名贫困人口就业。开展“把老乡留在老家”行动,推送贫困户4人到高新区成功就业,并解决已在外务工贫困户64人交通补贴7964元。通过“亲帮亲、邻帮邻”、电商平台帮助贫困户销售农副产品50万元,在扶贫网注册扶贫产品2个。争取区级产业扶贫资金补助19户,补助金额7.12万元,镇级产业扶贫补助7户1万元。为75户贫困户贷款175.5万元。四是动态清零问题整改。照单全收各级各类检查巡察中指出的问题,承接中央脱贫攻坚专项巡视“回头看”、2019年国家脱贫攻坚成效考核等上级巡视巡察督查反馈问题合计119项,已全部整改到位。对419户“四类对象”、6576户一般农户全覆盖走访,逐户排查住房、饮水等方面的问题315个,已全部整改到位。

社会保障不断加强 开通城区至石鱼公交,在石鱼境内规划公交车站点11个。实施城乡供水一体化工程,“一户一表”改造900户。持续开展“把老乡留在老家”活动,完成市级重点电子企业送工163人,向区高新区重点企业送工116人。组织开展厨师、母婴护理专业技能培训5场,受益人群达180人。落实创业贷款扶持,创业担保贷款上报审批12户,审批通过9人,发放贷款资金131.6万元。完成高校就业任务13人,就业率100%,完成返乡人员就业创业回引任务1006人。按时足额发放特困人员、低保人员、困境儿童、残疾人等补助金和临时物价补贴;对困难群众和低收入家庭,落实分类救助政策,保障基本生活,救助在册低保、特困、孤儿等664人,发放救助金334.73万元。全面宣传城乡居民医疗保险和居民养老保险政策,完成辖区城乡居民养老保险参保人数1138人,征收基金160.22万元。慰问民政对象82户,慰问金额6万元,动员社会各级捐赠13万元用于慈善事业。对全镇166名“三留守”开展关心关爱服务。

【党的建设】 **强化理论武装** 坚持党委会第一议题必学习近平新时代中国特色社会主义思想，组织学习贯彻《习近平谈治国理政（第三卷）》、习近平视察重庆重要讲话精神等38次，研究党建议题22个。牢牢把握党在意识形态领域的领导权，制定《石鱼镇意识形态工作责任制实施方案》，召开意识形态专题研究会。对“天南地北石鱼人”微信群以及微博、网页等加强监督监管，落实专人负责，完成网络舆情处置2条。积极开展“新乡贤好乡亲”“铜梁好人”微访谈，弘扬新风尚、传播正能量。

基层组织建设 完成盐田村、太康村、鱼兴社区党群服务中心规范化建设，兴发村党群服务中心正在建设中。完成9个党群服务中心标语标识更换。开展2020年软弱涣散基层党组织整顿，并对2019年整顿情况开展“回头看”。完成9个村（社区）书记、主任“一肩挑”工作。完成9个村（社区）的村级班子运行情况分析研判及换届人事安排预案，为换届工作做好准备。从退役军人中回引1名优秀本土人才，3名本土人才转任专职干部，优化调整本土人才跨村交流9人次。镇村两级书记上党课20场。全年新发展党员3名。开展本土人才轮训6人次。

党风廉政建设 镇党委与一级班子成员、各村（社区）、各办、所、中心签订党风廉政建设目标责任书，将党风廉政建设工作纳入年终考核。以开展“干部大遍访、责任大落实、工作大起底、事业大作为、干群关系大融洽”专项行动为抓手，不断提升干部执行能力。开展脱贫攻坚、干部作风、人居环境整治等日常专项督查，发现35个问题，整改35个，下发督查通报12期。核查党员干部及亲属涉权事项35人。立案审查违纪案件3件。完善制度机制正风肃纪。完善《石鱼镇机关管理制度》等有关干部管理和考核的制度5个，定期排查权力运行、项目建设、人事变动、物资采购等方面存在的风险或苗头性问题，推动各单位、部门、村（社区）廉政风险的防范落实。

（石鱼镇 刘娟）

领导班子名录

党委书记 龙海波
党委副书记 镇长 王远平
党委委员 人大主席 蒋永余
党委副书记 陈 伟
副镇长 郭 琴
党委委员 副镇长 政法书记 何银强
党委委员 副镇长 武装部长 胡功友
宣传统战委员 张元华
纪委书记 吴远礼
组织委员 王守金

各村（社区）基本情况

村（社区）	户数（户）	户籍人口（人）	村（社区）书记、主任
兴红村	1266	2900	敖天福
联丰村	780	2219	邹兴伦
长乐村	1231	3159	熊达友
太康村	494	1452	赵孝良
东店村	551	1658	李光忠
盐田村	710	2055	李 鹤
三和村	974	2921	姚永国
兴发村	844	2242	张兴洪
鱼兴社区	667	1061	敖 爽

少云镇

【概况】 少云镇位于铜梁西北部，距铜梁城区20千米，辖区面积66.85平方千米，场镇建成区面积1平方千米。辖12个村、2个社区，191个村民小组（居委会）。总户数11507户，户籍人口29749人。

镇政府机关实有在编在岗人员63人，其中行政编制26人，参公3人，机关工勤人员1人，事业编制33人。设综合办事机构10个，镇属事业单位7个。辖区有中学1所，在校学生1073人，教职员工81人；小学4所，教职员工96人，在校学生956人；卫生院1个，卫生技术员38人，开放床位30张。铜梁区农村商业银行少云分理处1个，有职工6名；铜梁区邮政银行少云分行1个，有职工8名；铜梁区规划和自然资源局少云规划和自然资源所1个，职工4名；铜梁区工商局少云分所1个，职工6名；铜梁区司法局少云司法所1个，职工1人。少云敬老院1个，床位100张，工作人员6名。

全年地区生产总值完成112493万元，同比增长1.4%；第一产业增加值31875万元，同比增长3.4%；第二产业增加值完成42456万元；第三产业增加值38163万元，同比增长2.8%；固定资产投资完成50046万元；工业投资完成16001万元，同比增长41.2%；社会消费品零售总额完成33455万元，同比增长2.3%；农村居民人均可支配收入20762元，同比增长6.79%。财政收入完成257.84万元，其中税收收入完成251.44万元。

【经济发展】 **工业企业** 规上规模企业4个，分别为重庆顺庆织造有限公司、重庆市琼江机械厂、重庆市铜梁区伦达机械制造有限公司、重庆伦源机械制造有限公司；其他各类企业25家。

农业产业 海棠、转龙、向阳等11个村规模化种植艾草200公顷，双堰村发展精品水果26.67公顷，依靠100公顷花椒、93.33公顷柠檬、120公顷乌鱼、133.33公顷小杂水果等传统优势产业及钦鼎中央厨房、铜梁龙景区等一二三产业融合发展企业，逐步形成“一核多产”产业格局。新发展向阳桑园基地40公顷，逐步形成“一核多产”产业格局。整治撂荒地26.27公顷，累计100公顷。发展新型农村集体经济项目16个，12个村年集体经济收入97万余元。累计发展农业合作社15个、家庭农场和专业大户36家，艾草加工厂2个和小型榨油厂1个。七宝村扶持壮大集体经济项目入选全市2020年发展新型农村集体经济典型案例。

旅游发展 全力恢复重建邱少云故居，精心打造内部展陈和周边环境，同时实施配套产业33.33公顷，自7月1日向社会免费开放以来，累计接待各地游客2万余人次。

【社会发展】 **基础设施建设** 2020年建设四好农村路38条、40.38千米。大力实施农村危旧房处置工作，累计拆除188户、封堵195户、复垦290户、C、D级危房改造182户。完成2020年CD级危房改造任务35户，旧房整治提升22户；实施农村饮水工程，延伸人饮管网80余千米，建卡贫困户集中供水率达到100%，一般农户集中供水率由55%提升到76%；协助推进S107省道改造工程，完成土地协调约8.27公顷，完成朱家桥及东市街水毁路面改造工程规划设计。完成关溅小学搬迁征地拆迁任务，拆除房屋13户，完成征收土地2.92公顷。完成2020年高碑村特色经果基地建设，带动村集体、建卡贫困户增收15万元；完成海棠村2020年花椒基地喷灌建设项目。

民生实事 全年发放城乡低保、农村特困人员供养、临时救助等社会救助资金691万余元。为8名抗美援朝战士送去“抗美援朝70周年”纪念章，为8名“三等功”“优秀士兵”称号获得者上门送喜报，累计为复员、参战、带病等优抚军人发放补助300余万元。新建并运行2个市级社区养老服务站、2个区级社区养老服务站，全镇累计投入使用社区养老服务站14个。完成906人次两癌筛查工作，完成881户改厕工作，其中建卡贫困户11户；就业培训(美妆培训、母婴培训)210人；开展“把老乡留在老家”活动，回引880名外出务工人员返乡就业创业。

平安乡村建设 推进农村社会治安防控体系和“雪亮工程”建设，安装120个监控摄像头，组建14支村级综治巡逻队和1支镇级综治专职巡逻队，明确131名平安员，形成空中有监控、地面有巡逻、重点部位有防控网络。深入开展扫黑除恶专项斗争，组织扫黑除恶街头宣传4次，核处区信访办转交的黑恶势力线索1条。常态化开展反邪教、防电信诈骗、禁毒、道路交通安全等平安建设宣传教育，教育转化邪教重点人员4人；群工系统受理办结事项704件，办结率100%；排查并整改化解各类矛盾纠纷问题395个，全镇社会大局稳定可控。

【党的建设】 少云镇党委辖21个党支部，其中机关支部1个、村(社区)党支部14个、非公企业党支部6个，年末共有党员972名。

围绕市委巡视反馈意见、区委第三巡察组对镇党委的政治巡察、对各村(社区)的延伸巡察和生态环保专项巡察反馈意见，以及区纪委纪律检查建议，深入开展巡察反馈问题集中整改，先后整改反馈问题18个，提醒谈话76人次，及时处置违规违纪案件5件、6人，组织开展党员干部廉政教育、财务管理和扶贫领域“以案四说”警示教育等6次，建立健全问题交办、重点督办制度，全面审查、评估、清理和规范农村财务资金管理制度，完善政府内控、镇级公共财政资金管理、村(居)组集体经济组织财务管理等制度。调整7名专职干部，14个村(社区)全部实现书记主任“一肩挑”；选拔优秀“年轻人”到村任职，充实本土人才3名。发展优秀年轻党员9名，培养积极分子25人；关心关爱老党员的生产生活，发放老党员补贴301人、39.7万元。扎实推进少云村、海棠村等4个示范村建设；完成转龙村、海棠村2个村党群服务中心扩建工程，深入推进向阳村党群服务中心新建；完成2个软弱涣散党组织整顿。乡村振兴讲习所和社区党校，开展各类学习和培训48次、覆盖党员群众1583余人。

(少云镇　任静)

领导班子名录

书记　陈文汉
镇长　刘有春
人大主席　刘　翔
党委副书记　龙　敏
纪委书记　刘安全
政法书记　副镇长　夏光劲
武装部长　副镇长　苏生泉
党委委员　副镇长　陈　静
党委委员　杨　静
党委委员　徐　伟

各村(社区)基本情况

村(社区)	户数(户)	户籍人口(人)	中共支部(总支、党委)书记	村委(社区)主任
少云村	962	2492	张文俊	周登礼
大佛村	973	2662	王世毅	邓金华

续表

村(社区)	户数(户)	户籍人口(人)	中共支部(总支、党委)书记	村委(社区)主任
七宝村	828	2499	练　旭	王开明
老君村	829	2415	陈金华	龚绍仁
海棠村	703	1852	彭　忠	张昌兰
转龙村	942	2292	蒲建忠	蒲建忠
向阳村	1333	3136	周良洪	柏世述
石庙村	803	2157	柏　强	邓学东
塔坡村	877	2196	江　中	江　中
高碑村	831	2412	唐中富	张　泽
双堰村	559	1594	欧祖荣	欧祖荣
砚池村	759	2054	陈西德	陈洪军
琼江社区	960	1736	彭　杰	刘正平
长滩社区	148	252	陈代华	高　媛

高楼镇

【概况】 高楼镇距铜梁城区33千米，距渝遂高速少云互通11千米，辖区面积26.47平方千米，耕地面积1510.5公顷。辖4个村、1个社区，86个社、3个居民小组，户籍人口11899人。镇机关有在编干部44人，其中行政及参公编制17人，事业人员编制27人。内设机构8个。2020年成功举办首届“高楼火龙文化研讨会”，成立首支女子火龙表演队，新建“高楼火龙博物馆”1个。

辖区有小学1所，教职员工42人，在校学生271人，幼儿园学生72人；卫生院1所，卫生计生人员13人，开放病床10张。

2020年，全镇完成地区内生产总值49669万元，同比增长8.8%.第一产业增加值15388万元，同比增长7.9%；第二产业增加值12194万元，同比增长21.5%；第三产业增加值22087万元，同比增长3.7%。工商税收实现329万元，同比增长0.6%。完成固定资产投资44771万元，其中工业固投6868万元。农村居民人均可支配收入预计达到20119元，同比增长7.29%。

【经济发展】 **特色产业** 高楼中坝沙地萝卜，自古以来就是高楼镇的特色产业，已有数百年历史，生长在高楼镇的高楼村中坝。涪江水沿镇东高坝而过，且土壤肥沃，土质疏松，特别适合种植蔬菜，其中出产的萝卜品质高，卖相好，长度25～40厘米，直径5～8厘米，重量0.6～1.5千克，通透雪白，爽口化渣，又带甜味，可直接生食，回味无穷，远销到北京、黑龙江、哈尔滨、吉林等地，深受消费者欢迎，是远近闻名的绿色无公害蔬菜。2020年，因“8·17”洪灾，仅种植萝卜66.67公顷。12月底，灾后第一季萝卜实现亩产约6吨，单价最高达到1.2元，亩纯收入上万元。

高楼中坝沙地萝卜(高楼镇　供图)

蜜甜李，是目前国内优质的李子品种。高楼镇因独特的自然条件适合蜜甜李种植，其基地分别位于高楼镇涪江村和盘石村，有面积近53.33公顷，于2018年通过政府引进业主租用集体荒山荒坡建成。蜜甜李颜色金黄，果型美观、果核特小，可食率达98%，味甘甜如蜜，可溶性含糖量达21%，果肉致密酥脆，香味浓郁。在整个生育期采取无公害栽培，取得国家绿色食品认证。2020年试挂果，产量达20吨，深受消费者喜欢，供不应求，远销全国各大城市。

农业发展 农业产业稳步发展，全镇消除撂荒地26.67公顷，已形成133.33公顷柠檬，333.33公顷花椒，133.33公顷蔬菜，133.33公顷四季水果。花椒、柠檬、美国糖柑、沙地萝卜等特色农产品享誉市内外。新增绿色食品认证15个，累计有农业公司及专业合作社62个，高楼蔬菜专业合作社被评为区级农业龙头企业。

新型农村集体经济 新引进经营主体3家。全年举办农产品产销对接会3次，打造涪江牌青花椒品牌1个。新引进年出栏5000头生猪的养殖场2个，累计出栏生猪11528头。引导农户以土地、资金等入股经营、分红，建实利益联结机制，全年实现集体经济收入82.205万元，建卡贫困户户均分红209元。

【社会发展】 **基础设施建设** 建设产业路3.3千米，“四好农村路”7.86千米，村民小组通畅率达到100%。扎实开展危旧房整治，完成一般户危房拆除155户，封堵275户，宅基地复垦154户，C级修缮加固54户，D级拆除重建82户，旧房整治82户。建设完成市级社区健身点1个。投资1300余万元的铜梁区第十五特困供养设施（高楼敬老院）完成主体工程建设。完成223处老街房屋排危工作，其中拆除75处，重建53处，修缮加固95处；完成106户临街雨棚改造项目；完成2088米场镇雨污分流管网改造项目；全面改造老街电网；完成弱电下地；建设老街庙坝子文化健身广场；新建庙坝子公厕和洗衣台；新安装171盏路灯；接通98户居民二三级污水管网5.6千米；实施老街沥青砼路面改造460米，接通老街尾至高别路断头路200米；新安装天然气100户。

老街庙坝子文化健身广场（高楼镇 供图）

生态保护 新添置垃圾箱（桶）325个，农村垃圾收运覆盖率达100%。打造人居环境示范点2个，累计完成路旁培土、美化52.5千米，栽植“三花一树”61.5万株，清理各类垃圾700余吨，新建农村卫生厕所426户。投资23万元，完成场镇临坡98户二三级雨污分流管网建设。协助环投公司完成污水处理厂迁建工作，已正式投入使用。新建农膜回收点1个、再生资源回收站4个，回收农膜6.6吨。认真落实市河长制1号、2号令，深入推进河长制工作，镇村河长累计巡河281次，发现并处置巡河中的问题17个。

社会保障 一是脱贫攻坚。完成261户“四类对象”房屋安全鉴定，实施13户“四类对象”和136户一般户危旧房改造，存量危房实现“清零”。全面落实先诊疗后付费、一站式结算、家庭医生签约服务等健康扶贫政策，办理住院医疗救助59人次，报销4.8万元。落实70名贫困学生教育资助，教育扶贫资助率实现100%。新建供水管网11.8千米，贫困户饮水安全率达100%。扎实推动脱贫攻坚与乡村振兴有机衔接，实现建卡贫困户户均分红209元。争取产业扶贫资金16.69万元用于55户建档立卡贫困户发展花椒、鸡鸭等种养殖业，实现增收17万元。年均培训建卡贫困人员30人次以上，累计提供公益性岗位20个，累计解决35名建卡贫困户人员就近就业。34户贫困户落实低保兜底。全镇建卡贫困户110户345人全部实现脱贫。二是优抚和就业安置。发放优抚金106.29万元，节假日慰问金4.84万元，现役军人优待金5.69万元。强化创业就业，完成职业技能培训84人次，申请并发放创业担保贷款80万元。实现城乡居民养老保险基金征收9431人258.6万元。落实为民解困措施，全年新增低保24户46人，发放城乡低保金147.36万元。关心关爱残疾人生活，发放轮椅18个、手杖凳8个，完成72户残疾人无障碍改造。开发公益性岗位20个。完成“两癌筛查”128人。三是疫情防控。累计开展排查15.1万人次，建立稳控专班1076个，送检核酸检测89人，全镇未发生1例确诊病例。开展“把老乡留在老家”行动，让辖区内334名群众在家门口就业。积极应对市场变化，做好农产品稳产保供工作，全镇疫情防控期间累计出栏肉禽15万只、鸭苗17.7万只，产出萝卜3000余吨、青菜2000余吨，确保“菜篮子”产品市场供应。同时强化农资销售点管理，引导群众通过微信和电话等方式下单，实现无接触农资购买。

平安乡村建设 领导干部开门接访168次，办结上级交办信访积件5件，办理区长公开接访件3件，调解各类矛盾纠纷143件次，化解成功率97%。开展安全检查369家（船）次，发现并整改隐患17条，整改率100%，查处道路交通违章511起。强化应急保障能力，开展消防培训2次，防汛应急演练1次。创新社会治理方式，设置镇村社会治理指挥中心6个，全覆盖建立“开英工作室”“乡村振兴理事会”，与电信公司签署平安乡村建设战略合作协议，安装视频监控352个，实现重要路段、重要节点视频监控全覆盖。

【党的建设】 高楼镇辖7个党支部，正式党员391名。坚持党委会、中心组学习会、主题党日第一议题必学习近平新时代中国特色社会主义思想，全力推动总书记殷殷嘱托在高楼落地生根。全年组织中心组学习12次，开展学习培训30场次，各类宣讲会10场次，领导班子成员上党课16场次。认真落实“三会一课”，各党支部累计开展主题党日活动72次，乡村讲习70场。解决软弱涣散党组织整顿问题2个，开展基层党组织班子研判2次，全面落实5个村（社区）党组织书记“一肩挑”工作。整合资金150余万元，完成莲花、涪江2个党群服务中心扩建，全年共受理解决群工系统反馈问题314条，满意率100%。加强党内关怀帮扶，走访慰问老干部老党员228人次，发放慰问金15.58万元。

排查重点岗位和关键环节廉政风险点30个，落实防控措施32条。开展扶贫领域“以案四说”警示教育1场，推动警示教育向“以案四改”深化，开展廉政警示教育3次，进行诫勉谈话4人，提醒谈话16人次，形成正风肃纪高压态势。坚持问题导向，针对区委巡察反馈的5个方面16个具体问题，研究制定整改措施44条，开展提醒谈话14人次，约谈4次，16个问题全面完成整改。

（高楼镇　马海霞）

领导班子名录

党委书记　贺　鑫

党委副书记　镇长　周　瑜

党委委员　人大主席　苏元兵

党委副书记　赵东升

纪委书记　龙运来

党委委员　政法书记　武装部长　副镇长　丁其勇

党委委员　罗晓威

党委委员　汪书红

各村（社区）基本情况

村（社区）	户数（户）	户籍人口（人）	中共支部（总支、党委）书记	村委（社区）副书记
龙源社区	406	665	陈冬梅	欧　强
涪江村	1090	2832	欧　建	周光林
高楼村	1512	3401	陈良勇	陈有贵
莲花村	1083	2599	周秀立	欧　红
盘石村	932	2402	潘延华	张开华

维新镇

【概况】 维新镇位于城区的西北部，距城区43千米，辖区面积50.56平方千米，耕地面积2453.8公顷。辖7个村，1个社区，107个合作社，总户数6974户18452人。

维新镇机关内设党政办、民政和社会事务办等10个机构，有农业服务中心等7个事业单位。年末在编在岗干部职工47人（其中行政编制19人，事业编制28人）。

2020年，全镇实现地方财政预算收入427.5万元，其中税收收入完成426.44万元。地区生产总值58675万元，同比降低0.7%；第一产业增加值18323万元，同比增长5.1%；第二产业增加值16010万元，同比降低9.9%；第三产业增加值24342万元，同比增长2.5%；社会消费品零售额16847万元，同比增长2.8%；固定投资完成44450万元，同比增长24.5%。农村人均可支配收入20268元，同比增长6.9%。

【经济建设】 **特色农业产业** 引进正邦生猪养殖龙头企业1家，培育新型农业经营主体77个。建成龙柑、脆李、花椒、生猪和麻羊五大特色农产品供给地，发展“三品一标”农产品，成功注册“铜梁麻羊”地理标志证明商标。全镇特色农产品品牌达4个。促进农业“接二连三”，全年新建成花椒烘房3处，累计建有烘房7处、冷冻保鲜库1个，完善农村流通体系和农业社会化服务体系，农村电商助销特色农产品69.5万元。

新型农村集体经济 全面推进“三社”融合发展，围绕“六要路径”发展新型农村集体经济。通过“公司+集体+农户”“合作社+集体+散户”和“大户+散户”等方式盘活闲置土地实现农户保底分红；通过股权化改革向流转土地要效益，实现集体与农户固定分红。2020年全镇累计流转土地面积达463.47公顷，租金收入151万元，增加农民务工收入278万元。村集体实现收入75.4万元，其中市级脱贫村（沿河村）收入达53万元，收入在5万元以上的村达到5个。

扶贫产业生态辣椒“喜丰收、选椒忙”（维新镇 供图）

【社会发展】 **基础设施建设** 新建“四好农村路”11.1千米，完成泥结石路硬化改造30千米，建设错车道11处，实施跨年度产业公路和联网公路建设9.3千米。开展农村危房分类处置，普查农村房屋4909户，实施“拆封复堵”941户，其中C、D级危房改造282户。新建农村饮水管网185.2千米。完成河坝水库中型灌区节水配套改造，解决200公顷农田灌溉用水。完善场镇功能，提升场镇颜值，改造场镇自来水供水管网3.2千米；完成雨污管网分流工程建设前期地勘设计。

美丽乡村建设 深化“五个一律”纵深推进河长制，三级河长全年巡河504人次发现并整改问题18个，组织清漂120余吨；开展治“三乱”“三排”专项行动销号问题1个，落实琼江跨区合作联动机制，镇污水处理厂完成技改投入运行，实现场镇生活污水达标排放，全年琼江流域维新段水质稳定达Ⅲ类。全面开展农村人居环境整治专项行动，引导广大群众栽植“三花一树”24万株，改柴棚、改圈舍1335处；开展农村人居环境整治拉练300余人次，积分评比兑换22次，发放奖品价值9.5万余元，评选“清洁文明户”543户；落实农村垃圾“户集、村收、镇转运”职能职责，聘请专职保洁员26名，全年转运垃圾500余吨。新建公共厕所1座，改造建设卫生厕所689户。开展国土绿化提升行动，森林抚育33.33公顷，改造特色林466.67公顷，完成四旁植树33公顷、退耕还林280公顷。深入实施“五风浸润”工程，评比表彰新乡贤、好乡亲、好婆婆、好媳妇、最美少年共40名。

扶贫产业铜梁龙柑“线上直播”销售(维新镇 供图)

社会保障 坚决打赢脱贫攻坚战，建成扶贫车间1个，开发扶贫公益性岗位32个，新增发放小额信贷126.6万元，新增低保兜底26户48人，以农村电商、直播带货、消费扶贫等方式销售扶贫糖柑15万斤增收33.3万元、鸡鸭鹅羊等土特产10万余元。全镇295户822名建卡贫困人口全部脱贫。对1336名民政优抚对象发放资金509万元；临时救助困难群众427户，发放救助资金57.64万元；建成3个社区养老服务站和3个养老互助点；为49名困难军人解决三难资金3.4万元。深化“把老乡留在老家”专项行动，回引357名农民工返乡就业创业，申请创业担保贷款115万元。开展职业就业技能培训142人次，完成市重点电子智能企业招工143人。完成城乡居民养老保险参保缴费4305人；征收城乡居民医保14838人，参保率达97.6%。为589人次贫困学生发放补助33.5万元。完成368名农村妇女参与“两癌”免费筛查，对2410名65岁以上老年人进行免费健康体检，纳入慢病管理395人，对61名严重精神障碍患者进行了规范管理。

【党的建设】 维新镇党委下属12个党支部，其中机关党支部1个，村(社区)党支部8个，非公党支部1个，社会党组织2个，全镇共有党员532人。2020年新发展党员7名，培养入党积极分子2名。

思想政治建设 持续巩固深化“不忘初心、牢记使命”主题教育成果。通过开展2019年主题教育工作评估、“传红色基因补精神之钙”系列活动，在真学真信真用上下功夫，以理论滋养初心，以实践引领使命。全年党委会学习26次，理论学习中心组学习12次，党委书记带头上党课2次，领导班子成员讲党课7次，邀请区委宣讲团成员宣讲3次，宣讲小分队进村宣讲16次，教育引导党员干部坚决做到“两个维护”，树牢“四个意识”，坚定“四个自信”，实现“三个确保”。抓实“学习强国”学习平台使用，完成党员注册覆盖率达100%，实现学员活跃度排名长期稳定在区镇街组前5名。

组织建设 制定《维新镇2020年党建重点任务清单》，指导村社区制定支部书记工作清单。完成沿河村、新堰村、槐树村党群服务中心优化提升，完成8个村(社区)党委书记“一肩挑”工作，落实3名本土人才转岗、交流；召开党建工作推进会2次、督促指导村社区党建工作32次，完成槐树村、新堰村2个软弱涣散党组织整顿工作。

党风廉政建设 全年先后2次组织全镇党员干部85人次到区廉政教育基地接受警示教育，开展“以案四说”警示教育大会3次，受教育党员干部225人次。办理信访举报件3件，协助区纪委监委办案1件，开展党风廉政警示教育25次，约谈党员干部45人次，让红脸出汗成为常态。

（维新镇 周龙）

领导班子名录

书记 代永飞
镇长 谭正举
人大主席 周良琼
党委副书记 邹宽彬
纪委书记 张晓勇
党委委员 副镇长 武装部长 陈 勇
副镇长 陈明鑫
组织委员 刘小玲
党委委员 副镇长 王建华
宣传 统战委员 彭美玲

各村(社区)基本情况

村(社区)	户数(户)	户籍人口(人)	党支部书记	村委(社区)主任
槐树村	1287	3662	蒋木江	蒋木江
新滩村	431	1234	张邦能	张邦能
营基村	1039	2936	张书礼	张书礼
沿河村	1104	2811	黄吉良	黄吉良
新堰村	861	2343	周帮兵	周帮兵
双石村	844	2327	唐洪兴	唐洪兴
杨柳村	988	2536	喻学伦	喻学伦
龙翔社区	420	603	颜洪江	颜洪江

大庙镇

【概况】 大庙镇辖区面积为41.47平方千米，耕地面积有1535.8公顷。集镇面积为0.5平方千米，全镇辖11个村和1个社区，182个村（居）民小组。2019年末，人口总户数10601户，户籍人口26831人。

镇政府机关有行政人员30人（行政26人，参公4人），事业编人员34人。辖区有中学1所，班级21个，教师88名，学生1156人；小学2所，学生908名，教师81人；幼儿园4所（公立2所，私立2所），学生485名，教师20名。有卫生院1所，病床50张，在编在岗职工41人。

2020年，大庙镇地区生产总值129891万元，同比增长5%。一般预算内财政收入完成548万元，其中税收472万元。第一产业增加值22569万元，同比增长12.1%；第二产业增加值64302万元，同比增长5%；第三产业增加值43020万元，同比增长2.3%。固定资产投资完成259346万元，其中工业固投216709万元。社会消费品零售总额52230万元，同比增长6.7%。农村居民人均可支配收入21469元，同比增长7.8%。

【经济发展】 **园区建设与发展** 注重镇园融合发展，完成大兴路扩建、A6片块平场等建设租地1.57公顷。完成征地拆迁19户。协助园区解决排污管道安装占地、人员安置等各类问题37件次。同时，积极配合区专业招商小组做好大庙园区招商引资工作。协调永阳铁塑、锐霸科技等13家企业动工建设，营造良好营商环境。

大庙镇茁源桑园（大庙镇　供图）

产业发展 坚持园区化、智能化、电商化推动蚕桑产业发展。投资50.42万元建设莲胜村机械化采收桑园3.33公顷，投资102.42万元建成桑芽菜、桑叶粉、桑果酒生产车间，工厂化全龄饲料试验示范基地成功投用，成功试验示范养殖3批次，共计38张蚕种；建成“沧海桑田·质朴大庙”蚕桑特色产品电商体验中心，开发桑椹醋、桑椹酒等12种蚕桑系列产品，全年销售额达9.48万元。11个村在爱在龙乡等电商平台上线当地土货，帮助群众及贫困户销售土鸡蛋、红苕粉、蜂蜜等12.58万元。全年生猪累计出栏22000余头，存栏8800余头，家禽出栏42000余羽，存栏82000余羽；肉兔出栏28000余只，存栏11000余只。建立重庆茁源农业开发有限公司等种养殖基地、农产品加工基地、休闲农业与乡村旅游扶贫基地21个，其中双马养殖场生猪出栏10000头，产值5000万元；双马生物质废弃物利用基地生产有机化肥7000吨，产值980万元；莲胜蔬菜基地扩建至12公顷，产值90万元。2020年末，11个村发展新型农村集体经济项目共39个，全年实现经营总收入77.57万元，其中纯收入37.92万元，经营收入在5万元以上的村9个，实现10万元以上的村2个。

【社会发展】 **基础设施建设** 投入1135万元完成城镇三四级管网改造、北门广场及停车场等片块裸露地面整治、红绿灯设置项目、镇级政务服务中心装修。实施大兴路改扩建工程,现已建成投用。投入160余万元改造压缩中转站,添置环卫车3辆。完成21.2千米"四好农村路"、10千米乡村振兴补短板泥结石路、5.2千米断头路、联网路建设。完成3个村集中供水管网改造工程。积极推进"厕所革命",完成636个农村卫生厕所。完成5442户漏电保护器安装。改建新建14.85千米机耕道、便道及排洪沟,完成龙双路箱涵、跳蹬桥、谢家堰小桥和彭家小桥水毁修复工程,完成足207、启动203h3钻井平台页岩气开采工程。启动重庆市铜梁区第十四特困供养设施(敬老院)和镇级养老服务中心建设项目。

美丽乡村建设 落实河长制"五个一律",镇村21名河长巡河740次,河流水库环境干净整洁。积极开展农村人居环境专项整治,绿化美化房前屋后、公路两旁环境,栽植果树10436株、木春菊和五色梅44万株,新建、改建柴棚165个、畜禽圈舍88个,乡村面貌焕然一新。丰富文化生活,积极开展文化活动,选送的创新龙舞《奇彩蚕宝龙》和民歌《豌豆颠吊下岩》在全区欢庆2020年中国农民丰收节系列活动汇演中分别荣获一等奖。

民生保障 一是疫情防控。专题研判疫情发展趋势,召开党委会、调度会、工作推进会共计46次。全镇落实187个网格长,压实工作责任;自购口罩36300个,消毒药水1100斤、消毒泡腾片260袋,酒精650斤,组织一线防疫工作人员841人,并实行24小时在岗在位制度。全镇先后设卡点13个,排查走访60906人,排查湖北返铜累计168人。全面关停所有餐馆、旅店,取消场镇赶集,取缔农贸市场活禽宰杀,做到全镇垃圾日产日清。组建防疫工作微信群,共有一线防疫干部群成员168人。第一时间集中隔离管控5名确诊患者及其密切接触者,迅速阻断病毒传播路径,守住大庙一方群众生命安全和身体健康。2020年,荣获"重庆市抗击新冠肺炎疫情先进集体"称号。二是脱贫攻坚。全年为63名建卡学生发放教育资助金15.19万元。全覆盖实行贫困人口住院"先诊疗后付费""一站式"结算,大病集中救治、慢病签约服务、重病兜底保障均达100%。全覆盖鉴定"四类人员"住房安全等级,完成19户CD级危房改造;进行农村危房处置,拆除554户、封堵411户、改造613户、复垦169户。全镇贫困人口100%实现饮水安全保障。建立利益联结机制,莲胜村鼓励贫困户土地入股、资金入股,村机收桑园与9户建卡贫困户建立了利益联结机制,促进建卡贫困户增收致富。提供就业扶贫公益岗位27个,培训建卡贫困人员44名,建成扶贫车间1个。积极引导贫困户持续发展产业,成功申报到户产业补助7.66万元,镇财政支持1.64万元,共资助31户贫困户发展产业。积极与巫山县庙宇镇结对帮扶,互派干部开展工作交流,提供帮扶资金40万元。新增就业341人,发放创业担保贷款630万元。发放各类救助金618.63万元,救助困难群众540户。三是平安建设。压实安全稳定"党政同责、一岗双责"责任,强化矛盾纠纷调处,办理信访事项44件,接待来访94人次,排查矛盾纠纷148件,防范化解防止民转刑案件1件。强化扫黑除恶宣传打击工作,签订责任书13份,上报线索12条。严格落实重点人员管控,实现辖区和谐稳定。强化治安防范体系建设,完成"雪亮工程"151个探头建设。

【党的建设】 全镇有党支部17个,党员794名,培养入党积极分子6名,吸收预备党员8名,转正4名,为基层党组织注入新鲜血液。2020年,新建成村党群服务中心1个,划拨改造、扩建党群服务中心4个;完成软弱涣散党支部整顿2个;12个村(社区)全面推行书记、主任"一肩挑",128名党员参加疫情防控"党员突击队";常态化开展支部主题党日活动156次,开展讲习活动144场次,扶贫领域开展"以案四说"警示教育13场次,宣讲十九届五中全会精神4次、习近平总书记关于扶贫重要论述2次,做到党员干部学习培训全覆盖。

(大庙镇 郑露茜)

领导班子名录

党委书记　郑跃润
党委副书记　镇长　陶方昆
党委委员　人大主席　叶　勇
党委副书记　吴　江
党委委员　政法书记　副镇长　张全伦
宣传统战委员　熊传伦
党委委员　纪委书记　张易川
组织委员　李淑华
副镇长　陈　文
党委委员　武装部长　副镇长　陈　鑫

各村(社区)基本情况

村(社区)	户数(户)	户籍人口(人)	中共党支部书记	村委(社区)主任
文兴社区	1091	2107	周　禹	—
黄升村	1131	2883	欧汉敏	—
石兴村	894	2463	杨道强	—
龙岩村	705	1941	陈德淑	陈德淑
双鹅村	733	1932	刘　惠	—
大狮村	791	2037	肖桂伦	肖桂伦
金桂村	922	2520	杨朝勇	—
双马村	907	2282	余光明	—
三品村	1218	3010	侯　河	—
双胜村	754	2009	—	陈小莉
东森村	715	1863	晏厚伟	晏厚伟
莲胜村	740	1784	夏　杨	—

围龙镇

【概况】 围龙镇位于铜梁南部,距铜梁城区30千米、重庆主城约25千米。辖区面积46.5平方千米,耕地面积1527.87公顷;辖13村1社区、156村民小组、4居民小组。2020年人口总户数9287户,户籍人口23210人。

镇政府机关在编干部55人,其中行政编制22人,事业编制33人(含参公1人)。辖区有中学1所,教师41名,在校学生397人;小学3所,教师81人,在校学生751人;文化服务中心1个;医院1个,病床45张,卫生技术员27人。

全镇地区生产总值111496万元,同比增长5.4%;第一产业增加值16061万元,同比下降2.8%;第二产业增加值62343万元,同比增长9.0%;第三产业增加值33091万元,同比增长2.5%;固定资产投资62330万元,同比增长25.3%;社会消费品零售总额28624万元,同比增长5.7%。实现财政收入735.08万元,同比增长25.1%,其中税收717.46万元,同比增长23.5%。农民人均可支配收入20387元,同比增长7.49%。

【经济发展】 **推动工业振兴** 优化营商环境,帮助排忧解难,保障华琦化工、权琳建材等工业企业正常生产;深化招商引资,引进重庆龙辉达建材有限公司、重庆广久物流有限公司;强化企业发展,助力权琳建材积极升规;细化协调机制,组织召开协调会议,协助永钢建材入驻围龙矿区;持续推进页岩气勘探项目协建,完成足205井1号井钻井压裂施工作业,压裂酬酸化工序和试采分析及测试,现已点火成功,投产相关工作正有序推进中。

商贸旅游发展 全镇民营企业增至191家,个体工商户750家。持续打造以龙湖村、腾龙村100公顷原乡蜜桃基地为核心的现代生态农业观光带;强化工作联系,协助渝蓉高速集团举办“高速带我文明游”等主题活动,提升铜梁围龙名片影响力;引进晶众鑫连锁超市落户围龙场镇,经营面积1000平方米,有力提升居民生活便捷度和幸福感。

农业发展 一是按照“六要”发展路径,发展龙韵、龙湾、腾龙等村优质精品富硒花椒133.33公顷,卧龙、龙鸣、龙湾等村精品蔬菜133.33公顷,龙湖、腾龙、龙湾等村原乡蜜桃、猕猴桃、蜜柚、沃柑等优质精品水果200公顷,龙湾、化龙等村绿色生态循环流水稻渔综合种养、小龙虾等精品水产133.33公顷;着力建立利益联结机制,依托原乡蜜桃、富硒花椒等特色项目,推动新型农村集体经济不断壮大。二是培育农业经营主体。新引进1家农业公司,成立1个专业合作社,助力重庆汶沂农业成功申报区级特色农业龙头企业,实施龙井村现代养鸡场项目,年养殖生态鸡30万只;总投资1.5亿元、设计年存栏种猪3300头,年出栏育肥猪50000头,仔猪30000头的重庆雨吉润畜牧有限公司项目正式投用。三是提档升级特色产业。争取资金50万元,完成龙韵村花椒加工扶贫产业项目建设和扶贫产品申报;协助完成龙湾村、卧龙村200公顷高标椎农田前期设计,新增农机推广34台。

【社会发展】 **基础设施** 2020年度完成各类公路硬化和改造57.04千米;协助城乡一体化供水设施建设,完成管网铺设;配合围龙镇5G新机房、华兴110KV输变电工程等项目建设;规范镇公共服务中心大会堂、退役军人事务站,全力提升便民服务硬件设施和水平。

生态保护 完成水生态保护修复1310米;污水处理厂完工投用;认真落实"河长制",全年镇级河长巡河129次,村级河长巡河679次,发现问题24个,均已妥善整改;穆家河白塔桥河段科学栽种水生植物净化水质,桂林河四合场镇段建设生态浮床500平米,累计栽种菖蒲等水生植物2万余株,净化河道1千米;争取资金100余万元,实施桥亭水库周边项目,在穆家河合龙村断桥段进行河道治理,栽植水生植物,绿化美化龙湖村河岸;争取资金近300万元,加大穆家河源头治理,穆家河源头污水管网及生态湿地建设项目已完工投用。做好废弃农膜回收利用,全年共计6.3吨。结合"3·12"植树节,在龙苑村义务种植经果林2公顷,申报森林抚育66.67公顷。

美丽乡村建设 一是先后出动496人次对辖区内马路沿线市容环境、市政设施、城市秩序、园林绿化等情况进行巡查整治。投入3万余元,装饰沿街迎新灯饰。二是全力推动龙湖村、龙隐村美丽乡村示范点建设,投入专项资金100余万元,争取项目资金400万元,完成龙湖村相关示范节点打造工程,8米宽产业大道已建成通车,26盏太阳能路灯、文化墙等配套设施已安装完毕。三是开展农村人居环境整治,制定《围龙镇深化人居环境整治积分制工作实施方案》,每月定期开展评比,创设龙神村鲜花超市等13个积分兑换超市,发放绿植等各类奖品10000余件,全镇群众参与率约97%,镇级投入30余万元,开展"一化两改三不见"专项整治行动和人居环境整治拉练8次,完成省级主干道路培土14千米、镇村公路培土35千米,整治圈舍725户、柴棚1465处,种植木春菊25.6万余株、美人蕉10.5万株、豆食叶2万株、三角梅530株、红叶石楠2.8万株,五色梅13万株,地麦冬860多千克,种植果树1000余株。四是大力推进"五风浸润"工程,在14个村(社区)建设梦想课堂等阵地,开展主题活动14场;推荐评选镇村"好乡亲"21人、"铜梁好人"4人、区级"最美庭院"1户,评选区级"新乡贤"1名,"铜梁区百名孝善典型"7名;开展政策宣讲、关爱帮扶、移风易俗"十抵制十提倡"等文明实践活动100余场;组建少云志愿者队伍52支2502人,常态化开展各类志愿服务活动140余次;围绕疫情防控等重大事项实施文化惠民工程,完成流动文化服务进村52场,其中送演出26场、送图书阅览1场、送展览讲座7场、送辅导培训8场、送法规政策宣讲10场、展览5场。举办"五家"活动,全镇14个村社共计开展"美我家"活动60场;不定期组织队员进行荷花龙排演,荣获区级"一镇一品"文化展演一等奖;获评区级文明镇,6个村获评区级文明村,全镇文明村达100%。

社会保障 一是在采取系列措施抓好新冠疫情防控的前提下,积极通过配送生产生活物资、推荐群众就业、公益性岗位开发等方式开展帮扶。扎实开展危房清理、控辍保学、安全饮水等相关工作,累计鉴定农房1595户(含"四类人员"住房580户),实现贫困户住房安全有保障;落实控辍保学机制,无贫困家庭义务教育阶段学生辍学失学;推进城乡供水一体化,建卡贫困户集中供水率达100%;小额扶贫贷款政策惠及108户贫困户。二是加强农村危旧房处置,对1595户农户房屋进行鉴定并建立档案,处置危旧房1227户,拆除488户,封堵464户,拟复垦93户,改造182户,实施四类重点对象改造危房18户,实施旧房整治58户,其中建卡贫困户3户,镇级自筹资金维修农户旧房18户,涉及资金10万余元,各类实施对象均已入住安全房屋;推进"厕所革命",全年完成新改建卫生改厕1205户,实现全镇165户建卡贫困户卫生厕所全覆盖。三是组织开展"身边的脱贫故事"微宣讲、精气神培训等活动20余次,全镇养老保险参保人数达1.45万人,城乡居民医保参保人数达1.95万人。加大公益性岗位开发力度,新开发公益性25人,其中建卡户13人。提供就业技能培训300余人次,办理创业担保贷款220万元。完善围龙镇退役军人服务站运行制度，完成退役军人及其他优抚对象信息采集和录入793人。完成城乡妇女“两癌”免费检查385名。四是推进社会治安防控网格化服务管理机制，14个村（社区）常态化开展治安巡逻。扎实开展群众信访反映举报问题治理，收集各类信访问题131件，成功化解125件。检查生产经营单位128家次，排查安全隐患94条，均已整改完毕；开展交通安全执法132次，查处道路交通违法480余件；深入开展烟花爆竹经营专项整治打非行动，查处非法烟花爆竹储存2起，没收烟花爆竹600余件；合力举办安全宣传上街头活动6场，进村社、进校园活动10场，院坝宣传100余场次，派送禁毒、扫黑除恶、扫黄打非等宣传资料5000余份，着力营造良好社会氛围。

【党的建设】 镇党委辖24个支部，其中包括1个机关支部、14个村社区党支部、1个流动党支部、7个非公党支部、1个退休干部支部。全年新发展年轻党员7名，有正式党员797人，预备党员7人，女党员204人，占党员总数的25.6%。初中及初中以下学历的有450人，占党员总数的56.5%；高中及中专（中技）学历的有216人，占党员总数的27%；大专以上学历的有131人，约占16.4%。

加强理论学习 深学笃用习近平新时代中国特色社会主义思想这个源头活水，全年召开党委会、专题会研究党建工作16次，研究党建相关议题84个，解决重大问题7个，自筹经费12万元保障基层党建工作开展。坚持以上率下，班子成员深入一线调研30余次，宣讲政策理论20余次，开展基层党建工作检查指导42次。落实基层党建季度分析会和班子成员每月定期汇报制度，有关经验做法在人民网、《重庆日报》、今日头条等媒体刊发报道10余次。

深化全面从严治党 深入开展党员干部涉权事项公开、“七个全覆盖”惩治小微腐败、“以案四说”警示教育等工作，驰而不息纠正“四风”，全年对党员干部提醒谈话27人次。

夯实“扎桩工程” 持续提升基层党组织建设规范化、标准化；继续整改转化龙苑村软弱涣散党组织。突出领头雁打造，全面完成14个村（社区）书记主任“一肩挑”；回引优秀本土人才5人。严格落实“三会一课”制度，多形式过好组织生活，开展支部主题党日250余次。大力推进乡村振兴讲习所，开展各类讲习156次。继续补齐短板，完成龙湖村、龙鸣村村级党群服务中心改扩建工程。

（围龙镇　张捍）

领导班子名录

党委书记　刘　伟

党委副书记　镇长　蒋东华

党委委员　人大主席　杨之光

党委委员　党委副书记　李青龙

党委委员　纪委书记　刘绪章

党委委员　武装部长　副镇长　夏元毅

党委委员　政法书记　副镇长　吕　济

副镇长　颜　华

党委委员　沈　平

党委委员　田　林

各村（社区）基本情况

村（社区）	户数（户）	户籍人口（人）	村委（社区）书记、主任
龙井村	943	2167	袁彬
龙鸣村	767	2142	刘昭友
龙湾村	780	2188	刘章维
龙苑村	759	1851	叶永全
化龙村	472	1163	李祖友

续表

村(社区)	户数(户)	户籍人口(人)	村委(社区)书记、主任
龙珠村	885	1998	袁由全
合龙村	536	1423	罗谟春
龙隐村	377	1007	陈应文
龙湖村	548	1496	罗献平
龙韵村	741	2072	罗继芳
腾龙村	759	1929	池福会
龙神村	468	1183	邓思国
卧龙村	561	1538	蒋德永
龙升社区	691	1053	方晓玲

华兴镇

【概况】 华兴镇地处铜梁区境内南端毓青山麓，距铜梁城区34千米，距渝蓉高速公路大庙互通口2千米。辖区面积37平方千米，耕地面积1167公顷，林地面积2300公顷。辖6个村1个社区，103个村（居）民小组。2020年末5546户总人口14341人，其中非农业人口2085人，农业人口12256人；人口密度388人/平方千米。辖区内有著名景点燃灯寺（系飞地），系铜梁、永川、璧山三区交界处，是铜梁区境内至高点，海拔885米。

镇机关内设党政办等10个行政机构，核定编制21人，实有20人；还设有镇社保所等7个事业单位，核定编制35人，实有30人。

2020年，地区生产总值完成61394万元，同比增长10.6%；第一产业增加值完成12087万元，同比增长0.9%；第二产业增加值31959万元，同比增长18.9%；第三产业增加值17348万元，同比增长2.4%。全镇财政收入完成918万元，同比降低30.51%，其中税收收入完成780万元，同比下降39.95%；固定资产投资完成45426万元，同比增长16.7%。社会消费品零售总额13071万元，同比增长2.8%。农村人均可支配收入实现19925元，同比增长7.46%。

【经济发展】 **工贸企业** 深入推进供给侧结构性改革，强化企业服务，成功解决林水建材厂困难问题2个，鑫童氏机械制造有限公司实际困难2个。新发展民营企业10家。

农业发展 种植优质水稻6.67公顷示范片，再生水稻40公顷示范片，以片带面，推广实验示范；新发展家庭农场7家，累计发展小产业项目18个133.33公顷，基本建成家庭农场产业带；成功注册“华毓龙洞”白茶和“帝王”枇杷绿色食品商标，实现规模产业品牌化；持续推广间种模式，发展“笔尖海椒”品牌辣椒66.67公顷，帮助群众增收700万元；以“三变”改革为抓手，引进投资2亿元建设标准化生猪养殖场1个。

【社会发展】 **基础设施建设** 修建硬化农村路58千米、人行便道6.8千米，改造CD级危房459户，改厕397户，实施高标准农田和土地整治项目4个，实施一体化供水管网和团林二次供水工程，自来水安装率达96%。

社会保障 一是脱贫攻坚。围绕巡视巡察、考核检查反馈的意见，根据实际，整改落实174个问题。建立129户建卡贫困户“一对一”帮扶机制，落实“四必见”制度，开展“贺新春送关怀”行动，为贫困户送去5万元物资。围绕“两不愁三保障”及饮水安全等核心任务，发放小额扶贫贷款96户236.1万元；建成扶贫项目5个，帮助20户贫困户增收20万元；采取“政府供苗+集体包销”的形式，发放鸡苗6240只、美人椒苗200万株，帮助111户贫困户增收70万元。严格落实“两不愁三保障”，帮助贫困户改造C、D危房61户，申请学费资助及生活费补贴22名，申请医疗救助21名，办理低保政策兜底42户77人，新增特困救助供养3人。二是开展“把老乡留在老家”专项行动，完成城镇新增就业122人、职业技能培训157人，新招聘公益性岗位19人，发放就业创业小额贴息担保贷款145万元；严格落实好最低生活保障、特困供养、残疾人“两项补贴”、优抚安置、救灾救济、重精管理、倒房重建等政策，发放救助救济金496.2万元。

环境保护 建立"1+1"(一套管理机制+1名管护人员)污水管网监管机制，对场镇污水管网开展雨污分流全覆盖排查整治，实现应收尽收；完成辖区内8家企业在全国排污许可管理登记信息平台的管理登记工作；积极协助重庆鑫童氏机械制造有限公司、重庆袁登宗食品有限公司、重庆市铜梁区华兴机械配件厂3企业完善固定污染源环保手续；完善镇级环保检查制度，开展环保敏感问题检查12次；开展农村生活污水调查164处，农村黑臭水体排除14处；完善河库管护机制，镇村河长累计巡河1063次，上报解决问题17个；加强河道清漂监督管理，投资4万余元修建小安溪出渣口1个，全年累计清理河库垃圾200余吨，清理沟渠40千米。

全力推进农村生活垃圾治理工作，新增设垃圾箱体6个，更换坏旧垃圾桶200个，新增两分类垃圾箱40个，硬化垃圾收集点70个，每村落实3名垃圾清运员，全镇日收集垃圾10余吨；落实驻村包社工作责任制，"两代表一委员""四类人员"等人居环境整治带头人队伍率先垂范人数达770人；规划农户庭院栽植"三花一树"1500余处，培土栽花60余千米，整改禽舍、柴棚1500余个，清理"万国旗"4000余处，整治老院子、大杂院40余个；建立全镇129户贫困户的家庭环境卫生建立台账，实行销号制管理；推行积分制，兑换奖品4000余份，开展集中拉练9次，镇级评选表彰"最美禽舍"18户，"最美清洁户"30户；全镇6个村全部通过了农村人居环境整治三年行动区级评估验收。

房前屋后鲜花盛开(华兴镇　供图)

文化事业 建成基层综合性文化服务中心，统一修缮农村广播；组织开展送文艺演出、展览讲座进村等活动26场、"庆丰收·迎小康"系列文化旅游活动5次、放映农村惠民电影96部；举办2020年"脱贫致富感党恩·全民奋进奔小康"群众文艺会演，组织开展文艺骨干培训2次。

【党的建设】 镇党委辖11个党支部，其中村(社区)支部7个、非公经济支部3个(团林建材厂、非公经济联合支部、庆龙公司)、机关支部1个；有党员523名，其中流动党员87名。

学习宣讲 围绕主题教育，领导班子集中学习16次，党支部主题教育专题学习60余次。开展党的十九大精神、党内法规制度等主题学习50场次；组建7个宣讲小分队，深入到村社、田间地头、生产一线等开展宣讲300余场次；利用乡村振兴讲习所(社区党校)开展讲习活动400场次、组织少云志愿者活动280场次。组织开展基层党建工作培训4次；持续开展党员"三亮"机制，承诺事项600余条；开展志愿服务活动100余场次；加强机关党建"三基"建设，做好"三个表率"，有序组织机关党员到社区报到和全镇45岁以下年轻干部参加"讲比创树"行动，干部执行力进一步提升。

开展"扎桩工程" 强化带头人队伍建设，在全区率先推行"领导包片+工作队包村+干部包社"三包工作法，组建驻村工作队7支，实现全镇103个村(居)民小组联系走访全覆盖，收集群众问题772件，有效化解689件；全面实行7个村(社区)书记、主任"一肩挑"，推行党支部书记兼村集体经济组织负责人6人，调整村党支部书记3人、专职干部14人、社长14人，新回引挂职本土人才1人；科学制定党员3年发展计划，新发展党员3名。健全意识形态工作责任体系，专研究党建议题88个，专题报告党建工作2次；全面落实意识形态责任制，分析研判意识形态工作2次。

党风廉政建设 坚持防控与查处并重，常态化制度化开展廉政警示教育，深入开展"以案促改”，集中传达学习案例通报等19场次，全覆盖开展扶贫领域“以案四说”警示教育，受教育人数达101人；主动发现并移送问题线索1件，立案1件1人；办理信访举报4件，执行党纪处分4人（党内严重警告3人、开除党籍1人），通报批评1人，警示谈话18人次；严格干部选拔任用标准，提拔、转正科级干部13名。

（华兴镇　封先吕）

领导班子名录

党委书记　何德忠

党委副书记　镇长　但永贵

党委委员　人大主席　汪　亮

党委委员　纪委书记　董建彬

党委委员　副镇长　政法书记　肖朝刚

党委委员　副镇长　武装部长　蒋和禄

组织委员　刘　丽

宣传委员　统战委员　方中伦

副镇长　刘永洪

各村（社区）基本情况

村（社区）	户数（户）	户籍人口（人）	支部书记	村（社区）主任
惠民社区	332	538	刘启凤	—
犀牛村	978	2572	余坤芳	余坤芳
茯苓村	1173	3156	符学智	—
三塘村	668	1798	黄　苹	黄　苹
香山村	673	1832	罗家亮	—
明月村	1151	3050	陈　林	陈　林
团林村	571	1395	杨小平	—

庆隆镇

【概况】 庆隆镇辖区面积28平方千米，耕地面积1340公顷，林地面积906.7公顷。2020年末，总户数5787户，总人口15928人。全镇森林覆盖率41%。镇内4个村和1个社区（镜滩社区），共有90个村民小组；有小学2所，幼儿园2所，在校学生499人，教师47人。文化站1个，卫生院1个。镇政府机关年末实有在编在岗46人，其中公务员17人，事业人员28人，工勤人员1人。

全年完成地区生产总值51047万元，同比增长3.1%；第一产业增加值15128万元，同比下降2.4%；第二产业增加值22384万元，同比增长24.7%；第三产业增加值13535万元，同比增长3.4%。固定资产投资完成39509万元，工业投资完成24328万元。财政收入完成935万元，同比增长12.92%，其中工商税收682万元，同比下降5.54%。农村居民人均可支配收入20649元，增长7.07%。

【经济发展】 **重点项目** 一是积极做好重庆顺安天力达爆破器材有限公司协调服务工作，总投资8亿元的重庆顺安天力达爆破器材有限公司于2016年落户庆隆。全年生产炸药2.39万吨，雷管近3868万发，产值2.47亿元。二是垃圾焚烧发电建设项目征地拆迁工作有序推进，300米卫生防护区房屋拆迁签订协议196户，完成300米厂区出行道路硬化，项目主厂房、综合楼、宿舍楼及多个单体已基本完工，冷却塔、综合水泵房等土建工程正有序推进，预计2021年5月完成主体工程建设。三是完成顺安项目集中建房点配套设施建设，达到入住条件，引导55户农户完成建房工作。四是有序推进土地整治项目建设。完成冬笋土地整治项目，建设公路4.6千米，生产便道2.57千米、沟带路1175米。同康村土地整治项目于2020年11月动工，已完成总工程量的30%。

农业发展 认真做好“庆隆梨”主导产业发展，加快推进其他特色产业发展，全年盘活荒山荒坡发展基围虾4公顷、栽植柑橘“爱媛38”6.67公顷；投入4.64万元支持村集体入股参与15.47公顷佛手（中药材）产业管护，发动100余户群众通过土地入股、投工投劳等形式参与产业收益分红，全年村社集体实现收入57.6万元。持续推进小龙虾、红心火龙果、“四大家鱼”、花椒等产业发展，不断延伸加工、物流等产业链条，建成花椒烘干房1个。落实“菜篮子”工程，全年蔬菜种植585.86公顷，蔬菜产量2.3万余吨，生猪规模化养殖场达5家，出栏1.13万头。

【社会发展】 **环境整治** 开展村级农村人居环境整治拉练评比活动3次，动员群众做好房前屋后卫生环境整治和柴棚圈舍改造，完成卫生厕所改造319户。评选美丽庭院20户，清洁文明户617户，结合“积分制”评选兑现奖励1720户。在道路沿线、农户庭院栽植柑橘果树1万余株，木春菊、五色梅、美人蕉23.36万株，打造“山水庆隆·百年梨乡”等环境提升示范点3个。坚持河长常态化巡河，全年完成镇村巡河631次，累计河道清漂16.5千米，解决河流污染问题48个，关停排污企业1家，整治备案12家，扎实推进长江流域十年禁渔禁捕工作，退捕渔民4户，劝退上岸三无船泊7艘。完成庆隆污水处理厂技改工程，投入250万元建设庆隆场镇雨污管网。全年回收农膜1.6吨，农作物秸秆综合利用率达90%以上。加大种养殖大户禁用农药和非法添加剂“清零”宣传，完成农产品检测600个，合格率100%；向群众发放测土配方施肥建议卡5420份，培养化肥减量示范户2户。完成同康村18社采石场生态修复，安装防护网200米，绿化荒地1.2亩，清理垃圾0.5吨，维修100立方米蓄水池。

民生保障 一是脱贫攻坚。通过“企业对接、公益性岗位开发”等渠道，帮助贫困户到企业就业16人，落实防疫宣传、水库管理、场镇清洁等公益性岗位13个；协助46户贫困户申请小额贷款113.4万元，全镇贫困户有稳定就业人员94人。投入96万余元实施农村饮水安全提升巩固建设项目，92%以上建卡贫困户实现集中供水。完成4户贫困户入户道路建设，共计500余米，卫生厕所改造29户。推进产业扶贫，落实14户产业发展资金4.08万元，发动机关伙食团、干部购买扶贫产品5.1万元，帮助贫困户销售农产品，实现增收8万余元。二是大力促进群众创业就业。全年新增就业93人，新增公益性岗位就业15人，回引360人外出务工人员返乡就业创业，发放创业担保贷款165万元。三是大力落实救济救助及兜底政策。全年发放临时困难救助资金12.5万元，186名重度残疾人享受护理补贴，299名困难人员通过低保兜底，保障了基本生活；发放稻草基金2.88万元。四是着力补齐农村基础设施短板。完成乡村振兴补短板泥结石路硬化9千米，“四好农村路”建设1.9千米，“联网路、断头路”3.4千米。敬老院建设项目主体工程已全面完工，建成养老服务站2个，农村互助养老点2个。全面推进一般农户危房处置，拆除危房291户、封堵357户、改造184户，完成52户旧房整治提升，C级危房改造13户，D级危房改造17户。投入80余万元建成镜滩社区健身点，满足群众需求。

平安乡村建设 一是抓好新冠肺炎疫情防控。成立由镇、村、社干部和党员突击队组成的走访摸排小组5个，开展常态化疫情防控劝导宣传、人员信息摸排，做好重点人员动态监管和农贸市场、餐饮门店等重点场所管理，有效遏制新冠疫情传播。二是建立安全隐患月排查研判交办制度，完成已关闭煤矿隐患整治2处，改造群众老化用电线路11户，投入20万余元实施庆隆大桥排危和庆蒲老路危崖整治等，整改各类安全隐患88个。开展食品药品专项检查20余次。组建镇村两级应急队伍，开展消防、地灾演练2次。在汛期，及时转移困难受灾人员3人，清掏排水沟18.5千米，帮助33户受灾群众获得农作物理赔2.8万元。三是加强矛盾纠纷排查化解。积极稳妥做好征地拆迁区、地陷区等安全稳定排查稳控化解工作，处理群众诉求及调解矛盾纠纷50件，化解积案4件。建成镇村两级综合治理指挥中心6个，雪亮工程新增摄像头27个。四是严格落实意识形态“一岗双责”，定期开展意识形态风险研判，签订责任书13份，开展扫黑除恶、反网络诈骗、《民法典》等街头及院坝宣传15次。

乡风文明建设 深入开展乡村移风易俗“十抵制十提倡”行动，引导各村依托村规民约实现民事民治。全面完成镇、村综合文化服务中心建设，结合“一镇一品”演出，抓好“小金龙”非物质文化遗产传承，利用乡村讲习所开展时政新闻、疫情防控知识、种养殖技术讲座，全年开展“五家”活动、家风润万家活动20场，图书阅览、辅导培训、流动文化下乡活动18场，播放惠民电影60场，不断丰富群众文化生活。

【党的建设】 党委班子坚持将学习习近平新时代中国特色社会主义思想纳入各类会议第一议程，持续巩固“不忘初心、牢记使命”主题教育学习教育成果，引导广大干部坚定政治方向。全年班子成员深入基层宣讲18次、讲党课12次，开展党委中心组学习12次。基层组织建设方面，投入5万余元优化提升村（社区）党群服务中心，做好冬笋村示范村创建工作和同康村党群服务中心新建工作的前期准备，完成金源村软弱涣散党组织转化整顿。全镇共9个党支部（机关党支部1个、村社区党支部5个、非公联合支部1个、非公经济党组织1个，社会党组织1个），全年共有党员459人，新培育积极分子3人，新发展党员3人，按期转正3人。全面完成5个村（社区）书记、主任一肩挑，调整专干岗位8名，新回引本土人才2名，2名优秀本土人才按程序转岗为村专职干部。紧扣全面从严治党要求，从严落实“两个责任”，全年组织镇村干部到区廉政教育基地参观2次，开展“以案四说”警示教育6次，不断强化党员干部法纪意识，全年党内警告处分1人，通报批评3人，提醒谈话1人，廉政约谈82人。

（庆隆镇　彭媛）

领导班子名录

党委书记　周维凤
镇长　方　军
人大主席　王跃兵
党委副书记　陶启伦
纪委书记　熊德鑫
副镇长　兰天英
党委委员　任开忠　王格容
武装部长　政法书记　副镇长　何小川

各村（社区）基本情况

村（社区）	户数（户）	户籍人口（人）	支部书记、主任
镜滩社区	137	250	张仁露
冬笋村	2009	5670	谭　彬
金源村	1164	3235	蒋光友
同康村	1283	3494	陈世容
庆新村	1194	3279	金远云

永嘉镇

【概况】 永嘉镇地处铜梁区南部，距铜梁城区37千米，距成渝高速复线围龙互通口5.6千米，辖区面积63.91平方千米，耕地面积2785.19公顷，辖13个村1个社区，201个村民小组，1个居委会。年末总户数11909户，户籍总人口33051人。场镇面积0.82平方千米，场镇常住人口8210人。

政府机关行政编制27个，实有27人；农业服务中心编制20个，实有19人；社保所编制5个，实有3人；文化服务中心编制3个，实有2人；退役军人服务站编制2个，实有1人；综合行政执法大队编制4人，实有2人；乡村产业培育中心3人，实有3人；乡村生态治理中心编制3人，实有3人。

辖区现有中学1所，在校学生1220人，小学2所，在校学生1297人；学前儿童入学率99.9%，文化服务中心1个，卫生院1所，病床70张，卫生技术员47人。

2020年完成地区生产总值93361万元，同比增长10%；第一产业增加值完成26045万元，同比增长4.9%；第二产业增加值完成26356万元，同比增长30.9%；固定资产投资55354万元；工业固定资产投资完成7188万元；第三产业增加值40961万元，同比增长2.1%；社会消费品零售总额完成45990万元。财政收入完成400.96万元，同比增长90.2%，其中税收完成256万元，同比增长40.6%。农村居民人口可支配收入20684元，增长7.61%。

【经济发展】 **招商引资** 2020年引进重庆促成建筑工程有限公司、重庆云雾山水南茶茶业有限公司3家公司落户永嘉，2020年新发展民营企业50家，个体工商户125户。

农业项目 粮食作物播种面积达2641公顷，同比增长0.97%；粮食作物产量1.72万吨，同比增长2.13%。在严格保护耕地的前提下，坚持“1+3+N”农业产业发展规划，做强笋竹特色产业，做大优果、花椒和水南竹语茶叶优势产业。按照“六要路径”工作导向，拓宽永嘉镇新型农村集体经济发展渠道。争取项目资金200万元大力发展万年村笋竹产业33.33公顷，万年、永东村种植优质柑橘33.33公顷，明山、塘坪、高龙等村种植优质花椒53.33公顷，和益村盘活闲置土地13.33公顷种植白芷、黄精、糯玉米。重庆云雾山水南茶茶业有限公司承租原新胜监狱一、二、三中队片区、四中队及陈家山片区的茶园85.4公顷，用于茶叶种植，并在原新胜监狱二大队二中队旧址投资800万元建设标准化“永川秀芽”生产厂房，现已基本建设完毕。该基地可年产干茶20吨，年产值3800万元。（车间可安置固定工作人员16人，采茶季节性用工500～800人。）2020年全镇13个村集体经济收入共113.3万元，8个村集体收入超5万元，宝竹专业合作社获评区级农业龙头企业。

【社会发展】 **精准脱贫** 实行镇党委书记、镇长“双组长”负责制，成立脱贫攻坚“百日大会战”指挥部，下设1个综合办公室和12个分指挥部，建立健全高效脱贫攻坚指挥部运转体系。盯紧两不愁三保障问题和住房饮水安全等突出问题，动态整改清零中央巡视“回头看”问题12个，2019国考反馈问题6个，2019年市考反馈问题13个，“百日大会战”自查问题58个。全面落实精准脱贫险、医疗、教育等政策。开通扶贫小额信贷“绿色通道”，累计完成小额扶贫贷款129户252.65万元。成功创建扶贫车间1个带动11名贫困人口就业，累计开发公益性岗位66个。2020年完成扶贫项目2个。

生态保护 一是全面落实“双河长”制，由镇党委书记、镇长担任镇级总河长，设立镇、村级河长22人，将护河治水工作纳入常态化管理，全年镇村两级河长，累计开展巡河804次，发现问题49个并全部进行了整改。二是强化污染源整治。对44家养殖场进行环保备案管理。全面推广测土配方施肥，减少农业面源污染。建立农化肥包装废弃业废弃物回收站点15个，实行废弃物分类回收机制，分类回收农药、物、农膜8600千克。三是扎实推进“一化两改三不见”等专项行动，发动群众6500余人次，开展集中整治活动200余次，清理各类垃圾300余吨，新建圈舍314个，柴棚198个，整治大小院落1000余个，完成干线公路沿线和部分院落绿化和美化，栽植木春菊、美人蕉、五色梅等30余万株。坚持“家家比、月月评”，强力推进“积分制”评比兑换活动。全年累计发放积分存折7700余册，开展积分兑换104余场，评选出“最美庭院”26户、“清洁文明户”65户。全年营林造林433.33公顷，其中农田林网和特色经济林改造333.33公顷，森林抚育66.67公顷，义务植树6.8万余株。

基础设施建设 一是完成四好农村路、联网路、断头路建设22.09千米，泥结石路硬化20.54千米，干线支路搭接路硬化448.9米。二是加快危房处置，确保群众住房安全。全镇完成危房拆除681户、封堵208户，复垦封堵321户、C级改造完成268户、D级改造完成154户，完成旧房整治提升105户。三是实施农村饮水安全提升工程。投资289万元安装供水管网93千米，惠及8个村建卡贫困户78户254人，打井2户，实现群众由“有水吃”向“吃好水”转变。四是新建污水管网780米，新建污水提水泵2座，场镇实现雨污分流，确保污水处理厂正常运行，达标排放。五是全年改造卫生厕所865户，普及率达95.6%。六是完成12个农村薄弱电网改造项目。

社会保障 一是疫情期间，第一时间组织500余名镇村干部、平安员和少云志愿者积极参与疫情防控攻坚战，根据疫情防控形势，通过及时增设卡点、包片走访排查、停止赶集、为群众代购生活物品、有序春耕、严格隔离管控等措施，实现疫情防控“双零”目标。疫情转为常态化防控后，有序推进企业(项目)复工复产、学校复学复课，经济社会平稳健康发展。二是完成职业技能培训275人，城乡居民养老、医疗保险参保率稳定在95%以上，发放创业担保贷款225万元，成功创建扶贫车间1个带动11名贫困人口就业，通过就业培训和公益性岗位解决贫困户就业27人，完成农民工返乡就业创业910人。三是全年发放城市低保54.76万元、农村低保200.25万元，特困供养271.06万元，贫困残疾人生活补贴15.58万元，发放临时救助14万元，完成低保、五保新增核减调整工作。四是认真落实拥军优属政策，兑现烈军属、复退军人补助金311.5万元，投入39293元完成三室一库建设，投入10万余元完成退役军人服务站标准化建设。

【党的建设】 全镇有党支部18个，党员866人，其中流动党员293人。

强化政治引领，筑牢思想根基 一是强化理论武装，旗帜鲜明讲政治。坚持镇、村(社区)学习会第一议题必学习近平新时代中国特色社会主义思想，切实增强“四个意识”，坚定“四个自信”，做到“两个维护”，严守党的政治纪律和政治规矩。二是强化阵地管理，落实意识形态工作责任制。压实意识形态场所管控责任，签订场所管理告知书17份、工作责任书14份，专题研究意识形态工作2次，开展十九届五中全会宣讲16场次，扫黑除恶宣传3次、反邪教和普法宣传2次；对关停的非法佛教小庙开展常态化巡查，严防死灰复燃，对合法宗教活动场所严格按照宗教活动和疫情防控要求，明确负责人的主体责任，对集会、法事等活动进行规范管理，严控意识形态风险。

严格履行全面从严治党主体责任 一是党委书记自觉履行第一责任人职责，压实班子成员“一岗双责”和党支部书记抓党建主体责任。二是坚决落实中央八项规定精神，反对“四风”，深入开展集中整治形式主义、官僚主义自查，开展“以案四说”警示教育1次，组织全体镇村干部到区廉政教育基地接受现场教育1次。

实施“五治五力”提升行动 一是抓好“带头人、年轻人”两支队伍建设。全面实行村（社区）书记、主任“一肩挑”，新任命支部书记7名，建立“联系村领导+驻村干部+支部书记+本土人才”的“3+1”帮带机制，不断优化干部年龄，选优配强村干部。二是扎实开展村（社区）党群服务中心规范化建设，着力抓阵地打造、日常管理、公开公示等方面提升，对幸福村、明山村党群服务中心进行了改扩建，竹海村通过自筹资金完成党群服务中心内部改造，全镇各党群服务中心整体形象焕然一新。

（永嘉镇 陈超）

领导班子名录

党委书记 陈树刚

党委副书记 镇长 李小波

党委委员 人大主席 郭铭海

党委副书记 龚代友

党委委员 纪委书记 郭明勇

副镇长 王继伟

党委委员 副镇长 李晓燕

党委宣传统战委员 余发强

党委组织委员 赵 红

党委委员 政法书记 武装部长 副镇长 刘 建

各村（社区）基本情况

村（社区）	户数（户）	户籍人口（人）	党支部书记	村（社区）主任
围永村	894	2219	秦天亮	秦天亮
永东村	669	1887	肖其中	肖其中
竹海村	980	2884	胡 伟	胡 伟
高龙村	820	2462	郭基忠	郭基忠
大兴村	794	2339	吴 宽	吴 宽
蓝山村	765	2238	杨琴波	杨琴波
复兴村	775	2212	杜清贵	杜清贵
圣水村	909	2406	段祖来	段祖来
明山村	915	2641	雷世清	雷世清
和益村	897	2424	肖升洪	肖升洪
塘坪村	1080	3235	胡道平	胡道平
万年村	716	2113	邓远露	邓远露
幸福村	819	2334	白杨福	白杨福
嘉庆社区	876	1657	董秋菊	董秋菊

西河镇

【概况】 西河镇位于铜梁区南部，距铜梁城区38千米，与永川三教镇、大足玉龙镇和本区永嘉镇相邻，距围龙互通口仅7千米，距重庆主城40余千米。辖区面积38平方千米，集镇面积1.5平方千米，有7个行政村1个社区、97个村民小组4个居民小组，总户数7450户，户籍人口17891人。

2020年西河镇政府机关实有在编在岗人员52名，其中行政编制20名，事业编制32名。设有综合办事机构8个，镇属事业单位7个。全镇有中学1所、小学2所、在校生1161人，卫生院1个，敬老院1个。

全年完成财政收入803.43万元，同比下降16.3%；税收收入790万元，同比下降17.5%。地区生产总值完成62024万元，同比下降10.6%；第一产业增加值完成15123万元，同比增加降低0.8%；第二产业增加值完成24283万元，同比下降23.3%；第三产业增加值完成22617万元，同比增长2.7%；固定资产投资完成23987万元，同比下降11.9%；其中：工业固投完成20609万元，同比增长76.5%；农村居民人均可支配收入完成20672元，同比增长6.45%。

【经济发展】 **工业经济** 一是强化政府服务。加快推进各行各业复工复产，着重抓好龙头企业帮扶、保订单稳市场、促进消费升级等工作。二是加大招商力度，不断培植财源。2020年引进重庆睿创智捷科技发展有限公司等5家公司，招商引税约400万元（本级所得约130万元），引进区外税收761万元（本级所得约247.33万元）。

农业产业 按照“一村一策”工作目标推动集体经济项目建设，实现各村集体经济产业逐步向规模化转变。双永村胭脂脆桃产业扩规至46.67公顷，巩固10公顷小龙虾养殖基地；新四村新建集体枇杷园13.33公顷，规模扩至80公顷；大珑村新建年出栏10000头生猪养殖场一个；龙岭村新建年出栏2000头生猪养殖场1个、柑橘果园13.33公顷、金丝皇菊基地10公顷。兴建村金蕙大米种植面积扩大至86.67公顷。农业产业品牌化。其中兴建村大米已申报绿色食品4个，商标4个；双永村胭脂脆桃已申报绿色食品2个，商标1个；新四村枇杷已申报绿色食品2个。各村累计集体经济收入达63万余元，其中5万元以上的村6个。

第三届胭脂脆桃采摘节“直接带货”（西河镇　供图）

【社会发展】 **基础设施建设** 完成“四好农村公路三年建设计划”39千米，道路硬化完成18千米。加强饮水安全保障。累计投入资金267万元，实施农村饮水安全巩固提升项目等人饮管网建设项目，新建输配水管网142.4千米，全镇自来水用户由1300余户增加至4600余户。建卡贫困户自来水入户率达98.09%，饮水安全保障率实现了100%。

环境污染治理 投入40多万元巩固扩大破桥河整治、石桥水库环境美化等重点工程，清除河道4.5千米、淤泥6万吨，持续提升河流水质。压紧压实镇村两级河长责任，累计开展巡河192次，发现整改问题87个。投入10万元，修建隔离网1000米。建立完善饮用水水源保护工作机制，定期开展饮用水水源地专项执法检查。督促企业逐项落实环境卫生整治，关停未取得环评及排污许可证企业11家。对103家养殖场进行环保备案管理，全面推广测土配方施肥，减少农业面源污染，建立农业废弃物回收站点8个，实行废弃物分类回收机制，分类回收农药、化肥包装废弃物、农膜2800余千克。整治场镇裸露地面，硬化裸露地面3处，150平方米，种植红叶石楠196株、紫薇110株、撒播各类花种100余千克，绿化裸露地面3000余平方米。

社会保障 开展农村现存危房安全隐患排查，发放排危通知65份，对全镇1312户疑似危房进行鉴定。拆除危房262户，封堵455户，一般户危房改造（含农户自行改造）226户，拟纳入复垦144户（已入库46户），落实重点对象危房改造32户。做好城乡低保、特困新增、续保、清查等工作，共计发放低保、特困救助金285万元，做好区、镇级临时救助申报工作，发放镇级临时救助资金106户，79200元。对辖区内82名90周岁以上老年人申请发放高龄营养补贴171200元。对辖区内62名建档立卡学生进行遍访，确保困难学生教育资助相关政策落实到位。在抗击疫情中，西河镇张远富英勇献身，被追授为重庆市优秀共产党员。

文化生活 硬化300余平米地面，平整坝坝舞场地，修建防护栏杆30余米，增设小喇叭4个，增设监控设备、2.0影院、KTV系统、舞台演艺音效设备、整改电力线路、悬挂灯笼，完善乡贤文化馆基础设施，扮亮乡贤文化馆。举办歌咏比赛、羽毛球、舞蹈、书法等各类比赛5场次，政府购买文化活动送演出进村（社区）14场，送图书阅览4次，送展览讲座4次，送辅导培训5次，送法规政策科技宣传4场，组织开展各类书画作品展，丰富和活跃群众精神文化生活，陶冶群众情操，服务群众1万余人。

【党的建设】 全镇建有党支部13个，党员521人。全年认真履行意识形态工作责任制，专题研究意识形态工作2次，理论学习中心组学习14次。研究党建工作21次，班子成员讲党课9次。贯彻落实宗教工作方针政策，党委研究统战工作1次，及时制止家庭非法传教行为1例。严格落实党风廉政建设责任制，全年开展监督检查25次，提出工作建议9个，发现问题线索3个，3人受到严肃处理，其中1人受到党纪政务处分，2人受到组织处理，开展“以案四说”警示教育9次，约谈124人次。

（西河镇　李先平）

领导班子名录

党委书记　陆学福

党委副书记　镇长　吴　别（1–9月）

党委副书记　镇长　姜　敏（9–12月）

党委委员　人大主席　周　练

党委副书记　吴明亮

党委委员　副镇长　武装部长　黎昌强

党委委员　纪委书记　黄　群

组织委员　唐　艳

党委委员　副镇长　政法书记　马存亮

宣传委员　蒋永福

各村（社区）基本情况

村（社区）	户数（户）	户籍人口（人）	中共支部书记	村委（社区）主任
西河村	742	1747	刘继军	—
龙岭村	951	2379	杨泽莲	江方国

续表

村(社区)	户数(户)	户籍人口(人)	中共支部书记	村委(社区)主任
大珑村	969	2562	郭凤星	杨　春
兴建村	951	2345	余永华	张代发
双永村	962	2596	彭昌杉	杜　军
三善村	1168	2961	杨书明	叶良谷
新四村	845	2061	刘成英	杨代华
长兴社区	862	1240	唐明川	张辉成

安溪镇

【概况】 安溪镇位于铜梁区的东南端，地处毓青山西麓，东接璧山区梅江镇，南连永川区金龙镇，与永川茶山竹海相连，西靠永嘉镇，北邻华兴镇，到县城约38千米。辖区面积29平方千米，耕地面积1041.9公顷，林地面积1533.3公顷。辖4个行政村，1个街道社区，61个村民小组。2020年末总人口10125人。

2020年镇政府机关在岗行政人员14人、事业人员27人。镇有小学一所，在编教职工29人，10个班，在校学生363人。医院1所，设有妇产科、内科、外科等科室，有卫生技术员12人，年末有床位20张，年门诊人16541人次，住院患者712人次。

2020年实现财政收入634.13万元，同比增长21.02%，其中税收收入634.13万元，同比增长23.37%。实现地区生产总值50598万元，同比增长4.5%；第一产业增加值8973万元，同比增长2.6%；第二产业增加值20853万元，同比增长7.4%；第三产业增加值20772万元，同比增长2.6%；固定资产投资44183万元，同比11.7%。城乡居民可支配收入19736元，同比增长6.95%。

【经济发展】 **特色主导产业** 推出“原乡水南”品牌系列绿茶，启动谭洪茶叶休闲体验园配套项目，完成“铜梁水南茶”国家地理标识认证，获得铜梁区茶文化青少年劳动实践基地授牌。油茶首次正式挂果，产量达到3万斤，辣椒产业实现总产值150万元，带动130人次贫困户和一般群众就业。因地制宜发展通草、泉水稻虾等产业初见成效。2020年4个村集体收入超过5万元，总收入达到93万元。

【社会发展】 **基础设施建设** 投入约450万元，进行全覆盖农村危房处置C级14户，D级108户。整治旧房154户，修补危房121户；全力推进农村“厕所革命”，全年完成352户，其中农村卫生户厕改造266户，农旅融合示范点无公害卫生户厕改造86户，新建公厕1座；完成安康村、龙峰村人饮工程提质工程；完成6千米“四好农村路”建设，组组通公路18千米；省道S208华兴至谭洪路口改建项目建成投用；改造升级顺河社区党群服务中心，新建龙峰村、谭洪村党群服务中心。完成镇敬老院设施设备改造，实现提档升级。

社会保障 一是疫情防控。成立由党委书记、镇长任组长，政法书记任副组长，其他班子成员为成员的新型冠状病毒感染肺炎工作领导小组，明确责任、细化任务，先后共发动120名工作人员、志愿者，对全镇5个村（社区）逐户逐人开展“拉网式”排查3次，共排查30466人，坚决做到“敲门见人、逢户必查”。共设立镇级检查站5处，村级卡点17处，卡点工作人员34人，实行24小时值班值守制度。切实做好疫情防控工作的基础上，实现全面复工复产。做好战疫战灾与战贫结合，对全镇93名贫困学生上网课情况进行大走访、大排查，共计发放平板电脑5台、在村办公室上网课40余场次。二是全镇提供69个公益性岗位和12个合作社劳务岗位促贫困户稳定就业，为高新区企业、辖区内乡村振兴车间送工178人，实现就近就业。三是危旧房整治工作，全年拆除旧房245处，封堵249处，纳入宅基地复垦135户，危房加固13户、危房重建154户。四是全镇累计发放低保资金123.7万元，优抚资金发放

1114人次、111.21万元，特困供养资金63.427万元。办理居民医疗参保8408人，居民养老参保5629人。办理奖励扶助442人，发放扶助金54.144万元，发放特殊家庭28人、27.132万元，社会保障水平不断提升，群众的获得感、幸福感不断增强。

生态保护 全面落实“河长制”，建设穆家河生态湿地，栽植沉水植物500平方米，常态化开展水质检测，加强巡查，保护生态，提升河流水质。镇村两级河长累计巡河394次，发现问题17个，全部及时整改完成。扎实推进“户清理、村收集、镇运转”的一体化垃圾收集处理模式。采取“拉网式、全覆盖”的方式，充分利用扶贫公益岗、卫生监督员“多员合一”的工作合力，每月对各村环境卫生情况进行巡查，并及时建立巡查整改台账。加强农村面源污染治理，减少农药使用量，严禁秸秆焚烧。推进废弃农膜回收利用。在镇村主干道路“四旁”植树26.67公顷，新造经济林20公顷，森林抚育33.33公顷。结合国土绿化提升项目，建设金滩村绿色示范村，完成公共场所绿化面积达6.67公顷。

【党的建设】 全镇共有党支部7个，党员310人，在家党员175人，新发展预备党员2名，转正党员3名。

思想政治建设 把习近平新时代中国特色社会主义思想、党的十九大和十九届二中、三中、四中、五中全会精神作为党委理论中心组、乡村振兴讲习所、党支部主题党日和“三会一课”的必学内容。牢固树立“四个意识”，增强“四个自信”，坚决做到“两个维护”、兑现市委“三个确保”政治承诺。召开党委会22次，理论中心组学习11次，研究部署基层党建工作21次，带头上党课4次，开展宣讲20场，听取党建工作汇报4次，开展党建工作督查12次。

基层组织建设 完成顺河社区党群服务中心改造，新建龙峰村、谭洪村党群服务中心。强化村班子建设，全覆盖实现村(社区)书记、主任“一肩挑”和村党委书记兼任集体经济组织负责人，新聘用补充村专职干部3名，调整补充本土人才1名。大力开展干部作风建设常态化督查，把群众反映的干部不作为、乱作为和发生在群众身边的不正之风作为监督重点，全年共印发执行力建设通报12期，办理信访案件6件，诫勉谈话2人，给予通报批评4人。

(安溪镇 胡梦平)

领导班子名录

党委书记 张 跃

党委副书记 镇长 谷 俊

党委副书记 人大主席 石先财

党委副书记 人大兼职副主席 王大洪

纪委书记 蒲 丽

党委委员 政法书记 副镇长 武装部长 张西泉

副镇长 张隆云

党委委员 曾宪友

各村(社区)基本情况

村(社区)	户数(户)	户籍人口(人)	中共支部书记
顺河社区	246	456	陈荣建
金滩村	1039	2659	郑显琼
龙峰村	824	2256	刘昌洪
安康村	959	2721	陈华进
谭洪村	672	2033	戴利

侣俸镇

【概况】 侣俸镇位于铜梁区西部，距城区7千米，辖区面积87.56平方千米，有3个社区19个村301个村(居)小组，13730户46975人。

镇机关在编干部81人。辖区内有1所中学、4所小学、5所幼儿园，卫生院1所(兼铜梁区精神病医院)。

2020年实现生产总值254142万元，同比下降1.4%。财政收入1487.47万元，同比下降22.97%。第一产业增加值43899万元，同比增长4.7%；第二产业增加值148608万元，同比下降4.7%；第三产业增加值61635万元，同比增长4.2%。社会消费品零售总额34238万元，同比增长2.4%。固定资产投资完成81891万元。农村居民人均可支配收入21581元，同比增长7.34%。

【经济发展】 **企业发展** 全镇工业企业58家，其中规上工业企业15家。工业固投完成2.6亿元，文化旅游固投完成0.87亿元。新发展珑炎兴机械铸造有限公司、苍云金属铸造有限责任公司等4家企业。突出抓好亚辉包装、洪森凯汽车零部件、立成包装、文曲机械、永盛塑料、歆然之家家具厂等6家企业扩规和技术改造。发展民营企业17家，新增个体工商户71家。新增线上个体2家。全镇规上商贸企业共10家(其中批发零售业4家，住宿餐饮业5家，服务业1家)，

农业发展 完成保乡村振兴示范点建设。恢复生猪产能，新发展3000头种猪场1个，实现生猪出栏3.9万头。新发展(提质上档)农产品加工企业2家，新发展现代山地特色产业200公顷，实现山地特色高效农业产值增长10%。促进竹鼠养殖基地转型，新发展"三品一标"5个。

集体经济发展 规划发展项目43个，已建成项目34个，在建项目1个，拟实施项目8个。已成立专业合作社(股份经济合作社联合社)19个、公司2个，已发展柑橘种植73.33公顷，中药材(黄精、瓜篓、枳壳、艾草等)、花椒种植66.67公顷，建生态养殖(垂钓)基地6个，2020年度总收入达162.9万元，全镇村集体收入平均达8万元。同时在文曲村果园实施了75万元的集体经济配套设施建设项目(包括水池、滴灌、围网等生产设施，面积8公顷)，在西岳村柑橘园实施了50万元集体经济配套设施建设项目(包括喷灌、监控、围网等生产设施，面积7.3公顷)，在保乡村果园实施了50万元集体经济配套设施建设项目(包括滴灌、围网、水池、监控等，面积13.33公顷)。投资100万元建设了保乡村蔬菜配送中心，引进业主合作经营，现已投入运营。

【社会发展】 **基础设施** 完成西郊示范片干线公路3.693千米水稳层铺设和90户农户房屋外立面改造工程。投资150万元完成新复污水处理站，投资140万元完成斑竹污水处理站技改。投资958.23万元对城镇排水管网进行改造整治，

居民休闲活动场所(侣俸镇 供图)

年底已完成总工程量的90%。建成市民停车场1个新增停车位76个。完成21.091千米的农村“四好”公路建设。协助城镇供水一体化侣俸段工程实施。完成铜安高速(侣俸段)涉及的8个社征地工作。

环境整治 持续开展“一化两改三不见”等清洁行动,全镇共发动群众12823人次、清理白色垃圾、建筑垃圾、生活垃圾共123吨、平整土地2269处、4.6万平方米、栽种三花80余万株,集中改柴棚、圈舍1400处,打造2个示范点、19个最美村道。已纳入保洁范围道路共计249千米。持续推进垃圾分类工作,新增文曲村、新学村为垃圾分类示范村,新建垃圾收集点333个,开展垃圾分类知识宣传4场。深化“五个一律”“清四乱”“治三排”行动,淘汰污染严重的落后企业2家,严格执行环境影响评价和“三同时”制度,帮助辖区61家企业办理固定排污许可证。严格履行镇村两级河长河长职责,巡河900余次。集中清理了青云水库66.67公顷水面的漂浮物,确定23名河道保洁员对侣俸河道开展常态化清漂。

脱贫攻坚 深入开展低保政策“全面核查,精准救助”专项行动,全镇贫困户33户76人纳入低保兜底保障,改造贫困户危房117户(其中:C级危房79户,D级危房38户),切实保障贫困户的住房安全。持续开展饮水安全保障工作,推进110户380人集中供水建设工程。全面落实基本医疗保障,对建卡贫困户参加基本医疗保险实行分类资助,实现全镇229贫困户基本医保、大病保险、医疗救助全覆盖。全面落实控辍保学等教育工作责任。全镇共有适龄学生171人,全部在读。鼓励消费扶贫,购买巫山县农副产品1.0143万元,“832平台”采购扶贫产品1.1266万元,帮助本镇贫困户销售农副产品28.33万元,在社会扶贫网重庆馆采购扶贫产品5.14万元。

社会保障 新增就业登记402人,持续开展“把老乡留在老家”活动,回引1229名外出务工人员返乡就业创业,上报小额担保贷款36人贷款660万。完成区级重点项目侣俸第二敬老院主体工程,全年新增特困供养人员16人,新建区级养老服务站3个,运行养老服务站19个,对275名散居特困供养人员落实了帮扶责任,完成妇女两癌免费检查及救助行动,做好做实残疾人帮扶,精准落实低保兜底政策。

【党的建设】 镇党委下属基层党组织27个,其中机关支部1个、村社区22个、非公支部4个,中共党员共计1589名。

思想政治建设 持续巩固“不忘初心、牢记使命”主题教育成果,全年党委会研究党建相关议题76个,围绕党的十九届五中全会、习近平总书记关于扶贫工作重要论述、听党话感党恩跟党走等主题宣讲110场次,指导村(社区)党建工作300余次。持续抓好“学习强国”学习平台推广使用,覆盖率超95%。强化网络安全工作,组建舆情监测队伍23人,化解舆情信息6条。常态化加强合法宗教场所管控,坚决杜绝非法宗教活动开展,确保民族宗教领域安全稳定。

基层组织建设 组建整治机构,定期开展指导,找准问题症结,落实“一支一策”整改方案。调整党委书记4名,调整专职干部11名、回引本土人才15名,为村(社区)换届打下坚实基础。规范“三会一课”、党员议事等各项组织生活制度,强化网络在线学习,开展乡村振兴讲习实践活动300余场次。规范发展党员9名。整合平安员、交通劝导员等安全监管力量500人,组建党员、团员、妇女等少云志愿者服务队伍2000余人,设置乡贤评理堂,化解矛盾纠纷100余件,落实干部包社制度,逐户走访9000余户在家群众。

党风廉政建设 2020年镇党委专题研究党风廉政建设工作4次,镇领导在机关和联系村(社区)上廉政党课23次,有针对性地开展专项监督检查8次。对全镇排查出的43个廉政“风险点”进行重点监督。进一步深化“七个全覆盖”,对4个村1个社区的财务进行审计。

(侣俸镇　张华)

领导班子名录

党委书记　赵光友

党委副书记　镇长　贺立新

党委委员　人大主席　龙　华

党委副书记　万　波

党委委员　武装部长　副镇长　兰加林

党委委员　纪委书记　詹　玲

党委委员　政法书记　陈　勇

副镇长　柴克应

党委委员　人大副主席　曾　途

宣传委员　统战委员　邹　鑫

组织委员　唐定静

党委委员　副镇长　孙贤菊

各村(社区)基本情况

村(社区)	户数(户)	户籍人口(人)	中共支部书记	村委(社区)主任
水龙村	1200	3113	曾　勇	曾　勇
新学村	1215	3386	万　红	万　红
柏香村	578	1518	瞿和菊	瞿和菊
石蛤村	1054	3146	向以富	向以富
永乐村	1060	3155	刘　华	刘　华
玉林村	1031	3004	罗　喜	罗　喜
西岳村	490	1395	赵吉才	赵吉才
保乡村	1080	2990	张文峰	张文峰
文曲村	848	2323	周在春	周在春
石河村	829	2370	田贵忠	田贵忠
志和村	782	2147	冷小彬	冷小彬
天星村	862	2777	罗德中	罗德中
保宁村	763	2363	银　东	银　东
凤飞村	560	1873	唐宗合	唐宗合
妙明村	668	2168	刘远旺	刘远旺
白塔村	657	1748	黄小容	黄小容
三石村	626	1775	刘　亮	刘　亮
坪堰村	810	2425	唐云洪	唐云洪
太石村	559	1435	张　议	张　议
池水河社区	762	1358	胡珂铭	胡珂铭
中兴社区	90	110	黄礼庆	黄礼庆
竹园社区	206	396	陈春宇	陈春宇

太平镇

【概况】 太平镇位于铜梁区西北，距区城6千米。辖区面积51.26平方千米，城镇建成面积0.8平方千米。下辖10个自然村，1个居民委员会，168个村民小组。户籍11425户，总人口25697人。

镇机关年末实有58人，内设机构有党政办、党群办等8个综合办事机构。镇、村文化站（室）12个，敬老院1所，有床位37个，老人37人；镇级卫生院1个，村级卫生室10个，卫生点6个。小学2所，在职教师70人，在校学生721人；幼儿园4所，在校幼儿301人。

2020年，镇党委被重庆市扶贫开发领导小组授予“2020年度重庆市脱贫攻坚工作先进集体”称号。坪漆村被国家农业农村部认定为第十批全国“一村一品”示范村、坪漆村龙灯彩扎车间被中国民协彩灯委授牌“彩灯制作扶贫车间示范项目”。

全年地区生产总值107096万元，同比增长2.5%；第一产业增加值完成21641万元，同比增长2.2%；第二产业增加值完成55775万元，同比增长2.2%；第三产业增加值完成29680万元，同比增长3.1%。完成财政本级收入1343.86万元，同比增长1.35%，其中税收1265.73万元，同比增长1.34%。固定资产投资48304万元，同比下降6.1%，其中工业固投5354万元，同比下降32.1%。实现农村常住居民人均可支配收入21525元，增长7.46%。

【经济发展】 **工业发展** 新发展民营企业21个，个体工商户46个；发挥“铜梁龙灯”地理商标优势，投资140万元，建成龙灯彩扎基地（年产值预计可达1000万元），获得中国民间文艺家协会“彩灯制作扶贫车间示范项目”授牌；拓展延伸农产品加工产业链条，投入资金1000万元，在建家禽屠宰场1个，配套发展物流、冷链、仓储、社会化服务等特色产业。

农业发展 发展新型集体经济种植业项目12个，面积166.67公顷；新引进云贵农业生物技术研究院有限公司在垣楼村种植果苗26.67公顷，完成牧堂纯产业提质2000平方米鱼菜共生项目建设、4000平方米数字农业大棚建设、1200平方米专家大院建设；完成农产品抽样检测800个，无公害农产品复查换证37个，重庆市名牌农产品1个；生猪出栏20800头，存栏10179头。

【社会发展】 **脱贫攻坚** 成立由123名镇村干部组成的10个脱贫攻坚工作组，59支工作队，针对284户建卡户1对1落实帮扶责任，确保脱贫攻坚工作在末端有效落实。完成坪漆村混凝土公路硬化27条7.67千米，建成4G基站1个，实现全村4G信号全覆盖；新建坪漆村乡村振兴“会客厅”1个，完成坪漆村双河口电灌站维修整治；抓好以香桃为主的13.33公顷小水果产业管护，补植补造树苗1000株；持续打造“桃谷人家”品牌，优选整合周边村土鸡、杂粮、葛粉等系列乡村土特产品，开展直播带货，网上销售，销售额40.4万元。建卡贫困人口人均纯收入由2015年的5789.76元提升至11023.11元，实现收入翻番，圆满完成脱贫攻坚目标任务。改造CD危房72户，建卡贫困户、散居五保户、低保户，残疾人户集中供水达100%。建卡贫困户“两不愁三保障”问题全面解决，国、市、区级反馈478个问题全面清零。

基础设施建设 完成2020年太平街道至凉

水街道供水主管网改造2.92千米，太平街道至凉水街道一户一表改造561户；完成2020年农村饮水安全提升建设项目（余家、万寿、团碾村“四类人员”入户管网安装及凉水村、太平村主管网安装）55.206千米；完成2020年农村人饮管网延伸改造工程（垣楼、双福、白云、铁鹅村主管网及入户管网）铺设59.1千米；全镇“四好农村公路”完工15条14.9千米，在建12条6千米；完成泥结石路硬化51条21千米；接通319国道连接路22条1.27千米；完成凉水、团碾农产品交易中心建设；卫生厕所改造950户，全镇卫生厕所普及率达95%；完成用电保安装6160户，在家农户安装率达100%。

民生实事 一是疫情防控。组织镇村干部、在家党员、网格员、少云志愿者等1000人，组建11支党员突击队，48支疫情防控队，应急卡点26个、市场管理3个，利用标语、图片资料、宣传手册、流动宣传车、小喇叭、电子显示屏等工具，进社入户、入小区、入场镇宣传排查、卡点管控。做好防控，助推春耕。组建机关干部、562名院落长、492名代购员到农户发放春耕宣传资料16700份，现场指导340次，提供春耕技术咨询800次，采购并配送化肥、种子、农膜等物资，落实旋耕机22台直接到农户田间作业。镇干部1对1结对帮扶指导企业制定完善疫情防控方案和应急预案，落实复工复产报批程序，组织招聘见面会，助推企业复工复产。建立《太平镇重点（非重点）区域来铜返铜人员闭环管控流程图》，镇村干部二对一对接重点区域返乡人员，落实专人送检，累计检测628人，居家隔离1682人。二是落实民政救助。2020年新增低保72户，120人；建卡贫困户纳入特困救助供养人员17人，34人纳入残疾人“两项补贴”，对因重大疾病或其他特殊原因的建卡贫困户临时救助112户7.11万元。完成农民工回引人数493人，城镇新增就业人员111人。三是完成创业就业技能技术培训3期170人，累计新增劳动力就业转移1584人。四是平安建设。排查各类矛盾纠纷社会乱象问题107件，已全部办结。开展消防培训演练2期，观看警示教育片2部21场次，整治各类安全隐患12个，企业、烟花爆竹、危化品、水上、道路交通持续十年安全生产零事故。

环境整治 持续深化农村人居环境整治三年行动，每个村确立1～2条示范整治路段，交通干道、塘库、农家院落每月开展一次“清洁文明户”评比，年终纳入考核。开展“最美庭院”评比、实施乡村建设行动，乡村生活垃圾治理率、卫生厕所普及率、场镇污水处理利用率均达到100%。在农作物收割季节，禁止野外生火焚烧秸秆、稻草、植被和农业生产废弃物，减少燃烧烟尘对大气的污染。在美丽宜居乡村与“一化两改三不见”活动中，清理白色垃圾、建筑垃圾、生活垃圾26吨，改柴棚300处，改圈舍200处，栽花面积42943平方米，清漂渠道2千米，清理库塘漂浮物及生活垃圾12吨，回收废弃农膜12.73吨，企业排放整治2家。关停取缔3个屠宰场和3个农贸市场家禽宰杀点。

【党的建设】 镇党委下辖15个支部，党员745人，预备党员8人。

思想政治建设 落实党建工作“一岗双责”，召开26次党委会研究党建议题68个。组织党员参观邱少云烈士故居、城市规划展览馆、廉政教育基地、西郊乡村振兴示范片等，丰富基层党组织活动内容。

农村基层党建 整治软弱涣散党组织2个，实现党委书记、主任、集体经济负责人“一肩挑”。严格落实“三会一课”、主题党日等制度。依托乡村振兴讲习所，累计开展党课56次，开展讲习活动152场。

党风廉政建设 贯彻落实中央“八项规定”，抓住重要节日重要时间节点重大活动，采取会议警示，提醒约谈方式，严禁党员干部大操大办各种宴席。

（太平镇 周景财）

领导班子名录

党委书记　邱　东
党委副书记、镇长　孔令全
党委委员　人大主席　唐世琼
党委副书记　涂　强
党委委员、武装部长、副镇长　肖坤成
党委委员、副镇长　高凯碧
党委委员、政法书记、副镇长　周尚江
党委委员、纪委书记　喻　红
党委委员　徐世建　李昌兰

各村(社区)基本情况

村(社区)	户数(户)	户籍人口(人)	中共支部书记	村委(社区)主任
凉水村	972	2315	赵善会	赵善会
双福村	939	2380	赵隆刚	赵隆刚
垣楼村	1362	3434	周云芬	周云芬
白云村	789	1928	李　中	李　中
余家村	667	1575	黄光强	黄光强
太平村	1204	2921	刘太春	刘太春
坪漆村	987	2374	赵东阳	赵元碧
万寿村	1023	2304	甘世明	甘世明
团碾村	1317	2921	查兴明	查兴明
铁鹅村	852	1972	李晓会	柏道理
白云社区	1313	1573	唐金龙	唐金龙

集体荣誉(2020年)

获奖单位	荣誉名称	荣获时间	颁发单位
铜梁区	全国双拥模范城	2020.10	全国双拥工作领导小组
铜梁区	中国龙灯龙舞文化之乡	2020.11	中国民间艺术家协会
土桥镇六赢村	全国乡村治理示范村	2020.03	中央农村工作领导小组办公室、农业农村部、中央宣传部、民政部、司法部
区公安局	全国公安机关执法示范单位	2020.06	公安部
重庆市铜梁区铜龙应急救援大队	全国119消防先进集体	2020.11	应急管理部
重庆市铜梁区巴川街道正街社区	全国“敬老文明号”	2020.12	国家卫生健康委、全国老办
土桥镇六赢村	第二批全国乡村旅游重点村	2020.08	文化和旅游部、国家发展改革委
土桥镇六赢村	国家森林乡村	2020.01	国家林业和草原局
土桥镇六赢村	全国乡村旅游重点村	2020.07	文化和旅游部、国家发展改革委
重庆天齐锂业有限公司工会	全国模范职工之家	2020.12	中华全国总工会
区关心下一代工作委员会	全国关心下一代工作先进集体	2020.10	中国关心下一代工作委员会
区生态环境局	第二次全国污染源普查表现突出的集体	2020.09	国务院第二次全国污染源普查领导小组办公室

续表

获奖单位	荣誉名称	荣获时间	颁发单位
巴川街道玉皇村	第六届全国文明村镇	2020.11	中央文明委
南城街道黄桷门村	第六届全国文明村镇	2020.11	中央文明委
国网重庆市电力公司铜梁供电分公司	第六届全国文明单位	2020.11	中央文明委
区委宣传部	全国未成年人思想道德建设工作先进	2020.11	中央文明委
区人力社保局	全国农民工工作先进集体	2020.12	国务院农民工工作领导小组
区关心下一代工作委员会	全国"中华魂"(爱我中华)主题教育读书活动先进集体	2020.08	中国关心下一代工作委员会、教育部关心下一代工作委员会、全国"中华魂"主题教育活动组织委员会
铜梁区	重庆市第七届双拥模范城(县)	2020.11	中共重庆市委、重庆市人民政府、重庆警备区
区委组织部	2019年重庆市乡村振兴贡献奖先进集体	2020.04	中共重庆市委、重庆市人民政府
铜梁区大庙镇文兴社区党支部	重庆市先进基层党组织	2020.10	中共重庆市委
铜梁区疾控中心党总支	重庆市先进基层党组织	2020.10	中共重庆市委
大庙镇文兴社区党支部	重庆市抗击新冠肺炎疫情先进集体	2020.10	中共重庆市委、重庆市人民政府
铜梁高新区党工委	重庆市抗击新冠肺炎疫情先进集体	2020.10	中共重庆市委、重庆市人民政府
区人民医院石鱼传染病区	重庆市抗击新冠肺炎疫情先进集体	2020.10	中共重庆市委、重庆市人民政府
区疾控中心党总支	重庆市抗击新冠肺炎疫情先进集体	2020.10	中共重庆市委、重庆市人民政府
区公安局治安支队	重庆市抗击新冠肺炎疫情先进集体	2020.10	中共重庆市委、重庆市人民政府
巴川初级中学校	重庆市抗击新冠肺炎疫情先进集体	2020.10	中共重庆市委、重庆市人民政府
铜梁区职业教育中心	重庆市拥军优属模范单位	2020.11	中共重庆市委、重庆市人民政府、重庆市警备区
巴川街道正街社区	重庆市拥军优属模范单位	2020.11	中共重庆市委、重庆市人民政府、重庆市警备区
区融媒体中心	重庆市拥军优属模范单位	2020.11	中共重庆市委、重庆市人民政府、重庆警备区
国家税务总局重庆市铜梁区税务局	重庆五一劳动奖状	2020.04	市总工会

续表

获奖单位	荣誉名称	荣获时间	颁发单位
重庆南雁实业集团龙剑机械制造有限公司	重庆五一劳动奖状	2020.04	市总工会
重庆市铜梁区公安局东城派出所	重庆市工人先锋号	2020.04	市总工会
重庆天齐锂业有限责任公司技术部	重庆市工人先锋号	2020.04	市总工会
国网重庆铜梁供电公司柏兴旺劳模创新工作室	重庆市劳模和工匠人才创新示范工作室	2020.12	市总工会
国家税务总局重庆市铜梁区税务局机关工会	重庆市模范职工之家	2020.12	市总工会
重庆威斯特电梯有限公司工会	重庆市模范职工之家	2020.12	市总工会
重庆市铜梁区总工会	重庆市和谐劳动关系创建工作先进集体	2020.12	市人力社保局、市总工会、重庆企联、市工商联
区关心下一代工作委员会	全市“中华魂”(科技托起强国梦)青少年读书活动优秀组织奖	2020.12	市委宣传部、市关心下一代工作委员会、市精神文明办、市教委、市文化委、共青团市委

个人荣誉(2020年)

姓名	荣誉名称	荣获时间	颁发单位
杨发英	全国先进工作者	2020.11	中共中央、国务院
吴婷婷	全国抗疫先进个人	2020.09	中共中央、国务院、中央军委
杨发英	全国公安系统二级英雄模范	2020.06	公安部
戴安碧	全国模范人民调解员	2020.12	司法部
杨发英	全国三八红旗手	2020.10	全国妇联办公厅
郑淮平	全国“敬老爱老助老模范人物”	2020.12	国家卫生健康委、全国老办
肖世兵	第四期中国妇女社会地位调查优秀个人奖	2020.12	全国妇联
周举之	全国关心下一代先进工作者	2020.10	中国关心下一代工作委员会
程晓娅	全国“中华魂”(爱我中华)主题教育读书活动先进个人	2020.08	中国关心下一代工作委员会、教育部关心下一代工作委员会、全国“中华魂”主题教育活动组织委员会
任联涛	个人嘉奖	2020.10	公安部
张远富	重庆市优秀共产党员	2020.10	中共重庆市委
王安秀	重庆市优秀共产党员	2020.10	中共重庆市委
陈　浩	重庆市优秀共产党员	2020.10	中共重庆市委
张　峰	重庆市优秀共产党员	2020.10	中共重庆市委
尹远明	第三届重庆市“人民满意的公务员”	2020.01	中共重庆市委、重庆市人民政府
王安秀	重庆市抗疫先进个人	2020.10	中共重庆市委、重庆市人民政府
李　宣	重庆市抗疫先进个人	2020.10	中共重庆市委、重庆市人民政府
刘　颜	重庆市抗疫先进个人	2020.10	中共重庆市委、重庆市人民政府
王昌友	重庆市抗疫先进个人	2020.10	中共重庆市委、重庆市人民政府
张　勇	重庆市抗疫先进个人	2020.10	中共重庆市委、重庆市人民政府
张远富	重庆市抗疫先进个人	2020.10	中共重庆市委、重庆市人民政府
陈　浩	重庆市抗疫先进个人	2020.10	中共重庆市委、重庆市人民政府

续表

姓名	荣誉名称	荣获时间	颁发单位
方　旭	重庆市抗疫先进个人	2020.10	中共重庆市委、重庆市人民政府
银　皓	重庆市抗疫先进个人	2020.10	中共重庆市委、重庆市人民政府
王延欢	重庆市抗疫先进个人	2020.10	中共重庆市委、重庆市人民政府
韩安强	重庆市抗疫先进个人	2020.10	中共重庆市委、重庆市人民政府
张　刘	重庆市抗疫先进个人	2020.10	中共重庆市委、重庆市人民政府
贺　丹	重庆市抗疫先进个人	2020.10	中共重庆市委、重庆市人民政府
张　峰	重庆市抗疫先进个人	2020.10	中共重庆市委、重庆市人民政府
刘永兴	重庆市抗疫先进个人	2020.10	中共重庆市委、重庆市人民政府
傅廷云	重庆市抗疫先进个人	2020.10	中共重庆市委、重庆市人民政府
蒋　波	重庆市抗疫先进个人	2020.10	中共重庆市委、重庆市人民政府
姜　艳	重庆市拥军优属模范个人	2020.11	中共重庆市委、重庆市人民政府、重庆警备区
安远清	重庆市拥军优属模范个人	2020.11	中共重庆市委、重庆市人民政府、重庆警备区
王　丽	重庆市拥军优属模范个人	2020.11	中共重庆市委、重庆市人民政府、重庆警备区
周　渭	重庆五一劳动奖章	2020.04	市总工会
陈　鹏	重庆五一劳动奖章	2020.04	市总工会
王江涛	重庆五一劳动奖章	2020.04	市总工会
刘　学	“大排查 早调解 护稳定 迎国庆”专项活动表现突出个人	2020.03	司法部
张丽娟	全市“中华魂”(科技托起强国梦)主题教育读书活动先进个人	2020.12	市委宣传部、市关心下一代工作委员会、市精神文明办、市教委、市文化委、共青团市委

2020年中共铜梁区委重要文件目录摘选

文件名称	发布文号	发布日期
关于全面贯彻习近平总书记系列重要指示精神加强党的领导、为打赢疫情防控阻击战提供坚强政治保证的通知	铜梁委发〔2020〕1号	2020.01.30
关于印发《中共重庆市铜梁区委常委会2020年工作要点》的通知	铜梁委发〔2020〕2号	2020.02.18
关于全面融入成渝地区双城经济圈建设的决定	铜梁委发〔2020〕3号	2020.04.26
关于印发《中央第四巡视组脱贫攻坚专项巡视“回头看”反馈意见铜梁区整改落实方案》的通知	铜梁委发〔2020〕4号	2020.04.27
关于印发《中共重庆市铜梁区委常委会脱贫攻坚专项巡视“回头看”整改专题民主生活会整改方案》的通知	铜梁委发〔2020〕5号	2020.05.19
关于区委常委会中央脱贫攻坚专项巡视“回头看”整改专题民主生活会情况的通报	铜梁委发〔2020〕6号	2020.05.21
关于抓好“三农”领域重点工作确保如期实现全面小康的实施意见	铜梁委发〔2020〕7号	2020.06.09
关于印发《全面融入共建“一带一路”加快建设内陆开放高地行动方案》的通知	铜梁委发〔2020〕8号	2020.08.04
关于印发《中国共产党重庆市铜梁区委员会工作规则》的通知	铜梁委发〔2020〕9号	2020.11.09
关于印发《中国共产党重庆市铜梁区委员会常务委员会工作规则》的通知	铜梁委发〔2020〕10号	2020.11.09
关于表彰龙乡杰出贡献奖个人和集体的决定	铜梁委发〔2020〕11号	2020.11.25
关于表彰“铜梁区新时代担当作为奖”先进集体和先进个人的决定	铜梁委发〔2020〕12号	2020.12.02

续表

文件名称	发布文号	发布日期
关于制定重庆市铜梁区国民经济和社会发展第十四个五年规划和二〇三五年远景目标的建议	铜梁委发〔2020〕13号	2020.12.21
关于中共重庆铜梁国家农业科技园区工作委员会等党组织更名的通知	铜梁委〔2020〕4号	2020.03.13
关于给予新中国成立70周年安保维稳工作成效突出的集体和个人记三等功(记功)的决定	铜梁委〔2020〕6号	2020.03.24
关于设立中共重庆市铜梁区应急管理局委员会的通知	铜梁委〔2020〕7号	2020.06.02
印发《关于加强和改进生活无着的流浪乞讨人员救助管理工作的实施方案》的通知	铜委办发〔2020〕1号	2020.04.08
关于印发《重庆市铜梁区事业单位公务用车制度改革实施意见》《重庆市铜梁区国有企业公务用车制度改革实施意见》的通知	铜委办发〔2020〕2号	2020.04.23
关于印发《重庆市铜梁区国有企业退休人员社会化管理实施方案》的通知	铜委办发〔2020〕3号	2020.05.27
关于印发《关于深化重庆市铜梁区纪委监委派驻机构改革的实施方案(试行)》的通知	铜委办发〔2020〕4号	2020.9.30
关于印发《重庆市铜梁区完善重大疫情防控体制机制健全公共卫生应急管理体系实施方案(试行)》的通知	铜委办发〔2020〕5号	2020.12.15
关于印发《推动与毗邻地区加快融合发展行动计划》的通知	铜委办发〔2020〕6号	2020.12.23
关于表扬2019年度人大代表建议和政协委员提案承办先进单位的通报	铜委办〔2020〕1号	2020.01.02
关于转发《重庆市铜梁区关心下一代工作委员会2020年工作要点》的通知	铜委办〔2020〕2号	2020.01.07
关于姜国杰同志兼任议事协调机构职务的通知	铜委办〔2020〕3号	2020.01.21
关于印发重庆市铜梁区新型冠状病毒感染的肺炎疫情防控工作方案(试行)的通知	铜委办〔2020〕4号	2020.01.24
关于成立“十四五”规划编制工作领导小组的通知	铜委办〔2020〕5号	2020.01.29
关于切实做好春节后全区机关事业单位疫情防控工作的通知	铜委办〔2020〕6号	2020.02.02
关于更名区委“三农”工作议事协调机构的通知	铜委办〔2020〕7号	2020.02.26
关于调整部分区委常委分工的通知	铜委办〔2020〕8号	2020.03.02
关于成立铜梁区全面融入成渝地区双城经济圈建设领导小组的通知	铜委办〔2020〕9号	2020.03.07
关于成立区委平安铜梁建设暨防范化解重大风险领导小组的通知	铜委办〔2020〕10号	2020.03.18
关于转发《区委宣传部2020年宣传思想工作要点》的通知	铜委办〔2020〕11号	2020.03.18
关于印发《贯彻落实〈中共重庆市铜梁区委常委会2020年工作要点〉重点工作分工方案》的通知	铜委办〔2020〕14号	2020.03.30
关于认真做好区十七届人大四次会议重点督办建议办理工作的通知	铜委办〔2020〕15号	2020.04.02
关于调整铜梁区招商引资工作领导小组机构及人员的通知	铜委办〔2020〕16号	2020.04.02

续表

文件名称	发布文号	发布日期
关于成立区委落实中央脱贫攻坚专项巡视"回头看"反馈意见整改暨国家2019年脱贫攻坚成效考核反馈问题整改工作领导小组的通知	铜委办〔2020〕17号	2020.04.03
关于调整充实区委督查工作领导小组的通知	铜委办〔2020〕18号	2020.04.08
关于认真做好区政协十届四次会议重点提案督办工作的通知	铜委办〔2020〕19号	2020.04.10
关于召开中共重庆市铜梁区第十五届委员会第十次全体会议的通知	铜委办〔2020〕20号	2020.04.23
关于2019年度金融机构评价结果的通报	铜委办〔2020〕21号	2020.04.28
关于印发《中共重庆市铜梁区委2020年度政党协商计划》的通知	铜委办〔2020〕22号	2020.04.30
关于调整铜梁区城市综合管理工作领导小组组成人员的通知	铜委办〔2020〕23号	2020.05.19
关于成立重庆市铜梁区生态环境保护督查工作领导小组的通知	铜委办〔2020〕24号	2020.05.21
关于成立重庆市铜梁区长江流域禁捕和退捕渔民安置保障工作领导小组的通知	铜委办〔2020〕25号	2020.07.30
转发《中共重庆市铜梁区委宣传部、中共重庆市铜梁区委组织部关于认真组织学习〈习近平谈治国理政〉第三卷的通知》的通知	铜委办〔2020〕26号	2020.08.05
关于成立重庆市铜梁区耕地保护和粮食安全工作领导小组的通知	铜委办〔2020〕27号	2020.08.27
印发《关于统筹抓好党内法规执行工作方案》的通知	铜委办〔2020〕28号	2020.9.15
印发《关于举行中国人民志愿军抗美援朝出国作战70周年纪念活动的方案》的通知	铜委办〔2020〕29号	2020.9.15
转发《区考核办关于2019年度区管领导班子考核优秀等次班子的通报》的通知	铜委办〔2020〕30号	2020.10.15
关于调整铜梁区招商引资工作小组人员的通知	铜委办〔2020〕31号	2020.10.16
关于印发《重庆市铜梁区贯彻落实〈重庆市中央生态环境保护督察报告〉整改方案》的通知	铜委办〔2020〕32号	2020.10.19
关于成立铜梁区积极融入"一带一路"加快建设内陆开放高地领导小组的通知	铜委办〔2020〕33号	2020.11.20
关于在全区开展学习贯彻党的十九届五中全会精神宣讲工作的通知	铜委办〔2020〕34号	2020.11.24
关于做好2021年度党报党刊发行工作严格规范报刊发行秩序的通知	铜委办〔2020〕35号	2020.12.02
关于召开中共重庆市铜梁区第十五届委员会第十一次全体会议的通知	铜委办〔2020〕36号	2020.12.08
关于铜梁区基层党建引领基层社会治理创新工作领导小组更名及成员调整的通知	铜委办〔2020〕37号	2020.12.29

2020年铜梁区人民政府重要文件目录摘选

文件名称	发布文号	发布日期
关于在全区范围内暂停活禽交易和宰杀的通告	铜府〔2020〕6号	2020.01.23
关于禁止在林区野外用火的通告	铜府〔2020〕19号	2020.03.24
关于铜梁区第三届青少年科技创新区长奖评选结果的通报	铜府〔2020〕37号	2020.04.27
关于划定高污染燃料禁燃区的通告	铜府〔2020〕45号	2020.05.09
关于撤销部分集中式饮用水水源地保护区的通知	铜府〔2020〕48号	2020.05.19
关于全区粮食生产功能区和重要农产品生产保护区划定成果面积核减的批复	铜府〔2020〕59号	2020.06.01
关于印发2020年政府过“紧日子”的十条措施的通知	铜府〔2020〕68号	2020.07.02
关于同意将大庙物流园A15—05/02地块国有建设用地使用权出让给重庆科达明博电力设备有限公司的批复	铜府〔2020〕79号	2020.07.24
关于同意铜梁区海绵城市修建性详细规划的批复	铜府〔2020〕89号	2020.08.18
关于同意铜梁区海绵城市专项规划的批复	铜府〔2020〕90号	2020.08.18
关于关闭重庆市龙润节能建筑材料有限公司页岩采矿场等26个矿山的通知	铜府〔2020〕150号	2020.12.02
关于同意设置淮远河原乡中央公园段渡口的批复	铜府〔2020〕166号	2020.12.25
关于印发2020年全区安全生产与自然灾害防治工作要点的通知	铜府发〔2020〕1号	2020.02.04
关于做好第七次全国人口普查的通知	铜府发〔2020〕2号	2020.01.22
关于印发重庆市铜梁区深化工程建设项目审批制度改革实施方案的通知	铜府发〔2020〕3号	2020.04.07
关于废止部分行政规范性文件的决定	铜府发〔2020〕4号	2020.05.12
关于转发《重庆市人民政府关于废止和修改部分政府规章的决定》的通知	铜府发〔2020〕5号	2020.06.03
关于废止部分行政规范性文件的决定	铜府发〔2020〕6号	2020.06.17
关于印发铜梁区数字经济创新发展工作方案的通知	铜府发〔2020〕7号	2020.10.30
关于落实生态保护红线、环境质量底线、资源利用线制定生态环境准入清单实施生态环境分区管控的实施意见	铜府发〔2020〕8号	2020.11.17

续表

文件名称	发布文号	发布日期
关于发布陆生野生动物禁猎区和禁猎期的通告	铜府发〔2020〕9号	2020.11.30
关于废止部分区政府规范性文件的决定	铜府发〔2020〕10号	2020.12.01
关于实行最严格水资源管理制度的实施意见	铜府发〔2020〕11号	2020.12.02
关于印发试点领域基层政务公开标准目录的通知	铜府发〔2020〕12号	2020.12.11
关于成立铜梁区脱贫攻坚普查领导小组的通知	铜府办〔2020〕2号	2020.01.15
关于成立重庆市铜梁区根治拖欠农民工工资工作领导小组的通知	铜府办〔2020〕4号	2020.01.15
关于转发重庆市人民政府关于取消一批行政权力事项的决定的通知	铜府办〔2020〕5号	2020.01.15
关于成立重庆市铜梁区就业工作领导小组的通知	铜府办〔2020〕6号	2020.01.17
关于转发重庆市人民政府关于印发重庆市保留为行政审批必要条件的中介服务事项清单(2020年版)的通知	铜府办〔2020〕7号	2020.01.17
关于印发重庆市铜梁区高层建筑消防安全突出问题专项整治工作方案的通知	铜府办〔2020〕8号	2020.01.19
关于印发《铜梁区新型智慧城市建设总体方案(2019—2022年)》的通知	铜府办〔2020〕9号	2020.01.19
关于成立铜梁区优化营商环境工作领导小组的通知	铜府办〔2020〕11号	2020.01.22
关于印发《小北海水库专项整治及管理工作方案》的通知	铜府办〔2020〕12号	2020.02.03
关于转发《重庆市人民政府办公厅关于应对新型冠状病毒感染的肺炎疫情支持中小企业共渡难关的二十条政策措施》的通知	铜府办〔2020〕13号	2020.02.09
关于印发《推进全区养老服务发展实施方案(2020—2022年)》的通知	铜府办〔2020〕14号	2020.02.14
关于下达2020年度"四好农村路"建设计划的通知	铜府办〔2020〕16号	2020.02.27
关于印发《关于推行政务服务部门领导到区市民服务和营商环境促进中心开展窗口办公的实施方案(试行)》的通知	铜府办〔2020〕17号	2020.03.04
关于印发铜梁区打造卓越营商环境工作方案的通知	铜府办〔2020〕18号	2020.03.07
关于落实《重庆市支持企业复工复产和生产经营若干政策措施》的通知	铜府办〔2020〕19号	2020.03.10
关于印发《铜梁区切实加强非洲猪瘟防控加快恢复生猪生产工作方案》的通知	铜府办〔2020〕21号	2020.03.27
关于调整重庆市铜梁区同心桥水库工程建设指挥部成员的通知	铜府办〔2020〕23号	2020.03.31
关于印发《重庆市铜梁区2020年免费婚前医学检查工作实施方案》的通知	铜府办〔2020〕25号	2020.04.03
关于印发重庆市铜梁区高层建筑消防安全提升计划(2020—2022年)的通知	铜府办〔2020〕27号	2020.04.08
关于成立申报"中国龙文化艺术之乡""中国龙文化研究中心"工作领导小组的通知	铜府办〔2020〕28号	2020.04.13

续表

文件名称	发布文号	发布日期
关于印发重庆市铜梁区2020年度地质灾害防治工作方案的通知	铜府办〔2020〕29号	2020.04.17
关于成立铜梁区生猪生产发展工作领导小组的通知	铜府办〔2020〕30号	2020.04.17
关于成立铜梁区农用地土壤污染防治工作领导小组的通知	铜府办〔2020〕31号	2020.04.17
关于印发2018年铜梁区政府履行教育职责网络监测评价反馈问题整改方案的通知	铜府办〔2020〕32号	2020.04.22
关于印发铜梁区2020年度乡村振兴补短板泥结石路硬化工程建设实施方案的通知	铜府办〔2020〕33号	2020.04.22
关于成立铜梁区重大项目前期工作协调小组的通知	铜府办〔2020〕34号	2020.04.23
关于成立重庆市铜梁区违法建筑整治工作指挥部的通知	铜府办〔2020〕35号	2020.04.26
转发重庆市人民政府办公厅关于印发重庆市行政机关政策解读工作办法的通知	铜府办〔2020〕36号	2020.05.07
关于转发重庆市政府投资项目合同变更管理暂行办法的通知	铜府办〔2020〕38号	2020.05.12
关于印发《铜梁区加强长江水生生物保护工作的实施方案》的通知	铜府办〔2020〕39号	2020.05.26
关于印发2020年对口帮扶巫山县工作方案的通知	铜府办〔2020〕40号	2020.05.29
关于调整重庆市铜梁区禁毒委员会成员的通知	铜府办〔2020〕41号	2020.05.29
关于印发重庆市铜梁区人民政府及其各部门任命的国家工作人员宪法宣誓实施方案的通知	铜府办〔2020〕42号	2020.06.02
关于印发铜梁区智能制造产业培育工作方案的通知	铜府办〔2020〕44号	2020.06.03
关于印发打造生态高新区推动工业振兴工作方案的通知	铜府办〔2020〕45号	2020.06.03
关于印发《重庆市铜梁区接受2020年履行教育职责评价工作实施方案》的通知	铜府办〔2020〕46号	2020.06.04
关于印发《重庆市铜梁区2020年义务教育阶段招生工作实施方案》的通知	铜府办〔2020〕47号	2020.05.05
关于调整重庆市铜梁区地方病防治专项攻坚行动领导小组人员的通知	铜府办〔2020〕48号	2020.05.10
关于印发《重庆市铜梁区2020年社区教育工作要点》的通知	铜府办〔2020〕50号	2020.06.18
关于印发《2020年铜梁区农产品质量安全监管工作方案》的通知	铜府办〔2020〕51号	2020.06.22
关于成立重庆市铜梁区海绵城市建设工作领导小组的通知	铜府办〔2020〕52号	2020.06.22
关于印发《重庆市铜梁区加强学生溺水防范专项工作实施方案》的通知	铜府办〔2020〕53号	2020.06.23
关于印发贯彻落实《重庆市琼江"一河一策"实施方案》铜梁区2020年分解任务责任清单的通知	铜府办〔2020〕54号	2020.06.29
关于印发《重庆市铜梁区深入开展校外培训机构专项治理行动工作方案》的通知	铜府办〔2020〕55号	2020.07.01

续表

文件名称	发布文号	发布日期
关于印发重庆市铜梁区公共投资建设项目审计实施办法的通知	铜府办〔2020〕56号	2020.07.02
关于印发《铜梁区农村饮水季节性和区域性缺水应急预案》的通知	铜府办〔2020〕57号	2020.07.06
关于印发铜梁区切实加强高标准农田建设提升粮食安全保障能力工作方案的通知	铜府办〔2020〕59号	2020.07.13
关于印发《2020年铜梁区慢性病综合防控示范区复审工作实施方案》的通知	铜府办〔2020〕60号	2020.07.27
关于印发2020年铜梁区污染防治攻坚战目标任务的通知	铜府办〔2020〕62号	2020.07.28
关于成立铜梁区果菜茶有机肥替代化肥工作领导小组的通知	铜府办〔2020〕63号	2020.07.28
关于印发铜梁区“十四五”重点专项规划清单的通知	铜府办〔2020〕64号	2020.07.30
关于开展新生地质灾害风险点排查工作的通知	铜府办〔2020〕65号	2020.07.31
关于印发2020年全区法治政府建设工作要点的通　知	铜府办〔2020〕66号	2020.08.08
关于印发重庆市铜梁区农村生活污水治理专项规划(2021-2025年)的通知	铜府办〔2020〕67号	2020.08.12
关于印发《铜梁区维护学生身心健康专项行动20条措施》的通知	铜府办〔2020〕68号	2020.08.17
关于加强成品油安全监管工作的通知	铜府办〔2020〕70号	2020.08.24
关于开展规范性文件清理工作的通知	铜府办〔2020〕71号	2020.08.27
关于促进3岁以下婴幼儿照护服务发展工作方案	铜府办〔2020〕72号	2020.08.28
关于印发铜梁区2020年深入推进生活垃圾分类工作实施方案的通知	铜府办〔2020〕73号	2020.09.03
关于调整铜梁区困难群众基本生活保障工作联席会议成员单位的通知	铜府办〔2020〕76号	2020.09.14
关于调整救助家庭经济状况联动核查工作领导小组组成人员的通知	铜府办〔2020〕77号	2020.09.14
关于建立重庆市铜梁区农村留守儿童关爱保护和困境儿童保障工作联席会议制度的通知	铜府办〔2020〕78号	2020.09.14
关于开展第一次全国自然灾害综合风险普查的通知	铜府办〔2020〕79号	2020.09.15
关于成立国有企业退休人员社会化管理工作领导小组的通知	铜府办〔2020〕81号	2020.09.24
关于调整铜梁区淮远新区建设指挥部的通知	铜府办〔2020〕82号	2020.09.25
关于印发重庆市铜梁区企业改制挂牌上市奖补办法的通知	铜府办〔2020〕83号	2020.09.28
关于重新明确重庆市铜梁区创业种子投资基金投资决策委员会成员单位的通知	铜府办〔2020〕84号	2020.09.30
关于印发铜梁区烟草市场秩序专项整治工作方案的通知	铜府办〔2020〕85号	2020.10.16

续表

文件名称	发布文号	发布日期
关于印发《2020年度铜梁区民兵应急力量参加重庆市军地联考联评暨民兵新质力量展演示实施方案》的通知	铜府办〔2020〕87号	2020.10.20
关于做好2020年医保电子凭证推广应用工作的通知	铜府办〔2020〕90号	2020.10.30
关于大力促进新时代铜梁地方志事业发展的意见	铜府办〔2020〕91号	2020.11.02
关于建立铜梁区医疗保障基金监管工作联席会议制度的通知	铜府办〔2020〕92号	2020.11.06
关于成立铜梁区中医药工作联席会议的通知	铜府办〔2020〕93号	2020.11.10
关于成立重庆市铜梁区数字经济创新发展领导小组的通知	铜府办〔2020〕94号	2020.11.23
关于建立铜梁区查处无证无照经营工作联席会议制度的通知	铜府办〔2020〕95号	2020.12.04
关于调整铜梁区货车超限超载治理工作领导小组成员的通知	铜府办〔2020〕96号	2020.12.09
关于印发《铜梁年鉴(2021年卷)》编撰工作方案的通知	铜府办〔2020〕97号	2020.12.10
关于转发重庆市民政局等部门《关于改进和规范基层群众性自治组织出具证明工作的实施意见》的通知	铜府办〔2020〕98号	2020.12.11
关于公布铜梁区行政规范性文件制定主体清单的通知	铜府办〔2020〕99号	2020.12.14
关于成立重庆市铜梁区社区矫正委员会的通知	铜府办〔2020〕100号	2020.12.18
关于成立铜梁区水环境综合治理PPP项目推进工作领导小组的通知	铜府办〔2020〕102号	2020.12.22
关于成立铜梁区独立工矿区转型升级产城融合PPP项目推进工作领导小组的通知	铜府办〔2020〕103号	2020.12.22
关于印发重庆市铜梁区人民政府公文定密管理办法的通知	铜府办〔2020〕105号	2020.12.28
关于进一步加强和改进新时代全区统计工作的通知	铜府办〔2020〕106号	2020.12.28
关于表扬铜梁区2019年度环境保护突出贡献单位和个人的通报	铜府办〔2020〕107号	2020.12.28
关于印发2020年重庆市铜梁区人民政府工作报告确定目标任务责任分解方案的通知	铜府办发〔2020〕1号	2020.02.25
关于区政府领导同志工作分工的通知	铜府办发〔2020〕2号	2020.03.04
关于调整重庆市铜梁区人民政府推进政府职能转变和“放管服”改革协调小组的通知	铜府办发〔2020〕3号	2020.03.28
关于印发重庆市铜梁区人民政府公文公开属性源头认定办法的通知	铜府办发〔2020〕4号	2020.05.07
关于建立健全外商投资全流程服务体系的通知	铜府办发〔2020〕5号	2020.05.19
关于做好2020年教育考试工作的通知	铜府办发〔2020〕6号	2020.05.26
关于转发《重庆市人民政府办公厅关于做好2020年全市深化“放管服”改革工作的通知》的通知	铜府办发〔2020〕7号	2020.05.29
关于印发《2020年铜梁区政务服务工作要点》的通知	铜府办发〔2020〕9号	2020.06.08

续表

文件名称	发布文号	发布日期
转发重庆市人民政府办公厅关于进一步做好政府信息依申请公开工作的通知	铜府办发〔2020〕10号	2020.06.22
关于印发铜梁区进一步规范活禽交易推行集中屠宰加强冷链供应工作方案的通知	铜府办发〔2020〕11号	2020.06.28
关于印发铜梁区工程建设项目“四合一、四联合”改革工作方案的通知	铜府办发〔2020〕12号	2020.07.08
关于转发《重庆市人民政府办公厅关于转发市委政法委市教委防范少年儿童溺水工作导则(试行)的通知》的通知	铜府办发〔2020〕13号	2020.07.10
关于印发铜梁区生猪生产扶持政策的通知	铜府办发〔2020〕14号	2020.08.17
关于印发重庆市铜梁区知识产权资助奖励办法的通知	铜府办发〔2020〕15号	2020.08.21
关于转发铜梁区长江流域退捕禁捕工作专项行动方案等5个方案的通知	铜府办发〔2020〕16号	2020.08.28
关于全面推进基层政务公开标准化规范化工作的通知	铜府办发〔2020〕17号	2020.09.14
关于进一步规范污水处理费征收使用管理工作的通知	铜府办发〔2020〕18号	2020.09.25
关于调整部分区政府领导同志分工的通知	铜府办发〔2020〕21号	2020.10.05
关于转发《重庆市人民政府办公厅关于印发重庆市加快推进政务服务“跨省通办”工作方案的通知》的通知	铜府办发〔2020〕22号	2020.12.08
关于转发《四川省人民政府办公厅重庆市人民政府办公厅关于川渝通办事项清单(第一批)的通知》的通知	铜府办发〔2020〕23号	2020.12.08
关于印发铜梁区调整畜禽养殖区域划分方案的通知	铜府办发〔2020〕24号	2020.12.14
关于印发重庆市铜梁区农村房屋安全隐患排查整治实施方案的通知	铜府办发〔2020〕25号	2020.12.14

2020年重庆市铜梁区国民经济和社会发展统计公报

重庆市铜梁区统计局

2021年2月28日

2020年，面对突如其来的新冠肺炎疫情、突如其来的经济下行冲击、突如其来的特大洪涝灾害，全区上下在区委区政府的坚强领导下，坚持以习近平新时代中国特色社会主义思想为指导，深入贯彻党的十九大和十九届二中、三中、四中、五中全会精神、市委五届八次、九次全会精神，着力战疫情、战复工、战贫困、战洪涝，全力以赴做好“六稳”工作、落实“六保”任务，统筹疫情防控和经济社会发展取得重大战略性成果，经济增长呈持续回升态势，经济社会秩序回归常态；脱贫攻坚取得重大胜利；全面融入成渝地区双城经济圈建设和“一区两群”协调发展开局起势，“三大攻坚战”“八项行动计划”取得决定性成就，为“十四五”时期开启全面建设社会主义现代化国家新征程奠定了扎实基础。

一、综合

根据地区生产总值统一核算结果，全年实现地区生产总值661.02亿元，比上年增长4.4%。其中，第一产业实现增加值58.32亿元，增长4.3%；第二产业实现增加值366.46亿元，增长6.1%；第三产业实现增加值236.25亿元，增长2.0%。三次产业结构为8.8∶55.4∶35.8。

从三次产业对地区生产总值的贡献程度和拉动力看，第一产业贡献率7.0%，拉动地区生产总值增长0.3个百分点；第二产业贡献率76.8%，拉动地区生产总值增长3.4个百分点；第三产业贡献率16.2%，拉动地区生产总值增长0.7个百分点。

年末全区户籍人口总户数32.85万户，总人口84.90万人。其中，城镇人口40.28万人，乡村人口44.62万人。按人口年龄结构分，0～17岁14.95万人，18～34岁16.99万人，35～59岁33.42万人，60岁及以上19.54万人。按性别分，男性43.44万人，女性41.45万人。全区人口性别比（以女性为100，男性对女性的比例）104.8，其中出生婴儿性别比107.0。

全年促进城镇新增就业15182人，城镇登记失业人员就业4225人，城镇就业困难人员就业3040人；贫困劳动力实现就业5632人。

全区新发展各类市场主体8592户，其中内资企业2057户、外资企业6户、个体工商户6482户、农民专业合作社47户。全区拥有各类市场主体55262户。其中，内资企业12989户、外资企业51户、个体工商户41487户、农民专业合作社735户。

截至2020年末，全区累计5776户17826名建档立卡贫困人口实现高质量脱贫。建档立卡贫困人口人均纯收入达到13790元。

二、农业

全区实现农业总产值89.35亿元，比上年增长22.9%；农业增加值59.55亿元，增长4.5%。粮食作物播种面积82.45万亩，增长0.7%；粮食产量35.09万吨，增长0.9%。蔬菜种植面积34.88万亩，增长3.7%；蔬菜产量73.98万吨，增长3.6%。生猪出栏35.62万头，增长3.9%；家禽出栏1732.68万只，增长5.9%。水产品产量3.80万吨，增长4.9%。

三、工业和建筑业

全年实现工业增加值254.53亿元，比上年增长5.3%，占地区生产总值比重38.5%。工业对地区生产总值的贡献率49.5%，拉动地区生产总值增长2.2个百分点。

全区规模以上工业企业345家，实现总产值606.24亿元，比上年增长4.6%。其中，大中型工业企业32家，实现总产值142.53亿元，增长8.0%，拉动规上工业总产值增长1.8个百分点。规模以上工业企业中高新技术企业79家，实现总产值241.76亿元，增长12.7%，拉动规模以上工业企业总产值增长4.7个百分点；战略性新兴产业52家，实现总产值88.54亿元，增长10.9%，拉动规模以上工业企业总产值增长1.5个百分点；数字经济企业64家，实现总产值178.01亿元，增长14.3%，拉动规模以上工业企业总产值增长3.8个百分点。

分主导产业看，38家规模以上电子信息企业实现总产值93.98亿元，增长18.8%；130家规模以上装备制造企业实现总产值276.42亿元，增长3.9%；31家规模以上大健康企业实现总产值27.77亿元，增长1.9%；41家规模以上新能源新材料企业实现总产值84.02亿元，增长6.8%。

规模以上工业企业营业收入增长4.8%；营业利润增长1.9%；资产负债率53.7%；产销率达98.8%。

全年实现建筑业增加值111.93亿元，比上年增长8.2%，占地区生产总值比重16.9%；对地区生产总值的贡献率27.3%，拉动地区生产总值增长1.2个百分点。

注册在铜具有资质等级纳入联网直报统计的建筑业企业113家。其中，总承包建筑业企业83家，专业承包建筑业企业30家。按资质等级分类，一级资质企业2家，二级资质企业22家，三级资质企业72家，不分等级企业17家，实现注册地建筑业总产值274.36亿元，增长15.1%。

四、服务业

全年批发和零售业实现增加值36.37亿元，比上年增长2.8%；交通运输仓储和邮政业实现增加值23.86亿元，增长4.3%；住宿和餐饮业实现增加值11.73亿元，下降0.8%；金融业实现增加值28.33亿元，增长3.3%；房地产业实现增加值34.28亿元，增长3.0%；其他服务业实现增加值101.67亿元，增长0.8%。

全区公路总里程达4537公里。其中，高速公路90公里，国道52公里，省道257公里，农村公路4138公里。行政村通畅率达100%；村民小组通达率100%，村民小组通畅率达100%；行政村通客车率100%。全年完成客运周转量33660万人公里，货运周转量94405万吨公里。

年末全区机动车保有量200971辆，比上年增长12.5%。其中，汽车保有量112184辆，摩托车保有量88422辆，其他机动车保有量365辆。汽车保有量分类型看，载客汽车保有量103076辆，载货汽车保有量8785辆，其他汽车保有量323辆。

邮政业完成邮政函件业务2.70万件，包裹和快递业务595.73万件，快递业务收入1259.83万元。

五、国内贸易

全年社会消费品零售总额219.93亿元，比上年增长3.6%。分行业看，批发业零售额49.09亿元，增长2.1%；零售业零售额132.01亿元，增长5.0%；住宿业零售额0.85亿元，下降2.0%；餐饮业零售额37.98亿元，增长1.1%。

批发业实现销售额108.50亿元，比上年增长9.2%；零售业实现销售额140.74亿元，增长

10.4%；住宿业实现营业额2.15亿元，增长4.9%；餐饮业实现营业额39.49亿元，增长7.4%。

限上单位通过互联网实现的商品销售额比上年增长15.1%。在限额以上单位商品销售额中，粮油、食品类增长8.2%，服装、鞋帽、针纺织品类增长12.5%，家用电器和音像器材类增长11.4%，中西药品类增长5.0%，家具类增长7.1%，通信器材类增长8.2%，石油及制品类增长17.4%，建筑及装潢材料类增长2.6%，汽车类增长8.2%。

六、固定资产投资

全年全社会固定资产投资总额比上年增长10.6%。其中，工业投资增长19.5%，占固定资产投资比重为36.2%；工业技改投资下降4.4%，占工业投资比重为28.2%；房地产开发投资增长15.7%，占全社会固定资产投资比重为14.1%。基础设施投资增长1.6%，占全社会固定资产投资比重为32.7%；民间投资增长2.6%，占全社会固定资产投资比重为58.4%。

商品房新开工面积60.23万平方米，比上年下降49.3%。商品房销售面积142.50万平方米，增长0.2%。其中，住宅销售面积75.26万平方米，下降24.8%；办公楼销售面积1.25万平方米，下降37.5%；商业营业用房销售面积20.96万平方米，增长22.3%。

七、对外经济

外经贸实绩企业达75家。全年外贸进出口17.14亿元，比上年增长20.1%。其中，出口16.23亿元，增长23.8%；进口0.91亿元，下降22.1%。实际利用外资6813万美元。

八、财政金融

全年一般公共预算收入34.66亿元，增长8.4%。其中，税收收入18.46亿元，下降6.7%。一般公共预算支出74.51亿元，下降3.6%。其中，一般公共服务支出6.67亿元，下降14.1%；公共安全支出3.24亿元，增长4.9%；教育支出13.82亿元，增长2.9%；科学技术支出0.85亿元，增长11.2%；社会保障和就业支出8.41亿元，增长3.1%；卫生健康支出10.88亿元，增长8.0%；节能环保支出2.04亿元，增长2.1%；城乡社区事务支出12.91亿元，下降10.9%。

全区共有银行业金融机构12家，年末全区银行业金融机构人民币存款余额549.63亿元，同比增长8.0%。其中，住户存款余额434.74亿元，同比增长12.0%。银行业金融机构人民币贷款余额396.71亿元，同比增长10.3%。其中，中长期贷款余额136.37亿元，增长6.7%。银行业金融机构人民币存贷比72.2%。

全区共有证券公司2家，全年证券交易额361.51亿元，比上年增长15.0%。保险分支机构15家，全年保费收入10.31亿元，增长9.9%。

九、居民收入消费和社会保障

全年全体居民人均可支配收入33570元，比上年增长7.3%。其中，工资性收入18258元，增长8.4%；经营净收入7350元，增长4.8%；财产净收入1715元，增长9.1%；转移净收入6247元，增长6.7%。全体居民人均生活消费支出20566元，增长5.9%。其中，食品烟酒支出6865元，增长8.6%；衣着支出1838元，下降0.9%；居住支出3714元，增长6.9%；生活用品及服务支出3350元，增长10.6%；交通通信支出1744元，增长1.3%；教育文化娱乐支出1585元，下降6.3%；医疗保健支出1172元，增长13.9%；其他用品及服务支出298元，增长1.7%。

分城乡看，城镇常住居民人均可支配收入42449元，比上年增长5.6%。城镇常住居民人均生活消费支出25587元，增长3.6%。农村常住居民人均可支配收入21127元，增长7.3%。农村常住居民人均生活消费支出13529元，增长8.0%。

城乡居民收入比2.01∶1，比上年缩小0.03

个百分点。全体居民恩格尔系数33.4%。其中，城镇常住居民恩格尔系数32.1%；农村常住居民恩格尔系数36.7%。

年末城乡居民养老保险参保38.4万人；城镇企业职工基本养老保险参保15.3万人；机关事业单位养老保险参保1.37万人；工伤保险参保11.6万人；失业保险参保8.23万人。城乡居民医疗保险参保66.17万人；职工医疗保险参保11.08万人。

年末全区共有2864人享受城市居民最低生活保障，11504人享受农村居民最低生活保障。城市特困人员救助供养人数3579人。农村特困人员救助供养人数2894人。

城市居民最低生活保障标准为620元/人·月，农村居民最低生活保障标准为496元/月·人，特困人员救助供养标准为806元/月·人，集中供养孤儿补助标准1456元/月·人，社会散居孤儿补助标准1256元/月·人。

十、教育和科学技术

全区共有各级各类学校251所。其中，幼儿园163所(公办101所)，小学61所，初中15所，普通高中4所，教师进修学校1所，职业中学1所，特校1所，九年一贯制学校1所，完全中学1所，在铜高校3所。

全区在编教职工6302人。其中，普通高中1269人，职业中学179人，初中1875人，小学2798人，特校21人，幼儿园108人，教师进修校43人，技装中心9人。

在校学生136199人。其中，幼儿20126人，小学42931人，初中33815人，普通高中16028人，职业中学4285人，特校117人，高校18897人。

全区参加高考考生4313人，重本上线1459人，上线率33.83%，超市平12.87个百分点；一般本科上线3301人，上线率76.54%，超市平20.8个百分点；专科上线4313人，上线率100%，超市平0.88个百分点；600分以上279人，超市平1.33个百分点。全区参加普通高中“联招”考试考生4094人，上线1826人，上线率为44.6%，700分以上特高分数段62人。

新培育科技型企业169家，总量达到540家；新培育国家高新技术企业43家，有效期内高新技术企业达到95家。创建农业科技专家大院3个，新增3个区级科普基地，铜梁区气象科普基地被评为国家级科普基地。

新增注册商标1587件，有效注册商标总量达8017件。其中中国驰名商标5件，地理标志证明商标8件。全区重庆名牌产品累计达78个；重庆知名产品累计达24个，市长质量奖提名奖2个。

十一、文化旅游和卫生健康

全区28个镇街333个村社综合文化服务中心升级建设实现全覆盖，文化馆图书馆总分馆制实现镇街一级全覆盖，新建村级图书馆分馆7个。组织开展全市广场舞展演、农民丰收节等大型文化旅游活动100余场次；开展流动文化服务进村活动1283场次；开展送文艺演出、阅读推广、教育培训、展览展示等近2000场次。重庆市铜梁龙舞进校园实践案例入选第二届“非遗进校园”十大优秀实践案例。铜梁被中国民间文艺家协会命名为“中国龙灯龙舞文化之乡”。铜梁龙灯彩扎成功入选第五批国家级非物质文化遗产代表性项目，铜梁龙灯彩扎车间被中国民间文艺家协会评为“彩扎制作扶贫车间示范项目。区非遗中心、铜梁二中、职教中心被市文化旅游委命名为第一批市级非遗传习所。持续挖掘国际主义战士邱少云、传奇将军郭汝瑰、爱国音乐家刘雪庵等红色资源，高标准打造少云故里，深化全国爱国主义教育基地建设。建成5个市级社区健身点和15个区级社区健身点，全区社区健身点数达46个。举办2020全民健身日集中展示活动、2020重庆铜梁“爱在西郊·与你铜行”骑游活动、2020重庆市国际式摔跤冠军赛、原乡风情马拉松赛和各协会赛事活动40余次。有线广播电视在册用户12.5万户。广播综合人口覆盖率99.7%;电视综合人口覆盖率99.8%。

全区接待游客1038万人次,比上年增长5.2%;实现旅游综合收入45.36亿元,增长8.0%。年末全区拥有国家A级景区10个,其中4A级景区3个,3A级景区3个。旅行社21个(含门市部),星级饭店3个。

全区现有区级医疗卫生机构6个,镇(中心)卫生院23个,街道社区卫生服务中心5个,社会办医疗机构243个,村卫生室(点)558个。全区医疗卫生机构卫生人员总数5876人,执业(助理)医师1786人,注册护士2112人,全区医疗卫生机构编制床位总数3982张。组建家庭医生团队174个,开展签约服务23.93万人。新生儿疾病筛查率98.86%,婴儿死亡率2.92‰,5岁以下儿童死亡率3.82‰。基础"八苗"接种率99.32%。完成2.59万名城乡妇女"两癌"免费检查初筛。公共场所母婴设施配置率达100%;开展免费婚前医学检查2634对;农村卫生厕所改造22036户。

十二、资源、环境和应急管理

规模以上工业综合能源消费量52.60万吨标准煤,产值能耗0.09吨标准煤/万元。

年总降水量971.1毫米;治理水土流失面积4平方公里。

全年全区空气质量优良天数达334天,同比增加32天,PM2.5年均浓度28微克/立方米,同比下降11微克/立方米。琼江、小安溪地表水断面全部达到地表水Ⅲ类水质要求,主要污染物浓度大幅下降,城区、乡镇集中式饮用水水源地达标率均达到100%。

建成区新增绿地面积139.13公顷,建成区累计绿地面积1637.92公顷。

全年全区共发生各类安全生产事故16起,死亡19人。其中,发生道路交通事故5起,死亡5人。

注:

1.本公报中2020年数据均为初步统计数,最终数据以《铜梁统计年鉴2020》为准,部分数据因四舍五入的原因,存在与分项合计不等的情况。

2.地区生产总值以及各产业、行业增加值绝对量按现价计算,增长速度按可比价计算。

3.规模以上工业总产值含区供电公司数据。

4.民间固定资产投资是指具有集体、私营、个人性质的内资企事业单位以及由其控股(包括绝对控股和相对控股)的企业单位建造或购置固定资产的投资。

5.恩格尔系数是指居民食品烟酒消费支出占全部生活消费支出的比重。

6.行业统计标准:

规模以上工业:年主营业务收入2000万元及以上的工业法人单位。

有资质的建筑业:有总承包、专业承包和劳务分包资质的建筑业法人单位。

限额以上批发和零售业:年主营业务收入2000万元及以上的批发业、年主营业务收入500万元及以上的零售业法人单位。

限额以上住宿和餐饮业:年主营业务收入200万元及以上的住宿和餐饮业法人单位。

房地产开发经营业:全部房地产开发经营业法人单位。

规模以上服务业:年营业收入2000万元及以上的交通运输、仓储和邮政业,信息传输、软件和信息技术服务业,水利、环境和公共设施管理业,卫生;年营业收入1000万元及以上的租赁和商务服务业,科学研究和技术服务业,教育,物业管理、房地产中介、房地产租赁经营和其他房地产业;年营业收入500万元及以上的居民服务、修理和其他服务业,文化、体育和娱乐业,社会工作。

资料来源(以文中数据为序):

本公报中户籍人口、机动车数据来自区公安局;就业、社会保障(除医疗保险)数据来自区人力社保局；各类市场主体、商标、名牌产品数据来自区市场监管局；脱贫数据来自区农业农村委；道路、周转量数据来自区交通局；邮政数据来自中邮铜梁分公司；对外经济数据来自区商务委；财政数据来自区财政局；银行数据来自合川人行；证券、保险数据来自区金融发展中心；医疗保险数据来自区医保局；最低生活保障、特困数据来自区民政局；教育数据来自区教委；科技数据来自区科技局；文化旅游数据来自区文化旅游委；有线广播电视用户、电视综合人口覆盖率数据来自重庆广播电视信息网络有限公司铜梁分公司；广播综合人口覆盖率数据来自区融媒体中心；卫生数据来自区卫生健康委；降水量数据来自区气象局；治理水土流失数据来自区水利局；环保数据来自区生态环境局；绿地数据来自区城管局；安全生产数据来自区应急局；其他数据来自区统计局。

2020年25件重点民生实事完成情况

1.完成场镇供水“一户一表”改造2.4万户，延伸改造村级供水管网181公里。

2.完成农村薄弱电网改造项目338个，全面完成农村薄弱电网改造任务。

3.建成“四好农村路”688公里。

4.改造农村危房554户，其中C级危房154户、D级危房400户。

5.完成9处关闭和废弃矿山生态修复23.6公顷。

6.开通城区至虎峰公交线路。

7.完成原乡中央公园、望山公园、见水公园游乐设施、停车场及景观等配套设施提质。

8.新改建垃圾压缩中转站7座，新增农村生活垃圾分类收运设施7416组，实现农村生活垃圾收运设施行政村全覆盖。

9.改造提升老旧小区30个。

10.新增城区公厕5座。

11.老旧楼房加装电梯60部。

12.开展职业培训13727人。

13.发放创业担保贷款13287万元。

14.开展免费婚前医学检查2534对。

15.开展城乡妇女“两癌”免费检查25933名，全覆盖救助农村贫困“两癌”妇女。

16.启动建设蒲吕、平滩、大庙、白羊等敬老院4所，建成侣俸、双山、土桥、旧县、南城等敬老院5所。

17.开工社区养老服务中心9个，建成社区养老服务中心8个、社区养老服务站73个。

18.为25374名城乡困难群众购买“民政惠民济困”商业保险。

19.为57名残疾儿童提供康复转介服务，完成242户残疾人家庭无障碍改造。

20.建成龙都小学、西泉小学学生食堂。

21.龙乡幼儿园、龙韵幼儿园开园办学，新增公办幼儿园学位510个；36所幼儿园举办为公办民营普惠性幼儿园，新增公办学位5190个。

22.发放学生营养补助金2690万元。

23.资助铜梁籍农村建档立卡贫困家庭大学生322名197万元。

24.建成社区健身点20个。

25.开展流动文化服务进村活动1283场次。

铜梁区行政区划一览表

镇、街道	社区数(个)	社区名称	村数(个)	村名称
巴川街道	11	东方社区 正街社区 东城社区 和平社区 龙山社区 体育街社区 八一路社区 仙鱼社区 淮远社区 袁家社区 柿花社区	5	大雁村 接龙村 玉皇村 千年村 盘龙村
东城街道	9	塔山社区 全兴社区 晏渡社区 姜家岩社区 金龙社区 长坡社区 龙城社区 玉泉社区 双门社区	7	飞凤村 花院村 安全村 水星村 拦马村 梁祝村 青羊村
南城街道	7	南门社区 南城社区 两路社区 岳阳社区 桐子社区 白龙社区 团结社区	9	河东村 马滩村 巴岳村 翠英村 梯子村 黄桷门村 鱼溅村 聚星村 西来村
蒲吕街道	5	葫芦社区 新市社区 穆莲社区 大坪社区 龙桥社区	10	青山村 沙坝村 新联村 善心村 康济村 人和村 平安村 沙心村 石虎村 大塘村
旧县街道	3	金钟社区 万寿社区 人和社区	17	永兴村 金钟村 檬梓村 石砚村 四龙村 宋坪村 双兴村 箭高村 丁家村 九塘村 中峰村 龙洞村 永清村 祝家村 白果村 长河村 大观村
土桥镇	1	桃溪社区	10	高桥村 大磨村 六赢村 黄沙村 新田村 河水村 庆林村 新房村 高垭村 石庄村
二坪镇	1	兴龙社区	6	二郎村 隘口村 狮子村 中山村 严家村 三房村
水口镇	1	清泉社区	4	树荫村 汪祠村 天寨村 大滩村

续表

镇、街道	社区数(个)	社区名称	村数(个)	村名称
安居镇	4	大南社区　临江社区 会龙社区　大田社区	13	龙兴村　赛龙村　玉顶村 石马村　琵琶村　紫极村 淌河村　龙泉村　杨乐村 杨寿村　四面村　象山村 七佛村
白羊镇	1	金羊社区	7	羊咀村　水碾村　清晏村 金铃村　凤凰村　兵马村 石船村
平滩镇	1	龙潭社区	17	万桥村　洋海村　华光村 新华村　插腊村　青杠村 珠玉村　高平村　四方村 惠风村　太安村　红河村 立灯村　金竹村　洪太村 玉龙村　团宝村
双山镇	1	双河社区	7	双泉村　岩湾村　寿桥村 大理村　群坊村　喻兴村 建新村
小林镇	1	团山社区	4	圣灯村　庆云村　鱼龙村 华寿村
虎峰镇	4	新生社区　华西社区 建新社区　温泉社区	22	石岭村　久远村　石柱村 水鸭村　东山村　天锡村 纯古村　太公村　青符村 双桥村　翰林村　轮桥村 石寨村　回龙村　西泉村 进仕村　双龙村　群力村 前进村　滴水村　石梯村 庙湾村
福果镇	1	福兴社区	10	林宇村　三星村　三多村 西山村　河兴村　团实村 荷香村　龙岗村　高山村 三元村
石鱼镇	1	鱼兴社区	8	兴红村　东店村　联丰村 长乐村　盐田村　三和村 兴发村　太康村
少云镇	2	琼江社区　长滩社区	12	少云村　大佛村　七宝村 老君村　转龙村　海棠村 向阳村　石庙村　塔坡村 高碑村　双堰村　砚池村
高楼镇	1	龙源社区	4	涪江村　高楼村　莲花村 盘石村

续表

镇、街道	社区数(个)	社区名称	村数(个)	村名称
维新镇	1	龙翔社区	7	槐树村 新滩村 营基村 沿河村 新堰村 双石村 杨柳村
大庙镇	1	文兴社区	11	黄升村 石兴村 龙岩村 双鹅村 大狮村 金桂村 双马村 三品村 双胜村 东森村 莲胜村
围龙镇	1	龙升社区	13	龙井村 龙鸣村 龙湾村 龙苑村 化龙村 龙珠村 合龙村 龙隐村 龙湖村 龙韵村 腾龙村 龙神村 卧龙村
华兴镇	1	惠民社区	6	犀牛村 茯苓村 三塘村 香山村 明月村 团林村
庆隆镇	1	镜滩社区	4	冬笋村 金源村 庆新村 同康村
永嘉镇	1	嘉庆社区	13	围永村 永东村 竹海村 高龙村 大兴村 蓝山村 复兴村 圣水村 明山村 塘坪村 和益村 万年村 幸福村
西河镇	1	长兴社区	7	西河村 新四村 龙岭村 大珑村 双永村 兴建村 三善村
安溪镇	1	顺河社区	4	金滩村 安康村 龙峰村 谭洪村
侣俸镇	3	池水河社区 中兴社区 竹园社区	19	水龙村 新学村 柏香村 石蛤村 永乐村 玉林村 西岳村 保乡村 文曲村 石河村 志和村 天星村 保宁村 凤飞村 妙明村 白塔村 三石村 坪堰村 太石村
太平镇	1	白云社区	10	凉水村 垣楼村 白云村 余家村 太平村 坪漆村 双福村 万寿村 团碾村 铁鹅村
合计	67		266	

重庆市铜梁区组织机构及其领导班子名录

区级领导班子名录

中共重庆市铜梁区委员会

书记 唐小平

副书记 姜国杰 朱华伦

常委 钟 伟 何建伟 陈益国 胡华超 屈 锐 张 波 江 涛 廖 强

重庆市铜梁区人大常委会

主任 叶永海

副主任 王 敏 谢发耀 秦玉梅 魏加奎 李中建

重庆市铜梁区人民政府

区长 姜国杰

副区长 胡华超(常务) 杨贤忠 蒙格丽 黄 科 夏 斌 梅玉军 王小波

政协重庆市铜梁区委员会

主席 严永超

副主席 张学农 杨大怀 汪德富 李治伦 曹定福 陈庆华 刘金萍

中共重庆市铜梁区纪委(重庆市铜梁区监察委员会)

书记 钟 伟(监委主任)

副书记 张 勇(监委副主任)
陈炳模(监委副主任)
胡绪强(监委副主任)

纪委常委 黄恩来(监委委员、正处级)
王 勇(监委委员、正处级)
唐 娟(监委委员、正处级)
欧 兵 盘 燕

监委委员 王道萍 龙 飞

纪委监委办公室主任 周文斌

纪委监委组织部部长 夏 薇

纪委监委宣传部部长 杨相军

纪委监委党风政风监督室主任 谢 超

纪委监委信访室主任 彭志强

纪委监委案件监督管理室主任 张和平

纪委监委第一监督检查室主任 陈爱忠

纪委监委第二监督检查室主任 陈 龙

纪委监委第三监督检查室主任 胡 萍

纪委监委第四监督检查室主任 李兴万

纪委监委第五监督检查室主任 饶 竞

纪委监委第六监督检查室主任 柏志芬

纪委监委第八审查调查室主任 吴 春

纪委监委案件审理室主任 陈 宇

纪委监委纪检监察干部监督室主任 刘兴斌

监委派出第一监察室主任 喻 红

监委派出第二监察室主任 汪 霞

监委派出第三监察室主任 鲁 超

监委派出第四监察室主任 赵 英

监委派出第五监察室主任 朱代君

监委派出第六监察室主任 黄 群

重庆市铜梁区人民法院

院长 张俊文

副院长 张仁文 张 勇 毕耀才

政治处主任 赖　萍
执行局局长 王洪斌
纪检组组长 肖扬帆
法院审判委员会专职委员 汤献春　郭辉刚　罗光模

重庆市铜梁区人民检察院

检察长 曾廷全
副检察长 何　书（正处级）　张　涛（正处级）
纪检组长 刘朝东（正处级）
检察院检察委员会专职委员 杨德瑜　李涪燕

中国人民解放军重庆市铜梁区人民武装部

部长 王露顺
政委 江　涛
副部长 湛　军

区级部门领导班子名录

区委办公室

主任 何春雨（档案局局长）
改革促进中心主任 彭小影
纪委监委驻区委办公室纪检监察组组长 周祖华
副主任 黄兆全　邓　洋
改革促进中心副主任 李福川

区人大常委会办事机构

办公室主任 彭　宏
副主任 周　兵
人代工委主任 刘登刚
副主任 丁　平
文教工委主任 石　柱
副主任 陈代林
农业工委主任 张新全
副主任 周红旗
监察和法制委主任 陶小平
副主任 李世红（正处级）
城环委主任 陈代宇
副主任 张诗颂
财经委主任 汤启玲
副主任 张宗富（正处级）
社会建设委主任 李　文
副主任 王方述

区人民政府办公室

主任 徐　波（外事办主任）
纪委监委驻区政府办公室纪检监察组组长 周优能
副主任 周泉丞　周　江　秦　敏
政府经济研究中心主任 邓恒云
政府经济研究中心副主任 喻　韬
电子政务管理中心主任 王　刚

区政协办办事机构

秘书长 朱华友
副秘书长 刘　彦　夏　勇
经科专委主任 张　卫
副主任 施晓倩
社会和法制专委主任 刘　兵
副主任 陈汝亮
教科卫体委主任 张维谦
农业农村委主任 柏光荣
文史专委主任 周　梅
副主任 汪　谧
联络专委主任 曾庆开
副主任 杨光伟（正处级）

区委组织部

部长 张　波
副部长 刘　艳（常务）　李继红（非公工委、直属工委书记）
纪委监委驻区委组织部纪检监察组组长 胡荣华
非公工委副书记 李　凯
部委委员 王长锋

部委委员 侯守李

区委宣传部

部长 屈 锐

副部长 闫 强(常务)
张 燕(正处级、新闻出版局局长)
马 兰(精神文明办主任、区政府新闻办主任)

区委统战部

部长 何建伟

副部长 何 忠(常务) 李书平(正处级、区委台湾工作办公室主任)
王万勇(正处级、区民宗委主任)

区委政法委

书记 陈益国

副书记 李祥华(常务)
左春华(社会治理创新中心主任)
丁生堂

政治处主任 彭 宁

防邪办副主任 杨 朔

社会治理创新中心副主任 谭 卫 尹利君

区委研究室

主任 唐 翔

副主任 蒋承兵 唐思华

区委网信办

主任 陈 党

副主任 杨洪伟

区委编办

主任 游国辉(组织部副部长、公务员局局长)

副主任 谢显刚

区委巡察办

副主任 赵克昌 李先君

巡察组副组长 唐登云 蒋和桥 郭光宏 米 萍

区委老干局

局长 肖舒丹(组织部副部长)

副局长 宗 程

区机要保密局

局长 王科友

副局长 唐光友

区党史地方志研究中心

副主任 蒋思风

区委党校

校长 朱华伦

副校长 张 勰(常务) 李 勇(正处级) 邱 红

校务委员 刘 波

区融媒体中心

主任 邓 斐

总编辑 周 娟

副主任 刘德书 赵兴明 陈 果 肖明益

区发展改革委

主任 周伟峰

纪委监委驻区发改委纪检监察组组长 王开忠

副主任 丁 娟 李 伟

区教委

主任 印才英(教育工委书记)

教育工委副书记 高国民(正处级)

区纪委监委驻区教委纪检监察组组长 尹祚乐

副主任 李 军(教育工委委员)
周良平(教育工委委员)

教育工委委员 张晓利

区科技局

局长 唐建民

副局长 刘敢勇(正处级) 王 勇

区经济信息委

主任 吴 别

副主任 曾西明(正处级) 周 琴 杨晓波

区公安局

局长 夏 斌

副局长 赵廷刚(常务) 赵吉红 杨 涛 魏远空

政治处主任 高万洪

区纪委监委派驻区公安局纪检监察组组长 刘 斌

区民政局

局长 田 华

副局长 邱光兵 刘 爽

区司法局

局长 刘 武

副局长 戴 明 杨春燕 余 敏 戴 红(政治处主任)

区财政局

局长 刘 志

区纪委驻区财政局纪检监察组组长 陈民科

副局长 欧建军 邹锡阳 周志勇

区人社局

局长 陈 瑜

副局长 陈 敏(正处级) 姜正德 杨 帆 宋关心(社会保险事务中心主任、正处级) 刘世福(就业和人才中心主任、正处级)

区生态环境局

局长 张光明

副局长 张忠杰 秦 伟 周永强

生态环境保护综合行政执法支队支队长 李长洪

生态环境保护综合行政执法支队政委 王晓友

区住房和城乡建委

主任 王昌友(民防办主任)

副主任 姚庆峰 马良辉 唐金剑

土地房屋征收管理中心主任 何 渝

土地房屋征收管理中心副主任 杨 强

纪委监委派驻区住房和城乡建委纪检监察组组长 陈显芬

区城市管理局

局长 张光文(城市管理综合行政执法局局长)

副局长 龙思梅 游国建 杨中荣

城市管理综合行政执法支队支队长 黄德生

城市管理综合行政执法支队政委 张小红

区交通局

局长 张 勇

副局长 陈旭坤 周春花 谭洪平

交通运输综合行政执法支队支队长 杨 峰

交通运输综合行政执法支队政委 张 强

区水利局

局长 李 琼

副局长 张才余 向世强 尹远明

区农业农村委

主任 张焕兵(农业农村工委书记、扶贫办主任)

农业农村工委副书记 王守军(正处级)

副主任 杨德胜 杨晓林 熊小莉

纪委监委驻区农委纪检监察组组长 袁小林

农业综合行政执法支队支队长 李大春

农业综合行政执法支队政委 戴安勇

区商务委

党组书记 陈方正
主任 刘紫耀
副主任 姜立云

区文化旅游委

主任 严 勇
副主任 龚剑宇 李 亚 高晓涛
文化市场综合行政执法支队支队长 邓 军
文化市场综合行政执法支队政委 任 维

区卫生健康委

主任 周良华
党委副书记 唐丽珊（正处级）
纪委监委驻区卫生健康委纪检监察组长 周光燕
副主任 王 强 郑世重 亢丽霞
卫生健康综合行政执法支队支队长 陈国庆
卫生健康综合行政执法支队政委 周光灿

区退役军人事务局

局长 程绪友
副局长 刘文伦（正处级） 蒋广伟

区应急管理局

局长 徐之光
副局长 侯大东（正处级） 段义勇 游华明
应急救援中心主任 梁 博

区审计局

局长 罗昌西
副局长 刘 黎 向 红 骆 辉
纪检组长 徐德富
经济责任审计工作联席会议办公室主任 符 蓉

区统计局

局长 金治海
副局长 刘 念 赵文娟

区医疗保障局

党组书记 宗和伦
局长 周 莲
副局长 刘 霞
医疗保障事务中心主任 杨 芳

区林业局

局长 叶常松
副局长 罗中华 龚 碧 姚 伟

区信访办

主任 曾永生
副主任 蒋 涛 刘开勇 颜航
督查专员 何德凯 蒋和唐

区机关事务局

局长 杨 晋
副局长 冉顺江 贺李霞

区大数据发展局

局长 周 凡
副局长 贺 杨

区招商投资局

局长 甘珊麟
副局长 肖 瑜 陈 瑶 石云川

高新区管委会

党工委副书记 任建平（管委会常务副主任） 秦佳宾
管委会副主任 王 婧 匡安全
高新区企业服务中心主任 张先利
口岸和物流服务中心主任 杨 旭

淮远新区管委会

党工委书记 潘国庆(管委会主任)
管委会副主任 王明照 杨家麒

国家农业科技园区管委会

党工委书记 李锦峰(管委会主任)
管委会副主任 秦建春(正处级) 刘 强

龙城天街商圈管委会

党工委书记 陈 立(管委会主任)
管委会副主任 魏全伟 徐婷婷

安居古城景区管委会

管委会副主任 李太意

区供销社

主任 张桂生
副主任 王汝学 吴金泉 周永新

区工商联

主席 王宗立
副主席 袁红梅(常务) 汪克霞
秘书长 周晓梅

区总工会

主席 谢发耀
副主席 阳 春(常务) 苏 敏 邱 英

团区委

书记 韩 莉
副书记 汪正玲 李 鑫

区妇联

主席 龙其贤
副主席 王家琼 刘云惠

区科协

党组书记 张培明
主席 陈恒煦
副主席 游 伟 胡建伟

区侨联

主席 朱家春

区残联

理事长 邓永清
副理事长 肖师在

区文联

主席 秦启江
副主席 李 霞

区社科联

主席 张世友
副主席 秦 剑

区计生协

副会长 程 琼(常务)
秘书长 谢显云

区档案馆

馆长 杨宇明
副馆长 张 浩 徐 彬

区市民服务和营商环境促进中心

主任 万承先
副主任 陈恒秀 童中雄

区公共资源交易中心

主任 张艺凡
副主任 石明秀(正处级) 赵加洪

区金融发展中心

主任 刘秀丽
副主任 马振新

区国资中心

主任 李 江
副主任 龙训伦(正处级) 段礼华

区畜牧业发展中心

主任 谢远广
副主任 雷 军 周 荣

铜梁中学

校长 陈 亮
副校长 周有龙 王华春 胡德冰 周 会
纪委书记 胡川黔

铜梁一中

校长 李 勇
副校长 苏在明 赵 峰 李 永
纪委书记 杨龙刚

铜梁二中

校长 罗昌明
副校长 黄恩维 刘思才 张达勇
纪委书记 夏远学

职教中心

校长 解朝旭
副校长 欧利民 高文禄 童光法 陈光勇
纪委书记 严丽红

教师进修学校

校长 李奕奕
副校长 阳兴春 胡拥军 刘启龙
纪委书记 杨一洪

人民医院

党委书记 刘人铭
院长 王厚明
副院长 高尚秀 陈 浩 曹 剑
纪委书记 杨 杰

中医院

党委书记 许 安
院长 傅念生
副院长 傅廷斌 刘 智 李卫国
纪委书记 何品姝

妇女儿童医院

院长 谢海峰
副院长 胡云川 廖 斌 姜和兰 尹 勇

疾病预防控制中心

主任 张隆云

鹏程物资公司

董事长 熊泽钢

金龙城投公司

董事长 喻道萍
总经理 朱建东
监事会主席 詹宗云
副总经理 胡 利 周晓丽 彭远华

绅鹏公司

董事长 李知亮
总经理 廖金龙(金庙实业董事长、总经理)
监事会主席 吴悦章
副总经理 张旭东 龙 玲 彭 娟
金庙实业公司副总经理 徐斌峰 池华宣

安居华夏文旅公司

董事长 刘 强
总经理 胡 建
监事会主席 刘利萍
副总经理 何世波 刘长江 张久洪 王 斌

龙廷公司

董事长 陈 刚
总经理 雷 田
监事会主席 曾晓海
副总经理 高山茗 孟 江

玄天湖旅投公司

董事长 刘 云
总经理 庞登科
监事会主席 吴国强
副总经理 谭金中

龙裕城乡建设开发有限公司

董事长 刘劲松
总经理 周 俊
副总经理 王 勇 肖朝芳

市管在铜单位领导班子名录

区规划自然资源局

局长 欧朝刚
副局长 胡培宽 徐世忠 周安宏
土地整治储备中心主任 王志诚
土地整治储备中心副主任 袁云兰 冯 炯

区市场监管局

局长 周光辉
副局长 罗家奎 邱元亮 敖顺桥 周 密 代光伟 戚清平 姚 雄 罗明海 董永华 朱 勇 代元平 范远兴
纪检组长 龙 本

区税务局

局长 冉洪波
副局长 游浩东 杨 兵 张强辉 王 昆
纪检组长 祝 浪
总经济师 童强
总会计师 杜省宾

区气象局

局长 廖向花
副局长 陈 昉

区烟草局

党组书记 何 杨
副局长 秦 伟
副经理 谢秀丽

区住房公积金中心

主任 蒋光琴
副主任 杰永兰

邮政公司

总经理 付克开
副总经理 陈昌勇 张爱民

电信公司

总经理 林国明
副总经理 杨 平 张 蒲 陈 勇

移动公司

总经理 谭开键
副总经理 黎 力 刘 波

联通公司

总经理 余 力
副总经理 杨家强

粮食公司

党委书记 朱启学
党委副书记、纪委书记 文人辉
副总经理 甘华中 胡正亚 杨自力

供电公司

总经理 汤雪松
党委书记 王建明
副总经理 陶 宏 刘录东 吴 彬 蒋 伟
纪委书记、工会主席 汪业平

有线电视网络公司

分公司总经理 曾 立

分公司副总经理　王　洪　弓　科

龙泽水务公司

董事长、总经理　蔡　源
督察专员　柴学松
副总经理　晏宗苹　张强富　徐　然
　　　　　刘　淑

在铜金融机构

农业发展银行

行长　韩　军
副行长　刘金泉

中国银行

行长　段　勇
副行长　罗　莉

工商银行

行长　陈　典
副行长　梁晓明　梁　剑　钱　瑜

农业银行

行长　张　俊
副行长　毛昂丹　谢　筱（行长助理）
纪委书记　孙　彤

建设银行

行长　郑启斌
副行长　张春花　曾　颖　赵明刚
纪检组长　陈海峰

重庆银行

行长　易笑天
副行长　刑光会　肖　武

重庆农商行

行长　康　波
副行长　余　新　左　军（纪委书记）
　　　　舒　鹏

邮储银行

行长　曹　琴
副行长　余承蔚（纪检委员）

三峡银行

行长　汤启海
副行长　敖娅丽　徐　银

浦发村镇银行

行长　鄢兴强
行长助理　刘晓海　晏显兵

哈尔滨银行

行长　丁胜利
行长助理　张　冉

民生银行重庆铜梁小微支行

行长　李　欣